心灵与身体

——心灵哲学中的新二元论探微

高新民 著

商务印书馆
创于1897 The Commercial Press

2012年·北京

图书在版编目(CIP)数据

心灵与身体/高新民著. —北京:商务印书馆,2012
ISBN 978-7-100-09742-0

Ⅰ. ①心… Ⅱ. ①高… Ⅲ. ①二元论—研究
Ⅳ. ①B089

中国版本图书馆 CIP 数据核字(2013)第 001446 号

教育部人文社会科学研究规划项目“唯物主义与二元论在西方心灵哲学中的最新发展研究”(08JA720011)最终成果

心灵与身体
——心灵哲学中的新二元论探微
高新民 著

商 务 印 书 馆 出 版
(北京王府井大街36号 邮政编码 100710)
商 务 印 书 馆 发 行
北京瑞古冠中印刷厂印刷
ISBN 978-7-100-09742-0

2012 年 12 月第 1 版　　开本 880×1230 1/32
2012 年 12 月北京第 1 次印刷　　印张 22⅛
定价: 59.80 元

目　录

前　言

在古往今来的二元论与物理主义的论战中，后者一般居主导地位。在现当代，后者不仅发展迅猛，而且享有话语霸权。尽管如此，二元论从没示弱过，没有停止过反抗；相反，总是在坚持不懈地改进和"争鸣"，在最近几十年还通过变革使自己的地位发生了重大变化。

要成为一个黑格尔所说的有教养的哲学家，乃至成为一个教养的唯物主义者，要发展唯物主义，不倾听二元论的"争鸣"绝对是不行的。因为回应二元论的挑战和论证，肯定是发展唯物主义的一种不可替代的方式。

如果把"发展"一词理解为这样的描述性能指，即让它表示事物由小到大、由简单到复杂、由低级到高级的变化，而不在其中掺杂进"进步与非进步"这样的价值性评判，那么有可靠的理由说：现当代西方心灵哲学中的二元论也有自己的实实在在的发展，至少可以说它有自己的"进化"。它能在各种形式的唯物主义的凯歌行进及其对它的重磅轰击之下生存下来本身足以表明：它确有自己的韧性，有随着不利和有利环境而进行自我调适的机制。正是这一机制奠定了它向前发展的内在条件。再加上有关问题本身的复杂性、科学成果的可多样解读性等方面的原因，二元论的发展便成了必然的结果。这一事实也得到了许多认真研究过当代心灵哲学中的唯物主义和二元论及其争论的人的认可。例如布拉顿-米切尔(D. Braddon-Mitchell)的看法就是其代表。他说："物理主义即使在专门的心灵哲学领域取得了几乎决定性的胜利，但二元论获得新的信徒也是司空见惯的事情。"①我们在后面将看到：二元论在现当代的西方心灵哲学中

---

① D. Braddon-Mitchell, "Against Ontologically Emergent Consciousness", in B. P. McLaughlin et al (eds.), *Contemporary Debates in Philosophy of Mind*, Oxford: Blackwell, 2007, p. 287.

无论是观点、论证还是在样式、包装等方面都确实经历了自己的发展。这里不妨略举一二。

二元论发展的一个重要表现是新的理论形态如雨后春笋般涌现出来。一方面,原有的各种实体二元论和属性二元论之内陆续派生出了许多新的形式,如新笛卡尔主义的二元论、非笛卡尔主义二元论、无体心灵论、谓词二元论等;另一方面,在传统样式之外又新诞生了二元论的许多新生代,如具身性的二元论、非具身性二元论、统一二元论、自然主义二元论、非自然主义二元论、硬二元论、软二元论、一范畴二元论、关于质的事件的二元论、量子二元论、神秘主义二元论,等等。有较大影响的、经常被讨论的二元论版本至少有几十种之多。

现当代二元论者受二元论开山鼻祖笛卡尔的影响,在将旧二元论发展为新二元论的过程中所做的一项经常性的工作就是设计自己对二元论的"清楚明晰"的论证。于是,新的论证样式层出不穷,令人目不暇接、眼花缭乱。经常被讨论、影响较大或引起了较大争论的主要有:模态论证、知识论证、认识论论证、本体论论证、怪人论证、量子力学论证、解释鸿沟论证、"蝙蝠论证"等等。

二元论的发展还表现在它有多种新的并行不悖的走向,如:(1)量子力学走向,即关注并抓住其中的一些成果,对之做有利于二元论的解读,进而建立打上了二元论烙印的关于意识的量子力学模型。(2)神经科学走向,即根据陆续出现的神经科学成果,对二元论作出新的论证。这里又有两种情况,一是哲学家根据神经科学成果对二元论的发展,二是神经科学家依据自己和他人的成果对二元论的论证。倡导这一走向的人中,不乏赫赫有名的一流科学家,如诺贝尔生理学奖获得者埃克尔斯、斯佩里等人。(3)认知科学方案。这种倾向在把意识看作认知过程的同时,又对之做了二元论的解释。(4)回归或复兴东方神秘主义的倾向,如薛定谔、沃尔夫、拉兹洛等就是其代表。(5)自然主义走向。当今心灵哲学以自然主义相标榜的查默斯和麦金一方面坚持关于心灵的自然主义立场,另一方面也强调:要解释意识必须诉诸万物内部有泛心原(panpsyche)或隐秘结构。此外,还有从感受性质或现象意识出发论证二元论的走向,有从意向性出发论证二元论的走向等。

从内容上说,新二元论对传统二元论难以回答的几个瓶颈问题的认识有了一定的突破或超越。这不仅有重要的心灵哲学意义,而且还具有广泛的形而上学意义。第一,过去的二元论一直难以回应唯物主义的这样的责难:世界上真实的存在样式,都是有形体、有广延的事物,没有广延或空间形式的存在是不可设想的,据此,无广延的心灵怎么可能有存在地位?新二元论根据量子力学的新成果争辩说:既然无广延的、非粒子性的场、信息、波函数等都有存在地位,因此存在的东西不一定要有广延性。如果是这样,无广延的心灵为什么就没有存在地位呢?这种辩护对本体论的深入发展无疑有积极作用,因为它将把对存在意义或标志的探讨引向纵深,同时也有这样的启示:存在的样式应该是多种多样的,存在肯定不只粒子性、广延性这一存在方式,一定还有别的许多不同的方式,而且存在方式一定还具有开放性,即今后还可能出现现在没有的存在方式。第二,新二元论依据新的科学成果对传统二元论一直难以说明的不具有物质质量、材料和能量的心灵如何可能有原因作用、怎样发挥原因作用、异质的心物怎么可发生联系和沟通等问题做了较之以前更丰富、更具体的说明。第三,新二元论对意向性和意识这两大令唯物主义的自然化运动深感头疼的课题,做了深入、系统的研究,取得了大量可喜的成果,丰富了心灵哲学的认识。

二元论不仅有形式和内容的变化,而且在认识上还有真正意义上的进步。这表现在,除少数持顽固笛卡尔主义立场的二元论形态之外的大多数形式都放弃了心灵有自己独立本原的观点,不仅接受了唯物主义关于意识起源于、依赖于大脑的原则,而且做了颇有独到性的论证。但是由此出发对二元论的建构与发展以及对二元论概念所作的新的理解,则令唯物主义极为难堪。根据它们对二元论的重新界定,二元论的独特之处在于主张心灵或意识有自己不同于或高于物理实在的本体论地位。换言之,任何理论,只要不把意识等同于或还原于大脑过程,那么就都可看作是二元论理论。因此二元论只对立于等同论或绝对的本体论还原论。如果是这样，等同论之外的大多数唯物主义形态，如各种形式的功能主义、随附论唯物论、异常一元论、承认自然现象有层次性的各种自然主义就都成了二元论家庭的成员。更麻烦的是，根据这一看法，大多数普通百姓也都成了二元论者。因为他们心底里都潜藏着民间心理学。这种概念变化以及随之而来的哲学理论界限上的变化无疑给哲学研究尤其是唯物主义哲学提出了新的理论课题，例如该如何看待哲学基本问题？如何看待哲学的党性问题以及唯物主义与二元论的对立问题？最为麻烦的是，近代以来随着科学的进步以及自然主义的发展，大多数哲学家都以克服和超越二元论为出发点，但最终却投入了二元论的环抱。这是怎么回事呢？显然值得思考和研究。当然，应说明的是，笔者在这本专门研究新二元论的专著中并不认同二元论对二元论的泛化理解，而坚持较为严格的区分标准，即只把那些承认心灵有自己独立本原(至少承认某种非物质的东西在心灵的起源中发挥了作用)、承认心灵有独立本体论地位和因果作用的理论看作是不同于唯物主义的二元论，并据以去筛选本书要考察的对象。

最后，新二元论以自己所取得的"成果"为堡垒和武器，向占主导地位的唯物主义发起了一次次反攻和挑战。例如在上世纪最后的二十多年内，新二元论者基于他们发现的"感受性质"这一"新大陆"，向功能主义、同一论、取消论等各种形式的唯物主义发起了有力的批判。著名心灵哲学家、当代唯物主义的坚定支持者利康(W. Lycan)不得不承认："至少有八种不同的反对意见向功能主义以及一般意义上的唯物主义袭来。"[①]其实，如我们后面将考察的，反攻倒算的反唯物主义理论远不止八种。客观地说，在二元论的各种反唯物主义的论证中，有些的确是极其尖锐的，甚至是唯物主义在一定时期内难以化解或同化的，因此的确给唯物主义出了难题。还应承认的是，这些难题同样也是马克思主义在心物问题上所提出的"新唯物主义"的难题。但根据真理发展的辩证法，这些难题的出

① W. Lycan(ed.), *Mind and Cognition*: *A Reader*, Mass.: Basil Blackwell, 1990, p. 441.

现并非绝对就是坏事;相反,它们也可能成为唯物主义实现自己向更高水平发展的契机和助推器。当然这有赖于唯物主义者的积极的反应和冷静的研究。

多年来,笔者在跟踪西方尤其是英美心灵哲学的发展时,一直没有停止对二元论演进的留意和关注。值得庆幸的是,这一关注之所以能演变为大规模的全面深入研究,进而有现在这样一本研究二元论的“个头不小”的专著,则得益于教育部人文社科研究规划基金项目“唯物主义与二元论在西方心灵哲学中的最新发展研究”(08JA720011)的资助。在此,特致衷心谢忱。

第一章 二元论的起源、演变与类型

“二元论”作为“名”当然是为了表述事实上已存在的“实”即一种认识或理论而构造出来的。不同于一般的名实关系的是，二元论的名称大大晚于它的所指之实，质言之，作为实的二元论早就出现了，甚至在原始思维中就已萌芽，而其命名式却是在很晚才举行的。可考的资料表明：西文中的“二元论”（“dualism”）这一固定的名称，最先是由哈代（T. Hardy）所发明的。他在翻译波斯宗教的琐罗亚斯德教义中的一个富有个性的观点（即认为存在着行善之神和作恶之神这样两个对立神灵）时创造了这个新词。其词根 dual 源自拉丁文：duo。此词意义即“二”。与后缀合在一起所成的新词，最初指的是这样一种关系，即两个东西（如善和恶、善神和恶神）永远保持着对立关系。作为指称一种理论或认识的词，指的是关于两个不同部分之间的关系的理论。由此所决定，在日常运用中，它的意义很多。如在哲学中，它最初指的是这样的理论，即认为两个根本对立的东西之间有一种非常特殊的关系，它们并存而又没有任何关联，不能相互影响。就“二元论”的最一般意义而言，它指的是这样的观点，即主张某个领域或范围内有两类根本不同的事物，或有两类根本不同的原则。相比较而言，一元论（monism）是一种只承认一种事物、原则或范畴的理论，而多元论（pluralism）是主张有多种不同事物类型、范畴和原则的理论。

在哲学中，宗教哲学、伦理学和心灵哲学都有自己的二元论理论。它们的目的、内容迥然有别。就心灵哲学来说，标准的二元论有这样一些标志性的观点：(1)心身或心物在质上完全不同。(2)心身各有自己的独立的本体论地位。(3)心身各有自己的起源。(4)心身各有自己的规律。本书要研究的主要是这种意义上的二元论。当然，现实存在的二元论形态完全具备这些特点的不多，尤其是现当代的二元论更是如此。

第一节　心灵观念的起源与二元论的萌芽

如果说宇宙的进化具有突现性一面的话，那么，伴随人类的出现而突现出的前所未有的事件就是：人类的内感觉面前显现出了许多活动、过程、状态和事件。它们组成了一个不同于外部世界的内部世界。正像外感官直观到的自然事物千变万化、奥秘无穷一样，摆在人类内直观面前的想象、类推、情绪和梦等精神现象也同样富有神奇的色彩。然而人类一开始就有一种远远高于动物的好奇心和刨根问底的特殊本能，他们不畏艰难、不揣浅陋，大胆想象与猜想，对尖锐地摆在自己面前的现象提出种种解释，这样就出现了人类最初的灵魂观念以及相应的心身认识。

一、原始人的心身问题

心身问题是最古老的哲学问题之一。然而有趣的是，这个问题的最初形式不是由哲学家提出的，而是由刚从动物演化而来的原始人提出的。他们不仅提出了问题，而且借助他们所具备的回答这一问题、解释有关现象所需要的初步的主观条件，胜利地迈出了人类对心身认识的第一步。原始人来到这个世界除了像先前、像动物一样受着各种自然力量的困扰以外，还受着来自内外的各种问题的缠绕。在这个意义上，我们可以说，能否碰到或提出问题是区分人与动物的标志之一。

外部现象包括人的身体的作为引起了原始人的种种问题，内部现象和力量更是如此。原始人的心理是由动物的心理演化发展而来的，因而非常接近动物的心理。最初，人的心理生活中充斥的主要是无意识的东西，如无法克制的欲求、愿望、冲动性和反射性的行为。当然也有一些有意识的东西，如喜怒无常的情绪变化。人种学材料表明：社会发展的早期阶段，人的情绪波动非常大，比后来的人要神经过敏得多；精神病患者、喜怒无常者非常多。除上述心理生活以外，想象力也是最先出现并发生作用的心理形式，原始人自觉或不自觉地用它来认识解释世界。由于人有表象能力、想象能力，因而又使人的心理生活中突现出了梦这种形式。在这一系列内部现象出现的同时,人又在动物内部生活反馈机制的基础上出现了反省或内部直观能力。这种内直观能力是后来在理性的基础上通过反思来认识自我的前提和基础,因而是人类自我意识的觉醒与开端。然而当人们借助内直观来窥探自己的内部现象和力量时,就产生了比来自外部世界的困惑、惊恐更大的困惑和惊恐,如幻想、想象中的情景、自己情绪的千变万化和不可捉摸,特别是做梦这种往往使近现代人神魂颠倒的现象更使原始人惊奇不已、心神不安。总之,所有我们今天称之为心理现象的东西都在原始人脆弱、稚嫩的心灵中激起了无法平息的波澜,引起了一系列或清晰或朦胧的问题:那想象、幻想和喜怒无常的东西究竟是什么?那在梦中出现和活动的“我”、“你”、“他”究竟是什么?他们是由什么组成的?有什么作用?与肉体有什么关系?其他与梦中之我发生关系的人、事、情境又是怎么回事?是什么构成生与死的肉体之间的差别?是什么引起清醒、失神、疾病和死亡?上述问题就是原始人所提出的心身问题。它的表现形式极为朴素,因而更容易为人所理解。

二、原始灵魂观念的形成

原始心身认识有一个发生和发展的历史过程。在原始社会早期的血缘家族时期(相当于考古学上所说的旧石器时期的早期和中期,约30万年前至5万年前),原始人形成了自己的灵魂观念,第一次认识到了人有心身两重存在。在原始思维的互渗性的作用下,他们一方面以感性直观中的自然力量说明灵魂,另一方面又以刚刚形成的灵魂观念解释万物,从而导致万物有灵论或泛灵论(animism)这一拟人化的自然观的产生。

原始人不否认梦中的飞翔、幻觉中的现象的存在,并相信有一个东西在发现和组织自己的身体。当他们运用已有的心理能力来解释上述现象时就使灵魂观念呱呱坠地,认为那内在的中心——发现者、组织者、幻想者、梦游者——正是灵魂本身。它是另一个自我,是身体的幽暗的、气息一般的复制品。当然不同地区的人对它的称呼是不同的,如古罗马人称之为 anima 或 animus,即灵性或气息;18—19 世纪发现的未开化的原始人如北美东北部一半岛上的拿柏印第安人称之为“内在的朋友”或“我的朋友”，阿尔衮琴部族的印第安人称作“奥塔赫米克”；别的称呼还很多，如“乌耶哈”、“洛阿卡尔”、“吞吉”，等等。[①]

考古学的发现表明：灵魂观念在旧石器时代早期就产生了。因为在现今所发现的那时的墓葬中，随死者葬入之物通常为生活用品、装饰物、工具和武器等，这说明当时的人相信灵魂存在并在人死后继续存在，而且有种种生活需求。[②] 大量的资料不仅表明灵魂观念在原始社会早期存在的事实，而且还表明原始人对灵魂的特征有着大致相同的描绘。

首先，他们都把灵魂描述为身体的复制品，是与身体外貌相同的又一个“我”。它有头、手、脚和胃等；随躯体的成长、衰老而增加和减少身材与力量。不过灵魂不是由构成身体的东西构成的，而是由像影子一样不可捉摸的东西构成的，毋宁说它就是身体的影子本身。由于对灵魂持这种看法，许多原始部落如赤道附近的未开化民族正午时不敢外出，因为在正午，人是看不到自己的影子的，因而他们就以为，在正午外出，人的灵魂会跑掉；现今的有些原始部落不允许为他们拍照，因为他们害怕拍照时把他们的灵魂带走了。[③]

其次，他们都把灵魂描述成空气或气息一样的东西，认为灵魂是轻微的吹动(tenuis aura)。从语源学上我们可以看到希腊文和拉丁文的“灵魂”($\psi\upsilon\chi\eta'$或 psyche、pneuma，anima)一词其原初的意义都是“呼吸”和“气息”。[④] 未开化的梅兰内西亚底人由于也认为灵魂是气一样的东西，因而在人死后，就给死人洗尸、施膏，加以装饰，并将口、窍填满，臂与腿束起来，以为这样就把死者的灵魂封闭在内面了，从而使他不会出

① 参阅贝尔纳：《历史上的科学》，科学出版社，1983年，第46—47页；谢·托卡列夫：《世界各民族历史上的宗教》，魏庆征译，中国社会科学出版社，1985年，第36页。

② 可参阅泰勒：《原始文化》，连树声译，上海文艺出版社，1992年，第11—17章；弗雷泽：《金枝》，徐育新等译，新世界出版社，2006年，第18章。

③ W. McDougall, *Body and Mind*, London: Methuen and Co. LTD, 1915, p. 1；拉法格：《思想起源论》，三联书店，1963年，第122—123页。

④ 参阅拉法格：《思想起源论》，第123页。

来伤害活人。[①] 这种对灵魂的看法作为一种“古代残留物”渗透到了后来的观念中，如人们常把人死了说成是“人断气了”等等。

第三，灵魂在人死后仍然存在，或游荡于空气中，或寄存到树木、山河和动物或人等新的个体中。

第四，灵魂是生命的根源。灵魂离开身体永远不再回来，就意味着一个生命的结束。因此在原始人那里有一不成文的规定，就是在人熟睡时，不突然地、大声地把人叫醒，因为他们认为这样会把灵魂吓跑，或使外出游玩的灵魂忘记回来的道路；而当灵魂不能返回人体时，这个人就永远也醒不过来了。[②]

第五，原始人未能形成具有多种功能的、统一的灵魂观念，而认为一个人有几个灵魂或几个彼此分离的灵魂部分。人种志学的材料告诉我们：澳大利亚中部的各原始部族都认为，人体中有许多灵魂。在北美，灵魂由多数组成则被看成是一个定则。古埃及人认为，人至少有九个灵魂，或一个灵魂有九个部分。每个小灵魂都有七个哈托尔，即七个美丽女神，他们在孩子出生时都会到场。这些灵魂不在一处，而分布在身体的不同部位中。第一是始前生命精神阿库(aakhu)，位于血液里，既闪亮又发光，充满着智慧。第二个灵魂即阿布(ab)，位于心脏之中，是智慧、知识和理智的根据地。第三个灵魂即巴(ba)，是人的中心灵魂(heart-soul)，高贵而伟大，它是永恒不变的知识，人死时，它会飞到太阳神身旁。第四个灵魂即卡(ka)，是传统中的幽灵，在镜中可以看到的影子。第五个灵魂是凯布特(khaibut)，是肉体的影子。第六个灵魂即克哈特(khat)，是活着的肉体借以在死后复活成肉的物质。第七个灵魂即赛赫姆(sekhem)，代表的是人的生机。第八个灵魂即瑞恩(ren)，是人的名字。这名字很神秘和重要，因为抹掉人的名字似等于消灭这个人。第九个灵魂是萨胡(sahu)，象征心智与精神力量的统一。

---

① 马林诺夫斯基：《巫术、科学、宗教与神话》，李安宅译，中国民间文艺出版社，1986 年，第 30—32 页。

② 参阅 W. McDougall, *Body and Mind*, London: Methuen and Co. LTD, 1915, pp. 1-2。

三、原始人朴素的心身二元观念

在原始人的心身意象中，灵魂和肉体都不是统一体，因而一方也就不能以统一的实在与对方发生关系，而必以破碎的部分与对方的相应部分发生关系。

首先，如上所述，在原始人那里，尽管人与自然、主体与客体没有被明确分开来，但两者已为原始人的想象初步区分开来了，已被当作两种不能等同的存在，各有自己的起源、存在方式和作用。这也就是说，原始人的灵魂观念已具备了二元论的雏形。原始人认为，灵魂属于想象、幻想、生命的根源的那一重“我”，可以离开肉体而外出活动，而肉体不过是灵魂所选择一个暂时的寓所。尽管原始人有时也用肉体、自然事物的可感的形象、样式来说明和描述人的灵魂的特征，如说灵魂或某些灵魂部分有某种形体性、有颜色，但这不等于说灵魂是可以为外部感官所接触到的肉体本身，因为形体性、颜色只是灵魂的象征化的特征，而且是不可捉摸的；同时灵魂还具有肉体所不能具有的作用，例如灵魂可以主宰生命、可以展翅高飞、搏击长空，可以决定肉体的行动，有喜怒无常的情绪变化等。

其次，原始人还猜测到，灵魂与肉体之间有某种相互依赖性、有某种相互作用。灵魂尽管在一定的时间内可以离开肉体而游荡于茫茫苍穹，尽管可以往返于宇宙空间，但灵魂要存在和起作用就必须依附在一定的实物上。只有存在于人的肉体中，它才可以说是一个人的灵魂；只有寄居在树木中，它才可以说是一个丛林灵魂。

原始人还碰到了这样的问题：灵魂是否会随着肉体死亡而死亡？如果是不死的，可以自由出入人体，那么它们是怎样出入的呢？灵魂离开人体进入冥世后景况如何？冥世的灵魂与活着的人的关系怎样？活着的人应怎样对待冥世的灵魂？他们最大限度地发挥他们的想象力和处在上升发展过程中的思维力，对这些问题进行冥思苦想，于是就形成了关于灵魂的冥世生活的种种观念，陆续出现了各种各样的宗教信仰形式。灵魂不仅有一种冥世生活，而且在一定的时候，它还可以转世，即投胎在一个新的个体中，重新进入人世。爱斯基摩人相信：灵魂转生为人时，总是托生为其后裔,通常为孙辈。因此任一儿童均为其祖父母或已故祖先的灵魂所凭附。这样父母从不责骂子女,因为责骂子女就等于责骂祖先。当然这是一种特殊的灵魂转世说。[①]

第二节　古希腊哲学中的二元论

二元论的奇特之处在于,大多数人都认为它是错误的,都想克服或超越它,然而真正达到目的的没有几个人。有的即使打出的旗帜是唯物主义,但骨子里潜藏的却是二元论。只要他没有抛弃民间(folk)心理学,就一定如此。所谓民间心理学是每个正常人通过生物和文化遗传而天然享有的一种用来解释和预言人的行为的常识心理学知识,内隐于人的深层结构之中。这种内隐可看作是原始灵魂观念的内化或积淀,寻常不为人所知觉,但一旦有行为要予以解释和预言,便外显出来。不仅如此,它还有很强的渗透和扩张能力,如不知不觉地潜入我们的文化之中,乃至渗透到哲学和科学之中。神话自不例外。古人在创造神话时自然会把民间心理学印入其上。如希腊神话中有一则关于狄奥尼索斯(Dionysos)的神话,据说他是宙斯的儿子,继承了父亲的能力。而妒忌他的提坦诸神将他撕成了碎片,并吃了他的肉。然而,宙斯通过让他食用自己的心脏而让他复活了。同时,出于愤怒,宙斯又用雷来轰击这些恶神,让他们的残骸中长出了当时不被知晓的新后裔,这就是注定要死亡的人类。由于人是从提坦那儿诞生的,就具有双重本性,一是来自于提坦的东西,一是来自于存留于提坦身上的、由于吃食了狄奥尼索斯的肉而形成的奥林匹亚宙斯之神性。这一神话中的思想后为奥菲士教所发展,演变成了一种禁欲的生活方式,并通过这种原始宗教传给了毕达哥拉斯学派,再后来为柏拉图等人所继承。

古希腊各派哲学受古希腊神话的影响是众所周知的事实。在笔者看来,它们也必然受民间心理学的影响。它们从原始思维中不加批判地接

① 参阅 W. McDougall, *Body and Mind*, London: Methuen and Co. LTD, 1915, p. 124。

受了灵魂观念，把它作为一个天经地义的公设，因此这时的哲学家所做的工作不外是对之作出哲学的思考。他们的思考方式本身也表明，他们的心灵底层潜藏着二元论观念。因为他们提出和思索的问题不外是：心灵或灵魂究竟是什么？有何本质特点？这些问题本身就预设了灵魂的存在。就哲学的操作和结论而言，他们的共同倾向是根据各自所发现的本原，如水、气、火、原子、数等，来说明灵魂是怎样产生的，由什么东西而构成。由于所发现的本原有唯物论和唯心论之别，因此各派哲学对灵魂便有不同的理解或"还原"，所形成的灵魂学说便有不同的倾向，如唯物主义将其解释为物质本原的产物，而唯心主义由于将灵魂解释为精神本原的产物，因此带有更明显的二元论特点。这里我们只拟考察苏格拉底和柏拉图的二元论。

一、"认识你自己"与灵魂的单一性

在西方思想的穹苍，最先发出灿烂夺目光亮的智慧巨星要算是苏格拉底（前 469—前 399）。他不仅以其高尚的人格、理想化的道德情操感染和鼓舞了世世代代的人们，而且以其在哲学史上所起的转折作用、所提出的深刻的问题和思想在人类智慧的篇章中留下了光辉的一页。在心身认识史上，他提出的"认识你自己"这一具有战略意义的口号，以及把它付诸实施而形成的心身二元论，使人类对心身问题的认识跃入了一个新的境界。

在苏格拉底看来，他以前的思想家专注于自然而收效甚微。要改变这种局面，得到人们一直向往的真理，唯一的出路就在于"认识自我"或"认识你自己"。他说："关心和改善自己的灵魂，这是更重要的事情。"①他的学生柏拉图在《斐多篇》中记述了苏格拉底提倡并实施这一转向的原因与过程。苏格拉底曾经告诉人们：在他年轻的时候，他也学习过所谓"自然研究的哲学"，想由此知道事物的原因、本原之类。后来通过思考和

① 北京大学哲学系外国哲学史教研室编：《西方哲学原著选读》，上卷，商务印书馆，1987年，第 69 页。

研究,发现自己没有能力解释这些问题。[①] 执著于这种探索的人,“彼此如此疯狂地互相争执着”,[②]各自陷入无法自拔的矛盾,这些也给他以深刻的教训。在他踌躇不前、彷徨迷惑的时候,他接触到了阿那克萨戈拉的“奴斯”或“心灵”说,这恰如茫茫黑夜里闪现出的一线光明。苏格拉底高兴地说:“我在阿那克萨戈拉身上找到了一位老师,他所讲的存在的原因正中我的意。”[③]在他的启发下,苏格拉底完成了一项转向,即将研究的重心从外转向了内。他说:“我想不如求助于心灵,在那里去寻求存在的真理。”[④]

苏格拉底对自我的深掘,在心身认识上的直接后果是对灵魂的结构、本质和作用的第一次比较深入和系统的规定。

他继承巴门尼德的“一”的范畴,把“一”、“单一性”、“原子”和灵魂结合起来,使灵魂以新的特质和“面目”展现在人们面前。他认为,灵魂是单一体,而不是复合体,即是说灵魂是不可分割的东西。在这一点上,灵魂有点相似于原子,但从根本上说来,又不同于原子,因为灵魂不是一物质微粒。由这种对灵魂的根本规定出发,苏格拉底说明了灵魂的其他一些特性。

第一,由于灵魂是单一的,因而是不朽的,因为只有复合物才可以分解进而消失,而非复合物由于不能分解,因而就不会消灭。

第二,由于灵魂是单一体,因而无形无影。

第三,由于灵魂是“一”,且又永恒不灭、无形无影,因而才是真正的“始基”或“本原”。既然是本原,因而又是无始无终的。

第四,灵魂是自动和自由的,因为“自动者必为运动之起始(始基、本原)”。[⑤] “一切无灵魂的物体由外力而动,但有灵魂者则自己动,因为这

① 《西方哲学原著选读》,上卷,第61页。

② 参阅色诺芬:《回忆苏格拉底》,吴永泉译,商务印书馆,1984年,第4页。

③ 《西方哲学原著选读》,上卷,第62页。

④ 同上,第64—65页。

⑤ 柏拉图:《斐多篇》,245d,转引自叶秀山:《苏格拉底及其哲学思想》,人民出版社,1986年,第96页。

是灵魂的本性。”①

第五，从灵魂自身的构成来说，苏格拉底认为：灵魂里面居住着心灵或理智（Nous），②有时说里面有神智（$\delta\iota\alpha'\nu o\iota\alpha$）。按该词的希腊文意思来理解，有神智即是有精神或智能或思想。③ 总之灵魂中有思想或理智。由于有这些东西，灵魂就有其他事物所没有的功能或作用。这主要表现在，灵魂不再是一种感性的存在，而是一种理性的存在，具有认识对象、理解宇宙的秩序与规则的能力。由此所决定，人与对象的关系也不再是一种直接的、感性的、具体的、个别的关系，而是一种间接的、理智的、普遍的关系。

在说明心身之间的关系问题时，苏格拉底首先承认，两者是根本对立的。如灵魂是单一的，身体是复合的；灵魂是高尚而纯洁的，而身体由于充满着永远无法满足的欲望因而是可鄙的；灵魂是自动的，身体是受动的，尽管它是神按一定的目的设计制造出来的，具有一种非常美好的、与它的目的相吻合的结构，④但永远是受支配的；从认识论上来说，灵魂是不可感的，只能为它自身所具有的理智所把握，而肉体则是可感的。

二、三重灵魂说与古典二元论的完成

柏拉图（前 427—前 347 年）循着苏格拉底所开辟的路径，继续对自我、灵魂进行深掘，在揭示灵魂的组成部分及其相互关系方面作出了新的贡献，不仅丰富了人类关于心灵的认识，而且深化了心身、心物之间的区别和对立。因而有的西方学者誉之为“对心灵的结构提出有系统的说明的第一个人”。⑤

柏拉图对灵魂的构成成分及其结构的探讨是由苏格拉底的“灵通单

① 柏拉图：《斐多篇》，245d，转引自叶秀山：《苏格拉底及其哲学思想》，人民出版社，1986年，第 96 页。

② 参阅色诺芬：《回忆苏格拉底》，第 31 页。

③ 同上，第 131—132 页。

④ 同上，第 28—29 页。

⑤ 黑尔（R. M. Hare）：《柏拉图》，台湾联经出版事业公司，1983 年，第 98 页。

一说”所包含的矛盾与困难所引发的。最初他接受的是苏格拉底的观点，后来他发现这一观点与一些事实存在着不可调和的矛盾。因为既然灵魂是单一的，人的智慧、知识和美德就必然是同一的，但事实上有智慧有知识的人不一定有美德，有善的理论的人也不一定行善。此外，在日常经验中，每个人都能体验到自已内部的冲突，如在做某一件事或几项之中选择一项时，彼此矛盾的愿望和想法就会出现。这些说明灵魂并非是单一的，即要么人身上有多种不同的灵魂，要么灵魂内部有不同的部分。

柏拉图认为，人身上有许多不能归结到肉体上面去的属性，不仅认识、思想和感情不能，而且欲望也是如此，因为人有什么欲求并不能由肉体感官感知到，只能由内部体验得到。既然如此，既然它们彼此不同，有时还相互冲突，因此就不可能属于单一的灵魂，而必然各有其相应的承担者。他设想，灵魂中包含着三个部分。第一，“理性部分”，它是灵魂中最高贵的部分，是智慧、真正的知识、理性认识之依凭，是人区别于动物之根本所在，而为人神所共有。第二，“激情部分”，它是人与动物共同具有的灵魂部分。在人身上，它一方面与最低级的灵魂部分相联结，另一方面又与之作斗争而站到理性灵魂一边。它是勇敢这种德性的依托，在认识论上的特征是：坚持正当的合理的意见，对于伟大的、权威性的东西表示畏惧，但又不为情欲、享受所动摇。第三，“欲望部分”，是最低级的灵魂部分，表现为感性的需要、欲望，如饥渴、情欲等。在《蒂迈欧》篇中，他甚至还认为，人身上有三个不同的灵魂，即位于头脑中的理性灵魂，位于胸腔的充满活力或生机的灵魂(spirited soul，实质上就是激情灵魂)，位于腹部的欲望灵魂。① 不过这里应注意，柏拉图说灵魂有不同的部分或说有不同的灵魂，意思绝不是说人身上存在着几个没有任何联系的独立灵魂或灵魂部分。因为他所说的“部分”，原文是 μ \`εροs，有部分、份额等含义，不能由此引申为是指灵魂是由几块组成的，从而再引申为指有广延的物质性的东西；而只是一种譬喻的说法，即用描述物体的部分与属性的方

① 参阅 W. McDougall, *Body and Mind*, London: Methuen and Co. LTD, 1915, pp. 18-20。

式描述灵魂，旨在说明同一灵魂的不同活动方式，说明灵魂具有不同水平的精神能力。[①] 事实上，他曾在《斐多篇》中直接表达了灵魂具有统一性的思想，认为灵魂是理智的、始终如一的、不可分解的、不变的，这正是灵魂不同于肉体的主要标志之一。[②]

在论述灵魂各部分的功能及其关系时，他认为灵魂的理性部分由于是灵魂中的"一个较好的部分"[③]，因而它具有最重要和最神圣的功能，这就是认识和思想，即具有理智能力和智慧。激情灵魂的作用在于使精神振作、情绪高昂，坚持合理的意见，与理性和欲望相关联，一方面敬畏和支持理性，一方面同欲望作斗争。欲望灵魂是灵魂中"较坏的部分"，[④]因而它的作用就是不停歇地寻求满足。灵魂的三部分由于各具特定的、甚至相互矛盾的功能，因而在有时候，它们常常处于相互倾轧、彼此争斗之中，陷入一片混乱。当然在特定的条件下，它们又可以是和谐统一的。当理性不能很好地控制其余两部分特别是欲望灵魂时，它们就陷入争斗之中；如果理性能成功地让其余两部分服从自己，那么它们就组成一个和谐整体，就表现为美德。这似乎既避免了苏格拉底的矛盾和困难，又展示了人的内在复杂性与运行秘密。在这个意义上，我们同意说柏拉图是系统说明灵魂结构的第一个人。还值得一提的是，他把欲求纳入人的灵魂结构之中，为它在人的心理生活中谋求到了一席之地，并以此解释梦这种心理现象，这些思想都是新颖别致、极其宝贵的，开了两千多年后弗洛伊德等人的某些观点的先河。

在灵魂的本质问题上，他继承了苏格拉底的基本思想，即把灵魂当作不同于身体的东西，因为"灵魂是最初的东西，是先于一切形体的"。[⑤] 它本来存在于神那里，因而与神、与理念同族。由于神的安排，它才组合到

---

① 参阅范明生：《柏拉图哲学述评》，上海人民出版社，1984年，第459页；黑尔：《柏拉图》，第71—78页；W. McDougall, *Body and Mind*, London: Methuen and Co. LTD, 1915, p. 19。

② 柏拉图：《斐多篇》，80A—B，参阅范明生：《柏拉图哲学述评》，第458页。

③ 北京大学哲学系外国哲学史教研室编：《古希腊罗马哲学》，商务印书馆，1961年，第225页。

④ 同上，第225页。

⑤ 同上，第212页。

一个肉体中，成为人的一部分。由于灵魂源于神，与神具有“亲缘关系”(affinity)，因而是属于不同于有形体的物质世界（包括肉体在内）的理念世界中的一成员。

第三节　中世纪的宗教二元论

宗教二元论是二元论家族中最先产生出来的形式，而它内部又极其复杂，形式繁多。例如在中世纪，占主导地位的基督教和处在边缘地位的各种异教都有自己的二元论理论，而在基督教内部又有居主导地位的正统和受排斥的异端之别。另外，宗教二元论本身又有不同的形式，如善神恶神对立论、并存论，关于圣洁世界和污秽世界对立的二元论，关于灵与肉对立的二元论等。我们这里要考察的主要是中世纪的主流宗教在灵肉关系问题上所表达的二元论思想。

一、宗教二元论的起源、问题与异同

关于宗教二元论产生的根源，学界有不同的看法。常见的观点是从自然、社会、文化等方面寻找原因。一种新的观点别具一格，它把人类生来就有的这样的思维倾向或定势，即对事物的二分法或一分为二的分类方法当作二元论产生的原因。以研究中世纪二元论见长的罗马尼亚学者库里亚诺概述说：上述看法“坚持在人类学框架内为这一问题寻找答案，因为二元对立的分类法在他们看来倒不如说是‘人类思维的自然倾向’”。[①] 其根据是，在几乎所有民族中，最流行的分类法是二分法，如大与小、好与坏等。在宗教中，二元论是服务于神正论的一种策略。所谓神正论指的是这样一种理论，它为了调和神的仁慈与世上罪恶之间的矛盾而认为，罪恶的出现是为了惩罚人类的罪孽的。由神正论的目的所决定，二元论就强调善恶分别有其本原。这样做“即使多余”，但“发明一个次等本原作为邪恶的一原因就是一个一般策略”。[②] 总之，二元论“本质上是

① 库里亚诺：《西方二元灵知论》，张湛等译，上海人民出版社，2009年，第25页。

② 同上，第31—32页。

人类心灵为解释存在着明显缺陷而设计出的一种非常简单的方案”。[①]

关于宗教二元论的演化，一种观点认为，二元论最先产生于印度，后在美索不达米亚得到保存和发展，并在伊朗祖凡教的二元论形成中发挥了作用。再后按两条路线发展：一是传到西方，导致了灵知派的产生与发展，然后演化出了摩尼教等分支，二是传到东北的外高加索。另一观点是，宗教二元论“独立起源”于各个民族的宗教和神话之中。此为“独立起源说”。[②]笔者赞成后一观点。因为许多民族的原始宗教和民族—国家宗教在不可能与外界发生相互影响的条件下都形成了自己的二元论思想。

就西方中世纪宗教关于灵肉的二元论来说，大致可分为四种走向。一是倾向于柏拉图主义的实体二元论，二是倾向于亚里士多德主义的二元论。众所周知，亚氏把灵魂与肉体的关系看作形式与质料关系。两者有一定的独立性，但两者又有不可分的关系，因为人作为整体既不可能是孤立的肉体，也不可能是纯粹的灵魂。两者离开任何一方面都不能独立存在。这一理论的问题在于，与灵魂不朽、复活说存在着矛盾。为化解这一难题，中世纪的注解亚里士多德的一个权威亚味罗解释说：亚里士多德除承认灵肉之外，还承认理智的存在，它是决定行动的原则，可与肉体分离，是“由外”而来到灵魂内的，不是个人的组成部分，不会随肉体死亡而死亡，是一种灵智实体。[③] 第三种倾向是在柏氏和亚氏之外寻找出路的尝试。这是中世纪天主教的思想。中世纪哲学研究的权威法兰西学院院士吉尔松说：“基督徒努力打破柏拉图和亚里士多德给他们带来的死路。”[④]这第三条路线的基本主张是，“灵魂既是实体，又是形式”。灵魂既然是实体，便是不朽的；灵魂既然是形式，人便是统一的。吉尔松说：“天主教思想显然倾向一种省力的折中主义。”[⑤]第四种倾向是以诺斯替教为

① 库里亚诺：《西方二元灵知论》，第 33 页。

② 同上，第 5 页。

③ 吉尔松：《中世纪哲学精神》，沈青松译，上海世纪出版集团，2008 年，第 151—152 页。

④ 同上，第 152 页。

⑤ 同上，第 153 页。

代表的各种非基督教宗教的二元论。

就灵肉关系的具体问题来说，各教在一系列问题上都有不同的看法。如在不朽或永生的问题上，基督教教会的看法是，所谓不死是指生命能从死亡中获得自由的属性。圣保罗在《格林多前书15》中强调：死人是可以复活的，其根据是："假如死人复活是没有的事，基督也就没有复活。"而事实是基督确实复活了。死人是怎样复活的？复活的是什么？复活的不是身体，只能是有灵的东西，或灵魂。就像植物一样，已成形的谷子不可能复活，复活的只能是种子，"播种的是可朽坏的，复活起来的是不朽坏的。""播种的是属生灵的(animate)身体，复活起来的是属神(spiritual)的身体。"复活的过程是天主随自己的心意给它一个形体，使每个种子各有各的本体。① 这里的"属生灵的"指有生命的、有生气的。生命、生气是精神(spirit)或灵魂的表现。因为灵魂是生命的原则。因此之故，这里便说：既然有生灵，便可断言有精神或灵魂。从来源上说，最先的人亚当分别来自于地和天。从地和天分别得到了构成身体的质料(the material)和构成灵魂的气。英译本的表述是："Man the first is from the earth, material, man the second is from heaven."正确的翻译应该是："起初，人来自于地，是质料性(或物质性)的，接着他得到了从天上而来的东西"，即灵魂或精神。这样译也符合上帝造人的过程：上帝先抓一把土、照自己的形象造了亚当的身体，然后吹了一口气，使他有了精神。这气就是上帝从自身吹出的圣灵。

关于灵魂有两大争论，一是灵魂是先于身体还是不先于身体，二是它是被创造的还是不被创造的。奥古斯丁认为，灵魂是被造而不先于身体的。德尔图良认为，灵魂不先于身体，但也不是被创造的，此即灵魂遗传论。奥利金主义认为，灵魂是被造的，但率先存在。还有一种观点认为，灵魂先于身体而存在，但不是被单个创造出来的。北美的许多人相信，有

① 《哥林多前书》第15章，《圣经》，中国天主教主教团印，第1786—1788页。参阅 *Holy Bible: The New Testament*, New York: Doran & Company Inc., 1922, pp. 229-230。

一种永恒的灵魂原料柜，单个灵魂来自于它，人死后又复归于它。

应承认，西方各种宗教在心身关系问题上确有共同的观点，如二元论。各派所论证的二元论，尽管有自己的特点，但也有共同倾向。库里亚诺指出，在研究宗教二元论的过程中，"出现了为'二元论'寻找不变量的不懈努力。这至少在某些圈子里导致了一种信念，即确信西方二元论诸思潮拥有若干共同特征，如反宇宙主义，或者这个世界是邪恶的观念；反躯体主义，或者身体是邪恶的观念；禁欲主义，即苦行主义，以至于禁止婚姻和生育"。除这些共同特征之外，诸宗教的二元论还有一些不太普遍的特征，如"幻影论"。它认为，基督在十字架上的受难和死像他的身体一样只是幻觉。还有素食主义、反律法主义，即反对公共秩序等。[①] 库里亚诺的论述揭示了宗教二元论"在宗教上"的特征，即从二元论中所挖掘出的宗教意义。在笔者看来，诸宗教二元论除了这些宗教上的共同特点之外，还有哲学上的共同特点，例如基于一种更为宽松的本体论标准，它们不仅承诺了人的精神的本体论地位，而且还强调非人精神如天使之灵、恶魔之灵等的本体论地位；不仅承诺了人的有限精神的存在，而且还肯定存在着一种无限的精神。由此看来，诸宗教的二元论不仅关心人的心身及其关系问题，而且扩展了思考的范围，试图探讨更为广泛的心与物及其关系问题。更重要的是，由于诸宗教在思考心物关系时不仅带有一般的形而上学动机，而且带有宗教的神学、神正论、价值观、人生观等方面的诉求，因此提出并探讨了较之世间哲学更多的心物关系问题，如自由意志与善恶的关系问题、灵魂与人的解脱、得救的关系问题等。

二、教父哲学的心身学说

中世纪之初的基督教哲学家对心身问题重视的程度并不亚于古希腊罗马的哲人智者。但两者关心与重视的动机则大相径庭。后者探讨心身问题主要是为了求理解、求解释、求认识，即是根源于形而上学自然倾向。虽然不能说前者完全没有这种动机，但驱使他们思考心身问题的主要是

① 库里亚诺：《西方二元灵知论》，"英译本前言"，第3页。

宗教神学方面的原因，即是为着使基督教教义理论化和系统化，为着"拯救灵魂"和"人类超度"。

我们先看教父哲学家们的二元论。所谓教父是指基督教的护教士和著作家。由于他们在宣讲教义和制定理论方面为基督教作出了贡献，后来罗马教会就把他们当作元老看待，尊称为教会的父老，简称为教父。他们的哲学思想和理论即教父哲学。

（一）格列高利的灵魂学说

尼萨的格列高利（Gregory of Nyssa，约生于 331—340 年间）是教父哲学的代表人物之一。20 世纪以前，无论是教内还是教外，他的思想被认为没有什么地位因而不受重视。20 世纪以后，人们的看法发生了转化。有论者认为，他对心身关系作了深入研究，其《论灵魂与复活》等书足以表明这一点。他探讨这一问题的目的有两方面，一是要为基督教在灵魂问题上陷入的莫衷一是做正本清源的工作，二是要为人们的有希望的幸福生活找到生存论、心灵哲学根基。

在人的构成问题上，他有三种说法：一是认为人由心与身或灵与肉两方面构成；二是认为人有身、魂、灵三方面，"身"指的是人的营养部分，魂即感知觉部分，灵即理智部分；第三种说法是把与身对立的心分为三部分。他说："一部分是生长和滋养的力量，它为身体提供一切适合其营养的东西，称之为植物灵魂。第二部分……还拥有根据感知觉调整活动的能力。"第三部分是理性灵魂，其作用是认知。[①] 这里我们按他的第一种说法分析他的心身学说。

他认为，人的灵魂尽管有三个部分，但它仍是一个统一体。他说："绝不可因此以为在人的复合本性中有三个灵魂相互衔接，……真正而完全的灵魂当然只有一个，就是理智的、非质料的。"[②]由此，他引申出了灵魂的单一性的特点。

---

① 格列高利：《论灵魂与复活》，石敏敏译，中国社会科学出版社，2004 年，第 19 页。

② 同上，第 36 页。

灵魂尽管只有一个，但却有多种不同的作用，如"它贯通各个感觉器官，明白外界事物"。此外还能控制身体及外部事物。他说："推动各个器官发挥作用、使用相应器官对付所出现对象的，只有一个，就是心灵。"[①]

基于上述分析，他对灵魂做了如下界定：灵魂是一种被造的、活生生的、有智慧的实体，它把生命力和把握感觉对象的能力从自身发送给结构精致、感觉灵敏的身体。理智乃是一个有智慧的实体所进行的活动，它深居于我们身体之内，通过我们身体的感官发挥作用。从认识上说，它不是感官所能知道的，它没有颜色、形状、硬度、重量、数量、大小，也不是一个点，它没有任何可以在物体中被观察到的属性。[②]

如果灵魂是有智慧、单一的东西，那么该如何理解欲望和愤怒呢？它们与灵魂是同质还是不同质的？这是世间的心身学说不太感兴趣而为基督教哲学所关心的问题。他强调，在处理这类问题时，不能用逻辑推理去解决，不能用两匹烈马加骑手的隐喻去说明，不能用艺术的方法去想象，而要以《圣经》为准绳。据此，他认为，情感等不在灵魂之内，它们是不同质的。他说：凡灵魂的优点没有不属于神性的，……任何与神不同的都在灵魂之外，……如果把……诸如此类的情感也看作与我们的本性同质，那么，这个定义将永远不可能刻画我们的本性。人的本性就是要成圣，而成圣就是要否定、超越这些情感，如摩西已经战胜了愤怒与欲望。他在一切人面前都是温顺的，那些能引起常人欲望的东西一概不能打动他。

宗教像世间哲学一样，必然会面对这样的心身问题，即灵魂是有形还是无形的。格列高利对此的回答是："心灵乃是属理智的无形之物"。[③]按一般常理，存在的东西都是有形的，灵魂既然无形，它怎么能存在？他像其他二元论者一样意识到，承诺灵魂存在是需要论证的。为此，他构想了多种论证，其中最主要的是因果作用论证。他指出，正如看到衣服会想

① 格列高利：《论灵魂与复活》，第15页。

② 同上，第37页。

③ 同上，第21页。

起裁缝、看到船只会想起造船匠一样,看到世界的万事万物的出现及其奇妙的配合难道不能使我们想到其后的具有更大能力的存在者吗?他还意识到,要证明灵魂存在或不存在,必然涉及如何理解存在、存在的标准等本体论问题。一般人的存在标准不外是有物体性和可见性。格列高利认为,如果坚持这一标准,无疑要否认神和心灵的存在。问题是,这一标准是有问题的。格利高利用反推方法论述了这一标准的错误:如果神和心灵确实存在,那么上述标准便是狭隘和低劣的世界观。他质问道:如果根据此标准,那么主持一切的全能的神岂非也应该说是不存在的?同理,常见的只有可见的才是存在的这一看法,也是不能成立的。

在灵魂是否不朽的问题上,他相信灵魂是不朽的。他首先强调了这一信念的道德和生存论意义,认为有这一观念的人比没有这一观念的人,会有更好的道德生活。因此这一学说是高尚道德的基础。从解脱论上说,一般的人之所以害怕死亡,以死为最大苦难,根源在于他们不相信灵魂不朽。

在心物关系问题上,他的看法有两方面。就人的心与身的关系来说,由于两者根本不同,因此"身心的结合是一种难以言喻的、不可思议的关联,心灵既不是在身体'里面'(因为无形者不可能包裹在形体里面),也不是在外包围身体"。"心灵靠近身体乃是以某种难以名状、无可理会的方式进来与它接触的。"①就世界上一切灵魂而言,它们的居所有这样几种情况:一是在天上,这里没有形体,只有纯灵魂,如天使;二是在地上,在这里,人的灵魂以特殊的方式与身体关联;三是在地底下,在这里,灵魂从身体中解放出来了;四是魔鬼或精灵的世界,这里的存在没有身体,由意志的作用而背离了善的目标,因此是乖戾本能的化身。

(二)奥古斯丁的二元论

奥古斯丁(354—430)是教父中的最大权威,认为哲学主要关心两个问题:一是"认识上帝",一是认识灵魂。他在提出"认识上帝"的口号的同

① 格列高利:《论灵魂与复活》,第38页。

时，又像苏格拉底一样提出了“认识自我”的口号。[①] 正是由于有认识灵魂、自我的强烈要求，因而他就通过特殊的方式对灵魂的本性和作用等进行了较深入的思考。

奥古斯丁的灵魂学说有时把灵与魂分开来理解。他说：狭义地用这两个词，可以把“灵”看作是魂中的一部分。“‘灵’是指灵魂的一部分，而不是全部。”这里的“灵”也可称作“心”。《圣经》一些地方所用的“心”“意指的必须理解为”别的地方所说的“灵”。“对于我们的‘心’，我们通常理解为就是我们的理性和理智能力。”[②]之所以可把心称作灵，是因为人是凭灵才有理性、智性和智慧的。因此灵可以说是魂中的高级的部分。当然这是狭义上所说的灵。如果在广义上使用，则可以说，“无理性的动物的魂可以在灵的广泛意义上称为‘灵’”。[③] 不过，他又强调：“虽然分开来称呼，也应视为同一个东西。”[④]当然，魂与灵还是有区别的，正因为如此，他才说“人就是由这三者（身、魂、灵）构成的一种东西”。[⑤]

灵魂究竟是一种什么样的存在呢？奥古斯丁的看法是，是气一样的东西。他说：“‘气息’和‘灵性’不是两种不同的东西。”如果“气息”指的不是圣灵，那么主在复活之后向人们“吹一口气”时，就不会说“你们受圣灵”这样的话了。[⑥] 奥古斯丁还从词源上做了分析，指出：希腊文的“气息”是“ipnoe”，可用不同的拉丁词来译，如有时译为“flatus”，即气息；有时译为“spiritus”，即灵性；有时译为“inspiratio”，即呼吸。他还认为，在《约伯论》里，“气”这个词“指的就是圣灵”。[⑦] 因此把“气息”理解为圣灵“更可靠”。[⑧] 他有时还说：灵像风一样。他根据《圣经》描述说：灵既不是父，又

① 参阅叶秀山等编：《西方著名哲学家评传》，第2卷，山东人民出版社，1984年，第330页。

② 奥古斯丁：《论灵魂及其起源》，石敏敏译，中国社会科学出版社，2007年，第311页。

③ 同上，第313页。

④ 同上，第294页。

⑤ 同上，第294页。

⑥ 同上，第210—202页。

⑦ 同上，第203页。

⑧ 同上，第204页。

不是子，当“从天上有响声下来，好像一阵大风吹过”（《使徒行传》，2：2）的时候，它“如火焰的舌头，分开落在他们各人的头上”（同上，2：3）。[①] 一旦灵来到身子之中，身子就成了“圣灵的殿”。[②]

奥古斯丁把灵魂解释为气，是否意味着抛弃了二元论而赞成物质一元论呢？从表面上看，答案似乎是肯定的。因为如果气是物质性的、形体性的东西，那么灵魂也是如此。实则不然。原因在于，他这里至少区分开了两类气，一是空气之类的有形之气，二是无形之神所吹出的无形之气，而灵魂只属后者。他说：“我并没有说灵魂是一种像空气一样的实体。”[③] 因为灵魂是“完全无形的”，而空气是有形的。[④] 这气息“既不是活的，也没有感觉。而神吹出的气息既有生命又有感知觉”。[⑤]

灵魂是怎样产生出来的呢？他的回答是，是神创造出来的。不过，要注意，神造灵魂的方式与一般人创造事物完全不同，如他既不是用物质造灵魂，也不让灵魂从自己变出来，即灵魂不是出自神自身。因为神是同一不变的，而灵魂是“可变的”。如果认为灵魂来自神本身，那么灵魂就成了不变的，而这与它的本性相矛盾。奥古斯丁说：“它必然是从虚无中创造出来的，当然是神自己创造出来的。”这就是说，灵魂既不用物质作材料，也不用神身上的东西作材料，而完全由无变化而来。[⑥] 他的这一关于灵魂的被造说无疑是独具一格的，既不同于出生说、质料构成说、气构成说，也不同于流溢说。他强调：“说它是出于神的，是因为它以神作为它存在的主，而不是说它是他所生的，或者是从他流溢出来的，而是说是他创造、塑造、形成的。”因为神的创造有两种，一种是不借助任何别的实体，“也就是说是绝对从虚无中造的，比如天地”，另一种是“从已经造好的存在的另外的东西中造出来的”，如女人从男人中被造出来。灵魂是按第一种方式

① 奥古斯丁：《论三位一体》，周伟驰译，上海世纪出版集团，2005年，第33页。
② 同上，第38页。
③ 同上，第292页。
④ 同上，第293页。
⑤ 同上，第256页。
⑥ 奥古斯丁：《论灵魂及其起源》，第189页。

被造出来的。

在人得到灵魂的方式的问题上，过去有注入论和繁殖论之争。奥古斯丁与维多克一样承认人是由于神的恩赐才有灵、魂的，但神是通过繁殖还是通过吹气或注入而使人有灵的呢？维多克认为，是通过吹气。这种观点就是“注入论”。而奥古斯丁认为，是通过繁殖。神“造了人的整个身体”，“他造人体是通过繁殖的过程”，同样灵也是这样被造的。[①] “人体的各个部分，……整个实体都是神亲自赐给人的，但是他是借繁殖赐给的。”[②]这就是关于灵魂来源的繁殖论。

神也是一种精神性存在，灵魂与神是什么关系呢？灵魂尽管来自于神，如通过遗传、繁殖让人在从父母生出来时获得灵魂，灵魂的构成中有神所吹出的气，但灵魂不是神，甚至不是神的本性的构成部分。可以说“父、子和圣灵是同一个本性”，但不能说灵魂与神是“一个自我同一的本性”。[③] 维多克坚持的正是把灵魂当作神的本性的一部分的观点。奥古斯丁认为，神是一种特殊的实体，如三位一体，而人的灵魂却不是这样。[④]

由此可以引出这样一种关于世界大全的二元论结论，即世界上的存在有两种，一是受造的，二是非受造的。两者都以神为主。神以外的一切为受造物，而三位一体中的子与灵为非受造物。“神所生育的就是他的独生子，神所流溢的就是圣灵。这三位一体乃是一个自我同一的本性。因为这三者其实是一，每一个都是神，合起来乃是同一个神，是不变的、永恒的、没有开端的，也没有终末。”[⑤]

关于人这一小宇宙，奥古斯丁的看法也是二元论的，即每个人都有灵与肉两个根本不同的部分。当然，两者不是拼凑在一起的，而是结合为一

① 奥古斯丁:《论灵魂及其起源》，第 204—205 页

② 同上，第 210 页。

③ 同上，第 225 页。

④ 同上，第 33 页。

⑤ 同上，第 226 页。

有机整体。如果人是灵与肉的统一体,那么人们自然会提出这样的问题:身体受伤时,灵魂是否也受伤?他的回答是否定的。“如果灵魂确实可能被那些伤害身体的人所伤害,我们岂不是有充分的理由担心它也可能被那些杀害身体的人所杀害?然而,主亲自十分明确地宣称这是不可能发生的事。”①

(三)德尔图良的异端性的灵魂观

德尔图良(Tertuuian,145—220)是生于北非的早期拉丁护教士的代表人物之一。为了让基督教系统化、理论化,直至成为占统治地位的意识形态,他写了大量论著,如《论灵魂的见证》、《论反异教的信条》、《论显现》等。其灵魂学说不仅在基督教中别具一格,而且在一般的宗教中也十分罕见。他不否认灵魂的存在,也赞成灵魂不朽和复活,还承认灵魂由上帝所创造,但别出心裁地主张:灵魂不是纯精神性的,而有形体,或者说是物质性的。很显然,他关于灵魂本身的构成及本质的观点十分接近于唯物主义,因而受到了18世纪唯物主义者如拉美特利等人的高度评价。

他尽管对基督教以外的世俗哲学,甚至包括被其他基督教哲学当作思想来源的柏拉图和亚里士多德等人的哲学,持一概否定的态度,但对斯多亚派的哲学则情有独钟,正是从这里,他找到了他的心身学说的原料和根据。在肉体的本质和价值问题上,他反对柏拉图贬斥肉体、把肉体当作灵魂坟墓的思想,指出肉体不是监狱,而是“上帝的殿堂”,因为“它在基督之中”。② 从价值上说,肉体是人存在的前提,因为只有先有肉体,才有人的存在。另外,肉体本身并不是邪恶的,毋宁说,肉体本身是善的,它后来作恶是出自灵魂的选择。在灵魂的起源及本质问题上,他的论述较之正统的观点走得更远。他承认,灵魂是一种实体,但这种实体并非是纯粹精神性的、没有形体和物质质料的东西。他说:“实体产生于上帝的气息,不

① 奥古斯丁:《论灵魂及其起源》,第303页。

② 德尔图良:《论灵魂》,第53章,转引自赵敦华:《基督哲学1500年》,人民出版社,1994年,第109页。

朽的、占据着身体,具有形式的简单实体,本性中有理智。"[1]在他看来,一物要存在,必须是一个"体"。这种体也可看作是一种实体,即有形之体。而体就是由部分构成的东西,"部分可以有大有小,占据或大或小的空间位置",根据这一定义,一切有部分的东西都是体,如"空气是体,可见的光是体"。[2] 他赞成《圣经》关于灵魂起源于上帝所吹之气的观点,但做了自己异端性的解读,即认为上帝所吹的气是物质性的气,这是典型的反繁殖说的注入说。由于注入身体的气是物质的,因此由之构成的灵魂自然也是物质的。

他对灵魂不朽、复活也做了独特的论述,认为人死后灵魂仍是存在的,不过,仍保持着物质性,因为它与肉体分离后仍会保持对身体的记忆。在神的本性问题上,他也表达了新的见解。他不否认神是精神性存在,但又认为神也有形体。他说:"正如灵魂是有形体的,同样神也是有形体的。"[3]

(四)维克多的灵魂论

维克多(Vincentius Victor,300—363)是4—5世纪之交的一位基督教信徒(原为罗格派的信徒,后归信大公教会),不赞成奥古斯丁的灵魂观,而坚持和发展了德尔图良的观点,认为灵魂是物质的,不来自于无,也不是由受造物造出来的,不是从神之外的存在者中造出来的,而是从神本身中造出来的,即来自于上帝神圣的呼气。质言之,灵魂是"神圣本质的呼吸的一些分子"。[4]

他认为,灵魂是离不开肉体的,因为若无肉体,灵魂是不能做任何事情的,也没有任何价值。灵魂本是清洁的,但结合到肉身便使自己染罪,如果能接受洗礼,便可使它脱罪。在没有进入肉体之前,当然不可能从肉

---

① 德尔图良:《论灵魂》,第22章,转引自赵敦华:《基督哲学1500年》,人民出版社,1994年,第108页。

② 转引自奥古斯丁:《论灵魂及其起源》,第262页。

③ 同上,第230页。

④ 同上,第252页。

身得到这种罪过。

他不像德尔图良那样认为神是形体，但承认灵魂有形体，因为若没有形体，就会成为空洞的虚无，成为像空气一样的无用实体。因此他说："灵魂不是灵，而是体"，这就是说灵魂是有形体的。[①]

在灵魂的起源问题上，他根据《圣经》认为，灵魂不是神通过繁殖的方式创造的，而是神在独特的创造活动中通过在人身上吹入新鲜的气而创造的。[②] 这也就是说，他也像德尔图良一样赞成关于灵魂起源的注入说。

在人的构成问题上，他也承认人的灵肉构成说，即认为人是灵与肉的统一体。如果认为灵魂可分为魂与灵两部分，那么也可以说人由肉、灵、魂三部分构成。外在的人是肉体，内在的人就是魂，再内在的就是灵。换言之，身体内居住的是魂，魂内住的是灵。这些论述没有什么新意。他的独特之处在于强调，这三部分都是有体的，只是其精细程度不同罢了。[③]

三、正统经院哲学的心身学说

经院哲学是基督教哲学在西欧中世纪的又一种表现形式。由于它是在宫廷学校和基督教的修道院等地方研究和宣讲的，故称经院哲学。产生于公元 9 世纪，经过几百年的发展，到 14 世纪走向衰落。经院哲学内部有正统派和非正统派之分。托马斯·阿奎那(1225—1274)既是亚里士多德哲学注解的最大权威，又是正统经院哲学的系统化人物。这一部分我们主要考察他的心身学说。

托马斯反对柏拉图主义的二元论，而倾向于亚里士多德主义。他尽管热衷于阐释亚里士多德的心身学说，但又不是简单重复，而有自己的发展。他像亚里士多德一样认为。任何事物都是质料与形式的统一。质料本身是未被规定的，不是现实的存在；形式亦即"隐德莱希"(entelecheia)

① 转引自奥古斯丁：《论灵魂及其起源》，第 189 页。

② 同上，第 201 页。

③ 同上，第 295 页。

则是使存在特殊化的原则。灵魂与肉体的关系正是形式与质料的关系。他明确把亚里士多德的“灵魂是肉体的形式”的原则复活过来，说：“灵魂本是身体的形式。”他的发展表现在借鉴了其他人关于灵魂是实体的观点，并把两者糅合在一起。他的新的折中的看法是，灵魂既不是以形式为职能的实体，也不是一个能成为实体的形式，而是一个拥有实体性、并且赋予实体性的形式。其特殊性在于，是一种无形的实体。[①] 这就是说，灵魂作为实体，不是物质性、形质性实在，而是一些作用的集合，是可能性的实现，其中最重要的作用是决定生命的有无，因此灵魂可看作是生命的原则。尽管不是物体，但有存在地位，不过没有个体事物那样的地位，只有抽象存在的地位，可以称之为“亚实存”(subsisting)。

灵魂发挥其作用离不开身体，就此而言，灵魂有对身体的依赖性。就性质而言，灵魂与身体又是两种根本不同的存在。这种不同在于，灵魂没有形体。从作用上说，灵魂有认识事物本性的理智作用。就此而言，灵魂是人身上的另一个不同于物质性形体的本原。他说：“人的理智活动的本质——其被称为人的灵魂——必然是某种非形体性的以及亚实存的本原。”[②]另外，灵魂不能存在于形体之中，因为如果那样的话，形体的本性会阻碍灵魂对形体及其本性的认识。

既然灵魂是具有独立性和特殊本质的精神存在，因此灵魂的结构功能和不死问题就可以而且必须予以讨论了。他认为灵魂是统一的，但有多种功能，如生长能力、感觉能力、欲望能力、自由意志、自发运动和理智能力等，其中理智能力为人所特有。因此，他特别重视它，给予了较多的关注，认为理智是一种“主动性的原则”。由于它有主动性、能动性，因而构成了人的灵魂的唯一基础。值得强调的是，托马斯还像柏拉图一样赋予灵魂以意志的功能，认为肉体欲望是由自由意志所推动的。而人有自由意志表明，人之内有一个不同于别的一切原因的另一本原，即自己决定

---

① 参阅吉尔松：《中世纪哲学精神》，第157页。

② 《神学大全》Ia,75,2,转引自约翰·马仁邦主编：《中世纪哲学》，中国人民大学出版社，2009年，第288页。

自己。托马斯根据亚里士多德的观点指出:“所谓自由就是原因自身,因此凡被他者所推动的就不是自由的。”[①]就整个宇宙而言,一切由上帝推动,以上帝为原因,因而没有自由;但就人被造了自由意志而言,人有相对的自由,如可在行为之间作出自己的选择,可以发动和制止自己的活动,等等。而有自由就有自己的原因作用,这作用不同于自然规律的作用,因此是另一非自然的本原。当然他对意志采取了一种贬斥的态度。认为意志活动与肉体快乐一样不是幸福的基础,相反只能妨碍人们得到真正的幸福。

他还承认灵魂不死、死后复活。不过,这续存的灵魂不是一个物体,更不是完整的人,而是纯粹的理智,或者说是以“实质或潜在性”的形式存在的。因为人发挥它的理解和意志作用是离不开灵魂与身体的结合的,而当自身灭亡后,这种结合解体了,因此灵魂的理智作用只能以潜在性存在。他说:“理智和意志作为确定的能力,与灵魂相关,被看作灵魂所固有的,因而在身体死后灵魂的这种能力在灵魂中必然持续存在着。但是,有些能力需要身体与灵魂结合为其主体……当这种结合毁坏后,这样的能力也不会以实际存在的方式持续,它们只能在灵魂中以实质的形式存留。”[②]这种存留是贫乏的,无活力的,但随着上帝在基督中的道成肉身,人们能够基于此而以身体的方式被复活。

他的意向性学说也体现了他把心与身独立化的二元论思想。他是西方最早提出和思考意向性问题的哲学家。困扰他的问题有三方面。一是实践或行动方面的问题:人为什么会做出这样那样的行动?有时为什么会不惜一切代价去行动?在行动之前,行动要得到的东西为什么能浮现在头脑之中?它们是什么?与实际要得到的是什么关系?二是一种认识论上的诧异:头脑之外的有广延形象的东西为什么能进入心灵之中为其

① 阿奎那:《论罪恶》,转引自约翰·马仁邦主编,《中世纪哲学》,中国人民大学出版社,2009年,第281页。

② 阿奎那:《神学大全》Ia,75,6ad3以及Ia,77,8,转引自约翰·马仁邦主编:《中世纪哲学》,第290页。

所思考？这是如何可能的？简言之，作为心灵的实在为什么、又是怎样把它之外的东西"弄到手"加以把握的？三是本体论方面的困惑：在内浮现的目标、对象等是不是一种存在？如果是，它们是一种什么类型、性质的存在？为什么有这些存在？

他借鉴前人的有关思想，尤其是引进"意向的"这一关键概念。通过对它的独出心裁的阐发，似乎在其中找到了化解上述难题、惊诧的一切答案。质言之，精神转化靠的就是这种意向，而转化后的存在则是一种新的存在方式，即意向的或内在的存在。因此，"意向的"一词在他那里便具有极为丰富的内涵：一是意动层面的内涵，它似乎能说明人们为什么会作出行动，其根源在于有这种意向（意愿、对所渴望对象的追求），而所追求的对象最初是以意向的方式存在的；二是认知意义上的内涵，它指的是对象转化为精神中的存在方式，即意向的方式；三是本体论的意义，即认为存在除了别的方式之外，还有意向的存在方式，或内在的存在方式。

四、灵知派的二元论及其他

在中世纪，除基督教创立了自己的灵肉二元论之外，其他处在边缘地位的宗教也有自己的二元论思想。我们这里重点剖析灵知派的思想。

灵知派（gnosticism），又译诺斯替（或底）派。前者是意译，后者是音译，指的是一个与基督教大约同时产生的异教派别。它约产生于公元 70 年之后，其早期主要代表人物有 2 世纪的巴西利德（Basilides）、瓦伦廷（Valentionus）等。摩尼（生于 216 年 4 月）也是灵知派体系的最成功的传播者、发展者。他后来还创立了同属基督教异教的摩尼教。对于该派的归属，学界有不同的看法。有的认为，它是基督教内部的一种发展，有的认为它是基督教的异端，还有的认为是更广泛的独立于基督教的运动。现据该派研究专家罗宾逊（J. M. Robinson）的看法，我们把它看作是"一种综合性的混合主义的新宗教"，[1]即融合多种宗教而成的不同于基督教

① 罗宾逊等编：《灵知派经典》，杨克勤译，华东师范大学出版社，2008 年，"英译者导言"，第 11 页。

的宗教。其思想渊源主要是伊朗的二元论和基督教的部分思想。

从表示该教的词根不难发现，该派特别重视属灵的救恩知识。Gnositic，本意即认识。在诺斯替教中，它指的是一种特殊的知识，即来自神灵的、可以拯救人类的知识，通常简译为“灵知”。该派追求的目标是获得救赎，而手段是灵知。在宇宙起源问题上，该派认为，有两个世界：一是灵界，它由元始灵力或“移涌”双双结合而成；二是人所居住的现实世界，它由众天使所造，而非由至高神灵所造。

诺斯替教的核心思想是广义的二元论，如宗教二元论、道德二元论、灵肉二元论等。据希腊护教士伊里奈乌（Lrenaeus，约 120—202）的概括，诺斯替的二元论旨在解释善恶之起源和有限无限的关系，因此包括这样一些内容：造物主包含着某种不可命名的二元，此二元中的一个是“不可说”，另一个是“沉默”。“从这个二元中产生出第二个二元，其中之一叫‘父亲’，另一叫‘真理’。从这个次二元生成出‘逻各斯’和‘生命’，‘人性’和‘神性’”。[①] 这就是说，人的善与恶、神性与人性的矛盾都有其最初的根源。根源不同，后来的善与恶也泾渭分明、相互对抗。

对灵魂的起源与演化，该派是这样描述的：最初，灵魂与造物主住在一起时，“她是童贞和双性的”。这就是说，灵魂本身就是本原，从来就有。后来，随着它向身体的堕入，从此便开始了痛苦的、被愚弄的历史，一系列变化接踵而至。首先是性别发生了变化，即“确实是阴性，她甚至有子宫”，此子宫不在身内，而绕着身体外周。灵知派的经典说：“进入此世的时候，她就落在许多强盗手中，那些淫荡的造物将她彼此转送。”[②]她被众人玩弄，后被遗弃，成了可怜的寡妇。她什么也没得到，“连一点食物也没有留下”。在这种状况下，她期盼着父或主的拯救。

父怜悯她，“让她的子宫翻转，不让它向外界敞开，他还要将她的子宫

① 伊里奈乌：《驳异端》，第 1 卷第 11 章第 1 节，转引自赵敦华：《基督教哲学 1500 年》，人民出版社，1994 年，第 88 页。

② 罗宾逊等编：《灵知派经典》，第 215 页。

向内翻，使灵魂重新获得自己应有的本性”。[①] 此翻转等于她受了洗礼，随之而来的污秽被涤净了，进而重新获得了她的本性的新生。后来，天父为她选了新郎。两者结合，她便“从他那里得了子粒，这子粒乃是赐生命的灵；她就借他生子，且养育他们。这是大而完美的生育奇迹。靠着父的旨意，这婚姻成了完全”。[②] 由上不难看出，灵魂是可以得救的，而此“得救并不是由固定的语句、专业的技能或书本的知识”所使然，而是靠父的恩典。[③]

灵知派后来的代表人物雅各布·波墨(1575—1647)认为，上帝如果没有儿子，他的形象就是邪恶的，即是魔鬼的形象，只有在基督里，原始黑暗才变为上帝。肉身是“冷冻的欲望”。与灵魂对立的是肉体或身体。而人有两种身体，如亚当就是如此，一是光明的，二是黑暗的，后者类似于世界幽灵。[④]

总之，灵知派的二元论带有神秘主义特征，它除了有反宇宙主义的特征之外，还强调人类的精神部分与超越的神性同质。

关于灵知派二元论的历史地位，库里亚诺指出，该派的“地位特别复杂”。一方面，它不属于西方历史的范围；另一方面，它又影响了西方的思想史。例如到了17世纪，西方再次与它交会。“经过奇怪的迂回，灵知派传到歌德那里，之后又到了黑格尔那里”，再后又影响了浪漫主义。“关于灵知派的争论，近来出现在政治科学中，更近的则是在科学哲学，尤其是生物学中”。[⑤] 在笔者看来，学界之所以关注它，围绕它展开争论，一方面是因为它提出了许多稀奇古怪而又有思考价值的思想，例如它的极其广泛和别具一格的二元论思想；另一方面，它的思想无论是在宗教还是在哲学中都有举足轻重的地位，例如曾影响过黑格尔和浪漫主义等。

---

① 罗宾逊等编：《灵知派经典》，第218页。

② 同上，第220页。

③ 同上，第221页。

④ 参阅库里亚诺：《西方二元灵知论》，第60页。

⑤ 同上，第4页。

第四节 近代哲学中的实体二元论

实体二元论是二元论发展史上较极端的形式，因为它不仅强调心身二者都有自己的本体论地位，互不依赖，各有自己的决定论规律，而且认为两者各有自己的独立起源。这种实体二元论主要产生和盛行于近代唯理论哲学之中，例如笛卡尔、马勒伯朗士等人对之做了标准的阐释。我们不妨把它称作“经典的二元论”，以区别于其他形式的二元论。

一、笛卡尔的心身二元论和交感论及其相互矛盾

笛卡尔(1596—1650)是近代资产阶级哲学的创始人之一，也是在数学、力学、生理学、心理学等领域均有建树的科学家。在对心身问题的沉思中，他提出了心身二元论和交感论(interactionism)。这两者显然是相互矛盾的。有意义的是，近代心身认识的发展又主要得益于它。

他是这样求证精神的存在及其本质的：在每个有理性的人的一生中，至少应把世界上的一切东西普遍怀疑一次；据此，当他自己这样做时，就发现：我虽然怀疑一切，但有一件事情我怎么也无法怀疑，那就是“我在怀疑”本身。“我在怀疑”也就等于“我在思维”，而怀疑或思维这件事无可怀疑本身就表明，思维者即自我的存在也是无可怀疑的。因为有思维必定有思维的主体。如果承认思维不可怀疑而同时又否认思维者存在那就陷入了自相矛盾。因此结论就出来了：“我思故我在”(Cogito, ergo sum.)。由于他把“我”或“自我”与“灵魂”(anima)、“精神”(esprit)、“心灵”(mens)等词同等使用，即用来表示思维者或思维主体，因此说“我存在”也就等于说“精神存在”。他关于精神存在的论证还很多，如本体论论证、认识论论证、可设想性论证、模态论证等。这些都是后来有关论证的思想渊源。在后面的适当地方，我们再来一并考究。

什么是精神、什么是思维呢？它们各具什么本质特征呢？关系如何？他认为：所谓精神就是“一个在思维的东西，一个没有长宽厚的广延性、没有一定物体性的东西”。[①] 但精神又是一种实体性的存在，即是一个支撑

① 笛卡尔：《第一哲学沉思集》，庞景仁译，商务印书馆，1986年，第55页。

着一些本质属性而自身又不依赖于其他东西的基质或主体,因而精神又可以称之为精神实体。“这个实体的全部本质或本性就是思维”,①就是不占有广延。在承诺精神的存在地位的同时,他还认为,物体或身体或肉体(corps)也是如此。他说,肉体是“一个有广延而不能思维的主体”,或者说广延性的直接主体就是物体。②

笛卡尔研究心身关系的重要结论是心身二元论。如前所述,精神能思维而无广延,肉体有广延而不能思维。两者性质截然不同,互不相干,甚至各自可以独立存在。既然两者没有任何相同相通之处,那么它们就不能互相产生、互相决定、互相影响和作用了。这就是近代的实体性的心身二元论。

笛卡尔作为科学家不仅不否认心身之间有相互影响和作用的事实,而且还以科学家所特有的敏锐的眼光捕捉到了,并生动地再现了这些事实,还借助类化、想象等方法对心身相互联系的过程、环节等做了大量的描述和分析。这样在心身关系问题上,与二元论并立,他又提出了心身交感论。他说:“我不但住在我的形体里面,就像舵手坐在他的船上一样,而且此外我还和这种形体紧密地联系在一起,高度地搅混在一起,因而我与它组成了一个单一的整体。”③

很显然,笛卡尔的论述陷入了二元论与交感论的矛盾。因为心与身如果是二元异质、根本不同的,那么它们就不可能发生交感;如果两者可以交感,那么就不是根本不同的,而应具有某种同一性、同质性。正是这一矛盾,使心身问题具有了全新的意义和巨大的吸引力,引起了许多哲学家和科学家的关注,从而推动了后来心身认识的发展。

二、海林克斯和马勒伯朗士的“偶因论”的心身平行论

笛卡尔在心身问题上所陷入的矛盾首先在笛卡尔派内部掀起了巨大的波澜,成为他们攻克的主要堡垒。经过探索,荷兰的阿诺尔德·海林克

① 笛卡尔:《第一哲学沉思集》,第 82 页。

② 同上,第 162 页。

③ 北京大学哲学系外国哲学史教研室编:《十六—十八世纪西欧各国哲学》,商务印书馆,1975 年,第 180 页。

斯(1625—1669)和法国的尼古拉·马勒伯朗士(1638—1715)等人作为笛卡尔派中的权威人物(后者专门研究笛卡尔著作达十年之久),提出了颇有影响的偶因论的心身平行论(Occasionalisme-parall'elisme,英文为Occasionalism-parallelism)。

他们消除笛卡尔的矛盾的办法是以更鲜明的态度肯定和坚持二元论,而否弃交感论,然后另辟蹊径解释事实上存在的心身相互配合、彼此一致的现象。

海林克斯认为,既然心身没有相同之处,那么它们之间的联系就是不可能的,或者说是咄咄怪事。马勒伯朗士通过对心身各自的构造和本性的分析说明了这一点,并进一步证明了笛卡尔的二元论。他根据二元论指出,心对身或身对心的表面的作用只是一种偶因或机缘(occasio),即一种对对方没有实际作用的现象、一种巧合的现象。他有时把偶因称为"自然原因",而"自然原因并不是真正原因",只是真正的原因即上帝发生作用时的征兆或信号。引起身体活动或精神活动的"唯一原因"或"真正原因"只能是上帝,而且世界上也只有上帝才能称得上是严格意义上的原因。他认为,没有上帝的作用,任何物体不可能有运动,人的身体也不可能有运动,甚至连一个小指头都动不起来。

总之,身体与精神之间没有因果联系、相互作用,而只有平行对应、互不相干的关系。就像墙上挂的两个时钟一样,它们走得一致和不一致并没有任何的相互影响。它们平行发展而又协调一致,这是上帝所使然;它们不一致又是上帝在那里及时地予以调拨,使它们重新一致起来。这是西方心身认识史上涌现的又一新的心身理论——心身平行论。为了区别于莱布尼茨等人的心身平行论,我们把它称作偶因论的心身平行论。

三、斯宾诺莎的心身两面论[①]

著名荷兰哲学家斯宾诺莎(1632—1677)既继承了笛卡尔所倡导的几

① 斯宾诺莎的心身学说的性质特征问题是一有争论的问题。有的人认为它是一种心身平行论,笔者认为它是一种心身两面论。参阅拙文:《也谈斯宾诺莎关于身心关系的理论》,载《外国哲学》,第七辑。

何学方法，并把它推广到更加广泛的对象上，如用来分析人的愤怒、悲伤和愚昧等，又坚持了笛卡尔的唯理论的认识论思想。但在心身问题上，两位伟人则分道扬镳。斯宾诺莎在批判笛卡尔的心身学说的基础上，创造性地提出了独树一帜的心身理论——心身两面论（double aspect theory）。

斯宾诺莎像笛卡尔一样承认，心灵和身体、思想和广延是两种在类上根本不同的东西。但是斯宾诺莎又认为，心身并不是两个根本对立的实体，思想与广延也不是两个实体的根本规定性。因为世界上只存在着一个实体，这就是神或统一无限唯一的自然。实体尽管只有一个，但它的属性无限。当然人所能认识到的属性只有两个：广延和思维。由于实体具有上述两种属性，因而作为实体的特殊样态或表现形式的具体事物如人、马、山、水等也就同时分有这两种属性。即是说，任何一个样式或具体事物；如果从广延方面来说就是一个有广延的东西或一个物体；如果从思想的属性方面看，则是一个思想的样式或精神的存在。他说："广延的一个样式和这个样式的观念是同一的东西，不过由两种不同的方式表现出来罢了。"[①]如一杯水，从广延方面来说就是一杯有形体和液态的水，从思想的属性方面看就是关于一杯水的观念。任何事物都是这样，它本来是一个东西，当人们从两方面去看它，或者说用两种不同的符号系统去描述它时，它就可以有两种不同的名称或称谓。心灵和身体正是这样。两个名称所表示的本来是同一个东西，当从广延方面去看即用物理学的、生理学的述语去描述它时，它就是肉体；反之，当从思想的方面去看它即用心理学的述语去描述它时，它就是心灵。

人身上表现出来的任何属性或人从事的任何一种活动也可以从两方面去看。通常所说的思想、情绪活动，如"心灵的命令"，与身体的动作就是人的同一活动的两面。他说："心灵的命令、欲望与身体的决定在性质上，是同时发生的，或者也可以说是同一的东西，当我们用思想的属性去

① 斯宾诺莎：《伦理学》，贺麟译，商务印书馆，1983 年，第 49 页。

观察，并用思想的属性去说明时，便称之为命令；当我们用广延的属性去观察，并从动静的规律去探究时，便称之为决定。”①这就是斯宾诺莎的心身两面论。

斯宾诺莎试图坚持一元论，如既不把心身当作两个独立的、不同的实体，也不把两者看成是由某种同一的本原所派生出来的并列的、具有同一性的实体，而是把它们看作是同一实体或同一实在的两个并行不悖的方面。当然由于他所说的实体同时具有广延和思维两种属性，这两种属性又是根本不同的，而他又没有明确肯定谁是第一性的，因此尽管他克服了实体二元论，但并没有从根本上避免二元论。因为把属性二元对峙起来，与把实体二元对峙起来尽管表现形式不同，但并无实质的区别。

四、莱布尼茨的“前定和谐”的心身平行论

莱布尼茨(1646—1717)是科学史上最富有创造才能和卓越成就的人物之一。在心身问题上也是如此，他提出了思想深邃、逻辑严谨的“前定和谐”的心身平行论。莱布尼茨继承了笛卡尔的二元论，认为精神与形体或灵魂与肉体是根本不同的，分属于两个根本不同的界域或王国。但他对笛卡尔的交感论则极为不满，认为笛卡尔的交感论一旦被铲除了，笛卡尔的矛盾也就迎刃而解了。笛卡尔为什么提出令人讨厌的交感论？莱布尼茨认为，这“是由于他的时代人们还不知道一条自然律，即物质中的全部动向也是守恒的”。② 笛卡尔看到了运动量的守恒，但由于他不知道物质形体在动向方面即运动的方向上也是守恒的，因而认定形体需要接受灵魂的作用，以确定自己的动向，所以就不得不提出交感论而陷入自相矛盾。

他的心身学说是建立在单子论的基础之上。在他看来，单子是没有广延性的实体。它既然没有广延性，因此也就没有部分，没有形状，不可分，因而是真正不可分的单元。由于“一切自然变化都是逐步造成的，有

① 斯宾诺莎：《伦理学》，第103页。

② 《十六—十八世纪西欧各国哲学》，第497页。

的事物变化，有的不变，因此在单纯的实体中必须有许多特殊状态和关系"，即单子里必然包含一种"多"的暂时状态。这种状态不是别的，而是无数的、各种各样的"知觉"。[①] 由于单子中的知觉有清晰程度上的差别，因而单子也就有高低等级的差别。有些知觉细微而不清晰，这就是赤裸裸的单子状态，具有这种单子的事物就是无机物。而构成动物的单子则不同，它有较清晰的知觉，即有记忆、联想和想象能力。因此动物中的中心单子可以称之为灵魂。人的中心单子也可以称之为灵魂，不过，人的灵魂除了有上述知觉外，还有理性、统觉(apperception)即自我意识或反省反思认识，因而只有人的灵魂才可能称得上是"理性灵魂"或精神。[②]

可见莱布尼茨赋予了人的灵魂以能动性、无限性、完满性等特点，但对精神的本质的看法与笛卡尔并无实质的区别，即都是把它当作一种无广延的、实体性的存在。

在心身的相互关系问题上，莱布尼茨强调，心与身尽管是统一的、结合在一起的，但根据他对心身各自本质规定性的论证又必然得出结论说，两者是根本不同的。麻烦在于，莱布尼茨不否认存在着这样的现象或事实：心灵与身体是相互配合、彼此协调、步调一致的，就像两个走得绝对准确、一致的时钟一样。[③] 对这些又应作何解释呢？莱布尼茨认为，心身的协调一致不是相互作用的结果，因而两者只能是平行对应的关系；但是这种平行对应又不是根源于"偶因论"所说的那种上帝的时时刻刻的指挥和安排，而是根源于"神的一种预先设计而制定的'前定和谐'的方式"。[④] 根据所谓的"前定和谐"的观点，心身之所以彼此配合、适应，完全是由于上帝在创造身体和灵魂时所作的精妙的安排。因为上帝是全智全能的，他必然设计制造出绝对准确、没有误差的钟表，即必然安排好身体与心灵在以后一切可能条件下的活动，并让它们彼此协调一致、相互配合而不出

---

① 《十六—十八世纪西欧各国哲学》，第484—485页。

② 同上，第488页。

③ 《莱布尼茨自然哲学著作选》，祖庆年译，中国社会科学出版社，1985年，第74页。

④ 同上，第91页。

任何差错。具体说来，即是上帝在创造理性灵魂时，就已经安排好了它以后的一切可能的活动、变化和发展以及与其他事物包括身体的联系与配合；同样，在创造身体时，给了它足够的动力和动向，并让它在何时何种条件下如何与灵魂配合。

应该看到，莱布尼茨并未像他所预期的那样真正解决了心身问题，消除了笛卡尔等人的矛盾。非但没有，而且自己同样陷入了矛盾。这主要是因为，他不是在心身之间建设桥梁，而是加剧它们的裂痕，深掘它们之间的鸿沟，使之成为两个各自独立的界域或王国，从而使它们根本无法联系和交感。为了说明它们事实上存在的协调一致的现象，而不得不抬出马勒伯朗士等人所利用过的上帝。因此他对马勒伯朗士等人的嘲弄现在又适用于他本人了。因为他所说的上帝实质上仍是一个"救急神"，不同在于，他只求助了上帝一次，而马勒伯朗士时时刻刻得抱着"救急神"。

第五节　二元论的类型与本书的主题及结构

从时间上说，二元论是人类智慧所分娩出的最早的理论；从样式上说，它有不计其数的个例。在现代以前就数不胜数，再算上由现当代热衷于创新的思想家所创立的二元论样式，该家庭不可谓不大；从范围上说，"二元论"并非哲学的专门、固有的概念，而是一个广泛应用于哲学、宗教、道德、政治、科学乃至日常生活中的概念。方便我们从心灵哲学角度予以研究，更好地突出心灵哲学的二元论的本质特点，这里有必要对它的不同用法和意义进行考察，进而在此基础上作出逻辑的梳理。

纵观它的各种用法，可以从中抽象出它最一般的意义，即它指的是这样一种态度或思想或理论，即主张两种实在或对象之间有本质上的不同质性，各有自己的独立存在地位，互无关联，不可通约，不可还原或归并。如果要站在最高的层面，对之作完全周延的分类，那么最好是按它作为语词被运用的领域来进行分类，如把它分为宗教二元论、道德二元论、政治哲学中的二元论、科学及科学哲学中的二元论、日常生活中的二元论、心灵哲学中的二元论。当然还可从时间上把它分为原始思维、古代、中世纪、近代和现当代的二元论，从地域上把它分为西方、中国、埃及和印度的二元论。我们这里按第一个分类作一梳理。

一、宗教、伦理、政治中的二元论及其泛化

如前所述，作为一种哲学理论，二元论最早是以心物或心身二元论的形式表现出来的，而且其雏形早在原始思维中就已出现了。但长时期内，这种理论有实无名，即没人为它举行命名式，没有人把它们称作"二元论"，而称之为"灵魂观念"之类的东西。然而奇怪的是，最初的"二元论"这一称呼又不是为心身二元论定制的，而是为表述宗教中的一种理论而构造出来的。当然，在后来的语言运动中，"二元论"更多地是在"心身或心物二元论"的意义上被使用的，因此几乎成了心灵哲学的专有名词。尽管如此，其他领域中也经常在泛化、扩展的意义上使用该词。为了更好把握心灵哲学中的二元论的特点，我们这里拟对其他泛化的用法稍作考察和梳理，以便为比较各自的特点提供参照系。

(1) 道德二元论。它强调的是善与恶、正义与邪恶、美与丑、光明与黑暗是两种根本对立、彼此对抗的力量或道德原则。这种理论和后面所述及的二神论一样，不一定否定一神论，只是强调有两种对立的道德力量在起作用。

(2) 宗教中的二元论。它除了表现为道德二元论这一形式之外，有时还以二神论的形式表现出来。后者是多神论的一种形式。宗教二元论的一般观点可概括为，有两个至高无上、相互对立的力量或神祇主宰着世界。可对之作出不同分类，如一种分类是把宗教二元论分为绝对和相对两种。前者认为，两个本质都是永恒的，拜火教就持此论。后者认为，一个本原来自另一本原。这被产生的本原一经出现后便又有自己的独立地位和作用。中世纪基督教异端鲍格米勒派就倡导这一理论。根据对两种本原由对抗导致的不同结果的看法来分，可把宗教二元论分为辩证论二元论和末世纪二元论。前者认为，两种本原处在不断的、反复的争斗中，谁都吃不掉谁。后者认为，两者的争斗以一方战胜另一方而告终。根据关心的主题可把它分为三类：一是围绕圣法和凡俗及其关系所产生的二

元论。几乎所有宗教都把这两者看作是两种独立的实在或价值，并强调它们的对立，如有的宗教认为前者是未受触动的、圣洁的原始创造力，后者是消逝的、凡俗的，既不充实，也无意义。二是围绕善与恶两种对立的力量产生的二元论。三是围绕创造与破坏、生与死的对立所产生的二元论，如印度教认为有这样两种力量，一是能创造的、有生命的毗湿奴，二是起毁灭作用的、会死亡的湿婆，两者是对立的。根据善神恶神的关系，可把宗教二元论分为两种，一是善恶二神对立论(ditheism)。它强调的是两者的对立。因为它认为，一个神的作用是创造，而另一个神的作用是毁灭。二是善神恶神并存论(bitheism)。它认为，同时存在的善神和恶神并非绝对不相容，只要处理好关系，两者是可以和睦相处的。人的行为的目的就是要促进善与恶的和谐。

宗教二元论的分类还有很多，如从激进程度看，有激进二元论和温和二元论之分。前者认为两大本原永存。后者认为，恶的本原由于前罪(如提坦神杀死宙斯之子)而在给定时刻出现。从对冲突的持续时间的看法上看，如果认为两种本原的冲突注定要消失，那么坚持的就是末世论的二元论。如果认为，冲突将不断循环，无有终结，那么就陷入了循环论或辩证论的二元论。从对世界在这种冲突中的地位的看法看，有反宇宙的二元论和亲宇宙的二元论。前者认为世界、身体是邪恶、堕落的；后者认为，世界是善的，没有必要予以否弃。综合地看，世界各种宗教由于具有各自的特点，因而表现为不同类型的二元论，如琐罗亚斯德教表现为激进的、末世论的、亲宇宙的二元论，奥菲士教的二元论是激进的、循环论的二元论，印度的二元论也是激进的、循环论的二元论，柏拉图主义和灵知派的二元论是温和的、末世论的、反宇宙的二元论，摩尼教的二元论是激进的、反宇宙的二元论，新柏拉图主义的二元论是温和的、循环的、亲宇宙的二元论，曼达派是激进的二元论，神格唯一论的清洁派的二元论是温和的、反宇宙的。

就宗教二元论和道德二元论的关系看，二神论即使隐含着道德二元论，两种二元论也不能等同。因为二神论认为至少有两个神，而道德二元论强调的并不是神的存在。从宗教的二元论与心灵哲学中的二元论的关系看，两者的确有联系，如强调神的存在及其作用实际上是以对人的精神的认识为基础的，是将关于人的精神的观念加以泛化用以解释复杂事物的产物。例如，以多神论形式表现出的万物有灵信仰不过是对世界的拟人化解释的产物。但也应看到两种二元论又有重大区别。后者所说的二元的对应要严格得多，强调的主要是世界和人（或其中的部分）中的心与物是二元对立的，而不讨论价值性对象（如善与恶）的关系。前者则相对宽泛，广泛涉及灵魂与肉体、形式和质料、光明和黑暗、善神与恶神、正义与邪恶、幸福与不幸等二元对立关系。

宗教二元论在各种宗教中以不同的形式表现出来。在古埃及的宗教中，有这样的二元论，它认为，破坏之神赛特和丰收之神俄赛里斯是两种对立的、水火不相容的神。在古希腊的赫西俄德神谱中，宗教二元论的形式比比皆是。东方的中国和印度的古老宗教中，二元论也十分明显。基督教也有宗教二元论因素，这主要是受诺斯替教影响的结果。库姆发现的《死海古卷》中有这样的故事：上帝给人类的天使有两种，即光明天使和黑暗天使。后来的基督教中，有许多派别明确坚持二元论，如幻影论把物质和灵魂对立起来，认为物质的本质是罪恶，灵魂是一种在前的实体。公元2世纪中期以诺斯替基督教徒马西昂为代表的二神论认为，《旧约》中的上帝是次于最高神的创造者，换言之，这个上帝与最高神毫无共同之处，前者创造了人和世界，而后者至高无上，与创造活动无关，与被创造的世界也无关，他的作用是将自身显现于耶稣之上，以拯救世人。

（3）在当今的认识论、科学哲学、政治哲学和女权主义文献中，“二元论”一词也常被使用，其意义与心灵哲学中的二元论几乎没有关系，应特别当心。例如在认识论中，常把强调主观与客观、主体与客体、观察者和被观察者的对立、二分的观点称作二元论。科学哲学中除了有这些用法之外，还把强调观察与理论、经验与理论的二分的观点称作二元论。波普尔有时还把强调假设与实验反驳的二分论称作二元论。政治哲学的二元论强调的是立法、行政两种权力的二分。在女性主义文献中，人们常把二元论看作是西方文化的基础。这种二元论与心灵哲学中的二元论有一定关系，不同在于：它不是从本体论上看待心物二分的，而更多是从价值论上着眼的。女权主义对这种作为西方文化基础的价值性的二元论做了猛烈批判，认为这种文化的特点是强调精神或心灵的优先性，而贬斥、压抑身体及其本能。

(4) 常识中的"二元论"用法。例如人们常把过分强调两个东西的对立的观点、立场或方法称作二元论。这指的实际上是一种范畴分类方法，即二分法。这种二分法适用于许多关系，如正与反、好与坏、自我与非我、主与客，等等。因此"二元论"一词在日常生活中适用的范围是极其广泛的。

二、心灵哲学中的二元论

心灵哲学中的二元论有不同的分类。首先，通常的方法是把它分为实体二元论和属性二元论。现今流行的二元论大多属后者。当然，这种二元论内部也非常复杂，既有唯物主义的，也有非唯物主义的。这样说似有自相矛盾之嫌。因为根据传统的看法，二元论在本质上是一种唯心主义，而唯心主义与唯物主义水火不相容，怎么会出现唯物主义的二元论呢？尽管这不符合传统的逻辑，但事实上确实发生了，而且这种形式的二元论还很多，如解释主义、双重语言论、随附论、突现论的唯物主义等等。如果改变思路，严肃认真予以思考，也没有什么不好理解和解释的。因为现当代唯物主义和二元论在长期的论战中，双方的许多论者不再完全固执己见，而善于从对方吸收合理的思想及论证。这样一来，便出现了相互靠拢、乃至融合的新趋势。唯物主义的二元论其实是一种带有折中性质的理论，即既是唯物论，又是二元论；既不是唯物论，又不是二元论。

其次，从语言的角度，还可把二元论分为实在层面的二元论和语言层面的二元论，如前述的实体和属性二元论就属前者，而双重语言论、谓词二元论则属后者。我们这里简要分析一下谓词二元论。谓词二元论是语言分析方法运用于心身问题而产生出的一种二元论理论。从基本精神上说，它既坚持了传统二元论的某些思想，如它从语言的角度强调：如果世界上的一切存在都能用物理语言予以描述，都能用物理学予以全面的解释，那么可以说世界是物理的，物理主义是正确的，二元论是错误的。但问题是，心理学或心理主义谓词，如“有意识的”、“感觉到疼”等，对于对世界的全面描述来说是必不可少的。如果没有它们，对世界的描述和说明将不完满。因此要完全描述和说明世界，两类语言必不可少。谓词二元论强调，由此并不能得出本体论二元论的结论。因为如果心理语词经过一定的方法和环节可还原为物理语言，那么就只能得出物理主义的结论。问题是，两种语言究竟有无可还原的关系呢？谓词二元论的回答是，心理学谓词不能还原为物理学谓词。因为要把前者还原为后者，必须有这样的把两类状态关联起来的桥梁规律，以至于心理谓词的运用并未携带任何这样的信息，即不用它，此信息就根本不可能被表达。例如心理学之外有这样一个真实还原的例子，即水还原为 H_2O 的例子。在这里，水就是 H_2O。其还原说明是这样的“某物是水，当且仅当它是 H_2O”。如果一个人想用“H_2O”代替“水”，那么只要在说出“H_2O”时传递出了“水”一词的全部信息或相同信息就行了。谓词二元论者强调，心理谓词是不可能用这种方法还原为物理谓词的。它们所描述的东西除了与它们的构成或结构有关之外，还与它们实际所做的事情有关。表述它们的名称是按它们的功能作用授予的，因而是功能词项，而非自然类型词项。与此同时，这些状态还可以多样实现，即是说，它们可以由不同环境下的不同物理因素所构成，正像桌子既可用木材做成，又可用玻璃式钢材做成一样。由于有这些特点，人们就不能像用“H_2O”替换“水”那样，用更基本的物理表达式替换心理谓词；即使替换了，也会丧失原来的词的许多信息。福多从一般科学哲学的角度论证了高层次谓词不能还原为基础的物理学谓词，而戴维森则论证了心理学谓词的不可还原性，因此两人都倡导谓词二元论。①应特别注意的是，这些理论尽管披上了“二元论”的外衣，但一定不能将其

① J. Fodor, “Special Sciences and the Disunity of Science as a Working Hypothesis”, *Synthese*, 1974(28): 77-115. D. Davidson, “Mental Events”, in L. Foster and J. W. Swanson (eds.), *Experience and Theory*, London: Duckworth, 1971, pp. 79-101.

等同于传统的二元论，因为它只关心不同科学语境下事物由以被描述的方式及其关系，而不太考虑事物本身究竟有无不同，有什么不同。因此，不同于传统二元论的地方在于，它们并没有明确承诺心理现象的独立的本体论地位。

第三，从心身能否相互作用的角度可把二元论分为交感论或相互作用论（承认两者可互为因果）的二元论、平行论（双方互无作用，各自绝对独立，自类相关、相联、相互作用）的二元论和副现象论（只承认从身到心的上向因果作用，否认有从心到身的下向因果作用）的二元论等不同形式。

第四，从激进程度可把它分为强硬的二元论和温和的二元论两种，[①]例如主张心身二者不仅独立存在、各有自己的因果作用，而且还有各自独立、互不相关的本原，这类实体二元论和属性二元论就属前者，而查默斯等人向唯物主义一元论做了让步、承认心灵有对物质的依赖性这一类的二元论则属后者。

第五，从心灵在心身关系中的地位划分，二元论可分为这样几种形式：一是认为心理和生理都只是属性、都依赖于肉体的二元论，如属性二元论、两方面论、查默斯和麦金等人的自然主义的二元论就属这一类型；二是强调灵魂主导身体的二元论；三是构成性二元论。它又有多种形式，如其中一种形式认为，人的心理属性属灵魂所有，物理属性属身体所有。因此人可等同于心物组成的组合体，笛卡尔的二元论和现当代的笛卡尔主义式的二元论是其典型。托马斯·阿奎那的二元论是构成性二元论的又一形式。他根据亚里士多德的观点提出：形式是事物的决定因素，但形式又有两种，一是"偶然的形式"，它可以解释事物的偶然属性，二是实体的形式，它是可以解释事物之存在或本质的东西。在有生命事物之上，灵魂即是他所说的实体的形式，人的灵魂是决定他的复杂物理和心理本质的东西。他对灵魂的独特的看法是：思维等心理属性并不是灵魂特有的，

---

① R. Swinburne, *The Evolution of the Soul*, Oxford: Clarendon Press, 1997, p. 10.

而是整个人的作用,换言之,灵魂并没有心理属性,它本身也不是心智。

第六,从灵魂在身体中的数量来分,二元论可分为如下几种:一是一灵魂论,坚持实体二元论的大多数论者都可归入这一阵营,认为身体只有一个灵魂,即便它有多个部分或多重功能,灵魂也只会以一个统一体出现和发挥作用。二是二重灵魂论,如萨满教认为有两类灵魂,一是与肉体的功能连在一起的灵魂,它们会随肉体之消亡而消亡,二是不依赖肉体而运行的灵魂,例如身体睡着了出去游玩的灵魂就是如此,因此是自由的灵魂。这种灵魂还可完全脱离肉体,甚至在肉体死亡后仍存在。三是多重灵魂论,即认为,身体之中有三个以上的灵魂,这种二元论在原始和古代的灵魂观念中十分流行,如前述的埃及的灵魂观念认为人有九个灵魂。亚里士多德的灵魂学说中也有多重灵魂论的思想,如他认为人身上同时存在着动物灵魂、植物灵魂、运动灵魂、感知灵魂、理性灵魂等。

第七,从理论的着眼点、侧重点来看,二元论又有这样的形式:一是突出理智、理性地位的二元论,古代中世纪的许多二元论就是如此。它们认为人的理智是唯物主义无法说明的,如柏拉图认为,灵魂是不朽的,之所以如此,是因为其中的理智部分是不朽的。理智的不朽又是源于形式或理念的不朽。因为有形式,因此才有把握形式的理智。可见形式是理智的基础或根源。近代唯理论的二元论把这一思想发展到了极致,笛卡尔甚至在说明精神实体的独有本质时只承认思维这一方面,而莱布尼茨则认为,精神性单子有清晰程度不同的知觉,较高的是人的精神,它有自我意识,最高的是上帝的。二是当代流行的以感受性质为基础的二元论,它强调感受性质是无法用物质说明的东西。三是重视意向性的二元论,如布伦塔诺和倾向于现象学传统的二元论就是如此。

第八,根据对笛卡尔的二元论的态度,可把二元论分为笛卡尔式二元论和非笛卡尔式二元论。

第九,根据到达二元论结论的方式、路径,可把它分为这样一些形式:感受性质二元论、意向性二元论、量子论二元论、神经科学二元论、突现论二元论、泛心论二元论、神秘主义二元论、自然主义二元论、笛卡尔式二元论和非笛卡尔式二元论。这里所说的非笛卡尔式二元论不同于第八种分类中的“非笛卡尔式二元论”。后者是广义的，例如笛卡尔式二元论之外的一切二元论都可归入其中。而这里所说的非笛卡尔式二元论则是狭义的，主要指通过批评笛卡尔的二元论（当然也有继承）而建立起来的二元论。

基于上面关于“二元论”的词源、用法和分类的分析，我们可以得出这样的结论：“二元论”一词不存在唯一的、统一的意义，因此不考虑语境和具体用法不加区分地去为其下定义是不明智的。要想知道二元论的意义，必须到它的用法之中去寻找。在心灵哲学中也是如此。不同的人所倡导的二元论是不同的。他们的二元论思想很难找到绝对齐一的同一性，充其量只有“家族相似性”。因此要认识心灵哲学的二元论，必须作出具体的考察。

本书的目的就是试图在全面梳理二元论的来龙去脉的基础上对现当代心灵哲学的二元论作一尽可能系统深入的考察，以弄清它们的主要观点，以及为其提供的新的根据和论证，看看它们是怎样与唯物主义争夺地盘和话语权的，是怎样不甘寂寞和边缘地位而与唯物主义抗衡和争鸣的。在此基础上，对如何发展心灵哲学研究尤其是如何发展唯物主义作一初步的思考。要对各种花样翻新的二元论作出考察，首先碰到的难题是：应该用什么样的方法去排列二元论，它既能较全面地把各种二元论展现出来，而又不至于犯交叉或包含之类的逻辑错误？用这里所述及的前八种分类中的任何一种，都会有遗漏，即有不周延的问题，而如果用两种以上的分类来排列，或交错使用不同的分类方法，那么又会犯明显的逻辑错误。为解决这里的问题，笔者对二元论的分类做了新的思考，找到了一种新的分类方法。这就是前述的第九种分类方法。笔者认为，按这种分类方法去叙述，既可较好实现本书的计划，而又可避免其他分类方法常见的逻辑错误。

第二章 笛卡尔二元论的重新解读与改铸

根据斯温伯恩(R. Swinburne)对二元论的分类,可以把二元论分为强硬(强)的二元论和温和(弱)的二元论两种。[①] 这两种版本的二元论在现当代都有传承和发展,当然形式五花八门。就前者而言,它要么表现为对笛卡尔二元论的重新解读,要么表现为创造性重构和改铸,要么表现为不违背笛卡尔二元论原则的创造性发挥。根据笔者的分类,这些可看作是到达新二元论结论的一种方式,即笛卡尔式的路径。这也就是说,强硬的二元论往往与笛卡尔式的二元论密切相关,或往往以笛卡尔主义的形式表现出来。其本质特点在于,承认思维、情感等心理现象或属性有自己的独特主体。有的即使不明确承诺存在着这样的实体,但也明确主张思维等属性不是物质性身体或大脑的属性,而是一种高于物理属性的属性。这些样式不仅有自己的存在地位,而且有自己独立发挥作用的方式。之所以说这类笛卡尔式二元论属强硬的形式,是因为它们在本原问题和本体论问题上都真正贯彻了二元论原则,即强调心和身分别有两种本原和两种独立的存在地位。一般来说,在当今的二元论大家庭中,这类形式的二元论属少数派,坚持的人不多,而大多数的二元论则以温和或弱化的形式表现出来。这既是二元论主动作出自我调节和修改的表现,又是二元论积极吸收有关自然科学成果、努力调和与自然科学的关系的产物。由二元论的这种内部格局所决定,本书只拟用本章的篇幅来考察带有强硬色彩的、笛卡尔式的二元论,而将用主要篇幅来评述其他形式的二元论。

---

① R. Swinburne, *The Evolution of the Soul*, Oxford: Clarendon Press, 1997, p. 10.

第一节　笛卡尔二元论的特点及其解读中的哲学问题

在一些仍持笛卡尔二元论立场的哲学家看来，非笛卡尔主义者之所以采取否定、批判的立场，根本原因是没有真正客观理解笛卡尔的二元论，没有弄清笛卡尔究竟说了什么、其特点和实质究竟是什么，要么对之做了误读，要么对之做了不到位的解读，例如没有看到它不同于其他二元论的闪光之处，没有看到它对传统二元论的超越。因此要对笛卡尔二元论作出公正客观评价，首先必须对其本质特点作出到位的解读。罗泽蒙特(M. Rozemont)说："理解笛卡尔的二元论显然具有极端的重要性。"[①]

一、理解笛卡尔二元论的方法论问题

在罗泽蒙特看来，要准确理解笛卡尔的二元论，必须把它放回到当时的历史条件之下，或"相对于十七世纪的哲学语境去作出考察"。[②] 如果有这种态度，那么就会自然而合理地提出下述问题：相对于当时的历史背景，"他的二元论在什么范围内是新的？"罗泽蒙特认为，能拿来与笛卡尔二元论比较的是当时仍流行的亚里士多德和经院哲学关于心身问题的思想。相对于这些理论来说，我们不难发现，笛卡尔的二元论实现了对传统二元论的超越，是认识的一种"进步"，当然是二元论自身发展中出现的"进步"。从主观动机来说，笛卡尔建立自己的二元论就是要"创立一种能替代亚里士多德主义的思想系统"。正是在这一动机的驱使下，笛卡尔创立了自己的既与亚里士多德主义有连续性又有自己超越性的心身理论。

根据罗泽蒙特的新解读，笛卡尔想超越亚氏心身理论且如期达到了的东西是：对心身作出了更明确的区分，尤其是澄清了哪些现象、属性属于心理世界，哪些属于物理世界。在笛卡尔看来，亚里士多德主义对这一问题的看法是混乱的，如把心灵看作灵魂的一部分，而灵魂除了是理智活

---

① M. Rozemont, *Decartes's Dualism*, Cambridge: Harvard University Press, 1998, xi.

② Ibid., xii.

动的原则之外，还有营养、生长、运动的属性。这些看法既涉及心灵观问题，如回答了心是什么、有哪些成员，又涉及了人学和世界观问题，如人由哪些部分构成、世界的根本格局是什么等。对于传统的心灵观、人学和世界观，笛卡尔做了大刀阔斧的改造，甚至“开启了一场极有意义的革命”，完成了“心灵观的一种转向”。这主要表现在：把世界分为心和物两大类，把人看作是由心和身组成的统一体。心灵不再是灵魂的一部分，而就是灵魂本身，其内所拥有的东西是感觉、思想、情感等。至于亚氏所归之于灵魂的其他功能，如生长、营养、运动等，笛卡尔都把它们归于身体或物体。笛卡尔认为，能由机械力学认识和说明的东西都属于物体或身体的现象，反之，即为心灵及其所有物。在罗泽蒙特看来，这种重新划分具有重要的意义，使我们对整个世界和人的认识更加清晰和有条理，因此直到今天仍为大多数人所采纳。①

与以上相一致，笛卡尔在本体论的其他问题上也发起了重大的变革。根据亚氏的范畴体系，世界万物可分为两大类、十小类。两大类即实体和偶性(属性)，偶性又有九类，这九类偶性和实体合在一起就组成十个子类。根据经院学者的观点，实体由原初质料和实体的形式两者共同构成，这种实体即物质实体。精神由于不包含任何质料，因此与前一类实体不可相提并论。根据亚氏和经院哲学的观点，任何事物的存在样式、功能作用都是根源于实体的形式。例如人之所以表现为不同于狗的样式，是因为有关的质料采取了人的形式。人之所以有这样那样的作用、功能、性质，也与质料无关，完全取决于形式。总之，实体的形式决定了一实体有什么样的偶性。

在罗泽蒙特等当代笛卡尔主义者看来，②笛卡尔的本体论较之前述的二元论的本体论发生了根本性转向。在笛卡尔那里，有第一性本体论地位的不再是一个或一类实体，而是两类实体。就整个世界来说，有主宰

① M. Rozemont, *Decartes's Dualism*, Cambridge: Harvard University Press, 1998, xiii-xiv.

② Ibid., ch. 4-6.

万物、无处不在的上帝，即绝对的精神实体，此外还有被创造的、表现为包括人在内的万事万物的相对的实体。就人这种相对实体来说，他又有精神和肉体两种实体。这两种实体不仅都有自己的本体论地位，而且都有第一性的地位，其上都可派生出第二性、第三性的存在样式，如活动、过程、属性、状态等。

根据罗泽蒙特的解读，笛卡尔的本体论范畴有两大类，即实体(substance)与样式(mode)，世界上的一切存在不出这两种形式，即要么以实体存在，要么以样式存在。所谓实体是指"这样的事物，它为了让自己存在，用不着别的东西的存在"，因此是通过或凭借自己而存在的东西。而样式是存在于别的事物即实体中的东西，或通过实体而存在的东西，质言之，样式是没有独立存在能力的存在。例如一把斧头就是一个实体，可以凭自己而存在，它的大小、形状等样式则不能这样。心和身都可作为实体存在。换言之，心、身都有自己的独立存在地位，例如人即使没有身体，也可以有精神。

就笛卡尔二元论与经院哲学的二元论的关系来说，也存在着超越的一面。尽管他像经院哲学一样坚持心物二分，但他对经院哲学的二元论同时又有某些超越，如强调心身是两类不同科学的对象；其次，他抛弃了经院哲学的"实体的形式"、"真实的性质"(the real qualities)或隐秘的性质。之所以予以抛弃，是因为他觉得这些概念是心身概念混淆的产物，承认这些概念的根源在于对实体概念的运用违背了不矛盾律，即没有一以贯之地使用实体概念。由于这些概念是逻辑混乱的结果，因此没有什么解释力。尤其是在对物质世界作出机械论解释时，应抛弃这些概念。

就结论来说，笛卡尔二元论与亚里士多德主义的经院哲学既有相同之处，又有不同的一面。相同表现在：(1)都承认心灵是无广延的，是非形体的实在，都承认心灵有本体论地位，甚至可以离开身体而存在。(2)都有反对、抑制唯物主义的动机。(3)强调理智是非物质机能，并据此对二元论做了论证。不同表现在：第一，笛卡尔认为，心灵是完全的实体；经院哲学认为，心灵是不完全的实体。其次，经院学者认为，心灵是灵魂的一部分，而笛卡尔把两者等同起来。第三，笛卡尔认为，灵魂只是思想的原则，而不是生命的原则。第四，经院学者把营养、运动、感觉等都看作灵魂的作用，而笛卡尔把它们看作是身体的作用。笛卡尔认为，心灵的活动和作用主要有怀疑、理解、肯定、否定、意欲、无意欲、想象、感知等。当然他又承认，人要完成感知活动，必须调动身体的作用，因此感觉不仅是心灵的活动，同时也是身体的活动。但理智活动是纯心灵的活动，因此可看作是心灵的本质。经院学者尽管也承认理智是心灵的作用，但又把心灵与灵魂区别开来，认为灵魂不可能有理智等活动。

有些论者强调，要准确理解笛卡尔的思想，务必关注他的方法。例如过去在理解他的二元论与交感论的关系时之所以认为它们陷入了矛盾，是因为没有注意到他的有关表述及其方法。马特恩(R. Mattern)指出，笛卡尔在回答伊丽莎白的信中，通过将心与重力的类比，论证了主张心身联合与主张心身质上不同两观点之间不存在矛盾。这一论证可重构如下：(1)身体的重力可引起身体的运动，当然不是从机械力学上引起。(2)身体的重力是身体的真实性质，不同于身体，能独立存在。(3)身体的重力能以特殊方式与身体结合在一起，能与身体共在，充斥在具有重量的整个身体之中。这就是说，重力显然是不同于身体的真实性质，但又明显离不开身体，渗透在身体之中，因此两者即使质上不同，也可以结合在一起。心与身的关系也是这样，两者质上不同，也可结合在一起。[①]

二、笛卡尔二元论论证的理解问题

笛卡尔为自己的二元论做了极富现代意义的论证，其中许多论证，如可设想性论证、知识论证、解释鸿沟论证等(详后)，都是现当代二元论论证的出发点。例如他对两种实体存在的认识论证明就体现了他驾轻就熟的几何学证明的特点。他说："在我身上，我能看到思维的某些特殊样式

① R. Mattern, "Descartes's Correspodence with Elizabeth: Concerning Both the Union and Distinction of Mind-Body", in M. Hooker (ed.), *Descartes: Critical and Interpretive Essays*, London: The Johns Hopkins University Press, 1978, p. 213.

的官能，如想象和感觉的官能。没有这些官能，我也能清楚分明地把自己理解为一个整体；但如果没有我自己，即没有这些官能所依存的理智实体，那么就没法理解这些官能。"①

相对于后来尤其是今日的二元论来说，笛卡尔的二元论也有自己的特点。这表现在，他对心灵的论证不是建立在对感觉的分析之上，而现今出现了到达二元论结论的感受性质路径。笛卡尔认为，我们能根据力学解释感觉，因此感觉不是纯精神性的现象。因为它由机械过程所引起，如挤压眼睛，会产生眼冒火星的感觉。既然感知的过程是物质的过程，因此就没有理由相信物理世界中存在着可感性质。物理世界中存在的是机械力学性质。

笛卡尔在物理世界的构成、性质及本质等问题上坚持了严格的机械力学观，强调这个世界的一切都是物质的，诉诸力学性质就可予以说明。据此，他把精神性、主观性的东西从这个领域中清除出去了，只承认这个世界有力学和数学性质。在罗泽蒙特等人看来，过去人们之所以否定笛卡尔的二元论，是因为只看到了它的消极意义，如只看到了它为论证灵魂不朽提供了支撑，而没有看到这种二元论的二重性，如没有看到它的积极意义，没有看到它为科学进入人学、进入对人的身体的解释做了论证，为科学扩大自己的疆界铺平了道路。按传统的观点，人的思维、感知等活动都是纯精神活动，因而是科学无力关心的。根据笛卡尔的看法，感知等活动同时具有精神性、物质性，而营养、运动等则完全是身体的活动。由于感知有身体活动的特点，因此也可成为研究的对象。②

他对精神与物质的异质性做了这样的论证：精神的本质是思维，身体的本质是广延，由于两者有不同的本质，因此分别又有不同的样式。可见，从内到外，两者没有任何共同性。如果思维能成为广延的属性或样

---

① C. Adam and P. Tannery (eds.), *Ceuvres de Descartes*, Paris: Vrin, 1974-1989, II, pp. 54-55.

② M. Rozemond, *Descartes's Dualism*, pp. 171-174.

式,或广延能成为思维的样式,那么心身就有两面性,但这两个命题都不能成立。为什么?先看第一个命题。笛卡尔指出:直觉告诉他,思维不可能成为广延的属性或样式,即有广延的东西不可能思维。同样,广延也不能成为思维的属性。因此结论只能是:心身是根本不同的。

对于两者的根本不同,笛卡尔当然还做了其他许多论证,其中有一些仍具有一定的生命力。例如今日的解释鸿沟论证就是笛卡尔有关论证的延续。笛卡尔指出:精神与物质的根本区别表现在它们分别是两类不同科学的对象,适合于两类不同的解释,例如物体及其表现出来的所有一切样式或性质只能诉诸机械力学和数学来解释,而精神及其属性是不适合于用这种方式解释的。罗泽蒙特评论说,笛卡尔对心物之间存在着分界线这一观点的论证"是完全有别于经院学者所相信的观点的"。到达这一结论,除了依赖于怀疑方法的运用之外,还依赖于他关于物理世界的机械论图景。在他看来,心以外的一切存在都是机器,只能用机械力学来解释。

根据罗泽蒙特的梳理,笛卡尔的二元论是建立在这样的推论过程之上的:(1)我能怀疑我是有广延的,但不能怀疑我能思维。(2)对于任何(内在)属性ϕ和Ψ而言,如果可以怀疑某物是Ψ而不能怀疑它是ϕ,那么ϕ就不是Ψ的样式。(3)思维不是广延的样式。(4)广延是身体或物质实体的基本属性。(5)如果思想不是广延的样式,那么它就是不同于广延的基本属性。(6)思维是不同于广延的基本属性。(7)每个实体都有一个基本属性。(8)作为我思维之主体的实体(即心灵)不是有广延的。(9)我的心灵是不同于身体的实体。(10)如果A和B是不同的实体,那么它们就是根本不同的。(11)结论:心和身在本质上是根本不同的。

在笛卡尔论证的超前性与力度问题上,胡克提出的新见解是:他不仅提出了现代受到广泛讨论的知识论证、解释鸿沟论证、模态论证等,而且在基于普遍怀疑所作的论证中体现了描述式现象学论证的风格。因为人们用怀疑方法审视内部世界时,一定会有现象显现出来。它们尽管不占有空间,但对意识来说,绝对真实。因此由此所推论的意识活动及主体自我的存在以及与身体的本质区别是绝对没有疑义的。[①]

三、笛卡尔二元论的“真义”问题

在罗泽蒙特看来，是否真的理解了笛卡尔的二元论，是否对之作了到位的解读，关键要看是否把握了笛卡尔二元论的核心思想。对此，人们历来是有不同的理解的，如有的认为笛卡尔的核心思想或基本主张是：心可以离开身体而存在，或者说心尽管无广延，但也可以存在。罗泽蒙特认为，他的观点的关键是对实体的本质和它所具有的属性之间的关系发表了新的看法。首先，在《沉思》中，他通过普遍怀疑确认了精神实体的存在。其次，他强调心与身是根本不同的。这一观点就是所谓的“真实区别论证”。第三，就是他的实体学说。他认为，每一实体都有它的主要属性，即以本质表现出来的属性，换言之，此属性即本质，其他属性则是实体的样式。样式以根本属性为前提，没有后者，前者就不存在。

如此说来，正确理解笛卡尔对实体的界定，是理解他的二元论的关键。首先要注意到，他的实体观根本有别于亚氏及中世纪经院哲学的“赤裸裸的主体观”。后者认为，实体是支撑属性的主体，不包括属性，是纯粹的基质，由原初物质(prime matter)和实体的形式构成。原初物质是无特征的，因此是纯主体。对于实体的形式来说，原初物质也是如此，即是实体形式的纯主体。而笛卡尔认为，实体除了纯主体之外，还有自己的主要属性即本质。在他看来，这两者是统一的，或是一回事。因为有实体，一定有其本质；有本质，一定有其实体。例如思想和心灵就是如此，能思就一定是心灵，是心灵一定能思。

就本质与实体的形式的关系来说，阿奎那等认为，前者从后者那里禀承了许多特征，因此实体的形式是由本质构成的。而笛卡尔认为，实体的本质是决定实体有什么特征、属性和作用的东西，是决定实体采取什么样

① M. Hooker, “Descartes's Denial of Mind-Body Identity”, in M. Hooker(ed.), *Descartes: Critical and Interpretive Essays*, London: The Johns Hopkins University Press, 1978, pp. 171-174.

式的东西。属性有两类，一是主要的、基本的，它构成了实体的本质(essence)；另一类是非基本的，可称作实体的样式。以物质实体为例，广延是它的本质，而大小等是它的样式。两者的关系是，样式是根本属性所是或存在的方式；或者说，前者以后者为前提条件。后者决定了一实体有什么样的次要属性，例如有广延的实体决定了它只能有大小等属性，而不能有思维的属性；同样，思维决定了精神不能有大小、形态等属性，而只能有判断、决定、选择、高兴和不高兴等属性。

第二节　哈特的无体心灵论

现当代对笛卡尔二元论的否定不外是否认心灵在这个世界中有存在地位，而这无异于主张，我们的世界是一个无心的世界。现代二元论的著名旗手哈特(W. D. Hart)认为，心灵在哲学中的这样的命运有点类似于物质在笛卡尔的科学和哲学中的地位。哈特说："正像笛卡尔否定了物质这一有趣的现象的存在一样，主流的哲学中也否认了心灵……，二战后的20年中是以行为偏袒行为，随后的20年则是偏袒大脑。"[①]在哈特看来，这些看法在理论上是错误的，在实践上是不利于社会的道德进化的。而要予以纠正，出路只能在于重新论证笛卡尔的二元论，恢复心灵在自然界中的应有的地位。他不仅像笛卡尔一样肯定心灵有像身体一样的地位和作用，而且走得更远，得出了心灵可以离体存在的结论。他强调，他在继承笛卡尔式二元论的基础上，通过改造和发挥，提出了一种新式的二元论，即无体心灵论。

一、笛卡尔二元论之重构与新版二元论之提出

要理解哈特的二元论的"新"，当然得弄清一般二元论的基本观点。根据他的理解，常见的二元论不外是主张，在这个世界上存在着两类基本的或根本的事物，一类是心灵或精神或自我，一类是它们以外的物质。说

① W. D. Hart, *The Engines of Soul*, Cambridge: Cambridge University Press, 1988, p. 132.

它们是基本的,意思不外是:它们的每一类都能独立存在。于是,他对二元论的核心观点作了这样的概括:"基本事物可以独立存在,即是说,基本事物之存在不依赖于另类事物的存在。"①②

较之于一般二元论而言,新版二元论突出的是这样的原则:"二元论是一种关于存在着无体心灵的模态理论。这无体的心灵即使没有实际出现,对二元论也没有任何威胁。"③他不否认这种理论对鬼怪幽灵的承诺,他说:"无体之人要能被知觉到,我们就应当设想它们更像传统神话传说中的鬼怪。"④

不难看出,他的新版二元论有"不新"或继承的一面,即像笛卡尔的二元论一样承诺了心灵的独立的存在地位。他说:"对于二元论,不同的人可能有不同的表述。我们的版本是这样的命题:人(精神)的存在不依赖于他有一个身体。"正是在此意义上,他强调心灵是可以"无体的",意即离开身体而存在。如果说这些看法没有超越笛卡尔式二元论的话,那么下述看法绝对是他自己的。他强调:他所说的"依赖性"有特定含义,即是模态的依赖性。他说:"与此相关的这种依赖性是模态的。"他承认,这个命题成真的唯一条件是:人即使没有身体也能存在。他说:"这个命题是真的,当且仅当人即使没有身体也能存在。"⑤

有什么根据说,人除了物质性身体之外还有一个离体的心灵存在?更麻烦的是,有什么根据说,即使没有身体,这离体人也能存在?对此,哈特做了不同的论证。

先看他根据心理活动的论证。二元论隐含着这样的原则,即我或精神是纯心理的,或纯粹是非物质的。很显然,这个结论是需要论证的。而要予以论证、使之成立,就必须证明:心所完成的一切活动,心理生活的一

① W. D. Hart, *The Engines of Soul*, p. 1.

② Ibid., pp. 4-5.

③ Ibid., p. 147.

④ Ibid., p. 143.

⑤ Ibid., p. 23.

切方面在没有身体的情况下，也能由心或精神独自完成。为此，二元论必须对心灵所表现出的活动或机能作出全面的探讨和分类。哈特像笛卡尔一样承认心灵可以完成三类活动，一是以感觉为主要内容的接受外界信息的活动，二是以理智为中心的处理内在观念的活动，三是以意志为中心的支配身体活动的机能。哈特认为，笛卡尔关心的是第二类活动。而哈特重视的是第一和第三类活动。他说：他的“二元论与笛卡尔的二元论在整体上的差别就是根源于上述差别”。[①]

以感觉为例。哈特重点剖析了视觉。视觉的形式多种多样，如睡中的视觉、真实的看、幻觉中的看等。哈特说：“即使失去了身体，也可以设想这些活动的存在。”例如在梦中的所见并没有手、脚、头、眼等身体器官的帮助；再者，盲人、瘫痪的人没有相应的器官也可完成某些活动。其他活动可如此类推。[②] 他说：“我们有办法让你在没有眼睛或大脑的情况下，获得关于你自己的视觉经验。……你要视物，你用不着你的手、脚或胰腺，甚至可以设想它们都消失了。……因此即使没有身体，你也有办法获得关于你自己的视觉经验。”[③]

再看躯体感觉、情感经验。这些也就是通常所说的感受性质。它们尽管与一定的躯体部分有关，如头脑的疼痛感觉与头脑内的某些物理、生理变化有关，但是头痛时所经历的感觉本身则是另一种不同的状态。其特点很怪异，可以说根本有别于关于外物的知觉认识，有别于别的心理状态。因为它们没有意向性，并不关于(about)什么东西，只是一种纯粹的、生动的、逼真的感受。另外，它与行动的联系是原始的。信念、愿望要发生对行动的作用往往要通过谨慎的思考、比较、选择，而感受性质对行动的作用是直接的，无须任何思考。例如手被火烫了，烫的感觉马上会让手离开火。[④]

---

① W. D. Hart, *The Engines of Soul*, p. 51.

② Ibid., pp. 50-51.

③ Ibid., p. 53.

④ Ibid., pp. 141-142.

再看命题态度。尽管没有办法用经验、内省或内知觉的方式，像知觉内感受性质那样去体验命题态度，但对于它们，我们还是有一些知识的。例如我们都知道，命题态度不是发生在手上、脚上、肚子内等，而是发生在头脑之内。他说："正像可以近似地说，我们的命题态度发生在大脑之内一样，无身体之心的命题态度大约发生在他的幽灵似的头脑之中。因此他的确信之量值是有定位的，由于有此定位，真实的能量之流就有可能从视觉经验之中的、由光线所失去的能量转换到信念之上，即是说，无身体之人的某些信念可能是由他们所看到的东西引起的。"①

他对笛卡尔二元论的另一"发展"是，他的二元论是模态性的。这表现在他强调：只有当人可能是没有身体的时候，人才能说不依身体的存在而存在。他说："我们的二元论版本是真的，当且仅当人可能是没有身体的"，或可能是离体的。② 可见，他的"新"的一个表现是：不仅关注现实的人，而且在引进"可能性"这一模态算子的前提下探讨了可能世界中的人。他的结论是：尽管现实世界的人都事实上具有一个身体，换言之，现实的人或精神都有"具身性"(embodiment)，但如果有可能世界的话，那么那里的人或精神即使没有身体也有可能存在。这个模态命题要说的不外是：精神是不同于身体的另一种存在，可以独立存在，因此仍是一个彻头彻尾的二元论命题，只是表述方式发生了变化而已。

怎样证明人没有身体这一可能性呢？很简单，有两个前提就可推出这个结论。假设A是一个人。首先可提出第一个前提：(1)A设想或想象的东西是可能的。由于可能得出这样一个直接的结论：如果A设想自己是离体或没有身体的，那么A没有身体就是可能的，这一来就有第二个前提：(2)A想象自己是没有身体的。由此可推出：A没有身体是可能的。由这两个前提就可推出他的二元论新版本的结论：人可能独立于或不依赖于身体而存在。③

① W. D. Hart, *The Engines of Soul*, p. 168.

② Ibid., p. 23.

③ Ibid., p. 23.

这种新版二元论除了上述明显的主张之外,还有自己隐蔽的结论。哈特承认,他自己和笛卡尔坚持的二元论除了上述基本结论(人可能脱离身体而存在)之外,还隐含着下述两个结论:(1)人不是纯物质的。(2)人是纯心理的。在他看来,这两个结论实际上是相同的,都是二元论的内隐的、固有的结论。① 因为它们的意思不外是:有的人确实有身体,有物质性构成,但他们除此之外还有别的东西。更重要的是,有的人没有物质性构成,如没有手、脚、胸等等,也可以存在。因此人可以表现为精神性形式的存在。他说:"在没有身体的一切时空中,持存于你的各种心理生活中的只是你。"②人的心理生活不外三种,一是从外界物质世界中获得信息的活动,二是指向内在心理状态、过程的活动,三是指挥身体活动的心理过程。很显然,第二种心理活动与身体就没有多大关系。

二、心理因果性与心理能量问题

古今二元论的最大难题莫过于心身之间的因果关系问题:纯粹的精神活动能否成为原因?哈特认为,这个问题包含许多子问题,如心理状态(如信念和愿望)之间是否可能出现因果关系,信念、愿望能否作为原因引起身体事件,等等。

哈特认为,要回答这些问题,首先要上升到形而上学高度探讨一般因果关系的条件或标志问题。在这里,他赞成蒯因的一个规定:两事件之间要成为因果关系,前提是它们之间要有真实的流动性(flow)或质一能的转换性、交换过程。这一因果关系的形而上学要件与物理学的原理是一致的。这也就是说,因果关系的必要条件是两事件之内必须有转换或转变发生,如一物通过能量转换而引起另一物的变化,或者一物转变为另一物。只有有此关系,两事件之间才可说有因果关系。根据这一界定,哈特认为,心理状态之间有这种关系。例如一种有一定量的规定性的愿望可以引起有一定量的规定性的信念。某人希望他的儿子在事故中不死,如

---

① W. D. Hart, *The Engines of Soul*, p. 24.

② Ibid., p. 50.

果十分强烈，那么此愿望可转化为这样的信念：相信他的儿子没死。

众所周知，物理事物之间要出现因果关系，作为原因的事物必须有自己的、既有质的规定性又有特定大小的量值的能量，否则，它由于没有作用力而失去了成为原因的资格。物理学原理告诉我们：任何东西要作为原因发生作用，必须有两个量值，即能量和转换。只有有能量，有能量的转化，才有作用释放出来。要证明心灵能作为原因起作用，也必须拿出根据来说明心灵有这两个东西。哈特认为，这是可以做到的。他没有为这个结论提供直接的证明，只是从逻辑上对之作了逆推。他认为，一心能视物，能作出决定，决定作出后有行为发生，这些都是事实。这些事实的发生证明其后有能量存在和转化。这也就是说，离体的心之所以能视物，之所以能作出决定，是因为它的看和作决定本身有能量释放和转化。如果心没有自己的能量，怎么会有那些事实发生呢？

哈特还承认：心理能量不仅有质的规定性，还有量的规定性。也就是说，只要某一对象内真的有能量，有能量的释放和转化，这能量一定有大小或高低的性质，一定可以被测量和观察。某对象所发放的因果作用也是如此，它作为一种能量转化，所释放的能量一定有量的规定性。换言之，这里的"量"(quantity)指的是包含能量在内的更为广泛的作用量。某物一旦有作用量，能产生和导致身体和他物的变化，那么就一定有可估测的量或量值。这在物理世界的因果关系中是没有例外的。同样，二元论要证明心灵或离体人有自己的原因作用，不仅要证明他有自己的能量，还得证明："离体人内在地具有自己的某种量(quantity)"，即证明离体人在产生原因作用时所释放或转化的能量有量上的特点，有量值表现出来。哈特说："离体人必须内在地具有某种量这一最后的要件是显而易见的。"[①]人们之所以否定二元论，是因为他们认为，心灵没有这个量。哈特认为，"量"的概念本身很复杂，形式多种多样，不能以一种量的存在否定别的形式的量的存在。例如物理现象有物理的能量及其量的规定性，而

① W. D. Hart, *The Engines of Soul*, p. 69.

心理现象的量的规定性是一般的量的规定性中的特殊样式。就一般的量来说,它不过是一种能量的映射,如一非空集合 A 中的每个对象所具有的量 q 其实就是可归之于 A 中的每个对象的一种映射。① 哈特的新奇的看法是:这一般的能量并不只是表现为物理的形式,除此之外,还有心理的能量,这能量也能释放和转化,因此也有自己的特殊的量的规定性,即也有自己的映射方式。他说:"从潜在性上讲,基本的能量本身要么是物理的,要么是心理的。"②

在哈特看来,只要证明有量值表现出来,就能证明其后有能量的存在及转化。哈特认为,除了物质或物理事物能产生这种量(能量、质—能)之外,非物质的事物如精神、自我,尤其是其中的意志、意欲也有自己的特殊的作用量。他说:"我们能在愿望中分辨出一种量,这似乎是事实。"③为达到这一结论,他借助公理化方法,如把许多命题公理化。他认为,他的公理化是一种对上述量的非循环的分析。这种分析"揭示了量所表征的事实结构"。他说:"在某些情况下,更为自然的做法是,先设想出一种混合作用,接着让这些混合状态固定为一种量,它有从零到后面单位的波动。"④他说:"把非空集合 A 中的对象所具有的量值 q 当作是 A 中的每个对象的一种功能,这在数学中是习以为常的。"既然如此,通过研究集合中的成员及其结构就可弄清有关量值的作用及性质。这样的对量值的研究是应用数学的一个分支。其结论是:"A 具有混合的作用,当且仅当居中之量值的位置固定下来了。"⑤在他看来,只要有非空集合,就一定有一些有一定量值的作用力存在于其中。心理的要素也可组成这样的非空集合,因此也应承认其中存在着能量及其量值。

总之,哈特试图得出的结论是:无体的心之所以能作为原因存在,之

---

① W. D. Hart, *The Engines of Soul*, p. 69.
② Ibid., p. 137.
③ Ibid., p. 77.
④ Ibid., p. 77.
⑤ Ibid., p. 76.

所以有因果性，是因为它有自己的能量及量值。这种能量可称作心理或精神能量(psychic energy)。当然他又承认，他所说的心理能量是有限制的。这种限制表现在：他所说的心理能量是一种假设，且并未被充分证明，而仅仅只是一种推论。他说："心理能量"在今天可能还只是一种允诺，甚至在以后的若干世纪中都无法被证实。[①]

尽管拿不出实证的根据来证明它的存在，但这不妨碍我们推论它的存在。更重要的是，如果不承认它的存在，理论上面临的麻烦将更大。他说："有这样一种空缺，它可这样来填充，即如果有这样一种心理能量，那么它可用来填补这一空缺。"[②]这也就是说，思维等认识活动的发生是一个事实，而在给予它们说明时，仅诉诸物理的作用，将留下解释的空白，而诉诸心理能量，则正好填补上了这一空白。这就是他为假设心理能量存在所提供的认识论证明。他说："我们已论证过：因果关系就是能量的转化，而能量转化离不开守恒。这是一个定量原则。"[③]这就是说，心与心、心与身、心与物的相互作用如果发生了，那么就应肯定它们是因果相互作用，而因果相互作用一经发生，就意味着其内有能量的转换，这转换一定是守恒的。守恒之维持，有这样几种情况：一是在转换中，原因的能量丝毫不差地转化到结果之中，以致结果中有等值的能量(当然能量的形式有可能发生变化，如机械能转化为电能)。正是基于此，结果就有足够的能量以致作为原因引起别的结果。例如外界事物如果让某人产生了足够的信念和愿望，那么由于信念和愿望是由外物的能量转化而来的，一定维持着原有的能量，因此能作为原因引起相应的行为。另一情况是，能量在转化中有损耗、减弱；如果是这样，为了守恒，又会发生补偿效应。例如视物时，对象刺激眼睛时，由对象而来的能量会损失一些，但无体精神中的某些量值却会增加。在外界刺激能量减损的情况下，"人的视觉经验之所以

① W. D. Hart, *The Engines of Soul*, p. 152.

② Ibid., p. 130.

③ Ibid., p. 136.

会继续下去,是因为人有心理能量”。[①] 这也就是说,心理能量有两种情况,一是外物转化而来的,二是精神自有的。心理状态的变化、转换也能证明存在着心理能量。例如视觉经验可引起人关于存在着某对象的信念。此确信中也有心理能量,此能量来自于视觉经验固有的心理能量,此心理能量则来自刺激作用失去的能量。[②]

哈特还以想望性思维为例论证了心理能量的存在。所谓想望性思维(Wishful Thinking),主要指信念和愿望之类的理智性的心理状态。其特点是有期盼、希望、要求,这些要求的过程和结果是理性的、逻辑的,因此不同于非理性心理状态。非理性的需要、欲望也有希望等特点,但它们是非理性的。如果这些心理状态有量的规定性,同时又能转变,那么就可以把它们看作是原因。如果它进而导致了别的事物的产生,或与它发生了相互作用的关系,那么此关系就可看作是因果关系。

如果理性的心理状态有能量,那么要证明欲望中也存在着这种作用力或能量,就更不在话下了。他认为,一个有功利性的观念就是人的愿望中的这种有作用力的量值。例如可以在人的欲望中找出一种对象,在这些对象之上存在着能满足他的关于量值的一系列公理的二值关系和三目功能。既然如此,就可断言:“对于每个人来说,他的愿望都有这样的量值。”在他看来,这是为冯·诺伊曼等人的数学、量子力学理论证明了的结论。哈特甚至认为,冯·诺伊曼建立了关于愿望量值的理论,并承认了这种量的存在。[③] 因此他说:“关于理性人的愿望的有作用力的量值,我们是有一个相当有说服力的概念的。”[④]

问题在于,心理的能量是心理的,它能在异质的心物之间转换吗?哈特的回答是肯定的。以视觉为例,人之所以得到视觉经验,进而得到认识和确信,是因为这里存在着能量转换,即由于来自光线的能量的损失,才

---

① W. D. Hart, *The Engines of Soul*, p. 136.

② Ibid., pp. 136-137.

③ Ibid., p. 89.

④ Ibid., p. 98.

有经验和信念中的能量的存在及转换。根据能量守恒原则，物体的能量不能绝对消失或变为无，光性刺激中的能量之损失也是如此。当它有损失时，所损失的能量一定是发生了转化，即一定转化成了别的能量，如经验和信念中的能量。①

三、可设想性论证的创发性解读

我们知道，笛卡尔二元论的一个根据或论证是可设想性论证。这似乎是一个靠不住的论证。哈特深知这一点，说："笛卡尔对二元论的论证是一种基于可能性而非必然性的论证。"按一般的逻辑，这是一个靠不住的论证。哈特意识到，要捍卫和论证二元论，就必须夯实这一论证，进而对一般的非难作出澄清。为此，他既根据模态逻辑为二元论做了新的论证，又丰富和发展了模态逻辑，尤其是对可能性这一模态现象做了新的探讨和揭秘。②

对于笛卡尔为二元论所作的可设想性论证，常见的责难是：可设想性充其量只具有变成现实性的可能性，而无论如何不能等同于事实。换言之，作为可能知识根源的想象不可靠，在可能对象、想象与可能知识之间，不存在客观对象、知觉、经验知识之间所存在的那种实在的因果作用及转换。因此即使可以设想或想象心灵、无体人的存在，但没有事实和逻辑根据说：它们有真实的存在地位。正如我在想象我有一座金山，不等于说我事实上拥有一座金山一样。客观存在的对象可以引起真实的知觉和相应的知识，有此知识可推出客观对象的存在，因此它们之间有真实的因果关系，而心灵作为一种可能性或可能的对象是不能引起真实知识的，即使是想象也不是由它引起的，因为可能对象并非实存，进而不可能引起什么东西产生。同样，有想象发生，并不一定真的存在着对应的客观对象。

哈特强调：这类责难貌似有理，其实不然。它们是建立在对想象作用的低估或贬斥之上的。不错，"想象没有确认必然性的作用，只在确认可

---

① W. D. Hart, *The Engines of Soul*, p. 137.

② Ibid., p. 20.

能性中有其作用”。这就是说,能被想象的东西充其量是可能的,而非必然的。但又应认识到,想象在认识必然性的过程中,在形成关于必然性的信念、在分清真假中不是没有任何作用的。例如完全可以诉诸想象对关于必然之真的信念作出论证。很显然,我们不能简单地说:不能想象为虚假的东西就一定是必然真的。“如果相信了这一点,那么 20 世纪物理学就充斥着你不能想象的真。把感性想象当作模态知识的根源依赖于这样的动机,即试图把模态认识论当作传统经验论的合法继承人。因此我们的第一个企图便弱化为这样一个原则,即你不能想象为虚假的真是必然之真。这个原则应看作是关于推出最好解释的原则。即是说,你有理由相信这样一个真是必然的,它的必然性是对你不能想象它为虚假的最好解释。”[①]这就是说,所谓必然之真就是没法想象此真是虚假的。如果不能想象它为虚假,那么它就是必然的真。可见,想象对于论证真和假是有作用的。一个认识或命题,如果你没有办法想象它是虚假的,那么此认识就是必然的真,至少有很高的可能性。从认识的事实来看,人们在经验中形成的被称作真理的经验认识就是这样的、不能被想象为假的认识。因此传统的经验论实际上是模态认识论。如果不承认这种认识论,将否定全部物理学知识的合理性和可靠性。因为这类知识具有不能被想象为假的特点。许多人正是根据这一特点而接受了物理学知识。

哈特还有一个新的重要的观点,即认为:关于可能性的知识是以想象为根据、为基础的。想象在这里所起的作用类似于知觉对关于实在的经验知识的作用。知觉既是经验知识的源泉,又是其有实在性的根据。同样,想象既派生出了关于可能性的知识,又为这种知识的有效性、可能性提供了保证。但问题在于,在实在—知觉—经验知识之间存在着真实的因果作用的传递,而可能性—想象—可能性知识之间看不到这种作用传递。哈特承认这一事实。他辩解说:尽管在电子、夸克与关于它们的知识之间也没有真实可见的因果作用传递,但没有理由说这种物理知识不可

① W. D. Hart, *The Engines of Soul*, pp. 20-21.

靠，没有用。它们之所以可靠，是因为：电子等尽管是假设的，但能对人们所看到的现象作出充分有力的解释。他说："你知道电子和数，并不是因为你看到了它们，而是因为你对你观察到的东西作出了最好的解释，你必须假设电子和数。"[①]同样，可能的东西尽管没有被观察到，但只要它能帮助人们作出科学的解释，就应承认它们的存在。因此"科学解释承诺了可能的东西"。也正是基于此，"可能世界实在论的倡导者常常把这些世界与实在世界中的抽象对象区别开来，并一再表明：别的世界及其居民在解释这个现实世界时是必不可少的"。[②] 既然如此，借想象去把握可能的东西就没有什么疑问。他说："假如客观的模态真能够被知道，因此想象就是我们由以获得这种信念的能力。"他还认为，这样说不仅是基于逻辑的推理，而且还有经验的根据。因此他说："人们自己在解决模态问题时所用的经验似乎表明：想象具有根本性的作用。"[③]

心灵或无体的人有点类似于电子和数，我们都不曾真实地观察到它们，也没有与之发生物理的碰撞或接触，但我们不妨想一想：如果没有它们，我们对人的行为的解释将会是什么样子？不说是寸步难行，也必定是困难重重。这足以说明：关于心灵的设想之所以必然为真，一是对世界、对人的解释离不开它，二是这样的必然之真是不能被设想为假的。

四、二元论与人的统一性

哈特和笛卡尔一样坚信，心和身是根本不同的两种存在样式。同时，他们也承认这样的事实，即人具有统一性，即人都是以统一体的形式出现的，以之与外部世界发生关系的。很显然，这两个信念之间存在着明显的矛盾。二元论者该怎样说明事实上存在的人格同一性问题，即该如何说明人在不同时间和空间中所具有的同一性呢？一般来说，有三种方案：一

① W. D. Hart, *The Engines of Soul*, p. 13.

② Ibid., p. 13.

③ Ibid., p. 14.

是诉诸心灵的记忆功能;二是诉诸人在时空上所具有的连续性;三是哈特的方案:根据时空上能保持连续不变性的无体的自我或精神来说明,即认为,人之所以有同一性,是因为人之内有一个维持时空连续性的不变自我。①

笛卡尔化解上述矛盾的办法是,在坚持二元论的前提下,寻找二元的心身获得统一性和相互联合的根据或基础。在他看来,这基础就是感觉。因为感觉具有两个方面的特质,即它既是精神性的,又是肉体性的,如它是身体对心灵发生作用的结果,因而它具有自己的质的特征。这特征,既不能仅仅根据心灵,也不能仅仅根据物体来说明。它们有自己的特殊的地位。就此而言,可把感觉看作是心身之外的第三类存在样式。正是因为有此居中的存在,因此我们的心与身的直接和密切的关联或联合才有可能。

哈特不仅承认有独立的心灵,还强调它可以离体。如果是这样,他的麻烦当然更大。哈特对此的辩护是:以视觉为例,"离体的人就存在于人的视线会聚的地方"。由于有这样的纯心灵,人才能让视线从他那里发出,射向要看的事物。视线是在时间中一点一点射过去的,而且分散在对象的不同点上,最后,人之所以能得到关于对象的统一的认识,是因为其后存在着统一的离体的精神。这一论证接近于康德先验演绎中对作为认识之最后根据的、不变的先验自我意识的论证。所不同的是,康德认为,这个自我只是一个不得已的预设,可称作 x。另外,这个 x 是不可知的。而哈特认为,它不仅是存在的,而且是可知的。

承认有离体人,必然会面临这样的问题:无身体心灵会不会像身体一样有性别?哈特的回答是:"只要想想同性恋爱就会明白个中道理,正像有体之躯的性别是由有血肉的生殖器所决定的一样,无形的生殖器规定了无体之灵的性别。"②

---

① W. D. Hart, *The Engines of Soul*, pp. 145-146.

② Ibid. p. 142.

如果心灵是无体的，那么它存在于哪里？是否应对之作出定位？如果要定位，该怎样定位，哈特回应说："因果关系是能量之转化，而量值的转化就是它的局部而非全部的守恒。除非量值定位在空间中，否则它就不可能局部守恒。"就视觉来说，我们"必须设想视觉经验所获得的'心理能量'……也存在于空间之中"。[①] 这就是说，无体的心灵同样也存在于空间之中，只是没有固定的位置，就存在于它发生作用的地方，如眼睛看到对象、射出了光线时，心灵就存在于射线射出的地方。其他的地方可如此类推。

第三节　埃利斯的"具身性"二元论

鉴于笛卡尔的二元论把精神独立出来而又无法说明它如何可能存在、为何有原因作用等问题，R. 埃利斯(R. Ellis)创立了一种所谓的"新二元论"，即具身性二元论。这种新二元论在本质上仍是笛卡尔式的二元论，因为它只对后者做了微妙的修改，即强调意识自我是具身的(embodied)。他说："对笛卡尔观点的细微修改就能轻易地避开人们所提出的关于离体意识的责难，进而得以建立这样的观点：意识是'自我'的充分必要条件。"[②]

一、二元论的"新问题"

埃利斯不否认现当代意识、自我研究的新进展，同时也承认这些成果要么暴露了笛卡尔式二元论的问题及缺陷，要么对之构成了威胁和挑战。众所周知，笛卡尔的二元论是建立在对理智性的心理现象的认识之上的，较少涉及意识这类现象。这里所说的意识主要指现象意识或感受性质，而不包括其他意识形式。埃利斯认为，笛卡尔的确没碰到下述为当今心灵哲学深入探讨过的意识问题：意识究竟是什么东西？究竟是什么类型

① W. D. Hart, *The Engines of Soul*, p. 152.

② R. Ellis, *An Ontology of Consciousness*, Dordrecht: Martinus Nijhoff Publishers, 1986, p. 109.

的实在？有无本体论地位？如果不是物质性事物或属性，又是什么？如果有自己的存在地位，那么它的不同于物质事物的存在方式究竟是什么？两种存在方式如何相关？有何功能作用？等等。如果不能令人满意地解决这些问题，那么心灵哲学的其他问题，如自我的地位问题，意识与身体的关系问题，前反思意识与自我偏离问题等，就不可能被有效探讨。

还要看到的是，笛卡尔为了说明心灵或精神的统一性，常把它称作"自我"或"我"。然而，现当代科学对包括人体在内的一切有机体的"挖地三尺式"的微观研究看到的只是不同的物质材料，看到的是部分的川流不息的更迭，是不间断的新陈代谢。面对这些新的认识，人们自然会问：人之内是否存在着一个连续的、主观的、具有同一性的主体，它贯穿在我们从一种状态到另一种状态的川流不息的变化之中，同时保持不变？如果承认有这种自我，那么该怎样说明它的本体论地位？或者说，它有无本体论地位？如果有，是什么样的存在地位？它是什么样的存在？是属性、事件、物体、关系，还是现象？它在哪里？如果根据经验来定义自我，那么该怎样说明经验的存在地位？经验与物理实体是何关系？与自我是何关系？

最后，笛卡尔的二元论的最大问题是难以说明心身如何可能有因果相互作用。因为如果物质和精神是两类不同的、独立的实体，那么问题便接踵而至：如果意识不是物质事物，那么从物理的观点看，它的质量便为零。进而，质量为零的对象在引起别的对象时的运动总量也必为零。埃利斯说："如果二元论是对的，那么心灵就不能引起身体运动，而这又是荒谬的。"①

总之，现当代心灵哲学和有关科学最为关心的是意识问题，所取得的成就也是最明显的。其中，有些成果对二元论是有利的，可据以为二元论作出辩护，而有些则对二元论构成了威胁。正是看到了这些，埃利斯便敏锐地意识到：以意识为切入点和突破口，一门深入，触类旁通，不失为二元

① R. Ellis, *An Ontology of Consciousness*, p. 4.

论向前发展的一条新的出路。

二、意识的本体论地位与二元论的重构

如前所述，埃利斯对笛卡尔式二元论的辩护和重构主要是围绕意识而展开的。在探讨意识时，他关注的重点是意识的本体论问题。由此便有专著《意识的本体论》之集成。而他对意识的研究又是从方法论问题入手的。

在他看来，观察意识有两种方法，即主观的现象学方法和客观的从外面所作的观察方法，只有前者才是有效的。他说："对心理状态的直接的现象学反思所得到的信息是不同于用客观观察方法所得到的信息的。客观化方法如果不补充现象学材料、不与后者关联起来，那么原则上是不能观察到意识的。"[①]现象学反思尽管是可错的，但离了它就无法认识意识。

在用现象学方法反观意识时，他像一些分析哲学家一样意识到："意识"一词尽管有指称，指的是世界中的某种实在，但要通俗说明这类实在，则是很麻烦的，如可以用"事物"、"运动"来解释"意识"，但不是最好的。他认为，不太走样的替换词应是"内容"及"内容中的关系"。质言之，意识指的是大脑内的简单的自在之物之间的相互关系中出现的复杂过程，或特种形式的内容及内容间的关系。[②] 当然，他又看到，内容是相对于形式而言的，且两者可以相互转化。一要素在某种情况下可被看作是内容，但换一种情景，则可被看作是形式。因此它是形式还是内容，取决于我们所关注的本体论层面或形式复杂性的程度。"内容"这词之所以被认为是说明意识的较合适的一个词，就是因为它有相对于形式而言的意义，而没有意指形而上学中的最简单的可能实体的意义。例如，"波"能表示一种不同于它的媒介（或内容）的过程，因此是一种相对于内容的关系，这一事实又没有这样的意蕴，即媒介就其自身而言不可能成为一个过程。波的媒

① R. Ellis, *An Ontology of Consciousness*, p. 23.

② Ibid., p. 68.

介的本体论地位本身是由别的内容中的诸关系集合构成的，但它同时又可作为那作为波的关系的内容。再如“沿着街道行走”表示的就是某人身体与街道的关系，而他的身体又是某些别的内容（如细胞、原子等）与包含着行走等的过程之间的关系。

基于这些分析，他得出结论说：“唯一明智的选择似乎是承认意识是一种过程，同时把生理事件当作它的基质（substratum）。”①在他看来，意识有它的相对独立性，就像上面所说的，内容尽管是相对于形式而言的，但毕竟不能等同于形式，在特定的本体论层面，它有其存在地位。意识也是如此，它不能同一于它的生理基础。当然，就像内容和形式不可分一样，意识与其基础也有其不可分割性。他说：“如果我们承认意识有其作为过程式模式的本体论地位，那么心灵与其生理基础的不可分性便是可能的”。② 如果意识是过程，而不能作为身体构造而存在，那么该怎样定义、定位这个意识过程？它是哪一类实在？他的回答是：意识作为一种实在一定是由低阶模式构成的高阶活动模式，换言之，“意识是高阶时间样式。”③

只要承认意识观察的现象学视角的真实性，就一定会承诺意识的本体论地位。以感觉、知觉、情感为例，它们从现象学上说肯定是存在的，因为它们都显现在意识面前，千真万确，它们表象的对象可能不存在，可能有歪曲，但它们发生了，出现了，这绝对是一个不容置疑的事实。

基于上述分析，他引出了他的意识理论的这样一些最低限度的预设：(1)意识是存在的，并可由此出发而对意识作出阐释；(2)意识状态的主观地被感受到的质是可以被意识本身直接认识到的。当然他又承认：(a)我的意识状态对我不是完全透明的；(b)我的意识状态在记忆中可被记错；(c)不能把意识状态的对象看作是意识所想到的东西；(d)关于主观地感知到的质的陈述不一定是精确的。他还认为，从上述假定又可推导出：

① R. Ellis, *An Ontology of Consciousness*, p. 70.

② Ibid., p. 70.

③ Ibid., p. 114.

(3)逻辑对于意向对象(noumena),包括意识本身,是适用的。他强调:这些假定没有这样的意思,即否定物理王国的存在;相反,它们承认它的存在。[①] 正因为有这样的意思,才使他的理论成了二元论阵营中的一员。

既然逻辑适用于意识及其对象,即可用逻辑的方式来设想、重构关于意识的理论,那么埃利斯便沿着这一思路对意识王国做了自己的逻辑重构。

首先,他提出了关于意识的内驱力或动力理论。在追溯意识的深层结构时,必然会涉及行为的内在动力或动机或基本需要或欲望。在这方面,弗洛伊德做了大量工作,取得了令人震惊的成果。其理论可概括为这样的动机还原论,即所有一切行为的最终根源是性欲或里比多。埃利斯不完全否认弗洛伊德理论的合理性,例如到意识、潜意识中去寻找行为、心理现象的根源,这种方法论原则就是合理的,因而为埃利斯所采纳。但他又认为,弗洛伊德的心理动力还原论必然会陷入自相矛盾。他说:"如果内驱力是有机体的唯一的动机,那么所有内驱力的完全还原将成为一种静态平衡,其最终结果是使意识变成非存在。"这等于说,生的目的就是死,"意识的目的是停止意识",这显然是自相矛盾的。[②] 另外,这类驱力还原论"原则上无法解释意识为什么会成为有意识或想继续成为有意识"。[③]

埃利斯的新的看法是:意识有自己独立的基本倾向或动机,它们构成了意识的深层结构。正是这种结构表明意识有自己的特殊的本体论地位。他说:"如果说意识有自己想要的东西的话,那么首先可以肯定,它想要的是:作为意识继续存在。……意识想继续是意识,就是想让自己继续变化;而想进入静止状态就是想不再是有意识的。"[④]简言之,意识有其内

---

① R. Ellis, *An Ontology of Consciousness*, pp. 178-179.

② Ibid., p. 115.

③ Ibid., p. 118.

④ Ibid., p. 115.

在动机，那就是它总想让自己起作用，即让自己存在。这从一个侧面证明意识是有本体论地位的。不仅如此，意识还有自己的不同于物质的本体论地位，这表现在：意识像运动着的物质一样也有自己的内在动力。这可从意识想成为它自己这一特点或动机推论出来。因为它既然想成为它自己，那么它肯定有自己的根本动力。他说："这些动机……构成了自我"，[①]而这里的自我就是贯穿在、统一展现在各种暂时状态中的自我。因此只要有意识、自我出现，就一定有它的内驱力及动机。他还认识到：原始动机在意识流的每个阶段都有其指向性，正是这指向性使自我成为可能。这指向的目的就是构成意识的整体结构图景，并作为超验自我的模式展现自身。[②]

把意识的最内在、深层的东西挖掘出来了，就不难把有独立存在地位的意识的构成要素和整体结构描述清楚。既然意识有自己的内驱力及指向性，意识在实现这些本质的时候，就必然表现为四个基本要素或能力：(1)经验的注意方向，即在经验中能动地指向进而集中在某个对象上；(2)记忆；(3)认知综合；(4)分析能力。[③] 他强调，意识的这四种能力是缺一不可的。因为，他认为，缺少其中任何一种能力，意识就不能正常发挥作用，自我就不可能进到意识层面。[④]

在他看来，意识的不同于物质的独特性还体现在它的活动方式之上。他认为，意识有两类活动：一是符号化，二是对被意识到的东西是否有价值作出评价。[⑤] 后一方式是人们熟悉的，而前一方式可看作是他的一项"新的发现"。他说："经验(广义上理解的)的某种符号化对于经验的连续存在在本体论上是必不可少的，但经验又不可能完全被经验到，就像它不可能完全被符号化一样——至少不可能持续很长时间。""当经验被适当

① R. Ellis, *An Ontology of Consciousness*, pp. 118-119.

② Ibid., p. 142.

③ Ibid., pp. 131-134.

④ Ibid., p. 131.

⑤ Ibid., p. 128.

地符号化时，它就会表现自身。"[①]这样说，无疑让人摸不着头脑。但符号化这一范畴又是他的二元论的关键，因为正是借助它，他才对所有二元论难以说明的心身如何发生关系的难题做了逻辑上可行的说明。既然它涉及心身关系，因此我们留待后面分析他的"具身性"范畴时一并予以考释。

对意识的深入探讨必然涉及意识的统一性问题，而此问题其实就是自古以来就争论不休的"自我"的地位、本质与作用问题。与承认意识有本体论地位相一致，埃利斯也明确赋予意识的统一性以独立的、与物质事物平起平坐的本体论地位。这表现在：它既是意识的可正确经验到的样式，又是一种统一的、指向性的原则，这原则为自我提供了结构和连续性，同时又使自我成为超验的。[②]

他不仅承认自我是存在的，而且像康德和胡塞尔等人一样承认有先验自我。他说："先验自我可以同时成为一种统一的原则和一种内在地被经验到的具体意识。反思这个意识不过是关注这样的方面，即意识由以而直接或间接地意识到自己是一种作为现象学时间之本质组成部分的展开。"[③]

笔者认为，现在要对自我作出科学上的、本体论上的决断，是很困难的。但从认识论上说，不承认它的存在就无法说明下述认识论事实，如人能把在不同时间、地点得到的杂乱无章、纷至沓来的经验材料，整合成一个统一的认识。材料是分别得到的，作为主体之组成部分的物质性大脑时刻都在变化。如果不承认主体之内有一个不变的东西，那么就无法解释分别得到的材料为什么能被整合成统一的认识。这就像搅拌机的加工一样。如果在 a 时把水倒进 A 搅拌机中，在 b 时把砂倒进 B 搅拌机中，在 c 和 d 时分别把水泥、石头倒进 C、D 搅拌机中，试问它们能被加工出混凝土吗？肯定不能。只有在不同时间把这些材料倒进同一台搅拌机

① R. Ellis, *An Ontology of Consciousness*, p. 16.
② Ibid., p. 189.
③ Ibid., p. 77.

中，才能如此。同样，不同时空得到的经验材料只有同时被归属于同一个主体，才有可能形成统一的经验，这同一主体即是贯穿在个人不同时空中的同一个“我”。

什么是埃利斯所设想的“自我”呢？他通过把它放在与意识的关系中进行比较而回答了上述问题。他说：“‘自我’是一种特殊的意识……自我不能等同于我的全部意识状态，只能等同于认知的那些创造性构造因素。而此因素则是这种动机性感情的源泉。意识流之所以能基于选择性注意过程而有其指向性也是根源于此因素。这种创造性因素是前意识的，有范畴性意向性的（而没有呈现性意向性），同时还有意识中的指向价值的维度。……因此它是超验的自我。”[①]这就是说，自我离不开意识。因为，一方面，自我是一种特殊的意识，另一方面自我是由意识确证的，因为前者显现在意识之中。由于人有意识，因此即使一个人的身体一部分一部分地被替换了，直至某一天被全部替换了，他也知道他不是别人，而是他自己。总之，自我不是抽象的概念，而表现为真实的意识。质言之，意识是自我的充分必要条件。但又必须注意到，自我又不能等同于意识，因为它们处在不同的层次，前者比后者更根本。从作用上说，它们的作用也不同，如自我在认知中有创造性的构造作用，有将意识统一在一起的作用等。如果说意识是物理基质里的变化模式或过程的话，那么自我则是意识中的变化模式。[②] 可见，自我高于意识，是变化模式中的变化模式，是意识中的意识。正是因为自我高于意识，因此它才能发挥它的使纷乱的意识材料成为统一的认识的作用。他说：“随着适度被符号化的模式以及随后由之驱动的模式的出现，意识流不可能偏离自我太远，因此范畴构架对于把任何经验描述为它表现出的样子是足够的。”[③]自我不同于意识的表现还在于：“自我或多或少是超验的，这取决于意识在寻找自

---

① R. Ellis, *An Ontology of Consciousness*, p. 143.

② Ibid., p. 20.

③ Ibid., p. 16.

己的符号表达式时所达到的范围、程度。”[①]而自我所加工的意识只能是经验的。

三、意识的具身性与心身关系的新图景

在心身关系问题上，埃利斯也表现出了对笛卡尔的超越。在笛卡尔看来，意识与身体没有关系，只能是精神实体的作用或活动。用现象学的术语说，笛卡尔所说的意识及自我是离体的，或是不具身的(disembodied)，而埃利斯所说的意识及自我是具身的(embodied)，即必然要涉及、要动用身体资源。因为心理事件与物理事件尽管根本不同，但在两者存在和发生作用时又是不可分的。因为意识要发挥作用，离不开身体的参与。例如一个人昏厥过去了，丧失了知觉或意识，是由于身体或大脑的某些生理结构受到了损伤。同样，他要苏醒过来，重新获得知觉，又有赖于有关生理结构的修复及功能的正常发挥。他说：“重新恢复意识的能力使睡着了的身体成了一个人。睡着的大脑发挥其作用非常相似于醒着的大脑。”[②]

就“自我”与身体的关系来说，他强调“我”作为一种形式的经验或经验总体，有其本体论地位，因为我不可能通过内省把我自己经验为经验本身之外的别的东西。但是若由此说，“我”可以独立于、离开身体而存在，那又是荒唐的。他说：“我”不可能脱离“我的身体”而存在，当然又不能由此说：“在‘我’这个词表示意识主体的意义上，身体是‘我’的组成部分”。[③] 因为构成身体的材料总是变化的，并可以被替换，而自我从始至终并没有变化。另外，尽管“我”与所吃的食物有关，甚至离不开它，但不能说：食物是我的组成部分。“唯一可能的回答似乎只能是：食物绝不能成为我的组成部分，它只能成为‘我’、模式或过程这些词所述谓的实体或基质的组成部分”。[④] 由上可知，埃利斯所说的意识或自我的“具身性”，

---

① R. Ellis, *An Ontology of Consciousness*, p. 142.

② Ibid., p. 109.

③ Ibid., p. 111.

④ Ibid., p. 111.

指的不是意识以身体为组成部分，不是说意识具有身体，而是说意识在获得自己的存在地位和发挥自己独有的作用的过程中，离不开身体及食物。因为意识的独立存在形式是活动模式或过程，而活动模式总是一些要素所构成的东西的活动模式，它要活动和起作用，总离不开其下的基质或实体。因此，意识只能是身体或大脑的活动模式。但埃利斯又强调，不能因为意识离不开身体、是身体的活动模式，就把两者等同起来。因为活动模式一经出现，就有其独立性，正像儿子从母体中分离出来有其独立性一样。自我也是这样，它是意识的活动模式，因此间接依赖于意识所依赖的身体，也有其具身性。但自我一经出现和起作用，也不能等同于意识及其间接依赖的身体。

如果自我与身体不可分离，一方离开了另一方便没有自己的意义，那么两者是如何关联的呢？怎样看待经验与身体的关系呢？他利用梅洛-庞蒂的观点回答了这一问题。他认为，这里的关键是说明符号化，尤其是认识到符号化会涉及对身体以及别的物理事物的利用。梅洛-庞蒂认为，身体具有一种关于现象的前反省性意识，那种符号化有助于更明确地意识到这些现象就是意向对象，即是说，有如此复杂属性的对象。通过将经验符号化，我们更充分地知道了我们的意识对象是什么。

在埃利斯看来，要理解符号化，一是要把经验的原因与经验的意向对象区别开来，二是要把经验的意向对象与符号区别开来。自我发挥它的作用的一种方式就是符号化。因为自我只能在意识流中发挥作用，而要如此，必须将经验及其经验到的对象符号化，进而直接与符号打交道。他说："自我对它自己的意识状态是有巨大的杠杆作用的，这就是说，自我可以让微弱的意识状态受到清楚的注意，例如强化它，或决定自己不注意或否定一种意识状态，拒绝将它符号化，进而让它一直处在模糊状态直到它最终完全不出现。"①

只要有符号化发生，自我就通过意识中的符号与身体、进而与外部

① R. Ellis, *An Ontology of Consciousness*, p. 108.

对象间接关联起来了。他说:"身体是经验与物理事物相互作用的一个例子。"这就是说,只要有身体出现,就意味着有两者的相互作用发生。"符号化是另一种相互作用。而自我直接把一般的经验关联起来了,以便促使它们统一在一起,同时,它也用经验常起作用的方式……把物理事物关联在一起。……自我为了成为自我,它必须始终同时干那两件事情。"①

总之,埃利斯的新型的、具身性的二元论包括下述既有继承又有发展的思想:(1)有意识事件不是由它们的对应的生理事件引起的,而有自己的独立性。(2)平行论、交感论、同一论都没有正确说明意识与生理事件的关系,只有他的具身性二元论有此作用。(3)埃利斯在心身关系问题上看到了别人没有看到或注意不够的地方,有其独具的慧眼,如从本体论上看到了存在形式的多种性、层次性,看到了基础的东西之上还会产生新的有自己独立本体论地位的东西,如活动模式或高阶过程,而此模式只要运转和起作用还会进一步派生出新的更高级的模式。他关于意识、自我及其具身性的新的理论正是上述本体论和方法论的结晶。(4)赋予"具身性"以新的内容,即让这一老概念表达他在心身关系中所发现的新模式:心灵作为高阶现象不是纯精神的东西,不是抽象实在,而是一种"具"身或"具"体,但此具身又不是具有身体、包含实体,而只是以自然的方式依赖或利用身体。

当然,我们这样说,绝不等于说埃利斯已发现了这里的唯一的真理,已无懈可击了。相反,其隐藏的问题和困难仍是很多、很大的。例如这里最大的麻烦是,究竟该怎样看待意识及自我的本体论地位。对此理解不同,后面关于心身关系的看法便迥然有别。埃利斯尽管花大力气研究了意识的本体论,完成了《意识的本体论》一书,但显然没有"完成"对意识的本体论探讨,而只是展开了意识之本体论研究的更大的空间,引出了更多悬而未决的问题。

① R. Ellis, *An Ontology of Consciousness*, p. 19.

第四节 福斯特的激进的笛卡尔式二元论

J. 福斯特(J. Foster)毫无忌讳地宣称:他赞成笛卡尔式的二元论,而不喜欢休谟式的二元论。后者不同于前者的地方在于:不是把心灵当作实体、主体,而是当作具体心理事项的集合,或"一串观念"。他说:"我对笛卡尔关于自我的理论的阐发和辩护","预设的是,二元论命题是可靠的。"他所做的工作"只是把心性的各种具体例示(感觉、感觉经验、思想、信念、情绪等)表述为非物理的'基本的'主体的状态或活动"。① 换言之,他对物理世界坚持的不是素朴实在论的立场或自然的态度,而"坚持现象学的唯心主义,如把物质世界的存在当作是完全由人的感觉经验构成的东西"。② 由于如此看待物理世界,因此他的激进的二元论相对于有些二元论形式而言,又有弱化的一面。他认为,物理世界尽管根本有别于心理世界,但前者有对后者的一定的依赖性。也就是说,他辩护的二元论在这一点上之所以是弱化了的二元论,是因为这种二元论不像别的二元论那样把心物二者当作二元起源和独自存在的东西,而通过现象学的路径把物看作是依赖于心的东西。

一、二元论的总梳理

为了突出他的二元论版本的特点,他在概括一般二元论的基本观点的基础上,对各种形式的二元论的微妙差异及特点做了细密的分析和梳理。

就二元论的一般原则、形式和主要内容来说,二元论不过是"是关于心理和物理王国及其相互关系的一种理论",由下述五个论断或命题所组成:"(1)存在着心理王国;(2)心理王国带有根本性;(3)存在着物理王国;

① J. Foster, *The Immaterial Self: A Defence of the Cartesian Dualist Conception of the Mind*, London: Routledge, 1991, p. 17.

② Ibid., p. 12.

(4)物理王国带有根本性;(5)两个王国在本体论上是分离的。"[①]

先看"心灵存在"、"心灵具有根本性"这两个论断的意义。赋予它们的意义不同,二元论的表现形式也便有异。它们不外两种意义:一是弱意义或弱论断:"心灵的存在或任何心理事件的出现足以保证它的真。"[②]二是强论断,又有三种:一是断言,除受伤的大脑之外,现实的人都有灵魂;二是认为某些非人动物也有心灵;三是少数人承认,存在着没有形体的精神,如上帝、已死的人的精神或灵魂。第二个命题强调的是心理王国是基本或根本的,意思是说:"心性是不可还原于别的东西的。"[③]具体而言之,有两个要点,"第一,心理王国具有概念上的根本性,亦即关于心灵的命题的主观材料总是心理主义的不可还原的东西。第二,心理王国具有形而上学的根本性,即心理事实绝不可能由非心理的事实所构成"。[④] 第三、四个论断"分别断言的是:物理王国是存在的,要用分析的方法或形而上学的方法将物理的东西还原为别的东西是不可能的"。[⑤] 第五个论断的意思是:"一个王国中的实在是完全不同于另一王国中的实在",[⑥]两个王国在类别上根本不同,没有任何交叉性,更没有相互跨越的可能性。当然两者可有相同的时间维度。

综上所述,一般的二元论都会涉及上述五个方面的问题,并分别表明自己的态度。而态度上的强弱则导致了二元论阵营的分化,换言之,不同强弱程度的看法便构成了二元论的不同的理论形态。福斯特的二元论在某些问题上是倾向于弱化的,而在有些方面又表现得较激进、较强硬。例如他除了坚持二元论的一般原则之外,还强调心灵主体的绝对独立性。

从具体内容上说,福斯特二元论由两方面的内容所构成,一是肯定性

---

① J. Foster, *The Immaterial Self: A Defence of the Cartesian Dualist Conception of the Mind*, p. 1.

② Ibid., p. 1.

③ Ibid., p. 2.

④ Ibid., p. 7.

⑤ Ibid., p. 8.

⑥ Ibid., p. 8.

的内容,留待后面来分析;二是否定性的内容,即对各种非二元论形式的批判和破斥。在他看来,这也是论证二元论的一种方式,有时甚至能起到不可替代的作用,因为破就是立。这部分内容构成了他的二元论的“破斥型”的特点。受到他批判的理论主要是分析行为主义、形而上学行为主义、分析功能主义、类型同一论和个例同一论等。限于篇幅,这里不予一一考察。

二、心理主体、具身性与功能性关联

在正面阐述二元论的内容时,福斯特首先强调二元论的本体论上的主张不外是:“把心理和物理王国当作本体论上分离的两个王国”。这一分离原则有两个要点。第一,它对存在或发生于心灵中的东西给出的是完全非物理主义的说明。第二,强调存在着心理主体(mental subject),此主体就是能感知、能思维、能作决定的另一类不同于物质运动主体的实在。

不难看出,他的二元论版本既坚持了笛卡尔的二元论的基本原则,同时又有他自己的新的阐发,如强调心灵的组成部分(感觉、思维、信念等心理现象)与物理的东西是完全分离的、互不依赖的;同时他还对笛卡尔的精神实体概念做了进一步挖掘和发挥,如把主体分为基础性的和非基础性的两种,进一步论证了这样的形而上学或本原论主张:心理的基础性主体是完全非物理的。正是这些“发展”“使他的二元论变得更加强硬”。这表现在:它强调心理的东西从根本上有别于物理的东西,不管怎么分析,都不可能把前者还原为后者,因为它们有自己的基质或主体。他说:由于有这一原则,“心理本体论和物理本体论在哲学的根本说明的层面也没有任何重叠之处”。[①]

相对于别的心身理论而言,他的本体论不仅比唯物主义宽泛,而且超过了一般的二元论。因为他除了承认存在着非物理的性质,如思想、感觉

---

① J. Foster, *The Immaterial Self: A Defence of the Cartesian dualist Conception of the Mind*, p. 204.

等之外，还承认存在着独立的心理主体，正是它们支撑着心理的属性。在这里，他的基本思想无疑是笛卡尔式的二元论，但思想的具体内容及论证则有自己的发展。这主要表现在，他得出“存在着心理主体”这一结论的逻辑方式不同于笛卡尔的方式，例如他主要是通过对心理属性的归因性或溯源性分析而得出上述结论，而这一分析又是从对休谟的本体论的分析开始的。

休谟认为，要从哲学上作出根本性说明，必须把心理的组成部分当作有独立性、自我包含性存在的事物，而不能作为主体的个例状态或活动。例如一个人感觉到了疼痛，这种状态就是心理事件的显现，没有必要把它归结为一个主体。对此，我们只能说它是疼痛的显现，而不能说它是某主体所碰到或经历的事件。这也就是说，在对心理现象进行哲学形而上学分析时，没有必要去追问后面的主体，因为每个事件都是自己发生的，是本体论上自主、自立的东西。从认识论上说，认识内部世界只能诉诸内省，而内省只告诉其内有各种各样的知觉或观念，并没有告诉我们其后还有心理主体或自我之类的东西。这是他的彻底经验论原则应用于心灵哲学所得到的一个关于自我的怀疑论结论。

福斯特认为，休谟的经验论原则不能用于解决心理主体问题，而且所作的内省论证对笛卡尔的理论构成了潜在的威胁。因为如果内省没有向人们暴露这种非物理的、实体性自我的踪影，那么有什么根据说它存在呢？即使诉诸直觉、推论来证明知觉现象后的主体，但仍有这样的问题：直觉、推论有什么经验根据呢？

福斯特认为，解决这里的问题的出路在于：对内省做出正确的、全面的分析。尽管人没法从知觉中分析出自我，但内省难道只暴露了知觉吗？换言之，内省所暴露的，除了知觉经验之外，还有无别的东西？他的回答是肯定的。在他看来，内省显现给我们每个内省着的人的东西实际上是复合体，里面既有经验，又有被经验者，还有能经验者，以及经验的方式等。因此有理由说心理世界至少是“自我、经验活动、被经验的某物等的复合体”。不管怎么说，知觉经验、经验的方式以及被知觉的某物尽管是内省面前显现出来的东西，但内省所显现的不限于此。因为它们要出现和存在，要进一步演化和起作用，一定有一个“所有者”(ownership)支撑和主宰它们。因此已有的各种论证是无法“消除我们关于这个所有者的直觉的”，“我还认为，没有别的方式能有效地否定这种直觉。”①

福斯特不仅诉诸直觉论证了他的观点，而且还用形而上学的刨根究底的方式做了论证。如果内省所确认的心理事件、属性是存在的，那么由此必须得出这样的结论：其后有支撑这些属性的基础或主体。因为根据一般的常理，属性要存在，必然得依附于某种既有存在地位又能作为他物之依附基础的实在。不妨把它称作心理主体，意即能支撑、表现心理属性的主体。现在的问题是：如何构想这心理主体呢？它究竟是一种什么样的存在方式？有何本质及特性？二元论之所以有分化，有不同的形式，一个重要原因是对之有不同的回答。

福斯特的二元论之所以是激进的，是因为他对上述问题作了激进的回答。他强调，他的理论区分开了两个概念：一是关于心理主体的更一般的概念，二是关于那被他称作基础性(basic)心理主体的更为专门的概念。他对前一心理主体的定义是：“一实在有无资格被看作是心理主体，关键是看它能否拥有心理状态或能否完成心理活动。”如果能够，该实在便有资格被看作是心理主体。他对基础性主体的定义是：“一实在被看作是心理主体，当且仅当它是心理主体，同时它在哲学的本原性说明中被如此表征为心理主体。”这就是说，一实在只有在从概念上所作的本原性说明中被表征为一个心理主体，才能被看作是基础性心理主体。这就是说，基础性心理主体在作为主体发挥作用时，是无须别的东西的帮助的，它起作用靠的是自身，其后不可能被追溯出别的更根本的东西。因此它是最原始的基质或承载者，是别的实在、活动、属性赖以存在的最后基础或本原。把它与非基础性主体加以比较，有助于理解这一点。非基础性心理

① J. Foster, *The Immaterial Self: A Defence of the Cartesian Dualist Conception of the Mind*, p. 219.

主体有两种情况。第一，在哲学的根本性说明中，它的存在可能基于根本性分析而被消解，或者说被分析为别的事实。例如视觉系统是视物的主体，因此相对于“视物”来说，此系统的存在是根本的，但它作为主体的作用从形而上学上可还原为别的某物。因为此系统之发挥这种作用还依赖于其后更基本的东西。相对而言，基础性心理主体在根本的形而上学说明中仍能保住自己的主体资格。第二，非基础性心理主体可以是物理的东西，而基础性心理主体只能是非物理的。因为有形的物体不可能成为心理状态和活动的真正主体。他说：“某物要成为一个基本主体，它必须能够在哲学的溯源性说明中作为主体起作用。如果描述它具有心理状态的溯源性方式根据的是它的物理状态和某些心理事项之间的因果关系，那么它就没有作为主体出现。”①

基本的心理主体究竟是一种什么样的实在呢？有一种观点认为，有状态、能活动的心理主体是有形有心的人。福斯特承认，如果停留在表层的追溯，那么可以把这种人当作是心理主体。但这种心理主体是非基本的，或者说，不是真正的心理主体，因为真正的基本主体有两个必要条件：第一，它能作为心理属性的基质，因而能作为心理属性被归属的主体；第二，它能在溯源性形而上学分析中作为基本实在出现并起作用，且不能还原或被分析为别的东西。既然物体和心物组合体都不是基本主体，那么别无选择，只能推论说：在人之后还有一种非物理的主体。他说：“有形主义者的观点已被否定，因此二元论的主张是正确的。我将假定，有资格作为基本心理主体的东西完全是非物理的。”②

接下来的问题是关于这些主体的本质的：如果它们是非物理的，它们的内在本质是什么？就人来说，自我究竟是什么？福斯特回答说：从否定方面说，它们纯粹是非物理的。按传统观点，还可加上这样的特点：它们是单一不可分的、连续的，但这都有争论。福斯特的观点是，这些原则可予坚

① J. Foster, *The Immaterial Self: A Defence of the Cartesian Dualist Conception of the Mind*, p. 204.

② Ibid., p. 212.

持，但须进一步论证：有不可分性和连续性的东西究竟是什么？他的基本观点是：基本主体的根本特征、内在本质在于它有心理属性（attribute），此属性可用笛卡尔的“我思”等词来表述。他这里用 attribute 一词，是十分贴切的，因为该词有“本性”的意思，即不是一般的性质，而是内在地、天然地属于某物的性质。在他看来，能被看作是基本心理主体的心理属性的东西只能是我思、连续性、不可分性等。接着他分三步阐述了自己的想法。第一，由于有基本主体，我们作为内在本质之组成部分的心理属性就一定是它所具有的东西，并且是它必然具有的。第二，由于有心理主体，因此心理属性一定是内在的和范畴性的。第三，不管是什么心理属性，它们都可看作是构成该主体之内在本质的东西。它们一定有可能使我们理解，该主体怎么可能具有它们。他说：“根据上述三点论述，我们能找到的、构成主体内在本质的东西是这样一些属性，它们不只是内在的，而且是极其一般的。它们如此普遍，以致成了主体在心理状态川流不息变化时始终保持不变的特征。它们同时也是主体的特殊的、偶然的心理状态的作为变化样式和特定形式的特征。”①

从心理状态、活动与心理属性（我思）的关系看，心理状态和活动等是心理属性的样式，即是此属性的具体表现形式。此属性不是通常意义上的心理属性，而是作为支持物的主体的一种特征，就此而言，可把心理属性等同于基本心理主体。他说：“这种属性可为内省知觉到，使主体作为心理主体存在和起作用，但是由于它通过具体化为它的实物性（thinghood）特征，因此可根据该心理属性让该主体所拥有的心理生活来抽象地予以描述。”②

问题是，真的有这样的属性吗？他的回答是肯定的。根据是：当我集中注意力、内省我自己时，我不只知道我自己处在什么样的心理状态中，我还同时直接地知道我是某种事物，我是不依赖于我的心理状态的某物。

---

① J. Foster, *The Immaterial Self: A Defence of the Cartesian Dualist Conception of the Mind*, p. 223.

② Ibid., p. 234.

我所知道的东西还清楚地告诉我：我成为一基本主体是怎么可能的，成为心理状态的所有者和心理活动的实施者是怎么可能的。他得出结论说："内省所显示的那类属性就是我自己的内在本质，就是别的一切人的基本主体。"①

如果基本心理主体是非物理的，那么福斯特无疑又掉进了传统二元论的矛盾旋涡：非物理的东西怎么成为人的主宰？怎么可能与有形的东西发生关联？为了回答这些问题，他抛弃笛卡尔关于精神实体是离体的(disembodied)这一原则，而与当代认知科学中所流行的认知具有具身性的思潮保持一致，明确提出并论证了心灵的具身性(embodiment)特点。他理解的具身性指的是心灵"在本质上完全或部分地是有形体的(corporal)"，②换言之，即使是非物理的深层次的基本心理主体也不会绝对地以纯精神的形式存在，而总是拥有自己的身体，或者说，总是具体化于特定的有机体之中。由于主体有这种具身性，我们就可以把人理解为"完整的心理物理系统"。③ 这个系统既是心理的子系统，又是纯机械力学系统。

由于基本主体有具身性，因此心与身的关联便不难说明。他强调，即使人的心理生活中涉及的基本主体是完全非物理的，但每一主体对于它的发展历史的一特定阶段来说总是直接关联于一个特定的生物有机体的。"正是这种关联，使我们可以恰如其分地说：该主体有自己的身体，或是具身的。"④也是由于有这种关联，我们一般人才会提出这样的看法，基本主体除了有心理的特质之外，还有有形的本质及物理空间的定位。也正是由于存在着这种关联，我们才能承认人有派生的或表层的心理主体。由于有这种主体，我们才能同时把物理属性和心理属性归属于其上。最

① J. Foster, *The Immaterial Self: A Defence of the Cartesian Dualist Conception of the Mind*, p. 234.

② Ibid., p. 204.

③ Ibid., p. 226.

④ Ibid., p. 261.

后，由于有这种关联，我们便可把基本主体称作“人”。当然这里的“人”不是物理上的人，而是更为根本的人，即纯精神主体。

但问题是，怎样理解这种关联？说非物理的基本主体与它具体化于其中的生物有机体有关联，是什么意思？他回答说：这种关联首先是功能上的关联，即两者可以有发生因果联系的功能关系。他说：“具身性表现为基本主体和生物有机体之间的直接功能联系。”一旦这种功能联系发生了，就有这样的可能，即心灵或基本主体是具身的。当然，功能联系只是具身的必要条件，而非充分条件。心灵要具有身体，还离不开规律的出现及作用，同时还必须有这样的系统：它不仅要充分地富足，而且以特定的方式适合于那主体的心理构造。即它必须是这样的系统：它在大多数情况下，能使有关的心理状态有功能作用，使之与有机体发生关系，并使它们相互发生关系，如能反映它们的心理特征，并与这些特征和谐一致。

三、人格同一性及其根源问题

人格同一性问题、心灵的统一性问题历来是二元论难以圆满说明的一个课题。笛卡尔对此的辩解是：每一时空中的心理状态和活动尽管是特殊的、变化无常的，但这种变化和多样性中贯穿着不变性、单一性，如每个人都知道每个特定时空中的身体状态和心理状态是不是“他的”。人之所以有这种同一性意识，是因为人身上有一个能思的实体，它是一种连续体，是同一性的基础。这里的问题在于，人的同一性与实体的同一性是否是等同的呢？笛卡尔的回答是否定的。他认为，前者在逻辑上独立于或不依赖于后者。因为有这样的情况，即相同的思维实体在不同的时间可与不同的人保持一致；同样，同一个人在不同的时间可与不同的思维实体保持一致，即它们并不是绝对一致或对应的。如同一个人有不同的思维实体，同一个思维实体出现在不同的人身上（如灵魂在不同的人身上的迁移）。再一个根据是：笛卡尔承认精神实体是非物质的，而反对说：人是非物质的。既然如此，他便自然有这样的结论：说人的同一性与说思维主体的同一性两种说法是有差别的。如果将两者等同，那么就必须说：人是非物质的。而如果把人理解为非物质的，那么就没法理解人为什么有身体。

福斯特的说明是以洛克关于人格同一性的理论为出发点的。洛克认为,人之所以能在不同的时空中意识到自己是同一个人,人之所以能维持自己的同一性,是因为他在不同时空中有共意识(co-consciousness)。而此共意识又根源于记忆。换言之,两个不同的实体之所以被当作同一个实体,是因为它们是共意识的,而这种共意识又是由记忆保证的。例如后一时段的状态之所以被看作是前一时段的继续,两时段的状态之所以被认为是同一个主体的状态,是因为他有回忆的能力,借助记忆,他把两个意识同一起来了。在福斯特看来,这一理论的最大难题是难以说明遗忘和记忆缺失的人为什么也有同一性意识。

福斯特在借鉴改造洛克思想的基础上指出:除记忆之外,我们还有可能找到另外的、能更好说明共意识、进而说明人格同一性的基础。要找到这种基础,方法只能是直接考察经验与时间之间的关联。他的结论是,人的同一性、意识的同一性是根源于经验。他说:"一个感性觉知能够贯穿在现象的时间展开过程中",例如观看一只鸟在天空中的飞翔,这种时间上连续的观看之中就会贯穿着一个经验,经验能觉知到不同时间上的看是同一个人的看,是对同一对象的看,所得的不同表象都属于同一的经验。总之,意识的表象都属于同一的经验。总之,意识的同一性是根源于经验的同一性。[①] 福斯特承认,经验还不是最终的根据,因为人之所以能获得同一的经验,或能借经验把不同时间和空间上的知觉关联、同一起来,又是根源于其后存在着"共主体性"(consubjectivity)。质言之,人的同一性或不同时空中对同一人的意识,最终根源于人的共主体性。他说:"如果没有共主体性,两个经验要成为同一个人的经验,这在逻辑上是不可能的。"[②]

四、心理因果性问题与心理物理规律

福斯特不仅承认心理实在的独立的本体论地位,而且默认它们对自

① J. Foster, *The Immaterial Self: A Defence of the Cartesian Dualist Conception of the Mind*, p. 246.

② Ibid., p. 253.

身和别的东西有因果作用。他意识到，坚持这些原则必然使他面临这样的责难：既然心身是两个根本不同的实在，那么它们之间怎么可能出现因果关系呢？非物质的心理事件怎么可能进入物理事物的因果链之中？福斯特的回答是：之所以有这样的驳难，是因为驳斥者的因果观念本身有片面性，即他们的因果观念是从物理因果关系中抽象出来的。更重要的是，抽象出这种因果模型所依赖的样本是片面的，不具有普遍的代表性。不错，有一些物理因果关系的确有这样的要件，即原因事件和结果事件之所以有作用和被作用的关系，是因为它们之间有物理上的媒质，或有空间上的关联物。正是这空间上的关联成了两事件形成因果关系的必要条件。根据这种因果模型，人们自然会否认心物之间发生因果关联的可能性。因为非物质的心理事件没有空间上的定位。

福斯特指出，这种因果模型本身是有问题的，例如一个远距离（比如说一公里之外）的物理事件可以对附近的物理事件产生因果作用，“中间并无任何因果链”。人们早就认识到，“引力可以以这种方式对远距离的物体产生原因作用”，如天上飞的飞机就受地球的引力作用。“如果承认物理王国有远距离的因果关系，那么二元论所说的心物因果关系也没有什么困难。”[①]这也就是说，两事件的关系要成为因果关系，并无需这样的必要条件：它们必须有同质性，或它们之间有同质性中介。

休谟以来，倾向于经验主义的哲学家一直坚持因果关系具有法则学特征这一信念或原则。根据这一原则，两个事件要成为因果关系，必须有把它们关联起来的规律。没有这样的规律就不会有因果关系出现。换言之，两事件之间要出现因果关系，它们之间必须出现这样的过程，即通过它们的非因果的属性和关系，它们隶属于某种自然规律或规律集合。如一个事件之所以引起了另一事件，这种因果关系的形成完全是由那情境中出现了某种非因果的方面，同时存在着把它们关联起来的规律。例如

① J. Foster, *The Immaterial Self: A Defence of the Cartesian Dualist Conception of the Mind*, p. 160.

对一块金属进行加热，会使之熔化。使熔化这一事实发生的东西是：那金属属于一种类型，当这个类型的金属到达某种温度时，便会有熔化发生，这是一个自然规律。那块金属属于该类型的个例，因此一旦加热到一定程度，即符合规律的要求，便会熔化。

二元论承认，要说明心物之间有因果关系，必须找到心理物理规律。因为有因果关系一定有涵盖该关系的规律，没有规律，两个事件的关系就不可能是因果关系。正如福斯特自问自答的那样："二元论者能找到足以说明心物因果过程的规律吗？"[①]他认为，可以作这样一些设想：第一种选择（规律1）：每当物理类型 φ 中的一个事件在有结构类型 Σ 的大脑中出现了，心理类型 ψ 中的一个经验在稍后便出现了。他不赞成这个设想，因为它只是把特定类型的物理事件和特定类型的心理事件关联起来了，因而没法说明心物之间同时发生的因果关系。

第二种选择是：在时间关系上增加一种关系，以解决上一设想的不足。被增加的关系是这样的关系，即某主体心中的任何心理事件和在同一主体身体中所出现的任何物理事件之间存在的关系。可这样表述：x 属于一个主体，在他的身体中，y 出现了，简言之，x 是从主体上关联于 y 的。如果是这样，就无异于找到了能涵盖一切人的心理物理规律，它能从法则学上把先后出现的相关类型的事件和在附带关系中所出现的事件关联起来。这规律是：对于具有类型图 Σ 的大脑中的 φ—事件 x 来说，有一个 ψ—经验 y，y 除了从主体上关联于 x 之外，还是 x 之后出现的事件。这是一条规律。

这个规律告诉我们的是：假如类型中有任何中枢事件，我们便能在时间和"心理空间"中看到它的 ψ—结果。如果 ψ 类型中有任何经验，那么该规律就会告诉我们：我们在时空和物理空间中能看到它的 φ—原因。因此他认为，有理由断言这就是主宰心物因果关系的心理物理规律。[②]

① J. Foster, *The Immaterial Self: A Defence of the Cartesian Dualist Conception of the Mind*, pp. 163-164.

② Ibid., pp. 163-165.

福斯特知道,有无心理物理规律,历来是有争论的。在否定的声音中,戴维森的观点最有力量。在他看来,心身之间有因果关系,但这种关系是异常的,无规律可寻。福斯特对此做了这样的反驳:“在基本的因果事实和派生的因果事实之间所作的区分是一种有根据的区分,在物理王国,已为常识层面的因果性和粒子物理学层面的因果性之间的关系所证明。如果戴维森能用假定的方式说明它,那么它就解决了他的难题。但现在需要强调的一点是,这个假设的方案已为我们所阐述的结论排斥了。因为戴维森只能把心理物理因果关系表征为绝对由纯物理因果关系事实所构成的东西。……我们已说明,这种对精神性的还原说明是站不住脚的。”①因为他认为,他和别的二元论者已证明:心不仅是存在的,而且有自己的作用力,因此有成为原因的资格。他说:“在心物因果关系中,心理属性是有效力的、能作出反应的。”“如果这是对的,那么我们就有理由拒斥戴维森的论证。”②

否定二元论还有这样的根据:原因封闭于物理世界。此即因果作用的封闭原则。据此,常有这样的推论:(1)物理世界是封闭的,心理事项能影响物理世界,因此心理事项是物理的。(2)物理世界是封闭的,心理事项是非物理的,因此心理事项是无因果作用的副现象。这就是说,根据封闭原则,可推出副现象论的结论。他承认,许多人已对副现象论作出了批驳,如根据科学,根据常识。但他认为,这些批驳不具有判决性。他自认为,他可以提供更有力的批驳。以人们关于自己内部活动的言语报告为例,每个人都可作出这样的自我报告。因此“如果心理事项没有到达我们的言语中心的因果通道,内省报告就不可能发生”。事实上,人能通过内省报告自己的内在心理状态,这足以说明它们对我们的内省及言语活动产生了因果作用。③ 因此“副现象论即使在逻辑上是自洽的,但无法严肃

---

① J. Foster, *The Immaterial Self: A Defence of the Cartesian Dualist Conception of the Mind*, p. 185.

② Ibid., p. 185.

③ Ibid., pp. 190-191.

地予以坚持”。①

根据封闭原则还可作出这样的推论:(a)根据物理科学,我们知道,就任何时间中的物理状态能从因果上解释而言,从上帝的观点看,它们完全可根据在前的物理状态和物理规律来解释。(b)从(a)可合法地推出这样的结论:物理世界是一个“封闭系统”。(c)心理事件在物理世界常常能引起后续事件发生,如决定之后的相应的动作。(d)调和(b)和(c)的冲突的办法可以是,把心理事件看作是物理事件。如果是这样就会与(a)保持一致。因此结论是,心理事件就是物理事件。

这是同一论的常见的论证。福斯特的反驳方法是,对其结论赖以建立的基本前提(a)和(b)以及从(a)到(b)的过渡,做了细致的分析。在他看来,(a)说的不外是用在前的物理状态加上有关的规律可解释一切随后发生的现象。从这个前提,似乎能推出(b):在世界上,只有物理的东西有因果效力和解释力。问题是,从(a)到(b)的推论有效吗?他回答说:“没有演绎上的有效性,因为只有否定这个结论才不致使对前提的承认陷入逻辑矛盾。理由在于,我们无法先天地排除这样的可能性,即因果的多因素决定性”(causal overdetermination)。它强调的是:“一个事件除了由两个原因共同产生之外,还可能是由它们借助各自的作用分别产生的。”如果是这样,那么就有这样的可能性,即一个行为在由物理原因产生、进而须由它解释的时候,还有可能是由完全非物理的在前事态独自引起的。质言之,这两种在前状态各自分别、独立地引起行为结果是完全有可能性的。“如果这种可能性是存在的,那么物理世界在相关意义上就不是封闭的系统。”②总之,如果承认因果上的多原因决定作用,那么就应坚持这样的因果观,即既承认行为可由物理原因所引起,即赞成(a)和(b),同时又承认心理属性可作为行为的原因独立发挥作用。如果承认这种决定作用,那么也可推论说,这里存在着不可还原的心理物理规律,是它保

① J. Foster, *The Immaterial Self: A Defence of the Cartesian Dualist Conception of the Mind*, p. 193.

② Ibid., p. 196.

证了心理的在前的作决定的状态引起了随后的行为。[①] 福斯特进一步认为,人对行为的这种独立的决定作用就是人的自由选择,而之所以有这样的选择,又是因为人之内有人们常说的自由意志。[②]

问题还在于,即使赋予心灵以因果作用力,但物理的大脑能接受非物理东西的作用吗?他回答说:"可以引出的合理结论只能是,大脑能接受某些非物理的影响。"[③]这当然带有独断论的色彩。

如果心身有因果关联,那么它们联系的方式一定极为特殊。福斯特承认,由于基础性主体是非物理的,因此它就不可能与物理性身体发生物理上、结构上、实物性的关联,而只有功能性关系。这种关系实即一种功能上的配列关系,借助这种关系,一方中的每一部分都被安排了对另一方的对应部分的直接因果作用。这种配列如何可能?他的回答是:"是由两种实在的有关本质和物理规律、心物规律的某种构架一道保证的。"他还认为,这种心物规律有自己的作用范围,即固定地把特定的主体和特定的有机体关联起来,并决定了它们之间在什么条件下出现什么样的因果关联。[④]

在非二元论者看来,承认有心物规律必然使他面临一个新的难题:怎样说明心灵的绝对自由?他意识到了这个问题。因为承认心理活动受规律决定似乎意味着主体是没有自由的,是被决定的,而承认主体有自由,又必然否定规律的存在。至少在笛卡尔那里有这个问题。他说:"笛卡尔的二元论承认人有自由意志,这是与对人的心理学的机械论说明不相容的。"[⑤]例如主体有这样的自由,可以不按规律要求,作出自己的任意选择。总之,作决定意味着自由,而如果没有感觉到自由,那么就没有作决定这回事。客观地说,福斯特尽管依据有关科学成果,在一定程度上化解

① J. Foster, *The Immaterial Self: A Defence of the Cartesian Dualist Conception of the Mind*, pp. 196-197.

② Ibid., p. 198.

③ Ibid., p. 200.

④ Ibid., p. 263.

⑤ Ibid., p. 266.

了二元论的某些难题，推进了对心理因果性、心物规律以及有关形而上学理论的探讨，但又不可避免地陷入了新的困境，承认有心物规律与承认心灵自由就是其中最麻烦的一个。

福斯特是一个不畏艰难的探索者。在化解上述难题的过程中，他偏向于传统的自由主义。根据这种理论，人的意志亦即他这里所说的基本主体有决定自己的行为的自由，即能成为心理活动及随后的身体行为的第一决策者、推动力。这里的确有对决定论规律的违背，但也无妨，因为主体可以摆脱因果必然性做出与之不一致的决定，并让之付诸行动。不过，他不承认两种观点之间有不可调和的矛盾。他辩解说：这被违背的是物理的规律，而不是心理物理规律。主体即使做出了违背物理规律的决定，也没有违背心理物理规律，因为主体作出决定的过程以及引起行为的过程都是心物规律起作用的表现。

福斯特也承认，传统的自由主义无法回避艾耶尔所提出的二难问题。此问题可这样表述：如果我的选择服从因果规律，由在前状态所决定，那么这些选择便超出了我们控制力的范围，即不是我们自由做出的。如果这些选择不是因果上被决定的，那么它们似乎是运气的产物。不管是哪种情况，我们都成了选择的牺牲品，我们都无法说明自由是如何可能的，人怎么可能得到和表现自己的自由。否定决定论必然让我们倒向机遇、运气一边，即人的选择是由机遇所使然。而否定运气就必然倒向决定论。因此不管出现哪种情况，都看不到人有什么自由。[①]

福斯特认为，艾耶尔的论证的确很有力量，给了传统自由主义以致命一击。但在他看来，诉诸"内在自主性"(intrinsic autonomy)或他的"基础性主体"、"主体介入"等概念，就可对艾耶尔针对自由主义所提出的二难问题作出"成功的辩护"。[②] 根据他的辩护，只要在自由主义的原有的理由、根据的基础上，再加上他补充的根据，就可回击艾耶尔，使自由主义重

① A. J. Ayer, "Freedom and Necessity", *Polemic*, 1946(5): 275.

② J. Foster, *The Immaterial Self*, p. 280.

新站起来。这被补充的东西就是他的自主性、动原理论，亦即他关于基础性主体的理论。这里的动原(agency)又可译为能动作用，是完全来自基本主体的一种作用，与其他心理事件、物理事件无关。他说："我们已说明怎样从哲学上阐释动原(agency)，我们还为承认实在建立了一种可靠的本体论，这些实在可看作是相关的自主体(agents，即能产生非物理的心理能动作用的非物理的心理主体)，基于此，就没有任何理由假设这样一种论证(艾耶尔的)是能成立的。"①

第五节 鲁滨逊对实体二元论的论证

鲁滨逊(H. M. Robinson)是英国著名的心灵哲学家和形而上学哲学家。在心灵哲学中，他是笛卡尔二元论的坚定支持者和辩护者，也是当代二元论研究中的权威学者之一。足以证明这一点的是，在斯蒂克(S. P. Stich)等人编辑的、作为"布莱克韦尔哲学指导丛书"之一的《心灵哲学》一书中，"二元论"这一部分就是由鲁滨逊执笔的。在鲁滨逊看来，二元论有两大类：一是捆绑式二元论，主要代表人物是休谟，特点是把独立的心灵理解为心理的属性或材料的集合，后来的"意识流"理论也是其典型样式；二是实体二元论，其最标准的样本是笛卡尔式二元论。鲁滨逊说："我的理论是笛卡尔式的。"他的运思路径是：第一步证明能思主体超越于它所思考的物理世界，第二步是回答这能思的主体或心灵是什么。他的结论是："能思主体是单纯的实体。"②他说："我将按笛卡尔的方式表明，能思的实体一定不在物质世界之内。""这样的主体在本质上一定是简单的，与其说它像休谟所说的心理事件或状态的集合，不如说它更像笛卡尔所相信的非物质实体。"③

鲁滨逊对实体二元论的发展主要表现在对上述结论做了新的论证。

---

① J. Foster, *The Immaterial Self*, p. 280.

② H. Robinson, "Dualism", in S. P. Stich et al (eds.), *The Blackwell Guide to Philosophy of Mind*, Oxford: Blackwell, 2003, p. 88.

③ Ibid., p. 86.

这论证有两大方面：一是论证了他的这样一个基本命题："物质的解释力是有限的"，二是对二元论思想的正面阐述。前者极具独创性，这里予以重点剖析。

一、"物质的解释力是有限的"

唯物主义的形式五花八门，但共同的操作是用物质及其属性来解释心理现象，所强调的物质的方面不同，便产生了不同的唯物主义理论。在鲁滨逊看来，唯物主义试图用物质解释一切，这是不能如愿的，例如不管怎么设想物质，也无法解释主观性，而且这样做还将陷入二难，即要么陷入对力的追溯的无穷后退，要么要诉诸一个假设的"无名的赘物"。他的《物质和感觉》的最后一章("物质")得出的就是这个结论。他说："当代唯物主义的主要形式尽管极富理智上的复杂性和精密性，但都是没有前途的。"因为各种物理主义所面临的最大难题是主观性。对此，不外三种回应：一是否认主观性向唯物主义者提出了难题，否认威胁的存在；二是对之作因果的、功能主义的分析；三是坚持取消论，否认主观性的存在。鲁滨逊的大量论证旨在说明，这些辩护尽管复杂深刻，但都没有达到自己的目的。[①] 他说："任何否认主观性存在的理论都会碰到我们向取消论所提出的问题。如果物质概念有种种缺陷的话，那么各种物理主义形式都会因此而失去其效力。"各种形式的唯物主义不只是无法说明主观性，而且对整个心灵也都是如此。他说："心灵是唯物主义难以对付的一大难题。"[②]例如被他称作刺激唯物主义(因强调刺激—反应而得名)的行为主义就是如此。

刺激唯物主义后来在莱文(M. Levin)那里的确有较大发展。莱文认为，我们不仅能知晓经验状态，而且能直觉它们的本质。[③] 这本质就是，它们是大脑状态。在鲁滨逊看来，这个观点是不可理喻的。既然经验被

① H. Robinson, *Matter and Sense*, Cambridge: Cambridge University Press, 2009, p. 124.
② Ibid., p. 3.
③ M. Levin, *Metaphysics and the Mind-Body Problem*, Oxford, p. 120.

看作是大脑状态，既然我们不能通过对经验的意识而获得关于大脑的明确的知识，因此莱文的说法就是不可思议的。莱文还认为，主体关于疼痛所知道的唯一的事实就是环境刺激。如果是这样，那么有什么理由说人能知道经验的本质呢？他承认，人能认识到的的确只是外显行为，而外显行为本身不是心理状态，但他强调说，诉诸直觉能认识到经验的内在本质。鲁滨逊认为，这肯定是对"直觉"、"本质"等词的滥用。即使不是滥用，但由于直觉概念不是物理主义概念，因此诉诸这一概念是没法论证他想论证的物理主义的。①

类型同一论或还原唯物主义是当今唯物主义的劲旅。而要研究类型同一论，又必须关注行为主义。因为还原唯物主义是在揭露、批判、回避行为主义错误的过程中产生的。如前所述，行为主义的基本观点是：人处在某种心理状态之中，不过是能以某种适当的方式做点事情。用赖尔等人的话说，心理状态就是行为的倾向，如一个人有做某事的倾向，就是有这样一种状态。许多人尖锐地指出，并非一切心理状态都有行为倾向，都伴随着行为。

一些还原论者也看到了行为主义的这个问题。为化解这个问题和别的困难，阿姆斯特朗等著名哲学家强调，心灵一定与大脑内的某种物质过程如中枢过程有关。具体加以阐释，便形成了中枢状态唯物主义这种还原论或等同论形式。在鲁滨逊看来，不管是行为主义，还是因果理论或功能主义，还是中枢状态理论，实质都在于强调刺激这样的原因，因此可把它们概括为"刺激唯物主义"，其共同的缺点在于"没有对什么使内在状态成为经验"作出"合理的证明"。它们只是说，一内在状态 x 之所以成为关于 x 经验，不外是由于作为它的刺激的 x 产生了这状态。这显然是不够的，因为外在对象可以在我们体内引起许多变化，即使我们没有经验到内在变化或它们的原因，也是如此。他说："一个人在把手放在发烫的碟子上时尽管没有感觉到疼痛，但也会内在地受到它的某种作用，在这种情况下，

① H. Robinson, *Matter and Sense*, p. 24.

他是没有经验到什么的。因此把刺激的内在作用等同于经验是错误的。”[①]

当前的一种流行的倾向是，诉诸随附性概念来发展唯物主义。这也是非还原唯物主义的一种形式。其基本观点是，心理状态是大脑物理属性的一种随附性的属性。它来自、决定于大脑属性，但又不能还原于大脑属性，因此在避免了还原主义错误的同时，又与二元论划清了界限。这种随附性论证已形成了非还原唯物论的一种有力的形式。鲁滨逊对它的驳难是：“随附性概念对于非还原唯物论是毫无用处的。”[②]

已有的唯物主义根据物质解释心灵的尝试都失败了，还有其他可能的选择吗？鲁滨逊不否认它还有许多可能的选择，但其结果都不会比以前的更好。

二、“民间心理学层次的描述是不可排除的”

鲁滨逊对实体二元论做了大量正面论证，其中有些是笛卡尔思想的继续，有些是他的“创新”。

第一个重要论证是基于现象王国的论证，也可称作反还原主义论证。根据唯物主义对物质的探讨，物质的本质属性要么是广延，要么是不可入性、凝固性，或是力、潜能。在鲁滨逊看来，这些都不足以解释精神，非但如此，它们连物质表现出来的现象属性如色声香味都解释不了。他说：“现象王国就是这样的领域，它不可能还原于潜力。”[③]之所以如此，是因为它们与人们特有的主观的“观点”密不可分。承认存在着观点(perspectives)和现象王国，与承认存在着不可还原为基础物理科学的、以现象王国为对象的专门或特殊科学，是一致的。他说：“理想的物理学和不能从法则学上加以还原的特殊科学之间的关系，类似于直接现象和格式塔现象的关系。”[④]

---

① H. Robinson, *Matter and Sense*, p. 18.

② Ibid., p. 22.

③ Ibid., p. 117.

④ H. Robinson, “Dualism”, in S. Stich et al (eds.), *The Blackwell Guide to Philosophy of Mind*, Oxford: Blackwell, 2003, p. 89.

非基础科学为什么不能还原为基础科学？为什么必须承认现象王国的不可还原性或独立的本体论地位？他的看法是："物理学中的实在就像本来就是圆的对象一样，它作为圆不是因解释而成为圆的。而特殊科学中所说的圆的实在本来像一系列被大致排列在圆圈上的非连续的点或标记，之所以被看作是圆，乃是根源于人的看或解释。"①同样，现象王国之所以是不可还原的，是因为它们离不开享有者、体验者自己的体验、观察和解释，换言之，它们本身包含着观点。所谓观点既指观察的立场或角度，又指观察时不可排除的并一定会渗透到被看到的东西里面的前见、主观性。既然如此，以观点和现象王国为对象的科学就根本有别于研究这些对象后面的基础过程的基础科学。他说："在特殊科学中，只有心理学不可能被没有损失地抹去，这表明心理与物理的东西之间存在着根本不同。"②

与上述论证密切相关的是认识论证明。这种论证有似于杰克逊等人常说的"知识论证"的地方，如也是试图通过突出唯物主义关于实在的知识有遗漏来证明二元论的必要性和合理性。不同在于：第一，鲁滨逊看到的、被唯物主义知识所遗漏的东西不只是感受性质，还包括广泛的存在样式，如抽象实在、共相、整体的人性等。这就是说，他看到的存在样式比非二元论和唯名论所承认的要多得多，他不仅承认由各种心理现象及观点组成的现象王国是存在的，而且承诺了抽象实在的本体论地位。在更大的范围内，还存在着唯物主义说明不了的整体性现象，如人的层面上的人格、人性等。他说："我们在人的层面上的存在不是语用学的事实，而是基本的事实。"从认识论上说，鲁滨逊强调：不管物理学怎么发展，也必然有其遗漏；不管唯物主义的解释力有多大，甚至变成万能的，也还有其涵盖不了的东西，即有它们无法解释和预言的东西。既然如此，就必须承认非物理科学的合理存在地位。二元论就是这种科学中的成员。它真实地认

① H. Robinson, "Dualism", in S. Stich et al (eds.), *The Blackwell Guide to Philosophy of Mind*, Oxford: Blackwell, 2003, p. 90.

② Ibid., p. 91.

识到了非物理的东西,因此世界上的存在除了物理的之外,还有非物理的存在。他说:"我们不能把我们的理解框定在物理事项之内。""如果这样说是对的,那么结论只能是,心灵超越于物理世界,事实上是非物理的。"[①]

鲁滨逊对实体二元论的论证还建立在对民间心理学最新研究成果(尤其是丹尼特的成果)的改造与利用之上。他像丹尼特一样主张:在描述及解释世界时,仅诉诸物理主义和计算主义是一定有遗漏的。例如,如果不诉诸民间心理学,就会遗漏感受性质和意向状态等现象。因此他说:"民间心理学层次的描述是不可排除的。"当然,鲁滨逊对丹尼特的观点也有不满之处。这表现在:他认为,丹尼特没有解释:我们为什么要采取民间心理观点?如果我们真的是原子混合体,那么我们为什么要用这种特殊的、非基本的本体论方式去看人?在鲁滨逊看来,丹尼特只承认物理的观点有遗漏,而没有进一步挖掘其后的根源,更没有探讨这一遗漏所隐含的哲学意义。而鲁滨逊则不同,他从中引申出了二元论结论。在他看来,不用民间心理学观点去看人、理解人,就一定有遗漏。而这一事实本身表明,这类观点中包含有物理观点所遗漏了的实在。这也是心理学不能还原为物理学的一个原因。[②]

鲁滨逊赞成实体二元论的另一原因是,其他二元论,如属性二元论、捆绑二元论等都难以说明人格同一性,只有实体二元论才能给出说明。[③]在他看来,人在不同时空中的确存在着人格同一性。而要解释这一事实,否定心灵的存在,或把心灵当作休谟式的"一串观念",都是行不通的。他说:"心灵一定是单纯的。而只有当它是某种类似于笛卡尔式的实体时,才能如此。"个性也是如此。仅诉诸物理的东西是没法予以解释的。他说:"就复杂的物理性躯体而言,根本不可能想象:个性根源于什么,或它

① H. Robinson, "Dualism", in S. Stich et al (eds.), *The Blackwell Guide to Philosophy of Mind*, Oxford: Blackwell, 2003, p. 92.

② Ibid., p. 91.

③ Ibid., p. 86.

怎样与别的特征有关。只有借助笛卡尔主义所理解的意识,才能对个性作出经验的说明。”[①]

最后,鲁滨逊对实体二元论的有特色的论证是:吸收谓词二元论的“成果”,超越它的本体论承诺的中立性,而过渡到实体二元论结论之上。我们知道,一般的谓词二元论只关心物理学谓词和心理学谓词的意义及其关系问题,一般没有本体论结论。鲁滨逊认为,对两种谓词的指称和意义的探讨,不能到此为止,而应进一步探讨:如果它们的意义和指称有不同,那么就应寻找这种不同的实在论上的原因。同样,如果承认谓词二元论对物理主义构成了威胁,那么应进一步探讨这威胁的表现及深层次原因。他说:“它之所以对物理主义构成了威胁,是因为特殊科学的这种不可还原性一般有这样的意义,即心灵不是那些科学所处理的物理王国的组成部分”。[②] 他对谓词二元论深掘所得出的结论是:如果不借助非物理学谓词,我们对世界的描述不仅是不全面的,更重要的是,我们将寸步难行。这是因为世界上还存在着非物理的、高阶的属性。两种谓词的意义之所以不同的,是因为每种谓词所依赖的观点是不同的。例如物理学谓词是基于对对象的外在观察而使用的,描述的是外在的、公共的东西,而心理学谓词报告的内容中含有主观的观点所起的作用,既然如此,它们报告的东西与物理学谓词报告的东西就存在着不同。总之,从两种谓词的不同可得出存在着两种实在的本体论结论。

① H. Robinson, “Dualism”, in S. Stich et al (eds.), *The Blackwell Guide to Philosophy of Mind*, Oxford: Blackwell, 2003, p. 96.

② Ibid., p. 88.

第三章　非笛卡尔式的二元论纲领

鉴于传统的笛卡尔式二元论所面临的种种难题，一些二元论者另辟蹊径，试图在吸收包括物理主义在内的心灵哲学成果的基础上，对传统的笛卡尔式二元论作出不同于新老笛卡尔主义者的处置，如要么作大刀阔斧的修改，要么抛弃一些论点和原则，要么作超越性重构。这样，于是便出现了如福里斯特所说的各种“非笛卡尔式二元论纲领”。

如本书前言和结语所述，非笛卡尔式二元论有广义和狭义之分。广义的非笛卡尔式二元论是指笛卡尔式二元论以外的一切形式的二元论，而狭义的是指这样的二元论样式：它们主要是通过解读笛卡尔的二元论而建立起来的，但在解读时，又表现出了对它的否定和改造，即有非笛卡尔主义倾向。而它以外的非笛卡尔式二元论在出发点上发生了很大的变化，有的甚至与笛卡尔二元论没有多大关系，往往是“直陈己见”。狭义的非笛卡尔式二元论又有许多不同的个例，如E. J. 洛(E. J. Lowe)的非笛卡尔式的二元论、W. S. 鲁滨逊(W. S. Robinson，此人与第二章所写的H. 鲁滨逊不是一个人)的关于质的事件的二元论或统一二元论、P. 福里斯特(P. Forrest)的一范畴二元论和斯温伯恩(R. Swinburne)的软二元论等。本章的任务就是考察这些形式的二元论。

第一节　福里斯特的“一范畴二元论”

P. 福里斯特(P. Forrest)认为，面对新的研究成果和新发现的事实，再坚持传统的笛卡尔式二元论是行不通的。但鉴于作为二元论之对立面的各种唯物主义理论有更多、更麻烦的难题，他又认为，二元论是解决心身问题的最佳选择。基于上述两方面的考虑，他不赞成笛卡尔式二元论，而呼吁"应对非笛卡尔式二元论纲领作出辩护"。[①] 由于有这样的主张，他有时把他所论证的二元论称作"非笛卡尔式二元论纲领"。由于这种二元论试图在传统的以二分为特征的"心"、"物"两范畴之上寻找最高的统一范畴，他有时又把他的理论称作"一范畴(one-category)二元论"。[②] 这一理论的逻辑动因明确而简单，那就是解决传统二元论和物理主义所面临的种种困难，如它们都无法说明人为何事实上有同一性等。他说："为了对付这些难题，我提出了一范畴二元论这一纲领。"[③]

一、物理主义的困难

分析和揭露物理主义的困难有一箭双雕的作用，即一方面有说明一范畴二元论产生的必然性的作用，另一方面又有反证二元论的作用。在他看来，物理主义不外是主张：全部世界除物理实在之外，再没有别的任何东西，因此诉诸物理语言就可对之作出完全的描述和理解。而如果能证明物理主义是错误的，那么就等于证明了二元论是正确的。他自认为，他坚持的正是这一关于二元论的论证路线。[④] 他说："基于关于我们自己的经验，可以说物理主义充满着众所周知的难题。但是因为这经验是一种形而上学的纲领而非一种孤立的论题，因此只有当我们对形而上学的沉思形成令人满意的纲领时，这些难题才会被人理解。"[⑤]

在他看来，物理主义的失误之一是，在描述感受性质时有遗漏。以关于诸感觉的感受性质为例，物理主义的描述不外两方面：一是它对有这些感觉的人的大脑状态做了结构性、神经生理描述；二是对之做了功能描述，如描述了它怎样被引起，又能引起什么。这些对感受性质的描述表面上很全面，而其实遗漏了感受性质。因为"即使把两者合起来，这些对感

① P. Forrest, "Difficulties with Physicalism and a Programme for Dualists", in J. Heil (ed.), *Philosophy of Mind: A Guide and Anthology*, Oxford: Oxford University Press, 2004, p. 837.

② Ibid., p. 837.

③ Ibid., p. 844.

④ Ibid., pp. 837-850.

⑤ Ibid., p. 837.

觉的描述还是未能承认感受性质的出场，即是说忽视了感觉的可内省的特征”。①

之二是不能说明意向性。他说：“物理主义面临的著名难题还包括它未能说明表征。”②这里所说的表征即是传统哲学所说的意向性。所谓意向性，即指心理状态有主动关联于所指对象或有表征内容的特征。物理主义尽管试图对这种能把机器智能和自然智能区别开来的特征作出描述和解释，但充其量只述及了意向状态所关于的对象和所依赖的大脑过程，而并未触及意向性所以可能的内在条件、原理和机制，尤其是它们所呈现的心理内容本身。

之三是难以说明人格同一性。根据福里斯特的理解，人格同一性除了表现为历时性同一性、共时性同一性之外，还有不同心理状态及其所伴随的不同感受性质的同一性或统一性，如人能知道哪些状态、性质、事件等是我的，哪些不是，哪些有区别，哪些没有。有这些意识表明其后有一个能作出区分的统一体。怎样予以说明呢？诉诸这些心理状态因果上相互关联的方式，显然不足以说明其统一性。因为我可以设想，不同的人的不同心理状态是可以从因果上关联在一起的。例如借助人工神经，可以把不同人的大脑连在一起，这样一来，我的信念和你的愿望就可以引起第三个人的行动。因此统一性不完全决定于因果联系。“除了感受性质之外，我们还知道有一种非因果的统一性。”③而物理主义的说明并未触及这些内在的东西。此外，除了上述统一性之外，人还有心身的统一性。他说：“我们除了经验到自我是统一的心灵之外，还经验到它是心身统一体。”④物理主义连小范围内的统一性如心灵如何可能有统一性，都无法予以说明，更不可能指望它对心与身如何统一起来作出说明。

① P. Forrest, “Difficulties with Physicalism and a Programme for Dualists”, in J. Heil (ed.), *Philosophy of Mind: A Guide and Anthology*, Oxford: Oxford University Press, 2004, p. 839.

② Ibid., p. 839.

③ Ibid., p. 840.

④ Ibid., p. 840.

二、已有二元论的处境与“非笛卡尔式的二元论纲领”

相对于物理主义而言，已有的二元论的处境更加不妙。福里斯特说：“二元论也暴露了理论上的缺陷，如经常后退到那个绝对的东西。”①不过，他又认为，二元论的前途比物理主义要好，如它有被拯救的希望，而物理主义是不可救药的。在他看来，只要能建立一种“非笛卡尔式的二元论纲领”，就能让二元论摆脱困境。他自认为，他已建起了这个纲领，它由三个主要原则所构成。

（1）“尊重内省”。他所说的内省不仅包括对身体状况的内知觉以及对心理状态的反观自照，而且还包括我们关于我们自己的非推论性的信念。要认识人自身，尤其是弄清人身上究竟存在着什么东西，究竟发生了什么现象，除了要诉诸客观、外在的观察和描述之外，还必须承认内省的必要性、不可替代性。因为人身上的许多客观存在的现象，尤其是内在的经验，不可能向客观的观察开放，只在内省面前现身。

（2）重视显现性的理解（manifest understanding）。他认为，重视并探讨这种理解是他的新二元论的重要特征。它指的是人们关于心理状态及其现象学性质的直接的而非推论性的理解模式。它既不依赖于一般化，又无须诉诸阐释。其特点在于：第一，它不同于推论性理解。后者指的是对文本中的意义的理解，对某种道理的理解。这种理解的特点是都伴有逻辑思维，甚至有假设的成分。而显现性理解“不是假设的”，而是活生生的、直接的、无须推论的，因为它依赖于当下的知觉或体验。其次，显现性理解也不同于民间心理学所说的理解，因为后者也带有理论性，而前者没有。因此取消主义对民间心理学的解构不会危及这种理解。② 第三，这种理解面前显现出来的东西不是观念、概念性的东西，而是生动逼真的过程、状态和事件，是一种在其他认识中不可能出现的特殊的心理

① P. Forrest, “Difficulties with Physicalism and a Programme for Dualists”, in J. Heil (ed.), *Philosophy of Mind: A Guide and Anthology*, Oxford: Oxford University Press, 2004, p. 837.

② Ibid., p. 843.

实在。

要作出显现性理解，必不可少的是有关于心理状态的感受性质。因此承认有这种理解是以关于感受性质的实在论为前提的。要形成关于某心理事件的显现性理解，必须同时有关于它的感受性质的经验。这种理解的结果是形成一种对于心理事件的直接认知，而这种认知与理解是同时发生的，因此显现性理解既是理解、知识，又是显现、把捉。他说："当这种理解出现时，同时会有一种单纯的既是知识又是理解的行为发生。这种知识不是理解之后出现的知识。"①这种理解广泛存在于人的心理生活之中，例如日常的感受、记忆、相信等过程都会伴有这样的理解。正是通过这种理解，人面前展现出了物理世界所没有的新的存在，也正是在这个过程中，人才被看作是在知觉、记忆、相信的存在者。人们对自己有这种理解，对他人也是如此。

这里所述及的人的一个特征，显然是人们都能在心理过程中经历到的。不仅如此，人们在做出行为时，也能形成对伴随行为而发生的过程的当下理解。从本体论上说，这种理解尽管是伴随低级的过程发生的，但一经发生，此种理解以及它面前所显现的东西，就有自己的特殊的存在地位。尤其是，被理解的东西是不能还原为物理实在的，因此这里隐藏的问题可看作是物理主义众多难题中的最大难题。②

(3) 一范畴论。上述两个原则是一般的二元论都会承认的"事实"，因此合在一起可看作是广义的二元论思想。因此他阐释的这两个原则，特别是第一个原则，是没有什么新意的，至少在新二元论的语境下是如此。只有这第三个原则才是他的二元论独有的。这原则强调的是，适用于说明物理世界的本体论理论已经包含了描述非物理世界所需的全部概念和区分标志，因此用不着创立和使用特殊的心理范畴。这就是说，尽管

---

① P. Forrest, "Difficulties with Physicalism and a Programme for Dualists", in J. Heil (ed.), *Philosophy of Mind: A Guide and Anthology*, Oxford: Oxford University Press, 2004, p. 841.

② Ibid., p. 842.

有两个世界，但有一类范畴就足以描述和理解它们。他说："一范畴二元论的口号是：心理和物理的东西是同一个种的不同类别。它的肯定性建议是：在描述关于物理世界的本体论时应格外当心。因为除了大多数物理主义者想到的东西之外，还有更多的东西。正是因为有这种未知的本体论的丰富性，因此才有必要把心理的东西当作是自成一类的。"这也就是说，物理主义忽视了本来存在的现象、性质或属性。鉴于这一点，他又在他的纲领中增加了一个假说，即基本属性假说，以突出被物理主义所遗忘的存在。他说：该假说"断言的是：大脑过程的诸物理属性中还存在着许多非物理的性质"。[①]

基于他拓展了的本体论，他认为物理主义和传统的二元论都有片面性，或者说都有难题。例如传统二元论未能看到非物理属性对物理属性的依赖性，未能看到世界的统一性。尽管世界存在的范围大于物理主义所知的范围，但世界仍只有一个，都属同一个种，都属于存在，因此有一类范畴就足以描述世界。用我们的话说，他尽管坚持了二元论的精神，如强调世界上有两类不能还原或等同的存在，但又认为世界只有一个，因此坚持了世界的统一性。正是这一点，使他的二元论与别的二元论区别开来了，进而成了名副其实的非笛卡尔式二元论。不难看出，他的新二元论是介于物理主义和传统二元论之间的中间路线。

他坦率承认，一范畴论只是一个形而上学的纲领，要使之成立，还须作大量论证，例如必须构建一种相应的关于整个物理世界的本体论。纵观历史，有不同的阐述本体论的方式，而他用以建构的方式是传统的，例如他从属性和关系开始。在他看来，物理世界由被例示的属性与关系构成，这当然不足以说明全部物理世界；除它们之外，还应有四类范畴：量、质、形成(becoming)或变化和统一性。

先看量。大多数物理属性都有不同程度的强度或量值。再看质。物

① P. Forrest, "Difficulties with Physicalism and a Programme for Dualists", in J. Heil (ed.), *Philosophy of Mind: A Guide and Anthology*, Oxford: Oxford University Press, 2004, p. 838.

理属性不仅有量的方面，而且还有质的方面。当这些质被我们经验到时，就表现为感受的质(qualia)。如果从现象学角度看问题，人们所谈论的质都只能是这种被经验到的质。尽管他不否认事物有自在的质，但它们一经与人发生关系，就是感受的质。他说："质(以及在某些情况下的关系属性)都是知觉的直接对象。"①

再看变化。他强调：对象一经发生在时间中或获得时间的维度，事物的属性和关系就必然表现出变化的特点，如有或先或后的现象。对于当下的任何属性来说，它未来的变化是不定的，即可能进入不同可能世界中的一个。可见，"变化"这一范畴反映的是存在的梯级结构中的更高的存在方式。没有属性、关系、时间，不会有变化；变化一经出现，又不能还原为其下的东西，因而有自己的存在地位。最高的范畴是统一性。他说："如果我们想形成一种关于物理世界的适当的本体论，我们就应当对统一性作出说明。"因为统一性也是它的存在形式之一。不仅如此，它是更为复杂、更加高级的形式。

要对心理的东西作出描述，还必须有另一些本体论范畴。而在建构这类范畴时，又没有必要另起炉灶，专门创立新的范畴，如用不着在关于物理世界的本体论范畴之外增设一个新的种类，只需在其下增设一个子类就行了。当然，这类范畴可以是从物理范畴中移植过来的。这就是他所说的"一范畴论"的关键之所在。例如，统一性原来是说明整个物理世界的一个本体论范畴，在说明人及其心灵时就没有必要再新增一个"统一性"范畴，只需把对物理世界充分的统一性范畴移用过来就行了。如果这样予以操作，就不会出现两个统一性，一个是物的，一个是心的，而只会有一个统一性。当然，当分别用那个唯一的统一性范畴去说明心时，就会在"统一性"这个总类之下再增加一个统一的子类。他说："对物理世界充分的本体论可以让我们对心理的东西的特殊统一性作出说明，而无须特别

① P. Forrest, "Difficulties with Physicalism and a Programme for Dualists", in J. Heil (ed.), *Philosophy of Mind: A Guide and Anthology*, Oxford: Oxford University Press, 2004, p. 845.

地增加一个新范畴。"这就是说，世界的统一性只有一个，而子类有多个，如物理的统一性和心理的统一性。如果心和物组成统一的人，那么也可用那个对物理世界适用的统一性范畴来说明人格的统一性。①

怎样根据一范畴论说明心理性质呢？他强调，世界上存在着非物理的性质(quality)，如感觉的被感觉到的质。但他又认为，要予以说明，没有必要再在本体论范畴之中增设一个新的、独立的、不同于那适用于物理世界的属性(property)范畴，而只需用原来那个属性范畴就行了。这也就是说，属性范畴只有一个大类或总类。此命题可称作"总属性(the grand-property)假说"。当用它去说明不同的对象时，就会产生不同的子类。例如，如果用它去说明心理现象，就会出现心理属性这一子类范畴，它适合于说明一切心理现象表现出来的质。他说："我所做的就是：除了假定有可用来描述无情识事物的质之外，还要假定更多的质。因此我没有提出一个新的总类，而只是在其下引入了一个新的子类。"根据这种观点，世界的属性只有一类，但其下有不同的子类，如心理的、物理的。从描述上说，同一类属性范畴既可用来描述物理的东西，又可用来描述心理的东西。不难看出，他的观点既不同于物理主义(只承认一种质，即物理的质，而否认心理的质)，又有别于实体二元论。因为他不承认有两个实体，也反对说两种质分属于两个实体，而强调存在着两类质，但又认为，可用同一类范畴去描述。这既维护了世界的统一性，又坚持了二元论的一个原则，即心理的质与物理的质在质上有差异。

在他看来，只要根据他的理论，许多人难以说明的感受性质就不难说明了。因为根据这一理论，感受性质是属性中的一种，即是一种非物理的性质。心灵及心理状态的起源问题尽管是一个难题，但根据他的一范畴论也能得到化解，如只要根据连续性(continuity)原则就行了。他说："没有连续性原则，就不可能化解起源问题。"所谓连续性原则，是指相似的物

---

① P. Forrest, "Difficulties with Physicalism and a Programme for Dualists", in J. Heil (ed.), *Philosophy of Mind: A Guide and Anthology*, Oxford: Oxford University Press, 2004, p. 849.

理属性(property)会有相似的性质(quality)。把这一原则应用于说明心理之起源问题,就可得出这样的结论:"各种心理特征是在物理条件(即大脑发展)演进到适当的状态之后进而在人的某个时期突然出现的。"当然他不知道起源具体发生在什么时候。[①]

关于心身相互作用问题,他承认这是一个神秘的问题,他并未找到完全令人满意的答案。他的工作只是消除了其中的某种神秘性。这表现在,他提出了和谐性原则。该原则指出,任何不能看作是大脑的纯物理作用之结果的行为(behaviour,包括心理状态的变化)可能与我们有理由作出的行动(act,包括心理行动)保持一致。既然非物理的质为各种行动提供了理由,因此这个原则就能保证,大脑的哪些物理属性会产生这里所说的非物理属性。[②]

无独有偶,萨默斯(F. Sommers)也像福里斯特一样对范畴及关系的兴趣大于对实在的兴趣。所不同的是,前者在阐释笛卡尔二元论基础上所建构出来的是范畴二元论,而非一范畴论。

萨默斯是坚定的笛卡尔主义者,认为笛卡尔的二元论并未得到准确的理解,其逻辑学的论证更未引起注意,更不用说被人们正确理解。如果能对之作出正确的理解,那么人们就会接受二元论。正是基于这一点,他本人自称为"心身二元论者"。他说:"在范畴意义上,我是一个心身二元论者。"[③]当然,他也承认,笛卡尔的二元论是应该而且可以发展的。他的发展表现在,将笛卡尔的实体二元论改造成为范畴二元论。他主张,由于可用两类范畴描述人,因此人身上有两类构成,不过这两类构成并不是两个独立的存在。他之所以要作出自己的发展,是因为他认为笛卡尔的二

---

① P. Forrest, "Difficulties with Physicalism and a Programme for Dualists", in J. Heil (ed.), *Philosophy of Mind: A Guide and Anthology*, Oxford: Oxford University Press, 2004, p. 850.

② Ibid., p. 849.

③ F. Sommers, "Dualism in Descartes: The Logical Ground", in M. Hooker (ed.), *Descartes: Gritical and Interpretive Essays*, London: The Johns Hopkins University Press, 1978, p. 233.

元论将碰到理论上的难题。例如,如果主张心灵也是实体,那么会得出心灵不会随肉体的死亡而死亡的结论。很显然,这是不可能的。而主张有两类不同范畴不会有这个问题。因为,说有两类描述人的范畴,不外是说人身上有两类不同的特征,而没有断言有两种实体,没有断言特征可独立于身体而存在。应注意的是,他否认有两类实体并不意味着他否认人身上有两类实在;而说有两类实在,即心和身,又不外是说它们是构成性的,即是由同一个体所拥有的。是故,他把“异类实在”、“构成性”和“个体”当作同义词看待。不难看出,他的改造的确发生了重大转向,即不承认有两个实体或个体,而只承认人是一个个体。但由于人会有不同的构成因素,会表现出不同的特征,因此人又可以成为由异类实在或特征所构成的个体。大致说来,它的异类构成不外两大类,而两类特征表现于语言即为范畴。这就是他的范畴二元论。就心和身来说,它们之所以必须被看作两类不同的实在,是因为它们有两类不同的特征,可用两类范畴描述,正像沙土与社会制度有两类不同特征(一个无民主性,一个有)因而是两类实在一样。

第二节 E.J.洛的非笛卡尔式二元论

E.J.洛(E.J.Lowe)也倡导非笛卡尔式二元论。他曾写过一篇重要论文,其标题就是“非笛卡尔式二元论”。不过,他的二元论的非笛卡尔化只是局部的。因为在笛卡尔那里,物质实体和精神实体根本不同,甚至连相同的属性都没有。洛的非笛卡尔化表现在:拒绝把属性根本区别开来的做法;在实体观上,他尽管承认心和身是两种不同的实体,但又作了重大修改,如强调心理学实体有具身性特点。洛的“非笛卡尔式二元论”尽管也是因弱化了笛卡尔二元论的某一或某些原则因而成了非笛卡尔式的,但与前述的福里斯特的二元论也有重大差别。这主要表现在,他们的本体论有明显的不同,如洛并不承诺世界的统一性,而坚持认为世界之内存在着两类不同的实体,如一方面有物质性的实体,另一方面有精神性实体。由于他对后一实体的理解发生了有别于笛卡尔的变化,因此为区别起见，他把它称作心理学实体，相应地把物质性实体称作生物学实体。

一、心理学实体

怎样理解心理学实体呢？他说："必须把人或者说心理状态的主体看作是这样一种实体，这些状态是它的样式，当然又不能把它看作是生物学实体"，而只能把它理解为心理学实体。说它是心理学实体，意思不过是："人是一种属于一种自然类型的实体性个体。作为自然类型，人是服从特定心理学规律的主体。"[①]"自然类型"是表示自然界中存在的有明显界限的自然事物大类的概念，如"水"、"火"、"山"等就是表示实在存在的水、火、山等类型事物的词。在洛那里，人也是这样的自然类型，由于它能成为心理活动、状态、过程等样式的主体或基础，因此是一个心理学的、个体性的实体。在洛看来，身体尽管也是属于人的，但人的心理属性与身体无关，因此身体只能是支撑生物学属性的生物学实体。洛尽管把人、自我、心理学实体当作同义词使用，但这里的"人"有特定含义，即指狭义意义上的、作为心理现象之主体的人，而非一般人所理解的由心与身两方面复合而成的广义的人。

他不否认，他对心理学实体的理解与笛卡尔的界定有表面上的一致，即它好像就是笛卡尔式的灵魂或自我，其实不然。因为笛卡尔所理解的心理学实体只有心理学特征，而没有物理特征。而洛不仅认为心理学实体是心理活动的主体，而且还承认它有表现物理、生物特征的一面。之所以如此，又是因为心理学实体具有具身性。正是由于有这样的理解，因此他把这实体称作"人"。

洛的另一不同于笛卡尔实体观的地方在于，他并不承认心理学实体是非物质的。笛卡尔认为，精神实体只有能思而无广延的属性，因此根本有别于有广延而不能思维的物质实体。洛明确承认："心理学实体具有物

---

① E. J. Lowe, "Non-Cartesian Dualism", in J. Heil (ed.), *Philosophy of Mind: A Guide and Anthology*, Oxford: Oxford University Press, 2004, p. 851.

质特征(即是说这些实体的样式中包括有物理的状态)。”[①]意即这实体还可成为表现物理特征、属性的主体。当然,不可能存在只为心理学实体所独有的物质特征,换言之,心理学实体表现的物理特征也可为生物学实体所具有。在洛看来,这种对笛卡尔式精神实体概念的改造是有利于抵制关于它的怀疑主义的。因为如果承认精神实体是非物质的,那么人们就有理由说这种实体由于不能为人感知、不能为科学认识和证明因而是不存在的。而一旦承诺了它的物质特征,就没有理由怀疑它的存在的真实性。

该怎样理解和说明这样一种具有物理特征的心理学实体呢?他首先强调,这种实体是心理科学的主题之一或主观材料。根据洛的理解,心理学是独立的、有自主性的科学,因为其规律不能还原为生物学或物理学的规律。其次,要理解他的心理学实体,必须把它与生物学实体区别开来。后者指的就是生理学、解剖学意义上的躯体,只能是人的组成部分。而人恰恰是更为广泛的、超越于生物学的、人类的人。因此心理学实体与生物学实体的关系就是人与其躯体的关系。尽管人与身体有包含关系,但两者毕竟根本不同。“人是一种实体,他们的身体也是一种实体。”在此意义上,他认为他关于人的看法坚持的是实体二元论的路线。[②]之所以说两者根本不同,是因为“它们有不同的持续存在(persistence)条件”。例如身体在不同的时间有不同的构成材料,从科学的角度看这些材料还在经常变化。而人或心理学实体的心理、物理特征尽管在经常变化,但人的自我意识表明,人有在不同时间和空间保持不变的一面。这种不变的根源或基础显然不是物理的东西,而只能是非物理的东西,因为科学一再证明,物理的东西无时不变、无处不变。还应看到,尽管他也承认人有两种根本不同的实体,但与笛卡尔所说的两种实体不可同日而语,因为后者把人看作是两个实体的混合物。洛并不赞成这一点,而是强调:心理学实体

---

① E. J. Lowe,“Non-Cartesian Dualism”, in J. Heil(ed.), *Philosophy of Mind: A Guide and Anthology*, Oxford: Oxford University Press, 2004, p. 852.

② Ibidp., p. 852.

并不是非物质的，人本身就是一个心理学的实体，“不是两个极端不同实体的奇怪的混血儿”。①

二、自我及其与身体的关系

很显然，洛的上述理论包含着这样的问题，即心理学主体与他所否定的、即人们通常所说的作为心身复合体的人又有什么区别呢？怎样令人信服地说明人、身体、心理现象的逻辑关系？为了解决这些问题，他又引进了笛卡尔用来说明精神或心灵的一个概念，即自我，当然在继承的同时又做了新的界定。

首先，他像笛卡尔一样承认，自我是单纯不可分的。换言之，自我是单纯的实体，没有组成部分。这也就是说，不能把大脑和身体看作自我的组成部分，自我不能等同于大脑、身体和别的部分的相加，身体的部分也不是自我的部分。因此他的结论是：“自我不可能把身体的部分作为自己的部分。”自我也不可能以许多哲学家所说的小人式的小自我为组成部分。同样，把思维、推理、欲望、语言加工模块等心理机能当作自我的部分也不能成立，因为机能没有独立存在的可能性，只是从人的心理生活中抽象出来的东西。另外也不能把自我的心理状态和过程看作是它的组成部分。总之，“如果自我是一种实体，那么它就是一种简单的实体，完全没有实体性组成部分”。②

其次，自我是统一体。在他看来，承认自我的统一性非常重要，因为它有助于说明人的统一性。如果自我是多，那么人的所作所为的统一性就无法被解释。尽管有关科学所谈论的自我有分裂、不统一的问题，如人格分裂、裂脑人等，但自我总是有其内在的统一性的。其行动的统一性足以证明这一点。如果是这样，再坚持自我是多部分的复合体就说不通。因为不能把它的统一的行动归根于它的不同的部分。基于此，他说：“简

① E. J. Lowe, “Non-Cartesian Dualism”, in J. Heil (ed.), *Philosophy of Mind: A Guide and Anthology*, Oxford: Oxford University Press, 2004, p. 853.

② Ibid., pp. 856-857.

单性和统一性的确是密切相关的。"[①]

第三，自我不是心物的复合体，只是承载心物特征的主体。自我具有或承载哪些物理特征？他的看法是，重量、高矮、大小、原子、分子结构等都可看作是自我的物理特征。而这些特征其实是由于自我有身体才有这些特征的。例如"我重达 70 公斤"，其实应理解为：我有一个身体，它重 70 公斤。其他物理特征都应如是理解。他借用当今流行的随附论的一个关键词，指出："自我的纯物理特征'随附'于它的身体的那些特征。"[②]所谓"随附"指的是一种属性依赖于、决定于、不能还原于另一属性的特征。

第四，自我有种种心理属性，换言之，思想、情感、意图等心理属性只能归属于自我。这就是说，自我除了能承载物理特性之外，还能承载心理特性。两类属性是什么关系？如何关联？他回答说："我的思想、情感、意图、愿望等都严格属于我，而不属于我的身体，只是由于存在着那些使它们专门地属于我的直接关系，这些心理属性才与我的身体有联系。即是说，不能非派生性地，即不通过把这些心理属性归属于自我而直接把心理属性归属于身体。"[③]意即：心理属性直接属于自我，不能直接与身体及其物理属性发生关系，而只能通过自我这一承载者才能与物理属性发生关系。

说了这么多，自我与身体究竟有何关系，还是没有说清楚。他进一步解释说：由于自我是单纯的，因此在形而上学方面与身体完全区别开来了。后者是由部分复合而成的，是可分的，而且可被毁灭。自我不能被分割，也不能被分散、销毁。自我所显现出来的样子，即是人格，而人格是信念、记忆、才能等的堆积，它有对身体依赖的一面，但这种依赖性又不妨碍自我的独立性。他说："人或自我是简单实体，它的身体的组成部分并不

① E. J. Lowe, "Non-Cartesian Dualism", in J. Heil(ed.), *Philosophy of Mind: A Guide and Anthology*, Oxford: Oxford University Press, 2004, p. 857.

② Ibid., p. 855.

③ Ibid., p. 856.

是它的组成部分。"[①]基于此,他尽管赞成说物理属性随附于身体,但反对说自我、心随附于身体。根据随附性理论,自我或精神是随附于身体的,即前者不同于后者,但对后者有依赖、被决定的一面。他说:"以为自我的心理属性随附于它的身体的属性,是没有道理的。自我就是它所是的东西,不是别的事物。"[②]

自我不随附于物质,同时又不是非物质的东西,而有"具身"(embodied)的一面。由于具身,它就可以作为物理特征的载者。尽管自我有自己的作用,但自我又不是复合体,而是"简单或单纯的实体"。[③] 从表面上看,它能成为物理属性的载者、能用物理谓词来描述(如说"我是高大的"),就一定应该是由部分构成的。其实不然,例如说"某某有70公斤的重量"就不等于说某某由部分构成。自我也是如此,也可用重量、大小等谓词来予以述说,但不能说自我有部分。当然在特定情况下也可说实体有部分,例如如果某物本身是一个实体,它又是更大实体的成分,那么可以说它是那实体的一部分。这也就是说,部分一词有二义,一是实体性的部分(本身即为实体),二是空间性部分。自我中没有后一种意义的部分,本身是简单的实体。

他还用比喻的方法说明了自我与身体的关系。在他看来,可以把自我比作铜器上的隆起图案。一方面,它有它的独立性,如可以改变它的形态、大小、厚度等;另一方面,它又不能离开铜器而存在。心对身的关系也是这样,心类似于雕像,而身类似于铜块。心与身有非常不同的同一性条件,因此不能把两者等同起来。尽管如此,两者又共同具有某些属性,如两者都有特定的构成材料(mass),不过,自我只能具有由简单实体所具有的那些属性。

如果自我是单纯的、没有部分的,那它为什么有知觉作用,有发动和

① E. J. Lowe, "Non-Cartesian Dualism", in J. Heil (ed.), *Philosophy of Mind: A Guide and Anthology*, Oxford: Oxford University Press, 2004, p. 865.

② Ibid., p. 865.

③ Ibid., p. 854.

主宰行动的能力或力量呢？他不否认，可以根据这些能力与大脑工作的关联来解释这些能力的产生及作用。他说："在大多数情况下，我们的确可以说，在心理活动与大脑功能之间存在着经验上的关联，至少在人身上是这样的。"但他又不排除这样的可能性，即纯粹的自我单凭自己也可表现出那些功能作用。他说："承认没有脑的存在者之上有知觉和主宰行动的能力，并不是没有合理性的。"[①]

自我及其各种能力是如何起源的呢？他回答说："自我或人不是由生物过程塑造的，而是由各种社会—文化力量塑造的，即是说，是由别的自我或人的共同协作的努力而造就的。人创造了人。"[②]他自认为，这种关于自我之缔造和人格之进化的说明不是虚幻的、非科学的。只有那些关于它的生物学还原主义说明，如米利肯等人的目的论理论，才是虚幻的。[③] 因为仅根据人的大脑的生理、生物结构去解释自我的形成完全是非科学的。

第三节 斯温伯恩的新灵魂理论

现当代二元论多采取属性二元论的形式，换言之，公然倡导实体二元论的人是很少的。R. 斯温伯恩(R. Swinburne)就是这个少数派中的一分子。他说，他探讨心灵哲学问题的目的就是要"为实体二元论作辩护"。[④] 这样说，绝不意味着他完全倒向了笛卡尔主义。按他自己对二元论的分类，他的二元论是属非笛卡尔式二元论阵营，可称作温和或较弱的(soft)的二元论，因为他放弃了笛卡尔主义的心灵绝对异质于、独立于物质的原则，而强调前者对后者的特定意义的依赖性。他的二元论不同于时下其他二元论的特点是：在表述处在二元关系中的不同于物理实在的另一方

---

① E. J. Lowe, "Non-Cartesian Dualism", in J. Heil (ed.), *Philosophy of Mind: A Guide and Anthology*, Oxford: Oxford University Press, 2004, p. 860.

② Ibid., p. 863.

③ Ibid., p. 864.

④ R. Swinburne, *The Evolution of the Soul*, Oxford: Clarendon Press, 1997, p. 145.

时,仍用"灵魂"这一为许多二元论者所诟病的、较古老的哲学术语。

一、新实体观

他对实体二元论的辩护从讨论它经常受到的下述指责开始:这种二元论无法说明灵魂究竟是什么。即使把灵魂解释为实体,但由于实体是一见仁见智、聚讼纷纭的概念,因此问题依然故我。例如对于作为灵魂的实体,至少有这样三种不同的看法,每种看法又困难重重。

一种看法认为,它是一种外质(ectoplasm)。该词原义是指灵媒在降神的恍惚状态中发出的一种黏性体外物质。一些二元论者在借用这一概念、承诺外质之存在的过程中,赋予它这样的含义,即指一种非物质的材料;不过,作为材料,又不是形体性、可触性的东西,而只是一种实有、一种基质。在斯温伯恩看来,把实体规定为外质有两个问题。第一,就它可描述为材料而言,或就它有自己的能支持种种心理属性的构造而言,一定有这样的问题:既然不是形体,它为什么、又是怎样支撑意识等属性的?第二,与上相关,说这种材料是非物质的,是何意?

第二种看法认为,那实体即意识。它不像上述观点那样认为,非物质实体有优于或高于我们视作心理现象的东西的本质。因为只有人具有意识时,非物质实体才存在。意识不出现,就无这种实体。坚持这种观点的人必须在下述四种观点中选择一种:(1)我们即使不存在,也可以是有意识的。这是笛卡尔的观点。(2)我们可以断断续续地存在,即使我们是同一个东西。[①] (3)我们每个人由一系列的实体所构成,在意识间断时,实体会发生变化。(4)自我处在与规范时间系列的关系之中,因此它不会因为不出现在某些时间点而丧失自己的连续的存在。[②] 在斯温伯恩看来,每种选择都将面临无法自圆其说的难题。

第三种是非分析说明,认为对实体的任何分析都是错误的,因为这是

① R. Swinburne, *The Evolution of the Soul*, p. 179.

② H. Robinson, "Personal Identity, Self and Time", in A. Battany (ed.), *Mind: Its Place in the World*, Vienna, Forthcoming.

自明的。换言之,实体就是实体,不能再分析为别的东西。如福斯特(J. Foster)说:“当我以内省的方式关注自己时,我不仅知道我处在某心理状态之中,而且以同样的直接性知道我是某种事物。”[①]在斯温伯恩看来,这是独断论。

斯温伯恩认为,人们说不清作为实体的灵魂是什么,主要原因是说不清实体是什么。历史上尽管有许多实体理论,但都不能令他满意。例如亚里士多德尽管对实体的论述很多,但并未形成一个统一的看法,要么把它看作是个体事物,要么把它看作是共相或种。阿奎那把实体理解为个体的属性,亦即一种纯形式。这早就被人们当作“隐秘的质”而予以抛弃了。圣博纳文特(St. Bonaventure)认为,实体是一种非物质的构成元素或材料。斯温伯恩的看法独具一格,当然吸收了上述三种观点中的某些因素,如他不赞成圣博纳文特的灵魂观(灵魂是人的由非物质材料构成的一些部分),但承认说灵魂是人的组成部分。他说:“当独立存在的个别本质与身体结合在一起进而形成为一个具身的人时,这些本质就是实体性的,……可以看作是人的组成部分。……人有两个实体性组成部分,即身体和灵魂。”[②]不难看出,他把实体看作是一种个体的本质(essence)或部分,强调它有独立存在的地位,因而可理解为实体或实体性部分。[③]

所谓个体的本质也就是个体的属性。由于它是一种属性或本质,而非个别的事物,因此便有跨时间的不变性。他说:“后来的人是同一于前一个人的人,当且仅当他有相同的个体本质。具身的人究竟是谁,取决于哪一个个体本质与他的别的本质一同得到例示。”[④]

他还认为,作为本质的实体不由任何东西构成,即既没有物质的材料,也没有非物质的材料。尽管如此,它仍是存在的。其存在方式有两种:一是独自存在,二是与身体结合在一起存在。他说:“即使没有构成材

① J. Foster, *The Immaterial Self*, Oxford: Routledge, 1991, p. 218.

② R. Swinburne, *The Evolution of the Soul*, p. 332.

③ Ibid., pp. 331-332.

④ Ibid., p. 330.

料，个体的本质也能独立存在。……因此我们可以抛弃非物质材料这一概念。个体的本质要么独立存在，如果是这样，我们就会看到一个没有身体的人；要么与一个身体结合在一起，如果是这样，我们就会看到一个有身体的人。个体的本质的确是非常奇怪的属性。"①总之，实体就是一个个体的东西所具有的本质。由于有此本质，一事物成了一个体，由于是一个体，该事物一定有区别于别的事物的本质。

二、作为实体的人与作为实体的灵魂

由于对实体的理解发生了上述变化，因此他对人及其心身构成要素的理解也朝着不同于笛卡尔主义的方向变化。首先，他认为人本身就是一个实体。如果不这样理解，那么就无法说明人事实上具有的连续性和统一性。这里的人，他用的词是man。他要与唯物主义一元论争辩的是：人仅仅是身体的全部，还是由心身两部分组成的实体？在他看来，人就是实体，因为人有统一的本质，人是实实在在的事物，人是由心身组成的、不同于孤立的身体的新的个体，因此人是心和身之上的一个实体。

同理，灵魂和身体由于都有自己的个体性，因此也都是实体。正是这两个实体的有机结合，才成就了有新的个体性本质的实体，即人。他说："生活在地球上的人是一个由两种实体（即身体和灵魂）构成的实体。"②斯温伯恩意识到，像他这样把灵魂规定为一种特殊的实体，并未完全化解反二元论的那个常见的责难：灵魂究竟是什么？有何本质特征？为了回答这些问题，他从不同方面对灵魂做了说明。

在他看来，灵魂既是离体的（即对肉体没有依赖性的），又是不能离体的（必须依赖于大脑，寄居于其中）。这一听起来有点矛盾的命题恰恰是他的非笛卡尔化的又一个表现。他自认为，这一命题是没有什么矛盾的。因为这一命题的两部分分别被他赋予了特定的意义，即是相对于不同条件而言的。简单地说，当灵魂不活动、不产生作用时，它就是离体的；而它

① R. Swinburne, *The Evolution of the Soul*, pp. 330-331.

② Ibid., p. 10.

在发生认识作用、发生对外物的作用时,则一刻也不能离开身体。也正是在这个意义上,他才说:灵魂有对大脑的依赖性。他说:"我一直坚持认为,没有一个起作用的大脑,灵魂就不会有它的作用(即不会产生有意识的事件),灵魂也不会存在。"①但难道不能作这样的设想吗?——灵魂在某一时刻没有功能作用但仍存在着。他认为,这是完全可能的,因为在物质实体中,存在与作用的分离十分明显,即有的事物存在着,但没有表现出任何作用。例如时钟即使不报时,也可以存在。灵魂也是这样,例如当人熟睡时,没有意识的经验发生,但灵魂仍存在着。

为了明白起见,他还用类比法说明了灵魂之作用与大脑基础的关系。他说:"灵魂就像电灯泡,大脑就像电灯灯座。如果你让电灯泡连上插座,通上电,灯就会发光。如果灯泡受损了或电源没打开,那么灯就不会发光。同样,如果灵魂没有放进有功能作用的大脑之中,那么灵魂也不会有什么作用(不会有心理生活)。损坏了大脑或切断了它与流动的血液的联系,灵魂就不会有什么作用产生出来,即是没有活力的。"②当然,与电灯的类比是有一些限制的。例如人可以修理灯座,但人修复大脑的能力是有限的。人能移动灯泡,想把它放在哪个灯座上就把它放在哪个灯座上,但人现在还不知道如何让灵魂调换在大脑中的位置。

说灵魂可以在没有肉体时存在,意思是说灵魂是非物质的。他说:说灵魂是非物质的,不是说灵魂是由什么稀奇古怪的材料构成的,而只是一种重新表述下述传统观点的方式,即"有这样的逻辑可能性,人在没有肉体时也可以继续存在"。③

三、灵魂存在的证明

斯温伯恩作为一个尊重科学的哲学家,自然知道上述论述的前提性问题:主张灵魂有上述种种特征,就是断言它有存在地位,而要如此断言,

① R. Swinburne, *The Evolution of the Soul*, p. 176.

② Ibid., p. 176.

③ Ibid., p. 154.

不拿出根据和论证是不行的。为构建自己既有继承性又有发展的论证，他可谓煞费苦心。

他构想的第一个论证是诉诸人的心理生活对灵魂的证明。在他看来，自明的事实是：人有不同于肉体生活的心理生活，如感知、思想等。这种生活既然不同于肉体生活，因此其后必有不同于肉体、大脑的主体，即灵魂。他说："动物既然有感觉、思想、目的、信念和愿望等心理生活，因此它们必有灵魂。"①

说一个人有某种感觉，如感觉到有一种关于红色的印象，感到水是咸的，等等，其实就是发生了这样的事件，即作为实体的人（the person）身上有一个单子性属性，进而可用这属性对他作出描述。正像关于感觉的"副词"（adverbial）理论所描述的那样，该属性"红地"（副词）显现出来。② 由于感觉有不同于行为的独特存在和作用，如既不同于内隐行为、外显行为，又不同于大脑过程或事件，例如"一个人有红色映像或感觉到疼痛就不同于他在某些公开场合以公开方式表现出来的行为"。③ 感觉尽管与大脑事件有关，甚至可能是由神经元激活所引起的，但两者不能等同。他说："发生在大脑中的事情可以引起人的感觉，或由之所引起，但它们不是同一的东西"④，而是两种不同的事件。如果承认它们是特殊的事件、现象或属性，那么就一定得承认还有一种特殊的主体，正是它拥有这些属性。他说："关于感觉、目的等的观念包含了一个有这些属性的主体的概念，关于这一主体，有理由假定：即使他的身体没有了，他仍会继续存在。"⑤

再看思想。尽管思想的样式很多，如深思熟虑的思想与简单的思想，认知性思想与实践性思想（与选择行为有关的）等，但可以肯定：思想是心

---

① R. Swinburne, *The Evolution of the Soul*, p. 203.

② Ibid., pp. 23-24.

③ Ibid., p. 45.

④ Ibid., p. 45.

⑤ Ibid., p. 151.

理事件，不同于大脑中发生的神经生理事件。这样说的根据在于：思想是不可分的心理事件，即不能分析为这样那样的感觉事件，或者说，思想没有非认知的组成部分。思想是能用这样或那样的语词表述的东西，除非能如此，它就不是一种思想。再则，思想就我们能关注它们而言，在本质上是命题性的，即是一种命题态度。上述两者是密切相关的。因为思想是命题性的，所以就能为语句所表述。最后，就思想与大脑事件的关系来说，尽管大脑事件对随后思想的产生是必要的，但不是充分的。[①] 由这些事实能得出的结论只能是："有思想……不是有某种生理—化学事件"，心理生活可能是由后者引起的，"但与后者有根本的区别"。[②]

在分析了心理生活的基础上，他提出了他的认识论证明。他论证说：人都能得到知觉，知觉形成后又会产生信念。而在知觉和形成信念时，人都能对被知觉和被相信的东西的状态形成认识，如认识到：这些对象是变化的还是没有变化的，在时间中，与前一刻相比，是相同还是不同。要形成这样的认识，离不开一个前提条件，即知觉和信念有一个不变的东西，前后相续的知觉都同时属于它，而它自己始终保持不变。唯其如此，知觉和信念才能形成。他说："主体的基本材料之一就是经验的连续性，而这意味着有一个共同主体，即人。"就知觉来说，正是因为有同一个主体，他才知道在一个知觉之后发生的知觉是不是关于同一个对象的知觉。因为如果主体变了，或两个知觉属于两个主体，就不可能形成关于两知觉是否具有连续性的认识。知觉所引起的信念也是如此。[③]

与认识论证明密切相关的是他的特殊的知识论证。如果有理由证明，关于一个人的身体及其各部分的全部知识就是关于这个人的知识的全部，或者说，认识了他的身体等于认识了这个人，那么就可断言唯物主义的等同论是正确的，二元论就是多此一举。在斯温伯恩看来，这种认识上的等同是不可能实现的。事实上，关于人的知识一定多于关于他的身

① R. Swinburne, *The Evolution of the Soul*, pp. 62-84.

② Ibid., p. 1.

③ Ibid., pp. 156-157.

体的知识。这表明，这个人身上还有其他的组成部分，这个部分正好就是灵魂。[①] 这一论证的实质与杰克逊等人的反物理主义的知识论证并无大的区别，只是形式发生了变化，而且更加清楚明白。

他还基于大脑移植技术对灵魂存在作了推论。众所周知，大脑像其他器官一样是可以移植的，即使现在可能只是局部的，但完全有可能像肾脏等一样予以移植。他说："只有半边大脑的人也有生存下来的纯逻辑可能性，这足以说明：关于人的话语不能分析为关于他的身体的话语。"[②]这就是说，人多于身体，这多出的部分就是灵魂。

再看他基于连续性和同一性的证明。人不同于其他事物的地方在于：人能意识到自己的连续性和同一性，这是一个客观的事实，而"大脑的某种连续性（或身体的连续性）对于人的同一性是远远不够的"。充其量只能说，身体的连续性只可能是人的同一性的一个条件。因为不能排除这样的可能性，如果人的同一性要连续下去，身体的某些物质也必须这样。当然这没有普遍必然性。因为有这样的思想实验，即关于死后生命的构想。这不仅是一种推论，而且在宗教和科幻作品中有大量的记载。因此可以没有矛盾地断言，对于任何作为心理属性之主体的人来说，即使他的肉体消灭了，他也会继续享有这些属性。他说："说明人可能连续存在的最自然的方式是把人看作是由身体和灵魂两部分构成的——灵魂是基本的构成部分，正是它的连续性成就了人的连续性。"[③]

斯温伯恩也有自己的关于灵魂存在的模态论证。在论证之前，他先对模态论证必然要涉及的概念和符号作了界定。首先，他强调论证中所涉及的"我"指的灵魂实体，而且这里的"我"还可以换成其他任何人的"我"或"灵魂"。其次，其他常用的符号的表示关系分别是：& 表示"和"，～表示"非"，◇表示"……在逻辑上可能"，p＝"1984 年，我是有意识的，且存在着"，q＝"1984 年的最后一刻，我的身体毁灭了"，r＝"1984 年，我

① R. Swinburne, *The Evolution of the Soul*, p. 147.

② Ibid., p. 151.

③ Ibid., p. 147.

有灵魂”，s＝“1985 年，我存在着”，x 涵盖的是可与($p\&q$)相容的一切命题，并描述了 1984 年的事态。“(x)”应以通常方式理解为“对于所有 x 来说”。基于上述界定，就可提出下述论证：

p……………………………………(前提 1)

$(x)\Diamond(p\&q\&x\&s)$……………(前提 2)

$\sim\Diamond(p\&q\sim r\&s)$………………(前提 3)

在这里，“前提 1”的意思是：1984 年，我有意识且存在着。“前提 2”说的是：尽管我没有身体，但我续存至 1985 年是可能的。“前提 3”表述的是理由，其意思是：如果我的身体完全被毁灭了，那么 1984 年有意识的我就不可续存至 1985 年，除非在 1984 年的我之中，有非物质或非身体的部分，即是说有灵魂。从“前提 2”和“前提 3”可得出这样的结论：$\sim r$(我在 1984 年没有灵魂)不在 x 断定的范围之内；换言之，1984 年，我不可能没有灵魂。既然 $\sim r$ 描述了 1984 年的事态，因此可以说，它与($p\&q$)是矛盾的。因此从($p\&q$)中只能定推出 r(即 1984 年，我是有灵魂的)。这就是说，p 本身可定推出 r。[①] 总之，人即使没有肉体，灵魂也有可能存在。

四、灵魂的结构与进化

说灵魂有结构是何意呢？他说：“灵魂具有由内在的命题性的信念和愿望组成的结构。”[②]这意思是说，灵魂的状态是由信念和愿望构成的。由于有这些构成因素，因此灵魂便有自己的可识别的特征。他说：“即使灵魂与身体分离开来了，灵魂仍会具有某种特征。”[③]既然如此，揭示灵魂的结构就是揭示自主体的信念—愿望结构。这个结构首先表现为一个套叠集合。他说：“每个自主体信念—愿望集合一定是一个整合的集合，这就是说，每个信念和愿望都离不开别的环绕着的、给予它们以意义、为其

① R. Swinburne, *The Evolution of the Soul*, p. 323.

② Ibid., p. 292.

③ Ibid., p. 262.

辩护的信念和愿望。"就信念来说，这种集合也可看作是一个网络，它有不同的层级，如外圈、中圈、内核。它们彼此之间相互关联在一起。

在信念—愿望集合中，人的角色（character）居于中心地位，因为它决定了一个人的价值观，而这又决定了他会相信什么，不相信什么，决定了人会形成什么样持久、有力、内在的愿望。总之，"人的角色是信念—愿望集合的核心要素"。①

灵魂的结构可从两方面描述：一是作静态的描述，据此灵魂就像网络一样，层层相扣，相互依赖，相互联系、支撑；二是作动态的描述，这样去看，灵魂就表现为一种变化的过程。②

灵魂既然有组合的特点，就一定有组合得紧与不紧或牢固与不牢固的特点。斯温伯恩于是承认：灵魂结构的牢固性是有差别的，这取决于角色的作用。如果灵魂中的角色结合得紧密，那么灵魂的结构也就越牢固，反之则不牢固。

灵魂的结构是否会受大脑的影响？例如对大脑实施手术，是否会改变灵魂的结构？他的看法是：大脑手术可以拿走、更换大脑中的某些部分，使大脑发生变化，相应地当然会对灵魂产生影响，甚至影响灵魂的结构。他说："那里将发生的事情恰恰取决于信念和愿望所组成的灵魂结构牢固的程度。如果主体的信念和愿望非常松散，缺乏联系，那么手术对灵魂的影响就不会太大。但如果它们相互联系得很紧密，那么主体就会死掉。"因为经过那样的手术改变，那种信念—愿望集合与大脑就不相适应了。③

如果承诺灵魂有独立的本体论地位，那么必然要回答下述问题：灵魂是怎样起源的？何时才有灵魂？这一问题有两方面。就个体而言，一个人何时才有灵魂？或灵魂何时出现在一个人的生命进程中？就种系来说，在生物进化的什么时候，灵魂才冒出来？与此有关的一个哲学难题

① R. Swinburne, *The Evolution of the Soul*, p. 269.

② Ibid., p. 293.

③ Ibid., p. 269.

是，当人没有意识活动（如深度睡眠）时，灵魂还在人身上吗？在这时，它在干什么？他的基本观点是：人的有意识经验也是进化的产物，即是随着大脑的进化而进化出来的，但这种进化"在宇宙史上又是全新的"。①

先看他对灵魂之个体发生的讨论。根据天主教观点，灵魂是在受孕和出生的中间阶段产生出来的，大概是怀孕后约20周时。一旦胚胎中形成了大脑，大脑开始发挥作用时，灵魂就正式诞生了。阿奎那继承亚里士多德的观点认为：卵子一受精，就成了有生命的个体，随后就成了一个人，紧接着便有感觉灵魂，到了一定的时候才出现理智灵魂。20世纪的天主教神学家中出现了这样的新观点：精子、卵子一结合，便有胚胎，或者说，一受孕，灵魂就随之出现了。斯温伯恩的思想是上述观点和现代科学思想的混合。他认为，进化论的诞生是人类认识的重大成果。它可以解释许多复杂的生命现象，但也有其不可避免的局限性。例如它只是解释了有机体的物理、生理方面的进化，而没能解释与之连在一起的心理生活、机能的进化。他说："动物灵魂的逐渐进化是神秘的，很可能超出了科学解释力的所及范围。"如果科学不能解释灵魂的进化，那么它也没法解释人的进化。② 例如科学不可能解释人为什么有那么发达的灵魂，何时有这种灵魂，它们是怎样起作用的。再如灵魂的作用的确有对应于大脑作用的一面，以致可根据相似的大脑作用预言相似的灵魂作用，但我们不清楚这是为什么，前者是怎样保证了后者，要让灵魂发挥某种作用，需要什么样的大脑作用，等等。

如果科学不能解释这些现象，那么就有必要求助于人格化解释。他说："如果我们不能对大脑事件如何引起心理事件（反之亦然）作出规范的科学解释，那么我们就应寻求人格化解释。"而"寻求人格化解释，自然包括求助于上帝。他是自然之后的一种力量，能有意地让自然规律起作用，……还会让这样的事情发生，如让人的灵魂关联于大脑，并以规则的、

① R. Swinburne, *The Evolution of the Soul*, p. 2.

② Ibid., p. 195.

可预言的方式相互作用。由于上帝无所不知、无所不能，完全自由，是一切善的源泉，因此有必要假定：根据他可以对一切现象作出解释”。[①] 这种解释不外是：一旦出现了有大脑的身体，或者说当有相应的具身性或具形性(embodiment)时，灵魂就会出现。[②]

他深知，灵魂的起源问题是一有巨大争论的问题。灵魂遗传论认为，灵魂像身体一样是从父母的灵魂那里继承来的。创造迦太基教义的特图利安(Terdullian)甚至提出了一种更为极端的观点，认为子代的灵魂就是构成父代灵魂的细胞中的一部分，如是它的外质(ectoplasm)，或者说，子代的灵魂就是父代灵魂中的一些碎片。遗传论的带有科学色彩的形式是主张，灵魂不是在生殖中分离出来的，而是由自然的过程从遗传物质中产生出来的，其中不存在上帝的干预。基督教的创生主义认为，灵魂是由上帝在特定情况下创造出来的，这里所说的特定情况是指生命形成的某个特殊阶段。最常见的是灵魂轮回转世说。斯温伯恩不赞成遗传主义，而倾向于创生主义，认为：当一个胎儿形成并有可能接受灵魂时，上帝就为其创造一个灵魂。因此每个人的灵魂都是上帝重新创造的。这显然有别于灵魂轮回论。他对传统的创生主义的超越表现在，他承认动物也有自己的灵魂，当然其产生过程也是根源于上帝。[③]

不仅灵魂有进化，而且灵魂的结构也有进化。从种系发生学上看，灵魂结构进化的一般进程是：从无灵魂的事物中进化出了动物的灵魂，这最初的灵魂是无结构的，然后从这无结构的灵魂中进化出了人的有复杂结构的灵魂。具体而言之，动物获得简单的灵魂结构的起点是获得信念和愿望。而这是由基因突变决定的。由于基因变化，原先没有信念和愿望的生物变得有这些东西。这些信念是关于怎样实现自己的直接目的和愿望的信念，而它们的有效性又以它们在实现目的的过程中所能引起的行动为转移。我们人类祖先是逐渐获得较复杂的信念和愿望的，随着复杂

① R. Swinburne, *The Evolution of the Soul*, p. 198.

② Ibid., p. 199.

③ Ibid., p. 199.

程度的提高，灵魂便逐渐有了自己的复杂结构。

他强调，要更好说明灵魂结构的进化，关键是要承认进化中有突变、飞跃，即是说，灵魂结构的进化依赖于进化中出现的新的东西。例如在人的灵魂结构诞生的过程中，人的意识的出现起了关键作用，即人身上出现了比动物更为复杂的意识，它能产生以前的意识不能产生的因果作用。有了这种意识，人的灵魂就从原先的被动、无结构的基质中派生出了结构。人的灵魂的特点是能动性、结构性，是人的意识、信念和愿望的统一性。他说："基因的复制让有机体有了这样的大脑，它能在特定环境下获得足以让复杂的有因果作用的愿望出现在灵魂之中。……连续具有复杂的信念又会让有机体有能力制订计划，连续具有复杂的愿望会使他在长期的时间过程中有让计划变成现实的目的，而这两个特征又会使它们的所有者获得进化上的利益。"①正是在这个过程中，灵魂的结构得到了形成、巩固和发展。

五、灵魂的不朽、续存与转世问题

一谈到离体，就必然要涉及灵魂是否不朽的问题。他不赞成笛卡尔等人的强硬二元论观点，反对说灵魂在肉体消亡后会必然存在。但他又认为，又不能由此断言：灵魂必然随身体消亡而消亡。他的看法是折中的，即认为灵魂"能够"不死。他说："当我说人在肉体毁灭后其灵魂'能够'续存时，我的意思不过是：这在逻辑上是可能的。"②这就是说，他反对笛卡尔等人的"必然不死论"，而赞成"可能不死论"。

他承认：灵魂行使它的作用，如过有意识的生活、产生有意识的事件，是离不开大脑的相应作用的。他说："当身体死亡、大脑失去作用时，……灵魂也不再会产生作用。……因为只有在大脑协调运作时，灵魂才会有作用。"③如果是这样，那么灵魂在与大脑分离开之后不是就丧失了作用，

① R. Swinburne, *The Evolution of the Soul*, pp. 296-297.

② Ibid., p. 146.

③ Ibid., p. 298.

进而也走向了灭亡吗？他强调，由他坚持的灵魂具身论出发，不一定会得出灵魂必死的结论。因为他认识到，要回答上述问题，首先要澄清：大脑在停止起作用之后还会不会再度发挥作用？如果大脑能再度起作用，那么灵魂能否随着大脑作用的再度出现而表现出续存的性质呢？死后的大脑能死灰复燃、再度表现出作用吗？对这些问题，显然是没法诉诸实证材料予以回答的。他于是便借助思想实验来作答。假设有个人得了脑溢血，死掉了。其家人把他冷冻起来了。50年后，由于科学发达了，医生可以将其解冻，并把大脑修复好。如果是这样，那么有理由断言：这个人还会获得原来的灵魂。基于此，他得出结论说：灵魂是可以续存和复活的。当然，前提条件是它原来所依存的身体及大脑复活了。

这里还有这样的问题：灵魂能在没有大脑基础的情况下继续起作用吗？对此有三种论证。斯温伯恩一一做了考察和分析。一是基于超心理学的论证。其基本结论是：即使没有作为基础的大脑及其作用，没有灵魂所需的形而上学构造，灵魂也可以存在并发挥作用。用来证明它的方法又有三种。一是所谓的转世报告，如有的印度小孩能讲述自己前世的生活。如果真是这样，那么出现在两世的两个身体中的灵魂就是同一个灵魂。这在斯温伯恩看来是不可能的。因为灵魂同一性的基础是大脑的连续性。[①] 二是唯灵论的观点。它强调灵魂即使没有肉体，或在进入另一世界之后不再有身体与大脑，也可发挥作用。例如灵魂据说有这样的作用，他能与死去的人发生超常的心灵沟通，因此能知道该灵魂的情况，从他那里得到信息。在斯温伯恩看来，这也是不可能的。因为既然没有身体或物质的连续性，没有把通灵者的灵魂与所谓死者的灵魂连接起来的物质桥梁，两者的沟通就是不可能的。[②] 三是基于濒死经验的证明。据有此经验的人报道，在走向死亡的过程中，他们会经历超常的经验。斯温伯恩认为，任何信念的获得、任何历史过程的出现必须伴有大脑的正常作

① R. Swinburne, *The Evolution of the Soul*, p. 302.

② Ibid., pp. 302-303.

用,既然这里的经验者在那里没有正常的作用,那种所谓的濒死经验就是不可能发生的。斯温伯恩总结说:“我关于超心理学的结论是:没有任何根据能证明,灵魂在没有大脑存在时能继续发挥作用。”①

再看第二种关于灵魂离体的自然续存的论证。这是传统实体二元论的论证。它论证说,即使没有大脑的存在和作用,灵魂照样可以发挥自己的作用。这就是说,灵魂的独立存在以及它的自然不朽,是出自它自身的本质,或者说是由自然的规律所使然。柏拉图认为,由部分构成的东西必然会消灭,因为部分解体了,整体就不复存在了。而灵魂没有部分,因而不朽。这种论证常常把存在与作用混淆起来,以为存在着的东西必然有其作用。

第三种论证的特点在于把灵魂的能力区别开来,进而认为,有些能力离不开肉体,有些可以离开肉体。前一类能力随肉体灭亡而灭亡,后一类能力则能绝对续存。如英国圣公会会督、伦理学家巴特勒(Joseph Butler,1692—1752)指出:许多死于疾病的人在死时,仍有思维能力。这表明,身体力的下降并不影响灵魂的许多能力。据此,他说:“我们现有的推理、记忆和情感能力并不像感官具有的知觉能力那样依赖于我们的粗俗的肉体。”②

在斯温伯恩看来,传统的关于灵魂不朽的种种论证都或隐或显地充斥着笛卡尔式二元论的精神,即强调灵魂有自己的不朽本质,或者说有这样的本质,即它能凭自己独立地产生它的功能作用。斯温伯恩不赞成这种二元论,而试图建立一种新型的二元论形式。他说:“我们需要这样一种形式的二元论,它坚持的是:灵魂没有凭自身而有作用的本质。”③意思是说,他倡导的二元论尽管也承诺灵魂有自己不同于物质实在的本体论地位,但并不认为灵魂能离开大脑而独立地发挥自己的作用。细心思考不难发现,这样的二元论思想及关于灵魂是否不朽的结论与前述的关于灵魂不朽、续存的“可能论”之间存在着内在的矛盾。因为这里得出的关

① R. Swinburne, *The Evolution of the Soul*, Oxford: Clarendon Press, 1997, p. 305.

② J. Butler, *The Analogy of Religion*, 1. 1. 3.

③ R. Swinburne, *The Evolution of the Soul*, p. 306.

于灵魂与肉体关系的结论是一个必然的而非可能的结论。

斯温伯恩作为一个思想深邃而严谨的哲学家当然知道这里的问题。为了一以贯之地坚持关于灵魂续存的可能论,他进一步提出和思考了这样的问题:有没有这样的自然规律,它把灵魂的意识与大脑的物质系统的作用关联起来了?换言之,灵魂的作用是否基于某种自然规律而必然依赖于大脑?他的回答是,这是没法证明的,即没法证明灵魂与肉体之间存在自然必然的联系,没法证明其后存在着把灵魂的作用与大脑的机制关联起来的必然规律。能知道的只能是,这类大脑事件与那类大脑事件的关联,而无法证明灵魂与大脑必然关联在一起。既然如此,就只能得出前述的可能论结论,即由于灵魂的作用可能根源于大脑的作用,因此灵魂在大脑灭亡后可能不存在、可能没有作用。同时,我们"没有根据说灵魂在它们的大脑死后不能续存"。[①] 这种可能论实质上是一种不可知论。他不隐讳这一点。他说:"在没有关于灵魂是否能续存的任何进一步根据的情况下,我们只能做一个不可知论者。"[②]现在能说的只能是,灵魂不死有很高的可能性。这是他不同于传统二元论的一个特点,也是他的新二元论的一主要观点。

综上所述,斯温伯恩心身理论其实是一个大杂烩,既有二元论的硬核,又充斥着唯物主义和科学理论的因素。如果是这样,该怎样把握它的特点呢?

首先,尽管他承认灵魂有对大脑的特种形式的依赖性,就像灯泡的光对灯座的那种依赖性,但他的理论根本有别于各种唯物主义。其次,他与其他二元论形式的区别也是十分明显的,例如他坚持实体二元论,但又不同于笛卡尔式的实体二元论,因为他对实体做了特殊的界定,不再把它当作一个独立的东西,一个小人一样的主体(吸收了唯物主义的成果),而视作抽象的本质一样的东西;他既承认灵魂的离体性,即可以独立存在,又

---

① R. Swinburne, *The Evolution of the Soul*, p. 307.

② Ibid., p. 308.

承认它对大脑的依赖性,即认为灵魂在发挥它的任何作用时,必须仰仗身体的存在及作用;最后,他利用进化论的成果,不再认为灵魂有自己独有的精神本原,而强调灵魂的最初本原是物质,只是通过进化而产生出来后,才作为有独立新质的东西与物质平起平坐。

第四节 斯特劳森的"自然化的笛卡尔主义"

G. 斯特劳森(G. Strawson,1952—)是著名英国哲学家老斯特劳森(P. F. Strawson,1919—2006)之子。可能是受父亲的影响,他从走上学习和研究专业道路之日起,就没有离开过哲学;不仅专心致志,而且在哲学形而上学、心灵哲学和哲学史等领域均颇有建树。其中,心灵哲学又是他研究的重点,其主要著作有:《自由与信念》(*Freedom and Belief*,1986)、《隐秘的联系》(*The Secret Connexion*,1989)、《自我?》(*The Self?*,2005)、《意识及其在自然界的地位:物理主义衍涵着泛心论吗?》(*Consciousness and Its Place in Nature: Does Physicalism Entail Panpsychism?*,2006)和《自我:论修正的形而上学》(*Selves: An Essays in Revisionary Metaphysics*,2009)等。

在心身问题上,他把自己的理论概括为"自然化的笛卡尔主义"。其主要观点有两方面:从否定方面看,它强调行为主义"已经死了",意即据以解释心理现象是没有希望的;从肯定方面来说,它"试图把唯物主义和主张只有特定心理现象是有意识经验现象的观点结合起来"。[①] 这显然是一种怪异的尝试,因为它试图把过去看作水火不相容的唯物主义和二元论调和在一个系统之中。相对于笛卡尔主义而言,他的"创新"表现在三个方面:(1)心理现象并不像笛卡尔主义者所主张的那样,是一种特殊的非物质实体的属性,而是物质实在的属性;(2)最根本的心理属性是经验或现象性意识,其他心理现象,包括意向性、命题态度都以此为基础;(3)现象意识尽管从根本上有别于物理现象,因此有独立的存在地位(正

① G. Strawson, *Mental Reality*, Cambridge, MA: MIT Press, 2010, xi.

如他的一本书《心理实在》的书名所说的那样，这种心理也是一种实在，既然如此，二元论就不能被绝对否定），但他又认为，现象意识可被自然化，或者说，二元论应该而且可以根据自然主义来阐释。可见，他不仅对笛卡尔主义的二元论做了大刀阔斧的改造，以致使之改头换面了，而且还试图调和它与自然主义的关系，以便能见容于当今占主导地位的唯物主义。因此他对笛卡尔主义的自然化，实质上是在自然主义、二元论框架内的非笛卡尔化。

一、心身问题的转型与心身理论的梳理

在阐述自己的非笛卡尔式理论之前，他对已有的心身理论作了较全面的梳理和评述。已有的心身理论都是围绕心身问题而展开的。根据他的理解，心身问题在当代心灵哲学语境下，尤其是在自然主义语境下，则有新的表现形式，即表现为三种与自然主义说明有关的问题。他自认为，这三个问题也可看作是他在心灵哲学中所提出的三个重大问题。它们分别是：(1)在关于心理现象的令人满意的说明中，非心理现象中的什么东西起着重要作用？(2)在关于心理现象的令人满意的说明中，什么样的公共可观察现象起着重要作用？(3)在关于心理现象的令人满意的说明中，什么行为现象起着重要作用？这三个问题也可这样表述：(1)心理现象与非心理现象是何关系？(2)心理现象与公共可观察现象是何关系？(3)心理现象与行为现象是何关系？

对于上述问题，现当代心灵哲学不外两种势不两立的回答。一是各种形式的唯物主义。它们的内容尽管差异很大，但都从这样的前提出发，即相信只存在着一个物理世界，这个世界上的一切都是由物理的材料构成的，人的心理现象也不例外，“也完全是由物理现象构成的，或者说，是由它们实现的”。[①] 斯特劳森认为，在理解唯物主义时，一定要注意唯物主义与一元论的联系与区别，如认识到：一元论有多种，如唯物主义的、唯心主义的、实在非心非物论（中立一元论）、实在亦心亦物论。他认为，前

① G. Strawson, *Mental Reality*, Cambridge, MA: MIT Press, 2010, p. 1.

三种一元论是大家所熟悉的，而第四种是陌生的，他把它称作“心物一元论”。除上述形式之外，一元论还常表现为混合型的唯物主义这样的形式。它是多种原则的复合体。如它有不可知论倾向，断言人们之所以认为心身问题特别令人困惑，是因为有这样一个未被证实的、相对现代的信念，即相信我们对世界的许多细节的认识是不清楚的。不过，它又有区别于彻底不可知论的地方，因为它强调，尽管人们无法真正认识细节，但对存在于理解的某个一般层面的物质的根本本质，人们仍可以获得基本的把握。此外，它还有向二元论让步的迹象，如主张经验并不是实在的全部，除此之外还有时空组成的世界；进化论是真实的，不管如何描述经验，都没有理由相信：相对于别的物理属性来说，它们是突现性的。不过，它又有自然主义的倾向，因为它认为经验可能是像电荷一样的物理现象。[1]

现当代心灵哲学的另一走向是二元论。由于二元论者在具体的心灵哲学问题上有不同的看法，因而二元论也有不同的形式。第一种常见的形式的基本观点是，非物质实体就是思想或思维，我思即我在。第二种形式的基本观点是，思维是能动思维的原则，非物质心灵不能等同于思维，但在一切方面都是心理的。第三种形式的基本观点是，心灵是非物质的材料（stuff）。心灵即心灵实体，完全是由思维或观念构成的，但这些思维或观念在任何方面都不是心理的，而是自存在的；不只是心理的内容，它们还有存在的方面或样式，即是以宽内容形式存在的。第四种形式则是第三种形式的一种变体。它也承认心灵是非物质材料，但认为心灵是由这样的非物质材料构成的：这种材料内在地适合成为心理现象的实现基础，因此它不完全是心理的。[2] 除此之外，还有很多形式。斯特劳森的自然化非笛卡尔主义也是其形式之一。

二、心理的独有特征与独辟蹊径的自然化

现当代多数唯物主义者的主要工作是自然化，即根据自己所找到的

---

① G. Strawson, *Mental Reality*, p. 105.

② Ibid., pp. 123-124.

有解释力的原则，或用自己所宠爱的自然科学概念、理论、原理对心理现象作同化说明，以把心理现象归约或化简为更基本的自然现象。在斯特劳森看来，最常见的同化心理现象的原则不外三个，即非心理的东西、公共可观察的东西、诸行为现象。它们尽管有一定的解释力，但在说明心理现象时则有根本的局限性，尤其是当据以回答他上面概括的三类心身问题时，便会像黔驴技穷一样。他一针见血地说："通常所说的非心理的东西、公共可观察的东西和诸行为现象，并不像人们一般所假定的那样，在说明心理现象的本质时有什么作用。"①

为什么已有自然化方案不能从根本上说明心理现象呢？斯特劳森所作的诊断是，它们要么没有看到心理现象具有这样独特的特征，即经验，要么表面上突出了经验的地位，而实际上没有抓住其本质和要害。

众所周知，自布伦塔诺以降，心理的独有特征或标志问题一直是哲学家、心理学家们关注的问题。布伦塔诺不仅明确提出了这一问题，而且阐发了一种在长时期内被认为是天经地义的观点。他认为，心理现象独有的、而别的现象不可能具有的特征，是意向性或关于性(aboutness)。20世纪70年代后，随着对心理现象认识向"细小叙事"的突进，尤其是随着对命题态度认识的发展，福多、罗森塔尔等一批心灵哲学家发现，心理现象极为复杂，很难找到心理现象区别于非心理现象的独有的、而又为一切心理现象共有的特征或标志。例如意向性只是命题态度这一类心理现象的特征，而像情感、知觉、躯体感觉这类现象的独有特征则是经验或感受性质或现象学意识。在当今，这一观点似乎快成了取代布伦塔诺观点而居于正统地位的观点。当然，唱反调、有异议的人仍不少。斯特劳森就属后一"异端"中的一分子。

他独辟新径地指出，心理的东西的独有的标志既不是意向性，也不是意向性加经验，而只有"经验"这一标志。意向性或关于性之所以不是心理现象的独有标志，是因为它是一切事物普遍具有的性质。具体而言之，

① G. Strawson, *Mental Reality*, p. 317.

关于性有非派生、非经验的关于性与派生、经验的关于性之别。后一类关于性是心理现象的特征，而前一类关于性无处不在，只要是能作为结果而出现的有结构或构造的东西，就都具有这种关于性。他的推论是：(1)存在着把世界、世界流划分为原因和结果的客观有效的方法。(2)被说明为结果的事物是被称作原因的事物的可靠的标记。(3)每个结构或构造可以说携带着关于原因的信息。(4)每个结构携带的关于它的原因的信息，只能用一种方法加以分辨。(5)既然如此，在关于原因的意义上，在表征它的原因的意义上，非派生的、非经验的关于性是无处不在的。[①] 另外，即使可以派生的关于性看作是心理现象的特征，但它也只是这些现象的表层特征，因为其后的决定性的、根本的特征是经验。换言之，意向性之所以具有把某些心理现象与物理现象区别开来的作用，是因为它包含有经验，其后有经验在作为基础发挥作用。他说："所有真实的意向性在本质上包含着意识或有意识经验。"[②]"只有包含着经验的现象才有意向性。"[③]这就是说，心理现象的意向性之所以是心理的，其前提是它有经验、有意识。

基于大量分析，他提出了一个区分心理与非心理的标准，那就是看它是不是有经验、有意识的。他说："一存在是心理的，当且仅当它是一个经验着的存在，只有心理的存在才有心理的属性，因此只有经验的存在才有心理的属性。"[④]可见，在他的理论中，经验占有特殊的地位。所谓经验即有意识的经验，亦即生命的有丰富经验内容这样的现象。它是正常的人再熟悉不过的事物。因为心理的事物具有独特性、内在性的唯一的标志，就是它具有明显的经验或意识。

心理现象表现经验特征有两种情况，即要么以经验为质料或内容，如疼痛的感觉就是以有关的经验为其内容的；要么以经验为属性，即表现出

① G. Strawson, *Mental Reality*, pp. 331-332.

② Ibid., p. 325.

③ Ibid., p. 326.

④ Ibid., p. 154.

具有经验的性质，例如人们可以期盼下雨，这里的内容是"下雨"，而意识到自己有此期盼这一经验则是它的性质。由上所决定，"经验"从语词上说便有名词和形容词之别，前者指质料，后者指性质。他说："我所用的'经验'（作为质料名称）和作为形容词的'经验的'，只专指有意识心理现象的经验的、质的特征。"①

今日心灵哲学中，谈论经验的人很多，甚至可以说，"经验"是当今心灵哲学的一个热门话题。在斯特劳森看来，尽管人们谈论得多，有关论著多如牛毛，但抓住其实质和要害的则极罕见。这首先表现在，人们一般涉及的经验只是经验的一个方面。因此人们理解的经验是片面的、狭隘的。例如一般人只谈或只承认感觉性、情感性的经验。这肯定是典型的经验，但非经验的全部。除此之外，还有一种经验，即认知性经验。② 它主要体现在思维、理性活动之中。他说："在世界上，存在着认知性内容、有意的意图和认知—经验性意向性意图，正像存在着疼痛一样。"③

既然心理现象的独有特征是经验，既然连心理的意向性也是以经验为基础的，因此要对心理现象作出说明，要揭示它在自然界中的本体论地位，就必须以经验为轴心，必须把说明的重心放在经验之上。在他看来，一旦弄清了经验的本质，其上的心理现象及其表层特征便不难理解。概括地说，他关于经验的地位和本质的观点是一种特殊的实在论，即承认经验有自己不能还原为物理实在的本体论地位。其具体内容有三方面：

（1）赞成常识的经验实在论，强调不仅应承认存在着常识所说的经验或意识，而且还应认识到，常识关于经验像什么的观点是没有什么错误的，即使在有了关于意识的科学理论的情况下也应如此。

（2）应坚持意向实在论。即认识到，那些把信念等意向状态归之于人的语言能够且常常是真实的，根据信念等对行为的解释和预言也是如此。

---

① G. Strawson, *Mental Reality*, p. 326.

② Ibid., pp. 339-340.

③ Ibid., p. 355.

(3) 拒斥新行为主义，即拒斥这样的观点：心理生活与行为有关，只有求助于行为，才能对心理的内在本质作出充分的说明。

他说："这三个论断是关于心灵现象之本质的正确说明，进而是关于心灵的概念的关键。"既然作为心理现象独有、根本特征的经验有自己的存在地位，因此这一倾向于二元论的结论也适用于其他心理现象和特征，例如适用于意向性。他自认为，在意向性的本体论地位问题上，他也是倾向于笛卡尔主义的，这表现在：他不仅强调意向性是真实存在的现象，一切有意识的状态能够且事实上都具有意向性，而且认为这些状态是意向性的标准主体。

他承认，应该对心理现象进行自然化，但他倡导的自然化的独特之处在于，这种自然化与坚持笛卡尔主义的二元论不矛盾。众所周知，"自然化"是当今大多数唯物主义理论的基本原则和主要操作。坚持自然化，肯定承诺了唯物主义。斯特劳森既然承诺对心理现象进行自然化，也一定如此。他明确说：自然主义与唯物主义是"同一个东西"，且都是"真实的"。但又必须看到，他对"自然化"有特殊的限定，因此他坚持的自然主义或唯物论便有自己的特点。他说："我的自然主义是从关于经验的真实的或彻底的实在论开始的。"由于有此出发点，他便有不同于别的自然主义的下述主张：经验不是要被还原或自然化的东西，不是通常的自然主义所说的非基本的、高阶的属性，而"本身就是基本的、所与的自然事实，其存在是再明显不过的，肯定不是幻觉"。[①] 之所以不是幻觉，是因为它的看上去的存在(几乎没人否定)恰恰是它的真实的存在的充分条件。

既然如此，真正的自然主义或物理主义一定会相信经验的存在，进而相信它是物理的东西。这也就是说，经验本身是真实的存在，是基本的而非派生的东西，因此不能也不需要用基本的物理事实去说明，不能还原或归结为物理的东西。如果要予以说明或自然化，也只能用它自己去说明。可见，他的自然主义与别的自然主义的观点和操作泾渭分明。因为别的

---

① G. Strawson, *Mental Reality*, p. 326.

自然主义或一般物理主义强调的是，一切具体的存在的现象都能根据物理学来说明。而他的主义强调的是，一切具体的东西包括经验都是物理的，是根本的属性，因此用不着用别的东西去说明。这些观点的确都是物理主义或自然主义的。如果仅此一方面，那么把他的理论称作笛卡尔主义就"名不副实"了。这里之所以是名实相符的，是因为他有倾向于二元论的这样的观点，即认为心理现象及经验是不能还原为物理属性的基本属性或实在。坚持这一观点无疑等于承诺了二元论，即承认了经验有不同于其他性质的独特性。不过，他又认为，这些主张可与唯物主义保持一致，因而可以建立一种同时包含唯物主义和二元论原则的"自然化的笛卡尔主义"。他说："把上述观点当作是唯物主义，就等于是承认关于心灵的自然化的笛卡尔主义。"根据这种理论，只有经验现象（根据这种观点，它完全是物理现象）才是独特的心理现象。[①]"不管心灵有什么必要的东西，但经验却是它的具有不可验证的充分性的东西。"[②]

他的心灵哲学的矛盾性特征也表现在他关于自由意志的论述之中。他尽管从心灵哲学角度论证了心理现象的实在性、根本性，但在道德哲学中则不赞成常见的关于自由意志的"公设"，即否定人有自由意志。他强调，不管决定论是对还是错，自由意志从根本上说是不可能的，因为任何人对自己的行为都不曾真正承担什么道德责任。他的逻辑推论是：(1)你因为你所是的方式在特定条件下做了你所做的事情；(2)为了对你所做的事情负起根本的道德责任，你必须对你所是的方式负起根本的道德责任，至少应在某些关键的心理方面如此；(3)但是你不可能对你所是的方式负起根本的道德责任；(4)因此你不可能对所做的负起道德责任。结论是人没有自由意志。这无异于在自由意志问题上走向了取消论，而取消论又是最激进的唯物主义。这显然是对立于他所坚持的笛卡尔主义的。

① G. Strawson, *Mental Reality*, p. 318.

② Ibid., pp. 318-319.

第五节 鲁滨逊的副现象论二元论

鲁滨逊(W. S. Robinson,不同于上一章的鲁滨逊)是澳大利亚洛瓦(Lowa)州立大学教授。他不满于唯物主义对心灵的解释,在借鉴哲学、心理学和脑科学等学科有关研究成果的基础上,抓住心理现象中以前研究不多的感觉性质一门深入,不仅写出了自己的论文,而且出版了专著《理解现象意识》(2004),系统阐述了自己的极具个性的副现象论二元论(epiphenomenalist dualism)。他有时把它称作经验实在论,有时把它叫作关于质的事件的实在论或"统一"二元论。其基本观点是:现象性经验或意识是由非关系即内在的现象性质所构成的非物质事件,有自己的不同于物质事物的实在性或独立存在性。是故,他把他的理论称作经验实在论或关于质的事件的实在论。很显然,这是一种二元论理论。但作为二元论又有自己的独到之处,因为它在解释现象性意识的起源和作用时又坚持了副现象论立场,如认为,现象性意识是由大脑的中枢事件所产生的,是物理原因的结果。但是被产生出来后,仅只有现象性的存在,而不能作为原因发挥反作用,因此是"副现象"。这些观点显然不同于笛卡尔式的二元论,因此是典型的非笛卡尔式二元论。他说:这种二元论"是我们的最好的理论,因为我们没有理由否认现象意识,我们无法在科学范围内对之作出说明"。[①]

一、二元论论证之补充与发展

我们知道,传统二元论由于意识到其结论不能见容于科学和居主导地位的哲学理论,因此常在"论证"上大做文章,如笛卡尔就提出了后来受到广泛讨论的"可设想性论证"、"解释鸿沟论证"、"知识论证"、"模态论证"的雏形。鲁滨逊在这方面也着力较多,既对已有的论证做了发挥、发展,又补充了自己的新的论证。正是由于有自己的各种论证,他才敢"理

① W. S. Robinson, *Understanding Phenomenal Consciousness*, Cambridge: Cambridge University Press, 2004, p. 183.

直气壮”地说：“如果人们想让自己的哲学观点超越于纯防御性的立场，那么二元论可看作是更合理、更值得坚持的观点。”[①]

他的第一个论证是否定性论证。在他看来，不管有多少关于心身问题的理论，都不出两种大的选择，即要么是唯物主义或物理主义的，要么是二元论的。既然如此，正确的答案是二者必居其一。因此如果能证明唯物论不能成立，那么便等于证明了二元论。

鲁滨逊对唯物主义的否定性论证不是泛泛而论、“放空炮”，而是深入到它的具体形式之中，针锋相对地论战。首先看他对一种根据科学原则为唯物论的论证。他认为，它貌似合理，其实也是靠不住的。其论证是：科学坚持奥康剃刀，此即思维经济原则，认为越简单越好。如果是这样，唯物论就比二元论好，因为前者用一个实在，而后者用两个实在去解释世界。鲁滨逊认为，思维经济原则在许多情况下是对的，但并未被证明具有普遍的有效性。因为“解释的简单性无论如何不能仅仅根据所需的实在的数量来评定”。再则，唯物论尽管简单，但它没法解释现象性质。[②] 表征主义是当今唯物主义对心理现象自然化的一种重要形式。它试图用表征来解释各种心理现象，如思想、知觉、情感等，即把它们看作是一种表征，如把红的经验解释为表征性质。在鲁滨逊看来，“这种论证是不可能的，因为对于什么东西可看作是表征，实际上不可能提供充分的论证”。此外，这种论证还将面临许多无法解释的难题，如知觉与思想之间究竟有何关系，就是表征论无法根据表征予以说明的。[③]

再看解释鸿沟的论证。这一论证早已为笛卡尔所讨论；在现当代，更是二元论和反二元论争论的一个话题。鲁滨逊对此也有自己的奉献，认为在对心理事件和物理事件作出解释时，出现解释上的鸿沟是必然的。

① W. S. Robinson, *Understanding Phenomenal Consciousness*, p. 36.

② Ibid., p. 45.

③ Ibid., p. 72.

因为对物理事件、中枢事件的解释是一码事，对心理事件的解释又是另一码事。即使对某个有意识事件提出了物理的解释，如揭示了有意识事件的中枢原因，也不等于对有意识事件提供了全面的、充分的解释。他说："要解释特定类型的大脑事件为什么引起了有其特殊现象性质的有意识事件，这是无望的、没有可能性的。"①因为有意识的质的事件还有经验的、质的方面，这是物理解释无法企及的，因此在这种解释与质的事件之间存在着解释上的鸿沟。既然如此，质的事件一定有其不同于物理事件的独特性。如果它是物理事件，那么它一定能从物理上得到解释。不能予以解释，就只能得出二元论的结论。

鲁滨逊的"创新"或非笛卡尔化还表现在，提出了自己的限定性论证(restricted argument)。这一论证是围绕"显现"(occurences)展开的。他指出，在各种有意识的经验的进行过程中，一种对经验者最直接的东西就是有一种显现。如看红色时，有红的质的特征的显现。现在的问题是，如果能证明这种显现的性质就是对象的性质或大脑过程的性质，那么唯物主义的同一论就得到了证明。如果能证明构成此显现的性质除了有来自物质的性质之外，还有别的无法还原或同一于物质的性质，那么就等于为二元论提供了证明。此证明即限定性论证。此论证之所以被称作限定性的，是相对于笛卡尔的没有限定的论证而言的。后一论证的范围较宽，既涉及实体，又涉及性质；在性质中，除了注意到显现的性质之外，还涉及思维的性质等。而鲁滨逊的限定性论证主要限定在质的、显现在意识面前的事件之上。其论证的步骤可概述如下：(1)某物 S 有一种由 F(现象性质)构成的显现；(2)S 现在没有由 G(物理的、非现象的性质，可能是引起显现的东西，可能是其基础)构成的显现；(3)显现实际上有这样的性质，由于这些性质，显现才被构成，但显现除了那些构成显现的性质之外，并没有任何无关的性质；(4)因此，S 现在没有是 G 的显现。这就是说，构成显现的性质可以是与其后的大脑过程的性质无关的性质(F)，这性质是

① W. S. Robinson, *Understanding Phenomenal Consciousness*, p. 206.

非物质的,而与物质有关的性质(G)不一定显现出来。[①]

二、关于质的事件的实在论

这是鲁滨逊二元论的主要内容或重头戏。其基本观点是,世界上除了存在别的东西以外,还有一种特殊的存在样式,即质的事件。据此,他常把他的二元论称作经验实在论或关于质的事件的实在论(qualitative event realism,简称 QER)。他承认,二元论有许多形式,并非每种形式都是合理的。在他看来,坚持其中的一种特殊的版本即关于质的事件的实在论(QER),有较多的根据。

质的事件也可称现象性质,指躯体感觉、情感、意象等知觉过程中所显现出来的性质,也可称作感受性质。[②] 最典型的例子是在经历疼痛、痒等过程的时候所体验到的生动的、刻骨铭心的、实实在在而又难以名状的性质。疼痛除了有不同的种类如刀伤引起的、针刺引起的等等之外,还有特定的显现,而显现是一个过程,如从开始到结束。在他看来,有这种特点的事件可称作质的事件。质的事件也可称作"意识"、"经验"。他说:"当你知道你有关于绿色的经验时,你所知道的是有一个关于那类经验的意识显现出来了。"[③]

他关心质的事件的目的是要弄清它的本质以及与大脑的关系。他说,他的新二元论不是要探讨心与物的同一关系,因为对此无法再说更多的东西,而是要奉献理智的努力以完成这样的任务,即"着力理解构成有意识经验的现象性质的事件是怎样相关于大脑中的事件的"。而要完成这一任务,首先又必须说明:"看起来不是物质性事件的质的事件真的不是物质的。"[④]也就是要认识到:质的事件是真实的、非物质的,"质的事件

① W. S. Robinson, *Understanding Phenomenal Consciousness*, pp. 37-40.
② Ibid., p. 11.
③ Ibid., p. 33.
④ Ibid., p. 250.

不能等同于大脑事件或活动模式的出现，只是由它所引起的”。[①] 这一理论是许多倡导研究现象性质的人共同关注的理论。为了突出自己的特点，他把他的实在论称作“经验实在论”。不过，他又认为，经验实在论的范围比较大，关于质的事件的实在论只是经验实在论的一种形式。[②]

为什么说质的事件、经验是不同于大脑事件的新的东西呢？以看一个红苹果为例，“一个红苹果的看上去的红色离不开一种独特的有意识过程，即一种红的经验。就其本身来说，这种经验是某种东西，不可还原为行为反应或行为反应的倾向，或有此倾向的大脑状态基础。经验是由中枢事件所引起的，但不能同一于或还原于它们或别的物质事件。经验由现象性质所构成，而现象性质又只发生在经验之中，在此词的最根本的意义上，经验可以说是意识的本质”。[③]

再看红的经验。“红的经验”一词是有歧义性的。例如当我们说“看到了红苹果的红”时，这里被看到的红可能是这样几种不同的东西：一即存在于苹果上的性质，此即物理的红；二是在看之后的作为观念、作为反映的红；三是指作为行为倾向的性质，它能让有正常视觉能力的人把红的苹果放到红的类别之中；最后是对红的经验，即在看苹果时，显现在意识面前的那种关于红的现象性质。它是纯粹的显现，是经验到的性质。[④] 他的经验实在论关注的恰恰是这最后一种经验。他认为，这经验尽管依赖于物理的东西，但一经产生就是一种不能还原的实在。

余像也足以说明上述道理。余像之所以出现，是因为其后有这样的起作用的原理：“由有鲜艳颜色的事物产生的余像将具有引起这种余像的事物的一些补充性的颜色。”例如看到了红或绿的颜色之后，余像中会包括有蓝或绿的颜色。问题在于，对象中没有的颜色为什么能进到余像之

---

① W. S. Robinson, *Understanding Phenomenal Consciousness*, p. 12.

② Ibid., p. 13.

③ Ibid., p. 14.

④ Ibid., p. 17.

中？这足以说明，经验有自己的不能还原的特殊性。

鲁滨逊也像杰克逊等人一样用思想实验来证明自己的观点，不过作了改进。假设有一位聋子科学家，他完全弄清了关于听觉的一切生理、物理方面，但是他不知道听声音时的主观经验特征。因此这些经验及特点是物理世界之外的另一种存在。他说："对于有这种经验的人来说，不管我们知道了多少关于神经系统方面的东西，我们都不晓得他通过感官所获得的经验像什么。"①"正是这种主观的因素成了对唯物主义的严峻挑战。"②

现象性质与大脑的物理过程有无关系呢？他承认质的事件是由大脑中的物理原因所引起的，但如果根据这种有关，就把两者等同起来，则是没有道理的。因为前者既有多于后者的地方，又有少于后者的地方。二元论能肯定的是两者不能同一，因此断言世界有二元的存在。当然二元论在此问题上又有不可知论的倾向，即在断言它们不能等同的同时，又认为，要准确说明两者的关系则是不可能的。他说："心灵根本不可能理解现象性质与中枢性质之间的关系。"③很显然，鲁滨逊的理论在本质上是二元论的。因为这种实在论除了承认引起经验的物质世界的存在之外，还承认经验有不同于作为其基础的行为和大脑、身体过程的特殊性。不仅如此，它还强调："经验就是一种实在，我们必须在我们关于存在的观点中为之找到某种位置。"④这也就是说，在感知或经验外部性质时，或与外部世界发生认知关系时，一定有两种实在出现了，"除了所有的原因和行为之外，至少可以相当有根据地说，还存在着另外的某物，即哲学家们长期所说的、被称为'经验'的东西"。⑤

这种二元论与查默斯等人关于现象意识的二元论是何关系呢？必须

① W. S. Robinson, *Understanding Phenomenal Consciousness*, p. 4.

② Ibid., pp. 4-5.

③ Ibid., p. 50.

④ Ibid., p. 15.

⑤ Ibid., p. 33.

承认两者的一致性,例如查默斯的下述观点也是鲁滨逊造成的:(1)神经活动模式引起了现象意识;(2)这种模式可看作是意识的关联物;(3)这些模式可例示在不同的媒介之上,如在计算机上;(4)大脑结构例示的模式可成为引起意识的原因,这是经验研究的结论。鲁滨逊在承认一致的同时,又强调,查默斯的泛心论结论是他不赞成的。例如他反对查默斯的这一功能同型原则:"如果某系统有意识经验,那么任何在功能组织上与之相同的系统都会有质上相同的经验。"①

三、"统一二元论"

鲁滨逊有时把自己的二元论称作"统一二元论"。之所以安上这个称号,是因为他有这样的愿望,或做了这样的工作,即试图把他关于质的事件的实在论与关于神经活动的理论统一起来;或者说,试图把他关于意识的理解与有关科学关于意识的原因的理解统一起来。他说:他的"统一二元论"的目的"是要为意识提供一种解释性的理解,进而消除'解释鸿沟'"。一旦把这个横亘在意识与物质之间的解释鸿沟消除了,那么就建起了能把意识与物质统一起来的二元论。

他意识到,要对意识作出解释,揭示它的原因,必须追溯到意识所依赖的大脑神经结构和神经活动模式之上。他承认,是神经活动模式引起了有意识事件的发生,因此可把前者作为后者的原因。他把这一观点称作"关于意识原因的神经活动模式"理论(简称 PACC)。这种理论显然有向唯物论让步的倾向。如果是这样,该怎样把它与他所倡导和坚持的二元论调和在一起呢?他回答说:"这是需要进一步论证的事情。"②他的讨论还是像以前的讨论一样,从分析人们的有关的反对意见入手。

第一个反对意见是,尽管神经活动模式依赖于有关的神经媒质(如大脑分子原子结构),但活动模式毕竟不能等同于媒质。在鲁滨逊那里,与意识有关的、作为其原因的是模式而非媒介。如果是这样,那么就有这样

---

① D. J. Chalmers, *The Conscious Mind*, Oxford: Oxford University Press, 1996, pp. 248-249.

② Ibid., p. 227.

的问题：引起了意识的相同的模式可以实现在媒介之中，而这模式又是意识的原因，这类说法显然是极其没有道理的。他不否认，质的事件的相同和不同，会受到模式的相同和不同的影响，而这又必然与模式所由以产生的大脑特定时空区域有关。他说："即使在上述情况下，仍可坚持这一原则，即现象的质（或它们的缺失）依赖于特定区域的模式的全部特征。这一原则与别的假定结合在一起就能解释，活动模式的时空区域的大小是怎样对质的事件的原因产生影响的。"①

第二个问题是，PACC 会不会陷入泛心论？或者说，其他类似理论（如查默斯的理念）所面临的泛心论结论会不会落到 PACC 之中？他的回答是：常见的泛心论难题不会威胁 PACC，因为它强调现象的质只出现在较小区域内，只出现在这个区域内发生的事件模式之上，如不会出现在原子、亚原子层面，因此由之所决定的质的事件就可能有从它所依赖的神经活动模式中继承来的原因作用。这也就是说，由此出发，似乎可以得出非副现象论的结论，即认为质的事件由于以神经活动模式为原因，因此不可能是无原因作用的副现象。② 尽管 PACC 对质的事件的原因或可能的关联物提供了说明，从而为关于意识原因的科学理论提供了某种有用的东西，但问题在于：我们并未真正说明中枢事件的某种属性与某些类型的现象意识之间究竟有何关联。因此，意识是不是真的从神经活动模式中继承了原因作用，进而意识是不是副现象，就是不可知的问题。

总之，现象的质的事件之所以发生，不是无缘无故的，不是非物质精神实体的作用结果，而是根源于物理系统的活动模式。在这里，他尽管有不可知论的倾向，但他又主张："如果一个模式系统表现出了一种特殊复杂的属性和一系列存在于它们同型于现象的相似性和差异性之中的关系，……那么就有可能把现象性质看作是与它们相联系的中枢模式的必然产物。"③

---

① D. J. Chalmers, *The Conscious Mind*, p. 230.

② Ibid., pp. 233-235.

③ Ibid., p. 243.

值得肯定的是，受科学态度的驱使，他的新二元论不再带有传统二元论的独断论的特点，而具有假说的特点。他本人明确强调：他的理论不是结论，而只是一种研究纲领。他说："二元论现在还没有对意识提供解释，……而只是为这样一种研究纲领提供了一种可能性。"[①]这样说的根据在于：要理解二元论，必须有一种关于全部实在的东西令人满意的解释性理解，但对于建立这种理解所必需的东西，我们是无法形成什么理论的，因此要对这种二元论作出有根有据的论证是很困难的，只能把它当作是一种假说。当然，他不否认有形成关于全部实在之统一理解的希望或可能性，即使现在不可能，但没有理由说将来也是如此。他说："科学进步的方向将朝向统一的二元论，这是我们有理由期待的。"[②]

① D. J. Chalmers, *The Conscious Mind*, p. 250.

② Ibid., p. 185.

第四章　二元论的神秘主义路径

神秘主义(mysticism)一词有不同的用法，因而有不同的意义，如既可指神秘主义者所宣说的与神秘之物、最高实在(如神、超自然力量等)直接灵交或神秘交融的经验，还可指研究某种隐秘生活的学问、关于神秘知识的理论、神秘主义的修行方式等。作为一种信念或理论，它强调的是，世界上存在着神秘的、科学和日常经验解释不了的力量和奥秘。这里所说的神秘主义主要指后者。

我们这里关注的是心灵哲学研究中的新神秘主义。它之所以是新的，是因为围绕心身问题而出现的各种神秘主义理论"与时俱进"，打上了新时代的烙印。其最明显的表现是，它们在进行理论重构时，不仅像传统的神秘主义那样诉诸想象、冥想、神秘的宗教经验、历史上的神秘主义资料，而且还吸收、改造有关科学成果，从而使之贴上了新科学的标签。与别的领域的神秘主义相比，这种神秘主义与对心灵的玄思、研究相辅相成，如它们用神秘的方式解释心灵；反过来，又用这种对心灵的奇思玄想来发展神秘主义，使这种神秘主义在内容和深度上有别于别的神秘主义。

在现当代哲学和科学中，占主导地位的尽管是各种非神秘主义的自然主义思潮和倾向，但神秘主义的倾向一直盛行不衰。赞成者中，宗教神学家自然是这个舞台上的主角，但除此之外，也不乏一大批职业的、纯正的哲学家、心理学家和科学家，其中也不乏赫赫有名的乃至一流的科学家，如荣格、泡利、薛定谔等。正是有他们的加入，神秘主义才给人以有恃无恐、理直气壮之感，批评者才不致放纵和怠慢。值得一提的是，有些纯正的心灵哲学家也有神秘主义倾向。例如麦金(L. McGinn)尽管坚持本体论的自然主义，但又主张不可能找到对意识的任何科学解释。温和一点说，他坚持这样的模态命题：可能找不到关于意识的科学解释。[①] 既然如此，神秘主义和非神秘主义在对意识作猜测性说明时便享有同样的权利。由于他的理论博大精深，我们将辟专章予以考释。持此态度的绝非个别现象，例如享有同样声誉的弗拉纳根（O. Flanagan）就曾提出并论证了"关于意识的神秘主义"这样的理论。[②] 当今声誉更隆的查默斯的自然主义的二元论也充斥着神秘主义的气息。本书也将辟专章分析。

神秘主义的心灵哲学理论在本质上是一种二元论或多元论。其思想渊源和理论基础有两方面，一是现代以前的各种神秘主义理论。如当代神秘主义灵魂观的倡导者、美国物理学家沃尔夫（F. A. Wolf）对自己思想的根源的表述就极具代表性，他说："我的这些有价值的看法大多数要归功于一些古代理论，例如迦勒底人提出的观点，以及其后的当代犹太教神秘主义者的理论。"[③]神秘主义在科学及自然主义大行其道的当今能畅通无阻，自然离不开对科学成果的改造和利用，因此可以说，科学史及当代新兴自然科学如量子力学、大爆炸宇宙学的有关成果是当今神秘主义二元论的又一渊源和理论支撑。沃尔夫说："与摩西、开普勒和泡利的方式极为相似，我也认识到我们正处于重新发现灵魂的独特阶段。摩西揭示了人类事务的法则，但是这么做的代价是关闭了来自上帝的声音。开普勒利用神秘主义的日渐消退，揭示了逻辑宇宙的景象，而泡利则试图在上帝的神秘宇宙与科学原理之间，重新建立起桥梁。我所要做的是建立灵魂物理学，这又是建立在柏拉图、毕达哥拉斯、开普勒以及泡利的工作基础之上的。"[④]

从神秘主义二元论的源流看，开普勒（1571—1630）对任何一个要研究灵魂的学者来说，"都是一个值得注意的人物"。[⑤] 因为在沃尔夫看来，

---

① C. McGinn, *The Problem of Consciousness*, Oxford: Blackwell, 1991.

② O. Flanagan, *Consciousness Reconsidered*, Cambridge, MA: MIT Press, 1992.

③ 沃尔夫：《精神的宇宙》，吕捷译，商务印书馆，2007 年，第 274 页。

④ 同上，第 263 页。

⑤ 同上，第 260 页。

他建立了关于灵魂的"第一个科学模型"。在开普勒那里,灵魂是一个中心点,向四周喷发出圆形放射线。灵魂与肉体所组成的人,像太阳系一样。三位一体也是圆球状的,圣父是宇宙的中心,圣子代表的是圆形表面的一个形象,圣灵代表的是中心与表面之间的关系。整个世界也有灵魂,即世界灵魂。它位于中心,从中心出发,通过宇宙的圆形和固体,与它的行星交流。人的灵魂与肉体的交流也是通过发射完成的:一道光一能射线由位于中心的灵魂出发,笔直地沿半径射到代表肉体的表面上。他还把灵魂学与星相学结合起来,认为灵魂在诞生之际形成了一种前在状态,由来自星球和行星的光束照射到地球而形成。[①] 泡利(1900—1958)是著名物理学家,因发现泡利不相容原理而获 1945 年诺贝尔奖。像开普勒一样,他既是科学家,又是神秘主义者,据说其身上经常经历精神灵魂与物质自我的斗争。在灵魂问题上,他反对科学将精神因素抛弃不顾的做法,试图建立一个既包含灵魂又包含物理世界的科学模型。

第一节　沃尔夫的新灵魂物理学

沃尔夫承认:"灵魂是神秘的,并非只限于人类肉体之中。"[②]尽管它神秘,过去的科学和哲学对之束手无策,但不是不可认识的。相反,可根据最新的量子力学等科学来认识。他本人就"成功地"做了这一工作,建立起了"关于灵魂的新物理学"。

一、关于灵魂的新物理学的任务与实质

他的新灵魂观的首要任务是证明灵魂的存在。他说:"尽管灵魂表面上是非物质的,……我将合于情理地、以科学为依据证明它的存在。"[③]他"关于灵魂的新物理学"之所以是新的,是因为它提出并论证了这样前无古人的新观点:灵魂、自我、物质与意识虽相互关联,但"却是不一样的东

---

① 转引自沃尔夫:《精神的宇宙》,第 260—263 页。

② 同上,第 6 页。

③ 同上,第 7 页。

西”，不存在产生与被产生的关系。[①] 从否定的方面看，它反对说：灵魂是纯粹机械能、物理能，是副现象。由此不难看出，他的理论是反对还原论、反物质主义的。[②]

灵魂、自我、意识与物质尽管各不相同，但世界的基本存在不外心和物两方面。因此他的灵魂理论并没有超越二元论。他说：“平行的宇宙被划分为两个平行的计划，即心理的和物理的。它们合在一起就构成了新的心理学，即量子心理动力学。”[③]这种新心理学其实是一种特殊的两面(both planes)论。不同于一般两面论的地方在于：他认为这两个面都有自己的存在地位。就物理的面而言，它常表现为位置、出现、质量、能量和动量。这些概念所描述的东西是统一的，或者说，它们分别描述了存在之物理方面的不同侧面。例如一旦质量或事件发生变化时，能量就会释放出来，而事件出现在空间中即为位置，出现在时间中即为显现，与空间中的事件/质量的运动相联系的变化即是动量。心灵是存在的另一面，完全与前一方面是对应的。他说：“我们称作我们身体实在的位于物理面的质量/事件总是为同时出现的心灵面上的感觉系列或前思想所伴随。”[④]

他的二元论的神秘主义倾向表现在：他认为整个世界及其每一个体都具有这种两面性。换言之，同一实在总表现为两个宇宙：一是物理的宇宙，它由外在的或物理的形式所构成，可被称作物质/能量转化；另一面是心灵的宇宙，它由内在的或心灵的形式构成，可被称作感觉/情感转化。两者总是有联系的。这种联系是“由比较量子力学的平行互补性而提供的”。例如对一个事件的感觉是由质量/事件的出现所伴随的。而心灵的感觉是作为原始的词素或前思想而出现的。我们的语词由一系列词素所构成，我们的思想是其结果；同样，发生在心灵中的思想是由一系列质

---

① 转引自沃尔夫：《精神的宇宙》，第10—11页。

② 同上，第11页。

③ F. A. Wolf, *Star Wave: Mind, Consciousness, and Quantum Physics*, New York: Macmillan Publishing Company, 1984, p. 225.

④ Ibid., p. 280.

量/事件所伴随的。[①]

新灵魂物理学尽管承认灵魂有存在地位,但同时又不赞成笛卡尔式的二元论。因为后者把灵魂和肉体当作像苹果和橘子一样的两个完全独立的东西。而“新灵魂观”由于以量子物理学为基础,因此主张它们密不可分。以认知为例,它是灵魂的作用,但它又依赖于它的作为对象的物质;认知是什么,是由其对象决定的、塑造的。同样,其对象也不是自在、独立、先在的,而是由认知决定的。他说:“尽管认知不是物质,但它却对物质产生作用,如同力的场对物质的作用似的。……认知改变时,事物也改变。”同样事物改变时,认知也改变。因此离开一个,根本无法理解另一个。灵与肉的关系也是如此。[②]

新灵魂观不同于笛卡尔二元论的另一特点是否定笛卡尔把灵魂限定在人体之内的做法,而承诺了一切都有灵魂的泛心论结论。他认为,要解决当前世界所面临的逐物拜金、意义失落等问题,关键就是“科学地认识到”灵魂无处不在。他说:“要想揭穿这种幻象”,即唯有物质存在的“科学世界观”的错误,“我们必须随时随地注意到每一件事情中的灵魂内涵”,即认识到一切事情、现象中都有灵魂、意识,就像每个生物体都有对疾苦和快乐的感受性一样。这也就是要记住:“每个人、每个动物、每个生命形体,甚至我们的星球,每时每刻都离不开灵魂。”[③]

二、灵魂的概念家族

沃尔夫的新灵魂物理学的对象是灵魂,因此核心范畴是灵魂。除此之外,还有很多相近或相关的概念,如精神、意识、自我等。如前所述,要建立关于灵魂的科学,其前提条件之一是对它们作出清晰的界定。

首先看“灵魂”一词。他说:“我努力想建立一种灵魂新概念,也就是把灵魂看作一个过程,它既存在于肉体束缚之外,又紧密地处于肉体界限

---

① F. A. Wolf, *Star Wave: Mind, Consciousness, and Quantum Physics*, p. 279.

② 沃尔夫:《精神的宇宙》,第127页。

③ 同上,第282页。

之中，——也就是说，一种新灵魂物理学。”[①]这种新灵魂物理学对灵魂的看法发生了革命性变化。这表现在：它不再把灵魂当作一种自在的实体，而当作像场一样的特殊物质。在他看来，物质有两种：一是物理的，它以质量和惯性为基础；二是非物理的，它没有质量和惯性，而表现为场，即无质量的意识潜在场。他说，灵魂“不过是虚拟实在中的旋转粒子而已”。[②]换言之，灵魂是“由带负能量的、旋转的虚拟电子所组成，这些虚拟粒子浸没在狄拉克的真空之海中，每个虚拟粒子都有记忆，并且和肉体里真实的旋转电子相互作用”。[③]

从具体相状和特性来说，灵魂有两种状态，一是以零点能量的形式存在于真空之中。这只是潜在的灵魂，当然是后来现实存在于肉体中的灵魂的根源。二是肉体中的现实灵魂。奇怪的是，一旦入住肉体之中，它便失去了自己。他说：“固守的灵魂—认知保持了灵魂对自我的联系，分离了的灵魂—认知创造了空间和时间中的实体身份。换言之，当灵魂进入世界、获得形状之后，它学会了一切，但是它又失落了自己。”[④]这就是说，灵魂潜在有认知的能力，如对外物和对我的认识。当灵魂以零点能量的形式存在时，它只是它自己；而当灵魂真正现实地发挥自己的认知作用时，它一方面进入世界、获得形状、演变出实在，另一方面又失落了自己。

在沃尔夫的思想中，自我不再像笛卡尔等人的二元论那样，被等同于灵魂或精神，而被赋予了新的含义，如被看作是灵魂演化过程中的一个阶段、一种特殊的样态，即灵魂失落时表现出来的精神性实在。因为灵魂的失落实际上是指灵魂脱离虚拟粒子而成为真实粒子。一旦成为真实粒子，就意味着它落入时空，有了物质的载体。这一对时空的进入，也就是自我身份的确立。因此自我实际上是灵魂现实化于物质之中，成为真实

① 沃尔夫：《精神的宇宙》，第 234 页。
② 同上，第 141 页。
③ 同上，第 126 页。
④ 同上，第 128 页。

的粒子。[①] 从产生顺序来说，是先有灵魂，后有自我。他说："灵魂一真空创造了自我幻象，自我这一角色逐渐有了独立的生命。"[②]

沃尔夫还赋予"精神"以特殊的意义。在他看来，"精神"指的是一种作为本原的世界灵魂。它存在于作为本原的真空之中。不过，在那里，它不是现实的物质和能量，也不是质量，而只是一种潜能，一种渴望成为事物的力量，一种进入时空并为之作出限定的力量。因此精神产生万物的作用可看作是精神设陷阱，或施限制(trapping)。要起这种作用，它首先得陷入时空之中。它施限的方式有两种，一是在时间中施限。他说："在时间起始和终结之间的时间施限反射了精神的波动。这种反射的样式成为有意识的灵魂。灵魂作为陷入时间的精神，能够有最清晰的意识和最少的幻象。"简言之，精神陷入时间之中，便导致了灵魂的产生。因此可以说，灵魂是陷入时间之中的精神。[③] 二是在空间中施限。它让自己陷入空间之中，便创造出万物，因此这种施限是创造万物的方式。他说："当精神陷入空间中时，它形成的是物质。"[④]这一思想有点类似于古希腊的阿那克西曼德的"无定形论"。这就是说，最初的精神是无，因为它没有确定的构成、形象及特点。但一旦让自己受到限制，如进入时间之中，就为灵魂，而进入空间之中即为有形万物。

从精神和灵魂的关系来说，两者很接近。后者可看作是一种基本精神，但它们又是不同的。"精神是未展示的真空振动，而灵魂也是同一种物质。"这就是说，一个是潜在的，一个是现实的。这现实性表现在：灵魂可以"反射到自身，产生一种可见的样式"。这里的"可见"是指灵魂能意识到人的各种任意行为，包括思维活动。灵魂与精神的区别还在于：灵魂通过这种反射，能够展示出意图，而精神却做不到这一点。虽然精神有着欲望，但是当它喷溅出物质和能量时，却搞不清楚它的所作所为，甚至搞

---

① 沃尔夫：《精神的宇宙》，第 132 页。

② 同上，第 142 页。

③ 同上，第 169 页。

④ 同上，第 169 页。

不清楚它渴望的是什么。而灵魂不但有欲望，而且十分清楚它渴望的是什么东西。再一区别是，“精神既是潜在地有意识，又是潜在地无意识，而灵魂则是有意识的”。[①]

从自我、灵魂、精神三者的关系看，“自我的本质是一种幻象，产生于灵魂对物质的反映，这就好像是午夜时分的清澈湖水反映出月亮一样”。[②] 而灵魂不是幻象，而是精神的反映。“精神可说是真空能量的虚拟震荡作用；灵魂则为这些虚拟震荡在时间上的反映……而自我则是灵魂对物质的反映所引起的幻象。”[③]这三者既相互关联，又有本质区分。

“意识”也是他的新灵魂物理学概念家族中的一个重要成员。他是这样描述的：“通过意识，我们会得到关于为什么会有那些现象的牢靠的观点。”因为意识是一种根本性的作为，即“真的能‘创造’我们生活于其中的世界的行为”。“这些根本的行为将我们的细小的意识部分从意识流中分化出来，……这些行为，即‘知道’某物的感觉是一切遭遇的根源。”[④]总之，意识是灵魂的作用，或表现出的作为，而灵魂则是包含着关于知识的意识的过程。

在不同个体的意识的关系问题上，他表达了一种与常见观点不同的观点。一般认为，每个人的意识是彼此隔绝的，如你只能知道你的意识，我只能知道我的意识。而沃尔夫根据量子物理学的成果提出了所谓的“连续论”，认为不同的人的意识是相连的。因为当我们引入量子观念之后，隔绝之说便不攻自破了，不但在一个肉体之内无所谓隔绝，就连任何两个相互作用的肉体之间也没有任何隔绝。

“经验”是当代心灵哲学研究中最常见、最困难的话题。沃尔夫认为，要理解经验，必须具备下述必要条件：一是要知道“双向投射”，即心灵投射经验，经验投射心灵。没有这种双向投射，就没有被知觉到的经验。二

① 沃尔夫：《精神的宇宙》，第 228 页。
② 同上，第 12 页。
③ 同上，第 14 页。
④ F. A. Wolf, *Star Wave*, p. 229.

是要弄清几个概念。如"状态",它指的是一个对象所处的条件或位置,如一辆卡车沿着道路行进,就是它的一种状态。可写作"|A>"。还应知道量子力学的概率振幅。他强调:量子实在都有自己的波函数,此波函数(qwiffs)表示的是时空中的波形式,就像一块石头投在水平上留下的波的样式。而波都有其振幅,即波动的范围。具备了上述条件,就可认识到经验是这样发生的:当我们作用于某种流时,就会导致量子力学概率振幅的破坏或中断,进而我们就能看到外在于那儿的东西。由于这种振幅不再是相同的,因此我们在时间上的向后的投射与从外在于那儿的事件而来的流动就不可能是那么匹配的。这里的流动在时间上以有点缺陷的形式往后投射。当它到达外在于那儿的事件时,两种流就相互作用。这意味着,它们的波在增加,进而导致突然的干涉。这种干涉就是我们所经验到的新经验。①

三、万物与灵魂的起源

他借鉴古人的思想,改造大爆炸宇宙学的成果,认为包括灵魂在内的一切存在都从无中而来。他说:"无物产生了有物,而且只要创造有物的潜力依然存在,那么这个过程就将永远继续。"②

这种起源论的关键概念是"真空"。他所理解的真空是指:一口沸腾的大锅,里面充满着盼望、希望和梦想。偶尔,梦想会以物质粒子的形式冒出真空,而真空则想尽快把它抓回来。真空也可称作虚无。这里所说的虚无"其实还是有某种东西,物理学家把这'某种东西'称为真空。它其实非常不稳定,不断制造物质和能量,就像沸水冒出的气泡一样"。③"根据量子理论,真空是指物质亚原子颗粒之间的距离,或是指地球和太阳这些有巨大地心引力的物体之间的距离。真空并非空无一物,而是由大量正、负浮动能量所组成。因此由真空中可获得一些不同寻常的现象,如物

---

① F. A. Wolf, *Star Wave*, p. 196.

② 沃尔夫:《精神的宇宙》,第 167 页。

③ 同上,第 167 页。

质、反物质、能量以及精神和灵魂。”[①]从构成上说，真空是有和无的统一。说它无，是因为它里面的物质和能量被抽走了。说它有，是因为在里面的东西被抽走时，还会“剩下一些东西”。[②]

万物从无中产生要不要推动力呢？回答是肯定的。他说：“最初的作用力不是根源于已经存在的物质原因，而是根源于非物质的因素，即量子力学家在计算事件发生的概率时一定要涉及的因素。”这些因素不是物理的东西本身，因为它们不能作为对象存在。它们的存在正好依赖于它们存在之前就存在的观念。它们是存在的倾向，是存在着的可能性。这些作为观念的因素就是意识。他说：“在最初的起点，我们能看到新物理学的那些第一性的作用力，即意识的显现。”[③]

他关于意识显现是万物起源的最初作用力这一结论是从量子力学的有关成果中类推出来的。他认为一切物理对象从根本上说是量子事件或过程，而量子事件实际上是量子波函数，可简写为“qwiff”(quantum wave functions)，即“一种数学函数，一种表征理念、概念的形式”。波函数究竟具体表现为什么，或者说，具体事物究竟显现为什么样子，是离不开观察者的意识的，因此意识是任何事物实际以什么方式存在的一个不可缺少的变量。由此可以得出这样两个结论：(1)“观察从理想化过程中创造出了物理实在。”(2)“任何被观察到的实在可以等同于两个或两个以上的被完成的理想化过程的结合。这种结合可以从数学上表述为 qwiffs 的总和。”[④]通俗地说，量子实在作为可观察对象，不过是我们行动的结果，是我们观察所引起的结果。正是经过表示可观察对象的算子，心灵获得了对于物质环境的控制力，它是如此之大，以致有创造力。

事物要产生出来，当然离不开能量，因为能量是决定一系列在时间中的稳定性的关键变量。他所理解的能量是指“宇宙的记忆”，我们所看到

① 沃尔夫：《精神的宇宙》，第 101 页。

② 同上，第 102 页。

③ F. A. Wolf, *Star Wave*, p. 16.

④ Ibid., pp. 60-61.

的“外在于那儿”的真实能量就存在于我们的心中，我们对稳定性的渴望则存在于能量之中。

宇宙万物的起源除了有自己的动力因之外，还有自己的设计程序及设计者。他比喻说：宇宙是一个大计算机，它有独立的软件（心灵）和设计师（上帝）。他说：“如果这不是上帝的话，那么我不知道上帝究竟是什么。”[①]

在沃尔夫的哲学中，证明了虚空能量在宇宙万物起源中的作用，也就是证明了精神的作用，因为真空中的能量的一种表现形式就是精神。如前所述，真空尽管是一种空无，但里面又是有，如有能量和渴望。这种状态可比作“精神在真空状态下做着梦，……精神的动力结构包括一层层波动的潜在有意识运动与潜在无意识运动，就像大海蕴涵着表面的波浪和深层的波浪一样。……大大小小的宇宙从此产生了”。[②]“精神存在于纯真空状态，并且渴望成为有物，而不是无物。因此真空总是急于要喷溅出能量，最终产生物质，我称这一过程为真空冲动，可以叫作精神需求。”[③]

灵魂起源的具体过程是怎样的呢？如前所述，虚空或真空中既无又有。说它无，是因其中的物质和能量被抽空了；说它有，是因为它被抽空时，还有“剩下的东西”。而灵魂的起源就与这剩下的东西有关。怎样理解这剩下的东西？量子物理学告诉我们，里面剩下的是“零点能量”(zero-point energy)。所谓零点能量，就是指温度降到绝对零度的能量。以钟摆为例。从宏观上说，钟的摆动与能量有关。但随着能量的减少直至消失，其摆动的幅度会变小，直到摆锤归于静止。从量子物理学的眼光看，摆锤在这里并未绝对寂静，它仍在围绕静止点做随意的晃动，只是人看不到而已。总之，“量子晃动永远都在进行”。[④] 之所以如此，是因为它与虚无的零点动能之间存在着永不停歇的相互作用。

零点能量尽管看不到，但有派生万物的作用。他说：“真空能从零点

---

① F. A. Wolf, *Star Wave*, p. 327.

② 沃尔夫：《精神的宇宙》，第167页。

③ 同上，第228页。

④ 同上，第103页。

放射场中制造出物质，换句话说，物质只是被称为零点能量的浮动场的一个临时状态。”[①]灵魂的起源也与虚空及零点能量有关。由于真空中的潜在的灵魂有一种欲望，即占有物质形式，因此一旦相应的条件具备了，它便落入到物质之中，于是便有现实的灵魂。他说：“一旦灵魂落入物质，它便上瘾了。”而“上瘾是一个宇宙过程，是某些更为微妙、更为普遍之事物的反射：产生于无物的物质意识，但是却拥有这些事物的潜力”。[②] 灵魂落入物质是不幸的，“最终为自己成为自我而痛苦。要减轻灵魂的苦恼，精神必须回到非物质状态”。由此不难引申出沃尔夫对当前人类摆脱各种困境的诊断，即“回到非物质状态”。

意识是宇宙大爆炸的产物。因为最初的奇点无所不有，包括有一个全息图，“意识与此全息图不可能完全分开”。[③] “所有的宇宙在整个全息图中苏醒，意识变成了物质，全息图在梦中消失。意识重又苏醒……”[④]意识与诸宇宙也有它的终点，那就是整个宇宙在经历漫长的膨胀之后，最后会坍缩成一点。“在时间的最后——那只是无限维度的全息图的边缘。意识完全进入那全息图。意识变成它自己的幻觉。全息图被看作是它自己的进化。”[⑤]

四、灵魂的本质特性

灵魂既然是存在的，就一定有其可被描述或推测的本质及特点。他的描述很繁复，有如下要点：

第一，灵魂具有自己的存在本性。就此而言，他的观点对立于“无灵魂论”，即反对将灵魂人为消灭的做法。[⑥]

第二，灵魂不是有形的物质，不是它的产物，因此不可还原。之所以

① 沃尔夫：《精神的宇宙》，第 104 页。
② 同上，第 170 页。
③ F. A. Wolf, *Slar Wave*, p. 331.
④ Ibid., p. 332.
⑤ Ibid., p. 332.
⑥ 沃尔夫：《精神的宇宙》，第 114 页。

不可还原，是因为它"发生于一种空间的真空"或虚空（vacuum），它的出现与物质和能量没有关系。物质的在与不在对它没有影响。再则，它发源于空，因此它便是不灭的。

第三，灵魂有超光速、向后、向前运动的能力。他说："假定灵魂有这种快速的倾向"，即超光速，"再依靠现代特殊相对论有关快于光速的物体，既能在时间里向前运动，也可向后运动，那么就可得出结论，如果灵魂是非物质的，那么应该可以在时间里做向前向后两种运动"。[①] 这个理论可以解释灵魂为何能离体、为何可以在肉体消失后而保持存在。

第四，灵魂不占有空间，但又是存在的。他承认，要证明这一点，只要解决了下述本体论问题就行了，即存在的、真实的事物是否一定要占据空间。通常的看法是："只有占据空间的事物才是真实的。"沃尔夫认为，这是一种"偏见"。[②] 尽管有些事物如斧头如果不占有空间就不存在，但不占有空间的事物照样可以存在，如斧头的锋利就不存在于空间之中。灵魂也是如此，它不占有空间，但有自己的作用，因此是存在的。

第五，在灵魂的可数性问题（即是一还是多）上，一种观点认为，世上有许多独立的灵魂，天堂里也有许多等着投胎的灵魂。沃尔夫的奇怪观点是："只需要一个灵魂就够了。"[③]这就是说，尽管每个人都有自己的自我或心理，但整个世界就只有一个灵魂。它既在这里，又在任何地方。沃尔夫这里坚持的其实是哥本哈根学派对物理事件及世界的标准解释。根据这一解释，任何一个物理事实的成立和存在，都离不开意识的存在，因为这个对人来说是事实是由人的观察而成立的。沃尔夫据此推论说："假如没有唯一的意识的活动，也就没有唯一的灵魂的存在，世界将不断分裂成无意识的，因此也就没有实现的可能性，而不会形成有意识的真实，以及真实事件。假如没有自然界中的唯一的灵魂活动，所有其他生命都只

---

① 沃尔夫：《精神的宇宙》，第 20 页。

② 同上，第 31 页。

③ 同上，第 235 页。

不过是没有思维的机器人而已。”[①]

第六，反对灵魂重量说。他说他不相信灵魂会有重量，甚至认为，它连质量都没有。[②]

第七，认为灵魂与旋转的粒子系统有关，当然构成灵魂的粒子有其特殊性：旋转、带负能量。它有两种存在状态：一是在没有现实出现之前在真空中的存在状态，这时，它们只是真空中的零点能量，或一种潜能，一种虚拟的粒子；二是进入人体后表现为旋转的真实粒子。

第八，心灵感应、灵魂出窍和失魂落魄等都是事实。先看心灵感应。他说：“假如虚拟粒子乃是个真实粒子，那么我们将这称为粒子伴侣模型。然后我们可以把这一对想象成地球上粒子的配对，只不过是在粒子伴侣的状态之下罢了。”根据量子力学的原理，两个粒子只要曾共在一起，或有过相互作用，那么它们在后来的时间中，无论在时空上分得多远，一个总能“记住”另一个，总能对另一个的状态有“感应”。同理，“即使当粒子和粒子伴侣相互作用之后，粒子仍继续把自己‘看作’是两者，特别是因为A和B是完全相同的。这便是成语‘灵魂出窍’和‘失魂落魄’的意思”。[③]这就是说，两个存在着感应关系的灵魂，或一个离开了后来位置的灵魂（出窍），在物理上的确是两个不同的东西，但由于它们曾相互作用过，曾纠缠在一起，因此它们实际上永远是同一个东西。因此感应便不难理解了，即使出窍，也还是原来的灵魂。

根据上述量子物理学原理，也不难解释天堂和地狱中的灵魂以及灵魂的复活及永生。因为同一个灵魂粒子可有多种不同的物理上的位置，如果有这种物理上的位置，那么就意味着同一灵魂出现在了天堂和地狱之中，或出现在了末日审判中，以及表现为复活和永生。但不管它如何表现，其实都只是同一个。每种状态下的灵魂其实是它的多种可能状态的实现，即多世界，但它们实际是同一个。他认为，上述看法与科学并不矛

① 沃尔夫：《精神的宇宙》，第240页。
② 同上，第117页。
③ 同上，第122页。

盾。他说:“建立在爱因斯坦理论之上的现代相对论认为,假如一个观察者真的以超光速的速度运动的话,那么它便不可能是个物理物体。因此如果灵魂能够如此飞快地运动的话,那么它便不可能是由物质组成的。”这就是说,灵魂在肉体死亡时是以超光速运动的,因此灵魂离体、不灭是可以理解的。①

五、灵魂、自我、意识与物质的关系

他的基本观点是:它们是相关的,但不是等同的。他说:“灵魂通过认知,彰显了物质和能量,从而塑造出物质世界。”②它是通过认知而造出物质的。在他看来,整个世界就像一把吉他,上述实在及关系可根据吉他模型来理解。在吉他上,如果只拨不按手指,那么就是虚无的震颤。精神就像这种虚无的震颤。这种震颤也可比作万物的潜能。“真空中到处都活跃着这些震颤,它们包含着成为万物的潜在可能。”它要变成任何现实的事物,就得靠把这种震颤反射为波的形式。未知的精神就是未被反射的精神。“这种未被反射的精神就像一条无限长的吉他琴弦,它没有两端的终点,但是却在风中瑟瑟作响。”③精神的反射有两种,一是在时间的节点反射。他说:“假如精神在时间的节点处得到反射,……则精神变为部分地有意识和部分地无意识。我们把这种反射称为灵魂。”所谓反射,即把震颤反射为波的形式。一旦产生了反射,就必然有阻力的出现,而阻力可被想象为一片云。灵魂具有相对性,“从我们的视角出发,灵魂似乎是暂时的,但是如果从灵魂本身的视角出发,则它是不灭”。从灵魂与精神的关系看,“精神震颤的反射开始于阿尔法点(大爆炸之初),结束于欧米伽点(大塌缩之点)——这些是时间的节点——并且使灵魂变得有了意识(吉他弦两端固定,虽然是空弦振动,但是却有基本的音调或是任意的谐音)”。④

---

① 沃尔夫:《精神的宇宙》,第 216 页。
② 同上,第 283 页。
③ 同上,第 285 页。
④ 同上,第 285 页。

再看精神与物质的关系。如前所述,精神的第二种反射形式是在空间的节点进行反射。他说:"当精神在空间的节点处被反射时,它是无意识的,但是潜在地是有意识的。我们称这种反射为:物质。"简言之,"精神在空间中的反射便是物质"。① 试想吉他琴弦振动的照片,振动尽管不能被听到,但可看得见。同样,精神在空间中的反射是可想象的、可见的,"精神从阿尔法点到欧米伽点的空间反射制造了物质宇宙(振动琴弦的照片)"。②

如前所述,沃尔夫把自我与灵魂、精神区别开来了。所谓自我,即意识的具体化,意识进入一个肉体中,就表现为自我。换言之,自我是灵魂空间化的结果。从构成上说,自我是灵魂与特定个体结合而成的东西,如世界唯一的灵魂进入张三的肉体之中,便有了张三这个自我。其余可类推。从自我与灵魂的关系看,自我是由灵魂创造的。因为"对灵魂来说,它的游戏规则就是要不断创造自我和非我,同时又不在这场战斗中失落自己"。③ 从构成上说,自我是由肉体和思维构成的。灵魂则不同,它与这些物质状态保持着某种若即若离的距离,即它既可在肉体之中,又可在之外。从作用上说,灵魂可以指导自我,方式是发出信息,"正是靠了这些,自我才得以冲破以自我为中心的硬壳,破壳而出"。④

自我对灵魂也是有用的,因为灵魂之存在是通过自我来表现的。如果没有一个表现,灵魂就是潜在的,处在真空的零点能量状态。他说:"灵魂是……通过许许多多被称为自我的东西,来向我们说话的。"⑤灵魂与自我,"不论缺少了哪一方面的支持,另一方都会变得无所适从"。⑥ 从大的方面看,人的确是由心和身结合而成的统一体。他用量子力学的成果对之做了解释。他说:"心灵是非决定论的呐喊,是物质的希望,物质的作

① 沃尔夫:《精神的宇宙》,第 286—287 页。

② 同上,第 287 页。

③ 同上,第 273 页。

④ 同上,第 258—259 页。

⑤ 同上,第 255 页。

⑥ 同上,第 258 页。

用是与宇宙相互作用，并由此与之关联起来（进而建立新的结构）。”①

如果用粒子理论来解释，就可说灵魂与自我、与肉体的关系其实都是粒子系统的关系。根据量子物理学的原则："相互作用或曾相互作用过的两个粒子完全相同"，灵魂与自我、肉体也是这样，它们其实是完全相同的，当然从物理上说，它们有空间位置上的差别，这就是它们分别表现为灵魂、自我和肉体。既然如此，它们的相互作用的可能性便不难说明，例如，如果心灵让肉体做出晕眩、恋爱、相连的行为，那么它就可不费吹灰之力地做这些事情。②

当今心灵哲学有一很有影响的观点，即由戴维森所倡导的否认存在着心理物理规律的观点。沃尔夫不仅强调有这样的规律，而且基于自己的研究，勾画了它们的三大规律。他认为，第一个规律可表述为："心灵是一"，意即有一个心灵或一个精神，且只有一个，我们的每个人的我只是对这一个心灵的经验。第二个规律是：心灵是多。对于这唯一的心灵来说，所有作为多的心灵和经验都是被投射的。这意思是说，在统一体之内，存在着无限的多。这个规律又包含两个规律，它们分别是："'我'是我的全部投射"，"全体是一"。第三个规律是：心灵在于创造。③

旧物理学面对人们经验到的特征、复杂的心理现象的确束手无策，但新物理学则可对之作出更好的说明。他说："量子物理学预示着人文主义物理学已经到来。它更胜于宗教，能揭示心物联系的更新更深的意义。它能说明生命的终极秘密。"④新的观点是："所有物理的、宗教的、心理学的特殊性最终都是量子物理学规则的表现方式，这导致了这样一个新的令人震惊的关于感情和能量、直觉和波长、感觉和物理位置、思想和时间的结论。如果你在直觉，那么你就是在经验波长。如果你在思维，你就是在经验时间。如果你有情感，那么你就是在经验能量。如果你在感觉，那

---

① F. A. Wolf, *Star Wave*, p. 66.

② 沃尔夫：《精神的宇宙》，第123页。

③ F. A. Wolf, *Star Wave*, p. 199.

④ Ibid., p. 7.

么你就是在经验空间。即是说,感觉和思想像空间一样是内在的维度,时间是外在的维度。情感和直觉像能量一样是内在的性质,波长是外在的性质。"[①]这就是他关于意识的物理学,关于一切心理状态的物理学。

第二节 薛定谔的兼有科学和神秘气息的意识理论

薛定谔(E. Schrödinger,1887—1961)是奥地利著名物理学家,波动力学创始人,量子力学之父,1933 年因这些贡献而获诺贝尔奖。他一生著述宏富,除了大量物理学论著之外,还写了一系列哲学著作,如《自然和希腊》、《科学与人文主义》、《意识和物质》、《我的世界》和《生命是什么》等。

一、作为"脚手架"的形而上学与东方神秘主义情结

难能可贵的是,作为一流科学家的薛定谔,不仅承认哲学对科学的必要性,而且在从事物理学研究的同时,还在哲学上用功颇多颇深。更难得的是,对哲学的兴趣和钻研不是功成名就后的消遣,而贯穿他生命的始终。他在《自传》中说:1918 年当了物理学讲师之后,便"把所有的业余时间用于对哲学问题的更深入研究中。那时我刚接触到叔本华,他让我了解了《奥义书》中的'统一理论'"[②],即主张世界只有一个意识的理论。这对他后来的意识理论之建构至关重要。

薛定谔对哲学的重视,是跟他对哲学与科学之关系的认识密切相关的。他在批评一些科学家鄙视哲学时指出:学界有这样荒唐的现象,即"一个有健全科学观的人拥有让人难以置信的幼稚且狭隘的哲学观"。[③]之所以出现这种现象,是因为许多人认为,如果一个科学家转向形而上学,那么就是离题的或越俎代庖。薛定谔认为,这是一种令人悲哀的状

---

① F. A. Wolf, *Star Wave*, p. 7.

② 薛定谔:"自传",见《生命是什么》,罗来鸥、罗辽复译,湖南科学技术出版社,2007 年,第 170 页。

③ 赵晓春、徐楠编译:《科学大师启蒙文库:薛定谔》,上海交通大学出版社,2009 年,第 49 页。

态,应予结束。因为“人类如果尝试将这些思想的力量联合起来,将大大提高自身的认知水平”。[①] 就形而上学来说,它尽管不是知识大厦的一部分,但却是知识大厦的一个条件,其作用可比作脚手架。很显然。没有这些脚手架,作为科学大厦的房子就造不下去。[②]

薛定谔不仅重视哲学,而且还对广泛的哲学问题发表了自己的见解。例如在传统的心物问题上,他提出了许多新颖别致的思想,当然有些思想不免有令人难以理喻的特点。从思想渊源来说,他关于心物问题的思想既有科学的根源,又深受古代哲学尤其是东方神秘主义的影响,例如他强调:要解决意识周围缠绕的难题,“只有向《奥义书》的古代智慧中去找,除此没有别的办法”。[③] 这一看法既是他在荣格等人影响下,深入研究东方神秘主义的重要结论,又吐露了他的东方神秘主义情绪产生的秘密。

《奥义书》可以说是印度古代宗教和哲学一个渊源和基石,是公元前15—前10世纪出现的吠陀文献中的最后而重要的组成部分。“奥义”有“秘传”之意。作为吠陀文献后出的成果,它与以前的文献相比,思想上发生了革命性转身。它超越了吠陀经典,突破了梵书的祭祀主义樊篱,将视角转向了带有哲学性的问题。因此作为史书,它汇集的是古印度哲人智者对世界的终极原因和人的本质及生存之道的思考。其核心范畴是“梵”和“我”。前者即指世界的本原或本质,而后者既指宇宙大我,又指个体的小我。《奥义书》对后来古印度各宗教和哲学派别产生了直接而深远的影响,其中,吠檀多派与之有更为密切的关系。其名称足以表明这一点,“吠檀多”(Vedānta)的字面意思就是“吠陀的终末”,亦即奥义书。可见,该派是对奥义书宗教和哲学思想的继承与发展,其基本主张是坚持梵我同一。当然,由于其内容对梵与我究竟是何关系,如究竟是绝对同一、毫无差别还是基本相同、略有差别等问题有不同的看法,因此出现了不一不异论、不二论、限定不二论、二元论、二而不二论、纯净不二论、不可思议差别

① 赵晓春、徐楠编译:《科学大师启蒙文库:薛定谔》,第48页。
② 同上,第146页。
③ 同上,第141页。

无差别论等分派。薛定谔对吠檀多派情有独钟，作过较深入的研究，对它的许多思想加以吸收和改造，变成了他的世界观和心身理论的组成元素。他说："吠檀多学派的基本信念是非常有道理的。"他甚至承认其包含有真理，如说：大量事例事实上也"为吠檀多的基本真理意境"做了辩护。① 这真理就是：每个人所拥有的知识、情感和意志是统一的，不是从无中生，也不会转化为无，它们"在本质上是永恒和不变的，在所有的人中……在数量上都是一"。"你是一切的一切，而且所有其他有意识的东西也是如此。"可以形象地说："我即你"，"你即我"，换言之，"我在东也在西，在上也在下，我是整个世界"。②

二、意识的尴尬处境与意识同一论

按照他的理解，心灵或意识的存在地位是不言而喻的，因为它创造了科学。然而科学被创造出来后，却出现了令人啼笑皆非的事情：意识居然被科学的客观性原则扫地出门了。他抱怨说："我们将认知主体排除在努力去理解的自然界之外，而自己退回去扮演一个不属于这个世界的旁观者，世界就成了一个客观世界。"这也就是说，由于我们坚持客观性原则，世界的确成了客观的世界，但是我们的主体及其意识却被排除出世界了。这里的悖谬在于：客观性原则其实是意识活动的产物，而该原则一旦被创造出来后，却成了排除原则，居然把创造它的意识扫地出门了。薛定谔说："当今的科学完全陷入'排除原则'的深渊，却对此以及由此产生的悖论一无所知。"③

要解决上述悖论，必须认识到它的根源，那就是已有的"科学认识"不科学。他说："若要解决这个悖论，科学态度必须重建，科学面貌必须更新。"④根据他的看法，意识是不能抛弃的，心灵是不能忽略的。坚持这一关于心灵的实在论已有两千多年的历史。如果从中撤退，将是"非常危

① 赵晓春、徐楠编译：《科学大师启蒙文库：薛定谔》，第 148—149 页。
② 同上，第 151 页。
③ 同上，第 109 页。
④ 同上，第 109 页。

险"的。[①] 要消除上述悖论,还必须客观承认科学解释的有限性。他说:"在科学的世界观里,不存在蓝、黄、苦、甜、快乐和忧伤,它不能展现人类精神世界中这些精华的部分,只好牵强附会。"[②]另外,"我们从何来,往何处去,这个永恒而深奥的问题,也是科学难以解答的"。[③] 由此看来,科学并不是万能的,不是什么都可以认识,人及其精神就是它所难以企及的。他说:"我们不属于科学构造的世界,我们不在其中,而在其外。"[④]

薛定谔承认:仅用科学的方法,在现实世界的诸组成部分包括人的大脑中的确是看不到心灵的。随着科学认识的推进,客观性原则的拓展,心灵的确完全失去了传统哲学和常识赋予它的那种独立存在的本体论地位。但他又强调:心灵或意识又不是绝对的无,而有其特殊的存在地位。人们之所以在世界上找不到它的踪影,是因为它就是世界整体。他说:"为什么在我们描绘的科学世界的图景中,任何部分都找不到感觉、知觉和思考的自我?原因可简单用一句话来表示:因为它就是那幅画面本身。它与整个画面相同,因此无法作为部分被包括进去。"他意识到这里有这样的问题,不同的人有不同的世界,而科学世界只有一个。这该如何解释呢?他回答说:自我的确有多的一面,但另一方面,它们也有重叠,"其中重叠区域构成了我们周围真实的世界"。[⑤]

他意识到,他的解释仍有进一步的问题。因为只有当每个人独自把握的世界有共通性、重叠性时,他的上述观点才是合理的,但问题是:"我的世界真的和你的相同吗?是否有一个真实世界,不同于我们中的任何一个人通过感知内向投射获得的画面?如果是这样,每个人对真实世界的感知是否一致?或者也许这个真实世界本身与我们感知到的世界大相

① 赵晓春、徐楠编译:《科学大师启蒙文库:薛定谔》,第107页。
② 同上,第84页。
③ 同上,第85页。
④ 同上,第84页。
⑤ 同上,第113页。

径庭?”对此类问题,有两种回答,一是以莱布尼茨单子论为代表的看法:没有统一的世界,每个人有一个自我封闭、无法与外相沟通的世界。二是薛定谔赞成的看法,它融合了印度和西方神秘主义的许多思想,其中特别与吠檀多派的神秘主义血缘更近。薛定谔认为,包括这一派在内的东方哲学可作为认识人类心灵的一个基础,它们在这方面远胜于西方的客观性原则及其由此所派生的科学。

经过借鉴、改造和整合,他形成了这样的心灵观,即认为心灵是一,就像光一样,而每个人就像光照下的房子一样。每个人通过自己的窗户从唯一的光源中把光吸收进房间,从而使房内充满光。每个人这样做其实就是让自己从唯一的心灵中分得了心灵。正是以此方式,每个人便有自己的心灵。他说:所有的意识或心灵是统一的,“它们的多重性只是表面现象,实质上只有一种意识”。① 这也就是说,心灵或意识实即一个,当它进入每个人之内,便表现为多。他把这种理论称作“同一学说”,即主张看起来为多的意识实即是同一个。从语言上说,“意识”一词只能用作单数,而不能用作复数。因为世界上只有同一个意识。这就是他的独创而新奇的单一意识或意识的单数论。他说:“我应该说,意识的总数只为一,意识本身是具有单一性的,我大胆地认为它不可摧毁,是因为它有一个特殊的时间表,即意识总是处在‘现在’。对意识来说,没有曾经和将来,只有包括记忆和期望在内的现在。”②他的这一思想,既与东方哲学有关,又直接受到了迈耶(F. Meyer)的下述观点的启示:“灵魂世界只是由唯一的灵魂构成的,它就像身体世界后的一盏灯。当任何生物形成时,它的光芒就仿佛透过一扇窗户一样穿过其身体。光进入世界的多少取决于窗户的大小和种类,但光自身未发生任何变化。”③

根据这种同一论,传统的自我意识论是应予抛弃的。他说:“还有什

① 赵晓春、徐楠编译:《科学大师启蒙文库:薛定谔》,第114页。

② 同上,第118页。

③ 同上,第114页。

么自我是独立的?”[①]这共同的精神也可以说就是在一根又一根相继点燃的蜡烛上的火焰,火焰就一个,但通过个别的蜡烛连成一线,或连为一体。同样,过去把“意识”一词当作复数运用也是错误的。他说:“在整个世界上,没有一个范围内可以找到复数的意识,只是因为个人在时一空上可以有复数,所以我们就想到意识也可以是复数,但这完全是虚构。”[②]在他看来,这一结论不仅符合东方的神秘主义,而且只要对科学成果作出正确的诠释,那么也可以说,这个论点“实际上为科学学(如遗传学)所证实了的”。[③] 第一,它有实际经验作为根据,例如意识从未以多数而总是以单数而出现。“不仅我们中的任何人没有经历过超过一种意识的出现,同时也没有任何相关证据表明这种情况在世界任何地方出现过。”这就是说,每个人在自己的经验中,总是由一个意识发挥作用,不管时空发生了什么变化,他总是以一个统一体进行自己的意识活动。其次,像谢灵顿这么伟大而有极高天赋、冷静而理智的科学家对《奥义书》也做了充分的肯定,发表了没有偏见的看法。[④] 根据科学对大脑的研究,人是由分散的细胞构成的,无论是单个细胞,还是所有细胞组成的统一体都没有产生意识统一性的作用。正如谢灵顿所观察到的:大脑机制中的空间连接是不可能将两个观察结果合并的,“物质和能量在结构上由微粒组成,生命也是一样,但意识却不同”。[⑤] 这就是说,人的意识的统一性与物质无关,它自有它的基础和来源。再者,同一意识论与遗传学的成果可以一致起来。每个人甚至每个生物的意识之所以都是同一个意识,因为有遗传物质、繁殖行为把它们连在一起,为同一性提供基础。他说:“正由于此,所以当我们谈到我的意识和我祖先的意识的同一性时,就同我说我在熟睡以前和熟睡以后的意识是同一个意识的意思大致是一样的。”“至少在许多动物的本

① 赵晓春、徐楠编译:《科学大师启蒙文库:薛定谔》,第140页。

② 同上,第140页。

③ 同上,第140页。

④ 同上,第115页。

⑤ 同上,第117页。

能中，我们所看到的恰恰就是这样超个体的记忆。熟悉的例子包括以下这些：鸟类筑巢，而筑巢总是和这一类鸟儿产蛋的多少和大小相适应的，然而这不是由鸟儿的个别经验得来的。……”[①]总之，意识之所以是同一的，是因为有机体之内存在着起连贯作用的组织、结构及其作用方式。他说：“这一连串的生理事件并没有任何中断的地方。……请问在这一系列事件中，我们该把意识的开端放在哪里？”[②]

在《生命是什么》这本代表着分子生物学开端的重要著作中，他不仅从信息学角度论证了遗传密码的概念，认为大分子是遗传物质（基因），而且根据量子力学论证了基因的持久性，以及遗传模式具有长期稳定的可能性。如果是这样，具有持久性的基因就可成为意识具有连续性、不灭性、统一性的牢固的物质基础。

意识同一论不仅是符合科学的，而且是有用的。他说：“这个真理的意境是一切具有道德价值的活动的基础，它使一个高尚的人为一个他认为或信为善良的目的，不但去冒生命的危险，甚至在少数没有指望拯救自己的情况下，能从容就义。”[③]

这种同一论是否陷入了泛心论呢？如果说有此倾向的话，那么也只能说他将心泛化至了一切生物之上。因为他只承认：意识只与大脑神经系统有关，如果要将意识加以扩展，推广到神经活动以外的事物之上，那只会使它扩展成为“没有证明、也不可能被证明的推测”。[④] 不过，他有这样的推测：尽管已有的认识证明了意识只与人脑有关，但“没有任何理由相信人类的大脑是反映世界的所有思维器官中最高级的。很可能某个物种拥有人类脑的器官”。[⑤]

他的意识理论无疑带有神秘主义色彩。他也不隐讳这一点。例如他

---

① 赵晓春、徐楠编译：《科学大师启蒙文库：薛定谔》，第 138 页。
② 同上，第 139 页。
③ 同上，第 149 页。
④ 同上，第 90 页。
⑤ 同上，第 96 页。

赞成谢灵顿的这样的看法:"意识……在我们的空间世界比幽灵还幽灵。"①

三、意识的起源、角色与不朽

他承认心来自物。这是他坚持自然主义和科学主义的体现。但作为一个有较高形而上学素养的科学家,他又提出和探讨了这样一个新问题:哪些物质及运动对心的产生和存在担负着责任呢?另外,他还提出了自己要回答的心身问题:"什么特殊性质使大脑活动区别于其他活动,并使其呈现出世界的形象呢?我们能否推测出哪些物质运动有这种力量,哪些没有呢?或者更简单地说,何种物质是与意识直接有关系的呢?"②

他的看法是:意识只与大脑中的部分活动有关。这一部分活动的特点在于:不是习惯化的、简单重复的,而是因环境变化或行为需要而出现的。换言之,大脑中发生的活动只要是新的,如环境中出现了新的变化,需要对行为作出调整,这时的大脑活动"便与意识有关"。反之,如果习惯化了,只需简单重复,例如开灯、夜晚脱衣服、用刀和叉吃东西,这些活动便会是无意识的,即是说,其中不会伴有意识活动。③

从个体发生学上说,在母亲子宫中的那一段时间婴儿有大脑活动,但没有伴随意识。出生后,到了一定时候,"意识随着身体器官的发育开始出现,只要有器官逐渐与环境作用,随着环境的变化而调节其功能,它们就会受到环境的影响,经受锻炼并以特殊的方式被环境改变"。这就是说,意识只与神经系统的、因内外环境变化而得到调节的新的功能有关。④

人脑尽管是表现意识的重要地方,但它不是唯一的智慧器官。他说:"很可能某个物种拥有类似人脑的器官。"⑤即使现在找不到在智力上超

---

① 赵晓春、徐楠编译:《科学大师启蒙文库:薛定谔》,第110页。

② 同上,第89页。

③ 同上,第92页。

④ 同上,第93页。

⑤ 薛定谔:《生命是什么》,罗来鸥、罗辽复译,湖南科学技术出版社,2007年,第103—104页。

过人类的物种，但不能由此说，在未来没有这个可能。他根据他对进化论的辩证分析和大量的事实做了这样的大胆推测："地球完全可以为将来这类事件的发生提供场所。"①

意识在世界的存在中、在人的生存中究竟可扮演什么角色呢？意识究竟有什么作用？他的回答是：意识扮演着双重角色。一个角色是："它是舞台，上演世界中所有剧目的唯一舞台，或是包含整个世界的容器，容器外不再有任何物质。"正是因为有了意识，世界才对我们表现为这样那样的存在。没有意识，就没有被我们意识到的世界。这一观点既有哥本哈根学派思想的痕迹，又有点近乎于贝克莱的观点。事实上，他也有对贝克莱的赞同之词："正像贝克莱充分意识到的那样，经验无法给我们除它本身之外的事物存在的任何线索。"②意识所扮演的另一角色是：在它所完成的作品中，它只是一个不重要的附属品，整个艺术效果不会因为缺少它而受到影响。这就是说，意识是对世界的意识，所有对世界的认识都离不开它，正像画家的画由他画出来一样，但意识并不属于世界，正像画家不在画中一样。③ 可见，尽管他承认意识是构成世界万物的一部分，但意识也有自己的独立存在角色，正像画家独立于他的画一样。

薛定谔意识理论神秘主义倾向的一个重要表现是：他赞成灵魂不朽说，当然作了新的"科学"论证，可称作"新灵魂不朽论"。他说："一系列由遗传连接起来的个体，从一个到另一个的繁殖行为，实际上并不是肉体和精神生命的中断，而只是其紧缩的表现。"根据遗传学，还可得出这样的结论，一个体死亡后，只要基因没有消失，其精神的种子依然存在，只要有尸体，就有这种可能性。④ 他说："个人的诞生并不表明我第一次被创造出来，而只表明我好像是从酣睡中慢慢醒过来那样。这样一来，我就能看到，我的希望和努力，我的忧虑和恐惧，是同生活在我之前的

① 薛定谔：《生命是什么》，第104页。
② 赵晓春、徐楠编译：《科学大师启蒙文库：薛定谔》，第119页。
③ 同上，第120页。
④ 同上，第137页。

千百万人们的希望和努力、忧虑和恐惧一样的，而我也可以希望千百年后我在千百年前的渴望得以实现。思想的种子只有作为我的某些祖先思想的继续，才能在我里面发芽。”①基于这些，他对基督教哲学的“永生”问题也做了肯定的回应。他说：尽管有肉体死亡，但“你并没有中断，也没有死亡。……在任何情况下，都不会有生命死亡的悲哀，将来也永远不会这样”。②

对时间倒退、复活等，他的思想也有神秘主义倾向。当然，这不再是建立在玄想、宗教信仰之上的，而是基于认真的理智思考和分析。例如他做了这样的工作，即分析柏拉图、康德和爱因斯坦在时间和空间理论化上所做的工作，还考察过玻耳兹曼等人的科学成果。在这些研究的基础上，他说：“在非常小的时间和空间尺度中，局部的时间倒转已被观察到……在我看来，‘时间的统计理论’比相对论对哲学的影响更大。后者虽然引发了巨大变革，却没有触及时间流动的方向性。对于方向性，它只作了假设。而统计理论的建立，却是以事件的发生顺序为基础的，这就意味着从时间这个老暴君的统治下获得了解放。于是我觉得，我们在自己脑海中构筑的一切，不会对我们的意识进行专制统治。因为这种力量既不能将它推动，也无法将其摧毁。我相信我们中的某些人会把它称为神秘主义。好在物理学理论在任何时候都是相对的。因为它依赖于某些基本假设。所以我们可以宣称，现阶段的物理学理论已强有力地证明了意识不会被时间摧毁。”③

应看到的是，他尽管承认科学可以解释这些问题，或为解决这些问题提供线索，但他强调，最好是把这些结论当信仰看待，因为“任何有知识的人即使相信这些虚构宗教事物（地狱、炼狱、天堂等）的存在，也不会指望在这个宇宙的研究可及的任何地方找到它们”。④

① 赵晓春、徐楠编译：《科学大师启蒙文库：薛定谔》，第140页。
② 同上，第153页。
③ 同上，第130页。
④ 同上，第122页。

第三节 科学成果的神秘主义解读

现当代是科学至上的时代。不管多有价值的东西,如果不能见容于科学,不能与科学的原理、规律保持一致,就有可能被剥夺本体论地位。同样,任何理论、概念、思想,如果不能与科学中对应的东西保持一致,就会被戴上“非科学”或“伪科学”的帽子而遭遗弃。热衷于灵魂研究,尤其是承认灵魂有独立存在地位的许多人,正是因为深知这一利害关系,因此设法建立他们的理论与科学理论的关系,挖空心思在科学上攀亲拉故,于是在灵魂的神秘主义探究中便出现了“科学化”的走向。

一、拉兹洛的非定域意识论

传统的占主导地位的意识论,不管是唯物主义的还是二元论的,只要承认意识有本体论地位,都会把它看作是定域性现象。在科学阵营中也不例外,谁要敢越雷池半步,可能导致身败名裂的下场。例如美国的世界知名发明家、物理学家、电气工程师尼古拉·特斯拉(1856—1943)就有这样的经历。他主张,宇宙中有一个充满空间的“原始介质”,它类似于印度哲学所说的“阿克夏”(一种带光的以太,详后),可看作是一种力场。当宇宙能量的原始力量作用于它时,它就成了物质;反之,物质便复归于它。因此爱因斯坦所说的四维曲度并不是空间的决定性因素。由于主流科学界普遍接受了爱因斯坦用数学方式精确计算出来的四维时空,拒绝以太、介质或力场等概念,因此特斯拉的想法先是使他名誉扫地,而后则干脆被人遗忘。

尽管如此,最近几十年,仍有一些敢冒天下之大不韪的人物,包括享有世界声誉的科学家,如薛定谔、沃尔夫、玻姆、普特霍夫(H. Puthoff)等。他们通过对有关科学成果的“六经注我”式的解读,在改造发展传统神秘主义哲学思想的基础上,建立了一种关于意识的非定域性理论。这里我们重点剖析美国著名系统哲学家、广义进化论和全球问题专家欧文·拉兹洛(E. Laszlo)的有关思想。

在新著《全球脑的量子跃迁》(2008年)中,他不仅承认宇宙有一个同一的、一致性的、非定域的意识,而且把它建立在他发现的一种新的实在——阿克夏场——之上。他说:"印度教的预言家们是正确的。宇宙中有一个更深刻的实在,此实在就是连接和创造一致性的阿克夏场。该场作为已知宇宙的一个根本特征,理应加入G场(引力场)、EM场(电磁场)、希格斯场和核子场与量子场等一系列科学场的队伍中。"①

他的新理论由两部分组成:一是从共时性和历时性或形态学和进化论角度对意识的全新的论述,二是对一致性意识、超个人意识的科学溯源。

从共时态角度看,意识有许多不同的表现形式。对此,拉兹洛概述、梳理了学界的这样一些不同看法:如瑞士哲学家戈伯斯瑟(J. Gebser)认为,意识有巫术意识、神话意识和四维完整意识之别。美国潜修者巴克(R. Bucre)认为,意识有动物意识和人类自我意识以及宇宙意识之别。维尔博将意识分为六个层次:第一层是适用于无生命物质的物理意识;第二层是生物物理意识,高级动物和人类意识就在这一层之中;第三层是典型的、超个体的、基于直觉的微妙意识;第四层略高于它;第五层是因果意识;第六层是真正意义上的意识,或意识本身。英国工程师凯德基于记录禅修、隐修者的典型脑电图波形,认为意识的确有高低之别。通过感知和思维所形成的意识是低级或次高级的。在其之上还有高级的意识状态。他把它称作第五状态,其表现是人们在三昧(即佛教所说的正定)、开悟和清醒状态下所体验到的意识。这些意识的存在没有疑义,因为在人们进入这些状态时,可记录到中等的θ和β波,以及很宽的α波。在瑜伽师、通灵者和老练的沉思者身上,第五状态明显稳定。即使忙于日常事务,他们也能保持这种状态。拉兹洛对这些思想兼收并蓄。

从进化的角度,拉兹洛对考万(C. Cowan)和贝科(D. Beck)的"螺旋动力学五彩理论"大加赞赏。这种理论认为,当代意识源于战略性的橙色

① 欧文·拉兹洛:《全球脑的量子跃迁》,刘钢等译,金城出版社,2010年,第132页。

阶段，以物质享乐主义和消费主义为特点，重视成功、声誉、地位。下一阶段是绿色阶段，特点是倾向于平等主义，崇尚情感、真实性、分享和体贴。第三是生态学的黄色阶段，它侧重于自然系统、自我组织、多元实在和知识。最后是整体的青绿色阶段，其特点是崇尚集体的个人主义、宇宙精神和关心地球变化。拉兹洛说："这是人类意识演变过程中的超越个人的阶段。"[①]在这种五彩理论的基础上，拉兹洛围绕意识的新的、不为人所知的新形式，或下一步的演化是什么这类问题，阐述了自己的独创性见解。

他认为，意识中应该存在着新的形式，如超距沟通意识就是一种。按传统的物理主义观点，一切联系、作用离不开所依存的物质构成。由于我们没有进入他人大脑的物质手段，因此不可能知晓他人的心理，不能控制他人的心身。正像宇宙中没有超距作用一样，人与人的心理也没有超时空的联系。拉兹洛依据量子力学的场论指出：宇宙中除了力场等之外还有阿克夏场或 A 场。根据关于 A 场的理论，人脑同别的事物一样，也可产生波，脑的任何功能作用都有相应的波形。波既能在 A 场中传播，同时还能与别人的脑发生联系。而这种联系又会形成干扰图像的自然全息图。在这个全息图中，不仅包含当下所有人的信息，而且还记录着过去的每个人的信息。既然如此，根据相似相连的全息图原则，每个人可从当下关于自己和他人的某一信息中，了解过去甚至在子宫中以及子宫以前的前世的信息。不仅如此，每个人还可接触其他人的全息图，甚至"通过调节，使我们的脑与其他人的脑和躯体产生的全息图进行'适应性共振'，这样我们就可同不同的人们及自然发生微妙但是有效的联系。我们甚至可以与最近死亡的人进行交流"。[②]

意识的另一新形式是"超意识"。所谓超意识，即"超出今天的自我界限和感官限制的意识"。[③] 这种超既是时间上的，如意识到遥远过去的事情，又是空间上的，如与别人的意识同一，或成为别人的意识。有了这种

① 欧文·拉兹洛：《全球脑的量子跃迁》，第 146 页。

② 同上，第 147 页。

③ 同上，第 148 页。

意识，人类就有了希望。因为通过它，人们就可意识到彼此之间生活在同一个生物圈或同一个宇宙之中，进而导致新的文明的产生。他说："实现超越个人的意识很有可能会促进我们向以同情、信任和团结为基础的文明迈进。"①

很显然，这些新的意识形式的特点是非定域性，即超越时空。从作用上说，它可以与遥远的意识、事物发生关系，达到一致性或同一样。此即意识的一致性特点。

相信意识中存在着这些新形式、相信它们有超时空一致性的根据何在呢？拉兹洛在总结概括有关科学成果、重构关于世界的新图景的基础上，对此做出了自己的回答。在他看来，世界上存在的实在从体用关系来看有两种形式：一是表现型或上层，即显现出来的实体、粒子、量子、时空、结果、效应、联系等；二是基础层或终极层面。拉兹洛说："量子及时空本身的层面不是宇宙的终极层面，在量子和时空的下面还有一层。"②这就是一种真空。而真空有两种：一是经典的、作为理论构想的真空；二是被称作宇宙基本介质的真空，可称作"量子真空"。他说："在由粒子、力和相互作用组成的可见三维世界之下还存在另一个世界……这间更深的地下室就是宇宙空间，它传递着光子和玻色子，……并构成了处在不断裂变和聚变过程中的所有宇宙的基础。"③

经过对印度哲学的重新诠释，拉兹洛认为，这种宇宙空间在特定意义上可看作是印度哲学所说的阿克夏场。他赞同20世纪印度哲学家韦委卡南达(Swami Vivekananda)的看法："阿克夏在功能上等同于——即从所有意图和目的来讲基本等同于——宇宙空间。"④拉兹洛说：为了解释他所发现的非定域性一致性现象，还应设想存在着一种新的场，即阿克夏场。他说："我们在自然界观察到的一致性表明，宇宙中还存在另一活跃

① 欧文·拉兹洛：《全球脑的量子跃迁》，第147页。
② 同上，第109页。
③ 同上，第113页。
④ 同上，第131页。

的场，它可以在分开甚至是相距遥远的物体间制造出准瞬时的联系。"①他之所以用"阿克夏"命名这个场，是因为他看到，能解释一致性的场与印度哲人相信的阿克夏十分相近。因为这个梵文词指的是水、火、土、气四种元素之外的第五元素，它既包含前四种元素的特性，同时又有他所说的终极层次的作用，即能派生他物、让他物在消灭时复归于它的作用。它尽管不能被观察到，但可通过心灵练习被体验到。总之，"印度的预言家们是正确的。宇宙中有一个更深的实在，此实在就是连接和创造一致性的阿克夏场"。②

阿克夏场是怎样产生出别的存在的呢？他说："创造时空领域中的实际实体的这种以场为基础的波产生了宇宙的'硬件'：显而易见的、类物质的结构。载有信息但不载有能量的波是宇宙的'软件'。"③总之，根据拉兹洛对量子力学的新解读，宇宙间万物的联系和作用都具有非定域性特点。不仅如此，时空上相距甚远的两个粒子之间还可出现步调一致的齐一性现象。他说："量子共有一些共同的状态。……粒子个体间相互内在地纠缠在一起，全套系统的重叠波的功能描述了每个粒子的状态。"④在生物界更是如此，"若遥远的细胞、分子和分子集合能以相同的或可兼容的频率产生共鸣，则它们必须协调地共鸣，它们共享一个波函数"。⑤

拉兹洛的这些关于意识及其与大脑关系的富有诗意的想象，表达的不外是这样的二元论思想：意识不仅有独立的存在地位，而且有些意识形式有许多不为一般人所知的新的存在方式和作用。

二、戴维斯论作为终极解释的心灵

戴维斯(P. Davies)在心灵的存在和起源问题上表达的思想是十足的神秘主义。他认为，心灵不过是宇宙计算机的一种输出。这种神秘主义

① 欧文·拉兹洛：《全球脑的量子跃迁》，第129页。
② 同上，第132页。
③ 同上，第134—135页。
④ 同上，第118页。
⑤ 同上，第122页。

不仅在内容上是“新”的，而且根据也是“新”的，如他的思想是建立在对有关科学如物理学和数学成果的利用的基础之上的。他的许多著作的名称足以为证，如《上帝的心灵——关于终极意义的科学及探究》、《时间非对称性的物理学》、《引力波探究》、《神与新物理学》等。

在解决自己想解决的心灵哲学问题时，他非但不掩饰自己的神秘主义倾向，反倒作了新的发挥。由于有发挥，因此他所持的神秘主义立场便具有了许多新的特点：

第一，强调要超出哲学和科学的局限性，必须有神秘的理解途径。他说：“如果我们要不断超越，那么我们就必须接受那个不同于理性解释概念的‘理解’概念。神秘的途径也许是科学达到这种理解的一条途径。我本人的确没有神秘的经验，但我对这种经验的价值采取开放的态度。它们也许是让我们超出哲学和科学的限制的唯一出路，是到达绝对的唯一可能的出路。”①

第二，他研究的问题是处在科学和宗教交叉地带的、带有神秘性的问题，如整个宇宙的起源问题、时间有限无限问题等。

第三，他所用的方法是科学的方法。他说：“作为职业科学家，我完全赞成研究宇宙时所用的科学方法。”但又必须看到，科学是有限度的，因此事实上并不能解释一切。例如对于解释链的终端即终极的解释项，迄今的科学仍束手无策。再则，科学是离不开最初的假定或预设的，如用规律解释事物时，就要预设规律是有效的。但这些规律是从哪里来的呢？当追问这些终极问题时，就一定会碰到上帝是否存在之类的问题，因此科学的解释必然离不开超科学的解释。他说：“终极问题总是存在于经验科学之上的。”②

第四，强调由科学方法也可推导出神秘的结论，如从科学解释的角度，可推出上帝和心灵。因为当将解释沿解释链向终极原因推进时，就会

① P. Davies, *The Mind of God: Science and the Search for Ultimate Meaning*, London: Simon & Schuster, 1992, p. 232.

② Ibid., p. 15.

如此。他说:这样做时,“我会到达这样的观点,即认为心灵——世界的有意识觉知——不是关于自然的无意义的、偶然的遁词,而是实在的一个绝对根本的方面”。[①] 在他看来,心灵并非人独有的实在,而是宇宙中存在的“有意识的觉知”,是最根本的东西,早在人产生之前就有了。这就是他试图阐发的“另类完全不同的科学观”。[②]

在他看来,在解释宇宙万物时,终极问题不可回避。因为在解释任何对象时,要将解释进行下去,要作出令人满意的解释,必然会碰到终极问题,如物理世界的终极起源问题。[③] 对此,不会有太大争论;有争论的问题是:是否存在着让宇宙开始运行的超自然行为?是否有创世这样的事情发生?对这些问题,无疑有许多不同的理论,如“从无中创造论”、创世说、自然神论、“无创造的创造论”、“连续创造论”、“循环论”等。许多科学家不赞成这些观点,而强调:宇宙是按规律创造或产生自己的。这就是说,科学的解释都包含有对规律的预设。但戴维斯认为,这些解释同样无法回避终极问题。因为当探讨的目光转向规律本身时,下述问题便接踵而至:这些规律是怎样来的?为什么有那样的形式?它们可能有例外吗?它们能独立于宇宙而存在吗?

回答上述问题构成了他的理论的第五大特点。他承认有规律存在,这是一致于科学的地方,但又认为规律即密码,而有密码一定有编码者,一定有对它的体验。这编码者即上帝,这体验者即心灵。他认为,在对世界作终极解释时,必然会得出存在着两个世界的结论:一是物理对象所组成的世界,其特点是生灭无常;另一世界是抽象的世界,如灵魂、数、上帝、逻辑等。针对唯物主义尤其是取消式唯物主义剥夺心灵存在地位的看法,他认为他的任务就是要证明相反的结论。

他意识到:要达到证明的目的,首先要弄清的是“存在”本身的元问

---

① P. Davies, *The Mind of God: Science and the Search for Ultimate Meaning*, London: Simon & Schuster, 1992, p. 16.

② Ibid., p. 21.

③ Ibid., p. 39.

题,即什么叫"存在"?"存在"是何意?根据常见的存在标准,有确定位置和能运动的东西是存在的。根据这一存在标准,原子、次原子就都是不存在的。他说:"原子和次原子粒子居住在半存在的影子世界之中。"①抽象事物的存在更令人觉得困难,如引力场、量子场、信息等抽象存在就是如此。在戴维斯看来,原子和次原子在过去被看作是虚构或猜想,但在现在的观点看来则无疑是真实的存在。如果是这样,就必须放弃过去的存在观,至少要放宽对存在的限定,即不能只承认具体事物的存在。在他看来,数学的作用足以证明它的存在以及它的对象的存在。因为数学是确定性和客观性的守护神。就主观现象所组成的世界来说,完全否认它们的存在地位肯定是错误的。就梦境、梦中意象来说,它们的对象对于做梦者来说无疑有存在地位。同样,思想、情感、感觉、记忆等不能被归结为非存在。他说:"像计算机的软件一样,心灵或灵魂要表现自己,确实离不开具体的某物,如离不开大脑,但这并不会让心灵成为具体的东西。"②

戴维斯不仅承认心灵及其作用,而且认为,可以根据计算对其起源作出说明。他的说明从分析宇宙的秩序开始。在他看来,宇宙是有秩序的。这秩序有两方面,即简单和复杂。简单的秩序即是算法的、形式的、严格确定的东西。所谓复杂,即是由于条件的变化、随机因素的存在,而使宇宙表现出的不确定性的特点。由于有复杂性,因此宇宙就派生出了它的开放性,进而允许具有自由意志的人的存在。过去几百年的科学比较重视对自然中的简单形式的研究,而近几十年,由于计算机科技的推动,对复杂性的认识有了巨大的进步。由于这些成果,"我们不但能看到物理学的规律有两方面的作用,一是它们必然为一切物理现象提供简单的模式,二是由于具有形式,因此必然使深度即有组织的复杂性突现出来"。③

不管是哪一种秩序,都可诉诸数学来说明。他说:数学在描述世界时

① P. Davies, *The Mind of God*: *Science and the Search for Ultimate Meaning*, London: Simon & Schuster, 1992, p. 85.

② Ibid., p. 86.

③ Ibid., p. 139.

"有不可思议的有效性"。[①] 因此,"大多数物理学家相信,纷繁复杂事物后面存在的是简洁、有力的统一性"。[②] 既然如此,便可以基于数学建立一种能说明宇宙及其所包含的物质和心灵的起源的模型。他把它称作设计论证明或关于宇宙起源的计算说明,有时,他把它称作"关于宇宙进化的符号表征"。在表述它的内容时,他设计了两幅简图。其中一个说明了物质或有组织的、复杂多样的事物是怎样进化出来的。

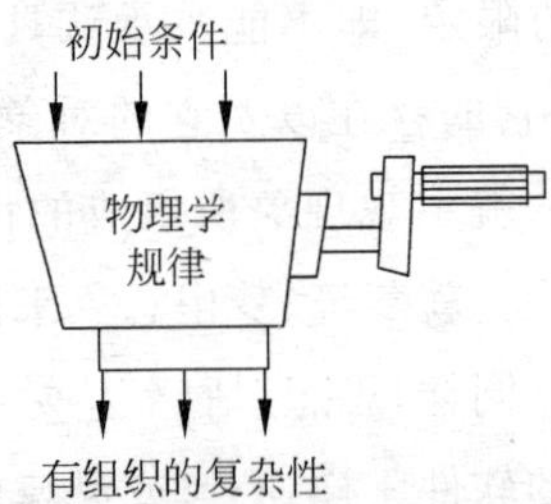

如图所示,宇宙中的物质事物之所以被进化出来,是因为宇宙中存在着一些初始条件和计算规则。初始条件是简单的、无特征的东西,而计算规则类似于计算机所用的程序。整个宇宙就像是一台计算机。它的程序也可理解为物理学的规律。根据这幅图,当初始条件作为输入进入宇宙计算机后,在程序的作用下,就有输出产生,这就是万事万物的不断产生、进化和发展。心灵也是按这种方式由宇宙这台大计算机产生的。如图所示:

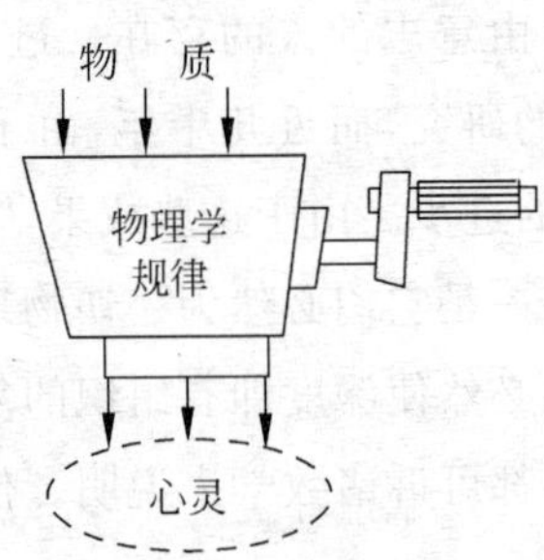

① P. Davies, *The Mind of God: Science and the Search for Ultimate Meaning*, London: Simon & Schuster, 1992, p. 198.

② Ibid., p. 209.

根据这幅图，物质产生出来以后，当与有关的程序即物理学规律结合在一起时，经过转换，就有心灵作为输出产生出来。

根据上述对物质和心灵之起演的计算说明，可得出宇宙有设计者的结论。他说："某种有价值的东西（物质与心灵）是根据某些巧妙的、在前存在的规则而作为加工的结果而产生出来的。这些规则仿佛是某种理智的设计的产物。我不明白该怎样否定这一点。"至于这设计者究竟是哪一类存在，人们当然可以见仁见智，但"我的倾向性主张是，像灵巧、经济、美之类的性质具有真正的超越的实在性——它们不只是人的经验的产物，而且这些性质还反映在自然界的结构之中。至于宇宙是否由这些性质所使然，我不知道。如果有这种可能，那么人们除了把上帝设想成有独立存在性的自主体之外，还可把他设想成一种具有这些创造性质的、神秘的人格性存在"。①

三、蒂普勒的"还原主义异端"

蒂普勒(F. J. Tipler)是美国的一位宇宙学家，自认为是一个无神论者，1976年获博士学位，当时研究的领域是广义相对论。后来，他对部分哲学和宗教问题产生了兴趣，并试图用科学成果及方法对上帝、圣灵、复活、心身关系、灵魂不朽、永生等课题作出"还原主义"说明，即把这些概念还原为相应的科学概念。他在《关于不朽性的物理学》一书中不无得意地说，他论证了这样一种举世无双的观点："物理学家可以通过推算上帝之存在和死者复活之类的事情来推论永恒的生命，就像他们可以以实际相同的方式对电子的属性作出计算一样。"②笔者认为，他声称的还原主义并不地道，充其量是还原主义的"异端"。他说："人不过是特殊类型的机器，人类不过是一种信息加工装置，人的灵魂只是运行在被称作大脑的计算机上的程序。而且各种可能的生物，不管是理智的还是非理智的，都具

---

① P. Davies, *The Mind of God: Science and the Search for Ultimate Meaning*, London: Simon & Schuster, 1992, pp. 214-215.

② F. J. Tipler, *The Physics of Immortality*, New York: Douleday, 1994, "Preface", ix.

有相同的本质,都作为信息加工装置而服从相同的物理规律。"[①]这从表面上看的确是还原论。其实不然,因为他把人还原为特殊的机器恰恰是要证明人可能有自由意志,有死后的生命。

为了把自己的理论说成是还原主义,他对还原主义的种类及其特征做了自己的梳理。客观地说,这种分析本身是合理的,但他接着把他关于自由意志、灵魂、永生、复活、天堂、地狱、炼狱等的观点说成是还原主义则又让人觉得匪夷所思。他理解的还原主义是:"每一现象从根本上说都是物理现象,都能为物理学所描述,至少原则上如此。"[②]他还正确指出,还原主义有三种形式:(1)本体论还原主义。构成实在的材料都只是物理学所研究的力和粒子。他赞成这种还原主义。(2)认识论还原主义或解释还原主义。在一个科学领域中所阐述的理论和实验规律可被论证或分析成另一些科学领域中所阐释的理论和规律的特例。他反对这种还原论。(3)方法论还原主义,其目的是为高级现象寻找基础层面的解释。这种还原是有用的,但却是有限的。如果一个人坚持方法论的还原主义,就不会被允许使用经典的热力学,而事实上,使用这种理论比使用它之下的理论更方便、更有用,例如我们可以用社会学和微观经济学对未来的人类行为作出预言,预言他们会复活。这预言对不对,可通过把它还原为信息物理学而得到检验。

著名科学家温伯格(S. Weinberg)和迈尔(E. Mayr)都像蒂普勒一样支持本体论还原主义。不过,表述略有不同,如温伯格把这种还原主义称作客观还原主义,而迈尔则称作"构造"(Constitutive)还原主义。[③]

蒂普勒之所以把自己的神秘主义理论称作还原主义,是因为他认为:一种理论能否存在下去,有无合理性,关键是看它能否为物理学说明,看它的概念和命题能否还原为物理学的概念和命题;如果能与之一致,它就是科学。他认为,这一判断某理论是否是科学的还原主义原则也适用于

① F. J. Tipler, *The Physics of Immortality*, New York: Douleday, 1994, "Preface", xi.

② Ibid., xi.

③ Ibid., p. 299.

神学。既然物理学能推广到它之上,因此“它就是物理学的一个分支”。[①]“神学和宗教是科学的分支,不是伦理学的分支。”[②]

他自认为,在心灵的本质、是否可朽、与身体的关系、人有无自由意志等问题上,他的思想是对托马斯的回归。之所以作这种回归,是因为在他看来,托马斯的有关理论符合物理学等科学。他承认,他所说的心灵(mind)与托马斯所说的灵魂是一致的,“两者都是非物质的”。托马斯强调:“灵魂是身体活动的形式”,即是一种抽象的原因。而蒂普勒所说的心灵是一种程序,即一系列的数字,如“2”是一种抽象的存在,是关于数字“2”的表征,不是2本身。对于计算机来说,程序是形式因,而质科因是计算机由以构成的材料及属性。没有材料,计算机不能运转;同样,没有程序,计算机也是死的。[③]

他的更为激进的观点是主张:作为抽象程序的心灵不仅是存在的,而且是比物质更具基础性的存在,因为程序是宇宙万物存在的前提。他强调:计算程序本质上不过是将一组符号映射为另一组符号。人们可以说,所有可能的映射——所有可能的计算机程序——都以柏拉图式的抽象实在的形式存在。许多表征了被模拟宇宙的程序就是其中的一部分。问题是:在许多可能的计算模拟中,哪些一致于物理上存在的宇宙?蒂普勒回答说:只有那些极其复杂的模拟,才是物理上存在的模拟;而且这些模拟作为映射必然涉及的数学操作之逻辑要求的结果,一定是存在的。因此他得出结论说:我们的宇宙一定是作为逻辑必然性的结果而存在的。[④]

宇宙中不仅存在着人的心灵,而且还存在着圣灵(Holy Spirit)。他认为,只要对波函数概念作出改造,就可对圣灵的存在与作用作出新的证明。他认为,根据大爆炸宇宙学和他前面的论述可得出这样的结论,即“终极之点及其活生生的属性导致了物理学规律和物理地存在着的一切

---

① F. J. Tipler, *The Physics of Immortality*, New York: Douleday, 1994, p. 328.

② Ibid., p. 330.

③ Ibid., p. 127.

④ 可参阅 P. Davies, *The Mind of God*, London: Simon & Schuster, 1992, pp. 187-188。

事物的产生”。在这个产生过程中，一个重要的环节是宇宙波函数(the universal wave function)。它是由终极之点(omega point，详后)的种种属性所创造并决定的。这波函数一旦出现便成了决定一切的力量。之所以如此，是因为它是一种独一无二的场。它不仅产生和决定了一切事物，而且决定了别的一切场，如引力场、电场、磁场、夸克场、量子场等。之所以如此，是因为这种场遍满宇宙的一切时空，因此是真正无处不在的。由于它能决定一切，因此可把它理解为一种人格性的存在。如德国神学家帕伦伯(W. Pannenberg)说：宇宙中有一个未发现的物理场，它渗透在一切物理场之中，可把它看作是生命的超越的源泉。① 根据蒂普勒的别具一格的解读，这种宇宙波函数或无所不在的场或能，应被等同于基督教所说的“圣灵”。他说：“我们应把这由终极之点边界条件限定的宇宙波函数等同于圣灵。”②

他还试图用终极之点来解释自由意志。所得的结论介于决定论和自由论之间。我们知道，决定论否定自由意志，认为人的一切行为由自然原因所决定。而自由论认为，人的行为完全由意志所决定。蒂普勒强调，如果根据终极之点来解释自由意志，那么便可以说：人的行为既是由物理学规律决定的，又是自由的，即由意志所决定的。③ 证明人是被自然原因决定的，一点也不难，前人已做过大量而有效的论证，因此再用不着劳神费力了。他的重点工作是证明人的自由，其方法是以量子引力理论为基础。在他看来，人之所以有自由意志，之所以能主动、自主地作出与外在必然性不一致的决定，是因为人作出决定过程是一个自然的过程。在作决定时，人既有一种力参与进来，又存在着“随机”(random)因素的作用；更重要的是，人有理性能力，此能力也可称作自主体(agent)，“作出决断的正

① W. Pannenberg, “The Spirit of Life”, in W. Pannenberg, *Faith and Reality*, Philadelphia: Westminster Press, 1977, pp. 20-38.

② F. J. Tipler, *The Physics of Immortality*, New York: Douleday, 1994, p. 185.

③ Ibid., p. 186.

是它,而非随机因素”。[1]

由于人之内有一个自主体,因此人除了做出了已做的行为之外,还能做别的事情,即能同时做两件事情。在现实世界,人尽管只能一次做一件事情,例如在被催眠时,他要么按要求闭上眼睛,要么张开眼睛。但由于有多世界存在,因此一个人是可以同时做出两件看似矛盾的、不可能的行为的,如既让眼睛张开,又让眼睛闭上。基于此,蒂普勒强调:人的这种“能做别的事情”的自由能力预设了多世界本体论。他说:“这里阐发的自由意志理论以一种必然的方式依赖于多世界本体论。……自主体事实上同时做出两种(或更多)矛盾的行为,这只在多世界宇宙中才有其可能。”[2]

蒂普勒从存在着自由意志这一所谓事实出发,得出了他的二元论结论。他认为,人有自由意志,人是自由行动的自主体,这些事实足以表明:人身上除了物理的存在之外,还有不可还原的高于物理的东西。他说:“人类自主体所作出的决定不仅不能从认识论上还原为关于量子场的物理学,而且也不能从本体论上还原。……在物理宇宙及其规律的产生中,自主体的决定是一个不可还原的因素。”[3]这可看作是他的还原主义异端的又一表现,因为他尽管承诺坚持本体论还原主义,而在涉及自由问题时,又强调存在着不能被还原的东西。

与灵魂问题密切相关的神学哲学课题是上帝是否存在、灵魂是否不朽、是否有复活和永生、如何看待末世论等问题。在他看来,关于这些问题的理论能否成为科学,关键是看能否用关于终极之点理论去说明它们。他认为,关于终极之点的理论有这样一些结论:(1)宇宙将关闭。(2)宇宙未来的C-界限将由一个单一的点构成。可把这个点称作终极之点。这是宇宙大爆炸理论的一个基本结论。根据这一理论,宇宙万物从最初的奇点产生出来后,会不断膨胀,然后慢慢坍缩,直至最后回归到奇点。

---

① F. J. Tipler, *The Physics of Immortality*, New York: Douleday, 1994, p. 199.

② Ibid., p. 203.

③ Ibid., p. 202.

(3)随着能量达到无限,粒子状态的密度一定会发散至无限。(4)顶夸克的质量将达到 185±20GeV,希格斯玻色子质量将达到 220±20GeV。(5)宇宙的密度参量 Ω_0 将满足 $4\times10^{-4}<\Omega_0-1<4\times10^{-6}$。(6)在那个点上,宇宙背景辐射中的温度涨落或波动将小于 6×10^{-5}。

根据这一理论,可说明上帝的存在及其作用。他认为,这个点就是上帝。他说:"生命的不定的、连续的存在不仅是可能的,而且自然可达到关于上帝的模型。这里的上帝以完美无瑕的方式进化(出时空中的事件),而同时又以它超越的方式达到永恒的完善(即终极之点,它既不是时空,又不是物质,而超越于这一切之上)。"①这就是说,用关于终极之点的理论看上帝,上帝就不是存在,而是存在本身,是终极的实在。

科学的宇宙理论和终极之点理论还可用来说明永生、不朽和复活。他知道,要论证生命永恒,首先必须对"生命"作出定义。他说:"有生命的存在是这样的实在,它用自然选择所保存的信息来编码(在这个词的物理学意义上的)信息,因此生命是信息加工的一种形式。"②他进一步认为,生命的这种信息加工有两个层面:一是物理的层面。在此层面上,生命的信息加工是冷的、无情的,按物理学规律进行的。二是发生在"人"的层面的加工。在这里,它的加工是热的,伴有人的听、笑、反思、担忧和爱。由于生命的信息加工是遵循物理学规律的物理过程,因此它像其他物理过程一样,其物质、能量会遵守守恒规律,由此不难得出生命永恒的结论。他说:"生命作为整体是不朽的。"③

再看复活。众所周知,对量子力学的成果有不同的解释,如哥本哈根解释、爱因斯坦解释、概率解释等。蒂普勒赞成的是多世界解释,他的根据一是有许多著名科学家予以支持,二是"数学迫使我们接受这一解释"。④ 他说:"如果承认人像别的一切事物一样是量子力学对象,那么我

① F. J. Tipler, *The Physics of Immortality*, New York: Douleday, 1994, p. 158.

② Ibid., p. 124.

③ Ibid., p. 17.

④ Ibid., p. 172.

便能证明:我们每个人在某一天会复活,且活到永远。"[①]

四、灵魂的"科学"探测与称重

受西方科学主义思想的影响,一些持有科学家身份(如心理学家、生物学家、人类学家等),同时又着迷于神秘现象、特异功能的人产生了这样的信念:如果灵魂真的是存在的,那就一定有办法用科学的手段和方法找到它,至少可发现它的蛛丝马迹。按照这一思路,一些人设计了种种仪器、工具和实验,试图在人或生物身上寻找它的踪影,或到尸体之上找它留下的痕迹,还有一些人试图用解剖学方法从大脑中把灵魂解剖出来。最有意思的一项工作是"为灵魂称重"。

其实,这些研究思路及方法并不是现代才有的,在古代就已萌芽了。众所周知,17 世纪用来观察微观世界的最先进的工具是放大镜。当时最有成就的生理学家哈维在研究灵魂时当然不会不用到它,如试图到细胞内寻找灵魂,结果未能如愿。后来荷兰的列文虎克(A. Van Leeuwenhock)用他制造的显微镜在小水滴中发现了成千上万的微生物,后又将它对准了精液。通过观察,他宣称:内面有血管网络,有微细的人形,甚至"每一个精子中都存在着一个有可能变为人类生命的灵魂"。[②] 这当然带有推测的成分。笛卡尔作为一个科学家,也想在动物身上找到灵魂,他经常购买被宰杀的动物,如奶牛。由于他相信灵魂在大脑之中,因此他主要解剖的是大脑。由于在动物大脑中没有发现灵魂,因此得出了"动物是机器"的结论。不过,他基于观察做了这样的推测:人身上肯定存在着灵魂,灵魂不固定在某个组织之内,而流动于神经之中。神经像管子一样,灵魂在其中运动,进到肉体,可使肌肉收缩。[③]

我们这里重点考察一下罗奇(Mary Roach)的有关研究成果。她是《纽约时报》畅销书《尸体:人类遗体的离奇生命》一书的作者,《发现》等杂志的

---

① F. J. Tipler, *The Physics of Immortality*, New York: Douleday, 1994, p. 173.

② 转引自罗奇:《魂灵——死后生命的科学探索》,谭琪译,上海科学技术文献出版社,2007 年,第 28 页。

③ 同上,第 30 页。

撰稿人,热衷于神秘现象的研究,其中一项工作就是试图在浩瀚的文献中寻找关于灵魂的"科学"资料。根据她的研究,第一个在人类尸体中寻找灵魂的人是公元前3世纪的亚历山大的医生希罗菲勒斯(Herophilus)。他是历史上第一个为科学启蒙而解剖人类尸体的人,并获得了许多重要发现。最后一位通过解剖寻找灵魂的人是18世纪法国医生拉佩罗尼(La Peyronie)。后来再没有这样的工作。因为人们认识到,人的心理功能多种多样,不可能存在于某个组织之内。于是,后来的科学家关注的是大脑结构,目的是弄清灵魂跟大脑结构的关系。顺着这一思路,维也纳的医生加尔(F. J. Gall)开始研究大脑的组成部分及结构。罗奇说:"加尔之后,灵魂开始慢慢离开解剖和神经学领域,进入了一些更为空灵的领域:宗教、哲学、超心理学。"①为灵魂称重就是这一思路的一个产物。

1901年4月10日下午5点30分,美国的一名外科医生麦克杜格尔(D. Macdougall)在马萨诸塞州的一个地方做了一个为灵魂称重量的实验。他的理论推测是:如果灵魂存在,那么一定占有空间,并有重量。如果有重量,那么人在由生向死的转化时,其重量会有变化。如果没有变化,就可能证明人没有灵魂。如果有灵魂,人在死时,体重会减轻。基于此,他和其他医生找来了一个杆秤,上面可放一张床。只要把将死亡的人放在床上,就可进行为灵魂称重的测试。在上面所说的那个时间,他完成了这样的实验,结果发现:有受试者在断气的一瞬间,秤上的指针有回落,落下去就再没有变化。这就是说,那个人死时,体重减轻321克。后来重复的实验几乎都得到了大致相同的结果。实验者据此认为,这就是灵魂的重量。该成果在《美国医学》上发表后引起了激烈争论。批评者认为,死者重量的减轻,是因为死者将最后的气呼出去了。麦克杜格尔为予答复,又做了这样的实验,即让活人大口大口地呼出气体,看重量的变化。结果并没有看到重量减轻。还有批评者指出,死人体重减轻是由于汗液等中的水蒸气被蒸发了。麦克杜格尔指出:这种减少是有的,但持续时间

① 转引自罗奇:《魂灵——死后生命的科学探索》,第35页。

很长；而人死灵魂离开时，重量的减轻是突然的。[①]

还有一些人不满足于简单的测试，而试图对其后的机理作出探讨和解释。杜克大学医学院教授那鸿(G. Nahum)根据热力学第一定律，即能量既不会被创造，又不会被消灭，指出：灵魂或意识既然有作用，就一定是一种能量。例如意识可以传递，可从一个人传递到另一个人，因此可表现为信息。而信息有一个被接受的能当量(energy equivalent)，如果是这样，它也会有重量。基于此可以说，灵魂在人死亡时一定是存在的；现在的问题是：它究竟去了哪里？从理论上说，它所去的地方，以及它的重量、能量都是可以测量的。当然他不赞成过去那种简单的称重方法。作为一个既懂医学，又精通物理学和其他有关科学的教授，他设计了一个更具科学色彩的研究计划："意识热力测试及其物理学基础"。其基本思路和计划是：要为灵魂称重，必须建立一个更精密的盒子，盒子的四周又装上数排电磁能探测器，后者的作用是要准确记录下从盒子里飘溢出的辐射能。只有有了这样的装置，才能弄清人在死亡时质量、能量变化的情况，以及灵魂的重量及去向。如果能量释放出来了，那么那生命体的重量一定会减轻，因为能量下降一定与体重减轻有关。那鸿说："如果有机体死去的时候，减少的质量比根据能量变化推算出的质量减少要多的话，就说明有某种东西以无法探测到的方式离开了盒子。这个东西很可能就是灵魂，或者说是意识。"[②]当然，那鸿的上述计划尚未付诸实施，因为他还没有找到愿意帮助他的基金支撑。

顺着上述思路，还有一些人试图拍到灵魂的照片。宾夕法尼亚大学的物理学家古兹匹德(A. W. Goodspeed)试图用伦琴射线或 x 射线来探测灵魂，这样做的目的当然是要拍到灵魂的照片。这个计划曾以《为灵魂拍照》的标题登载于 1911 年 7 月 24 日的《纽约时报》上面。荷兰物理学家马特拉(J. L. Matla)等人制成了所谓的最精密的灵魂显示装置。通过

① 转引自罗奇：《魂灵——死后生命的科学探索》，第 41 页。

② 同上，第 51 页。

测试，他们认为灵魂是一种气态，进而把它称作“人力”(homme-force)。[①]

基于称重、拍照等实验手段和实验，一些人对灵魂的构成做了大胆的推测。如麦克杜格尔认为，灵魂是由乙醚构成的，而乙醚是电磁波传播的媒介，无形，无法被觉察，能穿透一些物质。灵魂离开人体时，会跑到很远的地方，甚至到天堂或地狱之中。[②]

根据上述研究及“成果”，是可以引申出不同的结论的，如既可得出二元论结论，又可得出物理主义一元论的结论。如大卫·琼斯(D. Jones)的关于灵魂＝物理的观点就是如此。他是纽卡斯尔大学的教授，提出了这样的大胆假设：灵魂是一种物理存在，因此可以称重。[③] 因为人在死亡时，灵魂在离开肉体时，构成灵魂的物质会随之而挥发，如能测得这失去的重量，便可看作是灵魂的重量。至少是其中的一部分。还有一种测量办法：如果承认灵魂是粒子系统，那么就可用磁场测量装置去测量灵魂在离开肉体时所发生的旋转。琼斯认为，灵魂与旋转的粒子系统有关。所有基本粒子都有旋转的属性，构成灵魂的粒子也是如此。如果这样看待灵魂，那么许多古老的难题便有望得到说明。例如日常生活中经常可以看到的心灵感应现象，就可据此而予以说明。其次，还可据此解释灵魂与自我、与肉体的相互作用。之所以有相互作用，是因为它们都有自身的粒子旋转。

第四节 “续存”、“复活”研究的语言分析路径

现代心灵哲学之所以能作为一门独立的哲学分支跻身于哲学大家庭，一个重要的“功臣”就是语言分析这种重要的武器。当维特根斯坦等人把他们所宠爱的这把利剑应用于民间心理学和科学心理学的大量概念的分析之上时，这门新兴的哲学分支便脱颖而出。美国哲学家佩内亨

---

① 转引自罗奇：《魂灵——死后生命的科学探索》，第62页。

② 同上，第66页。

③ 参阅沃尔夫：《精神的宇宙》，第116页。

(T. Penelham)在切入灵魂"续存"、"转世"、"复活"等神秘课题的研究时，也模仿一般分析哲学家的惯用做法，首先不把这些课题所涉及的对象作为实在看待，而作为语词或概念看待，然后分析它们的"语法"，即这些语词的用法。通过分析，也收到了同维特根斯坦等人所收到的解构二元论的异曲同工的效果，即澄清了一些混乱，祛除了里面所充满的一些神秘性。当然，他不满足于语言分析方法的解构和祛魅功能，而试图通过分析形成建设性的结论，例如他得出了关于续存问题的模态结论：它们事实上不存在，但却有逻辑的可能性。

一、概念和问题梳理

"续存"(survival existence)的一般意义是指继续存在、继续起作用。在宗教和神秘主义文化中，它有特定的意义，即指灵魂的一种不同于在活着的肉体中特殊的存在状态，例如人死了以后，还继续存在的状态。我们知道，传统的心灵哲学中有灵魂是否不朽的问题，而此问题与灵魂是否续存是密切联系在一起的。要想证明灵魂不朽，首先得证明灵魂能续存。而一旦证明了灵魂没有续存的可能性，那么也等于证明了灵魂不可能具有不朽性。长期以来，这类问题主要是宗教哲学和神秘文化中争论的问题，主流科学家和心理哲学家一般不愿介入其中。不过，也有一些职业科学家和哲学家对此情有独钟，当然不再像过去那样只停留于臆想和推测，而努力将它们置于科学的观察和概念框架之下，借助语言分析，以求得科学的评判。佩内亨就是这样一位学者，他试图站在公允的立场上看待过去关于续存所搜集到的证明和证伪材料以及不同的观点，在作自己的探索时，既重视科学的审视，又注意探讨其后隐藏的深层次的形而上学问题，如离体、续存的人有无同一性、同一性的标准是什么等。其基本结论是："离体续存这一学说被颠覆了，因为要对时间中的离体人的续存作出合理的说明似乎是不可能的。"[①]另一方面，他又认为，别的一些关于续存的否定性论证也有问题，缺乏根据和力量，因为它们建立在这样的命题之

---

① T. Penelhum, *Survival and Disembodied Existence*, London: Routledge, 1970, p. 103.

上,即断言:知觉、原动力或能动作用不适用于非物理的存在。他说:“我前面的论证并未否认它们可作为逻辑上可能的选择。”[①]

一般来说,死后续存观有两种形式:一是相信有离体的存在,二是相信身体复活。“离体”(disembodied)指的是这样一种存在,在死亡前它有身体,死之后则没有,但仍以某种方式存在着。对此,人们常提出的问题是:一个无形体的存在怎么可能具有如此这般的属性和起这样那样的作用?这个问题涉及许多重要的哲学和科学问题,如无形体的人是否存在?或者说,人在肉体死亡后是否续在?现在续存的人是否能认出他的过去的那同一个人?一个存在怎么可能在没有身体的前提下获得他的种种属性和作用?所谓身体复活是指死了的人还能以同样的身体活过来。身体复活与离体续存的区别在于:前者包含着身体的从此世到来世的过渡。由于有区别,因此有的人可能只持有一种信念,而否定另一种信念。我们这里重点考察一下佩内亨对离体存在问题的探讨。

要论证存在着离体人,必然会碰到同一性问题,即如何证明续存的那个离体人与被相信是原来那个活着的人是同一个人的问题。关于这个问题,已有许多探讨。相信离体人的论证一般是诉诸经验、记忆等。佩内亨认为,这是远远不够的。因为要证明某物的同一性,除了离不开经验、记忆等因素之外,还离不开物理的检验和证明,如看是否存在着相同的物理特征等。这一论证和检验方式同样也适用于上帝。如果上帝没有形体,因此要证明上帝的同一性也存在着同样的困难。既然没有身体,我们就无法将他个体化,无法把他与别的东西区别开来。[②] 如果是这样,对他的崇拜又如何可能呢?

二、普赖斯的“离体人理论”与佩内亨的“发展”

现当代研究续存之类问题的一个新的特点是,打上了语言哲学的印记,如有的人把谓词逻辑、可能世界逻辑等引进来,著名哲学家普赖斯

① T. Penelhum, *Survival and Disembodied Existence*, London: Routledge, 1970, p. 105.

② Ibid., pp. 106-108.

(H. H. Price)就用这类方法,围绕“另一世界”做了大量研究,发表了许多成果。这些成了佩内亨的研究的出发点。

普赖斯认为,世界不止一个,完全有可能存在着另外的世界,如想象的世界。不在空间中的续存者可能有这样的生活,它们由一系列映象构成。可以设想,这种内在的想象活动是续存者所具有的。离体续存者的经验尽管不在空间中,但也可能有许多类似于我们正常人经验的地方。例如,正常人有对身体的知觉,离体人尽管没有,但可有对“身体”的一系列想象、构想。离体人也可有这样的想象的环境,甚至可任意设想这样的环境,并通过设想改变这种环境,就像正常人改变自己的环境一样。因此在他看来,主张这另一世界是一种幻觉,是错误的。①

上述观点受到了主流哲学家的尖锐批评。如马尔科姆认为,这种推论的实质在于:根据梦中所发生的心像,推论心像所表现的实在也存在于现实世界中。在他看来,推论和想象出的存在并不能等同于真实的存在。② 这里还有这样的问题,即正常人作出想象、做梦等行为,是离不开身体的,离体人既然没有身体,那么有什么理由把这些行为归之于他们?有什么理由用这些术语去描述他们?普赖斯回答说:根据在正常人身上看到的联系,就断言我们没有理由把一些有限数量的心理行为归之于续存者,在逻辑上也是站不住脚的。因为世界上的联系是复杂的、多种多样的。③

在讨论“另一世界”时,普赖斯认为,另一世界是一个充满希望的世界。对某些事件的希望或期盼是可以为关于这些事件的心像所伴随的,就像在白日梦中那样。例如希望到某个地方去,就可为关于那个地方的心像所伴随。这就是说:心中对某事的希望与关于那事的心像是密切联

① H. H. Price, “Survival and the Idea of ‘Another World’”, *Proceedings of the Society for Psychical Research*, Vol. 50, 1952; “What Kind of Next World?”, in A. Toynbee (ed.)., *Man's Concern with Death*, London: Hodder and Stoughton, 1968.

② N. Malcolm, *Dreaming*, Routledge, 1959.

③ 参阅 T. Penelhum, *Survival and Disembodied Existence*, London: Routledge, 1970, pp. 49-50。

系在一起的，因此即便在没有真实环境出现的情况下，续存者的想象也可创造出他自己的私人或主观环境。这似乎就是我们使用有意心像概念于其上的地方。非随意的心像不管是不是出自无意识的希望，对于他来说，都可能是在他的环境中发生在他身上的事件，而随后的由意愿控制的一系列心像对他来说可能是他在那个环境中所做出的行为，或对环境所施加的作用。普赖斯强调，在构想关于续存者的离奇图景时，我们关于他能说的仅仅只是：他拥有自己的想象的和幻觉的存在。

佩内亨不完全赞同普赖斯的看法，但又谨慎地承认："我们的离体人知觉到具身人或物质性事物是有逻辑的可能性的。"[①]之所以这样说，是因为正如莱布尼茨所强调的那样，世界上的一切是被前定为和谐的。如果承认这样的原则，那么就可解释另一个世界和离体人的存在。他说："如果没有前定和谐说，那么就没有什么东西能解释这种现象。"[②]他针对反对者质问道："前定和谐说难道不是解释它的唯一方式吗？"[③]离体人有可能就生活在另一个世界中。不仅如此，离体人可在这个世界进行知觉活动，如知觉到那里的人和事。[④] 对于有没有另一个世界这一问题，也可从语言分析的角度寻找答案。他说："只要我们有办法用有关的语言对另一世界的概念作出阐释，那么就能对死后在另一世界续存、离体这一信念作出说明。"这种语言就是能描述我们的世界的语言。"如果能用这种语言描述这另一个世界，那么参照这个世界说明离体才是合理的。"如果这种参照是合理的，那么我们就能理解这样的主张，即认为续存者可以在这个世界中感知或行动。因此解决有无离体人之类的问题的关键是要证明有另一个世界，而要如此，又必须弄清：有没有办法用语言描述这个世界？

佩内亨还对基于谓词逻辑的离体人研究做了考察和分析。这一研究

---

① 参阅 T. Penelhum, *Survival and Disembodied Existence*, London: Routledge, 1970, p. 52。

② Ibid., p. 52.

③ Ibid., p. 52.

④ Ibid., p. 52.

关心的问题是:(1)那被假定的死后的存在者是否可以被描述？描述正常人所用的一系列谓词能否用于这类存在者？(2)被预言要续存的这类事物是否真的与生前的那个人是同一的？围绕它们,出现了对立的观点。佩内亨认为,要使研究富有成效,关键是解决下述问题,即能否把描述现实人的谓词用于离体人？而要解决这一问题,又必须从三个前提出发:(1)谓词问题是一个重要的问题。(2)强调谓词能用于离体人,并不意味着说,他能被离体状态中的人理解。(3)对问题应作出区分,例如"对于谓词P所适用的他,我们能说什么?"不同于下述问题:"他能正确地把包含P谓词的语言用于自己吗?"

基于上述前提,他重点分析了两类谓词的应用问题:一是知觉类谓词,如看、听、触、闻等;二是与行动有关的谓词,如选择、决定、试图等。经过他的分析,他认为,离体人不能像正常人一样知觉,因为他没有身体,没有知觉器官,但对发生在世界中的东西有确信,有情感,有对事物的态度。① 他说:"正如假设离体人能知觉这个世界不是没有可能的一样,对于说离体人不能在这个世界做什么,我同样也拿不出什么理由。"②他承认:世界上出现的那些离奇的致动现象,如无缘无故的桌子移动、物体上升等,不是由精神所致,不是人的心灵致动,而是离体人的作为。他说:"如果常见的解释让我们失望,那么我们总能借助这样的说明,即某种离体人有心灵致动的力量。"③

为了说明离体人的行动(如桌子上升到空中)及其特点,他借助人们对行动研究的成果,如丹托(A. Danto)把行动区分为基本和非基本两种。后者是由别的行动所引起的行动,而前者是不依赖于别的行动即能看作第一因或自因的行动。④ 佩内亨不赞成这种关于基本行动的界定,认为:"如果某人在做一行动时没有必要再做别的行动,那么这种行动就是基本

① T. Penelhum, *Survival and Disembodied Existence*, London: Routledge, 1970, p. 35.

② Ibid., p. 43.

③ Ibid., p. 43.

④ A. Danto, "Basic Actions", *American Philosophical Quarterly*, Vol. 2, 1965.

行动。"[①]根据这一界定,他认为,离体人的行动就是这种行动。因为他没有肢体,不可能做出别的行动。他做出自己基本行动的动原就是自身,因此一个离体的人就是一个自主体。

三、离体人的人格同一性问题

佩内亨不仅有分析哲学素养,而且善于从形而上学角度提出和考虑问题。他敏锐地意识到:要解决续存、复活等问题,必须会碰到人格同一性问题。因为只有有办法确证不同时间和空间中的两个以上的个体是同一个(即有"人格"的同一性),才能说某一个灵魂是从某个身体中游离出来的。同样,只有确认另一个世界的某存在与原来的某个存在有同一性,才能说他续存、复活和转世。就离体人而言,如果要肯定离体的人,必须证明它能做出行动,获取经验。而一存在要完成这类行为,无疑要经过一定的时间阶段,如果是这样,就既应证明该存在的存在是连续的,即从死前的生命到现在的离体人是同一个存在,还要证明它知道自己从前世继承了某些能力。质言之,要诉诸经验等因素证明离体人之续存,必须设法证明离体的存在有人格同一性。问题是,有无办法论证这种同一性呢?说不同时间中的人有同一性的根据是什么呢?

一般认为,同一性的根据显然不是物理方面的,例如不能根据 t_1 时的史密斯和 t_2 时的史密斯的身体上的同一,或有相同的物理特征,就断定他是同一个人。这就是说,根据只能到心理世界去寻找。顺着这一思路,有些人提出了一种方案,即认为可根据一个人的记忆去判断离体人是不是与前世的某人是同一个人。如果 t_2 的史密斯有这样一些记忆,它们指向了、包含了 t_1 的史密斯的经验,那么就可断定 t_1 和 t_2 时史密斯是同一的。如此类推,要判断 t_1 和 t_2 中的史密斯与死后续存的史密斯是不是同一的,方法也是一样的。如果死后的史密斯包含有这样的记忆,即记得死前的史密斯所做的事情和所完成的经验,那么可断定他们是同一的。

佩内亨认为,这一论证的问题在于:记忆具有可错性,因此即使记得

① T. Penelhum, *Survival and Disembodied Existence*, p. 41.

前世的事情和经验，也可能由于记忆的错误而不能证明两个主体是同一个人。

佩内亨所提出的方案仍是逻辑的或分析哲学的，即强调应分析有关的陈述，如表述了离体存在与一个特定的前世存在之同一的陈述（如说："他们尽管是两个个体，但却是同一个人"）。如果能理解这种陈述，证明它有逻辑上的合理性，那么就有理由认为离体存在有同一性，而一旦证明他们的同一性，那么就有理由说离体人有存在的可能。[①] 他的新看法是：在讨论自我同一性时，无疑没法回避认识论的思考。因为在述及语言应用规则时，如"同一个人"这个词的运用规则，人们必然会问：语言使用者在什么条件下能判断是不是用了这个词？从广义上说，这是一个认识论问题。他认为，在判断是否用的是同一个词时，有两个标准同时有效：一是身体的同一性，二是记忆。换言之，这两点是判断人是否具有同一性的标准。

之所以说身体也是判断人是否是同一个人的一个根据，是因为人身上的许多物理、生理特征总能帮助我们认识一个人，例如对指纹、血液作出化验可判断不同时间、地点的两个人是不是同一的。另外，他还承认：记忆经过限定也可成为有用的判断标准。因为对解决自我同一性问题最有用的事例是这样的事例，在这里，如此被表述的陈述就是记载那个人在过去历史中做了某事的陈述。这就是说，记忆陈述常常是真的。尤其是，诚实的记忆陈述是更为可靠的。如果记忆陈述是真的，那么由此可推定说：那个说者与做或经历了那些事情的那个人就是同一个人。如果是这样，"还可以合理地得出结论说：仅仅根据他们的记忆陈述，而不用别的材料，如物理的标志、化验等，就可断言他是同一个人"。因此在他看来，"记忆是一种标准"。[②]

这里的问题在于：强调判断人格同一性必须诉诸身体标准，是否意味

---

① T. Penelhum, *Survival and Disembodied Existence*, p. 54.

② Ibid., p. 64.

着没法论证离体人的同一性呢？佩内亨的看法是：尽管身体标准是基础性的，但仍有办法来谈论他的同一性，如可通过提出和探讨这样的问题来予讨论，即经验与其所有者的关系问题，如有无办法从不同的经验中，找出它们所有者的异同？如设法去分辨：一个 t_2 的离体人与 t_1 的离体人是不是同一的？一个 t_2 的离体人与 t_1 的有身体的人是不是同一的？如果要回答这类问题，自然会进一步追问：两个时间过程中的经验，如 t_2 中的经验（E_2）与 t_1 中的经验（E_1）是否相同？是什么使 t_2 中的经验 E_2 的所有者相同于 t_1 时的经验 E_1 的所有者？自然的回答是它们所拥有的经验，即之所以肯定 E_2 的所有者同一于 E_1 的所有者，是因为 E_2 的所有者记得 E_1。这就是说，有 E_2 的离体人同一于有 E_1 的那个离体人，当且仅当，他除了有 E_2 之外，还记得有 E_1。

佩内亨对上述论断是持否定态度的，认为它有两大困难。第一，要使上述说法成立，不仅要说明这样的概念，如"有 E_1 的那个人"、"有 E_2 的那个人"，而且还要说明一个复合概念，即"那个有 E_2 的人还有一个记忆（即回忆起 E_1）"。如果这两个经验是先后发生的，那么本身就没法证明这些经验属于同一个人。而如果是同时发生的，那么又会面临这样的难题：说两个同时的经验属于同一个人而不是不同的人，该作何理解？这似乎预设了一种理解，即预设了把一个人与另一个人区别开来的东西，而它在离体的人中又是没有的。要确定一些经验是否属于同一个人，在具身的人身上似不太难，但要知道两个离体人是否是同一个人、它在不同时间中有两个不同的经验，则是极其困难的。第二个困难是：要确立离体人的同一性，E_1 必须被真的记起来了。这不仅意味着某人有 E_1，就像被回忆的那样，而且有这样的意思，E_2 的所有者就是那个人。这样说无疑预设了这样的前提，即 E_1 和 E_2 的所有者是相同的。因此有循环论证的问题，即它在论证时利用了有待我们说明的同一性概念。

概而言之，佩内亨的烦琐分析要得出的结论不外是：诉诸记忆论证离体人的同一性是有问题的，至少是难以令人信服的。因为记忆总是有对有错的，因此即使记起了前世的某个经验是"我"的，但由于它可能是错误的，因此不足以证明两个经验主体是同一的。如果想清除错误的记忆，就需要别的材料，而这材料只能是与身体行为有关的。但由于离体人没有形体，因此经验、记忆的对错在离体人的情况下是无法解决的。他说："这进一步的材料似乎只能来自对身体的占有，……因此关于离体人在时间中持续存在的概念，以及关于他与他的前世同一的概念，似乎是不合理的。"[①]质言之，离体人的存在没有事实的可能性，而只有逻辑的可能性。

至于身体是否能复活的问题，佩内亨的看法也一样的，即承认有其逻辑可能性。从语词上说，"身体复活"与"离体续存"既有联系，又有区别。区别表现在：承认身体复活，就是承认在未来出现了一个人，这个人在心身两方面与在死之前的一个人完全等同，而不只是相似。如果承认了这一点，那么无异于承认了在两个体之间存在着一个空白，或中间阶段。在其中，至少是没有身体的。但三个阶段有内在的连续性，而之所以是连续的，又是因为其中有一不变的实在贯穿始终，正是它保证了从原来的人到中间的状态再到复活的过渡。这不变的实在就是离体的心灵。可见，相信身体复活是以相信离体心灵为前提的。他说："作这种设想的唯一可能的方法就是承认有离体的心灵实在。"[②]

佩内亨指出，复活说能否成立，取决于中间状态说有无可靠的根据。他说："只有借助一种关于中间身体存在的学说，复活说才是可能的。"[③]一般认为，中间状态说是难以成立的。因为要予以坚持，势必陷入矛盾。如果不承认中间阶段有身体，那么说过去和现在复活的身体是同一个就没有根据。是故，复活说一定要预设在两个身体中间有身体存在。而这样说又使复活说难以自圆其说，因为说中间有身体，就不能说后来的身体是复活。

客观地说，神秘主义关于离体灵魂、续存、不朽、转世、轮回的"理论"是难以找到能在实验条件下予以重复的根据的，因此自然为持科学主义、

① T. Penelhum, *Survival and Disembodied Existence*, p. 77.

② Ibid., p. 97.

③ Ibid., p. 99.

自然主义立场的思想家所否定。而且否定之声在现当代一直居主导地位。尽管如此,仍有许多人和机构不惧霸权话语的重压、不畏艰险,矢志不渝地予以探讨。例如印度有“国际续存与转世研究中心”(International Centre for Survival and Reincarnation)。该机构研究人员所做的一项工作就是搜集有转世经验的实例,对他们做跟踪研究。美国医学博士、弗吉尼亚大学终身教授史蒂文森(I. Stevenson)是这一领域多产的权威,如他在弗吉尼亚大学出版社曾出版了四卷本的研究转回案例的专著,还出版了《生物学与轮回》等专著。他考察所得的结论是:轮回是事实,人一般在2—4岁时能回忆前世的状态,到5岁就忘记了。

第五节　宗教二元论的抗争

西方宗教无疑是一个大杂烩,里面不仅有各种传统宗教,而且还有数不胜数的新兴宗教。因此要探寻西方宗教中所包含的二元论思想,就成了一个极其艰巨甚至是难以下手的课题。不过,好在它们内部有某些家族相似性,尤其是非基督教宗教都与基督教有这样那样的关联。因此只要对基督教的二元论思想作出个案研究,可收到由一斑而窥全豹的效果。对西方宗教二元论有较深入研究的库里亚诺说:西方宗教二元论是“一个与基督教重叠的头脑游戏,使用了许多基督教因素(和特征)来补充自己”。①

基督教二元论像别的宗教二元论一样,有不同的形式,如要么坚持善恶对立的二元论,要么表现为相信人身上有灵与肉两部分的二元论,要么表现为相信有两个生活领域的二元论。就最后一种形式而言,J. G. 阿拉普拉认为,人的生活的一个重要领域是纯精神的宗教生活领域。他说:“不同的精神领域虽然是以与它们具有同等性质的宗教为基础的,但它们的影响却更大、更广泛、更普遍。”这些领域的特点是“精神的”或具有精神性。这样用词的“目的是想说明是什么使这些领域成为领域的,以及是什

① 库里亚诺:《西方二元灵知论》,第234页。

么给予它们以统一性。……可以把它看作主要地更类似于黑格尔本人所谓‘宗教生活’的东西。”[①]另一个领域是人的宗教生活、精神生活之外的领域。从本体论的角度说，这两个领域都是存在的，但又是两个各有自己起源和存在方式的根本不同的领域。本章的重点将放在对基督教的有“与时俱进”特点的灵肉二元论的考察之上。

一、本体论上的争鸣

现当代基督教哲学的二元论在内容上较之传统没有什么大的变化，变化的是论证方式。其表现之一是，它更热衷于利用现代哲学尤其是本体论研究的成果，进而对存在本身作出了自己的新的探讨。例如著名基督教哲学家拉纳就是如此。他意识到，基督教要想证明灵魂的独立存在，必须为之找到本体论的元根据。因为根据一般的本体论，只有有质料、有形体的东西才有存在地位。而要论证灵魂的存在，前提必须是：推翻或修改上述存在标准。要如此，又必须对本体论元问题作出探讨，重思存在的意义问题。换言之，如果能找到可以容纳无形体对象的存在标准，那么无形体的灵魂的存在地位便得到了肯定。

拉纳明确指出：本体论的最基础性的问题是追问“存在”或“在”的最一般意义的问题，即追问“存在者之作为存在者的在问题，是探讨什么是‘在’的意义问题”。[②] 要作这种探讨，必须区分开两种“在”，一是一切在者的“在”，或每一个在者中的在。这是所谓毕竟在的问题。二是某个或某些存在者中的“在”。例如苹果的在不同于它的颜色的在，前者以形体的形式存在，后者以属性的形式存在。这些都是个别的在。很显然，毕竟在的问题不同于个别在者之在的问题，前者是形而上学问题，后者是科学的问题。[③]

知道具体的在，是不难的，但有无可能把握到一般的在？有无可能从

---

① J. G. 阿拉普拉：《作为焦虑和平静的宗教》，杨韶刚译，华夏出版社，2000 年，第 5 页。

② K. 拉纳：《圣言的倾听者》，朱雁冰译，三联书店，1994 年，第 35 页。

③ 同上，第 39 页。

一切在者中抽象出最一般的在，直至真的找到存在本身的意义？拉纳的回答是肯定的。问题是怎样把握、认识这一般的存在？不外三种途径：一是解剖个别存在者，二是解剖此在，三是解剖更多的在者和此在。

在这方面，现象学做了有价值的、因而为拉纳所重视和借鉴的探讨。它揭示了认识者和被认识者的原初统一，进而认识到了在的本质即自觉，即照亮状态或去蔽、澄明。拉纳说："在的本质即认识和被认识的原初统一，我们把这种统一称作在者之在的觉在或者明亮状态。"[①]这就是说，只有具有这种原初统一或觉在性质的东西，才可以说是存在的。据此，人的灵魂或精神尽管没有物质性、形体性，但由于符合这存在标准，因此是存在的。

在他看来，人的灵魂之所以是存在的，是因为他有倾听上帝启示的可能性。而这种可能性恰好符合一般存在的觉在标准。他说："就人的原初本质而言，从一开始便期待着那可能发生的历史事件——一次可能到来的启示。"这看法有点近于佛教的佛性论：人天生就有佛性，因而有成佛的可能性。人天生有精神性，因此人天生有倾听上帝启示的可能性，人有可能"努力达到自己精神和宗教存在的最终和最高的自我完成"。[②]

人对于人本身不可能到达的知识，即上帝启示的知识，是开放的。这是事实。不仅如此，人"先验地从他的本质构成上便被规定，人必须通过自由启示，而且只能通过自由启示来充实自己的知识"。[③] "对可能发生的上帝启示，即对神学的肯定性的开放性，属于人的本质的构成要素。"[④]但凭人的"基本质素"是不可能保证这种开放性的，因此一定有一种特殊的条件使此开放性成为可能，这便是人的先验的精神一开始就在着。

拉纳还用事实证明了人的精神存在性。例如在他看来，人身上发生的一切活动都能证明这一点。这活动不外乎判断、行动、自由、自在性等，

① K. 拉纳：《圣言的倾听者》，第 40 页。

② 同上，第 14 页。

③ 同上，第 20 页。

④ 同上，第 27 页。

而它们的终极根据又是精神。他说："这种主体的可能性之先验的先验性条件是什么?"很简单,就是"人的精神"。[①] 他的反射性论证要说明的也是这个道理。此论证的特点是从分析认识出发。他认为,认识不仅维持着精神的这种先验性的在,证明了精神是人的固有特征,而且还证明了精神是人进行认识和作出行为的条件。正是人的精神的先验性,正是人这个在者的精神性,才使人得以认识处于照亮状态的在,得以接受上帝的启示和认识启示着的上帝。

从本体论角度论证二元论,展开与反二元论的论战,是当代基督教二元论的一个特点。热衷于这一研究的人还很多,如牛津大学教授斯韦伯纳(R. Swinburne)指出:有形体性是存在的一个标准,据此,物质有形体性,因此是存在的。但是,世界上存在样式多种多样,仅只承认这一标准,将人为扼杀别的存在样式的存在地位。例如上帝、人类精神就是如此。他说:"上帝不是一种物质对象(即具有可见可感的性质),而是一位非常有权能的理性存在。"奇迹尽管不符合物质运动的规律,但也有存在性,"奇迹是在上帝的干预下自然律的丧失"。[②]

二、面对科学发展所作的调适

现当代基督教哲学论证二元论的又一新的特点是,重视对已有前沿自然科学成果作新的、有利于自己的解读,如要么调和基督教二元论与科学成果的关系,要么用新的科学概念、理论说明基督教二元论的概念、理论,相应地,对反基督教及其二元论的科学成果解读作出积极的回应。

托伦斯明确主张:神学也是一门科学。其根据是:"不存在单数的科学",科学有许多不同的种类。[③] 当然这不是说科学没有共同性。其共同性是必须"以适合事物性质的方式来"对待这些事物,"让它们按其本质自

① K. 拉纳:《圣言的倾听者》,第 61—62 页。

② 斯韦伯纳:《奇迹和死后的生命》,朱晓红译,载胡景钟、张庆熊主编《西方宗教哲学文选》,上海人民出版社,2002 年,第 136 页。

③ 托伦斯:《神学的科学》,阮炜译,中国人民大学出版社,2003 年,第 133 页。

我揭示的方式来理解它们”。[①] 神学之所以也是一门科学，一是因为它有与其他科学一样客观存在的对象，即神。它是实在的，只是其表现方式、存在方式、所与方式有别于别的对象罢了。由于有这种特殊性，神学“作为一门自主的科学”又与物理学等存在着区别。[②] 神学与科学的相通还表现在：“科学是一种发现的方式，一种获得新知识的方式”，[③]科学有忠实于对象的特点，有尊重客观性的特点，神学也符合这些要求，因此有资格被称作科学。例如“神学科学”也有“对其固有对象的忠实，对客观性的完全的尊重”。再者，科学有严格性、系统性的特点，神学也是“一种严格的、有规则的、有条不紊和系统而有组织的知识”。[④] 另外，科学的目标是在深入、细致探讨的基础上，用最小量的概念来把握复杂多变的宇宙，即遵循简单性、逻辑简约性或经济性原则。神学也服从这一原则，因此也是科学。[⑤]

希克(J. Hick)深知，宗教二元论像其他形式的二元论一样，在当今碰到了诸多强劲的挑战，如自然主义和神经科学的否定性论证。自然主义是英美哲学界、科学界广泛流行的一种研究纲领。它的本体论是：自然事物构成了宇宙的全部实在，除了自然事物之外，再没有别的存在。不能为自然科学所说明的东西就没有存在地位。根据这一理论，传统哲学和宗教二元论所说的那种灵魂就没有存在资格。希克的反驳是：如果自然主义真的是正确的，那么二元论就将遭受被淘汰的厄运。问题是，自然主义充其量只是一种没有得到证明的、没有令人信服根据的、在科学共同体内部流行的内部假设或背景范畴。既然如此，据此对基督教二元论的否定性论证就是没力量的。如有的人根据神经科学的一些成果试图证伪宗教二元论所说的神秘的宗教经验。有些人用神经科学的实验说明，药物

① 托伦斯：《神学的科学》，第134页。
② 同上，第135页。
③ 同上，第143页。
④ 同上，第145页。
⑤ 同上，第146—147页。

可引起神秘、超常经验。如果经验及其主体是非物质的,那么药物不可能有这种作用。例如宗教学者约旦(R. Jordan)就用麦角酸二乙基酰胺(LSD)在自己身上做了实验,结果引起了他的宗教经验,即体验到包括自我、外部事物在内的一切变成了一个更加基本的自我。类似的实验还很多。许多神经科学家基于观察、实验相信,宗教经验并不是非物质灵魂的作为,而是大脑特定部位在受到物质刺激时所出现的幻觉。此幻觉的主体是物质,过程仍是物质的过程。如加拿大神经学家珀辛格(M. Persinger)报告说:当向一个病人开闪光灯时,该病人说她在灯光中看到了基督,看到基督来看望她。与此同时,再看该病人的脑电波图形,发现其颞叶上呈现出典型的穗状漫波发作。美国神经科学家拉梅钱德朗(V. S. Ramachandran)则认为,皮层的左额叶是宗教经验产生的区域,因为如果癫痫病人这个部位发病,那么就会出现灵性经验。

希克认为,意识与大脑活动之间存在双向的因果关系,意即,既存在着大脑对意识的因果作用,又存在着意识对大脑的因果作用,更重要的是,它在产生自己的作用时,存在着其他原因作用所不具有的"自由"。产生这种作用的自主体尽管是无形的,但与大脑的电化学过程一样真实。另外,他还反对对宗教经验作自然主义的解释,认为存在其他无形的实在者,比如诸宗教所说的上帝、梵、道等,不妨把它们称作"真实的在者"(the real),宗教经验可能就是对它的真实敞开。

希克不仅肯定了精神、灵魂、意识的存在论地位,而且还试图说明它们存在的原理与过程,为此,他在继承伊里乌奈的有关思想的基础上,对"灵魂渐进塑造论"做了新的诠释。他说:"我们的完善性存在于未来,存在于我们的前面,即在漫长而艰难的创造过程的终点。……从上帝到人有一种认知上的距离,此距离使人在与造物主发生关系时享有一种真正的自由。"有了这种自由,人便凭自己的主动性而非上帝的强制性,选择自己的行为,自由自在完善自己,进而逐渐实现自己的潜能,把自己真正塑造成上帝的儿女。①

① J. Hick, *Philosophy of Religion*, Englewood Cliffs: N. J. Prentice-Hall Inc., 1983, p. 46.

一些基督教哲学家通过有关自然科学成果的考察，还得出了这样的结论：即使它们有巨大的解释力，但仍不足以解释灵魂的起源等问题，要作出全面的、令人满意的解释，科学必须与有神论携起手来。基督教达尔文主义者拉克(D. Lack)通过考察进化论指出："基督教徒视灵魂为一个人的神圣部分……由于灵魂被认为是如此的神圣，因此关于灵魂是否存在的问题已超出了科学研究的范围……以基督教徒的观点来看，一个超自然事件曾发生在人首次出现的那一刻。在此之前，我们的祖先只是类人哺乳动物，而在此之后，通过灵魂这一神惠天赋，他们才真正地成为人上之人。"①当然，他不完全否认进化对人的成长的作用。即便如此，也只能得出这样的结论，即人是进化和超自然创生的产物。他说："赞同人是经自然选择进化而来的基督徒，会要求加上以下这一点，人拥有心理属性，包括善或恶，这些属性不是进化的结果，而有其超自然的根源。"②

三、心灵研究离不开有神论

塔里费鲁(C. Taliaferro)全面考察了当今心灵哲学研究的局限性和其中流行的自然主义思潮的缺陷，得出了这样的结论，即心灵研究之全面和深入发展是离不开有神论的。要对人身上的复杂现象作出令人信服的解释，必须把二元论与有神论结合起来。

纵观历史，人们对二元论与有神论之间的关系问题不外乎三种态度：一是强调两者的必然关联，如笛卡尔等就是如此；二是否认它们之间有联系，如当今的许多新二元论就是如此；三是不定的态度，即有时承认有关联，有时予以否认。而塔里费鲁强调两者的结合或统一。在他看来，唯其如此，才能使怀疑二元论的论证彻底破产，使二元论的结论得到终极的证明。他说："由于有全善的上帝，我们就可以用麦凯(J. L. Mackie)的话得出结论说：怀疑我们有充分认知能力的黑暗的、怀

① D. Lack, *Evolutionary Theory and Christian Belief*, London: Methuen, 1961, pp. 88-89.

② Ibid., p. 115.

疑论假说是‘不正常的’。”[①]从肯定的角度说，只有坚持有神论，才能使莫衷一是的心灵的起源、存在、原因作用何以可能等问题，人的认知、自由意志为什么有作用，心身为什么协调一致等问题得到最明了的回答。

塔里费鲁的上述结论是建立在他对心灵哲学当代发展的考察之上的。他承认：心灵哲学的确在进步，但有局限性。他呼吁：应在更为广泛的形而上学背景下开展心灵哲学的争论，例如在这个背景中，给予有神论以地位，允许有神论与唯物论、自然主义展开争论，而不是一开始就根据唯物主义将有神论排除在外。他说：“在这样的更广的背景下，我们就能清楚地看到，有神论的二元论哲学不是漫游在超自然领域的怪物，而会提供关于自然的可信的、广泛的哲学理论，它具有深刻的统一性、一致性，并能对那些从别的角度看起来很怪异、很异常的事物提供说明。”[②]在他看来，一旦按他的建议去发展心灵哲学，那么就会出现这样的结果，即让二元论的优势显现出来。他说：“一旦让心灵哲学的探讨在更为广泛的形而上学背景下进行，那么二元论的论证将更有前途。”[③]因为要全面地认识人，必须有二元论的概念框架。他说：“考察疼痛是一种感觉，是一回事，而考察有关的大脑过程似乎是完全不同的另一回事。”[④]例如观看颜色的物理基础与感性的、心理的状态是两个根本不同的东西。

塔里费鲁对有神论的呼吁还同他对自然主义的看法密切相关。在英美，许多人把它奉为圭臬。当然，也有不同的看法，如有的把它当作形而上学理论、本体论原则，有的把它当作认识论或方法论理论；有的把它当作一种非统一的大杂烩；有的认为，它与相信上帝存在、幽灵和灵魂、客观价值以及别的非自然的、超自然的存在不矛盾。塔里费鲁认为，把它作为准则，作为研究纲领，将导致灾难性后果。因为人的本质、心理的东西，尤

① C. Taliaferro, “Naturalism and the Mind”, in W. L. Craig et al (eds.), *Naturalism*, London: Routledge, 2000, p. 152.

② Ibid., p. 153.

③ Ibid., p. 135.

④ Ibid., p. 140.

其是意识，是抵制自然主义说明的。在他看来，要说明意识，最明智的选择是坚持非自然主义，而坚持非自然主义就是坚持二元论、有神论及其结合。他说："如果非唯物主义、非自然主义方案能解决唯物主义和自然主义所面对的难题，如果这种方案有某种不可抗拒的合理性，那么这篇论文在反击自然主义中就有其作用。"①

他之所以选择非自然主义，是因为它对一系列问题的解答优胜于自然主义的结论。例如唯物主义认为，心物本是一个东西，但由于语言运用的原因，由于语言存在着指称的不透明性，就像下面诸对语词一样：暮星—晨星、喜马拉雅山—世界上最高的山等。对于有些不具备相关知识的人来说，由于它们的指称是不透明的，因此人们往往把它们的指称当作不同的东西。心与物的关系也是这样。塔里费鲁认为，在否定心物存在差别时，诉诸"指称不透明"，以及相关的类比论证是没有用的。因为"心"与"物"这对语词与上面列举的那几对语词是不同类的。因为它们是有不同指称的词。他说："诉诸指称不透明，并不能证明主张心物不同为假。如果一个人有理由相信：对人的心理状态的设想不依赖于对假设与之同一的物理状态的设想，那么他就有理由认为，它们的确是两类状态。"②

总之，要解释意识的起源和存在，要解释人，必须依据有神论和二元论的结合。根据这种结合起来的论证，"意识的产生是根源于实在的某种更深层的本原。动物和人的意识的起源不是某种怪异的奇迹，而是实在的基础结构的反映"。③

---

① C. Taliaferro, "Naturalism and the Mind", in W. L. Craig et al (eds.), *Naturalism*, London: Routledge, 2000, p. 134.

② Ibid., p. 142.

③ Ibid., p. 150.

第五章　泛心论的“东山再起”

泛心论是心灵哲学二元论中最为极端的一种形式。它不仅认为人身上存在着心识，而且万事万物都是如此。泛心论的命运真可谓起伏跌宕。在哲学发展的历史长河中，泛心论曾经是心灵哲学研究中的一种有竞争力的理论，赞成者中不乏地位极为显赫的人物，如莱布尼茨等；然而，在现代哲学的最初几十年中，它不仅逐渐式微，淡出哲学的中心，而且成了物理主义批判的靶子。富有喜剧意味的是，最近几十年，随着研究的深入，尤其是伴随着二元论的“进化”、“发展”，泛心论又有抬头之势，不仅在与唯物主义“争宠”，而且还受到了像查默斯、内格尔和西格尔这样一批在心灵哲学领域中有较高声望的哲学家的支持和重新论证。其奥妙何在？他们又做了什么样的、能拿出来和唯物主义较劲的论证呢？

第一节　“泛心论”的概念辨析和一般进程

“泛心论”(panpsychism)是一种古代的哲学理论。从构词上不难看出，“psyche”即指心或精神，“pan”这个前缀的意思是“全”、“总”、“泛”、“一切”、“全部”、“完全”等意。其基本观点是：心灵是世界的一个根本特征，存在于整个宇宙之中。正像许多唯物主义不承认有脱离于物质而独立存在的心灵一样，它也认为，世界上没有脱离心灵的物质。一切事物都有精神的方面。须知，泛心论所说的“心灵”、“根本的”和“整个宇宙”都有特定的含义。例如它区别开了有意识和无意识心理，只承认无意识心理无处不在，而只有有意识心理才存在于人身上。质言之，泛心论并不认为万物有像人的心灵一样的心灵。这无疑是它区别于我们后面要述及的万物有灵论、物活论的一个显著特点。

泛心论与物活论、泛灵论或万物有灵论的关系十分密切，有时容易混淆,须细加分辨。物活论(animatism)的基本观点是:万事万物都有生命,是活的,如地震、雷雨、植物、石头等都有意识和人格,就此而言与泛心论有一致之处,但它并不认为万物具有个体精神。尤其是,它不同于别的相近理论的地方是强调万物都是"活着的",其词根"animate"(活着的)足以表明这一点。它即使承认万物活着的根源是精神性力量,但并不像泛心论、万物有灵论那样认为,这力量就是一个像人的心灵一样的个体精神。

万物有灵论或万有精神论或泛灵论(animism)是人类最早的一种关于万事万物都有灵魂或精灵的信仰。E. B. 泰勒第一个在他的《原始文化》一书中对这种原始文化进行了全面深入的研究,强调它是最原始状态的宗教,或者说是后来宗教产生的前提条件。因为各种原始宗教之所以把雷、风、火当偶像崇拜,是因为原始人相信它们有自己的灵魂。之所以如此,又是因为原始人有关于人自身的灵魂观念,当原始人将这一观念泛化、类推到一切与自己有利害关系的事物之上时,便导致了万物有灵观念的产生。当然泰勒的观点是有争论的,如法国宗教社会学家E. 涂尔干就认为,宗教始于图腾崇拜。

西方学术界的"百花"是可以自由开放的,即使是有毒、有害的、成了过街老鼠式的"花"也不被限制。最明显的是,像万物有灵论这样最古老的、与宗教有血缘关系的理论在现代仍有传承。例如策动或目的派心理学的创始人麦独孤(W. McDougall,1873—1938)就是这一理论的坚定的拥护者,当然,他对之做了新的辩护和阐发。根据他的概括,它的最初的观点是:"所有有影响力或作用力的自然事物都是由'精神'或理智的、有目的的存在驱使或激活的。"[①]麦独孤认为,人们在理解万物有灵论时之所以常常犯错误,根源是没正确理解原始人所说的灵魂。在他看来,把它说成是物质或精神都是不对的。最好"把它描述为物质性的精神",准确地说,它是准物质的、准精神的。如果说它是精神的,那么无法解释原始

① W. McDougall, *Body and Mind: A History and a Defense of Animism*, London: Methuen & Co. LTD., 1915, viii.

人的下述习惯和风俗，如在死者的房子的墙壁上凿出小孔和小洞。这分明是要为死者的灵魂留一个出入的通道，有的还在坟墓上留一根能与外面通气的管子。如果是纯精神的、非物质的，就没有必要这样做。把它说成是物质性的东西更不对。最好是把原始人所说的灵魂理解为影子般的、气息般的东西。①

原始形式的万物有灵论，是它的多种形式之一。也就是说，后来的万物有灵论尽管是它的继续，但分别被演变成了不同的形式。其中有一种可称作最低限度或最弱的万物有灵论。例如奥斯塔尔德(W. Ostald)的唯能论就是其表现之一。他认为，世界上真正存在的是能量，能量是事物改变形式、发生变化的基础或原因，而意识是能量的一种形式。根据麦独孤的独特判释，詹姆斯(W. James)和柏格森所倡导的理论是万物有灵论的第二种形式。它被称作关于大脑与意识关系的功能传输(transmission)理论。它认为，意识是能被分解和组合的材料，就像有弹性的物质一样，它的部分在所进入的组合体中仍能享有或坚持自己的同一性。意识能独立于物质有机体而存在，如要么表现为弥散性粒子，大脑是它会聚的中心，要么表现为巨大的统一体，如抽象的“世界灵魂”。意识像巨大的海洋一样，每个人的意识或心理生活不过是这一海洋中射出的光线。物质性器官的作用在于为意识划界，让它成为个体性的意识。之所以被称作传输理论，是因为它认为，心灵一旦由意识所构成，就像光柱一样，可以到处照射，其射线就组成了意识流。大脑在意识传递中的作用就是作转换站。②

麦独孤认为，研究万物有灵论，目的是为了更好地研究灵魂。而这种研究，既有形而上学的形式，又有经验科学的形式。他强调，他的研究两方面兼而有之，当然主要侧重于后者。这表现在：他的研究旨在建立能解释大量新材料、新事实的经验假说。在他看来，只有承认灵魂，才能建立

① W. McDougall, *Body and Mind: A History and a Defense of Animism*, London: Methuen & Co. LTD., 1915, p. 3.

② Ibid., pp. 357-359.

与新事实相一致的科学理论。由这一目的所决定，他的方法也带有经验科学的特点。他说，他的研究是“由经验科学的方法所促成的，并带有经验科学的全部目的”。① 他对灵魂的设想和描述有两方面：一是否定性的，如认为，灵魂不是物质的基本属性，不是广延，不占有空间，没有质量，没有重量；二是肯定性的。他部分赞成笛卡尔对灵魂的理解，如认为它无广延而能思维，但不愿把它称作实体，因为这个概念会引起争论，而主张用“事物或存在”来定义它。他说：“灵魂是一种心灵存在”，或者说是一种过程。就构成上说，灵魂里面所包含的是各种各样的能力，如在对物质刺激作出反应时产生各种感觉的能力，反作用于大脑过程的能力，此外还有思维、情感和作出决定的能力等。总之，可以说：“灵魂是由各种能力构成的总体。”②

麦独孤对万物有灵论情有独钟，是建立在他对已有的灵魂学说的比较之上的。在他看来，就一元论和二元论而言，一元论是不可取的；就二元论而言，里面只有平行论和万物有灵论值得考虑。在他看来，关于心物的一切理论都将面临这样的二难选择，即要么是平行论，要么是万物有灵论，而不可能是一元论。他说：“经验证据强有力地说明的似乎是万物有灵论，而不是平行论。”因为平行论的最大问题是，它无法说明事实上存在的宗教思想、人所充满的希望和所拥有的抱负，“而万物有灵论为进一步思考和探讨这些现象开辟了广阔的空间，让我们充满希望，甚至使我们相信世界比它似乎所是的要好”。③

就泛心论与万物有灵论的关系来说，它们都是从原始人的灵魂观念中分化出来的两种极有解释力的世界观，都承认心灵的遍在性，但泛心论的特点在于强调心是宇宙万物的根本特点，而万物有灵论只承认万物都有灵魂。这种承认有宗教的动因，因为原始人相信万物有灵是基于这样的考虑，它们对人类的利益有促进或阻碍作用，因此成了人类的崇拜对

---

① W. McDougall, *Body and Mind: A History and a Defense of Animism*, London: Methuen & Co. LTD., 1915, xiv.

② Ibid., p. 365.

③ Ibid., p. 356.

象。麦独孤说:"宗教的前途与万物有灵论的命运息息相关。"[①]再者,万物有灵论带有拟人化自然观的色彩,而泛心论则不然。正是有此不同,泛心论一般是拒绝或反对万物有灵论的。

关系较近的另一概念是"唯灵论"或精神主义(spiritualism)。这是一种对立于唯物主义的理论,在原始思维中已露端倪,其基本主张是:世界上存在着感官无法觉察的非物质实在或精神性存在,这种实在既可表现为人的精神,也可表现为宇宙力和宇宙精神。因此之故,该词获得了一种狭义的理解,即人们有时把关于宇宙力和宇宙精神的信仰称作唯灵论。它不同于唯心主义的地方在于,并不对物质和精神谁更根本发表意见,只强调世界上存在着不能归结为物质的精神力量。就此而言,麦独孤把万物有灵论看作是唯灵论的重要组成部分,甚至认为前者是后者的本质或核心。[②] 泛心论与唯灵论显然有联系,如两者都承认了精神的独立存在地位。但不同在于,唯灵论并不像泛心论那样,认为精神是万物的普遍属性。

再来看泛心论的起源和演变。古希腊不论是唯物论、还是唯心论哲学家,都有泛心论倾向,例如泰勒斯认为,宇宙是活的,万物都有灵魂,都充满着精神。人与外物的区别不在于是否有精神或灵魂,而在于人的灵魂更为精细。其他哲学家也都有类似的思想。在近代,斯宾诺莎和莱布尼茨的心灵学说是近代泛心论的两个版本。前者认为,心灵和物质,或思维与广延是永恒不变实体的两个方面,一切表现这唯一实体的样式即具体事物也是如此。后者认为,精神性单子是构成一切事物的最后单元。不同事物有清晰程度不同的知觉:在无机界,单子沉睡着;在动物中,单子在做梦;在人中,它们是觉醒的;在神中,它是完全清醒的,甚至可以说,神就是完全有意识的单子。

19 世纪是泛心论发展的鼎盛时期,很多一流思想家成了它的辩护

---

① W. McDougall, *Body and Mind: A History and a Defense of Animism*, London: Methuen & Co. LTD., 1915, xiii.

② Ibid., xiii.

士，如作为科学心理学的重要奠基人的费希纳(G. T. Fechner)、冯特、洛采(R. H. Lotze, 1817—1881)、罗伊斯(J. Royce, 1855—1916)、克利福德(W. Clifford, 1845—1879)等。后者是一位英年早逝的数学和哲学天才，甚至形成了广义相对论的思想萌芽。这一时期赞成泛心论的著名哲学家有叔本华、哈特曼、席勒等。另外值得一提的是普林斯(M. Prince, 1854—1924)。他同时还是一位心理学家，认为物质一定被心理化了，或者说被赋予了心理的属性。这些思想影响了当今的泛心论者小斯特劳森(G. Strawson)，即著名分析哲学家斯特劳森之子。罗伊斯和洛采的泛心论是唯心论泛心论的典型。他们认为，物质在本质上是心灵的"形式"(form)。前者主张：实在就是世界自身，即一种绝对由一切事物所构成的有意识存在，我们人和别的一切事物一样，是它的组成部分。即使一切事物都渗透着世界本身的有意识生命，但并非每一事物都是有意识的。当然他承认的有意识的范围比一般的看法要宽，如认为植物、星星、甚至所有物种都有意识。费希纳持平行论泛心论立场，认为，一切物理的东西都有心理属性，反之亦然。正是这一基本立场让他得出了心理与物理之间存在着有规律的关系的结论。怀特海(1861—1947)是19世纪末20世纪初最有影响的泛心论哲学家。他认为，世界的关键本质特征是事件以及创造事件、让事件展开的过程。这些事件在某种意义上都具有精神性，用心理主义的术语说，它们都具有创造性、自发性和知觉性。

20世纪上半叶，泛心论逐渐衰落。自从怀特海于1929年出版《过程与实在》一书、布罗德(C. D. Broad)出版《心灵及其在自然界的地位》一书之后，几十年的时间内，再很少看到有影响的泛心论的辩护者。

最近二三十年来，情况发生了喜剧性变化，其表现是：泛心论卷土重来，至少是死灰复燃。格里芬(D. Griffin)于1983年发表了《对绝对唯心主义的辩护》，根据泛心论对唯心主义做了新的阐释，1998年又提出了原子论的泛心论，以更明确的形式对怀特海的泛心论做了论证。罗森贝格(G. Rosenberg)于2005年对泛心论做了有力的辩护。斯克比拉(D. Skribina)于2005年在对西方泛心论的历史和意义进行新的、清晰的考释的基础上，对之做了新的论证。赞成和阐发泛心论的还有查默斯（本书另辟专章予以考察）、赫特（P. Hut）、谢泼德（R. Shepard）、西格尔（W. Seager）等。

泛心论之所以在今日又死灰复燃，是因为决定论受到了量子力学的致命打击。从怀特海等人开始，许多人根据量子力学推论说：自然界中的非决定性不是盲目的力量或运气，而是在对机械因果关系之外的东西所包含的那些信息作出反应时所表现出的自发的、自由的作用。还有人认为，自由这样的属性即使在物理世界最基础的层面也都是存在着的。如后面我们将看到的，许多哲学家基于量子力学指出：信息是宇宙万物的普遍属性，而信息与意识有内在关联，因此意识是万物普遍的属性。这是查默斯和西格尔等人所倡导的论证。

泛心论是典型的形而上学思辨。在科学与形而上学的互动中，泛心论无疑也是助推它们发展的一个动力。正如斯特劳森在评价泛心论时所说：“形而上学的繁荣尽管可能是没有什么结果的，但对我们无知这一事实有合理的理解总是有用的，因为一个人尽管没有任何可靠的根据，也完全可以或隐或显地赞成一种形而上学的选择。”①

第二节　内格尔的“新观念”与泛心论

“不识庐山真面目，只缘身在此山中”。用这句家喻户晓的中国佳句概述 T. 内格尔（T. Nagel）心灵哲学的特点，是再适合不过的。他对心灵哲学有独特领会和建树，可能得益于他不“身在此山中”。他的本行是道德哲学，从事心灵哲学研究则是他的“客串”。然而，由于“旁观者清”的缘故，他不仅提出了一般心灵哲学家没有想到的问题，如成为一只蝙蝠，感觉起来是什么样子？从而为在心灵哲学中开辟感受性质这一领域作出了巨大的贡献，而且对心灵哲学中的大量传统问题发表了令人耳目一新的见解，引起了广泛的注意和争论。他用来表述现象意识的表达式：“成为一

① G. Strawson, *Mental Reality*, Cambridge, MA: MIT Press, 1997/2010, p. 78.

只蝙蝠或一个人看起来像什么”,或“感觉起来所是的东西是什么”(what is like to be……)已成了述说这种奇特现象的最经典、最准确的方式。

一、为心灵哲学“把脉”

在他看来,已有一切解释心理现象的尝试都是不能令人满意的,其根本的原因在于没有触及意识的要害,遗忘了主观性及主观的观点。他说:“意识是使心身问题真的难以解决的根源。”[①]意识之所以难解,又是因为它有主观性。他所说的“主观性”除了有人们常说的那种“依主体而转移”等意义之外,还有一层意思,即指意识不管是什么,有何内容,是什么样的状态,不管被意识的、被显现的(客体)是什么,总有主观的维度,即包含着“反观自照”的特点,有自己对自己的体验,有自我觉知的一面,因此是一种更复杂的主客统一体。因此意识的复杂难解,实际上是主观性的复杂难解。如果没有主观性,心身问题是较容易解决的。以意向性为例,“如果撇开它们的主观性方面”,那么它们就是“可解决的,因为人们也许可以把计算机说成有意向的系统”。[②]

他的新的诊断是:过去对心身问题的探索之所以不成功,关键是过去的提问方式有问题,以及解决问题由以出发的前观念或理论有问题。他认为,要解决心灵哲学的问题,应重新思考提问的方式。在他看来,首先值得问的问题是:通常的哲学和科学的观点适用于说明有情识的存在吗?这一问题又可区分为三方面:(1)心灵本身有客观的特征吗?或者说,能否对心灵形成客观的理解?(2)心灵与实在的那些物理方面是何关系?(3)我是世界中的人中的一个,这一事实是怎么可能的?内格尔认为,第一个问题是心身问题的前提性问题,已有的对心身问题的探讨都未注意到这个问题。而如果不解决这一问题,要想取得认识的进步,将是不可

① T. Nagel, “What is it like to be a bat?” in his *Mortal Questions*, Cambridge: Cambridge University Press, 1988, pp. 165-166.

② 内格尔:《人的问题》,万以译,上海译文出版社,2003 年,第 213 页。

能的。[①]

要使对心身问题的认识朝前发展，还应“形成关于心身问题的新的观念”。[②] 正如对于电磁现象，不能用关于星球、气体、固体等的经典力学的概念和理论来说明一样，要说明心理现象也不能用已有的物理学概念和理论，而必须用别的概念和理论。因为“物理学只是理解的一种方式，适用的对象是广泛但仍有限的材料。坚持用适合于专门用来说明非心理现象的概念和理论去说明心灵，……既是理智的倒退，又是科学上的自残。心理与物理的差异远大于电和磁之间的差异。我们需要的是全新的工具”。[③] 这显然是在嘲讽和批评当前流行的自然主义。

要找到解决心身问题必不可少的“新工具”，前提条件之一是承认心理现象的唯一性、独特性或独一无二性，即认识到它不是非心理现象中的任何东西，进而放弃根据物理学理论予以说明的企图，另辟新径，探寻并创立适合说明它的新图式。他说：“只有认识到心理现象的唯一性，概念和理论才会为着理解它这一目的而被创造出来。”[④]这新的概念和理论是什么？是怎样被他“创造”出来的？

二、主观性、客观性与观点

这三个词，尤其是“观点”，是内格尔哲学中使用频率极高的词。这绝非任意所为。之所以如此，是因为内格尔试图以此表达他所发现的、而别人没有注意到的新的实在或现象。

人无疑是世界上的一种特殊存在。问题是：其表现何在？为什么？内格尔的一项工作就是要交待他以他的“慧眼”所发现的特殊性。其中之一可以这样表述：人是“两种观点的持有者”。[⑤] 什么是他所说的“观点”

---

① T. Nagel, *The View From Nowhere*, Oxford: Oxford University Press, 1986, pp. 13-14.

② Ibid., p. 51.

③ Ibid., p. 52.

④ Ibid., p. 53.

⑤ 内格尔：《人的问题》，万以译，上海译文出版社，2003年，第221页。

呢？所谓“观点”(point of view)，既指观察、观看某对象的角度、观察的切入点及路径，又指观察所由以发生的前结构、条件或图式。没有观点，无论是对内的观察，还是对外的观察，都是不可能的。例如物理学的客观的观点就是尽量不掺杂主观成分、不带成见的态度或构架。物理学观察的目的是追求客观和真实，要如此，由以出发的观点就要尽量不用主观的观点。因为如果人们“依赖的人类的观点越少，那么我们的描述就越客观”。[①] 相反，主观的观点是指：“一个有着独特的本性、处境以及与世界其他部分的关系的特定主观的观点。”[②]内格尔是怎样理解“客观”和“主观”的呢？

两者指的是观点及所观察到的东西的性质。“客观的”是指站在被观察对象之外去观察，即从外在的方面去观察；另外，客观的还意味着开放的、公共的，即该对象不是某人独有的，而可为有条件的一切主体从外在的方面去观察。由于客观的东西是主体之外的实在，有主体间性，因而不像主观的东西那样有对主体的依赖性。观察是否客观，是可判断的，即看观察中包含有多少主观的成分。如果在描述和理解世界时完全独立于我们自己，那么就达到了真正、彻底的客观。当然，这是不可能完全做到的。

内格尔承认，科学有真理性和客观性。它之所以客观，是因为它不那么依赖于作为思维者的人的特殊性，例如越来越少地把自己的主观性加进自己对世界的认识之中。上述看法引出了关于客观性的“物理的观点”。其理论升华即是物理主义，其要点是：一切存在着的东西或实在都是客观实在，客观实在即一切存在。很显然，“物理的观点”承诺的是这样的本体论标准：只要能以物理或客观的方式理解的东西，就是存在的。

内格尔认为，关于客观性的物理的观点其实是有问题的。首先，物理学所认识到的实在，并不是纯客观的，因为没有人的观察，它们就不能显现在观察者面前，而一旦被人观察了，它上面就打上了人的烙印。其次，

① 内格尔：《成为一只蝙蝠可能是什么样子？》，高新民译，载高新民、储昭华主编：《心灵哲学》，商务印书馆，2002 年，第 114 页。

② 内格尔：《人的问题》，第 208—209 页。

对物理实在的物理认识，也不可能是客观实在的纯粹反映，因为里面不可避免地掺杂着人的主观的“观点”。量子力学已证明了这一点。他说：“由于量子力学的出现，我们应放弃关于客观实在的观念。”①更严重的是，如果真的绝对地客观化了，我们是无法认识我们自己、认识文化甚至自然界的。尤其是当我们用客观的物理的观点去认识心灵时，我们肯定会遗漏某些根本的方面及本质。这就是说，在认识心灵时，一旦客观了，反倒失去了认识的客观性。因为心灵尽管有外显的方面，如外显的言语、身体表现，甚至有相应的神经活动及过程，但它还有内在的方面，如内在显现的质的特征、意识内容。它们是不可能出现在客观的观察面前的。离开了主观的角度或观点，它们是无法被观察的。

不难看出，内格尔对客观性的态度是十分辩证的，即“既辩护又批评”。② 这显然有别于下述两种极端的态度，如有些人贬斥它，不把它当作理解世界的方法，而有些人又高估它、抬高它，相信它能独自提供关于世界的完善的观点。

内格尔认为，在面对心灵这一对象时，客观的观点是有重要遗漏的，即没有看到物理实在之外还存在着下述非物理的东西：一是主观的经验，或在知觉某对象时看起来所是的东西；二是认识这些经验必不可少的主观的观点。这一看法根本有别于常见的观点。

通过对“物理的客观的观点”的独到分析，他发现了一个存在的新大陆，这就是有主观性的心理现象。说一状态是主观的，是指：只有拥有这一状态的主体才能看到的，或该状态向它的主体所呈现的，或事实上显现给它的主体的东西。说某经验是主观的，就是说成为这一经验会表现为什么样的样态、相状。说一心理状态是主观的，就是说它“对于具有这些状态的生物是什么样的事实”，显现为什么样的状态。心理的主观的方面的独特性在于：它“只能从生物本身的观点……来理解”，即只有一种把握

---

① T. Nagel, *The View From Nowhere*, Oxford: Oxford University Press, 1986, p. 16.

② Ibid., p. 5.

的方式，只能从一种观点去观察和理解。而物理的东西、客观的东西，可以从一种以上的观点来理解。[①]

人除了有主观的状态之外，一定还有主观的观点。因为"每种主观现象从根本上说能与一种独特的观点相联系"。[②] 换言之，有意识经验总与一种观点有关，没有这种观点，这种状态就不会被人觉察到，因而也就不存在。因此主观的观点既是主观状态被认识的条件，也是它的存在的重要一维，进而是它区别于别的现象的特征。他说："它不只是关于它的一个观点，而同时是内部世界的实质。"[③]

主观观点与经验状态是何关系呢？前者是观察和理解后者的唯一条件，而后者是显现在前者面前的东西。他说："不采取经验主体的观点的话，我们就完全没有条件去思考经验的主观特征。"[④]用这种观点看到的只是主体内部可以而且只能向主体所呈现的东西，即内在状态看起来或表现出来是什么样子。这种观点只有主体才拥有，是主体观察自己的独有的视角或立场。有了它，主体就可"从内部"、"从一种超脱具体的或普遍的人类目标的立场"去看发生在自己内部的状态或现象。[⑤]

怎样看待主观的东西？有三种回答。他说："对于任何顽抗的主观方面似乎可有三种做法：还原、排除以及合并。"[⑥]内格尔对主观性的态度，迥然有别于前述态度。他说，他"抵制对客观性的贪婪的欲望"，不把主观性放进客观性之中，而承认它的独立存在的地位。[⑦] 因为现实的范围广，既包括主观的，又包括客观的。"现实不只是客观的现实，而追求客观性并不是到达有关一切事物的真理的同样有效的方法"。[⑧] 经验是一种特

① 内格尔：《人的问题》，第220页。

② 内格尔：《成为一只蝙蝠可能是什么样子?》，高新民译，载高新民、储昭华主编：《心灵哲学》，商务印书馆，2002年，第102—108页。

③ 同上，第115页。

④ 同上，第118页。

⑤ 内格尔：《人的问题》，第208—209页。

⑥ 同上，第223页。

⑦ 同上，第224页。

⑧ 同上，第226页。

殊的存在,"只有从具有那些经验的人的观点来看,才是存在的"。[①]

受科学精神的影响,一些人试图超越主观性,让客观性吞并主观性。内格尔不一概否认这样的"追求"或"包罗万象的雄心",但认为,要想完全摆脱或超越主观性,则只能是一种不切实际的幻想。因为要达到这个目的,在内格尔看来,必须"以两种方式对自我"作出超越,即对独特性和对某个人的类作出超越。而这样的超越或如此去达到客观性,是不可能实现的,因为当某人上升到一种更客观的观点时,关于自我的某些主观上显示的事实似乎消失了。其实,在越有客观性的时候,人们会越不客观,因为它人为抛弃了事实上存在的事实,如抛弃了主观呈现出来的事实。[②]

不过,内格尔的思想也有辩证的一面,如强调主观性和客观性同时具有相对性。就主观性而言,它并非是纯而又纯的,毋宁说,主观性同时具有客观性。因为主观状态总有两个方面:一是主观地看到的方面,二是客观地看到的方面。在特定意义上,重视后一方面的探讨是不可避免的,也是有价值的,因为"探寻关于心灵的客观概念纯粹是对理智的一般探寻的组成部分"。[③] 如此说来,不管是抛弃哪一种观点、哪一种探讨,都将是不全面的。另外,在下述意义上,主观性本身就是客观性:"人和别的有意识存在是自然秩序的组成部分,他们的心理状态是自在世界存在方式的一种。"[④]再者,如果说公共性、主体间性与客观性相关,那么在这个意义上也可以说主观性同时具有客观性。因为主观性的特点尽管在于它的私人性,但"更主观的观点并不一定是更私人的。一般说来,它是主体间可共通的。我认为关于经验、行为、自我的主观观念,在某种意义上是公共的即共同的属性"。[⑤]

说穿了,内格尔的上述颇具思辨性、晦涩性的讨论不过是要引出这样

---

① 内格尔:《人的问题》,第 226 页。

② 同上,第 223 页。

③ T. Nagel, *The View From Nowhere*, p. 26.

④ Ibid., p. 17.

⑤ 内格尔:《人的问题》,第 220 页。

的二元论结论，即这个世界除了存在着物理的东西之外，还有非物理的主观状态和观点。它们是绝对独立的，不能归结或还原为物理的事件和属性。他说："心理现象是属于世界的，特定的心理主体或状态可以从世界的不同角度来加以认识，它们尽管是主观的，但它在客观的程序上有自己的位置。"[①]主观的东西既然有自己的独立存在地位，因此如果仅从生理学或物理学的客观的角度去理解人，那么将由于不能说明人的心灵主义概念所包含的内容及提出的难题，而走进"死胡同"。[②] 承认它们不能为物理学说明，就是承认它们不能还原为物理的东西，而"承认这种不可还原性，会成为某种二元论"。这就是说，只要承认心理现象有自己的特征，那么上述结论就是不可避免的。因为"对于某些这样的特征，我们可能既无法为它们找到一个客观的基础，又无法放弃它们"，然而，它们的出现同时又是一个不容否认的事实。[③] 当然二元论的建构尚未完成。他说："承认两极对立，而不让其中的任何一端吞没另一端，应当是一项创造性的任务。"[④]

三、主观现象王国及其本质特点

如前所述，内格尔相信有机体身上存在着两个王国：一是有机体的物理事件、活动和状态所组成的物理王国，它纯然"是一个客观事实的领域"；二是经验的事实所组成的王国，它只能从主观的观点出发才能予以理解。这个王国尽管是主观的，但也是真实的存在，而不是"子虚乌有的属性"。这就是他声言要予以坚持的实在论原则。[⑤] 从认识上说，这个王国所充斥的是我们的物理概念所遗漏了的现象学事实。它们是独特的、异质的，然而又是存在的。他说："我关于以各种形式表现出来的主观领

---

① T. Nagel, *The View From Nowhere*, p. 32.

② 内格尔：《人的问题》，第 158 页。

③ 同上，第 159 页。

④ 同上，第 226 页。

⑤ 同上，第 194 页。

域的实在性,隐含着对于人类概念所及之外的事实之存在的信念。"[①]这是一个怎样的领域或王国?有何特征与相状?

首先,可以肯定,心理属性是不同于物理属性的属性。其不同表现在:(1)有主观性,"一定会以主观的形式表现于心灵之中"。[②](2)不能根据物理属性来解释和推断。他说:"单靠物理发现的有机体的属性或它的成分,都不会成为熟悉的、具有前意识特征的心理属性,也不会成为暗示这些属性的更基本的初始心理属性。"[③](3)"物理属性决不会包含心理属性"。[④]

其次,心理属性的终极解释原因只能是心理的。他说:"为了解释心理过程而推断出的终极属性应是心理的而不是物理的。"[⑤]当然,他还否认这样的第三种可能,即心理属性和物理属性有一共同的来源。这就是说,为了解释心理的起源,不外三种可能:一是心理起源论,二是物理起源论,三是共一来源论,即认为心和物都由一个共同来源而来。内格尔的看法是,与其说心物有一共同的根源,还不如说有两种终极性原因。他说:"这种说法似乎还不如说存在可回溯到两类不同的基本属性的两条完全不同的解释链可信。"[⑥]

第三,内格尔强调,心理属性不是还原的属性,而有自己的独立性。这是否意味着内格尔倒向突现论而主张心理属性是突现的性质呢?回答是否定的。在还原论和突现论的对立与争论之中,内格尔不赞成任何一方的结论,而试图走中间路线,其方法是重新阐释因果关系。根据突现论,所谓突现性质是指在组织的复杂高阶层面出现的、不能用其构成成分及性质来解释的新属性。在他看来,突现论所说的那些所谓的突现性质

① 内格尔:《人的问题》,第 111 页。

② T. Nagel, *The View From Nowhere*, p. 15.

③ 内格尔:《人的问题》,第 195 页。

④ 同上,第 196 页。

⑤ 同上,第 196 页。

⑥ 同上,第 197 页。

是不存在的。他说:"不可能有真正的突现。"[①]因为只要坚持因果关系具有必然性,或只要承认因果解释的有效性,那么必然得出否定突现性质的结论。因为被系统产生出来的性质,不管是简单的还是复杂的,不管是旧的,还是新的,其根源都在它的成分及结合方式之中,它们之间有因果关系,或有源与流的关系。系统中原有的性质是原因,新出现的性质是结果。

第四,关于心理状态的主体问题,内格尔的看法是:既然心理现象的本质特点是主观性,因此它的主体就既不能是物质的,也不能是二元论所说的灵魂。他说:"即使我们有灵魂,也解决不了问题,因为在它有可能把握一个非物质的东西的观念的范围里,它如何可能具有一个观点同样难以理解。"[②]在他看来,心理的主体只能是会运用主观观点看问题的人。对于一些人所持的无主论或"无主体(或无所有者)观",他说:"我们应也考虑'无主观性'(no-ownership view),根据这一理论,心理事件不是任何东西的属性或表现,而只是发生了,既不在灵魂中,又不在身体之中,尽管它们与身体中的事情有因果关系。"在他看来,这种观点是没有根据的,因为作为事件,以及事件发生前的潜能,"总是有其在前存在的基础的,就像火不可能从无中产生出来一样,经验也不能来自于无。"[③]基于对心理状态及属性的新的看法,内格尔提出了自己的新的人学式主体论。他认为,人尽管离不开生物有机体或物理的构成,前者必须以后者为基础,但"作为心理状态主体的人(或老鼠),不能等同于一个有机体,或一个灵魂,或任何其他东西",[④]因为人除了有物理的构成、身体的事实之外,人还有主观的观点,即有主观性。因此最好的归属是主体自我基于主观性的归属,他说:主观性"让无需标准的心理的自我归属处于中心地

① 内格尔:《人的问题》,第197页。
② 同上,第202页。
③ T. Nagel, *The View From Nowhere*, p. 30.
④ 内格尔:《人的问题》,第203页。

位"。[①] 这就是说，心理的主体是人。这里的人既不是物理、生物的存在，也不是灵魂，也不是两者的复合，而是具有主观性的人。

四、蝙蝠论证及其他

相信有独立的主观心理现象存在是一码事，能否从理论上作出有理有据的论证是另一码事。前者近乎信仰，而后者则是科学的任务。内格尔不仅有自己的二元论信念，而且发挥自己的想象力，构造了一个在后来引起了极大轰动效应的思想实验，即"蝙蝠论证"。他的论证从这样一个古怪的问题开始："成为一只蝙蝠可能是什么样子？"或者说："蝙蝠的经验是什么样子？"

一般认为，蝙蝠也有经验。从科学教科书中，我们知道蝙蝠是以迅速、微妙和高频率的叫声，通过声呐去感知外部世界的对象的。它们的大脑的功能就是使向外的冲动与随后的回声及信息联系起来。在此基础上，它们就能精确地分辨出物体的距离、大小、形态、运动及结构。这种功能及其在行动中的作用类似于人的视觉。但是如果它们有经验、有心理生活，我们有无办法认识到呢？成为一只蝙蝠是什么样子？具体地说，它所处的经验过程、它的经验所具有的主观特征可能会是什么样子呢？内格尔认为，要知道这些，只有具有它的经验，从它的主观观点出发。对于一个又聋又瞎的人的经验也是如此，而他对我们的经验亦复如是。如果蝙蝠有智力或存在着火星人，那么它们在设想我们的经验及其主观特征时也会碰到与我们理解它们时相同的难题。因此"成为一只蝙蝠是什么样子"这一问题对其他任何生物（如果有经验），甚至我们人类的每一成员都是适用的。相对于每一经验主体而言，存在着他特有的主观观点这样的事实。所谓主观的观点，就是主观经验只能从经验主体的主观观点出发去观察才能得到理解。从否定方面说，内格尔的蝙蝠论证旨在否定物理主义；从肯定的方面来说，蝙蝠论证从一新的角度为二元论做了论证。因为它要说的不外是有意识经验既是真实存在的，又不同于物理实在，因

① 内格尔：《人的问题》，第 203 页。

此是独特的。

为了突出心理现象的独特的存在地位及本质，内格尔还做了其他论证，如他也提出了自己的关于解释鸿沟论证的版本。其特点在于，强调对心理状态的两种观点（即客观的观点和主观的观点）不仅在认识、描述、解释上是不同的，而且在实在上也是不同的，即认为两种观点看到的东西在表面上是同一的，但从微观上说，却存在着根本的不同。这就是说，从客观观点和从主观观点看到的东西之间存在着巨大的鸿沟。例如在面对一盘炒蛋的味道时，两种观点所看到的是根本不同的。“当用这两种观点看价值、目的和生活的形式时，鸿沟甚至会更深。”[①]从客观观点所看到的东西尽管是实在的性质或方面，但仅只这样去看对象，则是不够的，因为它遗漏了对象中某些更根本的、内在的性质。他说：“如果我们想用不同于经验主体的观点的客观观点去理解经验，那么……我们将不可能把握它的最特殊的本质，除非我们主观地予以设想。”[②]换言之，实在的世界比客观观点所看到的要多，仅据此去描述、解释、构想世界是“不全面的”。[③]他说：“关于心理世界的任何客观观点是不能把它揽括进来的。”[④]

他还声言：他主张存在着主观经验的世界并不意味着否定客观世界，也不意味着缩小世界的范围。他说：“我们并没有抛弃关于世界如何真实地表现自己的观点。”抛弃的只是狭隘的物理主义观点，即只承认客观世界，而否定主观世界的观点。不难看出，他通过上述论证所得出的结论是二元论的：世界上的存在有两大类，即主观地看到的世界和客观地看到的世界。它们是不同的，合在一起才是世界上的全部存在。

内格尔还利用裂脑人的研究成果论证了他的二元论。他的结论是：有意识和重要的心理活动属性，“要求存在一个单独的心灵主体”。只有坚持这一看法，才不会“与我们根据自己的模式来理解我们归之于他人的

① T. Negal, *The View Form Nowhere*, p. 25.

② Ibid., p. 25.

③ Ibid., p. 26.

④ Ibid., p. 25.

心灵这个需要”发生“抵触”,[①]才能较好解释裂脑人的研究成果。

内格尔也有自己的反唯物主义的模态(可设想)论证。可以这样表述:我可以设想,我有一种头痛,它没有任何大脑状态相伴随。既然这不能被解释为对某种只感觉到像头痛的设想,那么就有可靠的理由相信,头痛真的在没有大脑状态的情况下出现了,而且它不是大脑状态。同样,别的心理事件没有大脑状态也能发生。这种设想是基于这样的事实,即心理概念把握住了心灵的一个方面。如果我能知道,我可以设想我的当下视觉经验的出现,尽管大脑中没有任何特殊事件发生,那么我便能知道,这两种现象不是同一的。

五、“原—心理属性”与泛心论

如前所述,为了解释根本不同于物理过程的意识经验如何来到这个世界,内格尔设想物理实在之上除了有根本的原—物理属性之外,还设想有原—心理属性。这不仅表明他在心物问题上有二元论的倾向,而且为他得出泛心论结论埋下了伏笔。在《泛心论》等论文中,他更明确地表达了这一思想。他说:“有意识心理状态是某种东西的真实状态,不管它们属于我还是属于一种陌生的存在物。”[②]“当物质以某种方式结合,进而有一只老鼠或一只苍蝇或一个人开始存在时,由此产生的心理状态似乎必须属于那个有机体。”这个结论尽管是一种可能的选择,但“它比它的否定更可信”。[③] 他还说:“如果断言意识不会作为造就我们的物质的相同基本属性的结果而在其他复杂系统,甚至在大到星系的系统中存在,将会是武断的。”[④]因此应把泛心论放进为解决心身问题而提出的诸方案的大观园之中,承认它也是一种可能、或许是最好、最有前途的一种选择。他说:“应当在为心身问题开列的互不相容的而且没有希望被接受的现有答案

① T. Negal, *The View Form Nowhere*, p. 174.

② 内格尔:《人的问题》,第 205 页。

③ 同上,第 206 页。

④ 同上,第 207 页。

清单上补充一个泛心论。”①

由于不同泛心论者对心灵存在的范围之大小有不同的看法，因此泛心论有两种形式。一是普遍的泛心论，认为“树木花草，甚至岩石湖泊，还有血液细胞，都具有某种意识”。二是狭义的泛心论。它只承认我们自己和别的动物有意识。② 内格尔坚持的正是这种泛心论，当然，他的特点在于：首先，不否认万物有心这样的可能性。他说，有意识经验有可能“以无数的、我们完全无法想象的形式，发生在整个宇宙的其他太阳系的其他行星上”。③ 其次，他在内容及论证上也有自己的特点。

根据他的概括，他的泛心论有四个要点：(1)不只人类有心灵。(2)人类的心灵不是其他心灵的样板，更不是核心的事例，因此不能根据人类心灵去类推别的心灵。(3)人类心灵只是所有心灵中的事例。(4)心灵像物质事物一样，有自己的起源，乃至有自己的本质。从心灵依赖的直接条件来说，心灵可能有物理的原因；但又不可能通过考察、研究大脑两半球的宏观的过程和事件来说明心灵是怎样起源的，不可能弄清微观过程怎样发生在大脑的任意小的组成部分之中。要如此，必须假设“物质内部有原—心理属性”。④ 这心理性质像物理事物的最初本原一样，是最原始的。不过在作用上，它只有产生心理现象的作用，因此是原始的心理本原。广泛存在的心理现象都发源于它。当然，这只是一种推论或猜想，因为“要理解中枢系统的更小组成部分的原—心理属性，在本质上是极其困难的”。⑤

他相信存在着原—心理性质的根据是什么呢？这是他坚持因果必然性和心理现象因有主观特征而有自己的独立存在地位这两个原则的必然结论。根据前者，一切现存之属性都有其原因；根据后一原则，物理学解

① 内格尔：《人的问题》，第 206 页。

② 同上，第 207 页。

③ 内格尔：《成为一只蝙蝠可能是什么样子?》，高新民译，载高新民、储昭华主编：《心灵哲学》，商务印书馆，2002 年，第 106 页。

④ T. Negal, *The View Form Nowhere*, p. 49.

⑤ Ibid., p. 51.

释不可能解释物理系统的主观特征，“即不能解释任何有意识的心理状态对它的拥有者来说是什么样”。“对客观的神经系统的任何描述或分析，无论有多完整，本身都不会蕴涵任何非客观的东西。”[①]因此物理的解释与主观经验之间存在着“鸿沟”，而且“这个鸿沟在逻辑上是无法跨越的”。既然如此，要解释意识的起源，就必须设想有非物理的本原。他说：“如果一位无形体的上帝要想创造一个有意识的人，他不能指望通过有机的形式把大量只具有物理属性的分子结合在一起来造人。”[②]

他主张存在着原—心理属性还依赖于这样的推论：如果承认心理属性来自它的更基本要素的某些属性，心理属性不是纯物理属性，如果两百磅那么大的一块物质包含着构成一个人所需的材料，如果不赞成心物还原论和极端的突现论形式，那么可归结为它的要素的一切东西都一定有原—心理属性。[③]

他之所以赞成泛心论这一选择，是因为下述作为根据的观点比它们的反面更令人信服。这表明，他并不否认他的泛心论结论的作为推测或信念的性质。这信念是由这样几个观点推论而来的：(1)物质构成论：从构成所用的材料来看，任何事物都是由物质成分构成的，不需要除物质之外的任何成分。(2)非还原论：常见的心理状态如感觉、思维等，并不是有机体的物理属性。(3)实在论：心理状态或属性像物质构成一样是有机体的真实属性，有存在地位。(4)非突现论：即使是复杂系统也不能突现出所谓的新的属性，突现现象压根儿就是虚构。一切物理事物(包括高阶属性)都是由基本的属性及其相互作用构成的，都可从中引申出来，心理属性也有自己的起源。因此每种存在必须根据自身的本原及原因来解释，而不能诉诸突现性质予以解释。可见突现论与泛心论是水火不相容的。[④] 要坚持泛心论，必须否定突现论。在他看来，突现论把心理属性看

① 内格尔：《人的问题》，第 200 页。

② 同上，第 201 页。

③ T. Negal, *The View Form Nowhere*, p. 49.

④ 内格尔：《人的问题》，第 193—194 页。

作是系统的突现特性,这坚持的仍是这样的解释路线,即根据物理实在去解释,把它归结为更根本的物理实在。内格尔批评说:"说我身体的物理状态本身使得我处于心理状态 M,没有任何意义。……我无法理解的是,热,或大脑过程,如何使得感觉必然发生。"他不否认心理属性在物理实在之上发生的必然性,不否认这里存在着因果解释,但认为,这原因不可能是物理的东西。他说:"如果心理现象具有某些因果性解释,这种属性就必定存在,而且它们不会是物理的。"即是说,能解释心理属性之必然出现的属性只能是"非物理的"东西。①

在内格尔看来,泛心论的结论之所以优于其他方案,原因很多,其中之一是,它建立在上述很有说服力的前提之上,而否认任何一个前提都会陷入错误的深渊而无法自拔。例如,如果否定第一个前提,将导致二元论。如果否定非还原论,将导致各种还原论,而还原论"当中没有一种具有内在的可信性"。如果否定实在论,诸多麻烦将接踵而至;否认非突现论,将必然要承认,在复杂有机体的状态与心理状态之间存在着关联它们的不可还原的偶然规则。如果是这样,就等于说,对心理现象无法提供因果解释。而这是不能成立的,因为因果关系具有普遍必然性。②

内格尔还诉诸经验事实对泛心论做了论证。他认为,人具有意识的统一性,这是一个事实,而这可以否证同一论而证明泛心论。他说:"意识的统一性向主张心理状态是大脑这样的复合体的状态这一理论提出了难题,而泛心论只是这个问题的特别令人震惊的表现。"③无机物之上所表现的普遍的感应性也可作为佐证。物体对于力场都有感应性,例如带电荷的物体对电磁有感应性,吸引或排斥的电力或大或小地作用于这些场。感应性的大小可称作物体的电荷。就电力的关系来说,物体有感应性即有电荷,引力场和重力场中的物体也有感应性。而感应性正是初级形式的意识。

---

① 内格尔:《人的问题》,第 199 页。

② 同上,第 206 页。

③ T. Negal, *The View Form Nowhere*, p. 50.

六、内格尔的“主义”

内格尔在心身问题上的思想博大精深，在不同地方、不同时期阐发了不同的看法。加之，他自己对自己思想实质的概括也不统一，如有时赞扬属性二元论、两方面论。如果是这样，他的理论就应划归物理主义阵营，因为属性二元论至少可看作是温和的物理主义。如他在《无根之见》一书中主张：说身体具有物理属性与说身体具有心理属性，这两个说法之间没有矛盾。[①] 两方面论即主张心身是同一实在的两个方面的理论。从根本上说，内格尔是对立于两方面理论的，因为这种理论坚持的是还原论立场，而内格尔是反还原论的；但是又不能据此像克兰（T. Crane）等人那样把内格尔的理论称作非还原物理主义。克兰等认为，内格尔坚持的是非还原物理主义多种形式（突现论、解释主义或个例同一论、随附论）之外的一种新的形式。因为他的下述原则正是非还原唯物主义的基本原则：(1)差异性原则：心理属性是不同于物理属性的属性。(2)依赖性原则：心理属性是物理实在的属性。物理要素适当地组合为特定的有机体，就可表现出心理属性。

笔者认为，这种判释是有问题的。应该肯定，内格尔的确是不赞成实体二元论的，如他强调：不能从心理现象不同于物理现象这一点出发，而走向另一极端，即得出结论说，心理现象根源于精神实体。他说：“物理主义是错的，但没有必要再增加非物理实体。”[②]内格尔的理论也不能归结为属性二元论，而只能被看作是一种特殊形式的二元论。因为他明确承认世界有两种不可还原的实在：一是物理实在，二是从中派生出来而又有自己独立性的主观精神现象，它有状态和观点两方面。可见，他不仅肯定了一般二元论所承认的东西，而且“发现”了新的有独立本体论地位的“主观观点”。再者，他尽管不赞成实体二元论的精神实体说，但为了解释心理现象的存在地位，又相信或猜测其后存在着抽象的精神主体。更重要

---

① T. Negal, *The View Form Nowhere*, pp. 29-30.

② Ibid., p. 29.

的是，他像查默斯等人一样承认物质实在中一开始就有原—心理性质。正是这一看法，让他很顺利地走向了泛心论。当然，他一再声明：这些看法不是被证实的结论，而是有待验证的猜想或假说。

第三节　西格尔的基于信息论和量子论的泛心论

W. 西格尔（W. Seager）是加拿大哲学家，当今心灵哲学中十分活跃的人物，除公开发表大量论著外，还在自己的个人网站上刊登了大量读书和思考的心得及研究成果。在心身问题上，他像查默斯等人一样旗帜鲜明地主张二元论和泛心论，如对笛卡尔的二元论做了新的研究和解读，还以量子力学和信息论为依据，将关于人的心灵的认识泛化到一切事物之上，从而建构出了泛心论的新的理论形式。他自认为，他的泛心论是多种泛心论形式中的一种，特点在于：第一，诉诸量子力学，以支撑自己的结论。第二，尽管它有经验科学作基础，但它又不是一种经验结论，而是"一种纯粹的哲学理论"。第三，它赞成彭罗斯的这样的观点：大脑是支撑人的意识的量子系统，但它否认这些现象后存在着任何新的物理学。第四，与查默斯一样承认意识是宇宙的根本特征，但又认为，泛心论是到达这一结论的"最自然的途径"。①

一、笛卡尔二元论新解与新泛心论的出发点

西格尔的泛心论以二元论为基础，而他的二元论又是建立在对笛卡尔二元论的新的研究和解读的基础之上的，因此我们对他的泛心论的考察必须从这里开始。

笛卡尔的二元论在现当代西方心灵哲学中尽管常被提及，但由于它与占主导地位的科学精神和"自然主义转向"格格不入，因此一般是作为被批判的靶子而出场的。然而，西格尔冒天下之大不韪，公然为之大唱赞歌，奉为圭臬，如说笛卡尔是"心身问题研究最伟大的开山鼻祖"，所创立

① 威廉·西格尔：《意识、信息与泛心论》，高新民译，载高新民、储昭华主编：《心灵哲学》，商务印书馆，2002年，第418—420页。

的二元论是“关于世界的科学图景”。[①] 既然如此，笛卡尔的二元论就成了他的研究的出发点。他说，他试图“在笛卡尔关于世界科学图景之现代余脉的框架内，批判地考察关于意识的各种哲学理论”。[②] 他这样做的原因是：“笛卡尔的心灵哲学中有许多鲜为人知的方面。对它们作出更为直接的考察将让现代的各种理论迈上新的台阶，使这些理论更好地关注它们所面对的问题。”[③]

对笛卡尔心灵哲学的通常理解是：第一，笛卡尔的大量论证必然导致心灵透明论，即认为心灵的一切都可被意识到，或被人自己认识到，而且这认识是无误的。第二，他的二元论不过是主张心灵在本体论上独立于、不同于物质。这两点在许多人看来都是错误的。西格尔不否认笛卡尔有这两方面的思想，也不否认其中有许多错误。但西格尔要争论的是：笛卡尔在他的理论中所透露的世界观，尤其是所提出的问题，不仅没有过时，而且事实上仍在发挥重要的作用，如潜移默化地渗透到了现今许多论者的方法和结论之中，甚至连反笛卡尔主义者也不例外。他说：“它们成了任何意识理论必须遵守的工作日程表。”[④]

根据西格尔的新的理解，笛卡尔心灵哲学中最重要、最关键的思想不是他的二元论结论，而是他的表征理论。不仅如此，他还对意识与表征的联系发表了建设性的看法。如认为，既然每一个意识状态都包含一种观念，而观念在本质上是表征性的，因此意识在某种意义上可以说是表征性的东西。在他看来，神经活动在心灵中引起的东西就是观念，而观念即表征，观念有时是关于身体的表征，有时是关于世界的，有时是关于纯抽象对象的。他的独特看法是：所有进入意识之中的都是观念，而全部观念在本质上是双面的。一方面，它们表征为心灵材料的变形或神经网络状态

① W. Seager, *Theories of Consciousness: An Introduction and Assessment*, London: Routledge, 1999, x.

② Ibid., x.

③ Ibid., x.

④ Ibid., p. 16.

的变形,它们代表的是心灵之外的东西,但它们在心灵中即以"形式实在"(formal reality)的方式表现出来;另一方面,它们具有表征内容,此内容可称作"客观实在"。[①] 此外,在笛卡尔将推理和逻辑阐述为认知器的时候,他已表达了计算主义的思想。至少可以说,他的思想中已包含了"计算主义的萌芽"。[②]

根据西格尔的解读,笛卡尔是在建立科学世界观的过程中形成他的二元论的。在笛卡尔看来,一切有广延的东西都是可为物理学研究的。但世界上除了这种存在之外,还有另一种存在,即无广延的心灵。其根本特征之一是意识。意识尽管不是物质,但存在于物质性大脑之中。这一看法使他面临着意识的产生问题,即大脑这种物质性存在怎么可能产生出作为非物质属性的意识?这类"产生问题"实即今日所常说的"意识的困难问题"。根据西格尔的新的梳理,它其实包含两方面的问题,一是本体论问题,二是认识论问题。他说:"产生问题既可指本体论上的困难,又可指认识论上的忧虑。"[③]

这样解读当然是有争论的。许多论者认为,笛卡尔不可能提出产生问题。因为他既然认为意识是精神实体的属性,因此不可能再去追问意识怎么可能由大脑产生出来,怎样由大脑实现或执行这样的问题。他即使涉及了这一问题,但问题的形式一定是不同的。它可能是这样的问题:意识怎样出现在人身上、由什么执行?如果他要问意识怎样产生出来,也只会问意识怎样由精神实体产生出来。根据这种通常的解读,笛卡尔正是在追问意识的非物质基础或根源时,才得出了存在着精神实体的二元论结论。

西格尔认为,笛卡尔不仅提出了产生问题,而且有对它的系统解答。可表述如下:意识的产生基础是松果腺,而松果腺的可能运动可称作物理

---

① W. Seager, *Theories of Consciousness: An Introduction and Assessment*, London: Routledge, 1999, p. 3.

② Ibid., p. 7.

③ W. Seager, *Theories of Consciousness*, p. 29.

属性 p,p 是一种完善的物理属性。西格尔用笛卡尔的原话证明了这一点:"大自然似乎把那腺体的每一种运动都关联起来了,直至从我们最初的生活中产生出我们的某些思想,不过我们还可基于习惯把这些思想与别的思想结合起来。语言活动证明了这一点。语词在腺体中产生出运动,这运动是由大自然所规定好了的,当人们把它们讲出来时,大自然就让它们的声音呈现给灵魂;当人们把它们写出来时,大自然就让它们以字母的形态呈现给灵魂。"[①]在西格尔看来,笛卡尔对产生问题的解答可概括为"分子构成理论",它认为,在最简单的层面上,大脑的纯粹的因果力产生了有意识经验的基本单元。[②]

必须看到,笛卡尔毕竟承认存在着独立的精神实体或灵魂。怎样解释这个事实?西格尔说:他的二元论中所假设或"虚构的分离的灵魂不过是一种政治上有用的安定剂,其作用是逃避,以免重蹈伽利略的覆辙"。[③]这就是说,他所说的精神实体是为政治和宗教的需要而提出的一种摆设。因此他的实体二元论并非他的心灵哲学的主旨。

在心身关系问题上,通常的理解也有错误,其原因在于:只看到了笛卡尔对心灵的离体性的强调,或对身体在心灵发挥作用时的否定,而没有看到他同时还有强调心灵具有具身性的一面。我们知道,"具身"(embodiment)问题是哲学和认知科学中的热门话题。西格尔强调:"身体如此深入地浸透于心灵之中,以致无论是从文字上还是从形而上学方面看,我们的全部经验,甚至我们以之直面世界的概念资源,绝对依赖于我们有特殊的具身性这一事实。"在一些人看来,承认心灵有具身性,必然得出否定笛卡尔关于身体的理论。因为根据常见的理解,笛卡尔似乎完全否定了身体在心灵形成、成长和运作时的作用。西格尔指出:"这对笛

---

① J. Cottingham et al (eds.), *The Philosophical Writings of Descartes*, v. 1, Cambridge: Cambridge University Press, 1985, p. 348.

② W. Seager, *Theories of Consciousness*, p. 1.

③ Ibid., p. 12.

卡尔是有点不公平的。"[①]因为笛卡尔尽管承认有离体的心灵，但并不否认身体在我们心灵发挥作用时的意义，例如笛卡尔不承认心灵是像船上的舵手那样的存在就表明，他承认心灵并不能独立于身体而起作用。用笛卡尔的话说，除了这样设想离体心灵的经验，即承认它从具体的存在中"吃进了"感觉经验，再无法想象离体心灵的经验像什么。就情感来说，笛卡尔强调：它从根本上依赖于身体，根源于对身体状态的评价。即使最纯洁的、获得了高度发展的情感也是如此。[②]

分离论的最大难题是，似乎无法说明心身怎么可能相互联系、互为因果。在西格尔看来，笛卡尔并不像通常理解的那样，在回答这个问题时陷入了二元论与交感论的矛盾，而给出了合理的答案，如认为世界和心灵之间存在着许多神经通道。当然，这又有这样的问题，这通道仍是物质的，它怎么可能与非物质的心灵发生关系。为解决这一问题，笛卡尔便提出了他的著名的松果腺理论。

二、关于意识的二元论

西格尔对意识发表了不同于同一论而实质上可归结为二元论的看法。他之所以得出这样的结论，是与他对意识的特征的看法密切相关的。意识的特征是体现在所有意识形式中的共同的、而有别于非意识实在的特征。意识有一些什么样的表现形式？其共同特征是什么？

意识的多种形式可从"意识"一词的多种用法及意义中推导出来。"意识"一词可指这样一些现象，如(1)反思性的现象，(2)反省性的现象，(3)知觉现象，(4)情绪状态中的躯体感觉和评价等。这些现象就是意识的不同形式。

在西格尔看来，所有意识中共同的东西在于，它们都具有主观性或第

---

① W. Seager, *Theories of Consciousness*, p. 2.

② 参阅 J. Cottingham et al (eds.), *The Philosophical Writtings of Descartes*, v. 1, Cambridge: Cambridge University Press, 1985, p. 365。

一人称的特点。[①] 这特征当然还有其他表述方式，如质的特征，或经验的特征，或感受性质等。他说：感受性质“是意识的一些独特的、被经验到的特征”，如被知觉或被想象到的罂粟花的红色，食物的被尝到的滋味等。正是它们，使某物感觉起来栩栩如生。从作用上说，感受性质是价值的源泉和根据。[②] 作为问题，感受性质问题是意识问题中最关键、最核心的问题，没有前者，就没有后者。

西格尔认为，物理主义的问题在于“否认了”意识这样的关键特征，即它有质的或经验的方面。这也就是说，意识有两种存在，即除了物理主义看到的方面之外，还有内在的价值。认识到这一点，将有助于拓展意识研究的新领域。[③] 所谓内在价值即指有意识经验是可从内在方面加以估值的。说它可估值或有内在价值，意思不外是说，存在着某些有意识的经验，对于它们自己来说是值得拥有的。它们产生出来，将会引起什么，不是由别的东西决定的，而是由其自身所使然。这价值是可认识的，当然只能由经验者自己认识。事实上，每个人都能认识意识状态无疑具有的某种价值。

西格尔指出：强调意识有内在价值，不是他的首创，而是他从西沃特(S. Siewert)那里借鉴来的。[④] 后者强调，价值有工具性和非工具性价值之别。只有有内在或非工具性价值的事物才能被看作是意识状态。它之所以是可估值的，是因为它们有主观的构成因素。据此，可把意识状态与非意识状态如大脑状态区别开来。大脑状态之所以为大脑状态，是因它不具有内在的价值，而仅有工具性价值。而有意识状态则有非工具性价值，这种价值是真正的内在价值。不是这种价值的价值之所以出现，是由它与没有内在价值的东西的关系所决定的。换言之，一切有工具性价值

① W. Seager, “A Brief History of the Philosophical Problem of Consciousness”, http://www.utsc.utoronto.ca/～seager/con_history.pdf, p. 2.

② W. Seager, *Theories of Consciousness*, London: Routledge, 1999, ix-x.

③ W. Seager, “Consciousness, Value, and Functionalism”, p. 2.

④ 可参阅 S. Siewert, *The Significance of Consciousness*, Princeton: Princeton University Press, 1998, ch. 9。

的事物完全是依它存在于其中的环境为转移的。大脑正是这样,尽管它与意识状态的实现有关,但毕竟不是意识。意识一经多样实现,便有自己的不同于大脑状态的独立地位。两者的区别,从价值属性上说,主要在于大脑状态仅有工具性价值。例如神经细胞是听到声音这样的有意识经验的实现者,可传递神经冲动,但它本身并不是听觉意识,因为它完全由环境所决定,且只具有工具性价值。而由之所实现的经验则有自己的内在价值。可见,即使承认意识具有可为神经系统多样实现的特性,也仍能看出它与实现它的神经状态之间的差别。

西格尔不仅吸收了上述思想,而且还根据莱布尼茨的同一不可区分原则[①]对意识状态与大脑神经状态之间存在的非同一性做了进一步的阐述。可这样予以表述:(1)意识状态有内在价值,(2)大脑状态只有工具性价值,没有内在价值。(3)因此根据同一原则,大脑状态不是意识状态。很显然,这个综合了西沃特思想和莱布尼茨原则而形成的论证不仅有驳斥类型同一论和个例同一论的作用,而且成了他坚持二元论的一个根据。因为根据这个论证,心物二者,一个有内在价值,一个没有,因此是两类在性质上有根本区别的存在物。

西格尔证明意识及其主观特征有本体论地位的论证还有很多,如他有独特的怪人论证。假设有这样的世界,它在一切物理细节和规律方面与我们的现实世界没有什么区别,那上面的人与我们这个世界也没有区别。甚至可以设想,他们是我们这个世界上的人的分子对分子的复制品。例如这个世界上有我,那个世界也有一个在一切物理方面都同一于我的"孪生我"。但有一点不同,那就是现实世界上的我有意识,而那个孪生的我没有。根据物理主义原则,意识是由大脑状态实现的,有什么样的大脑状态就应有什么样的意识状态。然而,我与"孪生我"在物理上相同,但我有意识,他却没有,因此"承认怪人有逻辑上的可能性,就是否认一切物理

---

① 其内容可表述为:对于任何对象 x 和 y 来说,如果它们是同一的,则其中一个所具有的属性也为另一个全部具有,反之亦然。

主义"。换言之,只要承认怪人有纯逻辑的可能性,"就足以驳倒物理主义"。[①] 如果物理主义是错的,那么二元论就是对的。他说:"如果我的哲学上的怪人是逻辑上可能的,那么就有这样的可能存在,它具有我的一切物理属性,但没有我的心理属性,因此心理属性是非物理的属性,物理主义所断言的一切都是物理的,就是错误的。"[②]

总之,在西格尔看来,意识是世界存在大家族中的一员,真的有独立的存在地位。既然如此,把它等同于物理的存在就是错误的。

三、产生问题、信息与泛心论

西格尔如此看待意识,必然碰到查默斯所说的产生问题或困难问题。如前所述,产生问题是指:意识为什么能由物理材料的某些特殊的构型产生出来?功能描述的一个特殊层次怎样产生了意识?它实际上产生在哪个层次?[③] 他说:"产生问题绝对是至关重要的。没有它就没有意识的困难问题,而有了它,该问题看起来才真的很困难。"[④]

西格尔认为,产生问题可诉诸信息论和量子理论予以解答。根据信息论,世界除了物理特征之外还有非物理的特征,如信息就是这种特征。信息无处不在,并有重要作用。当然这里所说的信息的外延比传统信息论所说的信息要广,不仅包括古典信息论所说的比特容量,而且还包括那些近乎语义信息的东西。这类信息更接近于精神性实在。有了这个新的信息概念,就可对作为世界根本特征的意识作出新的说明。他说:"这些根据与把意识当作是世界的真正的根本特征的观点是一致的,就其本身来说,它们似乎与新观察到的世界是一致的。"[⑤]

---

① W. Seager, "Are Zombies Logically Possible?" http://www.utsc.utoronto.ca/~seager/zombie.html.

② Ibid.

③ 威廉·西格尔:《意识、信息与泛心论》,载高新民、储昭华主编:《心灵哲学》,商务印书馆,2002年,第400—402页。

④ 同上,第402页。

⑤ W. Seager, *Theories of Consciousness*, p. 245.

西格尔在说明信息和意识时，利用了查默斯的研究成果。后者认为，信息是意识的“自然关联物”，而信息又是宇宙的根本特征。但问题是，信息概念有歧义性，如有时可指物理状态的比特容量，有时可指由传输单元所携带的内容。究竟是哪种信息能成为意识的自然关联物？西格尔的回答是：“意识和信息只有在语义学意义上的层面上，而不是在比特容量的层面上，才是有关联的。”[1]这就是说，古典的信息理论所强调的比特容量是不能成为意识的关联物的。因为这种意义上的信息是某种物理因果过程的特征，遵循的是因果基本原则，即它是由更基本的物理过程所实现的东西。而能作为意识之关联物的信息必定是基本的或本原性的性质。怎样对这种性质作出令人信服的说明呢？

西格尔的回答是：要形成对信息本质的新的、有价值的看法，“自然应到量子力学中去”探寻。根据他的解读，量子力学的成果可帮我们建立这样一种信息观：“在量子系统的要素中存在着一种非因果的、但有信息载荷的联系，这种联系不是比特通道或任何别的因果过程”，而是语义学意义上的信息过程。这种信息同时是世界的根本特征。[2] 他承认，这是关于信息本质的更强的观点。

西格尔的上述分析必然导致查默斯的这样一个泛心论结论，即意识是宇宙的根本特征、是宇宙的基本事实。西格尔不仅赞成这一观点，而且还作了发展，其表现是使之“更激进”。他承认，他的其他更激进的观点都是以意识即宇宙的基本特征这一观点为基础的。[3]

西格尔认为，对上述新泛心论的基本命题可作出多种不同的解读。他的看法是，尽管可以把意识看作根本特征或根本性的性质，但这里并未承诺意识是一个与物质平起平坐的独立的本原。从终极性起源上说，意识不可能凭空产生，也不是自己产生自己，而是从物质中产生的。当然这

---

① 威廉·西格尔：《意识、信息与泛心论》，第 404 页。

② 同上，第 408 页。

③ 同上，第 400 页。

种产生既不是一对一的转化,也不是组合性的产生,如桌子的部分组成桌子,而是“突现性地产生的”。在这一点上,他赞成查默斯的观点。他说:“意识完全是一种突现的现象。”当然,在特定的意义上,又可以说意识带有根本性。他说:“只是在它不能根据表现它的有关复杂系统的属性予以解释的意义上,它才是根本的。”[①]西格尔把上述到达泛心论结论的过程称作“突现论途径”。正是基于这一方案,泛心论一方面得出了意识是万物基本特征(突现性质)的结论,另一方面又没有违背意识从物质中产生出来这一科学原则。

突现论为什么有这样的作用呢?要回答这一问题,必须回到他们对突现属性和突现论的理解之上。所谓突现属性是指这样的属性,它的出现不可能根据基本的属性或表现突现属性的系统的部分来加以预言。有两种突现论。一是温和的。它认为,突现属性为描述复杂现象提供了新的出路。这样一种新的描述不能从基本理论中推导出来。例如在大气动力学中,没有什么东西能预言“暴风雨”这一概念。二是激进的突现论。它断言:突现的属性对世界的状况有真实的影响,仅仅根据基本物理规律是没法模拟突现属性的,例如即使把暴风雨出现的一切要素都找到了,并放在一起,也不可能模拟出暴风雨。查默斯的意识理论所依赖的突现论与上述两种突现论有一些不同,处在它们之间。他一方面强调意识是突现性的,另一方面又认为意识是副现象。

西格尔赞成查默斯对突现论的理解,但不赞成他的副现象论。他说:“世界的根本特征一定能在世界上做点什么。”[②]为此,他提出了基本因果关系原则。该原则断言:世界上的任何基本特征不可能在因果上无效力。例如,如果电子的质量是一个基本的事实,那么它在有关的物理过程中一定有因果作用。

基于上述分析,西格尔把他的泛心论具体表述为一个基本观点和三

① 威廉·西格尔:《意识、信息与泛心论》,第408—409页。

② W. Seager, *Theories of Consciousness*, p. 227.

个子命题。基本观点是:“物理自然界的基本事项具有这样的心理的方面,它们在这些事项的行为中起着独特的因果作用。”[①]这心理的方面普遍存在着,即有本体论地位,但为物理主义遗弃了。因此他的理论有这样的优越性,即可以避免物理主义遗漏存在属性的片面性和不完全性。三个子命题实即泛心论的三部分内容:(1)关于心或意识的本质的理论:一切存在物中的“隐变量”并不是物理的,而是基本意识的一种形式,它是这样一种意识,它伴随每一物质粒子的运动,具有难以想象的简单性。这是关于整个世界的图景的“心灵论”部分。(2)这种理论还有强调“泛”的部分,它断言:意识是世界的绝对的根本的特征,物理实在的每个要素都有其心理的方面。(3)心理的方面不是副现象,而有因果作用。[②]

四、泛心论的困难与辩护

西格尔深知,当今由查默斯等人以及他本人所倡导的泛心论受到了广泛而尖锐的批评,归纳起来有下述五大责难:(1)结合难题:即使我们承认实在的所有要素中有某些类型的心理的、有意识的方面,但这样一些要素之集合又是怎样形成高阶的、有统一性的意识状态的呢?这不又回到了产生问题吗?不错,结合问题实即产生问题。(2)无意识的精神性问题:即怎样说明无意识现象的精神性问题,是什么秘密的力量让完全无意识的心理因素结合为有意识的复杂状态?(3)完全性问题:物理世界从因果上说是封闭的、完善的,仅有物理的东西就能解释这个世界的一切。存在的东西或特征一定会对世界产生某种影响。如果承认泛心论,即承认物理实在之外还有力量,那么必然会威胁、上述物理学原则。(4)无根据或无标记问题:似乎没有直接的证据证明:实在的每个因素中都存在着一种有联系的、心理主义的、有意识的方面。如果有这样的方面,一定会有其标记。(5)非心问题:即使承认有证据证明存在着根本的非物理的属

① W. Seager, *Theories of Consciousness*, p. 245.

② 威廉·西格尔:《意识、信息与泛心论》,第 418 页。

性，它们渗透在世界之中，并对事件有某种因果作用，那么我们为什么一定要把它们称作心理属性？为什么不把它称作新的物理属性？换言之，泛心论为什么要认为世界万物有心理的方面？这样说有何根据？

西格尔根据量子力学等前沿自然科学的成果，将问题的顺序倒过来，即从第五个问题开始，对它们做了自己的回应。

就第五个问题来说，他用类比方法做了证明。例如对亚原子粒子，人们没有在上面看到有引力的标示或记号，但这不妨碍人们用引力去解释两个粒子之间的关系。同样，尽管没有直接根据说宇宙的每个要素具有意识的特征，但有同样的理由用意识去解释它们的行为。为说明这一点，他根据量子力学的双缝实验论证说：“粒子对完善探测器的结果了如指掌。在量子清除器中，在粒子与清除器之间没有任何可证明的因果联系的情况下，粒子仍知道信息是不是被清除了。它们对信息的敏感几乎无异于具有心智的王国。”基于此可以推断说，作为根本特征的意识出现在了基本构成要素的层面。[①] 如果是这样，那么基于量子力学成果而发展了的泛心论便有这样的结论：“物理自然的构成单元具有心理的方面，这个方面在这些单元的行为中又享有独特的因果作用。”[②]

西格尔还从进化论角度做了论述。他指出，泛心论在的近代尽管受到了科学的否定，但“由达尔文在生物学中所发起的革命又重新燃起了对泛心论的兴趣”。因为在机体及特质的全部进化历史中，存在着由量变到质变的不同阶段。即使是在每一次量变中(更不用说质变)，新的状态与旧的状态无疑有其差别。而在这种转化中，一定存在着某种基本的东西，可把它称作心理的方面。正是它，决定着进化的发生。他赞成19世纪克利福德(W. K. Clifford)根据进化论所得出的这样的结论：“即使是在最低级的有机体中，即使是在漫游于我们血液中的阿米巴中，对我们来说，也存在着某种或别的难以想象的简单的东西，它与我们自己的意识具有

① 威廉·西格尔：《意识、信息与泛心论》，第415页。

② 同上，第415页。

相同的本质。"[①]西格尔评述说,克利福德假定了一种可知的机制,"通过它,简单的东西以不同方式结合到复杂的东西中,这种增补推进了迈向泛心论的步伐"。[②]

总之,"如果我们把意识当作世界的真正根本特征,那么下述看法就没有什么奇怪之处,即它能在离我们很远的区域、以很难认识的方式表现自身。"就像吸引力一样,即使我们没有真实地接触到它们,但谁都不会否认它们的存在。[③] 他说:"如果与引力的类比是可接受的,那么我们就有望认识到:与物理自然的基本单元连在一起的某种程度的意识的作用力,是完全一样的。"[④]

下面我们简要考察一下他对其他几个责难的回应。他对第四个责难的回答是:可以找到根据证明心理因素在实在世界中的作用,这些精神性作用是有标记的,"例如在我们想到泛心论的学说有其真实的内容之前,世界的基本特征中就有精神性的'标志'"。[⑤] 像基本粒子的许多特征难以被分辨一样,"与物理自然的构成单元有联系的那个'级别'的意识之结果是完全不可分辨的,不存在这样的要求,即要求根本特征在每一可能的梯级上表现出操作上可观察的结果"。[⑥]

第二和第三个问题不太重要,这里略去,只考察他对结合问题的回答。他承认这是一个很难的问题。这个问题最初是由心理学家詹姆斯提出的。西格尔认为,只要对詹姆斯提出这个问题所依据的形而上学假定作出适当的分析,那么是可以找到"相当自然的回答"的。在他看来,詹姆斯之所以提出结合问题,并认为它不可解决,是因为他坚持部分学合成物原则。根据这一原则,部分合成整体只是一种假相,或者说,"总合本身只

---

① W. K. Clifford, "Body and Mind", in L. Stephen et al (eds.) *Lectures and Essays*, London: Macmillan, 1886.

② 威廉·西格尔:《意识、信息与泛心论》,第 410 页。

③ W. Seager, *Theories of Consciousness*, p. 244.

④ Ibid., p. 244.

⑤ Ibid., p. 244.

⑥ 威廉·西格尔:《意识、信息与泛心论》,第 414 页。

是相对于一个偶尔审视那些单元、如此去理解那总合的旁观者而存在的”。例如音素不可能结合为和谐或不和谐的音调，只有当有一个听者在场并去感知音素时，才有合和之音的出现。克利福德早就根据双缝实验对此做了批评，强调量子整体并不是它们的部分的总和。在双缝实验中，人们往往错误地把通过两个裂缝的粒子当作是一种混合体，“但事实并非如此，它们存在于两种可能状态的叠加 $\Psi_1+\Psi_2$ 中，而叠加是状态的一种‘结合’，其本身形成了一种真正新的、具有可观察到的、不同于混合物属性的状态”。同样，意识的要素也可以结合为复合的经验，但这样不是旧要素的混合，而是一种新的意识。[①] 总之，结合问题是可以在改造利用量子力学等科学成果的基础上得到解决的。他说：“量子同调性(quantum coherence)可能是更复杂的意识状态的基础，因为只有同调的多粒子系统才会保持独特的量子力学属性，而正是这些属性构成了适当的‘总合规则’的基础。”[②]

第四节 内在本质论证及其他

泛心论在当代心灵哲学中不仅奇迹般地死灰复燃了，而且犹如星星之火，燃烧得越来越旺。其表现之一是，许多著名人物接受了它，并搜索枯肠，对之做新的解释，由此导致了许多新的泛心论论证形式的诞生。例如英国著名分析哲学家斯特劳森之子小斯特劳森(G. Strawson)论证说：泛心论不仅不与物理主义发生矛盾，反倒蕴涵于其中，因此可由之定推出来。[③] 这无疑是一个新奇得有点难以理喻的观点，因为长期以来，泛心论与物理主义被认为是势不两立的两种理论。如果泛心论真的不与物理主义相矛盾，那么其合法地位便得到了证明。因为物理主义毕竟是占主导地位的思潮。前述的著名哲学家 T. 内格尔对之也做了新的论证。此

① 威廉·西格尔：《意识、信息与泛心论》，第 417 页。

② 同上，第 418 页。

③ G. Strawson, “Realistic Monism: Physicalism Entails Panpsychism”, *Journal of Consciousness Studies*, 2006.

外，还有许多人根据新物理学如量子力学予以论证，如特勒(P. Teller)就做了这样的论证。[①] D. 查默斯和西格尔对之更是不遗余力。这里，我们拟对几种新的论证作出考察。其中，有些是旧瓶装新酒，有的是新瓶装新酒。

一、内在本质论证

在所有论证形式中，内在本质或属性论证(intrinsic nature argument)最引人注目。本来，这一论证早就出现在莱布尼茨的泛心论之中了，但当代许多哲学家鉴于它受到的挑战，又对之做了改铸和完善，要么予以重构，要么往里注入新鲜血液，从而出现了许多不同的新版本。

莱布尼茨的论证建立在可还原原则这一形而上学原则之上。该原则可表述如下：事物的一切关系属性都可还原为它的内在属性或本质，即可根据后者对前者作出化约性说明。所谓内在属性是事物独自具有的属性，即使世界上只有这个事物，它也有这属性，而关系属性离不开它物的存在。这原则有两层意思：(1)关系和关系属性随附于个体的内在属性。(2)关系、关系属性之所以存在是由于存在着内在属性。不可否认，这个原则是有许多反例的，例如一事物即使没有经历内在属性方面的变化，也照样可在空间中运动，而运动属关系属性。根据上述还原原则，此关系属性的变化根源于内在关系。而事实上，这外在关系的变化与内在属性并没有什么关系，即并不是后者的变化决定了前者的变化。因此还原在这里是多余的。莱布尼茨对此的辩护是，这里的作为运动的空间关系仍与事物的内在属性有关，因为空间除了是事物存在的次序之外，什么也不是。如果承认它是次序，那么在追溯其根源时，就会追溯到事物的内在属性。

---

① P. Teller, "Retational Holism and Quantum Mechanics", *British Journal for the Philosophy of Science*, 37(1986):71-81.

根据莱布尼茨的看法，如果还原原则是对的，那么由此就可得出泛心论的结论。因为在人身上，我们经验到的一切都是现象，现象是由其后的意识所决定的。而意识恰恰就是人的内在的属性。如此类推，在人以外的事物中，它们之上之所以有外在属性及关系的变化，是因为其内有内在属性在起作用。而内在属性就是如同意识一样的东西。不难看出，莱布尼茨的泛心论论证以可还原原则为出发点，强调：人体中的唯一的内在属性可看作是所有关系的内在构成根据，这种内在属性又不过是信息关系，而信息表现自己的唯一方式就是要借心理状态的解释或解码作用，进而才能成为真正的经验内容。其他事物的内在属性对关系属性的决定作用可如此类推。因此，一切事物都有心理或意识的方面。

“内在本质论证”一经问世，便成了泛心论者的杀手锏。为了使之更加锋利、有效，许多人对之刻意打磨，从而出现了内在本质论证的不同版本。

美国著名数学家、哲学家怀特海（A. N. Whitehead）不仅是二十世纪最先站出来论证泛心论的思想家，许多人据此认为他在二十世纪开了复活泛心论的先河，而且也为内在本质论证的“发展”做了自己的奉献。众所周知，他是过程哲学的创始人，还提倡过程神学，并据以对罪恶做了别具一格的解释。他不否认上帝是世界的终极因、第一推动力，但又认为，上帝的作用表现在“劝导”，而非控制宇宙的生成。他具有两种性质，一是原有的性质，二是后来的、在生成宇宙过程中出现的性质；上帝既是一，又是多；既创造世界，又为世界所创造；既创造善，又创造恶。这一关于上帝的思想中无疑包含有泛心论的思想。

在形而上学哲学中，他尽管没有用“泛心论”一词来表示自己的理论，但有理由认为，他的过程哲学中包含着泛心论思想，因为他有这样的主张：心性或精神性（mentality）是实在的根本的或原始的特征，每个事物都以某种方式、在某种程序上分有（partake of）心性。当代泛心论的旗手西格尔评述说：“就他把某种形式的经验当作存在的根本单元来说，无疑可以说他是一个泛心论者。”[1]怀特海自己的文本足以证明这一点，如他常说：每一实际的存在就是把现实世界包容于它的范围内的经验的一种搏动。在《思想的样式》一书中，他通过对物质本质的分析展示了他对泛心论的论证。西格尔把它称作“关于泛心论的内在本质论证”。[2] 其特点是：把能力论证成万事万物的普遍内在本质。在考察、改造科学和常识的物质概念的基础上，他强调：物质可以理解为这样一种碎片，即“能维持自身同一性的实在，因为每个碎片都占有一个确定的空间区域，具有它的一组内在属性，例如有质量，有颜色。物质的诸部分的关系是纯空间性的，而空间是不变的，总自在地包含着维护诸部分关系的能力”。[3] 这种能力就是决定物质外在性质和关系的内在本质，是每个物质普遍具有的，也可被称作精神性实在。

怀特海对泛心论还有别的论证形式。如有一个是基于突现性的论证：如果承认世界上普遍存在着突现性或突现现象，那么就必须承认万事万物都有精神性，不然没法解释突现这一极其复杂的过程及其所产生的全新性质是如何可能的。[4] 这当然是一家之言。因为即使是坚持泛心论的人，对突现性质是否存在，也存在着不同的看法，如内格尔和斯特劳森正是在否定突现性质存在的基础上得出了自己的泛心论结论。

小斯特劳森(G. Strawson)对内在本质论证的翻新，被西格尔誉为“内在本质论证”的最新版本。其特点一是用了许多高水平的形而上学武器，如内在属性、本质等；二是强调，他的泛心论不仅不与占主导地位的物理主义、自然主义矛盾，反倒是“真正的物理主义”。当然，这里所说的物理主义有特定的含义，即指与笛卡尔主义密切结合的物理主义。用他的话说，这种“主义”准确地说是“自然化的笛卡尔主义”，特点在于：既避免

① W. Seager, “Whitehead and the Revival (?) of Panpsychism”, http://www.utsc.utoronto.ca/~seager/whitehead.html. p. 3.

② Ibid.

③ A. N. Whitehead, *Modes of Thought*, New York: Macmillan, 1938, p. 131.

④ A. N. Whitehead, *Process and Reality*, New York: Macmillon, 1929, p. 220.

了片面的物理主义和片面的心理主义各持一端的偏颇，又把两者中合理的东西包括进来了，因此“既相信唯物主义，又尊重这样的观点，即认为唯一特殊的现象是有意识经验的现象”。[①]

他的论证可表述如下：每个事物都有内在本质或属性，它们必然决定了事物的各种关系性属性。这种决定作用类似于意识在决定人的外在行为表现中的作用，因此万物都有意识这一内在属性。有何根据说万物有像意识一样的内在属性呢？斯特劳森基于自己对物理学成果的解读提出：即使是电子这样的事物，其行为都可用“倾向”之类的术语来描述，如可以说电子在某环境下倾向于以某方式行动。而有此倾向，一定有其内在的根源。这内在的根源就是我们所熟悉的内在本质。而内在本质的别名就是意识。

按传统的观点，如此看“意识”之类的东西，显然是有悖于物理主义原则的。但斯特劳森不这么看。因为他对“意识”、“心理的东西”有非同一般的理解。他把它分为两种：一是一般意义上的心理的东西，它指的是无处不在的属性，甚至是一切事物的根本属性；另一种是独特的心理现象，即有意识的经验。由此说来，如果在前一意义上理解心理的东西，那么一般的二元论与一元论、唯物主义就没有什么冲突。正是在此意义上，他认为，泛心论与一元论、唯物主义并不存在矛盾。他说：“经验的东西与非经验的东西之间的关系如此困难，因此泛心论值得严肃对待。”[②]他所重构的泛心论也有特殊的意义，指的是这样一种哲学理论，它认为“存在着的一切事物都是灵魂，或者说有灵魂”。[③] 这也就是说，一切物质的根本的、普遍的属性是：它能实现经验，或者说能包含经验。它有两个版本。一是非对称的泛心论。它认为，“不管什么地方、什么时候，只要有经验实在就一定有非经验实在，当然其反面不可能”，或者说，反之则不然。[④] 二是对

① G. Strawson, *Mental Reality*, Cambridge, MA: MIT Press, 1994/2010, xi.
② Ibid., p. 75.
③ Ibid., p. 72.
④ Ibid., p. 72.

称的泛心论。它认为，只要有经验实在，就一定有非经验实在，反之亦然。这意味着，任何非经验的事物永远同时有经验或心理的属性。质言之，有实在，就一定有经验，有经验就一定有实在。而前一主张较弱。它只说：有经验，一定有包含它或实现它的实在，一定有它所依赖的实在。但有实在，不一定现实地有经验。泛心论的上述两个版本分别一致于"同等地位的一元论"和"非对称的物理主义"。

所谓"同等地位的一元论"（equal-status monism）指的是这样的理论，它主张：实在同时有经验（心理）和非经验（非心理）的方面，两者在实在中永远结伴而行，或永远共在（coexist），享有同等的地位。[①] 而非对称唯物主义强调的是：有心理出现，其后一定有物理的东西，反之则不然。

根据斯特劳森的看法，泛心论与上述一元论和唯物主义的关系可以这样予以概括：(1)泛心论可以是同等地位一元论的一种形式。因为在前者看来，承认所有实在都包含经验，就是承认包含经验是存在着的事物的根本属性，就像它有广延和电荷等一样。(2)泛心论并不必然是同等地位一元论的一种形式，因为它还可能是非对称性唯物主义的一种形式。(3)同等地位一元论并不必然是泛心论的一种形式，即使它们可能自然结合在一起。[②]

斯特劳森的泛心论由于涉及与上述各种"主义"的复杂关系，因此显得十分晦涩。不过，其主旨思想是清晰的，可概括为这样的基本命题：一切存在的东西内在地包含着经验。其理论基础是下述彻底的经验论原则：我们能知道的是物理事物的内在性质，而只有当它们成为我们直接经验到的心理事件时，才能为我们所知。他援引爱丁顿（A. Eddington）的观点作为佐证。后者指出：科学能接触、证明的东西只是原子的本质，而此本质只有成为经验时才成其为本质。[③]

---

① G. Strawson, *Mental Reality*, Cambridge, MA: MIT Press, 1994/2010, p. 73.

② Ibid., p. 77.

③ A. Eddington, "Discussion: Group Structure in Physical Science", *Mind*, 50(1941): 268-279.

不难看出，斯特劳森的泛心论新版本有不新的一面，因为他也是在内在属性上大做文章。在他那里，内在属性是相对于外在属性而言的，前者指的是这样的属性，即某对象 x 独立自主地具有的属性。别的事物只有成为 x 的复制品时，才会有此属性。例如我的复制品就一定有同我一样的质量。还可这样表述内在属性，即如果属性 x 绝对唯一地存在于宇宙中，那么它就会在它得到例示时表现自身。简言之，内在属性就是 x 凭自身或由于自己的本质而具有的属性。外在属性就是关系性属性，是某事物与别的事物发生关系或被比较时才具有的属性。例如“是一位叔叔”就是如此。某人不可能绝对是一位叔叔。

斯特劳森的泛心论新版本尽管不赞成莱布尼茨的形而上学，但所倡导的内在本质论证与莱布尼茨的单子论则有姻亲关系，例如在一定程序上，斯特劳森是赞成莱布尼茨关于关系属性的还原原则的。如前所述，这一原则强调的是：事物的一切外部属性都可还原为内在属性。不过，斯特劳森对这一原则做了弱化处理。如他承认：有一些外在属性不是由内在属性决定的。但不管怎么样，一事物之所以为一事物，首先是因为它有自己的内在属性。因此任何事物都有此属性。

从渊源上说，斯特劳森与内格尔思想的联系更紧密一些。确切地说，前者的内在属性论证是后者的泛心论的补充。后者的论证可表述如下：(1)意识要么是从世界的非意识特征中突现出来的，要么是一个根本的、无处不在的特征。(2)突现是不可能的。因此意识是根本的、无处不在的特征(＝泛心论)。这个论证能否成功，取决于小前提能否成立。而对于“突现是不可能的”，许多人有不同的看法。为使其成立，内格尔做了自己的探讨，指出：“复杂系统并不真的有突现的性质。”[①]否定突现的根据还有：解释鸿沟的存在是客观事实，如果坚持突现论就会否定这一事实。例如说意识从物理过程中突现出来，与液体从内在分子关系中突现出来，就没有什么区别了，而两者事实上有根本的区别。既然鸿沟不可否认，因此

① T. Nagel, “Panpsychism”, in *Nagel's Mortal Question*, Cambridge: C. U. P., 1979, p. 182.

就不适合用突现性质来解释意识。

斯特劳森的补充主要表现在，对泛心论与物理主义的关系做了新的说明，强调内在属性论证并不违背物理主义。他所作的调和是：有意识的状态一定是根源于物质的构型。如果是这样，就得承认物质之内有某内在的力或属性，不然它怎么可能有那种产生或引起意识状态的作用呢？内省告诉我们，我们自己的意识就是一种内在属性。既然意识是从物理上实现的，因此意识就一定是物质的内在属性，至少是某些有特定组织的物质系统的属性。换言之，如果意识是我们人的内在属性，那么就可以说有内在属性就是有意识。因此只要内在属性是普遍属性，便可以说意识是普遍的属性。说这种泛心论不违背物理主义，还有这样的根据，因为它承认：我们人能接触到的外部关系属性都是物理科学可以说明的物理属性。由还原原则出发，便可推出其后有内在属性。我们只晓得事物的一种内在属性，它就是意识。因此我们是物理存在，我们的意识是物理构造的特征。

罗森堡(G. Rosenberg)的泛心论论证也是内在属性论证的一个版本，特别繁复。他的论证并没有明确承诺莱布尼茨的还原原则，但承认了某种有限的内在根据，它适合于说明某些关键的关系属性，如因果关系、时空关系。在他看来，要说明这些属性，就得求助于那内在的根据或属性。可见他的论证中还是有还原原则的影子，换言之，他接受了有限的还原原则，如承认因果关系根源于内在属性中的因果力。西格尔对这种论证给予了极高的评价，如说：这种论证同莱布尼茨的论证一样，是一种有效的模型，将有助于帮助我们理解泛心论的根据。

西格尔在综合莱布尼茨和罗森堡论证的基础上，也对内在本质论证做了重新建构。他认为，内在属性也有关系的方面，因此可用功能的或关系性术语来认识或描述。当代科学如量子力学等的成果表明，意识以外的一切事物都可以用这样的方式来认识。这也说明，意识的困难问题之所以困难，是因为意识不能以通常的方式去认识。意识不像其他内在属性那样表现在关系属性之中，因此研究意识与关系属性关联的方式就受到了限制，进而，意识就向科学关闭了大门。西格尔认为，似乎可以提出这样的猜想：“只有一种唯一的内在属性，它只表现为意识状态，而不表现为别的东西。”①“如果是这样，那么有限制的可还原原则便有这样的意蕴，即意识一定是事物的内在根据，进而泛心论是有根据的。我认为，对内在属性的本质的进一步反思可能以有趣的方式化解意识难题。罗森堡的工作为这些反思提供了极为有利的、深思熟虑的、富有成果的出发点。”②

内在本质论证无疑是建立在间接推理如类推乃至猜想的基础之上的一种泛心论证明模式，其前提是可还原性原则。如果此原则有问题，那么该论证便有麻烦。仔细推敲，这一原则有两个问题。对此，许多泛心论者也不否认。第一，怎样理解物质的内在本质？第二，物质为什么有这样的内在本质？有一种对立的理解即关系主义，它认为，事物之上存在的只是关系性属性。如果是这样，那么泛心论的内在属性论论证便崩溃了。因为如果物质只有关系属性，那么寻求能支撑它们的内在属性就是一种头上安头的行为。很显然，关系主义是对立于内在属性论证的。在这两种对立观点之间，还有一种折中的观点。它更接近于后者，由此可称作内在属性论证的弱化版本，它认为：关系属性离不开与内在属性发生关系，但这些内在属性并不是决定关系属性的东西。正是因为内在属性论证的原则有理论困难，结论有争论，因此这一论证在成为当代泛心论者关注的一个重点、进而表现出“兴旺景象”的同时，才有不断的推陈出新。

二、泛心论的其他论证举隅

除上述论证之外，还有三种论证值得一提，一是发生学论证，二是连续性论证，三是类比论证。③

---

① W. Seager, “Rosenberg, Reducibility and Consciousness”, http://www.utsc.utoronto.ca/～seager/rosen.pdf, p. 15.

② Ibid., p. 15.

③ P. Edards, “Panpsychism”, in *The Encyclopedia of Philosophy*, Vol. 5, P. Edwards (ed.), New York: Macmillan, 1967.

先看发生学论证。在倡导者看来,对心灵之发生的最好的说明是泛心论的说明。其基本观点是主张普遍存在的心灵属性是自然发生的,是故,该论证也被称作自然发生论。到达这一结论有多种不同的形式。第一是反突现论的析取论证。根据内格尔等人的看法,普遍存在的意识属性要么是突现性的,要么是非突现性的。而大量事实表明,世界上不可能有突现属性存在,因此不可能对心灵作突现论说明。既然突现论无力说明心理现象如何产生,那么自然发生论便成了必然选择。这是内格尔倡导泛心论的主要理由。他说:"复杂系统真的没有什么突现的属性,复杂系统的所有不能看作是它与别的东西之关系的属性都来自它的构成部分的属性以及它们在如此结合时的相互作用。"①内格尔还认为,同一论对心理属性的解释,即把它们还原为系统的物理属性,也是站不住脚的,因为它至少有重要遗漏。他不仅不否认,有心的系统是从物质系统中派生出来的,反倒坚持这一点。如果是这样,那么便可断言:心灵一定与一般的物质及其最根本的形式有关联。

自然发生论论证还有其他形式,如根据经验科学提供的经验材料所作的论证。冯特认为,在辩护泛心论时,可以以此为基础而推出最好的解释。他说:泛心论"是这样的理论,即有真理性的理论。它是唯一能解释那些原始的被造物所表现出的运动现象的理论"。② 这就是说,要解释事物的本来的原始的运动、变化或行为,诉诸微观的东西或突现的作用是行不通的,必须求助于心灵主义解释。而心灵主义解释所诉诸的心灵又是借助基本的物理力量将物质粒子聚合成复杂系统而产生出来的。

还有论者根据达尔文主义论证了自然发生论。其前提性假定是:进化是一连续的过程,此过程可让先前存在的属性变成更复杂的形式。但应注意,此过程不可能创造全新的属性。也就是说,被进化出的属性总有某些别的根源,这些东西在进化发生前就存在着。如此类推,可推出更基

① T. Nagel, "Panpsychism", in his *Mortal Questions*, Cambridge: C. U. P., 1979, p. 182.

② W. Wundt, *Leētures on Human and Animal Psychology*, J. E. Creighton et al (trans.), London: Sennenschein, 1894, p. 443.

本的属性。就此而言,这种论证也是反突现论的。此论证的有力的倡导者是克利福德等。他说:"我们没有理由假定:在进化过程中,从一种造物到另一造物之间真的有巨大的飞跃。……如果我们真的赞成进化论,那么我们能到达的结论只能是:即使是在最低级的有机体以至于我们血液内游动的阿米巴中,都有这样或那样简单得让我们无法设想的、与我们意识具有同样本质的东西。"①

对泛心论的基于连续性的论证,是一些有生物学倾向的心理学家和哲学家如德赖施(H. Driesch)和洛采(R. Lotze)等人在辩护生机论(vitalism)时提出的。生机论与泛心论尽管有区别,但有内在的一致,如都主张事物内有活的、有自主力学的东西。他们在对被造物作出分类时发现,全部有机体是从部分发展而来的。德赖施在对海胆胚胎实验时发现:处在形成中的胚胎的每个细胞都有能力形成一个新的胚胎。他认为,据此可以推论:在每个细胞之内都有某种"生命的原则"。如果将此推而广之,那么便可得出这样的结论:心理属性同样内在地存在于世界万物的基本结构之中。

再看类比论证。其最直接的形式是:如果我们以不带先见的眼光看待万物,那么便会看到,即使是最简单的物质形式都有类似于动物和人的行为。而动物和人的行为根源于其后的心灵。因此由此可得出结论说,最简单的物质形式也有心灵。不难看出,支持泛心论的人都有这样一种一般人不具有的特点,即在看世界时,总觉得人以外的事物也是活的,也能思维或"想"。

总之,在自怀特海之后的现当代心灵哲学研究中,的确出现了泛心论复活的倾向,其表现是,许多哲学家、科学哲学家、语言哲学家纷纷为泛心论奉献新的论证,或修补原有的论证。除上述考察过的人物之外,这里还可列举许多,如著名数学家、物理学家彭罗斯在其大部头著作《通向实在

① W. Clifford, "Body and Mind", in *Lectures and Essays*, L. Stephen ed al (eds.), London: Macmillan, 1886, p. 266.

之路》中表达了这方面的思想倾向。洛克伍德(M. Lockwood)在《心灵、大脑与量子》[①]中则从哲学上对泛心论做了辩护;乔姆斯基基于他所发现的语言学事实论证了心灵的遍在性,查默斯的论证则更是人们耳熟能详的(详见第十一章)。新泛心论有许多特点,其中之一是努力调和泛心论与物理主义、自然主义的矛盾,不再把它们当作对立的理论。与此相应的一个特点便是强调物质的根本本质问题与意识问题密不可分,对其中之一的探讨离不开对另一个的探讨。例如要说明心灵的本质必须对物质的本质作出新的说明,如必须形成关于物质的泛心论概念;而要说明物质的各种性质,尤其是内在性质,又必须诉诸关于心灵的概念。泛心论的这种新的倾向和动向颇值得我们注意,它反映了西方现当代心灵哲学的一种新的走向。即是说,在心灵哲学的当代发展中,除了仍存在着二元论(泛心论是其极端形式)与自然主义在对抗、争鸣中的各自独立的发展之外,还出现了两者相互靠拢、融合的倾向,其主要表现是,它们相互从对方吸取对自己有用的东西。这种融合的值得思考的"成果"是,出现了把两者糅合在一起的"混血儿",如自然化的泛心论。这在过去是很少见的,也是不可思议的。现在既然出现了,就值得我们思考。

① M. Lockwood, *Mind, Brain and the Quantum*, Oxford: Blackwell, 1991.

第六章　二元论的感受性质路径

一般都承认，当代心灵哲学有两大难题，即意识和意向性。说它们“难”，主要是相对于物理主义或唯物主义而言的。因为物理主义在其他领域都可以说是一路凯歌，但面对意识和意向性，则给人以捉襟见肘之感。正因为如此，加之它们确实充满着扑朔迷离的问题，因此它们便顺理成章地成了当代二元论的两个重要的策源地，两个据以与唯物主义抗衡的堡垒。由此也催生了当代二元论的这样两种新形式，即通过对它们的独特存在地位、构成和本性的专门探讨与深究，分别形成了基于感受性质的二元论和基于意向性的二元论。这显然构成了当代二元论的一个新特点，因为通过研究感受性质和意向性这两种路径而达到二元论的结论，无疑是当代新二元论者的一个“创新”。本章主要考察前一种二元论样式。

第一节　概念辨析与感受性质二元论的逻辑根源

以感受性质为基础的新二元论的最得力的倡导者、支持者主要有杰克逊(F. Jackson)、内格尔(T. Nagel)、洪德里奇(J. Honderich)、鲁滨逊(H. Robison)、克里普克和查默斯(D. Chalmers)等。他们的观点不仅非常复杂隐晦，而且否证性观点多于正面的论述。更麻烦的是，不同论者阐发了各有个性的思想。当然，要从里面梳理简明、共同的倾向也不难。因为不管他们的论述多么繁复，都不过是要说清他们所发现的、为物理主义所遗漏的一种不同于物理实在的新现象。不同的人为它们安立了不同的名称，如有的把它称作“主观属性或特性”(subjective properties)，还有人把它称作“感受性质”(qualia，单数为 quale)、“质的特征或内容”、“感觉或原感觉”(raw feelings)、“现象或现象学性质”(phenomenal or phenomenological properties)、“意识”、“质的意识或现象意识”以及“经验看起来像什么"(What it is like to be experiencing)等。尽管名称如此不同,但它们所指谓的却是基本相同的东西,即我们在经历一心理状态时所感受到的不同于大脑神经生理过程、心理过程的非物理的、现象学的性质特征或属性。这也是通俗地理解感受性质常用的一种方式,即指称方式。另外还有举例、列举的方式,如说它指的是事物显现给我们的方式,某物看起来或听起来所是的方式,疼痛感觉起来所是的方式等。①

一、有关概念辨析与感受性质的特点

为了准确理解感受性质,我们需要详细地对各种表达方式作出辨析,因为每种方式都可能从特定的方面抓住了其要述说的对象的某一或某些重要特征。

"经验的主观特征"或"质的特征"指的不是经验本身,也不是对经验本身的感受,更不是对引起经验的外部对象的感受,而是对经验呈现出来的质的特征的感受。例如疼痛可以说是一种经验,疼痛的"剧烈"或"轻微"、"难以忍受"或"不太好受"等就是这种经验的质的特征,由于它只能为疼痛经验的主体主观地感受体验到,因此它们是经验的主观特征。

所谓"原感觉",是指对心理状态引起的感受特征或伴随心理过程而发生的经验的质的内容的感觉。如果引起它的是感觉,那么原感觉就是感觉的感觉或二阶感觉。

所谓"现象性质或现象学性质",主要是指在经验过程中内在地呈现或显现出来的可感受的性质。这里的现象学不是胡塞尔等人所说的现象学,而是汉密尔顿、皮尔士等人所理解的现象学,即对心中被给予、被观察到的任何性质、特征、材料的描述和研究。因而现象学性质主要是指心内的经验所呈现、表现出来的性质和特征,尤其是情感、知觉、躯体感觉等过程中所显现的性质。它不同于其他心理现象尤其是现象学所说的现象的特点在于:首先,它不是关系属性。洛尔(B. Loar)说:"它不是作为内在

① 参阅 Ned Block, "Consciousness", in S. Guttenplan (ed.), *A Companion to the Philosophy of Mind*, Oxford: Blackwell, 1994, pp. 210-211.

地涉及与心灵之外事物的关系这样的性质而呈现出来的。”[①]例如视觉经验在某种意义上是内在地被表征的，因此不是对象的性质，不是对象与经验者发生关系时表现出来的性质，而是经验自身的性质。其次，现象性质是自我显现或呈现的，因此是主观的。第三，它是不能从外面予以观察的，即不具有主体间性，只能被享有此性质的主体内在地去体验或内省。就不同的视觉经验来说，它们之间在内在显现时有可分辨的同一性和差异性，从认识论上说，我们对这些同一与差异可形成概念。第四，这些被内省到的东西全都是内在的，不是对象所具有的性质，也看不到现象性质与外物、功能性质的关系。第五，基于内省而形成的现象概念是广泛的认知概念中的一种。所谓认知概念是基于认知或知觉分辨而建立起来的概念，如我们通常所说的“对象”、“事件”、“情境”等。现象概念也是以知觉分辨为基础的，不过它涉及的是内在的属性，因此这种概念是我们在从事现象学反省时常常要用的概念。从指称上说，现象概念独立于物理—功能描述，因为它有自己独特的指称，这些指称是物理描述所无法完全把握的。当然，由于所指仍在物理世界之内，因此可用物理概念予以述谓（这是洛尔个人的看法，许多人主张它所指的东西不在物理范围内），尽管是不完全的。[②] 第六，从层次上说，现象概念是指向自身的认知概念，因此是一种高阶概念。当然并非一切自指概念都是现象概念。[③]

所谓“现象意识”是对生动呈现出来的主观的质的特征和经验的意识，常被称作有意识的经验，或简称为经验。现象意识是非认知、非功能、非表征的意识，是与人的体验、人所经验到的质的特征有关的意识。在这种意识中，经验到的质的特征，亦即经验到的事物的形象、颜色等生动的特征以及人的主观身体感觉、情绪体验等栩栩如生地呈现或显现在意识面前，因此是现象性的或具有现象学性质的意识。这种意识主要存在于

① B. Loar, “Phenomenal States”, in Ned Block et al (eds.), *The Nature of Consciousness*, Cambridge, MA: MIT Press, 1997, p. 597.

② Ibid., pp. 601-603.

③ Ibid., p. 604.

对象知觉、身体感觉、情绪经验、形象思维等之中。在理性、逻辑思维活动中,如果主体有意识地反观自照自己从事这种思维活动的过程和伴随的内心体验,他也可以得到现象意识。当然,心灵哲学研究现象意识时,一般不太关心逻辑思维、命题态度中的现象意识,有的人甚至根本否定这些过程中有现象意识。从它与命题态度的关系看,后者有清楚明白的内容,而且这些内容是以概念、命题、表征的方式清晰地表现出来的,尽管现象意识也有内容,但这种内容是质的内容或现象内容。

这里用得最多的概念是"感受性质"和"意识",而两者的歧义性又是最大的,其关系也最复杂,因此值得一辨。先看感受性质。

根据这一新领域的开拓者之一的杰克逊等人的梳理,"感受性质"一词有三种用法:[①]一是用它指称这样的现象性质,即物理主义图景之外的现象,或者说超出了物理主义解释范围的东西。断言感受性质存在,就意味着坚持关于心灵的非物理主义理论。而这样的哲学家常被称作有感受性质的怪物。相应地,如果否认感受性质,那么就意味着坚持这样的物理主义观点,即现象性质并未超出物理主义所说的物理现象的范围。二是在批判功能主义时常见的用法,指功能主义不能说明的非功能属性,例如感觉到红色的质,体验到疼痛,是一些相对内在的特征,因此不能被看作是功能主义所说的"功能",或不能从功能上加以说明。基于这些界定,相信有感受性质存在,就意味着站在功能主义的反面;反之,否定它存在,或相信能从功能上加以说明,就意味着坚持功能主义立场。值得注意的是,相信这种意义的感受性质意味着否定功能主义,但并不必然意味着否定物理主义。因为从这个角度论证感受性质只是强调感受性质是不能用功能加以说明的现象,而不一定反对对它做物理主义的说明,如也许会承认感受性质是一种物理现象。三是哲学上中立的用法,没有明确的赞成或反对物理主义、功能主义的倾向,只是强调感受性质是一种新发现的特征

① D. Braadon-Mitchell and F. Jackson, *Philosophy of Mind and Cognition*, Oxford: Blackwell, 2007, pp. 130-131.

或性质，是某些心理状态所具有的本质特征。从这个角度使用“感受性质”，侧重点在于弄清：感受性质与意向性是什么关系？一切心理状态是否都有感受性质？信念等命题态度有没有感受性质？感受性质是不是区分心与物的一个标志？等等。

从语词上说，人们对这一新造的词究竟有无指称或意义，是有不同看法的。如实在论者认为，感受性质不仅存在，而且具有独立的存在地位，指的是人们在心理生活中体验到的种种主观特征。而各种形式的“去心理”(demented)论的看法则不同，如(1)取消论认为，这个词没有指称，像“以太”等一样是虚构的，可置之不理。(2)重新定位论认为，感受性质存在，但不过是外部对象的可感属性。(3)反重新定位论断言：不能重新定位，因为感受性质是作为我们心理状态的物理状态的属性，即神经生理属性。(4)折中的观点像重新定位论一样承认感受性质存在，同时又像取消论那样，不把感受性质归之于新的非心理的所有者，而试图阐发一种非取消论的理论。

如果像感受性质的发现者所说的那样，它是真实存在的非物理属性，那它一定有其存在处所。但是它究竟存在于什么地方呢？一是认为，它存在于大脑的物理过程之中。这是物理主义的看法。二是认为，它不在物质性大脑之中。又有两种情况，如斯塔本(L. Stubenberg)既反对物理主义，又不赞成极端二元论，指出：“处在意识中就是有感受性质。”①不过，他既不认为感受性质在物质之中，也反对说感受性质在心灵之中，意即它不完全取决于心灵，而位于心与物的中间地带。这是中立理论的核心主张。他说：“感受性质的存在是明显的、重要的，但又是令人困惑的。”②马丁(G. D. Martin)也承认感受性质不在物质性大脑之中，根据是：它不是物质性属性，因此在物理实在中没有其他位。他说：“意识也许

---

① L. Stubenberg, *Consciousness and Qualia*, Amsterdam: John Benjamins Publishing Company, 1998, p. 12.

② Ibid., p. 35.

不是物质的产物，最终与大脑没有关系，只是一种纯精神性的实在。”[①]根据他的看法，感受性质就在感觉所发生的地方。他所理解的感受性质是：人在心理生活中所感觉到的主观特征，如看红色时，会感觉到心内有红的现象的质的特点显现出来。因此有多少种感觉便有多少种感受性质。在他看来，有十种感觉，如视、听、嗅、味、触、冷、热、疼痛、肌体感觉、本体感觉等，因此相应地便有十种感觉性质。

应当注意，在当代感受性质研究中，许多论者经常把“感受性质”与“意识”作为同义词交替使用。碰到这种情况，就应特别小心。因为“意识”一词的意义非常复杂，这里所说的意识有其特定的用法与意义。我们知道，意识有很多分类方式，例如马尔科姆根据意识有无对象，将意识分为及物意识和不及物意识两类。前者如“我意识到我面前有一棵树”，后者如“他是有意识的，仍很清醒”。另外，布洛克根据意识的形成方式、作用把意识分为下述四种：自我意识、注视性意识（内在扫描、高阶思维）、路径意识（access consciousness）、现象意识（phenomenal consciousness）。[②]路径意识之外的三种形式，都好理解。所谓路径意识，主要是与我们的理性思维活动和“数字化”信息的接受、处理、储存有关的意识，也可译为“存取意识”，它只涉及信息的流动、传递，不涉及对它们的生动体验。这类意识的例子很多，例如许多人在进行逻辑思维时，注意力高度集中，完全沉浸在所思考的问题上，这种思维是有意识的，但没有主观经验特征的显现。再如，色盲利用有关外部世界的已知信息所进行的推理，也是有意识的，但他完全没有关于所推论的东西的经验，在这种推理过程中，他也不可能体验到现象学性质。[③]

“意识”除这些用法之外，还有许多用法，如：(1)指一切有意识心理现

---

① G. D. Martin, “The End of Materialism”, in *Network*, 2006(4), Vol. 90, p. 1.

② Ned Block, “Consciousness”, in S. Guttenplan(ed.), *A Companion to the Philosophy of Mind*, Oxford: Blackwell, 1994, pp. 210-219.

③ Ned Block, “On a Confusion about a Function of Consciousness”, *Behavioral and Brain Sciences*, 1995(18): pp. 227-287.

象的共同特征,如人们在思维时,知道自己在思维,此知道或晓得或觉知到即意识。(2)把意识等同于一切心理现象。这种理解在弗洛伊德之前十分盛行,中国哲学界仍流行这种理解,甚至把意识、思维、心理、精神等不加区分地使用或互换。(3)指的是"清醒",如一个昏迷的人醒过来了,可以说他"有意识了"。这就是维特根斯坦和马尔科姆等人所说的"不及物意识"。如果这样用,表示的就是人的清醒的、有觉知的状态。如此等等,不一而足。

本书要探究的主要是"现象意识",如果不作特殊的限定,将把它与"感受性质"作同义词使用。当然,这不是说两个概念没有区别。事实上,在两者的关系问题上,学界有两种截然不同的态度,一是在不严格的意义上把它们当作同义词使用,即认为它们可表示这样一种质的状态或特征,即在人的经验或体验中显现出来的直接的相状或特征。当然侧重各有不同,"意识"强调的是体验这种特征的过程,而"感受性质"强调的是体验到的结果。另一态度则不同,强调两词所指完全不同。例如奥肖纳西认为,人的心理现象有两大类,一是经验的(如知觉、情感、心像等),二是非经验的(如信念、思想等)。感受性质只会出现在经验之中,是经验到的特征。而意识则较复杂。它可出现在两类现象之中。当然它又有两种情况,即有两种意识,一是状态意识,即对状态本身的意识,除状态之外,不再指向别的对象,就此而言,它是没有对象的(即没有外在对象);二是指向性意识,它是心灵与心以外的对象发生关系时对对象的性质、状态、相状的意识。由此所决定,它有这样一些特点:(1)意识关联于实在,或与实在存在着本质的联系。这一属性可以解释意识为什么可被人们知觉到、注意到。(2)"意识在自我意识中必然表现为有合理性的状态。"[①]如果承认意识有趋于或朝向实在的本质,那么就必然表现为一种具有合理性的状态。(3)"意识是纯内在的状态,因此一定不依赖于任何与环境的局域性的、因果的关联,而仅由内在的东西所决定。"[②](4)意识还有封闭性的特点。他

---

① B. O'Shoughnessy, *Consciousness and the World*, Oxford: Clarendon Press, 2000, p. 13.

② Ibid., p. 32.

说："如果意识的最根本特点是它在与世界发生关系时具有封闭性，那么它与世界最根本的关系就是纯粹地觉知世界诸事物的知觉关系。"[1]这就是说，意识是一种封闭的状态，它要获得关于别的东西的意识，必须以知觉为中介，即通过知觉所提供的东西去间接觉知有关的对象。(5)意识即意识流，即是说，"这种现象具有连续性特点"。"如果一个人是有意识的，那么他就一定经历了经验。意识是一种显现的连续性；有意识的经验可被叙述为一个故事，此故事的材料是在时间过程中连续地展开的。概而言之，这些属性为经验连续性的存在进而为有意识主体中的经验过程提供了条件"。[2] 由于意识表现为意识流，因此它又有两个属性：一是自意识的认知经验具有内在的可理解性，二是理性的有意识经验的认识论上的重要属性是连续性。[3] (6)意识作为意识流一定有能动性(activeness)。他说："有意识的心灵事实上是能动的心灵，"[4]"有意识现象的意识流是一种能动流。"(7)意识不同于感受性质的特点还表现在：清醒的意识有复杂的构成。他说："当必要的现象的全部复杂要素都完全具足时，清醒的意识才会表现为一个被实现了的状态。"[5]它的构成要素分别是：当下显现的经验，意志的作用，心理状态的合理性，有思维作用出现，在意识流中有对意义的把握，有心理自由或能自我决定，有关于这些心理现象的专门的自我知识，等等。

从问题的难易程度来看，意识作为心灵哲学的研究对象，可分为意识的容易问题和困难问题两方面。这是查默斯所提出的一种引起了广泛关注和争论的划分。所谓容易问题，是指可直接接受认知科学的标准方法处理的问题。例如，如果一种意识现象能用计算的或神经机制的术语来解释，那么这里的问题就是容易问题。具体地说，心理状态的可报告性、

---

① B. O'Shoughnessy, *Consciousness and the World*, Oxford: Clarendon Press, 2000, p. 681.
② Ibid., p. 229.
③ Ibid., p. 686.
④ Ibid., p. 201.
⑤ Ibid., p. 263.

认知系统对信息的整合、理解自身内在状态的能力、注意力集中、清醒与睡眠之间的区分等都属于容易问题，它们涉及的是认知功能及其执行机制，只要能说明某一现象的功能及其执行机制，那么就等于作出了完满的解释。意识的真正困难的问题是关于经验的问题。经验是人们在从事各种心理活动时伴随它们出现并被体验到的主观的方面。例如当我们看西红柿时，我们就有这样的经验：被感觉到的红色的质，视域的深度的质，明暗经验，是圆是方的经验。意识的困难问题主要有：意识经验是什么？为什么有这种经验？它们是怎样起源的？为什么存在着持有心像或能经验到情绪的东西？怎样判断某物是否拥有它？

二、感受性质二元论的根源与逻辑

如果感受性质真的像其发现者所说的那样是实在世界中一种不能同一于、还原于物质实在的性质或存在，那么仅凭这一点，就可引出一种二元论的结论：感受性质是不同于非感受性质的东西，像物理性质一样也有自己的独立存在地位。可见，这种新二元论的直接本体论和认识论根源是人们"发现"了世界的一种"新性质"或新存在。当然，这只是它得以产生的一个条件。

这种新二元论的第二个根源是唯物主义或物理主义本身所包含的问题。很显然，如果物理主义能对心灵哲学的一切问题都作出令人满意的说明，能像它预期的那样把世界上的所有一切都当作物理的东西来看待和解释，除物理的东西之外真的没有别的存在，那么便不会有新二元论产生的机会。然而，在新二元论者看来，有意识经验就在它的解释力所及之外。杰克逊说："唯物主义无法说明有意识经验的诸方面。"[①]这里的逻辑是：如果物理主义能根据自己的原则把有意识经验也解释为物理的性质，那么就可以得出结论说：世界是物理的。如果不能如是说，那么就应肯定世界上还存在着非物理的东西，例如至少存在着感受性质。这个逻辑看

① D. Braddon-Mitchell and F. Jackson, *Philosophy of Mind and Cognition*, Oxford: Blackwell, 2007, p. 4.

似完美无缺,其实隐含着把认识与实在混同的问题。因为已为物理主义认识到的东西肯定是物理的,但不能由此推论说:它没有认识到的东西就一定是非物理的。今天无力认识,并不等于未来没有这个可能。至少可以这样说:在今天基于认识论根据得出上述本体论结论还为时过早。

综上所述,感受性质二元论产生的认识论根源是:人们难以说明从认识论上新发现的"显现"这一本体论事实。作为物理主义者的洛尔也承认物理主义有这样的说明难题:"关于现象的全部焦点在于:它是怎样显现的。"不管怎么说,"显现是事实"。[①] 然而,人们对此百思不得其解,因此便形成一个由这些属性组成的王国。

新二元论的诞生也是二元论实现自我更新、自我超越的一个表现。这也就是说,感受性质二元论是在看到了传统二元论的局限和缺陷,并试图予以改进、修正的基础上建立起来的。在内格尔、查默斯等人看来,传统二元论在强调心灵的存在地位和作用时,没有看到物质的基础地位。内格尔说:"一个人怎样把有主观属性的实体包括在客观物理世界之中这一问题,像物理实体怎么可能有主观属性这一问题一样,是极其尖锐的"。[②] 为解决上述问题,便出现了感受性质二元论这样的、带有向自然主义让步色彩的理论。这种理论的特点是超越,既超越于物理主义,又超越于传统二元论。有鉴于此,怀特(S. L. White)把内格尔的心灵理论称作超越主义(transcendentalism)。[③] 对物理主义的超越表现在:以疼痛为例,人感觉到疼痛时,疼痛有向人的显现,这是处在疼痛状态之中必不可少的东西。换言之,没有前者,就没有后者。从解释上说,对疼痛的感觉是不可用物理状态来说明的,是超越于后者之上的。一个人处在疼痛中,是一种第一人称事实,不能还原为第三人称表述。述及主体的物理状态

---

① B. Loar, "Phenomenal States", in Ned Block et al (eds.), *The Nature of Consciousness*, pp. 612-613.

② T. Nagel, "Subjective and Objective", in *Mortal Questions*, New York: Cambridge University Press, 1979, p. 201.

③ S. L. White, "Curse of the Qualia", in Ned Block et al (eds.), *The Nature of Consciousness*, p. 697.

就像述及功能状态一样无助于接近主体所感觉到的东西。对二元论的超越表现在：以内格尔的二元论为例，它认为心灵实体不过是与客观的第三人称的因果关系链条有联系的一种实在，如果关于物理实体的事实不能告诉我们关于疼痛感觉起来像什么的事实，那么心理实体也是如此。当然这里超越的是实体二元论，而非属性二元论。①

第二节 基于"低级心理形式"的论证

传统二元论五花八门，但有这样一个"家族相似性"，即关于心理现象有独特存在地位和本质的结论主要建立在对高级的、理智性心理现象（如思维等）的考察之上。而感受性质二元论的一个重要特点是：重视对过去关注不够的非理性的低级心理形式的研究，其二元论结论也是通过对这些心理的构成、结构、本质及特点的分析而得出的。文德勒（Z. Vendler）的一段话极具代表性。他说：我的论证和反驳"不是基于我们所具有的'高级能力'，而是基于'低级'的能力"。② 从解释的角度看，意识经验的许多方面是超出科学解释的范围的。如对于颜色经验，不同的科学尽管可以解释有关经验发生时的物质过程和条件，但对于经验主体所得到的经验感觉起来像什么，则束手无策。格泽德尔（G. Guezelder）也认为，他的新二元论的下述结论，即非物理的意识过程是实在的真正的构成要素，主要是围绕原感觉或直接经验而展开的。在他看来，这些是证明意识有独立本质的法则学上的重磅炸弹，因为任何人无法对之作自然主义说明。③

围绕低级心理形式及其感受性质特质，不同的人由于切入点、侧重

① S. L. White, "Curse of the Qualia", in Ned Block et al (eds.), *The Nature of Consciousness*, p. 697.

② Z. Vendler, "The Ineffable Soul", in R. Warne et al (eds.), *The Mind-Body Problem*, Cambridge, MA: Basil Blackwell, 1994, p. 318.

③ G. Guezeldere, "Introduction: the Many Faces of Consciousness", in N. Block et al (eds), *The Nature of Consciousness*, Cambridge, MA: MIT Press, 1995, pp. 1-67.

点、兴奋点不尽相同，因此所提出的论证及其所引申的结论便有细微的差别。这里将有选择地考察几种最有影响的论证。

一、知识论证及其新版本

知识论证的最原始的版本是由澳大利亚哲学家杰克逊(F. Jackson)构思出来的。这一论证的矛头对准的是物理主义。物理主义的观点无疑是"知识"，如果它足够完善，就能说明世界上的一切存在。如果有它说明不了的东西，或有它的反例，哪怕只有一个，那么它就是错误的。如果它错了，它的反面即二元论就一定是对的。问题是：有没有这样的反例呢？为予回答，杰克逊构想了一些思想实验，其中最著名的是所谓的"知识论证"。[①] 由此所得出的结论是，人在看到红色时，在有红的经验时，人的心理世界必然呈现出现象性质、内容或信息等，这些都是过去的物理主义知识所不能涵盖的。如果不能涵盖，就说明还存在着非物理的东西，因此"物理主义是虚妄的。这就是反对物理主义的知识论证"。[②]

面对杰克逊的知识论证，物理主义者承认：人们在诉诸直觉以观察现象性质时，的确看不到物理的东西，看不到现象性质与物理—功能性质有何关联，但从实在上说，两者内在地有关系，人们对之可以作出肯定的说明，例如可通过分析两类对象的概念及其内在关系来达到这一目的。不难看出，物理主义论证心灵之物质地位的主要工具和方法是概念分析。它试图通过概念分析，在自然界中为心灵找到地位，并最终证明世界上的一切都是物理的这一结论。其论证图式是：(1)心理状态 M＝功能作用的享有者 F(通过概念分析达到这种结论)，(2)功能作用的享有者 F＝大脑状态 B(通过科学达到这一结论)，因此 M＝B(通过转换)。这是澳大利亚唯物主义和其美国同盟的论证及辩护路线。[③]

---

① 参阅拙著《心灵的解构》，中国社会科学出版社，2005 年，第 7 章。

② F. Jackson, "What Mary did not Know?", in D. Rosenthal (ed.), *The Nature of Mind*, Oxford: Oxford University Press, 1991, p. 392.

③ G. Rey, "A Question about Consciousness", in Ned Block et al (eds.), *The Nature of Consciousness*, Cambridge, MA: MIT Press, 1997, pp. 462-470.

物理主义在辩护中还强调:尽管用物理术语所做的叙述有遗漏或不全面,不能覆盖世界上的一切,但唯物主义有这样的预设,即自然界总有一天是完全可以用物理术语描述清楚的。如果是这样,心理学术语所涉及的就不可能超越于物理术语所描述的东西。

针对物理主义的反击,杰克逊指出:"这一辩护并没有告诉我们:概念分析在这种辩护中为什么一定有其作用。"①因为:(1)概念分析在语言哲学中有用,但在心灵哲学中不一定有用。(2)概念分析的历史是充满错误和失败的历史。(3)心与物的联系是后天必然的,而非先天必然的,因此概念分析无用。杰克逊还认为,即使诉诸概念分析,也不可能达到物理主义者想达到的目的。因为下述概念分析仍是有效的:现象概念在下述意义上是不能从概念上加以还原的,它们既不先验地蕴涵着物理—功能概念,又不为后者所蕴涵。由此可得出的结论是:现象性质不能还原为物理—功能属性。既然如此,它们就不是物理世界中的实在,而是非物理—功能的事实。物理主义想要解释它们,就必须修改对物理实在的看法。

在与物理主义的论战中,鲁滨逊(H. Robinson)提出了知识论证的一种新的、"最强的(the strongest)版本"。可用非形式化的方式表述如下:一个生来就耳聋的科学家(DS)最终成了一个关于声音和听力方面的有世界影响的物理学专家。假如那时的科学比现在还要进步,DS的生理学、物理学、化学、关于听觉的AI-认知心理学知识都是完善的。即使如此,仍有某种他不知道的东西,如他不具备这样的信息,即声音可能是什么样的事物,或声音有什么样的现象本质或质的性质。既然他知道关于听觉的物理过程的一切应知道的东西,他不知道的事情就一定是非物理的事态,因此声音所具有的现象或质的性质一定是听觉的非物理的特征。上述论证可简化为下述推论:(1)DS知道关于听觉的一切能用物理科学的词汇表述的事实。(2)不像那些能听见外界声音的人,DS不知道声音

① F. Jackson, "Find the Mind in the Natural World", in Ned Block et al (eds.), *The Nature of Consciousness*, p. 483.

的现象性质。因此,(3)声音的现象性质原则上不能用物理学词汇来描述。(4)任何物理的事物、状态或属性的本质都能用物理学的词汇来表述。因此,(5)声音的现象本质不是物理的事物、状态或属性。

这一知识论证之所以是激进的、极端的,是因为它有这样的关键之点,即它强调:"关于物理事物的任何可能的知识都不是关于主观性维度的知识,或不能定推出这种知识。"后一种知识是另一种特殊的知识,因为它表达了物理知识无法表达的特殊事实,即主观性。[①]

著名心灵哲学家P. M. 丘奇兰德在批驳知识论时指出:感觉过程以及人在此过程中所体验到的主观的特征都可以用神经科学的术语来说明,或完全可以被还原为中枢神经过程或状态。他还别出心裁地提出:知识论证既可以证明二元论,又可以用来批驳或证伪二元论。因为关于外质(ectoplasmic)材料的本质的知识是不可能为DS得到和利用的,就像关于大脑状态的知识不可能让他知道听声音可能是什么样子一样。[②] 丘奇兰德这样说肯定不是为了说明二元论像唯物主义一样应予以坚持,而是要表明:一种同时能批驳唯物主义和二元论的论证肯定存在着某种错误。鲁滨逊承认:如果该论证真的是这样,那么的确是有错误的。但问题是该论证不仅没有批驳二元论的目的和作用,而恰恰是有助于论证二元论的。

如果知识论证有利于二元论,那么它是否同时有利于属性二元论和实体二元论?它有利于属性二元论,这是没有争论的,但是是否有利于实体二元论,则有不同看法。一般认为,知识论证是不利于实体二元论的。鲁滨逊不这么看,认为只要对"心理实体"作出新的界定,那么知识论证也可看作是对实体二元论的证明。在他看来,"心理实体"指的并不是由"幽灵式原子"构成的东西,而是某种不由任何东西构成的东西。就它有构成因素来说,构成它的完全是心理的东西,如能力、信念、愿望、经验等。在

① H. Robinson, "The Anti-Materialist Strategy and the 'Knowledge Argument'", in H. Robinson(ed.), *Objections to Physicalism*, pp. 159-162.

② P. M. Churchland, *A Neurocomputational Perspective*, Cambridge, MA: MIT Press, 1989, pp. 71-72.

这些心理现象的本质问题上，正确的理论只能是二元论，因为能力、信念等的本质是非物理的主观特征。鲁滨逊说："一个人如果不知道经验究竟是什么，那么他也就不能知道作为心灵之组成要素的能力、思想、经验的本质，不可能有关于这样一种心灵的纯科学的观点。"①

尽管多数物理主义者对知识论证持批判态度，但也有少数物理主义者不仅承认它的合理性，而且根据知识论证指出的问题对物理主义作出修补，从而导致了"新潮"(new wave)唯物主义这样一种融合了二元论因素的唯物主义混血儿的诞生。其代表人物主要有洛尔(B. Loar)、海尔(J. Heil)和麦克劳克林等。其特点是承认知识论证和二元论的某些合理性，如承认有现象状态，但又不放弃物理主义原则，认为现象属性在物理一词的广义意义上同一于物理属性。它认为，基于内省，我们可用现象概念描述现象属性，这些概念指的就是自在存在的那些属性。现象概念不同于物理概念，后者描述的是现象属性的物理—功能本质。其基本观点是：只有一种属性，如大脑过程类型，它可以同一于疼痛类型，但可以在两种不同的概念(即现象的和理论的)之下来设想它。对于新潮唯物主义，一些人提出了否定性论证，可称作"解构性论证"。其要点是：(1)当一种现象属性在现象概念下被设想时，这个属性就被设想为物理功能属性之外的东西。(2)当一种现象属性在现象概念之下被设想时，这个属性可直接予以设想，如被设想为其本身。(3)如果一属性 p 在概念 c 之下被设想时(不被设想为物理—功能属性)，(2)p 在概念 c 之下被设想，即被设想为它自身，那么 p 就不是物理功能属性。因此，(1)现象属性不是物理—功能属性。"这就是说，它们一定不能被看作物理—功能属性的属性。"②这就是解构新潮唯物主义的论证。

二、"蝙蝠"论证及其争论

内格尔通过对"蝙蝠"(详见第五章)的思想实验不仅说明了上述道

① H. Robinson, *Objections to Physicalism*, p. 182.

② T. Horgan and J. Tienson, "Deconstructing New Wave Materialism", in C. Gillett ed al (eds.), *Physicalism and Its Discontents*, p. 311.

理，而且进一步断言：主观特性不能用客观的方法去把握，只能从主观的观点出发、用非物理的方法才能认识。为了说明这一点，他提出了一个古怪的、后来引起了广泛而激烈争论的问题："成为一只蝙蝠可能是什么样子？"或者说："蝙蝠的经验是什么样子？"它所处的经验过程、它的经验所具有的主观特征可能会是什么样子呢？

可以肯定的是，不管我们如何设想、想象，我们都没法知道它的经验像什么。因为在它的经验中，有一个必不可少的维度，这就是它有它独特的主观观点，即从自己的角度去观察经验的维度。而这维度、这观察既是它的经验的条件，又是经验的构成。内格尔的思想实验和论证的确有新的发现：如主观的观点，由之所显现的经验的特殊性，观点及经验的主观性等。怎样看待这些东西？由之可引出什么结论呢？这些一直是有争论的问题。内格尔的结论不仅是二元论，而且还有泛心论的倾向。取消论和较彻底的物理主义要么否认这些现象的存在，要么强调：即使是存在的，也可诉诸科学理论而予以说明，因此物理主义未被证伪。这里我们拟考察一些介于这些极端态度之间的较温和的立场。

一种观点认为，主观性的重新"发现"的确证伪了还原主义。汉南(B. Hannan)说：还原论完全"没有看到心理的东西的这样的属性，即对心理的东西在概念上是必要的属性——主观性，以及可从第一人称观点出发的可接近性"。要承诺这些东西，最好是选择属性二元论。而他所倡导的属性二元论是介于二元论和还原唯物主义之间的中间立场，可称作非还原的唯物主义。但这种唯物主义又有二元论的因素，因为它毕竟承认了主观经验的独立存在地位。[①] 应看到，他在主观性问题上的认识确有"发展"，这表现在：他不仅像大多数人那样从感受性质的角度去论证，而且重视基于命题态度的论证，还有把感受性质与命题态度结合在一起的特点。以信念为例，他说："内容在本质上是第一人称的、主观的内容。""信念是某人承认自己所相信的某东西。"有两种情况：一是有意识的，如

① B. Hannan, *Subjectivity and Reduction*, San Francisoc: Westview Press, 1994, p. 79.

果是这样，“那么信念的内容就是相信者主观地知道的某东西。”[①]二是无意识的或倾向性的信念。这种被相信的内容存在于相信者的心中，但尚未现实地被他觉知到。不过，只要条件具备，就会成为有意识的。他说：“正确地归属于一个人的命题态度依赖于那个人的实际的和倾向性的主观觉知状态。而主观觉知的倾向性状态则是这样的状态，即可能过渡到意识。”[②]最后，他对随附性也发表了新的见解，而这又使他的结论带有更多的二元论元素。他认为，主观状态尽管由大脑属性所决定，但毕竟不是大脑属性，一经产生，就有自己的独立性，例如具有大脑其他物理属性所没有的主观性。他说：“心理属性在本质上是这样的属性，即处在特定类型的主观状态。”[③]

受内格尔关于“主观观点”的启发，许多人重新关注过去讨论得较多的“第一人称观点”或“描述”，并进行了新的开发。西沃特(C. Siewert)像内格尔和塞尔等人一样强调：要认识包括意识在内的心理现象的本质，必须坚持第一人称观点。他说：“如果我们抛开这种观点，而改用外在的‘第三人称’或客观的观点，那么我们将看不到意识的重要而有趣的东西。”[④]当然，西沃特并没有由此而走入笛卡尔主义的阵营，而是坚持中间路线。他关于第一人称的知识的讨论足以说明这一点。他认为，笛卡尔主义者对这种知识有四种不同观点：一是知觉模型，把心灵实体及其上面所发生的东西当作独立的对象。要认识它们，只有借助第一人称的知觉或内省。二是推理模型。三是第一人称信念模型，有第一人称知识就是有关于认识流的信念，这种信念的内容使认识流无懈可击。四是强调自知独立于他心知，优越于他心知。对这些态度，西沃特说：他“反对第一、二种观点，对第三、四种看法既不否定，又不肯定”。[⑤] 因此他对笛卡尔主

① B. Hannan, *Subjectivity and Reduction*, San Francisoc: Westview Press, 1994, p. 81.

② Ibid., pp. 81-82.

③ Ibid., p. 103.

④ C. Siewert, *The Significance of Consciousness*, Princeton: Princeton University Press, 1998, p. 4.

⑤ Ibid., p. 19.

义的态度是：既不绝对肯定，又不绝对否定。他说："我认为，存在着非推论的、独特的第一人称知识，对于各种态度和经验，我也有权予以肯定。""我认为，这对于理解意识至关重要。……具有有意识的经验对于保证某人具有他所具有的信念是必不可少的。"①他倾向于笛卡尔主义的地方在于：承认主观经验有独立的存在地位。他说："要理解意识，人们不仅需要理解各种有意识经验共同具有什么，而且还要知道，它们在哪些方面相互区别开来。"共同的地方在于：各种有意识经验有体验的一面，有质的特征，有可报告性等；不同在于，它们各有特殊的"现象性"，或"主观性"或"质的特征"。② 例如不同的人感知的即使是同一对象，但他们所得到的现象意识也是不同的。他说："说一个人是有意识的，即有现象性意识，就是说它在这种意义上有向他显现的某种方式。说它以各种不同方式向你显现，就是说你有关于变化着的现象特征的有意识经验。……说经验在现象特征上有不同，就是说它们只以有意识经验能够变化的方式发生变化。"③人能作自我评价也能说明这一点，因为自我评价是一种客观的能力；既然如此，这种评价能力对质的特征（如食物的味道等）等的评价就不是子虚乌有。这就是说，评价所对应的、在意识中呈现出来的特点，也一定有其真实性。④

面对主观性，也有一些人引申出了主观主义、神秘主义的结论。布朗强调：人的经验有主观性，这恰恰是客观的事实；科学如果是尊重事实的，那么就必须予以承认。他说："关于世界的科学图景如果排除了主观性，那么就是贫乏的。"⑤如果科学无法说明主观性，那么就必须寻找其他的出路，如诉诸非科学的、宗教的方式予以说明。因为科学并不是万能的。他还认为，可把对主观性的强调称作主观主义，而唯心主义又是主观主义

---

① C. Siewert, *The Significance of Consciousness*, Princeton: Princeton University Press, 1998, p. 20.

② Ibid., p. 85.

③ Ibid., p. 338.

④ Ibid., pp. 335-339.

⑤ J. W. Brown, *Mind and Nature*, Philadelphia: Whurr Publishers, 2000, p. 122.

的结果。他说:“观察者的观点是人们关于世界的知识的源泉和基础。”①

三、关于感受性质的怪人论证

查默斯提出了这样一个思想实验:假设存在一个怪人世界,它在物理上与我们的世界是完全相同的,但在这个世界上却没有意识经验。也就是说,这个世界上生活的孪生地球人与我们地球人虽然在分子层面完全相同,但他们却根本没有有意识的经验。假如我眺望窗外,看到了外面的一棵树,体验到了一种鲜绿色的感觉,有一种赏心悦目的经验。我的孪生的怪人在这样看时身上发生了什么呢?他在物理方面同一于我,他在功能上肯定也同一于我,他在心理的某些方面也会同一于我,如他会知觉到外面的树,他会嗅到花的味道。尽管如此,我与他还是有一点不同,即他没有我观看花树时所出现的现象感觉。② 由上可以得出结论说,感受性质是非物理的,与物理事实没有任何关系。因为怪人世界及我的怪人孪生人在一切物理细节方面,都与我及我的世界没有区别;尽管如此,那个世界,那个怪人并未产生有意识经验。这足以说明,有意识经验有自己的独立性。

查默斯还从理论上对这个思想实验进行了分析。他认为,关于心灵实际上有两类不同的观点:一是心理学的心灵概念。它认为,心灵是解释行为的基础。如果一种状态能够解释行为,那么它就是心理状态。根据这种观点,心理状态是否有主观特征无关紧要,只要它在认知机构中起着那种解释作用就行了。二是关于心灵的现象概念。它认为,心灵有有意识的经验,心理状态是有意识经验的状态。心灵应根据它所起的作用来描述。基于这种区分,查默斯认为,功能主义的正确之处在于:它关于心灵的心理学概念揭示了心灵的作用,但它也有错误。错误在于:它认为心理学的功能分析可以推广到一切心理现象,不然的话就不是心理现象。查默斯还认为,现象性的感觉经验与功能作用性的心理状态是不同的。有的人在

① J. W. Brown, *Mind and Nature*, Philadelphia: Whurr Publishers, 2000, p. 126.

② D. Chalmers, *The Conscious Mind*, Oxford: Oxford University Press, 1996, pp. 94-95.

心理学上是一样的，但从现象上看则可能不同。换言之，有的人有心理学上的心理状态，但不一定有经验，怪人就是如此。怪人在现象上不同于我们，但在心理学上则可能与我们完全一样，在物理学上也是如此。

四、经验鸿沟论证(the experience gap argument)

这一论证有两种形式。

一是本体论的，它强调存在着两种事实，一是大脑中发生的可由客观观察证实的神经生理事实，二是人能凭第一人称观点直接知道的事实。这两者根本不同，似有一道鸿沟把它们隔开了一样。这个论证要说明的是人的经验、意识根本不同于物质性的大脑状态，两者不能等同。这里的经验、意识不是指它的原因或它所导致的结果，不是大脑状态，与大脑状态有不可逾越的裂隙或鸿沟。这就是从本体论角度所作的“经验鸿沟论证”。

二是现今流行的从认识论角度所作的经验鸿沟论证。又有两种情况：一是激进的，即由存在着认识论鸿沟(大脑内部过程、状态、事件可用两种方式去认识，进而导致两种不同的认识)推论出这样的本体论结论，被两种方式认识到的东西在本体论上也不同。二是温和的形式，它只强调认识论上的差异。这一论证早已有之，沃纳(R. Warner)对此做了这样的概括：“心理的东西与物理的东西之间存在着根本的认识论上的差异”，例如对前者的认识是直接的、不可错的，因而有优越的通道，而对后者的认识则是间接的、可错的。两种认识是不对称的。对于这一传统的看法，现今的论者有不同的态度：一是既赞成它的表述，又赞成它的精神实质；二是对两者采取全盘抛弃的态度；三是赞成它的表述，而修改对它的规定；四是只放弃它的文字表述，而赞成它的精神实质。沃纳就坚持第四种观点。他说：“我赞成传统观点的主要思想，即认为不可错性是概念解释的结果，或更准确地说，是认识能力起作用的结果。如此看来，不可错性最终是错误的有条件的可避免性。”[①]这就是说，有认识心理状态的不可

---

① R. Warner, “Incorrigibility”, in H. Robinson(ed.), *Objections to Physicalism*, p. 185.

错的能力是必然的，或者可以说，这种能力是一种模态属性，因为它必然不会错。而对外物的认识则不是这样。例如人们常把草蝇认识为蛇，而对于疼痛这样的内在状态则不会有这种错误。沃纳说："只要你认识疼痛的能力没有什么损伤，这就是必然的，由于运用了这种能力，你就会相信你处在疼痛之中，因此你就真的处在疼痛之中。这是疼痛的一种模态属性。而任何物理的事物没有这种属性。"①

这里的关键在于：对内在状态的认识或信念为什么必然是真的？这既是传统观点的难题，也是沃纳想作出自己深掘的课题。传统观点认为，对内部状态的信念一定是真的。这尽管有其合理性，但一直难以得到有力的辩护。因为错误的信念与认识能力有时也有某种联系，而这种关联其实是认知故障(failure to know)与认识能力之间关系的一个特例。错误的信念自然是认知的故障。例如一个人可能真的相信处在疼痛之中，但有时又无法知道这一点。② 沃纳提供的辩护是：人关于自己内部状态的认识、信念，只要是在神智健全的条件下形成的，那么就是不可错的。以疼痛为例，可这样表述他的"不可错"原则(*)：如果某人相信他处在疼痛之中，且此信念又是来自他严格地运用了他的没有损伤的能力，以致非推论地认识到了疼痛，那么他就必然处在疼痛之中。③ 由(*)又可推出这样的结论："疼痛不是物理状态，或毋宁说，疼痛不是客观的而是主观的现象。"④他认为，由以上分析可引出下述结论，即心理与物理、主观与客观、疼痛和作为疼痛之基础的神经系统的活动之间是二分的。他说："认识到这种二分法，恰恰是传统的不可错学说的精髓之所在。"

相对于内格尔等人的蝙蝠论证而言，沃纳的这种认识论论证，既有共性，又有个性。共性表现在：他像内格尔一样承认：内在的经验或认识是主观的，同时又是客观存在的。其次，他像内格尔等人一样，也由认识论

① R. Warner, "Incorrigibility", in H. Robinson(ed.), *Objections to Physicalism*, p. 186.

② Ibid., p. 189.

③ Ibid., p. 194.

④ Ibid., p. 204.

论证引申出了这样的本体论结论，即如果主观的认识不可错，那么被认识到的东西一定有存在地位。不同在于：内格尔强调心理状态只能从主观观点出发才能被理解。既然如此，人们就无法把内在状态及其体验同一于或还原于物理的过程。其次，内格尔在论证时尽可能避免诉诸“不可错性”之类的概念。而沃纳的结论主要是从这个角度到达的。

五、解释鸿沟论证

这种论证有时也被划归关于感受性质的认识论论证的范畴，与前述的经验鸿沟论证有许多一致之处，但过细考究，它们之间还是存在着微妙的差异。这主要表现在：经验鸿沟论证突出的是人们在用知觉、信念等方式去观照经验及大脑过程、行为时所存在的不同，而解释鸿沟论证要突出的是对上述认识及其所把握到的对象在解释或说明时所存在的差异。

查默斯围绕这一论证做了大量工作，由于我们有专章考察查默斯的思想，故这里从略，只拟分析一下莱文(J. Levine)的基于认识论的反同一论论证。他说：“我的目的是把克里普克的基于形而上学的论证转化为基于认识论的论证”。[①] 克里普克要阐述的原则是：“心脑同一论是错误的”。所依据的直觉是：关于有意识经验的陈述不能同一于关于物理事件的陈述。莱文认为，这个观点尽管重要，但不足以成为他要辩护的形而上学结论的根据。他说：“它可以支撑一个直接有关的认识论结论，即心脑同一论留下了重要的解释鸿沟，因此我们实际上没有办法判断：关于心脑同一的命题哪些是正确的。”[②]

他的具体论证是从分析克里普克对类型同一论的“疼痛是c-纤维的激活”这一具体命题的考察开始的。后者认为，如果它是对的，那么它必然是对的。正如“热是分子运动”这个命题一样，它正确，因此它必然正确。说它必然真，就是说，在一切可能世界中它都为真。就后一命题来

① J. Levine, “Materialism and Qualia: the Explanatory Gap”, in J. Heil (ed.), *Philosophy of Mind: A Guide and Anthology*, Oxford: Oxford University Press, 2004, p. 772.

② Ibid., p. 777.

说，的确找不到这样的不可能世界，但前一命题则是可以有反例的。例如可找到这样的可能世界，在那里某人有疼痛发生，但大脑中却没有c-纤维的激活。因为疼痛的经验和感觉可看作疼痛本身，我们不可能在疼痛显现给我们的方式与那个现象本身之间作出区别。

相对于克里普克来说，莱文无疑有自己的发展。这表现在：从认识论上揭示了同一论的错误，这就是强调：同一论无法面对解释鸿沟问题。他说："现象性质是抵制物理（包括功能）解释的。"这就是说，由同一论等同起来的两端，一端如c-纤维激活可以进一步诉诸物理解释，而疼痛这一端是不能有物理的解释的。这是两者在解释上的巨大差异，因此不能同一。他不否认，像有意识经验这样的事件无疑是一种出现在高度组织起来的物理系统之上的现象，是必须而且可以给予解释的。但显现不能用纯物理的术语来解释，更不能等同于低层次的物理事件。以同一论的两个命题为例，"热是分子运动"这个命题之内没有解释上的鸿沟，而"疼痛是c-纤维的激活"则有解释上的鸿沟。它们的"不同可这样说明，后者不同于前者，留下了解释鸿沟"。① 因为"对于c-纤维激活来说，如果我们不能确定有什么理由能解释下述断言，即有c-纤维激活就有它所具有的质的特征（疼痛），那么可以想象，即使有c-纤维激活，也可能不会出现疼痛，反之亦然"。② 既然如此，就有这样的本体论的可能性，疼痛是不同于大脑过程的另一种存在形式。

六、模态论证

这一论证最先是由克里普克提出的，后得到了查默斯等人的完善。在克里普克那里，这一论证有两个核心命题：(1)关于同一性的陈述在词项所指的一切可能世界都会是真的。如果不是真的，或在有的世界是偶然的，那么那个同一性命题就是错误的。例如，水就是H_2O，热就是分子

① J. Levine, "Materialism and Qualia: the Explanatory Gap", in J. Heil (ed.), *Philosophy of Mind: A Guide and Anthology*, Oxford: Oxford University Press, 2004, p. 778.

② Ibid., p. 778.

运动，是一般人视之为具有必然有效性的同一性命题。其实，从模态上看，这种同一就有问题。因为尽管“H_2O是水”不可能是偶然的，但在别的世界不一定是这样。[①]（2）从形而上学的必然性上说，心脑同一论是错误的，因为它的陈述不可能在一切可能世界为真。他之所以得出这个结论，是因为他发现：在我们这个世界，关于有意识经验的陈述不可能与关于物理事件的陈述必然同一。

模态论证还有五种形式：一是“感受性质缺席论证”，即从形而上学上说，既然没有任何现象性质Q，N也可能从形而上学上得到例示，因此Q不同一于N是可能的。二是可多样实现论证。感受性质能通过不同方式实现或完成。如在我身上完成了特定感受性质Q的物理状态或属性N，大概不同于在你身上完成了Q的物理状态或属性N。因而Q在形而上学上可能不同于N。三是“颠倒光谱论证”。某些人在看某一对象时把其他的人所看到的蓝色当成了黄色，反之亦然。两种颜色经验在他们那里是颠倒的，而刺激、神经生理过程并没有不同。这说明经验有不同于物理过程的独特之处，因此世界不是纯物理的。四是怪人论证。有的人把它看作模态论证的一种形式，有的则予以反对。是故，我们将它放在别的地方单独予以考察。五是可设想性论证。这是一种古老的模态论证，甚至在笛卡尔那里就已产生了。当今的可设想性论证在形式和内容上都有新的变化。例如形式上深深打上了当今模态逻辑的印记，内容上增添了心理学的元素。可这样予以表述：（1）可以想象：即使没有身体，心灵也可以存在。因此，（2）可以设想：即使没有身体，心灵也可能存在。（3）有这样的可能性：没有身体存在，心灵也可以存在。因此，（4）人的心灵不同于身体。可见，这一论证的结论是二元论，即心灵是不同于身体的实在。而论证的前提是各种模态命题，如“可想象”，步骤是从一个模态命题到另一模态命题的过渡或跳跃，如从可想象性到可设想性，再到可能性，最后过

① S. Kripke, “The Identity Thesis”, In N. Block et al (eds.), *The Nature of Consciousness*, pp. 446-447.

渡到结论。这种跳跃的根据是什么呢？根据就是心理学。如之所以能从可想象性过渡到可设想性，是因为可设想性概念像可想象性一样，在心理学中有一个根源，同时在纯逻辑的可能性中也有其根源，由此所决定，从可设想性便可推出可能性。

由于可设想性论证的每一个过渡，尤其是从可能性过渡到结论，都有问题，因此许多人对其结论持怀疑或否定态度。而倡导者坚持认为，从一个环节过渡到另一环节不仅有内在的关联，而且具有同一性的关系，例如可想象性与可能性之间就有内在的同一性，至少可以把可想象性看作是关于可能性的一个有力的验证，因为如果某事不可想象，那么应无可能性。①

第三节 感受性质的特征与哲学意义

关于感受性质，人们有不同的解释。在赞成存在着这种性质的人看来，感受性质有下述独有的特征：(1)私人性。即是说感受性质不在主体间的、公共的世界中，而在经验主体个人的内心深处，并与当下的内省体验、意识相联系，只为他独有，只能由他认识。(2)不可言喻性(ineffability)。这也就是通常所说的只能意会不能言传，而且意会只能由经验主体和有过类似经验的人意会。例如我们就无法意会蝙蝠的经验，至于说出来就更不可能了。(3)可直接认识性。即是说，主观经验及其感受性质是可以直接被经验主体认识的，认识的方式是内省或体验或内在的意识。(4)内在性。也就是说，感受性质不是有机体的外部反应，与外部行为以及引起心理状态的刺激、环境也没有联系，是纯内在的，因而就不能借助刺激、行为等外部线索去加以把握。(5)感受性质是把不同的心理状态相互区别开来的依据，也是把一些心理状态当作同一的状态的论据。自己判断自己得到了同一种经验，其直接的根据就是感受到的

---

① 参阅 W. D. Hart, "Dualism", in S. Guttenplan(ed.), *A Companion to the Philosophy of Mind*, Blackwell, 1994, p. 266。

经验的主观特征。例如一个人认为两个西红柿是同一种颜色,或相信自己把红的经验与蓝的经验区别开来,就是根据两种感受性质的同一或不同。

在感受性质有无因果作用的问题上,许多人认为,感受性质是一种副现象。但这里所说的副现象与传统的副现象论所说的副现象略有不同。如果说主观特性假说陷入了副现象论的话,那么充其量只能说它是一种弱副现象论。因为杰克逊等人的观点是:感受性质出现或不出现对物理世界都没有影响,但它对其他心理状态会造成影响。也就是说,感受性质不是因果上完全无效力的。

该怎样理解或解释感受性质?如果真的有这种东西,那么它隐含的本体论意义是什么呢?对物理主义和二元论有何意义?不同的人对这些问题的看法是不同的。有这样几种情况:

(1)物理主义的解释是:即使承认存在着现象意识或感受性质,仍照样可以坚持物理主义。因为即使承认已有的物理主义不能说明感受性质,也不能由此说物理主义是错误的。因为世界是复杂的、开放的,认识和实在之间总存在着距离。今天的物理主义不能予以说明,不等于以后不能予以说明。其次,也不能由物理主义不能说明它而引出这样的结论,即它有物理存在之外的独立的本体论地位。因为物理主义没有认识到它,并不等于说它就是非物理的。总之,物理主义不仅做了多种辩护,如同一论的、功能主义、表征论的辩护,等等,而且在辩护中发展了自身。[1]

(2)中间的立场。如前面提到的洛尔和海尔等既承认唯物主义有难题和缺陷,但又不赞成由此得出二元论的结论。杰克逊其实也接近这种立场,他常说:他的基本倾向是物理主义,毋宁说,他同情物理主义,但又认为物理主义面对感受性质有不可克服的麻烦或难题。因为如果感受性质是一种新的事实,在自然界有自己的特殊的存在地位,那么物理主义就是错误的,至少有本体论的遗漏,如遗漏了感受性质。由此可得出的正面

① 参阅高新民、刘占峰:《心灵的解构》,中国社会科学出版社,2005年,第292—306页。

结论是:世界不是纯物理的,除了物理属性、实在及其所组成的物理世界之外,还有非物理的、纯精神性的东西。因此世界是复杂的,至少是二元的;物理主义由于遗漏了物理世界之外的这一重要事实,至少是不完善的。而这种不完善性是物理主义等理论不可克服的,因为一经克服了,物理主义的基本原则即世界是物理的也就被否定了。

(3) 各种形式的二元论结论。

一是认识论的二元论。其基本观点是:第一人称观点中的感受性质和第三人称观点中的物理事实,只是两种不同的认识,它们的确是不同的。不过,没有必要、也不可能由此引出本体论上的二元论结论。因为两种认识后面的实在从整个世界来说,都是物理的。就每个人来说,这两种认识是不能等同或还原的,因为它们之间可能有交叉、包含或此有彼无的关系,因此最好是说两种认识所反映的对象之间的关系是异常的。这就是戴维森等人的解释主义的态度。

二是属性二元论解释:人身上只有一种物理实在,但可有两种不同的属性,一是物理的,二是非物理的,感受性质即属后者。应注意的是,属性二元论有唯物主义和非唯物主义之分。前者主要表现为随附性理论。它强调:感受性质起源于物理属性,后者是基本的,前者是派生的。从存在地位上说,感受性质尽管有自己的特殊性,但不能离开物理属性而独立存在。如果感受性质有因果作用,那也一定是由作为基础性质的物理实在来代理行使的。非物理主义的属性二元论认为,感受性质在起源、存在地位和因果作用等方面都有不同于物理属性的独立性和特殊性。

三是查默斯等人坚持的自然主义二元论。他们认为,意识是宇宙的一个根本属性,就像麦克斯韦尔把电荷和电磁力当作物理理论的新的根本的构成要素一样。查默斯说:"经验本身像质量、电荷和时空一样是世界的根本特征。"[①]由此他们还得出了这样的泛心论结论:"经验有可能无处不在,只要存在着因果相互作用,就一定有信息,而有信息的地方,就一

① D. J. Chalmers, *The Conscious Mind*, Oxford: Oxford University Press, 1996, p. 297.

定有经验存在。"[①]但是这种二元论又有不同于传统二元论和泛心论的特点，其主要表现是：它承诺了自然主义的大多数原则，同时又认为经验不能归结为或还原为物理实在，而有自己的本体论地位，有自己的特殊起源，即根源于所谓的原心理性质。可见，这种二元论是自然主义与二元论混合的产物。

四是克里滕登(C. Crittenden)的二元论。他赞成查默斯基于意识的二元论论证，承认意识是实在的一种根本属性，但不认为它是一切事物的属性，而只承认具有复杂心理能力的身体或高度发展的身体有这种属性。[②] 他说："心理状态越复杂，所需的大脑和神经系统必须越复杂。"[③]意识就是适应这种需要而出现在复杂系统之上的属性。意识不可能先于有关的造物而出现，在宇宙的进化中，它是晚出的现象。尽管如此，意识一经出现于这个世界，便有自己的实存地位，因为它们有自己的特征，相互之间还有逻辑的联系。最重要的是，它们有离体或与身体分离的可能性。[④] 他说："实在不能只限定于物理的东西，它还包括有心理的东西。"[⑤]

五是克利夫顿(Andrew Clifton)的新心理主义。他对心理主义做了新的界定，认为它是唯物主义的对立面。心理主义的基本观点是认为，心和物是构成世界的两类材料，且都有自己的独立性和存在地位。新心理主义的"发展"表现在：心理现象也是世界的基本构成成分，有意识经验的单子性、内在性属性不能还原为非心理属性。

六是马丁(G. D. Martin)的极端二元论。别人的二元论解释至少承认意识源自物质，而马丁则认为意识有自己的来源。他认为，面对意识，唯物主义走向了末日，因此有希望的是二元论的意识理论。[⑥] 他的最有

---

① D. J. Chalmers, *The Conscious Mind*, Oxford: Oxford University Press, 1996, pp. 297-298.

② C. Crittenden, *Language, Reality and Mind*, p. 190.

③ Ibid., p. 190.

④ Ibid., p. 98.

⑤ Ibid., p. 173.

⑥ G. D. Martin, "The End of Materialism", in *Network*, 2006(4), Vol, 90, p. 1.

“创新”的结论是：“意识不在大脑中。”他说：“当代神经科学好像能告诉你：意识会在什么地方被找到，但是恰恰相反，它的位置未被人发现。”①他研究感受性质最重要的成果是强调人有十种不同的感受性质。他认为，人有十种不同的感觉，每一种都有自己的感受性质，如视觉、听觉、嗅觉、味觉、触觉、冷感觉、热感觉、疼痛感觉、肌肉感觉、本体感觉。每种感觉都有自己的如此这般的特点，有自己所呈现的现象性质，彼此之间根本不同。杰克逊也有类似的看法：“说心理对象在它的规范的空间中是神秘的，因此我将把它定位在神秘的空间中。”②马丁的二元论结论主要是诉诸否证法而得到的。如他认为，唯物主义还有严重的理论错误，如它没有说明：神经化学刺激是怎样转化为有意识经验的，这些经验究竟做了什么，有意识经验怎么可能从无意识物质中产生出来，它没有在大脑中找出意识的踪影，因此断言意识是人脑的属性不过是一种武断。③ 既然唯物主义的结论不可取，那么就只能得出二元论的结论：(1)意识不是来自物质。(2)意识像物质一样也是根本性实在。(3)意识不是大脑活动的产物。(4)它是非物质的。(5)它不在大脑之中。(6)意识能产生物质，因为意识有物质所没有的想象力。尽管这些言论尚未得到完全的证明，但其正确的概率是极高的。他说：“大脑毕竟不是心灵，而只是心灵所用的计算机。”④

第四节　现象意识的形而上学解剖与解释

现象意识或感受性质尽管是与低级心理过程连在一起的心理特征，但是由于它是由复杂系统(其中不仅有长期的进化所形成的生物学因素，而且还包含主体自身的“观点”及“观看”、“显现”等)所突现出来的，因此

① G. D. Martin, “The End of Materialism”, in *Network*, 2006(4), Vol, 90, p. 2.

② Quoted by J. R. Smythies, “The Impact of Contemporary Neuroscience”, in E. Wright (ed.), *New Representationalisms*, Ashgate, 1993, p. 225.

③ Ibid., p. 3.

④ Ibid., p. 4.

也是一种复杂的现象，里面蕴藏着深厚的形而上学意义。正是看到了这一点，史密斯(D. W. Smith)和奥肖纳西(B. O'Shaughnessy)等人不满足于对现象意识的描述性分析和特点梳理，而试图从形而上学视角，如从本体论和认识论角度，挖掘其中所隐藏的更深刻的意蕴。客观地说，这一工作的确取得了积极的成果，如一方面揭示了现象意识的更多鲜为人知的方面，另一方面又拓展和深化了形而上学的本体论、认识论研究。

一、史密斯对现象学和本体论的"细心综合"

描述现象意识是一码事，如何予以解释、如何揭示它的构造和根源又是另一码事。史密斯不绝对否认根据物理化学过程解释意识经验的自然主义方案的必要性和合理性，但又强调仅只有这种解释，则是不够的。因为这一类现象尽管依赖于物理过程和刺激，但由于在发生时又添加了新的东西，如至少有一个内在的、流动的、伴随着体验的过程发生了，如果主体用第一人称观点去观察，还增加了内格尔所说的"主观的观点"这一成分或维度。由于它们的加入，物理基础之上所发生的内在心理状态便成了一个更新的东西。因为任何过程、状态或事件，只要其中有新的参数加入或减去，它就会变成不同于原物的东西。

这种东西是物理主义、行为主义所倚重的客观观察方法所看不到的，甚至根本接触不到的，只有诉诸现象学直观或第一人称观察才能接近。而一旦有现象学维度的介入，原有的物理主义的本体论就必然会被突破或超越，因为现象学视角下显现出来的东西是物理主义本体论所没法涵盖的。这一来，建构更广泛、更全面的本体论便势在必然。例如在意识中显现的东西，以及能显现的意识，显然不同于自然的存在，而是一种更复杂的、高阶的存在，是只有主体自己才能接近和体会到的存在。总之，为了客观真实地再现人身上尤其是心灵世界(mind world)中真实发生和存在的东西，除了要有自然主义的框架、第三人称的视角之外，还必须有现象学和本体论的视角。史密斯说："为了理解意识的本质，说明它是怎样结合在世界之中的，我们从哲学方面必须做的事情是：对细心做成的现象学和本体论作出更细心的综合。"[①]这就是说,要理解意识的本质及其在世界中的地位,不仅要有现象学和本体论这两种视角,而且还应把它们结合起来。

史密斯所理解的意识是指广义的有意识的心理现象,换言之,任何心理现象只要是有意识的,都可称作意识。而有意识的特点,一是有可经验到的质的特征显现出来,二是有对特定意向对象的指向或"关于"或"关涉"(of-ness, aboutness)。由于人们对后一方面说得不多,有的人甚至否认意识有这一特征,因此史密斯对之给予了较充分的注意。在这个过程中,他表达了一种关于有意识心理的新的分类思想。我们知道,现在关于心理现象的流行分类是把它分为命题态度和有感受性质的心理现象两大类,而标准是感受性质和意向性。一般认为,这两者是不同心理现象分别具有的特征。如果一种心理现象有意向的特征,那么就可称作命题态度。如果一种心理现象体现的是感受性质,那么便可称作现象意识或经验。史密斯的新看法是,两类现象区分的标准是意向性及其所指向的对象。他说:"意识就是'关于'某物的意识;这种'关于'——可称作意向性——就是一种把意识与世界捆在一起的绳索。"[②]由于这里的被关联的"某物"有不同的形式,因此意识或心理有不同的种类。如果这某物是经验性的东西,如感觉、知觉、情感等,那么此意识即是经验或现象意识;如果此某物是命题内容,如信念、愿望等,那么此意识即是命题性意识,亦即我们通常所说的命题态度。我们这里只分析他关于前一种意识的理论,关于意识的另一理论留待下章讨论。

史密斯认为,要揭示现象意识的构成、结构、本质、根源和特征,首先要有现象学视角和眼光。什么是他所理解的现象学?为什么要有这种现象学视角?他所理解的现象学与胡塞尔的现象学有渊源关系,但又有自己的赋义。他所理解的现象学是指关于我们正经验的意识的科学。这里

---

① D. W. Smith, *Mind World*, Combridge: Cambridge University Press, 2004, xi.

② Ibid., p. 1.

作为对象的意识的范围比胡塞尔所说的要小，主要包括没有命题内容的心理现象，如情感、知觉等。从方法和操作上说，他所理解的现象学要做的工作就是从第一人称观点出发，将有意识的经验描述为当下的显现，其目的就是弄清现象意识的细密构造。他说：为了理解“今日心灵哲学广泛讨论的意识现象，我们需要做的事是：建立更系统的现象学，对主观经验结构作出细致的分析”。①

心理生活的特点在于：“在我思中，有些东西是死的，有很多是活的。”②如果一种方法或理论只能把握到它的死的东西，那显然是不够的。只有如其所是地把握到的东西才是真正的意识。现象学视角之所以是必要的，自然主义方法之所以是不够的，关键就在于：前者能把握活的东西，如在意识起作用的当下再现、把捉到真实的意识生活，而后者只能注意到它的死的、静止的东西。要对意识做现象学研究，关键是抓住“我思”。他说：“我思的核心，就是这样一个现象学原则，即我们对我们当下的经验有一种直接的觉知。”③既然如此，就应对我思可展开全方位的透析。在这个过程中，可做的工作主要有：(1)我思的现象学，(2)我思的认识论，(3)我思的逻辑学，(4)我思的本体论，(5)我思的语义学，等等。

当然，这不是说，研究意识只能靠现象学，别的方法毫无用处。不然。史密斯强调：要搜集到关于意识经验的没有遗漏、没有偏颇的材料，必须把现象学的第一人称方式和行为主义的第三人称方式结合起来。如果完全否认第三人称方式的作用，那也不对，因为意识有客观的基础，其作用会有行为的表现。

史密斯对本体论视角的强调，受到了怀特海(A. N. Whitehead)的启发。在后者的启发下，他不仅像后者一样看到了自然主义在本体论上的遗漏，而且对意识不同于物质的本体论地位和特有的存在方式做了创发性探讨。怀特海认为，过程是一个本体论范畴，它反映了自然主义没有

---

① D. W. Smith, *Mind World*, Cambridge: Cambridge University Press, 2004, p. 290.

② Ibid., p. 43.

③ Ibid., p. 49.

看到的一种存在。有这个范畴,就可构建一种关于意识和认知的新本体论。如果这样去看,心理世界便会多一个成员。因为与过程范畴相关的是"本体论的变化"概念。它不同于时间上的变化,指的是在有时间变化的物质构造中实现的形式结构。基于这种本体论,我们又能在意识中看到新的存在样式,即意识除了其他的构成方面之外,还有变化的形式结构。总之,有了本体论的视角,会看到心理世界的更多的客观存在着的存在样式。

在史密斯看来,本体论的目的不仅是要把诸存在者的库存清单弄清楚,对世界上的各种各样的实在形式作出界定,而且要把这些存在者的关系梳理清楚,由多到少,再回到"一",即回归统一性。史密斯由此认为,本体论中有这样一个核心部分,即"基本本体论"。它的任务就是建立关于世界的最基本结构的理论,形成能反映一切存在的范畴体系。而要完成这一任务,又必须从最基本的分类开始。在他看来,本体论的范畴是表示抽象类别的概念,这些类别对世界结构中具有根本作用的实在做出了没有遗漏的搜索和区分。

本体论范畴可从三个角度加以分类和排列。从现象学上看,有形式、表现和基质三类,从构成上看,有形式范畴(个体、属性、事态)和质料范畴(自然、文化、意识)两类。从关系、变化上看,有领会(prehension)、意向性、模态、依赖性、统一性、多样式等。[①] 世界上的任何一个有存在地位的事物,都可同时用这些范畴来分析。而一旦做了这样的分析,实际上是从不同角度揭示了该实在的不同的存在样式。每种样式尽管是那实在的一个侧面,但都有自己的存在地位。因此如果忽略了某一范畴,即不从此角度去看那实在,那么就等于把实在中存在的该方面遗漏掉了。意识也是这样一种实在,它也会以不同的方式存在。如果仅从自然主义角度去看,便只看到了它的一个方面的存在,而忽略了它的其他存在方面。他还强调:他倡导的本体论有广泛的意义。他说:如果记住这种划分的意义,那

① D. W. Smith, *Mind World*, Cambridge: Cambridge University Press, 2004, p. 9.

么“将改变我们研究心灵哲学甚至一般的本体论的方式”。①

我们这里重点剖析一下他的本体论构架的心灵哲学意义。根据他的范畴体系，意识有三个存在方面。这三方面的内容和结构可图示如下：②

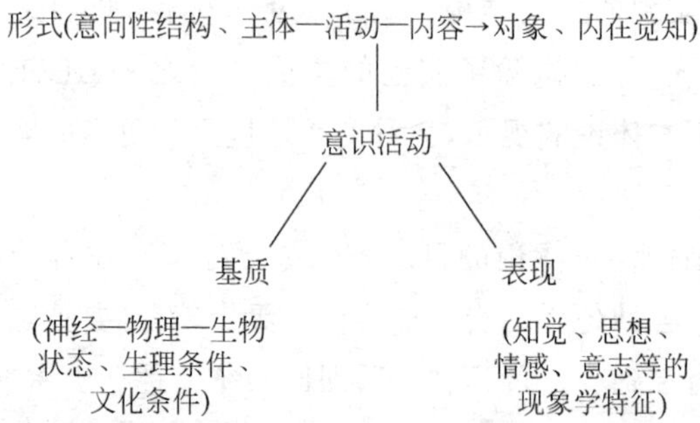

由上图不难发现：意识活动有三要素或三种存在方式。它的形式即意向性，它的表现即我们意识向我们显现的方式(如质的特征)，它的基础是物理的、生物的和文化的基础。在经验中，这三个看似根本不同的方面实际上是完美地、活生生地结合在一起的。如果用他倡导的现象学和本体论的“细心综合”方式，便能如实地把它的全部存在和活的特点再现出来。而如果用第三人称方法、自然化方法，就没法完好无损地再现意识的全部面目和本质。换言之，自然主义没有看到其他两个方面。而这两方面既是存在的，又是非物理的。就此而言，世界不是纯物理的，而有非物理的方面。由此，史密斯便得出了一致于二元论的结论。

用其他范畴看意识也可得出类似的二元论结论。例如意识也适合用形式和质料两范畴来分析。而这两范畴中又有许多范畴，每一个都反映了实在中的某种存在方式。换言之，我们在日常生活中所知的东西都可用它们或其中的一种来描述。就形式范畴而言，它下面有很多子范畴，每一个都可描述一种存在方式：个体、种类、质、关系位置、量、依赖性、意向性、事态。质料范畴也是这样：对象、事件、空间、时间、植物、动物、人类、

① D. W. Smith, *Mind World*, Cambridge: Cambridge University Press, 2004, p. 3.

② Ibid., p. 23.

心灵、行动、实践、人造物、惯例、习俗。就意识来说,它也会以这些方式表现自身。如从形式上说,它可表现为个体、种类、质、关系、事态;而从质料上说,意识可关联于对象、事件、动物、人类等,以它们为质料。① 由于意识表现于对象、人类、动物之上,或以之为质料,因此意识便有自然主义所看到的那种存在,即表现为基础的物质基质之上的随附性现象。但意识一经被物质实现,又表现为新的存在,即有自己的形式,如有自己的个体性,而有个体性的诸意识之间又会形成各种各样的关系。这关系作为高阶存在,不是子虚乌有,无疑有自己的存在地位。它们的个性和共性、个例与类型也是如此。

总之,心理现象除了有物质的基础之外,还有自己独有的本体论地位。最后的问题是:在我对我的思维的内觉知中,觉知或意识还会暴露:显现总是"我"或"自我"或主体的显现,这主体究竟是什么?它是一个心理、精神实体(笛卡尔),还是一个心理—社会—物理的人?内觉知中暴露的思究竟是什么?是纯心理的活动,还是物理的过程?所有这些问题都是关于我思的本体论的核心问题。

首先应肯定,内觉知的确没有暴露思维及主体的本质,没有交待它们是什么。其次也可肯定,内觉知所认识到的思维不是大脑过程,"我"也不是身体中的中枢系统。再次,内觉知也没有表明:我是纯精神实体。最后,内觉知也没有表明思维与主体、情景、对象之间是什么关系。这也就是说,现象学直观、第一人称直观也有它们的局限性,它们不能向我们暴露意识、思维的主体等深层次的内容。而要说明思维的主体是什么、思维在哪里、思维怎样产生于大脑等,则必须诉诸形而上学思辨。在这些问题上,他的基本倾向仍是二元论的,即认为,思维的主体有对物质的生理过程的依赖性,但不能等同于物,而只能是同时有精神性和物质性的活生生的个体的人。思维等也是这样,不可能是大脑的物理活动。

---

① D. W. Smith, *Mind World*, Cambridge: Cambridge University Press, 2004, p. 187.

二、奥肖纳西论意识的"认识论优先性"

奥肖纳西(B. O'Shaughnessy)论证二元论的思路和结论有趋同于前述的史密斯的地方。当然,从两人的文本中又看不出他们思想有相互影响的痕迹,因此最好是说,他们的思想有殊途同归的特点。

奥肖纳西不否认自然主义或物理主义在认识人的过程中的权利和作用,并认识到,它们的特点是:把那些有自我意识的存在也看作是像别的有生命的存在一样的物理系统。不过,奥肖纳西又认为,它们实际上是"令人讨厌的心理物理学","取消主义"。① 其最大的问题是,没法说明人们普遍具有的经验、意识、自我意识等。而要认识到这些东西,必须有看待世界的现象学和认识论方式。

在他那里,这两种方式是一致的,只是表述方式、侧重点略有不同罢了。所谓现象学方式是指:在人有内在心理过程、事件、状态发生时,主体自己当下、直接地去反观显现在意识面前的东西。所谓认识论方式,就是以觉知(awarness)的方式去把握意识面前出现的东西的方式。这种方式常被自然主义忽视,而它又恰恰是认识内部世界不可替代的主要方式,人的自我认识靠的就是它,因此他说:他将坚持"认识论的优先性"(the primacy of pistemology)原则。② 这里所说的认识论的优先性有多方面的含义。首先,这里所说的认识论指的是以知觉为基础的经验认识论。换言之,这种认识论突出的是知觉的作用。所谓知觉指的不是人们通常所说的望远镜、照相机式的认识手段,而是一种探测的工具,"是我们人到达世界的根本方式"。③ 因此如果心灵和意识是存在的,那么其功劳首先应归功于知觉。就此而言,知觉是意识的基础。其次,意识、经验、自我意识等本身具有认识或认识论的性质,作为存在,它们是不同于自在存在的事物的,如不同于引起这些现象的对象,因此是具有认识论性质的存在。

---

① B. O'Shaughnessy, *Consciousness and the World*, Oxford: Clarendon Press, 2000, p. 171.

② Ibid., p. 681.

③ Ibid., p. 681.

第三，在研究意识时，他关心的主要是它的认识论性质。不仅如此，他的主要精力也投入到它之上。他说："我对意识的大多数探讨都集中在它的认识论属性之上。"①他要研究的意识的认识论属性主要有四个方面，即意识的经验、知觉、意识在经验认识论中的解释过程和有意识的知觉中所碰到的世界。

他常用"意识"一词表示不同于物理实在的心理现象。而意识又有两大类，一是指向性意识，即经验，可放在本体论中的"过程"范畴之下，即以过程的形式存在。二是状态意识，可放在"状态"范畴之下，即以状态的形式存在。

作为过程的经验是一种什么样的存在呢？他回答说：当以现象学式认识论方式向内反观自己的心理世界时，一种不同于自然主义的心理现象的心理现象王国出现了：它们川流不息地流动，但又栩栩如生。既然如此，这另一个世界就值得我们去观察和研究。而要如此，又必须思索：当向内反观时，我们内部究竟发生了什么，有哪些现象出现了。而要回答这类问题，又必须对心理现象作出分类，把它们归结为一些范畴。他认为，有两种归属方法，一是把它们归属于状态、事件和过程这三种本体论范畴的一个之下，二是把它们归属于经验和非经验两范畴中的一个之下。前一方式更适合于对非心理事物的分类，如对自然事物；当然也不尽然，即也可用它们来归属意识现象。后一方式没有前一方式那样广泛的适应性，因为它只适用于对心理现象作出分类。我们这里按后一方式来考察他的有关思考。②

非经验的心理现象主要指信念、意向等命题态度，而经验主要指知觉、心像、情感等现象。"经验"这个词尽管常被使用，似乎无人不知，没有可深究的，其实不然。奥肖纳西通过他的独辟蹊径的探索，揭示了它的许多鲜为人知的奥秘。他说："进入意识的入口就是经验。这就是说，现在

① B. O'Shaughnessy, *Consciousness and the World*, Oxford: Clarendon Press, 2000, p. 683.

② Ibid., p. 175.

在你心灵面前的东西，就是你在这个世界上最熟悉的东西，如知觉、思维、情绪、映像等。它们是一个部落的成员。”[①]他承认：“经验”有不可定义性，甚至是不可分析的。[②] 就他的目的来说，他也不需要为它下定义，只要知道它的所指就行了。在他看来，这对我们每个人是不难做到的。因为每个人经常会碰到它所指的东西。例如当用眼睛看一种颜色时，人内面一定有一种真实的不同于物理、生理过程的过程或事件发生了。正是在此意义上，他认为，经验可放进事件或过程范畴之下。

如刚才所述，他研究经验的目的，不是为它下定义，而是要把常被人们忽视的一种存在样式、一种真实的过程展现在人们面前。他告诉人们：经验一经出现，一定有两方面，一是有东西显现出来或被经验到了，二是有一个中心，即接受、体验诸显现的主体。因此“经验是向着一个中心的显现”。[③]

作为概念，经验像信念或感觉等一样是原始的，意即不能再用别的心理概念（如“状态”）来阐释和定义。它只能用纯事件/过程术语（如“注意到”、“看到”、“梦见”、“听到”等）来说明。在这一点上，它们与“倾斜”、“打滑”等非心理术语一样，指的只是事件或过程，而非状态。[④]

相对于其他心理现象而言，经验的特点之一是：其内容是流动的、变化的，经验本身也是这样。他说：“经验在本质上是一种必然的显现。”说它是显现，意思是说，它在每时每刻都存在着，而且在每一时刻，它又有新的表现。[⑤] 第二个特点是：“它能与在前的过去发生联系”，即此时是与刚发生的过去直接连在一起的，他说：“这是经验的一个‘原始的’要素。”[⑥] 除此之外，“时间上的共现”（co-presence）也是它的构成性属性。[⑦] 第三

① B. O'Shaughnessy, *Consciousness and the World*, Oxford: Clarendon Press, 2000, p. 37.

② Ibid., p. 39.

③ Ibid., p. 175.

④ Ibid., p. 177.

⑤ Ibid., p. 43.

⑥ Ibid., p. 60.

⑦ Ibid., p. 61.

个特点是:像活火一样。心灵和身体都能假死,但经验的王国不会有这样的表现,它永远是活跃的。意识也是如此。他说:“生命的力量在这个领域内赤裸裸地表现出来了。”①

经验有无空间性?他认为,从现象学角度说,时间是经验的唯一的维度,因为经验完全是以此为基础才连在一起或组成一根像线一样的流的。换言之,对意识的设想不可能撇开时间,而空间不是这样,因为空间不是经验的维度,至少从现象学角度说是如此。质言之,经验没有像房子、树木那样的空间定位。

他还列举了经验的逻辑和非逻辑属性。在他看来:经验有四个逻辑属性:(1)不可定义性。(2)所有经验以及某些种类的心理现象都有这样的基本属性,即以经验的形式表现出来。(3)作为一个总类,不符合同一和存在的必要的、类型上的条件。(4)是一种心理学的范畴。

经验的七个非逻辑属性是:(1)从类型上说,它是显现的东西,即可作为事件和过程存在,而不能看作状态。(2)如果经验是时间上延展的,那么它的构成就是纯过程性的,而非状态性的。(3)不存在经验状态。(4)经验如果是跨时间的,就表现为历时性的东西。(5)经验如果是索引性地被给予的,那么其意识主体就存在于“现在”。(6)经验主体一定晓得过去的时间。(7)在许多情况下,存在着某种表现为有经验的东西。总之,“经验是不可分析的,是心灵的原始的构成因素”。②

意识问题当然也是他关心的重要课题。我们知道,由于感受性质的发现及研究的深入,这一领域空前活跃,取得了大量新成果。奥肖纳西指出:在研究这个问题时,有的人关心的是经验的本质问题,有的人重在以此说明心理现象的特点。他的目的和重点独具一格。他关心的是“清醒的状态”。这也就是他所说的意识。其反面是昏睡、深睡、昏厥、麻醉、不省人事、无意识、没有意识等。

---

① B. O'Shaughnessy, *Consciousness and the World*, Oxford: Clarendon Press, 2000, p. 67.

② Ibid., p. 64.

对于这样的意识,他提出的问题是:意识是否自成一类?他的回答是肯定的。如果是这样,还可进一步问:它是不是一个更大类别中的子类?回答仍是肯定的。如果是这样,该进一步探讨的就是它的同一性和逻辑特征问题。他把这称作个体化问题。①

就意识与经验的关系来说,两者的不同表现在,意识既属于状态,又不属于状态,而经验只能放在过程范围之下。就联系来说,"意识包括经验,是这样一种现象,即其中必有直觉性注意发生的现象"。② 因此意识属心理现象,而非生理、物理现象。意识有两类,一是作为状态的意识。作为状态,它当然是心理状态,即觉知状态。这觉知所涉及的不是对象,即不是世界或实在,而是状态自身。如果有对对象(世界、外物)的觉知,那么它就不是作为状态的意识,而是第二种意识,即指向性意识,即经验。③ 这就是说,意识有两类,一是状态意识,二是指向性意识,即经验。

既然意识比经验的范围大,因此当他转向对意识的研究时,他便进入了更为宽广的心理领域。当然我们这里更多的是关注他关于状态意识的思想,因为在前面我们已考察过他对经验的看法。

先看他对意识的构成要素的看法。构成要素也可理解为意识的必要条件。在他看来,意识有这样的要素:第一,连续的经验之流一定真的是流动的。第二,心灵的占主要地位的状态一定是理性的,以致那状态中出现了信念和有意识的行为。第三,出现了心理的能动性,特别是出现了思维的能动性。第四,有自知的能力。第五,有注意力,以致能通过知觉与外部现象发生关系。④

此外,他还论述过意识的这样两个看似矛盾的特征,即趋向或朝向实在(truth-orientation)的特征(即有指向它之外对象的特征)和封闭性特

① B. O'Shaughnessy, *Consciousness and the World*, Oxford: Clarendon Press, 2000, pp. 72-73.

② Ibid., p. 76.

③ Ibid., p. 78.

④ Ibid., p. 267.

征。他说:"意识的最根本特点是它在与世界联系时具有封闭性。"仔细考究,这两个特点是没有矛盾的。因为意识本身的确是封闭的,但由于它包含有表征,因此它又有朝向外在实在的特点。他说:"既然表征对意识是必不可少的,那么就可以说,意识来自世界或实在,在它的映像中亦复如是。而且有意识的东西是以唯一的方式与世界'接触'的,大概可以把意识比作窗户,通过它,我们能真实地把握实在之光。"①

在他看来,意识不仅真实发生了,真的存在着,而且具有至关重要的作用。意识对它的所有者来说,像生命一样是不可或缺的。其作用表现在,它使动物的全部本质得以表现出来。很显然,没有意识这个环节,动物与外部世界发生联系就不可能以动物的方式表现出来,而只能以自然物的方式表现出来。因为意识有双重暴露的作用,或者说是动物的双重暴露的条件,通过它,动物活动于世界之中;同时,通过它,世界进入活动着的主体之中。②

从与内容、意义的关系看,状态意识有如下特征:(1)否定性特征,即没有意向内容,因为它不指向、关于什么。(2)它与意义或含义无关。这就是说,不能把任何意义归属于意识。它之所以有此属性,是由其起源决定的。因为意识的根源完全是由身体决定的,因此是神经的、非心理的。"意识是完全无心理性的事物的产物。"③"意识没有心理的根源,……因此不能把任何意义归属于这种现象,它属于没有意义授予的广泛的整体论网络,超出了'意义圈'。"这就是意识的否定性属性。"意识一开始就没有指向,没有内容,没有意义。"④意识的肯定属性在于:它是一种显现的、现象的连续性,是由显现式地利用了整合的力量而产生出来的,在存在的阶梯上,它属心理的东西。

广义地说,如果意识是一种状态,是一种过程,如果它有存在地位,那

① B. O'Shaughnessy, *Consciousness and the World*, Oxford: Clarendon Press, 2000, p. 681.

② Ibid., p. 94.

③ Ibid., p. 80.

④ Ibid., p. 81.

么便不难推论出它的主体的存在。因为状态或过程都是某实在物的属性。现在的问题是:这主体是什么呢?他像笛卡尔一样承认:它是精神或心灵。他说:意识、心灵一经在认识过程中出现了,就有独立的地位。“就像意识在知觉中表现自己的本质一样,心灵被带入种种实在之中。在那里,世界从精神上表现为一种构架,通过它,那些实在便在注意和理解它们是什么的过程中得以构造出来。”①

他不仅承认心灵与意识有实在性,而且认为心灵有实体性。② 经验的存在可证明这一点。因为经验如果是真的,那么由此可以说,作为它得以存在的前提或基础的心灵也一定如此。他说:“正是在这个基础上,经验产生或显现出来。……经验以流的形式显现在心灵的面前,即依靠着这个相对不变的主体,没有它,经验就不能如此存在。既然经验的准实体性的(qusai-substantival)根基以稳定的、必然不间断的线的形式表现自身,那么经验就会像天气一样川流不息。如果其后没有恒常的推动力量,它就不能存在。”③

怎样解释无意识状态下的心灵呢?他认为,即使在这种状态下,心灵实体也是存在的。他说:“在最深的无意识状态中,所有心理生活都有停顿的可能,然而在这种情况下,心灵原则上也能存在。”④当然,他所说的实体不同于传统二元论所说的那种实体。他认为,那种假设的、支托式的实体的确是不存在的。他所设想的“实体”是指记忆得以维系的基础。“让心灵回溯至早期童年的多种多样的连续不断的记忆路线表明有一个相对不变的主体。如果有什么东西能被冠以‘心灵的实体’这个称号,那么这个主体就有这样的资格。”⑤只有承认这个主体,才能说明认识、记忆、人格的同一性等。他说:“在心灵的这一部分,我们可以看到它的同一

① B. O'Shaughnessy, *Consciousness and the World*, Oxford: Clarendon Press, 2000, p. 695.
② Ibid., p. 681.
③ Ibid., p. 65.
④ Ibid., p. 168.
⑤ Ibid., p. 64.

性的根据。"[①]心灵实体不仅存在,而且还可以在肉体消亡后续存。他说:"心灵和心灵的这个子部分(指经验)原则上是可以以完全静态的形式续存的。心理生活的一切方面即使都停下来了,但心灵和心灵的子部分仍能一如既往地存在。"[②]

既然承认心灵存在,他便免不了要回答心灵与另一同样存在着的物体或身体的关系问题。他的看法是:心灵从认识论上说有对物理实在的依赖性,或起源于后者,因为前者是在知觉后者时不断产生出来并不断发展的。其次,两个领域都处在同一个时间系统之中。[③] 再往前走,他的看法就十分接近笛卡尔了。当然他又认为,他与笛卡尔的关系只能表述为保护或拯救的关系。他说:"为了拯救笛卡尔关于内容和实体的学说,我求助的是心理规范性这一概念。对于这一概念,我不是从静态上予以理解的,而赋予它的意义是:它指的是我们所说的被授予了本质的和功能的事项。"这也就是说,心灵能以适当方式知道自己,这是一种规范性现象。[④]

承认心身有相互联系、可互为因果,就必须碰到传统二元论的这样一个难题:作用力只能根源于物质,心灵的作用从何谈起?

奥肖纳西根据叔本华和弗洛伊德的有关理论证明,人身上除了有认识的能力、物理性动力等之外,还存在着非物理的、非理性的动力,这种动力是原始的,根源于人身上有非物质的心灵。他说:"这两人都相信心理力的存在。……他们相信有这样的驱动力,它们在本质上有指向一种统一的、原始的目标的作用,用不着认知作用的帮助,大概也无须表征性功能的帮助。据设想,正是在这种力量中可以找到心灵的本质……根据这种解释,人的本质就在于他有非理性的心理力量。"[⑤]

---

① B. O'Shaughnessy, *Consciousness and the World*, Oxford: Clarendon Press, 2000, p. 64.

② Ibid., pp. 64-65.

③ Ibid., p. 686.

④ Ibid., p. 109.

⑤ Ibid., p. 171.

当然,他的看法也有不同于弗洛伊德等人理论的地方。他指出:弗氏尽管看到了人身上除了物理存在之外还有别的存在及力量,但却有其不可避免的根本缺陷。这表现在:他们承认的力主要是物理或生物的力量,而否认了心灵有自己的动力源泉,"否认了心灵的统一性(整体论)"。[①]在他看来,心理力的特点在于:能独立于知识和理智而起作用,因此是不可直接认识的。换言之,它们的本质是没法用第一人称认知或洞察来把握的。[②]尽管如此,又必须承认它们的存在。因为不然的话,就没法解释客观存在的意志自由。在他看来,心理自由像自知一样是经验主体中的自意识状态的必要和充分条件。[③]

① B. O'Shaughnessy, *Consciousness and the World*, Oxford: Clarendon Press, 2000, p. 172.
② Ibid., p. 171.
③ Ibid., p. 159.

第七章 二元论的意向性路径

“意向性”尽管不是我们每个人都会使用的概念，但每个人在清醒时与它所指的现象则须臾不离。回到词源，也许有助于我们对该词的理解。柏拉图在《克拉底鲁篇》中所用的关于弓箭的论述是关于意向性的真正的隐喻。他认为，思想、信念就像弓箭一样，对准的是某种东西。他说：“信念要么就是灵魂所从事的一种对事物怎样成立的知识的追寻，要么可称之为弓箭的射击。”“思想更是这样。”①不难发现，柏拉图所说的意向既包括实践的心理活动，又包括理论的心理活动。从词源学上说，柏拉图把信念、思想之类的心理状态比喻为“射箭”，无疑是后来的意向性概念的真正发端。后来中世纪学者所创立的“意向的”(intentio)一词，其本义就是“瞄准、射箭”(intendere)。可见，“意向性”是基于类比而提出的一个概念。心理现象关注某对象类似于箭对准某物(*intendere arcum in*)。因此意向现象就是隐喻的箭。意向对象像箭的对象一样，箭的对象可能是一匹马，也可能是幻觉，意向的对象也可以是存在的，也可以是不存在的。相应地，意向性指的是贯穿在一切心理意识活动、过程、状态中的关联作用或关于性(aboutness)、指向性、超越性。

意向性是人的心理乃至整个人的最独特最本质的方面，是其真正的中枢，因此是揭开心理乃至生命之奥秘的钥匙。道理很简单，语言之所以有它的指示、表示它之外事物的作用，人之所以能认识外在的超越之物，之所以有主观见之于客观的实践特性，一个重要的根据就是人能主动地、有意识地把一种状态与另一状态关联起来，甚至能与不存在的东西发生意向关系。例如某人可以想象有独角兽，而任何物理的事物都不可能有

---

① Plato, *Cratylus*, 420bc.

这种关系。另外,人的意向状态可以处在与不曾发生、不会发生以及已逝的东西的意向关系之中,而物理关系只能存在于真实的东西之间。中国哲学也注意到了宇宙中的这一神奇现象,如钱穆先生曾用自己独特的但不太“标准”的意向习语对中国文化重视心之意向特征这一点做了十分精彩的概述。他说:“人心能超出个体小我之隔膜与封蔽而相通,此为人兽之分别点。”①例如,人心能超越自身,指向过去,“心存百代”,指向未来,遥想万世。另外,心还能以文字为媒介,“感受异地数百千里外,异时数百千年外他人之心以为心。数百千里外他心之忧喜郁乐,数百千年前他心之忧喜郁乐,可以用为此时此地吾心之忧喜郁乐”。②

意向性既然有这些奇特之处,二元论在为自己辩护时自然不会放过。

第一节 布伦塔诺与胡塞尔论心理现象的独特性

应说明的是,布伦塔诺与胡塞尔并未从他们的意向性理论中直接引申出二元论的结论,也没有承诺他们的理论是二元论。我们这里之所以论及他们,是因为他们的思想是现当代意向性研究的一个源头,因而为后来的二元论者从意向性角度论证二元论做了铺垫,另外,他们强调意向性有不同于其他事物及属性的独特性,从本质上说,带有二元论倾向。

布伦塔诺走上哲学道路之初便惊奇地发现:哲学陷入了深刻的危机之中。经过他的探索,他所寻找到的拯救哲学的出路在于:借用自然科学的方法改造哲学,使之成为一门像自然科学一样的科学。他把这样的哲学称之为心理学。他的心理学关心的主要问题是:什么是心理现象?心理现象的标志是什么?与物理现象的区别何在?对此,传统的观点是:不占有空间位置,没有广延性,例如“快乐可没有长、宽、高,它根本不具有广延性”;③还有的人走向了另一极端,认为不存在把心理现象与物理现象

---

① 钱穆:《灵魂与心》,广西师范大学出版社,2004年,第18页。

② 同上,第89页。

③ 布伦塔诺:《心理现象与物理现象的区别》,陈维纲、林园文译,载倪梁康主编:《面对实事本身》,东方出版社,2000年,第47页。

区别开来的统一标准，因此相应地没有关于一切心理现象的统一的、普遍适用的定义。

布伦塔诺的新的独特的看法是：心理现象之所以不同于物理现象，是因为它不是一个东西，而是关于某东西、某活动的表象，或关于表象的表象（Vorstellung）。换言之，具有意向性的现象才可看作是心理现象。这里的"表象"可换成下述表达式，如"内在的对象性或对象的内在存在性"，"对内容的指涉"，"对对象的指向"，"内在的客体性"以及"意向性"等。内在的对象性，即指心理现象一旦发生，总有其内在的对象显现于心中。他说："这种意向性的内存在是为心理现象所专有的，没有任何物理现象能表现出类似的性质。所以我们完全能够为心理现象下这样一个定义，即它们都意向性地把对象包容于自身之中。"[①]他说得最多的是意向性。在他看来，心理现象都是有意识的心理现象，而心理现象同时有两个特点，一是指向某对象，二是有呈现性，意即所有心理现象即是"自呈现的"，亦即能被觉知到。而能被觉知或意识到实质上是心理现象能指向自身。因此，可被意识实即意向性的一种特殊形式。这一来，心理现象便只有一个特征，即意向性。

有了意向性，就等于找到了心理现象区别于物理现象的根本特征。他说："每一种心理现象的特征，就是中世纪经院哲学家称之为对内容的指向、对对象（我们不应把对象理解为实在）的指向或者内在的对象性的那种东西，尽管这些术语并不是完全清楚明白的。每种心理现象都包含把自身之内的某东西作为对象，尽管方式各不相同。在表象中，有某种东西被表象了；在判断中，有某种东西被肯定了或被否定了；……在愿望中，有某东西被期望，等等。意向的这种内在存在性是心理现象独有的特征。任何物理现象都没有表现出类似的特征。因此，我们可以这样给心理现象下定义，即心理现象是那种在自身中以意向的方式涉及

---

① 布伦塔诺：《心理现象与物理现象的区别》，陈维纲、林园文译，载倪梁康主编：《面对实事本身》，东方出版社，2000年，第50页。

对象的现象。”①

根据上述关于意向性的经典论述，结合他的其他论述，我们不难发现布伦塔诺关于意向性的下述思想。第一，心理现象是一种不同于物理现象的独特的现象，而意向性是把心理现象与非心理现象区别开来的标准。有理由说，探讨心理现象的独特特征，布伦塔诺不是第一人，但他是第一个把意向性当作是心理现象区别于物理现象的根本标志的人。第二，意向性是一种属性，但作为属性，意向性又不是依赖于“不灭的心灵实体”的东西，因为他否定有这种实体。人身上只有一个主体，那就是人。所有属性都是他的属性。这表明他不赞成实体二元论。但他强调心理属性根本区别于物理属性，这无疑意味着他是赞成属性二元论的。

胡塞尔不仅像布伦塔诺那样把意向性当作心理意识现象的根本特征，而且还把它当作理解人、理解意识的关键。他说：“意向性是在严格意义上说明意识特性的东西，”②因此要揭开“最令人惊奇”的意识的神秘性，必须从意向性入手。他自己也是这样做的，如通过对意向性的研究，他完成了“对意识进行活体解剖的浩大工程”。鉴于这些，胡塞尔研究专家德布尔说：胡塞尔开拓了一条通往新的现代的意向性观念的道路。③

胡塞尔意向性学说的基本概念是“意识”和“意向性”。在界定和阐释它们时，他尽管否弃了自然、素朴态度的二元论，但却促成了一种新的形式的二元论，即现象学的二元论。因为他不仅承诺了现象学悬搁之后的“剩余物”即意识、意向性的本体论地位，而且授予它们以特定意义上即现象学意义上的本原地位，作为意向性关联项的身体和别的对象尽管可作为显现而存在，但毕竟不是意识本身，就像被看到的树能燃烧，而意识及其内容不能被燃烧一样。更重要的是，这些思想成了当代英美哲学中的以意向性、感受性质或现象意识为基础的二元论的根据和动力源泉。

---

① F. Brentano, *Psychology Form on Empirical Standpoint*, tr. by A. Rancurelio et al, Oxford: Routledge, 1995, p. 89.

② 胡塞尔：《纯粹现象学通论》，李幼蒸译，商务印书馆，1992年，第210页。

③ 德布尔：《胡塞尔思想的发展》，李河译，三联书店，1995年，第123、156页。

先看“意识”。毫无疑问，意识是他的意向性学说乃至全部现象学的最重要的概念。如前所述，他的现象学是围绕它而展开的。不仅如此，他还把意识当作是“一般存在的原范畴”，因为经过现象学还原之后，它是作为最根本的现象学剩余，作为最真实、最根本的存在而被确认的，因此其本体论地位毋庸置疑。之所以说它是原范畴，是因为“其他范畴均根源于此”。① 他说：“内在的存在无疑在如下意义上是绝对的存在，即它在本质上不需要任何‘物’的存在。”②从作用上说，意识是一张活动的“网”。他说：“意识是一切理性和非理性、一切合法性和非法性、一切现实和虚构、一切价值和非价值、一切行动和非行动等的来源，彻头彻尾地就是‘意识’。”③

从具体用法看，胡塞尔自认为，他感兴趣的意识概念有三个：(1)意识是作为经验自我所具有的整个实项的现象学组成、作为在体验流中的统一之中的心理体验而存在的，或者说是作为自我体验的实项现象学统一而出现的。应注意的是，这里所说的体验是现象学意义的体验，而不是一般所说的体验。一般体验的特点是：人们在心理行为如感知中，“关系到”一个与体验有别的对象，这个对象是被感知、被指称。而现象学意义上的体验同时也就是“自我或意识所体验的东西”。“在被体验或被意识的内容与体验本身之间不存在区别。例如被感觉到的东西就是感觉。”④(2)意识是对本已心理体验内容的内觉知，简言之，就是“内”意识，就是相即的感知。所谓相即的感知是指：“当对象被实项地包含在感知本身之中时，这种感知就是相即感知。”“相即感知只能是‘内’感知，它只能朝向与它一同被给予的、与它一同属于一个意识的体验。”⑤上面两种意识是什么关系呢？回答是：“第一个意识概念起源于第二个意识概念。”第二个意

① 德布尔：《胡塞尔思想的发展》，李河译，三联书店，1995年，第183页。

② 同上，第133—134页。

③ 同上，第218页。

④ 胡塞尔：《逻辑研究》，第二卷，第一部分，倪梁康译，上海译文出版社，2003年，第412页。

⑤ 同上，第415页。

识概念“更原初”，并且是一个“自在更早的”概念。[①] (3)意识就是任何一种心理行为或意向体验的总称，简言之，就指心理行为，它不同于表象、判断之类的意识内容。

“意向性”在胡塞尔整个哲学中无疑也是一个成赖于斯、败赖于斯的关键范畴。我们先来看他自己对其重要性的表述。他说：“整体时空世界，包括人和作为附属的单一现实的人自我，按其意义仅只是一种意向的存在。”[②]他还说：意向性是“主体的人本身纯粹固有的本质的东西”。[③] 这就是说，意向性是人的根本的特点。其次，从意向性概念对于哲学、形而上学的作用来说，它是解开其中一切谜团的钥匙。他说：“一切理性理论的和形而上学的谜团都归因于”意向性这一“令人惊异的”“特性”。[④] 从意向性概念在现象学中的地位来说，它既是现象学的出发点和基础，又是其贯穿始终的结构。他说：“意向性是涉及整个现象学的一个问题名称。这个名称正好表达了意识的基本特性；一切现象学问题，甚至质素性问题都可纳入其内。因此现象学从意向性问题开始。”[⑤]

从字面上、望文生义地理解“意向性”并无不可，如可以把意向性理解为“心理目光的指向”、“朝向”、“专注”。他说：就它们是对某物的意识而言，“它们被说成是‘意向地关涉于’这个东西。”[⑥]“意向性的基本特征，即‘对某物之意识’的特征。”[⑦]也可以说，意向性就是意识对对象之物的“专注”、“指向”，或心理“目光”的“自由朝向”，因此也可以简称为“指向性”、“朝向性”。[⑧] 在胡塞尔那里，超越性、意向性、意义是相互关联的问题，因为意向性就是“对”(of)……的意识，这里的“对”就是一种关系属性，即一

① 胡塞尔：《逻辑研究》，第二卷，第一部分，倪梁康译，上海译文出版社，2003年，第416页。
② 同上，第135页。
③ 胡塞尔：《欧洲科学的危机与超越论的现象学》，第285页。
④ 同上，第210页。
⑤ 同上，第350页。
⑥ 胡塞尔：《纯粹现象学通论》，第105—106页。
⑦ 同上，第106页。
⑧ 同上，第104—105页。

物关联于、指向另一物的属性，通过一种向外的运动，到达它之外的某物，因此意向性就是一种自我超越性。他说："经验活动的一切意向作用……都是哑默地进行的，"尽管如此，其作用必不可少。例如"各种数字、各种断定的事态、各种价值、各种目的、各项工作，都因那些被隐藏起来的意向作用而得以呈现出来，它们将逐项地被建立起来"。①

总之，意识、意向性显然不是身体、对象的属性，就此而言，他是有二元论倾向的，至少可以说，他对它们的特殊性的论述有被二元论利用的价值。另外，他对自我等概念的论述也表明了他的二元论倾向。所谓自我是"诸习性之基底"，它伴随一切行为，如相信、判断、感知等，但这些行为的每一种不可能永远伴随它。② 这里的自我相当于心理学所说的心灵，但在具体界定上，胡塞尔的看法相当独特。它指的是一切意向行为的主体，但与意向对象的存在又互为条件。应注意的是，自我有两类，一是经验的自我，即简单的、相信着的、可成为意向行为之对象的自我；二是先验的自我，指的是具有各种意向性系统、拥有意义并能赋形赋义的主体。在我思结构中所说的自我，乃至在整个先验现象学中所说的自我，主要是后一自我。它有如下特点：第一，它"是自身自在地存在于连续的明见性之中的，因而是在自身中连续地把自己构造为存在着的"。③ 第二，从与我思的关系看，"自我不仅要把自己把握为生活之流，而且要把握为这样一个自我，这个我体验着这个和那个我思，即作为同一个我而经历着这个和那个我思"。第三，从与意向性、意向行为的关系看，自我是意向性、意向行为的主体。第四，从与我思对象的关系看，它是对象之"极化"、之综合统一性的根源。第五，它同时是各种思维活动统一、"极化"的根源。这里的"极化"，即这样的综合，它全部地并以特有的方式把思维活动的各种特殊的多样性囊括起来，当作同一个自我的多样性看待。

现象学的出发点是悬置之后的剩余物：意识，这意识可理解为笛卡尔

---

① 胡塞尔：《笛卡尔式的沉思》，张廷国译，中国城市出版社，2002年，第209页。

② 同上，第90页。

③ 同上，第90页。

的“我思”,或在进行着思维、怀疑、判断等活动的自我。他说:“这个自我,……在开始时将被我们排除于考察之外。以后,我们将彻底地研究这个自我。”而研究它的目的,在于说明有意义有价值的对象统一体是如何可能的。怎样达到这一目的呢?很简单,就是要“在充分具体性中考察意识体验”。因为“意识体验呈现于它们的具体关联体中……,而且它们按照自己的本质彼此结合为具体的关联体”。因此说明对象统一体的发生无须到意识体验之外,只需分析它的“内容”,质言之,“按其自性被考察”就够了。[①]

从过程上说,意向作用表现自身,在表现中构成对象,是一个从朝向、注意到给予意义的过程。他说:“‘朝向’此客体的、内在于我思的一种‘目光’属于我思本身,另一方面此目光从因此而永不可欠缺的‘自我’中涌现出来。朝向某物的这种自我目光随着不同的行为而分别是:在知觉是知觉的目的……。”[②]在朝向中,必须有注意的参与,进而有意识的变化。以对树的知觉为例,现象学能比自然的态度更好地说明这个被知觉到的树为什么有事实、价值之类的属性。由于意向作用的意义授予,树作为在意识面前显现出来的被知觉物不是自在的东西,而是“经受了彻底的意义变样的”东西。这就是说,意识通过意向作用而构成的作为意向对象的树,已不是自然界的树本身,因为它经历了意义变样。最明显的区别在于:后者不是意义统一体,因此能被烧光,可分解为其化学成分,而前者由于是意义统一体,意义必然属于其统一体,因此不可能烧光,不能分解,没有力,没有实在的属性。[③] 其他的意向对象如审美的、道德的、价值的等,之所以作为人的对象而出现,有自己的属人的属性,也完全是因为其内被给予了意义,因而经历了意义变样。可见,胡塞尔面前的世界有二元论的裂缝,一边是以意识、意向性为基础,由经历了意义变样的对象组成的现象世界,一边是没有意义的、与意识和意向性无关的世界。

---

① 胡塞尔:《纯粹现象学通论》,第102页。
② 同上,第107页。
③ 同上,第226页。

第二节 表征、内容与现象性质

现当代西方的意向性研究,有两大传统或走向,一是现象学传统,二是分析哲学的传统。在后一传统中,新近又出现了一种新的倾向,即把意向性、表征和心理内容当作同义词看待。即使有些人觉得这样做不够精确和严谨,但仍认为可以根据表征和内容来解释意向性。还有一点不同于现象学传统的地方表现在:分析哲学的意向性研究占主导地位的倾向是自然主义。而自然主义是二元论的对立面。当然,在英美分析哲学中,也有一些人从现象学出发,反思自然主义的意向性研究,觉得它们的研究有重要的遗漏,那就是没有看到意向性的主观性或现象学性质,由此得出了与基于感受性质的二元论大致相同的结论。

一、马巴赫的基于"现象学转向"的表征理论

马巴赫认为,英美认知科学、心灵哲学在强调用表征解释心理现象时,忽视了现象学的视角,而这是有失偏颇的,因此他倡导来一场现象学转向,即从现象学角度来研究表征。[①] 我们知道,现当代意向性研究中有一种十分明显的倾向,即根据心理表征来解释意向性,按这一方案,对意向性的研究其实就是对心理表征的研究。马巴赫不否认心理表征对于说明意向性的作用,但认为,英美流行的据以解释意向性的心理表征理论,不管是认知科学中的,还是心灵哲学中的,都是错误的。其错误的主要表现就是在揭示心理表征的过程中,缺乏主观的、纯粹精神性的,亦即现象学的观点和视角。在他看来,要完成根据心理表征说明意向性的任务,必须真正实行"主观的"或"现象学的转向"。而一旦实施或完成了这一转向,意向性的不同于常见自然现象的特征和本体论地位就将凸现出来。因为据以解释意向性的表征本身就不是自然现象。

在马巴赫看来,英美的认知科学和心灵哲学的表征研究的第一个问

---

① E. Marbarch, *Mental Representation and Consciousness*, Dordrecht: Kluwer Academic Publishers, 1993, p. 19.

题是:在研究中,完全置意识于不顾,这就像研究物理学不研究物质和能量、研究生物学不研究生命一样荒唐。[①] 第二个问题是借助非心灵的、公开的、外部的表征来理解心理表征,如关于心灵的表征理论和计算理论都是如此,因为它们实际上都是以"计算机隐喻"为基础的,并主要停留于对由表征和语义解释功能所构成的表征系统的讨论。

马巴赫认为,表征之所以是一种特殊的现象,是因为它离不开经验,因此这个领域中真正重要的问题是:"经验在于什么",怎样对经验本身作出说明。[②] 要完成上述研究,应从心理活动或行为开始,因为"心理活动是进入心灵的门槛",而"心对某物作出活动与意识到某物是同义词"。他说:"只有对有意识心理生活或心理活动作出以反省为基础的分析,才能为我们提供谈论心理的真正本质的基本范畴。"[③]

马巴赫强调:在实行现象学转向、用现象学方法分析表征的过程中,首先要探讨表征的来源。在他看来,表征是在想象、观想、记忆等非知觉活动中表现自身的,而这些活动又是知觉的不太复杂的心理活动的变型。从来源上说,表征来自于知觉经验,但不能等同于知觉经验。因此要把握表征,第一步是要对作为有意识经验的知觉作出现象学的描述和分析。

表征不仅以知觉经验为基础,而且其本质也与知觉经验有密切的关系。因此他认为,表征活动的基本形式应根据呈现某物的活动与表征某物的活动之间的意向关系来加以分析,进而这些关系又应根据意向蕴涵与变型(modification)来加以解释。不同的"从意向上蕴涵/变型"的方式应理解为限定心理表征的现象学形式的概念内容的不同属性。[④] 可见,这里关键的范畴是"蕴涵"与"变型"。要理解表征活动,必须从知觉出发,因为表征活动是知觉某物的活动的蕴涵或变型。知觉到的某物,或呈现

---

① E. Marbarch, *Mental Representation and Consciousness*, Dordrecht: Kluwer Academic Publishers, 1993, p. 4.

② Ibid., p. 6.

③ Ibid., p. 7.

④ Ibid., p. 147.

某物,实际上是这某物在表征活动中"以非现实的样式被蕴涵着",有这种蕴涵就是有某种变型。如果表征活动有层次的区别,那么低层次的表征活动本身又意向地包含在高层次的表征活动之内。

另外,还有一个相关范畴即"转换",对于理解表征内容也很重要。转换是指表征形式的转换,即由低级到高级,再由高级到最直接的心理表征的转化。尽管有这样的转换,但从直观上被表征的 x 的现象内容则不会改变。由此不难看出,表征活动的实质不外是:它表征的是不在场的、有某种固定不变性的 x。他说:"在这一研究中所进行的对心理表征的说明是以下述两种心理活动之间的差异和内在关联为基础的,一种活动是指称由之而指向了不在场的某物的活动,一种是指称由之而指向了在场的某物的活动。"①前一种活动就是表征,它指的就是再现、表达某种不在场的东西的活动。它与意识有直接的关系,因为心理活动在本质上是有意识的,换言之,有意识在本质上是在心中活跃着的。

通过变型,表征便在知觉经验基础上出现了,再经过进一步的转换,它又形成了不同层次和形式的表征。根据马巴赫的概括,表征一共有两大类,一是直观性的表征,他说:"在心中直观地表征某物的种种活动就是意向地蕴涵变了形的知觉的种种形式。"②二是概念或语言性的表征。而前一形式又有纯心理的表征和图像式的表征两种。前者指意向地蕴涵或改变了知觉经验的表征,如想象和记忆中呈现出来的表征。这里我们只拟分析纯心理表征。

关于纯心理表征,他首先指出:它不同于知觉,因为它是间接地与对象发生关系的,关于的是不在场的某物,其形式有:想象、记忆等。想象、记忆某物就是指向不在"这里"的某物,这些活动就是指向不在场的某物的活动。问题在于:这些活动的现象学形式的那些属性或因素怎样使这些活动成了建构指称某物的方式?想象或忆起某物基于什么?对象与表

---

① E. Marbarch, *Mental Representation and Consciousness*, p. 41.

② Ibid., p. 176.

征活动相互关联的方式是什么？他说："在此意义上，纯心理的表征活动能确立对作为'对象'的某物的指称。某物如此被认同为一个对象借助心理活动的新的形式进而（不是在此之前）成了单数名词的所指，最后在's是p'这种谓述形式的活动中成了主谓短语的可能所指。"[①]"指向作为同一的进而作为真正客观的某物的可能性似乎首先是在指向不在场的某物的情况下实现的。"[②]

这种表征的特点在于：被表征的某物是不在场的，如闭目回忆起了三年前看到的一个小屋。人为什么能通过心理表征指向不在场的某物？这是由人的本性、意识的本性或意向性的本性所决定的。他说："从根本上说，在人表征x的心理活动中，有两种时间觉知同时起着作用。一方面，有对某人当下即此时此地的觉知，他正是在这里完成对x的心理表征的。另一方面，通过与当下时间的同时的但有意识的比较，某人有对某种被表征的时间的觉知。"[③]这个时间，要么是现在，要么是过去，要么是将来，要么是想象的。借助这种时间的觉知，被表征对象便能保持其与被知觉的对象的同一性，因此即使在表征时它不存在，它仍可作为对象被心理活动想象、记忆和观想。用胡塞尔的"重叠"概念，可以这样解释，如某人突然想到了一个不在场或久远过去的东西，但这种想象与实际中的某物是重叠的。为什么有重叠现象呢？可用"纯我"予以解释。尽管人在时间中有形体、习惯、思想内容等方面的变化，但也有不变的一面，就是同一的人格或纯自我。马巴赫说："作为一个现象学者，我想根据所谓的'纯我'概念来说明完成这样一种活动的主观经验的统一性。"[④]"对于在我称为'我'的东西中的主观统一属性，我所阐发的内容能够说明重叠或冲突的现象。"总之，"我"的概念是心理表征具有主观统一性的原则，在此基础

① E. Marbarch, *Mental Representation and Consciousness*, p. 73.

② Ibid., p. 73.

③ Ibid., pp. 84-85.

④ Ibid., p. 91.

上，心理的加工就不难解释了。①

二、麦卡洛克的现象学外在主义

麦卡洛克(G. McCulloch)不仅公开站在自然主义的对立面，而且在意向性研究中明确贯彻现象学原则。其创新在于：不回避现象学与当今意向性研究中盛行的外在主义思潮之间的矛盾，而尝试性地把它们有机糅合在一起，进而形成了自己独具一格的意向性理论。它由三个基本原则所构成：(1)现象学的观点：有心灵就像有某种东西。(2)外在主义：心灵不在头脑之中，内容是外部对象的反映。(3)认识论：关于心灵的知识不同于物理科学所提供的知识。从微观上说，这三方面分别构成了三种具体的理论，即内容理论、关于指向世界的理论和意向性理论。

他的意向性理论的首要主张就是：现象学维度是其不可或缺的方面。他说："对意向性的任何说明必须能涵盖这样的事实，即内容以第一人称和第三人称的方式出现在意识之中了，或者说内容有现象学维度。"②根据这种观点，内容与现象学性质不可分割，因为思维就是有一些观念，而观念是觉知或意识的对象，因此是具有现象学性质的对象。例如想到猫，就是有关于猫的意象，因此想到猫是一个有现象学性质的过程。

当然，麦卡洛克又强调：承认内容是现象学概念并不等于主张要把内容还原为感觉，还原为心灵的纯粹的质的方面。很显然，他这里的观点与两种对立的观点是泾渭分明的。一方面，他不同意原感觉论者只注意质的方面而忽视内容的看法；另一方面，他也不同于有些表征主义者的做法，即在讨论内容时只注意概念的方面而忽视了质的方面。

根据他的理解，他所说的外在主义是指这样的理论，它强调：心灵不在头脑之中，内容是由外在世界决定的。他深知：在说明意向性时坚持外在主义原则，不外是要做到："根据思想者与他们的世界之间的真实的(即

① E. Marbarch, *Mental Representation and Consciousness*, p. 93.

② G. McCuloch, *The life of Mind*, Oxford: Routledge, 2003, p. 10.

存在的、因果的和规范的)关系来说明作为真正心理特征看待的意向性。"①这也就是说,以外在主义为基础所建立起来的意向性理论从根本上说是对立于二元论和唯心主义的整体论理论的,因为二元论、唯心主义承认有两个整体论世界,一是心灵王国,一是物理王国。而他所倡导的意向性理论由于坚持外在主义,因此尽管认为意向性是心理的特征,但又主张:它只能根据外在世界的关联来予以理解。这里的确有对传统二元论的超越。但他又走向了一种新的二元论,因为他不过是把原来被定位于头脑中的心灵搬到了头脑之外。例如他反复强调:他的外在主义有独特的意蕴,因为至少包含这样几个命题:(1)意义不在头脑之中。(2)意义在心灵之中。(3)心灵不在头脑之中。

由于他对"头脑"的理解不同于普特南等人的观点,例如他所说的"头脑"不等于"心灵",而"心灵"又不是指空间性质的东西,而是认识论和现象学意义上的心灵。在这一点上,他与笛卡尔又有一致之处,因为这里的"心灵"指的是指向世界的有意识心灵,因此是一种被给予的或被知道的心灵。由这一根本特点所决定,上面的命题(1)所强调的不过是:在说明意义时必须考虑到环境中的因素。(2)强调的是意义和理解都是心理现象。第(1)和第(2)个命题合在一起所形成的第(3)个命题体现的则是一种特殊的外在主义,即"现象学的外在主义"。② 因为心灵是一种所予,一种显现或现象,因此当然不在头脑之中。由上所决定,他所理解的内容或意向性便既是外在主义的,又是现象学的。

在一些人看来,上述观点充满着矛盾,因为现象学强调的是主观性,据此内容是人从自己的观点所看到的东西,内在于头脑之中,而外在主义强调的是内容在头脑之外,因此强调的是内容的客观性和超心灵性。如果是这样,内容概念就是一个应予抛弃的概念。其实不然。根据他的看法,这里的所谓矛盾,都是由于没有正确理解客观与主观的界限造成的,

① G. McCuloch, *The life of Mind*, Oxford: Routledge, 2003, p. 11.

② Ibid., p. 11.

而要摆脱在主客观问题上的错误，关键又要放弃自然主义，坚持认识论的主客区分原则。这一区分原则强调的是：存在着主体和客体的分别，但主体并不是纯粹的精神，而是在世界中的身体，因此它是主客的统一，是内与外的统一。既然如此，说内容既是现象性的，又是外在主义的，就没有什么矛盾。他说：把强调内容的现象性与赞成内容外在主义这两者结合在一起，"就意味着我们不能认为主观的东西是排斥客观的东西的。因为像看到这样的主观状态其实就是把客观的事物呈现出来"。[①] 就有意识经验的内容来说，它以两种形式出现：一是"呈现世界"（*world-presenting*），如看到白色的盘子。二是以"世界联想"（*world-suggesting*）的方式出现。有些意识状态没有上述呈现内容。如感觉到一根刺，它引起的是躯体感觉，但它也有指向世界的内容，因为感觉到刺一定会让知觉进入恼怒的心理状态，而这种状态有一种"联想到世界"的内容。[②]

就意向主体来说，外在性与现象性也可以统一。我们知道，意向性问题能否得到真正的解决，与人们怎样看待意向主体，即关于心灵的模型密切相关，例如什么样的对象才能说有意向性，换言之，意向归属的合适对象是什么，这种归属能否由物理主义给出，都涉及心灵模型问题。他说："我们有必要弄清的是：什么样的心灵模型对回答这些问题是必要的。"[③] 在这个问题上，他既不赞成行为主义观点，又反对心理主义，而坚持自己的中立路线。他认为，作为意向主体的东西应是人的心灵，但这心灵既不是二元论所说的那种精神实体，又不是行为主义所说的行为或行为倾向，而是"在世界中的身体"。他说："要建立关于意向性的可信的理论构架，必须把有意识的思想主体设想为包含有且被嵌入了适当内在东西的实在。"[④] 作为意向主体的实在不仅有内在的东西，而且还必须有现象经验，

① G. McCuloch, *The life of Mind*, Oxford: Routledge, 2003, p. 71-72.
② Ibid., p. 66-67.
③ Ibid., p. 88.
④ Ibid., p. 126.

否则就只能是缸中之脑。而后者显然不能被归属于意向状态。因此意向主体的另一标志是它有特定的内在意识生命。同样，要有真正的心智，就必须有实实在在的心理生活。如果没有这样的条件，就不可能有意向性，不可能有内容和意义。缸中之脑、计算机由于不具备上述条件，因此就没有真正的意向性。他由此得出的一个附带的、反潮流的结论是："意义不在计算机中。"①

总之，他的现象学外在主义，既包含有普特南的外在主义思想，但又有不同，因为它所理解的心灵是现象学性质的心灵，是一种在世界中的东西，因此心灵不在头脑之内。与此相应，意义不能存在于头脑之内，但意义可以存在于心灵之内，且只能如此。

三、内容的多样性与融合论

许多研究心灵哲学的人意识到：西方关心意识、意向性问题的两大传统长期以来要么处在对峙状态，要么互相漠视、互不沟通。很显然，这是不利于认识的发展的。其实，它们之间有对话、沟通和相互促进的空间。基于这样的考虑，有些人在两大传统之间做了一些沟通融合的尝试，由此，在意向性研究中便出现了试图熔两大传统于一炉的融合论。例如史密斯(D. W. Smith)就赞成研究意向性的现象学视角，同时又不否认分析哲学的视角，甚至还认为，两种视角有互补性。② 皮科克(C. Peacocke)、吉勒特(G. Gillett)和马尔帕斯等人也有融合论倾向。我们这里主要考察一下他们在意向性或心理内容的独特本体论地位问题上的思想。他们赞成许多分析哲学家的自然化方案，承认有些内容是可以自然化的，但又认为，许多内容，至少是它们中的许多因素，具有自己的不能还原为基础属性的特殊性和独立性。这些思想无疑有二元论意蕴，至少有为二元论利用的可能。

---

① G. McCuloch, *The life of Mind*, Oxford: Routledge, 2003, p. 140.

② D. W. Smith, *Mind World: Essays in Phenomenology and Ontology*, Cambridge: Cambridge University Press, 2004.

(一) 内容的多样性

皮科克是心灵哲学和语言哲学中比较有影响的学者。在心理内容或意向性问题上,他发表了大量的论著,有些观点受到了广泛的关注和经常的讨论。例如我们下面要考察的吉勒特等人的内容理论中到处留有皮科克思想的印记。在皮科克看来,心理内容领域尽管争论很多,但实质性的进步并不明显。究其原因,主要是对内容的多种形式缺乏足够的重视和研究;其次是研究的方法、视角比较单一,尤其是缺乏与现象学的沟通。根据他的看法,有些内容必须同时诉诸分析哲学、现象学和具体科学的方法,才有可能得到澄清。

皮科克认为,至少有这样一些形式的内容,如信息内容、概念内容、经验内容和表征内容。它们彼此区别很大,例如从复杂程度上说,是不断加深的。信息内容是人的内部状态、身体部位、外界事物都可能携带的内容。例如地上留下的脚印就有这样的信息内容。概念内容又可看作是判断内容,是人的意向状态所独有的内容,常通过命题的形式,由 that-从句所表达。所谓经验内容实即现象学经验或感受性质(qualia)。当今的大多数论者都否认经验有内容或有意向性,而皮科克认为,经验也有自己特定的内容。他说:"一经验的内容应该与经验所引起的判断的内容区别开来。"[①]例如一个人可能知道:墙上画的小提琴是一非常逼真的错视画。他根据过去的经验又可以断定那是一幅画,但是他的经验仍把它表征为一个挂在墙上的小提琴。这说明:经验内容有不依赖于判断内容的独立性。至于表征内容,他认为,它同时有两个特点。"第一,表征内容总是关于经验主体之外的世界的,因此本身可作真假评价。第二,这内容是内在于经验的某种东西——如果一种经验不是按内容描述的方式将世界再现于主体,那么这经验在现象学上就是不同类型的经验。"[②]由这些特点所决定,具有特定表征内容的经验之所以出现,总离不开过去的经验和学习

① C. Peacocke, *Sense and Content*, Oxford: Clarendon Press, 1983, pp. 5-6.

② Ibid., p. 9.

的作用。

既然内容或意向性如此复杂,形式如此之多,因此仅仅根据逻辑分析或科学说明的方式,如自然化的方式,是不可能对内容作出全面而到位的说明的。尽管皮科克也强调表征,但他所说的表征显然有别于当今流行的表征论所说的表征,因为他所理解的表征除了表征所承认的构成要素(即概念内容)之外,还有现象学性质。因此皮科克无疑反对以表征论作为心理内容自然化的科学基础。

在皮科克看来,要说明心理内容,就必须根据不同的内容形式选择不同的说明方式。例如对于信息内容和概念内容就可以用英美常见的自然化方法来分析、说明,而对于经验内容则只能用现象学方法来分析。因为根据外在对象、根据表述经验的概念或语词的分析都无法接近这种经验。而对于同时具有两种特点的表征内容则应同时运用自然化的分析方法和现象学的方法,因为每种方法在有它的优越性的同时又都有它的局限性,例如分析方法适合于把握表征内容的概念和信息方面,但对现象学特征于事无补;同时,现象学方法在把握表征内容的现象特征时必不可少,但在把握概念内容时不一定能比得上分析的方法。因为后者能基于作为意向结构之表现的语言结构的分析,较好揭示意向结构及其本质。

(二)吉勒特等人的融合论

吉勒特与麦克米兰(J. McMillan)明确地提出了自己的融合论,其宗旨就是把两种研究意向性的传统调和、结合起来。

根据他们的理解,意向性有两个意义,一是有目的性,二是“关于性”。一般都承认:关系的存在离不开两个以上的事物的存在,例如 x 与 y 之间要有关系,必要的条件是 x 和 y 都存在。意向性也是一种关系属性,必须有能意指的主体 x 和被意指的对象 y。大多数意向性关系符合这一条件,但也有这样的情况,即有 x,而没有 y。例如我想到了方的圆。这里被想到的方的圆压根就不存在。但是我确实想到了它。这怎么可能呢?这就是所谓的“意向性悖论”。[①] 在解决这个悖论时,里德(T. Reid)

① C. Peacocke, *Sense and Content*, Oxford: Clarendon Press, 1983, p. 72.

完全根据直接实在论的观点来说明意向关系，即认为只有主体和对象存在才有意向关系可言。[1] 间接的实在论者认为，心灵借助对象的中介性表征而思考外部对象。另一对立的立场则认为，意向的对象可以是非存在的东西，如独角兽等，还可以是抽象的、理论的实在，如共相等。最后一种观点是唯心主义观点：心中所想到的东西只能是观念。

根据吉勒特等人的看法，要解决上述问题，最好的办法是把胡塞尔和作为分析哲学家的埃文斯(G. Evans)的有关观点整合起来，然后作适当的改造和融合。吉勒特等人认为，分析怪诞的思想有助于化解上述难题。他们说：这种分析"将使我们摆脱在说明意向关系时陷入的僵局"。[2] 所谓怪诞的思想，就是关于一个非常奇特的东西的思想，例如某人想到了一个奇怪的雪人。在分析这样的事例时，要收到好的效果，一是要正确理解"想到关系或意向关系"，二是要承认在这里存在的某种"事实的联系"。他们认为，所有怪异的思想，包括涉及指向不存在对象的思想，里面肯定有一种关系或联系，即"心灵与意向地理解的对象"的联系。[3] 对这种联系，无疑不能用简单的分析方法来分析，例如用因果分析的方法就无法说明这里的关系，因为被想到的东西并不存在。现在的问题是：怎样才能揭示这类思想中所隐含的联系呢？他们认为，要解决这些问题，有必要借鉴利用埃文斯的有关思想。

埃文斯认为，关于特殊个体的思想后面肯定存在着比因果关系更为复杂的关系。对所想到的对象，思想者肯定是亲知的，而在这种对象和思想之间存在的关系则是一种"信息关联"(information link)，也就是说，某人之所以想到某对象，例如不存在的对象或古怪的对象，是因为他有有关的信息。信息组合不同，对象也不同。因此要进一步说明不同思想有什么相同和不同之处，这种不同是如何形成的，还得具体说明"信息"。在他

---

① T. Reid, *Inquiry and Essays*, R. Beanblossom and K. Lehrer (ed.), Indianapolis: Hackett, 1983[1785], p. 14.

② G. Gillett and J. McMillan, *Consciousness and Intentionality*, p. 88.

③ Ibid., p. 90.

看来,人是由时间、性别、地位等而个体化的。其他的事物则是由时空、形态特征等方面的信息而个体化的。由于人所搜集、选择的信息有真有假,有可靠和不可靠之分,对信息的组合、分解、判断更有真实和胡编乱造之分,因此基于信息联系而形成的对象当然有真实和虚构之别。

在借鉴上述有关思想的基础上,吉勒特等人对这一问题也发表了自己的看法。其关于怪诞思想的观点既保留了"信息关联"这一基本概念,又做了一定的发挥。他们认为:怪诞思想和信息联系有这样一些属性。第一,怪诞的思想可能是有根据的,也可能没有。这是因为信息联系使思想者有可能在判断中犯错误。信息联系之所以有这种作用,又是根源于人有犯错误的可能性,以及业已形成的一些限定性规则。第二,信息联系并不包含信息的形成,但可以为信息的形成提供材料。因为信息有概念内容,因此这种材料在本质上也是概念性的。公共的符号和语词在哪里把约束加给概念的内容,在哪里便有限制内容归属的规范。这些规范一定会超出对个体内在状态的描述。第三,信息联系提供了不同的内容,它们有别于构成描述思想的内容,但在主体的概念系统中仍有其地位。这种差别根源于这样的事实,即信息联系一定与对象有关,而描述性思想则不同。信息联系的概念本质意味着:在运用概念过程中起作用的认知技能也会在形成信息联系中进而在形成怪诞的对象构念中起作用。他们说:"在决定含义(或概念内容)中必要的一切东西不知什么原因也内在于信息联系之中。"①

在他们看,想到某东西(不管它是存在的还是不存在的),绝不可能是空穴来风。一方面是思想者有某种能力,同时确实有被想到的东西,这东西尽管不存在于现实世界之中,但一定在思想者的头脑中有存在地位。因为被想到的东西有其信息,而信息有概念或语言的表达,有这种表达出现在头脑内就一定有印记。他们把不断想到的东西看作一组概念集合,形象地说,它们在头脑中一定有相应的概念"槽"或"孔"(slot)。比如说 x

① G. Gillett and J. McMillan, *Consciousness and Intentionality*, p. 96.

想到了一个奇怪的对象即雪人，这时他一定有相应的概念槽，这槽中包含有他对下述概念的把握，如（白）（可怕）（似人的）（逃跑）等，它们合在一起就形成了（雪人）这一概念。他们说："说 x 想到一对象 a，就是把概念'槽'归属于他，而关于 a 的构念就存在于这'槽'之中，当然也等于说他有通过与世界的相互作用、运用学习语言时所锻炼出的技能去追踪 a 的能力。"①

第三节　意向性自然化的难题与"另类"

英美分析哲学的意向性研究的一个重要课题是对意向性进行自然化，以铲除意向性研究中的二元论、神秘主义。宽泛地说，有两类对意向性的自然化方案，一是把意向性论证成在自然界中存在着的一种独立的自然现象，二是用自然科学的、非意向的术语来分析、还原意向术语，如把它分析为因果的、计算的过程等。如果得如所愿地实现了自然化的计划，那么就等于剥夺了二元论在意向性问题上的话语权。然而，如前所述，意向性像意识一样，恰恰是自然化最不成功的领域，因而一直是二元论滋生的温床。面对这种状况，一些人干脆倒向二元论，而另一些人仍坚持自然主义，但注入了完全不同的原则和内容，因此使这种自然主义成了与正统的自然主义有本质区别的东西。我们不妨把它称作自然主义的"另类"或"异端"。

一、塞尔的"生物学自然主义"

塞尔哲学的个性就是试图提出一种有别于以往任何哲学体系的哲学。事实上，他也的确建立了这样的一种哲学。例如它在否定方面的表现是：对以往的哲学家，不管其地位多高，都几乎是"一概骂倒"，至少是否定多于肯定、抛弃多于吸纳。正是由于有这一特点，因此如何对他作出归类就成了一大难题。在心灵哲学中，有的认为他是二元论者，有的认为他

① G. Gillett and J. McMillan, *Consciousness and Intentionality*, p. 97.

是唯物论者。他自认为,他的理论超越于两者之上,是生物学自然主义。一方面,他认为,心理现象是自然界的一部分;另一方面,他又认为,它不能还原为物理现象。这听起来很矛盾。但在塞尔看来,只要处理得好,就不致陷入矛盾。其关键就是要“作出概念上的修改”或“改变范畴”,并认识到:意识完全是物质,又在不可还原的意义上是精神的。他说:“问题并不涉及我们对事实的了解,而是涉及我们承袭下来的、用于描述事物的那套范畴。”这些范畴即“心灵”、“物质”等,传统的观点认为,它们是相互排斥的。①

在意向性的“自然化”问题上,他承认,如果放宽对“自然的”、“物理的”理解,那么可以认为,意向性是一种自然的甚或物理的属性,当然是一种高层次的、类似于表现型的东西。如果说塞尔哲学有对意向性“自然化”的一面的话,那么这就是他的自然化,因为他通过对“自然”之类的范畴的改铸,为意向性在自然界中争取到了一席之地。据此,他坚决反对流行的自然化哲学,因为他认为意向性本身就在自然之内,属自然现象中的现象,因此用不着根据自然科学术语予以说明,亦即用不着常见的那类自然化。

塞尔反对他人关于意向性的一切还原论说明,如根据因果关系、信息、目的论等所作的说明。但他又强调:他的生物学自然主义也是一种还原论,当然是一种独特的还原论。其独特主要表现在:它的前提是承认:“意向性是作为世界的地地道道的特征而存在的”,它有独立性,不能等同于、还原于低层次的现象,不能用低层次的术语去说明,但它又没有超出自然界,没有超出广义的物理现象的范围。② 在塞尔看来,还原论有五种形式:实体还原论、属性还原论、理论还原论、定义还原论和因果作用还原论。他自己的还原论属于第五种,它强调的是两种具有因果能力的东西之间的还原,认为,被还原实体的存在及因果能力能够完全由还原现象的

① 塞尔:《心灵、语言与社会》,李步楼译,上海译文出版社,2001 年,第 66—67 页。

② J. Searle, “Intentionality”, in S. Guttenpalan (ed.), *A Companion to the Philosophy of Mind*, Oxford: Blackwell, 1995, p. 380.

因果能力来说明。

怎样对意向性做还原论说明呢？常见的做法就是自然化，即把意向词汇还原为自然科学中可以接受的词汇。在塞尔看来，这种自然化有两个错误。一是"对能够指涉的事实是多么稀少感到惊奇，但在这个错误之后还有一个更深的错误，即对怎么可能会指涉什么东西感到惊奇"。二是认为"没有什么东西内在地可以指涉"。排除第一个错误的方法就是"直接深入到问题的背后去考察其预设的前提"。这个前提有两方面，即要么认为意向性不可思议，要么认为它实际上是某种别的东西，因而可以加以还原，进而予以取消。塞尔说：他自己的态度"就是对这两种选择都加以拒斥"。[①] 他对第二个错误的排除所用的方法就是关注内在的意向性。他认为，如果从派生的意向性、"好像的"意向性出发去思考内在过程怎么可能有意向性，那么意向性、关于性就变得无法理解了。因此"出路就在于从不同意识形式中的内在的意向性出发"，[②]认识到，"尽管它们是自然过程，但它们具有一种特别的特征。这种状态具有一种意向性，这是内在于这种状态之中的"。[③] 简言之，内在的意向性就是一种自然过程的固有的第一性的特征，本身就是一种自然现象，不可能再用别的自然科学术语来还原。它像空间、运动等一样是大脑的第一性的性质。这就是他的意向性自然化的核心和实质。如果有了这个基本的理解或前提，那么对各种意向状态的具体的自然化就没有什么困难了。例如"渴"是一种生物学上最原始的意向性形式。渴就是喝的欲望。它是一个自然的、生物学的然而又不能还原为物理化学过程的特殊的过程。他说："机体系统中由于缺少水分便引起肾脏分泌凝乳酶，凝乳酶作用于被称之为'血管紧张肽'的循环肽，产生'血管紧张肽 2'。这种物质进入大脑，作用于下丘脑区域，使该区域神经元放电频率增加。这就引起动物产生一种有意识的喝

① J. Searle, "Intentionality", in S. Guttenpalan (ed.), *A Companion to the Philosophy of Mind*, Oxford: Blackwell, 1995, p. 93.

② Ibid., p. 94.

③ Ibid., p. 93.

水的欲望。"[①]总之,各种意向状态实际上就是一种自然的运作。有些人之所以不能理解这一点,原因就是他们有这样一种根深蒂固的观点:心与物根本不同,物质的东西不可能到达心理的层面,不可能具有心理、意向的功能。而在塞尔看来,心身、心物之间根本就没有不可逾越的鸿沟。它们是一个连续的整体。意向性本身就是这个连续的过程中的一个高级的环节。因此"诸如此类的神经生物学过程作为无情的生物学事实"[②]产生各种有意识的意向状态便没有什么理解上的障碍了。

二、其他自然主义异端

倡导和论证不同于主流自然主义的自然化理论的人不只塞尔一人,还有史密斯(D. W. Smith)、柯杰泽(F. Kerjzer)等人。这里,我们只拟考释史密斯的有关思想。

史密斯在《心灵的世界》一书中认为,有两种自然化,一是说明某对象在自然界中有其地位,是一种独立的自然现象;二是用自然的东西来分析某一不清楚的对象,对之作出说明,或将其还原为因果的、计算的过程。他强调,如果在第一种意义上理解自然化,那么他承认可以对意向性进行自然化。他反对第二种自然化。因为世界本身包括许多不能相互还原的存在,如经验、身体、文化等。从范畴上说,世界既可用质料和形式范畴来描述,例如可用身心和文化等质料范畴来描述,也可用"个体"、"质"、"事态"等形式范畴来加以组合、排列。"意向性"就属后者。他说:"意识与意向性是自然的组成部分。但它们的本质并不能完全用物理构成或因果作用或神经功能或计算来加以说明。"[③]

怎样用第一种方式说明意向性在自然界中的地位呢?要这样,我们就要拓展本体论和自然化的范围。在他看来,世界的存在中无疑有意向

---

① J. Searle, "Intentionality", in S. Guttenpalan (ed.), *A Companion to the Philosophy of Mind*, Oxford: Blackwell, 1995, p. 91.

② Ibid., p. 91.

③ D. W. Smith, *Mind World*: *Essays in Phenomenology and Ontology*, Cambridge: Cambridge University Press, 2004, p. 177.

性与意识的一席之地。当然他又承认,世界只是一个,它有统一性、有序性。我们先来看他借鉴亚里士多德和胡塞尔等人的思想所建立的本体论图景或范畴体系。他认为,本体论的任务一开始就是要对世界上的事物作出区分,即把它们分成不同的类别,形成相应的范畴,亦即进行的是范畴化工作。例如巴门尼德、柏拉图都有自己的范畴体系——本体论。亚里士多德的更完善。他根据述谓的特点,将范畴分为十类。由此可以看出:"范畴"(kategoremate)与"谓词"(predicate)有渊源关系,即从词源上说,前者来自后者。

史密斯借鉴改造亚里士多德的十范畴,提出了自己的"简化了的"七范畴:个体(individual),种(species),性质(quality),关系(relation),位置(location),量(quantity),意向性。他强调:这是一种分类或概述,并不排除其他的范畴体系。例如"质料"和"形式"就是另一种关于世界的范畴体系。

这里有意思的是,他把"意向性"看作一个基本范畴。在他看来,意向性是一个很广泛的范畴,它包括如下现象,如有目的的行动、知觉、想象、思维等。既然意向性是基本范畴,那么它的述谓对象就一定有存在地位。很显然,他不赞成唯名论的观点,而认为,不仅个体范畴所表示的对象是存在的,其他范畴如种、意向性等所表示的对象也有存在性,当然不一定表现为个体的存在。他还借鉴胡塞尔对范畴的分类进一步说明了这一点。根据他的解读,胡塞尔把复杂多样的范畴概括为两大类,一是"质料"(或质素),二是"形式"(或质性)。由于有两种范畴,因此可以说有两种本体论,一是质料本体论,它肯定质料或物质的存在,二是形式本体论,它承诺了事物的结构的存在。

就心与身来说,它们可用质料范畴述谓,但同时又可用形式范畴来说明。例如有两类形式范畴:实体与样式,就可同时用来说明心与身。如果把质料范畴与形式范畴混淆了,就会犯范畴错误。根据上述形式范畴,心灵又可分为心理实体(心灵)和心理样式(如思维),身体可分为有形实体(躯体)和有形的样式(广延)。

再看范畴的等级结构。在胡塞尔看来，质料范畴如自然、文化、意识，是最高的属范畴，种包含于其下。形式范畴有个体、种、事态，它们适用于每一质料范畴。例如自然、文化、意识都适合于用个体、种和事态来分析，即它们可分别表现为个体、种和事态。在这里，事态这种形式范畴最复杂，它表示的对象有复杂的构成因素及结构，如其中有个体，有自己的内在过程、本质与结构，因此一般是由语句来描述的。这就相当于维特根斯坦所说的由原子事实构成的分子事实。如果要描述分子事实，就要使用语句。

史密斯还强调：在理解他的范畴理论时要注意两点，第一，形式与质料的区分不是分析与综合的区分；第二，形式与质料的区分并不意味着自然界有独立存在的形式或质料。要理解这一点，就必须弄清范畴的本质以及与世界的关系。在他看来，范畴是从世界中抽象出来的，不同的范畴是人对世界的述谓和分类方式。就两大类范畴来说，它们也不是绝对割裂的，例如形式范畴是从关于事物的质料特征中抽象出来的。明白了这些，就可对自然的本体论图景作这样的概括：它是统一的整体，其中有两类现象：一是物理的，可用质料范畴述谓，如物体、波、质量、时空、引力、量子场、波粒性。二是形式的特征，可用形式范畴述谓，如个体、种、质、关系、位置、量、依赖性、事态、意向性等。

本体论图景清楚了以后，就可据以说明心灵哲学中的一些事项了。例如就“我”来说，我们首先可用质料范畴加以分析，如说它是“自然范畴”中的一个有机体，是“文化”范畴下的一个人，是“意识”范畴下的一个自我。这三范畴作为质料范畴，其中的每个要素与其他要素的关系可用“依赖性”这一形式范畴来说明。例如可以说意识依赖于大脑所做的事情。如果看不到这一点，把这类范畴中的一个如有机体与另一大类范畴中的一个范畴如意向性相比较，试图揭示它们的依赖关系，就会犯范畴错误。

既然形式范畴是从事物的质料特征抽象出来的，反映的是它们的特征和关系，因此一无例外地适用于每一质料范畴，例如由于事物之间有因果关系，因此它们就可用依赖性范畴加以说明。意向性也是一个形式范畴，当然也有其本体论地位。它像依赖性一样，可以用来说明质料范畴中的个体的特点。例如可以说它属于自然中的有机体、文化中的人、意识中的纯粹自我。由此可以看出，意向性是具有三种不同质料本质的实在事物的一个形式特征。当然这不是说，意向性是所有一切自然事物的普遍特征。因为只有自然界中的特定的质料或物质（如人）才拥有这一特征。

第四节　自然主义的“劲敌”

尽管在英美的现当代哲学中，自然主义思潮占据着主导地位，但就整个西方哲学而言，它至多只是占据着“半壁江山”，因为在欧洲大陆，反自然主义则是主流，至少在意向性理论中是如此。即使是在英美，自然主义也并非是一统天下的。因为一直有许多思想家公开站在自然主义的对立面，一方面试图颠覆自然主义，另一方面论证非自然主义。这样的人尽管不是多数，但又绝非个别，其中也不乏重量级的哲学家。较有影响的可列出一大排，如奥拉夫森、卡茨、博格霍赛（P. A. Boghossian）和麦卡洛克等。他们作为自然主义对立面的角色无遮无掩，如博格霍赛说：“关于意义的自然化理论显然是你不可能得到的东西。”[①]麦卡洛克一针见血地指出：“建构关于意向性的合理的理论没有必要诉诸对它的物理主义甚或自然主义说明。”[②]我们这里重点剖析卡茨和奥拉夫森的有关思想。

一、卡茨的非自然主义

卡茨（J. Katz）是当今意义研究中十分活跃的人物，而这一研究在本质上就是意向性研究。他的非自然主义是从分析语言研究中的一个二难问题开始的。他认为，在意义问题上有这样一种对立，一方面是乔姆斯基等人强调语言之后有更深层的东西，另一方面是维特根斯坦等人这样的观点，即“深层结构”、“基础语义学”的“本体论承诺”等是海市蜃楼。由于

① P. A. Boghossian, "Naturalizing Meaning", in B. Loewer and G. Rey (eds.), *Meaning in Mind: Fodor and his Critics*, Oxford: Blackweull, 1991, p. 67.

② G. McCulloch, *The Life of Mind*, London: Routledge, 2003, pp. 8-9.

对立双方都有自己的坚强后盾，因此势均力敌，难以公断。克里普克认为，许多哲学家常常会为这种矛盾所笼罩。[①] 在卡茨看来，这两种观点实际上代表了两种研究语言的战略。前者是乔姆斯基等人所坚持的关于语言的科学主义，而后者是维特根斯坦等人所强调的哲学分析。卡茨和拉姆赛(F. Ramsey)等人则试图找到一条中间路线。卡茨所找到的既能摆脱二难问题又能尽可能吸收两种方案之合理成分的方案就是非自然主义。他说："我们应放弃关于语言的自然主义概念。……我将提出一种关于语言的非自然主义说明。"[②]

在批判的基础上，卡茨提出了自己的非自然主义的基本观点：第一，存在着不同于自然科学知识的知识，它们是先天的，不能被自然化的。他说："哲学命题有先天的特征，"这便"为我们通过把对哲学命题的解释看作是先天的哲学理论而对我们关于哲学命题的知识作出解释提供了可能。非自然主义坚信：认识这些命题的适当基础是可能的，因为它承认形而上学原则和别的先天综合命题是有先天综合的哲学基础的。"[③]第二，存在着非自然的抽象对象，它们只能被人直觉到，只能被推论。由这种推论所形成的知识有助于我们理解不能被自然化的先天知识。他说："既然我们关于基础原则的知识不可能根据基于对自然对象的观察而形成的后天推理予以解释，那么它就必须根据关于非自然的抽象对象的直觉而作的先天推论来加以理解。"[④]这也就是说，非自然主义不同于自然主义的根本之处在于，前者认为，存在着不同于自然科学知识的知识，如关于基础原则的知识，它们不能被自然化，只能根据先天的推论才能予以解释，而先天推论的基础又是关于抽象对象的直觉。因此，存在的东西除了自然个别事物之外，还有非存在的抽象对象。第三，自然化并不是判断知识

---

① S. Kripke, "Substitutional Quantification", in J. McDowell et al(eds.), *Truth and Meaning*, Oxford: Oxford University Press, 1976, p. 412.

② J. Katz, *The Metaphysics of Meaning*, Cambridge, MA: MIT Press, 1990, ix.

③ Ibid., p. 313.

④ Ibid., p. 313.

是否有合理性，对象是否存在的标准；哲学的对象以及所作的研究、所形成的理论有自身的独立性。他说："哲学的问题就是解释偶然的、综合的先天知识是如何可能的。先天的要素意味着，这些问题不可能根据经验研究予以解答，因而超出了自然科学的范围。综合的要素意味着：它们不能根据语义学的研究而予以解决，因而超出了语言学和语言哲学的范围。偶然的要素意味着，它们不能根据逻辑的研究而予以解决。因此我认为，具体的结论是：它们的解决离不开哲学的研究。"[1]

二、奥拉夫森论自然主义的肤浅性

奥拉夫森(F. A. Olafson)的反自然主义特点在于：依据现象学的基本精神对当今充斥在广泛的人文社会科学、哲学乃至文化领域中的自然主义运动做了全面清算。在此基础上，他论证了对意向性的自然化的不可能性。

语言是一种很神奇的现象，要把握其本质，似乎要对之自然化。自然主义对它的自然说明是，语言是由声音和物理标记构成的，而声音是喉头发出的，物理标记是手写出的，因此语言、言语是物理现象。奥拉夫森说："与这种思想路线相对立，我将证明，即使它优于传统的二元论，但是自然主义所导致的语言的非心理化则有其自身的严重后果。"[2]这就是说，自然主义对语言的自然化犯了简单化、片面性的错误，遗漏了其中的心理的、现象学的方面。尽管说者与词语及其所表示的事物之间的关系在物理的层面，即使这种关系不是知觉中的呈现关系，但同样有呈现的某些方面或特征。他把这种呈现称作"不在场的呈现"。他说："如果言语与知觉有这样的联系，那么便不难对记忆在语言运用中的作用作出同样的说明"，传统所说的其他心理功能也是如此。"如果是这样，就可以假定言语像知觉一样属于同样的本体论领域，它无法还原为行为。"[3]

---

① J. Katz, *The Metaphysics of Meaning*, Cambridge, MA: MIT Press, 1990, p. 313.

② F. A. Olafson, *Naturalism and the Human Condition*, London: Routledge, 2001, p. 49.

③ Ibid., p. 49.

与此密切相关的是，自然主义根本无法说明所予、呈现、事实之类的现象。例如在知觉中，外在的某物直接给予我们，或呈现于我们。之所以有被给予，根源在于知觉。而作为知觉者的人并不等于作为物理系统的身体。要理解“所予”，首先应区分这样几个概念：一是外在的事物及属性本身，二是在主客相互作用过程呈现出来的、进入了知觉范围的、真正被看到的对象及属性，此即呈现或被给予，三是关于对象及性质的纯经验。在这里，“呈现”概念至关重要，因为“呈现是对象被知觉时对象得以形成的条件”，①不仅如此，它还是理解人及其心灵、意识、意向性的一个条件，在某种意义上还可以说，它里面渗透着意向性。因此“呈现必须看作是原概念”，也就是说，必须放弃这样的观点，即呈现本身能通过将自然科学的解释方法用于之上进而将它归于这些科学的对象范畴而得到解释。不仅如此，“呈现先于一切形式的科学研究”，因为“没有办法说明呈现来自作为基本自然科学的物理学所研究的过程”。② 因此“我们能说的是：呈现构成了这些实在——即人类，当然也许不是唯一的——独特的本体论状态，因而我们要用‘心灵’‘意识’和‘经验’之类的概念来加以思考”。③ 不仅如此，呈现还使人有了这样的特征，即有一个新的世界，人及其器官的功能也是由于在世界、在它之中的方式而产生的，例如眼睛的功能只有在呈现的过程中才是可以设想的。另外，对于呈现，也不可能诉诸装置、结构、机制来解释，因为呈现给我们的东西本身不是从我们头脑中的加工器中产生出来。不仅如此，要理解大脑的功能，我们还必须有呈现这样的原概念。因为呈现是知觉给予我们的东西，是我们能处理的唯一的对象。我们只能加工它们，如对它们作出比较，包括真实的与不真实的、内在的与外在的东西之间的比较。而只有在呈现的东西的范围内，才能进行这类比较。

再来看人的自然化。人是什么样的实在？二元论和自然主义都有自

---

① F. A. Olafson, *Naturalism and the Human Condition*, London: Routledge, 2001, p. 39.

② Ibid., p. 77.

③ Ibid., p. 77.

己的回答。前者认为,人是心身复合体,后者认为,是自然的存在。这些说明显然是不够的。他说:"我们的存在无疑有界限,但它们不是表皮,……它们也不是'心灵的墙壁'。迫切需要的是对人的本体论地位作出解释。"①为了说明人,除了前述的"呈现"以外,还必须有"超越性"。增加了这个词语并不意味着人身上又加上了某种新的结构或力量,由于它,人便超越自身。确切地说,正是超越性使各种力量成为可能。而超越性恰好是人的意向性。如果自然主义能说明超越性,那么它就能完成对它的自然化。事实上,这是不可能的。

人与世界是什么关系?心与物是什么关系?这种关系显然不同于传统的关系范畴。传统的关系指的是空间、时间或力量上的关系,位置上的关系等。尽管人在世界中有时间和空间关系的一面,但又不止于此,还有其包含不了的方面。例如人在意识中设想有一座金山,这是人的一种超越性关系或意向性属性,但它显然不能等同于常见的物理的、空间的关系属性。总之,用非自然主义方式理解人,由于涉及了在世的事实、呈现的事实、超越性的事实,亦即许多非时空的关系,因此一定不同于自然态度对人的理解。人有自然的物理的存在结构,但远不止这些,还有社会生活以及人与自然发生认知关系时新增加的东西。正是它们使人具有超越性。

三、比勒基于意向性对非物理组织层次的推论

比勒(G. Bealer)基于意向性的二元论论证不只是得出了否定自然主义的结论,而且有这样的肯定性的强二元论论断:意向性既然是一种非物理的特性,其后就一定有它所依赖的非物理的组成层次。因此他既承认心理和物理两种不同的性质,同时又有更进一步的二元论结论,即认为两种属性之后有两种质上不同的基础或组织。

他认为,如果能对意向性作出唯物主义或物理主义的说明,即把它分析为某种物理属性或特征,那么就足以证明二元论或多元论是错误的,唯

---

① F. A. Olafson, *Naturalism and the Human Condition*, London: Routledge, 2001, p. 86.

物主义是正确的，至少在意向性问题上是这样。但如果唯物主义是错误的，对意向性的唯物主义说明即“还原分析”是不可能的，那么就可断言：“意向性现象至少有一种非物理的属性”。“由于看到了这一点，我们试图提出对意向性的一种更一般的分析”，其结论是：“对意向性的任何令人满意的一般性分析一定具有某种关键特征，它意味着存在着一种非物理的、客观的组织层次。而这又足以表明：传统的唯物主义世界观是错误的。”①

在比勒看来，唯物主义用来说明意向性的概念和方式都是不妥的。因为它们的共同特点是用基础的或低级的东西（功能、目的、信息），即自然的关系来说明高级的东西（意向性）。既然意向性比基础属性更高级，既然它是一种比常见自然关系更复杂、更高级的联系方式，比如通过意向性人们能与非存在的对象（方的圆等）发生关系，而物理的自然事物不可能进入这种关系，因此它有自己的独特性和存在地位。要对之作出说明，只能用高级的、适合于揭示其本质特点的概念和方式，否则会犯削足适履的错误。比勒认为，适合于对之作出说明的方式充其量只能是意向的术语。他说：“要对意向性作出令人满意的说明，就必须假定一系列的意向联系。”尽管这种联系也属于广义的自然联系，但由于它与意向性有关，因此只能被称作“意向的自然联系”。“而这种自然关系又不属于逻辑、数学或自然科学所假定的那些自然关系（如同一、同型、位于、是……的组成部分等）。……因此要形成对意向性的充分的一般说明，人们就必须承认存在着一类新的自然关系（如意向联系），它们高于数学、逻辑和自然科学所假定的那些关系。”②例如相信、意识到、思考除了具有其他自然关系的特点之外，肯定还有这些关系所没有的关系，如特定的意向联系。“这种新的自然关系形式无疑超出了传统唯物主义所承认的那些关系”，因此他所

① G. Bealer, “Materialism and the Logical Structure of Intentionality”, in R. Robinson (ed.), *Objections to Physicalism*, Oxford: Clarendon Press, 1993, p. 100.

② Ibid., p. 122.

倡导的观点“与传统唯物主义的世界观是不同的”。[1]

根据传统唯物主义世界观，逻辑和数学之外的关系，如果是存在的，那么也应是自然科学能说明的。一经说明，它们就都成了物理的关系。而物理关系意味着，这种关系存在于两个以上的物理个体之间，或物理个体与物理属性之间。在比勒看来，这种还原的分析是不适用于意向关系的。因为各种意向关系完全超出了唯物主义所承认的那些关系，其表现在于：这些意向关系涉及的是个体与命题内容或复杂内涵的关系。如果自然界中除了物理的关系之外还有上述新的意向关系，那么就必然能得出这样的结论，在传统唯物主义所承认的那些组织层次之上还“存在着新的、客观的组织层次”。[2]

如果承认有新的意向性，那么还必然会承认存在着这样的王国，即它们是意向性所关于的东西（如心理内容、内涵、命题等），而同时，它们又有其内在的相似性。他说：“既然存在着这种高于自然物理关系的自然意向关系，既然人们常常会与相同的东西发生这些关系，因此一定存在着这样一个现象王国，它们有客观的相似性。……这些客观相似性所组成的这个附带王国意味着存在着一个非物理的组织层次。”[3]这种组织层次像社会层次、其他心理层次一样，高于物理层次，但同时又是实在的、客观的。可见唯物主义的物理解释是不全面的，只对全部实在中的部分实在做了解释。[4] 这也就是说，按照比勒的多级实在或组织层次理论，世界不是一元的，至少是二元的，或准确地说，是多元的。物理的解释只适用多元实在层次中的一部分。

总之，“意向性向唯物主义提出了挑战。如果不存在着关于意向性的一般分析，那么意向现象就有一种非物理的属性，即有它们所特有的意向

① G. Bealer, “Materialism and the Logical Structure of Intentionality”, in R. Robinson (ed.), *Objections to Physicalism*, Oxford: Clarendon Press, 1993, p. 123.

② Ibid., p. 123.

③ Ibid., p. 124.

④ Ibid., p. 125.

性(其本身是完全不可分析的)。我们还论证了:即使对常见的意向现象形式能分别作唯物主义的个别分析,但我们也不能对之作出令人满意的一般的分析,除非假设存在着自然的意向关系家族。我还认为,主张存在着这种家族与传统唯物主义世界观是水火不相容的。如果有这样的家族,那么还一定存在着一个由非物理相似性、规律和解释所组成的客观王国。"①可见,他由意向性研究所得出的二元论结论不只是关于意向性的二元论结论,而是一个形而上学的二元论结论。因为他根据意向性推断出:物理组织层次之上还独立存在着一个非物理的组织层次。这两个层次实即两个不同的存在王国。

第五节 基于自由意志的论证

意向性除了体现在思维、相信等认知性现象或命题态度中之外,还可体现在意愿、期望、自由意志等之中。这两大类现象的共同特点是:都有主体、指向性活动和所指对象三要素。不同在于:前者是认知性命题态度,后者是倾向性或意动性命题态度,它们的对象常常是非现实的,或未发生的,或有可能、有希望、被盼望发生的。这里我们考察戈茨(S. Goetz)和吉勒特(Gillett)等心灵哲学家在这一领域所做的一些新的工作。

戈茨等人探讨自由意志等的目的很简单,就是要以这现象为个案,说明自然主义是错误的,二元论是正确的。其逻辑也很明确,如果自然主义能用自然科学的术语对自由意志作出说明,即把它归结、解释为自然或物理现象,那么自然主义就是正确的,二元论就是错误的;反之,二元论就是正确的。戈茨说:"如果自然主义的意思是说,二元论是错误的,自由主义蕴涵着二元论,如果我们有自由意志,……那么自然主义就是错误的。"②

---

① G. Bealer, "Materialism and the Logical Structure of Intentionality", in R. Robinson (ed.), *Objections to Physicalism*, Oxford: Clarendon Press, 1993, p. 126.

② S. Goetz, "Naturalism and Libertarian Agency", in W. L. Graig et al (eds.), *Naturalism*, London: Routledge, 2000, p. 158.

这个论证十分简单明了，即只要能证明有不能为自然主义说明的自由意志，那么就可得出结论说：自然主义被证伪了，二元论及其所蕴涵的自由主义被证实了。

众所周知，行为有动因或动原(agency)，这是客观的事实。许多自然主义者也不否认这一点。问题是怎样说明这种动因。一种观点是，这种动因仍在自然的因果链之上，或可被自然化；二是认为，它是非因果的，即它不是自然的原因，而就是一种自由的选择或决定。戈茨赞成后一观点。说："在这种对自由动因的非因果的说明中，选择在本质上是没有原因的、心理的行为，只能诉诸它的自主体(agent)的目的或目标才能予以解释。""自主体"是当今心灵哲学中十分流行的一个概念，也被推广到了人工智能的研究之中，指的是有自己选择能力和动力源泉的能动的系统。

戈茨自认为，他对自由意志的说明是"关于自由心理行动的一种直观上合理的观点"。[①] 因为要说明行为或行动，无疑要诉诸行为后的东西，即承认行动后面有心理事件，正是它让行为发生了。问题是：它为什么是有作用的？有两种回答。外在论认为：这种作用由在前的外在因果历史所决定。二是内在论说明，这就是戈茨的选择。他认为，应该用心理的内在的东西来说明这种作用是如何发生的，这内在的东西就是"心理力"(power)。而"一种心理力就是由一种实在所表现出来的、本体论上不可还原的属性。与这种心理力相一致，让这种力实现出来，就表现为一个事件，"即我们常见的有意的行动。他说："执行心理的力就是行动，心理的行动在本质上是非因果的。一种自主体所具有的心理力就是心理力的选择，当他予以兑现时，他就是在选择。因此，(1)选择就是有心理力的自主体所实施的选择，(2)实施对力的选择在本质上是一个不由原因决定的事件。"[②]这里所说的自主体实即一种有自己力量源泉、同时又能作出决断的精神实在。从认识论上说，自主体自由地、不依别的原因而作出自己的

① S. Goetz, "Naturalism and Libertarian Agency", in W. L. Graig et al (eds.), *Naturalism*, London: Routledge, 2000, p. 157.

② Ibid., p. 158.

选择,让心理力变成现实,这一过程是可以为他自己认识到的。因此相信有独立存在并有巨大决定作用的自由意志及其心理力,是有充分的认识论根据的。他说:"如果自主体直接晓得选择之作出,晓得选择在本质上是一个没有原因约束的事件,那么似乎可以进一步说,自主体是直接晓得:他们在选择时是没有因果关系掺杂进来的。"①

如果在选择过程中,没有别的原因起作用,那么该用什么解释选择本身呢?他的回答是:不能用内外物理原因来解释,只能诉诸理由,而"理由就是自主体在选择中要予实现的目标、终点或目的"。② 正是由于这一点,在解释时,可以准确地用到"为了……"之类的语词。他还认为,选择之理由的根据是某些心理态度的表征性、语义性内容,例如一个人相信什么,期盼什么就是他作出选择的关键性根据。

再看自由意志(free will)。他认为,自由意志可称作自由主义的自由,即人对行为的非决定论选择能力及抉择活动。这种选择是一种无原因的过程,或不受自然因果法则限制的事件,从解释上说,它只能根据目的论来解释,而不能用外在条件及外在因果历史来解释。这里所说的"无原因"中的原因,指的是自然的、物理的原因。强调"无原因"就是强调没有这类原因,就是强调人所作出的选择有不受自然必然原因限制的特点。应注意的是,他在特定语境下,有时也承认行为有原因。如果碰到这样的说法,也不能认为他陷入了矛盾,因为这里所说的"原因"指的不是物理原因,而是自主体的选择或决定作用。

问题是:除了对行为作目的论解释之外,还有无必要辅之以因果解释?一旦承认诉诸自然原因的因果解释,那么就是承认了决定论。许多人坚持决定论,认为即使是人的自由选择,也没违反决定论规律。而戈茨认为,作出选择,就是行使选择力,这种行使不会求助于外在的、自然的实在,因此它超越于自然的因果关系,是不受原因限制的。他说:"不受原因

① S. Goetz, "Naturalism and Libertarian Agency", in W. L. Graig et al (eds.), *Naturalism*, London: Routledge, 2000, p. 160.

② Ibid., p. 161.

限制的选择是一种力(属性)在发挥作用(事件),它是不受因果决定的。"[①]如果对人的选择的解释不用求助于自然因果力,那么就等于承认了选择是自己决定的,这也等于承诺了自由主义。因为自由主义就是承认行为由自由意志所决定的理论。它与二元论、自然主义的关系是:"自由主义蕴涵着二元论,二元论蕴涵着:自然主义是错误的。"[②]

戈茨还讨论了他基于自由意志对灵魂的论证与常见的基于科学的论证的关系。他的讨论是围绕人们经常讨论的"手臂举起来了"(由维特根斯坦最先提出)这一案例而展开的。对于某人有意地把手臂举起来了这一行为,尽管可以提供神经科学的解释,但这解释总是不全面、不令人满意的。在戈茨看来,要做出全面的解释,必须承认人有自由意志。因为"神经科学家像别的任何人一样(即作为一个普遍的人),要解释手臂为什么举起来了,无疑必须诉诸你举你的手臂的理由,以及你作为一个灵魂引起了手臂举起来这样的事实。只知道神经(物理)的细节是不足以做出解释的。"[③]

许多人认为,在解释上述事实时,无须诉诸自由意志,只需诉诸神经科学、量子力学的成果及解释就够了。如果是这样,就可以得出否定灵魂存在的结论。戈茨认为,事实并非如此,因为神经科学等自然科学在说明微观实在的因果关系时常常碰到难以克服的困难。而这类困难对二元论有两方面的重要意义。"第一,根据下述事实,即神经科学家一直在以各种方式努力寻求关于各种微观物理实在及其推动别的微观物理实在的知识,不能得出结论说:他一定要预设灵魂的非存在,一定要否认它有以那些方式运动那些别的微观物理实在的力。"[④]第二,许多科学都认识到:微观物理实在有以某种方式被运动的倾向。要解释这一事实,如说明为什

① S. Goetz, "Naturalism and Libertarian Agency", in W. L. Graig et al (eds.), *Naturalism*, London: Routledge, 2000, p. 163.

② Ibid., p. 169.

③ Ibid., p. 178.

④ Ibid., p. 178.

么是这样，其推动力是什么，一种选择就是承认有灵魂存在并有推动作用。他说："微观物理实在的原初运动的动力是可追溯到灵魂的原因性活动的。"①

吉勒特不同于戈茨的地方在于：既承认对行为的因果解释，又承认用自由意志解释行为是因果解释。他认为，对行动的解释所诉诸的原因，仿佛是一种与自然界其他地方的因果解释没有区别的因果解释；其实不然，它是一种特殊的因果解释，不妨把它称作心理因果解释或心理解释。对于这种解释的特殊性，康德和戴维森等人做了富有开创性、启发性的论证，后来的汉普谢尔(S. Hampsher)又做了新的发展。② 吉勒特在《行动、原因和心理归属》一文中通过对各种有关理论的考察，又提出了自己的新的阐发和论证。③

在倡导这种解释的人看来，心理因果解释的特点在于：在解释行为时，要述及自然界的原因没有的一个特点，即自由。而自由足以证明这种原因的非物质性。康德说："所谓自由，……我认为是一种自发地开启一种状态的力量，……一种因果作用，……因此它完全是凭自己开启一系列事件。"④承认有这种自由，有很多理由，首先，"作出决定"是理论理性和实践理性的本质特征；其次，决定是内在地作出的，往往可以不按外在的环境作出决定，因此决定可以是自发地作出的；第三，主体对理由的运用是主动的，如主体可以确定某特定理由怎样引导他的行动，换言之，理由并不是机械地产生信念和行动的；第四，合理性原因是不确定的，而这种不确定性又是由心理现象的整体论特征决定的。法则学特征在这里无

---

① S. Goetz, "Naturalism and Libertarian Agency", in W. L. Graig et al (eds.), *Naturalism*, London: Routledge, 2000, p. 179.

② S. Hampsher, "Some Difficulties in Knowing", in T. Honderich et al (eds.), *Philosophy as It Is*, Harmondsworth: Penguin, 1979, p. 290.

③ G. Gillett, "Actions, Causes and Mental Ascriptions", in H. Robinson (ed.), *Objections to Physicalism*, Oxford: Clarendon Press, 1993, pp. 81-100.

④ 康德:《纯粹理性批判》,韦卓民译,华中师范大学出版社,1991年,第488—489页。译文据英文本有较大改动。

效。因为要说明某一种心理原因的作用，常常要涉及全部命题态度。

吉勒特赞成康德的观点，如说："'自发性'(spontaneity)是理性主体之活动的特点。"①他的发展表现在：他强调"心理因果解释不可避免地是人格性的"，而这也是自然界的别的原因所没有的一个特征。他说："相比较而言，自然界的原因是这样解释事件的，即不诉诸理性的决定。只有当我们不对自然界的因果关系作人格化说明时，我们才能理解这些关系。""心理解释则相反"，它坚持将有解释作用的东西人格化。因为"如果不将有解释作用的东西人格化，那么不能对行动事件作出解释"。②

吉勒特还认为，在行动的选择、确定过程中，必然要掺杂着能动的判断和概念的运用。这也是自然界的原因在起作用时所不具有的特点。他说："能动的判断和概念的运用是理性活动的关键，因为理由通过构成这种活动的概念作用而引导、指引这种活动。"例如要解释作为行动之组成因素的身体事件(不是纯粹的身体事件，如头发在风的作用下的飘动)，我们必须作这样的说明，即这种活动是怎样由理性的决定作用所引导的。③此外，心理解释还有一个特点，就是要诉诸自主体。他说："心理解释集中在自我决定的自主体和他的决定的作出过程之上。根据这种说明，他对理由的自由利用和承诺为我们说明一致于行为的理性解释的作用提供了唯一的途径。"④

这些都表明，物理主义企图把解释行动的心理事件等同于物理事实是注定要失败的。因为诉诸心理的行动解释与诉诸物理原因对自然事物行为的解释之间存在着根本的差别。因此物理主义是错误的，⑤二元论关于存在着心灵及其自由意志的主张是正确的。只有根据它们，才能对人的行动作出全面的解释。

---

① G. Gillett, "Actions, Causes and Mental Ascriptions", in H. Robinson (ed.), *Objections to Physicalism*, Oxford: Clarendon Press, 1993, p. 97.

② Ibid., p. 93.

③ Ibid., p. 97.

④ Ibid., p. 98.

⑤ Ibid., p. 100.

第八章　二元论的突现论路径

突现论(emergentism)作为一种解释理论萌芽于19世纪末，正式产生于二十世纪初，是一种试图解释高层次复杂性属性的既有科学倾向、又有哲学意蕴的复杂理论。一经产生，就引发了激烈的争论，赞扬之声与否定之声并起，褒贬不一。经过“二战”前后的淡出，随着著名脑科学家斯佩里和哲学家邦格等人的基于新的科学事实的大力阐发，20世纪70年代以后，突现论重又回到了争论的旋涡。人们除了继续对它本身的问题展开研究予以推进、发展之外，还根据论证的需要，挖掘它所隐藏的潜在价值，以建构和发展自己的理论。例如物理主义和二元论都对它抱有浓厚兴趣，尽力挖掘和开拓，将其整合到自己的体系之中，于是形成了一些打上了突现论印记的心身理论。在此意义上也可以说，突现论是一把“双刃剑”，可同时为物理主义和二元论服务。许多二元论者正是利用了它的资源建立起了若干以突现论为特色的二元论理论。

第一节　概念演化与早期突现论

要理解以突现论为基础的二元论，我们有必要了解有关概念的词源学和语义学，以及关于突现论的一般性知识。

一、“突现”的词源学与不同阐释

中文的作为动词的“突现”一词译自英文的emerge，其拉丁文词源是emergere。“突现性”(emergence)、“突现的”(emergent)都是对应动词的派生词。从词源学上说，emerge一词本无“突现”的意义。无论在拉丁文还是在英文中，emerge在19世纪以前都只有“浮现”、“出现”、“暴露”等义。其反义词merge的意思是：“沉没”、“淹没”。不难看出，它的反义词既是它的词源,又有助于说明它本有的意义。两者所表示的东西其实是事物的两种对立的过程或状态,即要么是退出、消失不见了,要么是显露出来了。

新词的出现总是与人们发现了已有语词表达不了的新的实在联系在一起的。"突现"一词也是如此。一般认为,英国逻辑学家米尔(J. S. Mill),最先看到了已有语词所涵盖不了的新现象,即突现现象,但尚未找到合适的语词。1843 年,米尔在他的《逻辑系统》一书中最先区分开了多因素结合在一起发生作用的两种方式:一是化学的方式,二是力学的方式。[①] 所谓力学的方式是指:如果两个以上的原因结合在一起进而产生一确定的结果,此结果是每个原因之结果的总和,那么产生这结果的方式即力学的方式。例如两个以上的力结合在一起产生了一种运动,此运动就是每个力的结果的总和。质言之,产生结果的力学方式即是多种原因复合相加的作用方式,所产生的结果是一种组合的东西。化学的方式是指两个以上的原因产生一个结果所用的非力学的方式。他之所以用"化学"一词,是因为化学的因素在产生其结果时常用非力学的方式。试看这样的化学反应过程,$CH_4+2O_2 \rightarrow CO_2+2H_2O$,这些结合在一起起作用的反应物所导致的结果就不是每个作用之结果的总和,而是一个全新的事物或属性。与上述两种作用方式相应,便有两种不同的结果。他把力学方式所引起的结果称作"同质路径结果"(homopathic effect),把化学方式所引起的结果称作"异质(hetero)路径结果"。

"突现"概念的提出和广泛流传得益于刘易斯(G. H. Lewes, 1817—1878)。刘氏是英国多才多艺、风流倜傥的哲学家、文学家、科学家,在孔德等人的影响下,热衷于实证主义的形而上学研究。在研究生命和心智问题时又受米尔的影响,进而又形成了他的突现论思想的雏形,其代表作是五卷本的《生命与心灵的诸问题》。他改造发挥米尔的思想,第一次把同质路径结果称作组合结果(resultants),把异质路径结果称作突

① J. S. Mill, *System of Logic*, London: Longmans, 1843, p. xviii.

现性产物(the emergents)。[①] 换言之,性质的产生有两种形式,一是生成,二是突现或层创或突生(emergence)。正是这一区分,导致了"突现"概念的诞生。在他看来,生成指的是可以根据产生性质的结合成分来加以推测的产生样式,而突现指的则是不能预测的过程,相应地,突现的性质是指由这一过程新产生出的性质,该性质具有新的、间断性的、创造性的特点。

客观地说,"突现"一词的确有自己的新的、其他词表达不了的特殊的所指,就此而言,可把它看作是人类在认识世界之网的过程中所得到的一个新的认识结晶,即是认识网络上的一个新的纽结。当然,由于人们看问题的角度不同,所处的认识层面不同,所关心的问题不同,因此对与该词对应的实在现象的本质及特点便有不同的看法。大致说来,有这样一些倾向:一是把突现属性看作是与组合不同的非组合的属性。例如苹果的甜味和堆在一起的十个苹果是两种客观存在的事实或现象或性质,其共同之处在于:两者都是诸因素在结合过程中产生出来的东西。不同在于:在作为突现性质的甜味中是看不出构成它的要素的影子的,换言之,甜味是不能还原为它的要素的,是一种不能根据部分来解释和预言的东西,而十个苹果要么是要素或作用力之和,要么是它们的差;二是从新与旧的角度来区分突现和非突现性质;三是从非还原和还原角度来区分;四是根据不可预言或不可定推和可预言或可定推角度来区分。我们这里不妨看看有关论者对它们所做的分析。

霍根(T. Horgan)为了把突现论与非还原论区分开来,强调不能根据非还原来理解突现。原因在于:突现属性是一种新属性,即有关的部分和要素在结合为整体时所表现出的、为整体所独有的、不能归结为部分属性的新属性。这种属性是从部分的相互作用中突现出来的。而非还原的属性并不是这个样子,一般是指可根据基础属性来说明的非基础属性。

---

① G. H. Lewes, *Problems of Life and Mind*, vol. 2, London: Kegan Paul, Trench, Turbner, and Co., 1875.

从解释上说，突现属性不可能根据整体诸部分及属性来说明，非还原属性则可有这样的说明。

克兰(T. Crane)不赞成霍根的看法，认为事物之属性相互关联的方式多种多样。一种方式是：整体的某些属性是由部分的属性直接结合而成的，例如1个重10公升的物体是由10个各1公斤重的物体构成的，这个重10公斤的属性就是一种组合的属性。尽管这个重10公斤的属性大于各部分的重1公斤的属性，但两种属性不是不同类的属性，因为它们都是重量这一可确定属性的逻辑特征。属性相互关联的另一方式是：它们相互结合在一起，形成了一种诸部分及其总和所完全没有的新属性。这也就是说，事物关联在一起所出现的属性有两种，一是没有成为新属性的属性，如重量、年龄、对象的大多数时空属性。整体的相似于部分的颜色属性尽管要复杂一些，但在本质上也属这一类属性，如两部分为蓝色的桌面拼在一起仍为更大的蓝色面积。当然，画家用不同的颜色调配出的颜色是新属性。这是事物结合在一起而形成的另一独特的属性，液体的湿性也是如此。[①] 这样的事例无穷无尽，以后还会不断产生出这样的属性。

由于事物之上表现出的新属性极为复杂，加之过去研究较少，因此自然成了新近研究的一个重点。斯潘塞—史密斯(R. Spencer-Smith)对新属性作了这样的界定：如果 x 有属性 p，且有像 p 那样的可确定的逻辑特征 p'，以致 x 的任何部分都有 p'，那么属性 p 在 x 中才可被看作是新的。新属性对于一属性成为突现属性是不是充分的呢？如果认为突现属性是不同于可还原属性的东西，那么回答就是否定的，因为即使是极端的还原主义者也会承认：存在着不可还原为基础属性的新属性。质言之，新属性是相对于非新属性而言的。后者也是整体的属性，不同在于：它是可限定的属性，它的别的逻辑特征是由它的全部部分所具有的。而一对象的新的属性是这样的可确定的属性，它的诸逻辑特征不是由对象的所有

① T. Crane, "The Significance of Emergence", in C. Gillett et al(eds.), *Physicalism and Its Discontents*, Cambridge: Cambridge University Press, 2001, pp. 209-212.

部分所具有的。以颜色为例,并非所有部分都有颜色。再就湿性来说,并不是液体的所有部分都有湿性。而颜色和湿性都是新属性。除此之外,非突现属性的例子还很多,如整体的可还原属性、整体的组合特性、整体的被决定属性。总之,新属性对于突现属性来说不是充分的,[①]因此不能把两者完全等同起来。这也就是说,有些新属性可能是突现属性,而有些则不是。

突现属性与可还原属性、不可还原属性究竟是什么关系呢?在克兰看来,可还原属性是指整体的能还原为部分属性的属性,例如对象的重10公斤的属性可还原为它的十个部分的属性(每部分重1公斤)。而突现属性则是不同于可还原属性的属性,即它是不可还原为部分属性的属性。尽管突现属性是不可还原的,但又不能等同于非还原属性。因为非还原属性有根据基础属性予以说明的可能性,而突现属性则没有这样的可能性。

在说明突现属性时,还常有这样的做法,即根据是否可被预言来说明突现属性。两者究竟是何关系呢?克兰不赞成把不可预言性看作是突现属性的根本特征。他说:"如果预言……的不可能性是因还原主义而出现的,那么它就不可能是突现论的独特特征。"[②]这就是说,他反对把突现属性规定为不可预言的属性。理由在于,不可预言性不能把突现与别的属性区别开来。不可预言性之所以出现,仅仅是因为我们对于能用低阶词汇述说的东西在认识上存在着限制,而不是由高阶属性的本质中的什么东西决定的。换言之,解释和预言是一个认识论问题,而突现的本质特征是什么,则是一个形而上学问题,因此要予以理解,必须从其自身去揭示。总之,无论是可预言性还是不可预言性,都不是把突现与别的现象区别开来的标志。

贝多(M. Bedau)认为,不能泛泛地谈论突现的本质规定性,因为事

① R. Spencer-Smith, "Reductionism and Emergent Properties", *Proceedings of the Aristotelian Society*, 1995, v. 117, p. 117.

② Ibid., p. 215.

实上存在着两种突现概念。一是强突现概念。它说的是：高阶现象尽管是来自低阶现象，但是关于高阶现象的事实或理论不能从关于低阶现象的事实或理论中推演出来。换言之，从概念或形而上学说，高阶的事实不是由低阶的事实所使然的，或者说，后者不能使前者必然出现。这是哲学中最常见的突现用法，也是 20 世纪 20 年代英国突现论者对突现的理解。

二是弱突现概念，它指的是：尽管高阶现象是从低阶现象中产生出来的，但关于前者的事实或现象，即使是基于制约低阶领域的原则，其出现也有意想不到的特点（unexpected）。这一概念在最近对突现的科学讨论中十分流行，坚持复杂系统理论的人常求助于这一概念。贝多在《弱突现性》一文中也坚持这一看法，并对此做了详细的讨论。[①] 在他看来，两种关于突现的概念的关系可这样表述：支持强突现性的理由可能同时是支持弱突现性的理由，但支持弱突现性的理由对强突现性却没有必要。因为常有这样的情况，即使在有制约低阶现象领域的原则的情况下，高阶现象的出现仍是无望的或意想不到的。当然，原则上有这样的可能性，即能从关于那个领域的真理推论出高阶现象。

查默斯认识到：要想建立关于强突现与弱突现的概念，并把它们区分开来，必然碰到这样一个理论的障碍，即能否找到事实上的根据或对应的事实。如果事实上没有对应的属性或现象，那么这两个概念就是虚构。在他看来，弱突现的现象比比皆是，问题是有没有强突现现象呢？他的回答是肯定的。他说："确实存在着强突现现象的例子，如意识现象就是一个。"[②]

当代的突现论研究无疑超越了 19 世纪末—20 世纪初的突现论，但不可否认的是，前者与后者又有某种连续性。为了凸现当代突现论的特点和渊源关系，我们这里有必要对早期的突现论做一简要的考察。如前

---

① M. Bedan, "Weak Emergence", *Philosophical Perspectives*, 1997(11):375-399.

② D. J. Chalmers, "Strong and Weak Emergence", in P. Clayton et al (eds.), *The Re-emergence of Emergence*, Oxford: Oxford University Press, 2006, p. 246.

所述，它产生于20世纪初的英国，其思想渊源可追溯至米尔。他把性质区分为力学性质和化学性质之后，立即引起了许多人的注意，贝恩(A. Bain)就是如此。他在《逻辑》一书中不仅宣传米尔的有关思想，而且作出了自己的发挥。刘易斯的创发性解释不仅为突现论的诞生做了准备，而且当他用突现说明生命的进化过程时，还导致了一种新的进化论的诞生。这种进化论认为，生命进化尽管是一个连续不断的过程，但每一阶段又有间断性，因为其中诞生了新的东西。如生命从无生命世界中进化出来、带细胞核的原生物的诞生、性的再生形式的起源、有感觉能力的动物从无感知世界中的诞生、有更高级理解能力的人从无人的世界中的诞生，等等，都是如此。有根据说，刘易斯和米尔的有关思想是现代突现论的真正源头。因为他们的思想尽管只是历史长河中闪现的一朵思想火花，但在为后来的一些英国思想家敏锐地注意到并牢牢抓在手中，加以发扬光大之后，即导致了20世纪前三十年极有影响的突现论或层创(倏忽)进化论思潮的诞生。在这一新的思想运动中，较有影响的倡导者及其代表作主要有：S. 亚历山大(S. Alexander)及其《空间、时间和神》(1920)，L. 摩根(L. Morgan)及其《突现进化论》(1923)、C. D. 布罗德(C. D. Broad)及其《心灵及其在自然界中的地位》，等等。突现论思潮在美国也有支持和倡导者，如詹姆斯(W. James)、洛夫乔伊(A. Lovejoy)、塞拉斯(R. W. Sellars)等。在法国的突现论者也做了自己的工作，如柏格森(H. Bergson)重点阐发了突现论中的层创进化论，德布龙(A. M. Debron)强调的是自然界中的新的突现形式，指责机械论者没有看到物质事物发展过程中存在着层次的特点。

二、早期突现论及其主要争论

20世纪初期的英国突现论，既有对刘易斯等人的借鉴，又有对法国有关思想的批判。因此在考察英国早期突现论之前，我们先来看其先驱的思想。由于在前面，我们已对刘易斯等人的思想做过简要说明，这里先看法国著名哲学家柏格森的有关思想。

柏格森赞成用突现来解释世界，承认存在着突现现象，不过在说明突现时,他则强调突现在本质上是一种创造性的过程,是完全新的属性的突然的产生过程。他说:只要"静观万象"就可得出这样的结论,即大自然在进行着自己的创造性活动。①"静观"亦即直觉是他的重要方法。因为在他看来,只有用这种方法,才能把握整个世界的全貌和本质。"绵延"是他的哲学的核心范畴,指的是不能用理智去认识而只能靠直觉来把握的不可预测又不断创造的连续的质变过程,亦即是包含着过去、朝向将来的"生命冲动"。世界之所以有新的事物产生出来,乃是因为生命冲动在上升的过程中,不断进行着创造性的进化。正是在此意义上,他把他的生命哲学又称作创造进化论。他说:"宇宙是绵延的,越深入研究时间的性质,我们就越能理解:时间意味着发明,意味着形态的创造以及新事物的不断产生。"②

柏格森是最早把突现论与二元论联系在一起的哲学家。他认为,可根据事物是否有时间、绵延、连续性,来对事物作出分类。如据此可把世界分为两部分,或两种存在:一是外界的事物,它们是复合体,有众多性,而没有连续性、绵延性。身体也属这种存在。另一是意识自我,它是真正的、具体的存在,是绵延性、连续性的根源,是外在世界的根源。他说:"一般动物多半不会在它们的种种感觉之外还想象有一个跟它们大有分别的外在界。……这种外在界是一切有意识者的公共财产。……随着社会生活的条件逐渐齐备起来,那把我们意识状态从内向外移动的潮流也逐渐强大起来。一步一步地,这些状态被变为对象或物体。"③如果说意识状态是一个自我的话,那么这种对象就是第二个自我。"它把第一个自我遮盖起来,它的存在是由彼此有别的瞬间所构成的,它的种种状态是彼此分开的又容易用语言表达出来的。"④这就是说,物理世界完全是由意识自我所决定的,而不是相反。他说:"不管利用什么形象"或例子,"我们通过

① 柏格森:《时间与自由意志》,吴士栋译,商务印书馆,1997年,iii.

② 柏格森:《创造进化论》,王珍丽、余习广译,湖南人民出版社,1989年,第13页。

③ 柏格森:《时间与自由意志》,第93—94页。

④ 同上,第94页。

任何推论都不能证明,也永远不能证明:心理现象受着分子运动的支配。"[①]

美国著名哲学家、过程哲学的创始人怀特海也常用"创造性"来说明突现的特点。他说:"现实世界是一个过程,这个过程就是各种实际存在物的生成。因此各种实际存在物都是创造性。"[②]"正像亚里士多德的'质料'没有其自身的本质一样,创造性就是现实性的根基中具有最高普遍性的那个终极概念。"[③]"创造性是新颖性的本原。一种实际场合就是一种新颖的存在物,它不同于它把其结合在一起的那种'多'之中的任何存在物。……'创造性进展'就是把这种终极性的创造性原理应用于它所产生的每一种新颖情境。"[④]

摩根赞成把突现概念与进化概念连在一起来考察,但不赞成柏格森把突现理解为形态的创造,认为创造进化论不过是一种纯粹的推测或虚构。在他看来,进化的确有突现性,但此突现性是离不开遗传的作用和整体内的部分的作用的。基于对突现和进化的新的理解,他别出心裁地提出了一种基于突现进化的关于宇宙起源演化的理论,即进化宇宙论。他认为,经过进化,真正新的性质突现出来了,以致产生出了一种新的根本性的力,由于有这种力,便有了各种事件的"出来"(the go)的倾向和事实。

亚历山大认为,性质或属性具有自己不同层次。他说:"高阶的性质是从低阶的存在物中突现出来的,在里面确有它的根据,但由于它是从那里突现出来的,因此不属于低阶的性质。突现的性质还让它的所有者具有新的存在秩序,这秩序还有它的特殊的行为规律。因此如此被描述的突现性质之存在是某种必须注意的东西。"[⑤]

---

① 柏格森:《时间与自由意志》,第 101 页。

② 怀特海:《过程与实在》,杨富斌译,中国城市出版社,2003 年,第 38 页。

③ 同上,第 54 页。

④ 同上,第 36 页。

⑤ S. Alexander, *Space, Time and Deity*, 2 vols., London: Macmillan, 1920, p. 46.

布罗德认为,突现属性是这样的属性,即它在一对象中的例示不可能从我们关于它的组成部分的属性的知识中推论出来。他说:“关于一有机体的组成部分……如何发生作用的一切知识都不足以让我们对该有机体的独特行为作出预言。”①作为整体的有机体所表现的行为,尽管依赖于部分,但不属于任何部分。他不否认有机体对于非有机体的随附性,但又强调:关于有机体的事实不能根据关于非有机体构成部分的事实的知识来预言。心理现象和其他突现属性都是这样。他还认为:突现论是一种超越于机械论的最有解释力的理论。他说:机械论最典型的理论是经典的引力理论。它所说的有引力的粒子集合就是作用之源,而其他作用力的方式大同小异,所产生的结果也不过是根源于粒子间的机械作用。突现论则不同,它提供了一种新的世界观,一种看待事物构成、结构、运动、变化、发展的新的方式。他说:根据突现论的原则,“外部世界以及研究它的各门科学是具有等级性的。”②而构成万物的材料其实只有一种,他把这种材料称作基本的构成材料。此外,突现论还认为,世界是各种不同次序的会聚,而决定它们的根本规律又只有两类,即内定(intra-ordinal)的规律和外定的规律。前者的作用是把混杂在一起的相同的次序的属性关联起来,后者的作用是把不同的次序的属性关联起来。从表述上说,后者是这样的陈述,它反映的是这样的不可还原的事实,即由下一层次的复合物以如此的比例和排列方式所构成的复合物有如此这般的不可还原的属性。③ 这也就是说,后一规律是不可还原的、突现性的规律,因为它们不可能从控制低层次复合物的规律和控制低层次的组合原则中推论出来。

总之,英国古典的突现论是根本对立于还原论的理论,因此它所说的突现概念是对立于还原概念的。由于这种理论涉及了还原与反还原的关

① C. D. Broad, *Mind and Its Place in Nature*, London: Routledge and Kegan Paul, 1923, pp. 67-68.

② Ibid., p. 77.

③ Ibid., pp. 77-78.

系以及看待心灵的新的方式，因此当突现论在现当代再次受到关注和重视时，便自然成了当前争论的一个焦点。当然，人们对它的态度是截然不同的。例如麦克劳克林等人对之做了尖锐的批评和否定；也有肯定和继续予以发展的，例如S.考夫曼（S. Kauffmann）认为，英国突现论者的许多观点仍具有广泛的有用性，如他们把突现当作整体的属性，进而把它当作整体之部分属性的非累积性的或非线性的产物，就是如此。①

福里斯特认为，突现计算（emergent computaiton）这一术语就极有应用价值，如可把它应用于表示具有非线性函数特点的计算之中。② 在哲学界，也有一些人不放弃发展英国突现论的努力，如仍有一些人试图根据英国突现论者的突现概念来界定突现，强调这一概念能表达事物所具有的本体论上的不可还原的特点。③ 还有一些人如金在权等人利用随附性（supervenience）来改进突现概念，强调突现性的特点在于它的随附性，因此没有必要根据非线性或非累积性来解释突现性，用随附性就可对之作出较好的解释。根据一种观点，从语义上说，如果把微观属性和宏观属性关联起来的规律并未为初始的微观条件和微观规律所蕴涵，那么把微观属性和宏观属性关联起来的规律就是突现性规律。对这一看法，可以提出这样的难题，即把有意识属性与物理属性关联起来的桥梁规律是不是不可还原的、突现性的心理物理规律呢？有意识属性是不是不可还原的突现属性呢？波普尔、埃克尔斯等就持肯定看法。如波普尔所阐发的进化论认为，三个世界都是突现的产物；不仅如此，每个世界之内的事物也是这样，例如从恒星到原子核就是一个不断突现的过程，再如从生命到精神也是突现的产物。有了主观精神这第二世界，再经过突现便有第三世界。总之，每一新质的出现都是突现。

---

① S. Kauffman, *The Origins of Order*, New York: Oxford University Press, 1993.

② S. Forrest(ed.), *Emergent Computation*, *Cambridge*, MA: MIT Press, 1991.

③ R. Klee, "Micro-determinism and the Concepts of Emergence", *Philosophy of Science*, 1984(51): 44-63.

第二节　斯佩里的突现论的精神主义

R. 斯佩里(R. Sperry)是美国加州理工学院心理生物学教授，因发现大脑两半球的功能的不对称性和大脑右半球也具有语言和意识的功能而获得了1981年诺贝尔生理学奖。作为一位科学家，难能可贵的是，他同时具有深厚的哲学素养，熟悉人类对心身认识的历史与现状，知道其中的有关难题。他在对大脑的实验研究的基础上，自觉地把自己和其他学者的成果加以哲学的概括和升华，从而形成了自己关于心身问题的独特理论。它不同于实体二元论，但没有超越属性二元论。因为他认为，当心理属性从大脑过程中突现出来后就有自己的不能还原的存在地位。

一、哲学心身理论之透析与"修改"

他在"诺贝尔奖讲演"——《分离大脑半球的一些结果》中讲了他的心脑理论的形成动因与过程，他说："由裂脑研究工作的、作为一种间接的副产品的，是修改意识的本质及其与脑过程的基本关系的概念。"[①]在他看来，过去关于意识与大脑关系的哲学认识，如二元论、平行论、行为主义、副现象论、同一论等存在着严重的缺陷和矛盾，应予"修改"。

他经"修改"而成的意识理论的特点在于：既有否定，又有借鉴和融合。他说：他的心身理论是"把原先的唯物主义、精神一元论、突现论以及实用主义教义选择出来并巧妙地结合在一起"的产物。当然他又不是简单地对旧要素进行重新组合，而是加进了自己的新的思考。因此由之所决定，他的理论便有自己鲜明的特点。为体现这一特点，他使用了不同的名称来称呼自己的理论。如他有时把它称为"突现的心理生理相互作用论"，以区别于还原论、等同论、行为主义；有时则把它称为"精神论的一元论"，以便与二元论划清界限；有时还把它称为"精神论的相互作用论"，以区别于副现象论、平行论；同时它"给予主观精神现象的首位性以科学的

① 斯佩里：《分离大脑半球的一些结果》，见《世界科学》，1982年第9期，第1—4页。

解释和较高层次的控制作用”,把它们当作“实在的”[①],因此“精神论的一元论”把精神提高到了首要的、高于物质的地位,从根本上区别于行为主义、庸俗唯物主义,因此是一种“新的模型”的“精神主义”或“精神论”[②]。在笔者看来,它不过是一种新型的二元论。

二、意识是大脑动力系统的突现特性

在意识的本质问题上,斯佩里认为:意识是离不开大脑的,因为大脑是意识产生、存在、活动、起作用的前提和基础。他说:“意识经验作为一种突现的功能属性是与功能的脑无法解脱地联系在一起的。”[③]换言之,大脑是突现意识现象的巨大的“发生器”[④]。尽管当代的二元论也强调意识依赖于大脑,埃克尔斯正是如此,但斯佩里认为:他所强调的观点与埃克尔斯在这个问题上存在“友好的分歧”。在埃克尔斯那里,意识在时间上可以与大脑有一定的差别,即两者可以不是同时发生的。而在斯佩里看来,意识在任何时候都受大脑活动的整个解剖和生理机制的制约,与大脑过程密不可分。

斯佩里心身理论的特点是坚持用突现论的观点分析意识的产生与本质。他承认大脑中有多种多样的因素,如物理的、化学的、生物的等。正是这些因素的存在及其作用,正是它们组成有机的整体,大脑才成为具有各种功能作用的活的东西,才为意识的产生和存在奠定了基础。他还认为:大脑作为一个系统,必然具有不同的层次,而且这些层次之间具有内在的联系,具有连续性。他说:在大脑中,“从次核粒子往上经原子、分子、脑细胞、无意识的神经回路到有意识的脑过程成为一个连续的层次。”[⑤]基于这种对大脑的组织系统的整体的看法,他认为:意识是发生在大脑中

① 斯佩里:《脑—精神相互作用》,见《自然科学哲学问题》,1981年,第4期,第24—28页。

② 斯佩里:《R.斯佩里与Omni杂志记者的谈话》,见《世界科学》,1985年,第1期,第46—50页。

③ 斯佩里:《脑—精神相互作用》,见《自然科学哲学问题》,1981年,第4期。

④ 同上。

⑤ 斯佩里:《科学和价值的桥梁——一种精神和脑的统一观点》,见《世界科学》,1982年,第5期,第51—54页。

的高层次的事件，或者说是“高水平的脑过程的动力系统的特性”。[①] 他有时还把突现意识经验的大脑动力系统描述为一个“多元综合体”，他说：“我们假定给予的实体不是物质成分的一个系统，而是一个结合空间—时间—质量—能量的多元结合体，那么精神或其实体不能还原成部分的理由就能够更容易地被理解了。”[②]总之，精神意识不是大脑某一部分、某一神经回路、某一子系统的特性和产物，也不是大脑的物质元素组成的静态系统的机能，而是作为动力系统的大脑在高水平的层次上的突现特性，因为意识的出现既依赖于物质元素及其结构，也依赖于时间过程，还依赖于各部分相互作用时能量的消耗，因此意识作为整体的特性是远远大于部分之和的，同时作为动力学的突现特性是不能归结为静态的系统、不能还原为局部的过程的。

意识、精神现象突现出来后仍在“这个世界”之内，就此而言，世界只有一个。因此他的心身理论有一元论倾向。但是由于精神毕竟是突现性特性，具有不能还原于、等同于基础过程的地位，因此他又明确承认精神组成了自己的特有的层次，即必定作为这个世界的连续层次中的一个层次而存在。正是有这样的看法，他便难以彻底超越二元论。他自觉地在自己的理论与传统物理主义之间划清界限也足以说明这一点。在他看来，我们的世界并不是纯物理的，我们的大脑中并不是没有非物理的过程和事件的，因为在大脑的由低到高的连续层次中有一个层次是属于主观精神的。不仅如此，这个层次还具有“实在性”。只有这样看，才算是恢复了精神的存在权利，捍卫了它的自主性、独立性。

基于此，有时他用“精神论”或“精神主义”这一新的术语称呼自己的理论。这种精神论是相对于唯物主义否定精神的独立地位而言的，并不是说世界上只有精神，或一切事物都来自于精神，因此在本质上是一种二元论。例如他认为：意识突现出来后，有自己的独立层次和“尊严”，尽管

① 斯佩里：《科学和价值的桥梁——一种精神和脑的统一观点》，见《世界科学》，1982 年，第 5 期，第 51—54 页。

② 斯佩里：《脑—精神相互作用》，见《自然科学哲学问题》，1981 年，第 4 期。

他说这一层次在世界之内，但它又不是物质性的层次。他说：精神事件和神经事件乃“是不同种类的现象，而且是由不同的定律和力控制的”。①

第三节　尼达-鲁梅林的突现论的实体二元论

M. 尼达-鲁梅林（M. Nida-Rümelin）承认：从突现论出发，可以引申出两种对立的心身理论，即唯物主义和二元论。他自认为，他以突现论为基础而建立起来心身理论不仅是二元论，而且是有别于别的突现论者的属性二元论的更为激进的二元论，即实体二元论。当然，它在内容上有别于笛卡尔式的传统实体二元论，这表现在，第一，他吸收了已有科学成果，承认意识没有自己的独立本原，只能来自产生物理属性的物理基础；第二，他受查默斯和金在权等人的影响，在自己的理论建构中，自觉运用了新近对现象意识研究的成果和十分流行的随附性范畴。

一、突现、意识与经验主体

鲁梅林的新实体二元论之所以是新的，是因为他对精神或意识的理解深深打上了新时代的印记。这表现在：他像查默斯等人一样把意识界定为现象学性质，指出：“意识”或“有意识”指的是有机体区别于别的事物的一个根本特征，即是它们身上表现出的具有经验的能力，这种能力对一个体成为有意识存在，既是充分的，又是必要的。新实体二元论之“新”的又一表现是：他在说明意识的产生时坚持了突现论原则。意识突现出来之前，世界上只有一种物质性存在。只是经过长期的进化，意识才从生物系统中突现出来了。从此以后，便有两种存在，它们之间可相互作用。

意识尽管是进化出来的，但带有偶然性。因为在有机体的进化发生质变之前，世界上没有意识，后来突然发生了这样的事情，即物质的某些片断以某种方式组合在一起，从此便有了意识这种现象。他说：“在生命进化的某一点上，物质的某些特殊片断如此排列在一起，进而便导致了意

① 斯佩里：《脑—精神相互作用》，见《自然科学哲学问题》，1981年，第4期。

识的产生。"[①]由于这种二元论强调意识没有自己独有的本原，而是由于偶然的原因从物质碎片所组成的系统中突现出来的，因此便与传统的实体二元论划清了界限。

如果意识是突现的产物，那么该怎样理解突现呢？对突现的理解不同，对由之产生的关于意识的本质的理解也一定不同。在他看来，突现是相对于还原而言的，质言之，突现属性是非还原的属性。从解释上说，突现属性不能用还原论方法来说明。这是他在突现属性与非还原属性的关系这一有争论问题上所持的一家之言。他还认为，要说明突现属性，只需注意两点就行了：第一，意识属性与例示的必要条件是：例示该属性的主体是经验的主体；第二，经验主体在类别上完全不同于别的一切实在。

既然经验主体不同于别的一切存在，如不同于物质实在，那么鲁梅林便必须回答这样的问题，即两种实在之上所突现的属性有无不同？如果有异与同，其表现何在？他承认：突现属性多种多样，如物理事物有自己的突现属性，经验主体也有自己的突现属性。这两类突现属性既有同，又有异。它们的共同性表现在：有不可还原性、不可预见性。而不同在于：经验主体是非构成性的，既不由部分所构成，也不能同一于物理事实，它所例示的突现属性不同于物理事物所例示的突现属性，因为这种新的属性与物理部分和关系无关，只与经验主体有关。[②] 当然，这是有争论的。他承认：对这种突然的、飞跃性的变化，至少有两种解释。根据第一种解释，在这种变化中，并没有什么新个体产生，经历这种变化的有机体还是原来的有机体，只是获得了新的意识属性。根据第二种解释，这种变化导致了新的个体的产生，这新的个体即有意识存在。这是鲁梅林所赞成的看法。他认为，当今的其他实体二元论者一般会坚持这一解释。

意识突现的原因是什么呢？他认为，突现是由生物系统符合某些物理条件所致。具体而言之，意识之所以能作为一种新的存在物被突现出

① M. Nida-Rümelin, "Dualist Emergence", in B. P. McLaughlin et al (eds.), *Contemporary Debates in Philosophy of Mind*, Oxford: Blackwell, 2007, p. 270.

② Ibid., p. 275.

来,是因为出现了这样的条件,即物质的某种排列基于法则学的必然性而导致了有新属性的个体的产生。意识正是由此个体而突现出来的。

鲁梅林所理解的作为突现现象的意识有何本质特点?在他看来,意识的首要特点是:它是质上的新属性。因为意识属性的例示不是根源于有机体的部分和部分之关系的物理属性的例示。它之所以是新的,是根源于这样的事实,即它是由不能同一于任何物理事物的经验主体所例示的。[①] 第二个特点是它有自己的主体。意识之所以是新的属性,原因是它有自己的主体,即依赖于、不同于物理构成的经验主体。这主体在突现发生之前,尽管也不存在,但随着意识的突现,这意识所依存的主体也一并或一同被突现出来了。他说:"意识一旦出现,新的个体便出场了。"[②]

归根结底,意识作为新的属性,是突现性属性,它不能还原为部分属性之总和,也不是一般的整体属性。例如对象的形状和重量也是对象之整体的属性,但显然不是突现性属性,生物系统的功能属性也有整体性,也不是突现属性。很显然,在他那里,突现属性并不等于整体属性。因为整体属性之内有突现和非实现之别。如果是这样,他便必须回答一般突现论的这样的元问题:究竟该怎样理解突现属性?其本质特征是什么?整体的突现属性和非突现属性是何关系?他的回答是:要理解质上新的、突现的属性,必须先弄清整体与部分的关系。在他看来,两者是相对的。所谓整体,是相对于构成一对象的微观部分的微观属性和关系而言的东西。微观部分的微观属性相对于更低层次的部分而言,也可成为整体的属性。但并非整体属性都属于突现属性。例如前面所说的对象的形状等都是整体之属性,但并非是突现的属性。因为突现属性除了有对整体的依赖性这一必要条件之外,还离不开这样的条件:如突现属性所依赖的整体不是部分的简单复合体,而是有机的整体;此外,两者的出现还有同步关系。以意识经验为例,它尽管可以说是整体的属性,但这整体不是由部

---

① M. Nida-Rümelin, "Dualism", in B. P. McLaughlin et al (eds.), *Contemporary Debates in Philosophy of Mind*, Oxford: Blackwell, 2007, p. 275.

② Ibid., p. 274.

分构成的对象，而是有经验能力的个体。这种个体或主体与所表现出的意识属性是同步的，即一旦这种属性突现出来时，经验主体便同时出现在世界之中。①

综上所述，鲁梅林的本体论图景较之物理主义大大膨胀了。这表现在：他承诺了两类实体，即物质性身体和作为个体的经验主体或自我。而两类实体分别又有自己不能相互归并的属性，即一是由物理事物的整体和部分所表现出的物理属性，其中也有突现和非突现之别，二是由经验主体所具有的质上的新的属性。如果是这样，他便必须回答这样的问题：两种实体之间是何关系？两种属性是何关系？属性与实体之间是何关系？

二、突现论二元论的两个基本命题

基于上述分析，他提出了突现论的实体二元论的两个基本命题：一是关于新个体突现出来的命题：存在着特定的物理条件 c，以致有下面的事情发生，在任何时候 t，如果 t 是这样的时刻，特定的物质系统 m（例如生物有机体）在此时满足条件 c，那么基于法则学必然性，一经验主体（即属于本体论上不同于一般物质实在的有意识存在）便在 t 时诞生了，同时开始有 m 作为它的身体。二是关于意识属性的突现：一主体不可能有意识属性，除非那主体有相应的物理属性。如果主体在物理身体方面没有发生变化，那么从法则学上说，有意识属性也不可能发生任何变化。在两个法则学上可能的个体身上，如果两者的身体在物理属性上没有变化，那么两者在意识属性上也不会有变化。不管是在同一个世界还是在不同的世界之中，都是如此。②

为了防止人们误解他的两个基本命题，他对它们做了详细的解说。在他看来，第一个论点说的不过是：经验主体是自然的产物。因为如果身体不符合物理条件 c，那么经验主体不会出现。这意味着，有意识存在在

---

① M. Nida-Rümelin, "Dualism", in B. P. McLaughlin et al (eds.), *Contemporary Debates in Philosophy of Mind*, Oxford: Blackwell, 2007, p. 274.

② Ibid., p. 270.

上述物理条件出现之前的漫长历史长河中不会出现;同理,永生、复活、离体存在都是不可能的。很显然,这种新二元论与传统的二元论存在着根本的差别。但他又认为,这种二元论还是应划归为实体二元论,因为这第一个命题坚持了实体二元论关于心物根本不同的基本原则,如强调在 t 时出现的有意识存在不同于引起它发生的系统。因为意识一经出现,便意味着:这时不仅有新质出现,而且有一种新的存在出现了。这新的存在就是在相应物理条件之下所突现出的新的个体,即能产生意识或经验的不同于身体的主体。这主体是本体论上的新的存在。很显然,这的确是一种实体二元论。因为它承诺了两种实体,即物理性身体和有意识能力的作为个体之人的经验主体。不同于笛卡尔实体二元论的地方在于:第一,作为意识、精神属性之基质的东西不再是精神实体,而是整体性的个体的人或经验主体。第二,经验主体不是从来就有的,不是出自特殊的精神的本原,而是从物质性身体中突现出来的。

第二个命题是在借鉴流行的随附论的基础上提出的,因而应根据随附性概念予以理解。鲁梅林解释说:该命题强调的不过是:有意识存在尽管突现出来之后有特殊性,但无论是在产生之中,还是在产生之后以及在起作用的过程中,都离不开基础层次的物理过程的作用。质言之,有意识的存在和作用是随附于物理性的身体的存在和作用的。

在鲁梅林看来,两个命题合在一起就是他所倡导的实体二元论的主要内容。其基本精神不外是:存在着一个经验主体,它是有意识属性的存在,或者说是人们用第一人称语言指称的东西,是人们用关于一个人或一个动物的名称指称的东西。这个主体不是由物质构成的,不是身体、大脑或由任何事物构成的系统,也不是抽象实在,毋宁说:“一个经验主体所是的东西……就是一个能够拥有意识属性的东西,一个有特殊本体论地位的东西,它有跨时间的同一性和跨可能世界的同一性。”①在《从内在观点

① M. Nida-Rümelin, “Dualism”, in B. P. McLaughlin et al (eds.), *Contemporary Debates in Philosophy of Mind*, Oxford: Blackwell, 2007, p. 272.

看》一书中，他还对这种具有跨时间和可能世界同一性的新的存在做了详细的论述，①如认为，经验主体不仅存在，还有自己的本质特征。这表现在：它享有经验，具有能动性，可成为根本性原因。例如有意识个体能够获得和经受像温暖这样的经验。而有特定的经验有时一定伴有某种能动性。这也就是说，经验不是被动的，经验主体在经验中本身是能动的。所谓"能动"，就是指经验主体凭自身而做出某些事情。由于经验主体能做出事情来，因此可以说，它是发生的事情的因果上的根源，此即是说它有原始的因果力。

三、心身关系论与新的人论

在两种实体的关系问题上，他的新的看法是，意识主体与身体之间具有占有或拥有关系，如可以说意识主体 s 有一有机体 o 作为它的身体，简言之，身体是由意识主体所占有的，而不是相反。这样说有两层意思：(1)s 的意识属性以某种方式因果地依赖于 o 的物理属性，例如，如果 o 受到伤害，那么 s 就会产生疼痛感。(2)s 用 o 去做他想做的事情，例如，如果 s 想举手，那么 o 就会把手抬起来。这个论断说的是：意识属性和物理属性之间存在着直接的依赖性。例如在采取一个决定时，如果没有伴随身体方面的某些变化，那是不可能的。但又必须注意，意识在因果上并非迟钝的副现象。鲁梅林承认：他的基本观点可用强随附性原则来阐释。这一原则说的是：不存在这样的两个法则学上可能的世界，w_1 和 w_2，也不存在这样的两个主体 1 和主体 2，两个时间 t_1 和 t_0，在那两个世界的 t_1 和 t_2，如果没有出现 s_1 和 s_2 的物理上的变化，那么就不可能发生 s_1 和 s_2 中的心理上的变化。②

两种实在除了有随附关系之外，还具有因果关系。而鲁梅林要说明它们之间的因果关系，必然碰到这样的难题，即以二元论为前提，怎么可

① M. Nida-Rümelin, *Der Blick von Innen*, Frankfurt am Main: Suhrkamp, 2006.

② M. Nida-Rümelin, "Dualism", in B. P. McLaughlin et al (eds.), *Contemporary Debates in Philosophy of Mind*, Oxford: Blackwell, 2007, p. 271.

能说明意识对于物理事件具有因果相关性？因为意识既然是非物理的，根据因果作用离不开物质、能量的转换的原则，他似乎没法说明意识为什么有因果作用。对此，突现论的一般辩护是：意识作为属性之所以有因果作用，是因为它的主体是能动的。鲁梅林赞成这一辩护，但又根据随附性概念做了补充。他认为，在许多情况下，意识属性之所以是因果上相关的，是因为意识的主体有因果力，同时还得益于其后的基本的物理生理过程。因为意识及其主体对物理生理过程具有随附性关系。①

在具体说明意识的因果作用的过程中，鲁梅林认为，存在着两种因果力：一是事件所产生的因果力，二是由自主体所产生的。这里的自主体就是经验主体。它能自发、自动产生因果作用。在这个问题上，他与一般的主张自主体有因果作用的因果理论是一致的。其不同在于：第一，强调自主体因果作用不局限于行动和人的范围。也就是说，其他动物也有能动性，也能成为自主体。第二，自主体的因果作用可以连续和同时影响大脑中的生理事件。第三，在鲁梅林看来，纯粹精神不可能有因果作用。经验主体发挥作用离不开大脑的同时作用。他说："人如果不同时引起大脑中的变化，他是不可能作为原因引起任何事物的。"②第四，他的因果理论不与法则学随附性理论发生冲突，而与之一致。总之，他的因果理论与物理主义的因果封闭论存在明显的差别，如他不赞成说：每个大脑事件都有充分的物理原因，原因作用严格封闭于物理世界。除了物理的因果作用之外，还有经验主体能动产生的因果作用。这种作用是自由的，超决定论的。他说："主体能作为原因影响自己大脑中的物理事件的发生。"③但另一方面，由于他坚持随附论，因此他又承认主体在发挥因果作用时，离不开大脑的物理作用。

基于上述二元论，他对人的构成及特点提出了自己的独特看法，即形

① M. Nida-Rümelin, "Dualism", in B. P. McLaughlin et al (eds.), *Contemporary Debates in Philosophy of Mind*, Oxford: Blackwell, 2007, p. 280.

② Ibid., p. 276.

③ Ibid., p. 277.

成了一种新的人论。这是他的新实体二元论的新的内容。传统二元论认为，人由身体与灵魂所构成。他强调：在这里，构成问题是多余的，因为人不像传统理论所说的那样是构成的。准确地表述只能是：人是经验主体，它有一个身体。换言之，特定的分子集合 A 是经验主体 S 的身体，当且仅当在经验中，S 的活动与 A 之内的物理变化之间存在着一种适当的关系。例如，如果 A 受到损伤，S 就会感到疼痛；如果 S 是想跑步，A 就运动起来。

传统二元论认为，灵魂是由细微的非物质材料构成的，而他的突现论二元论否定了这种材料的存在。据传统观点，灵魂能存在于空间中，在空间中自由飞翔、往来，而突现论二元论抵制这种观点，认为经验主体只存在于感受到有空间位置的身体这样的过程中。这就是说，经验主体如彼特这个人，并不能等同于他的身体。这样说的意思不是：彼特在任何意义上都隐藏在他的身体之中。当然实体二元论承认：当你说你看到我的身体时，你看到的的确是我。不过，要准确予以理解。这意思只能这样理解：当你看到我的身体时，你非推论地看到了我有某些属性。这就是你说你看到我的身体时看到了我的理由。

关于自我，通常认为，人有一个自我。突现二元论否定这一看法。在他看来，“自我”所指的就是某人用第一人称代词所指的东西。而一个人 p 用第一人称代词所指的东西又不过是 p，因此“自我”指的就是人，就是经验主体。有的哲学家还论证说：自我是由他在“我思”时指称自己的能力构成的，而新二元论认为，经验主体即使不持有“我思的能力也可以存在”。[1]

总之，鲁梅林的实体二元论的实质不是主张：世界上从此有了两类材料，而是说这里的经验主体高于它的身体，就像泥塑一经由泥团做成后就成了高于泥团的某物。可见，这里的实体二元论在关于人、自我、心与身

---

① M. Nida-Rümelin, “Dualism”, in B. P. McLaughlin et al (eds.), *Contemporary Debates in Philosophy of Mind*, Oxford: Blackwell, 2007, p. 273.

的关系等问题上提出了不同于传统实体二元论的新观点，即不再把人看成是由心和身构成的复合的实在，而看作是由身体突现出来、同时又包含有身体的高层次的、整体的自主体，因此身体与作为突现性现象的心或人的关系是部分与整体的关系、突现和被突现的关系。

第四节　塔特的突现论的经验二元论

塔特(C. Tart)是一位心理学家，自认为，他的心身理论可称作"突现论的相互作用论"，其实质是二元论。就其特点而言，这一理论不是基于对正常心理现象的研究而提出的，而是从对超常心理现象(psi)的研究中引申出来的。

一般认为，psi 有两大类，一是超感官知觉，即不诉诸通常的感官或物理过程而得到的认识，如千里眼、顺风耳、耳朵认字等；二是心灵致动，即不通过物理的方式而让对象发生所希望的变化、移动，如大搬运(空手变物)、意念拨表等。在传统的唯物主义哲学和科学看来，一些人所表现出来的这类特殊功能或超自然现象，不是幻觉就是欺骗。而塔特认为，psi 不仅是客观存在的事实，而且可对之做科学的研究。他本人就做了这方面的研究，并以此为基础，提出了"突现论的相互作用论"。他说："psi 现象是迫使我们赞成二元论的第一手经验材料。""我对意识和意识的变异状态的各种经验心理学研究促使我倾向于二元论立场。"①

他的二元论的相互作用论的基本观点是：人身上有两个系统，一是大脑系统(简称 B 系统)，指的是身体、大脑、神经系统和我们用物理学概念所描述的一切东西。它对意识产生有作用，但又不能像唯物主义所主张的那样，以为它是意识的唯一的产生和决定因素，有了它，就可解释意识(如把意识解释为大脑系统的功能或属性)。在塔特看来，它只是意识产生的一个方面的基础，或者说是产生意识的系统中的两个子系统之一。

① C. T. Tart, "Transpersonal Realities or Neurophysiological Illusions: Toward an Empirically Testable Dualism", in www. paradigm. sys. com, pp. 11-12.

意识要产生和存在，离不开另一不可缺少的子系统，即心灵(mind)或生命(life)系统(简称 M\L 系统)。所谓 M\L 指的是意识的那些拒绝物理学解释的、质上不同的方面，反映的是这样的事实，即使没有有意识经验相伴随，psi 现象也可以在人身上出现。由于有这样两个系统及其相互作用，人不仅能表现出意识现象，而且能表现出超心理现象。就正常的意识现象而言，它们是两个系统结合为整体时的突现特性，他说："意识是这两个系统的相互作用的整体论的突现性质，或者更技术地说，是 B 系统和 M\L 系统的相互作用所产生的超系统突现性质。"①换言之，"意识像我们经验到的那样，是一种突现性因素，是一种由 B 系统和 M\L 系统的相互作用所产生的整体性作用。"②psi 也是如此。他说："产生对物理事物的某种弱心理致动作用，是生命的一般属性。"③

超常心理现象 psi 的产生，尽管离不开 B 系统，但主要的决定因素却是 M\L 系统。他说："M\L 系统至少能借助超常视知觉偶然地认识到大脑的物理状态和这样的因素，大脑将其表征为 B 系统中物理模式。而且，B 系统中的激活模式除了会受到 B 系统中的决定论性质和自组织性质因素所施加的组织作用之外，还会受到由 M\L 系统所产生的作用的影响。"④有了上述认识，psi 也就不难理解了，不再会像以前一样被看作是稀奇古怪的东西。在他看来，psi 常发生在有机体身上，是可由二元论适当予以解释的东西，即是心与身、B 系统与 M\L 系统相互作用产生出来的现象。

B 系统和 M\L 系统之所以能产生意识和超心理现象，乃是因为它们发展到一定的程度会表现出突现的特性。例如 B 系统不仅有许多构成因素，如人体的各种构成部分，而且有自己的等级性、层次性。M\L 系统

① C. T. Tart, "Transpersonal Realities or Neurophysiological Illusions: Toward an Empirically Testable Dualism", in www. paradigm. sys. com, p. 13.

② Ibid., p. 12.

③ Ibid., p. 12.

④ Ibid., p. 13.

也是如此。这种层次性与真实的世界过程是对称的。在最低层次上，存在的是最基本的生命能量。基本的M\L系统的现象就发生在这些低级的层面上。这些层次一旦与B系统发生相互作用，就会有突现性质产生出来。在较高的层面上，存在的是关于M\L系统的经验性表征。在此之上，存在着许许多多的心理层次。尽管由于存在着突现的性质，世界上存在的事物会表现出许多由低到高、有质的差别的层次，但从大的方面来说，又不外两大类，即传统二元论所说的心与物两种存在。正是基于此，他明确赞成二元论的结论。当然他的二元论也有自己的特点。例如他的二元论是建立在经验研究尤其是关于psi的系统研究的基础之上的。因此他把他的二元论称作经验二元论。

根据他的判释和分类，古往今来的二元论不外三大类：一是神学的二元论，二是形而上学的二元论，三是经验或实验的二元论。他自认为，他的二元论不仅是哲学理论，而且具有科学理论的性质。因为在他看来，一个理论是不是科学理论，可根据下述科学原则来判断：(1)以观察为基础，并通过观察得到了第一手资料。(2)所提出的理论必须能说明一切观察，且有逻辑性。(3)所形成的理论必须有可用经验观察来检验的预言。(4)所有的步骤是可公开的，并可被改进。(5)观察及结论能被重复。在他看来，他的经验二元论也符合上述条件，因此不仅是哲学，而且是科学。[①] 他说："二元论必须这样予以阐述，它不仅在心理世界而且在物理世界都有可检验的、可观察的结论。"[②]他的二元论之所以是科学的，是因为它的结论是用科学的方法得到的，如观察、比较有些人所表现出的psi，然后用统计方法去统计和分析。他还像别的科学家一样对心灵感应、遥感、超常知觉、遥视、前认知、心灵致动、心灵加热、离体经验、心灵出窍、续存等做过实验研究。当然他也承认，他的结论也利用了别人科学研究所取得的成果。

---

① C. T. Tart, "A Future for Dualism as an Empirical Science?", in "Toward A Science of Consciousness Conference of the University of Arizona", 2006, 4. 3.

② Ibid., p. 3.

塔特对特异心理现象的研究及其所引申的二元论结论绝不是“一枝独秀”，而可看作一种倾向的代表。有把握说，西方不仅是科学精神及各门科学的策源地，而同时也是各种非科学理论和神秘主义大行其道的地方。最明显的一个表现是：许多学者，其中不乏真正的科学家，都热衷于搜集 psi 现象，并对之做实验和理论研究。有的人还把它称作科学研究。这方面的论著非常多，如贝洛夫（J. Beloff）的《心灵的存在》（*The Existence of Mind*，London：MacGibbon & Kee，1962）；《无限制的问题》（*The Retentless Question*，Jefferson NC：McFarland &Co.，1990）；格雷森和弗林（B. Greyson and C. Flynn）的《濒死经验》（*The Near Death Experience*：*Problems*，*Prospects*，*Perspectives*，Springfield IL：Charles C. Thomas Publishers，1984）；布劳德（S. E. Braude）的《作用力的限度》（*The Limits of Influence*，Lanham MD：University Press of America，1997），等等。这种现象是值得我们冷静思考和严肃对待的，形而上学的简单肯定和否定无疑都不是科学的态度。

第五节　突现论与二元论的关系问题

突现论与二元论是否存在着必然关联？由突现论是否可以得出二元论的结论？突现论能否成为到达二元论结论的途径？这些是当代心灵哲学中颇有争论的问题。前述的理论都做了肯定的回答，我们这里要考察的是一些不同的声音。

一、查默斯论强突现与弱突现

著名心灵学家查默斯在上述问题的看法上别具一格。他不一概认为，突现论是一致于、有利于物理主义的，也不一概说它一致于、有利于二元论。因为他认为，突现有强突现与弱突现之分，同样作为理论的突现论也有强弱之分。既然如此，就应具体情况具体分析。在他看来，弱突现论是一致于物理主义的，而强突现论则相反，即只会导致二元论的结论，因此是二元论的一个堡垒。

强突现论认为，在突现现象中，除了存在着弱突现现象之外，还存在着强突现现象。我们先看后者。它是一种高阶现象，但又不是一般的高阶现象，因为只有同时具有下述特点的高阶现象才能被称作强突现现象。第一，这种高阶现象不能从低阶现象中推论出来；第二，前者从整体上说由后者所决定，换言之，前者自然地而非逻辑地随附于后者；第三，从其后起作用的规律的角度看，在这里，起作用的不只是物理学规律，而且还有涵盖高阶现象和低阶物理现象的跨越两现象的规律，如在心物之间存在的心理物理规律，生物与物理事实之间存在的生物物理规律。英国早期突现论者布罗德(C. D. Broad)把这种规律称作“跨科目”或“跨类”(trans-ordinal)规律。由于有此规律，自然事物的不同层次之间便有了合规律的联系。强突现现象是很罕见的，其典型例子是意识现象。

弱突现论只承认弱突现现象，认为一切突现现象都是弱的，不存在强突现现象。弱突现现象尽管也有不可预测或意想不到的特点，但从原则上说，可根据基础属性将它推论出来。由于这种现象依赖于、决定于基础属性，因此即使被突现出来也没有自己的独立存在地位。就此而言，承认有这种现象不会导致本体论的扩展。而承认强突现现象的存在则不然，即一定会承认存在着超物理的实在。尽管弱突现现象不是新的存在，但对它作出研究，对于理解各种现象的本质，尤其是对于理解生物、认知和社会现象是有作用的。正因为如此，认知科学家和复杂理论科学家常诉诸这一概念。弱突现现象的典型例子有：(1)生命界：高阶样式和结构是从简单的低阶法则中突现出来的。(2)联结主义网络：高阶认知行为是从低阶的由三个逻辑单元构成的联结中产生出来的。(3)操作系统：复杂系统来自于低级系统。(4)进化：智能等现象是从低阶现象中演化而来的。这些突现属性尽管具有不可预见性，但原则上可根据初始条件和低阶现象予以推论。相较于强突现现象而言，弱突现除了有可根据低阶现象予以推论这一特点之外，还有如下特点：从理解上说，在理解这种现象时，根据它们自己的特点比根据低阶属性去理解，似乎更好。这表明：弱突现现象具有相对于观察者而言的属性。就其本身而言，它是这样的现象，在这里，由于简单的低阶机制以简单的方式结合在一起，于是便产生了复杂的、有利的高阶功能，查默斯说："系统的弱突现性是基于制约该系统的基础性质原则而产生的不可预言的有利属性。"[①]

在查默斯看来，两种突现现象是很容易从外延上加以区别的。因为在这个世界上，只有意识现象才是强突现性的，别的领域再无这种现象。例如在生物、化学、经济等领域，那里的从物理现象中突现出的现象尽管是不可预测或意想不到的，但原则上都是可推论出来的，因此都是弱突现。他说："除了意识之外，所有别的现象都是弱突现的。"[②]

如前所述，强突现论就是主张存在着强突现现象的理论。从表面上看，这一结论平淡无奇。仔细去体会，则会发现：它隐含着激进的本体论主张，或它有扩张本体论的诉求。因为如果像它所断言的那样，在世界上真的存在着强突现的现象，那么为了涵盖它们，我们的自然观或本体论就得扩展，就得承认强突现现象有自己的独立的本体论地位。而坚持弱突现论不会得出这个结论。因为承认生物系统中存在着意想不到的现象，并不会威胁到物理世界中所发现的根本规律。只要这些现象能从对世界的物理描述中演绎出来，那么就没有必要承认还有别的属性或规律存在，仍可坚持这样的物理主义原则，即一切都是物理的，并可根据物理属性和规律加以定推。不过，又应看到：弱突现论尽管不会得出改造本体论的结论，但仍会引出新的结论，如承认世界上有不同的解释层次，甚至承认有解释鸿沟的存在。因此弱突现论尽管可以与物理主义一致，但本身又向物理主义提出了解释鸿沟问题。

在查默斯看来，强突现论之所以是"强"的，是因为它不仅会像弱突现论那样，向物理主义提出难题，而且还会直接提出对立于物理主义、一致于二元论的结论。例如它主张：有这样一种强突现现象，即意识现象。内

---

① D. J. Chalmers, "Strong and Weak Emergence", in P. Clayton and P. Davies(eds.), *The Re-emergence of Emergence*, Oxford: Oxford University Press, 2006, pp. 250-251.

② Ibid., p. 5.

格尔、杰克逊等人有力地论证了这一点。他们用来表述这类现象的概念本身就表现了这一点。如内格尔所说的:存在着某种东西,即成为那系统感觉起来所是的东西(there is something it is like to be that system)。查默斯对此的解释是:存在着从该系统自己的观点出发、感觉起来所是的某东西(there is something it is like from the system's own perspective)。它们无疑是强突现的。[①] 因此查默斯说:"确实存在着强突现现象的事例,那就是意识现象。"在他看来,自然界中出现了有意识系统是它的一个关键的事实,据此有理由相信:关于意识的事实是不能从任何物理的事实推论出来的。对此,他在许多地方作过大量论证。在《论强突现和弱突现》一文中,他又提出了两点他认为是很有名的论证。第一,假设有一生来就盲的科学家,他有关于大脑的应有尽有的物理知识,但他没法据此推论出:关于红的经验感觉起来像什么。第二,假设有一个在物理上完全同一于我们世界的世界,在那里根本就没有意识,或者说即使有,那也是完全不同于我们意识的意识,这说明,意识与物理过程有脱节的一面。[②] 查默斯说:"如果这些主张是正确的,那么似乎可以得出结论说:关于意识的事实是不能从纯粹的物理事实中推论出来的。"[③]

意识为什么被看作是一种强突现现象?为什么有自己独立的本体论地位?查默斯认为,可通过分析意识与物理事实的关系来加以说明。第一,意识是不能从物理事实中推论出来的,即不完全是由后者所决定的。第二,两者之间从整体上看存在着相互关联,例如后者有对前者的某种程度的随附性,因为只要模拟了某种大脑状态,那么就会有相应的意识状态被模拟。第三,这里的随附关系是自然的或法则学的随附关系,即只具有自然规律的力度,而没有形而上学的或跨世界的必然性。这意思是说,在

---

① D. J. Chalmers, "Strong and Weak Emergence", in P. Clayton and P. Davies(eds.), *The Re-emergence of Emergence*, Oxford: Oxford University Press, 2006, pp. 3-4.

② Ibid., p. 3.

③ Ibid., p. 4.

我们的世界中，只要模拟了某种大脑状态，就会出现相应的意识状态，这是自然的规律。但在别的世界中，由于那里有别的规律，因此如此模拟不一定导致意识的模拟。这说明，物理过程和意识的合规律的联系本身不能从物理学的规律中推论出来。这种联系本身有自己的规律，或者说，本身就是基本规律。这些规律就是我们所说的心理物理规律，而非单纯的物理学规律或心理学规律。①

在突现现象的因果作用问题上，查默斯不赞成副现象论立场，而在借鉴麦克劳克林等人的思想基础上，做了自己的发挥。麦克劳克林认为，高阶现象一经产生便有自己的存在地位，并有自己的向下因果作用。其原理或机制在于：当某种高阶构型或构造(configuration)发生了，某种结果会紧随发生。这就是他所说的构型律。② 既然有构型存在，因此由高阶现象产生的结果，要么能用低层次的术语来说明，要么可用对高阶事实有强约束的术语来说明。查默斯认为，高阶现象的因果作用都是下向的，但有不同的类型。大致有两种，一是强下向因果作用，它指的是这样的作用，即高阶现象对低阶现象的因果作用力原则上不能从初始条件和低阶规律中推论出来。二是弱下向因果作用，它指的是原则上能从低阶规律、初始条件中推论出来的因果作用，但这种作用有不可预测的特点。其例子在量子力学的波函数坍缩中可以找到。根据量子力学的坍缩解释，有两种制约量子波函数演化的原则：一是线性薛定谔方程，它制约着标准的演化；二是非线性的测量假定，它决定了测量中有特殊事实发生。由于有测量的介入，波函数便会经历不同于常规情况的量子跃迁。如果是这样，高阶的测量过程及意识活动一定对低阶的量子演变过程发生了特殊的下向因果作用。他说："如果是这样，那么我们便不难明白：测量把自己设定

① D. J. Chalmers, "Strong and Weak Emergence", in P. Clayton and P. Davies(eds.), *The Re-emergence of Emergence*, Oxford: Oxford University Press, 2006, p. 4.

② B. P. McLaughlin, "The Rise and Fall of British Emergence", in A. Beckermann et al (eds.), *Emergence or Reduction*? Berlin: Walter De Gruyter, 1992.

为某种构型规律,此规律包含着向下的因果作用。”[①]意识和量子测量是两种不同的高阶现象,意识有强突现的性质,而量子测量体现的是强下向因果作用。这两种现象如果结合在一起,便会出现一种与基本因果规律连在一起的新的根本性质,它既有自己的本体论地位,又有自己的真实的因果作用。他说:“相对于物理范围而言,恰好存在着一种强突现性质,即意识。即使我不知道是否有强突现的向下因果作用,但在我看来,如果有强下向因果作用,那么它们可能发生在量子力学之中。如果强突现性质和强下向因果作用存在着,那么便可以看到它们之间发生直接联系的可能性。”[②]

二、鲁滨逊论突现论在解释意识中的无用性

即使是在二元论内部,对于突现论在论证二元论中的作用也有不同的声音。尽管像查默斯这样一些享有重要地位的哲学家强调突现论是通向二元论的一个路径,但仍有一些人持相反立场。例如当代二元论的早期领袖、在心灵哲学中较有影响的英国哲学家鲁滨逊(H. M. Robinson)一反过去把突现论当作二元论的救命稻草的做法,既坚持和阐发二元论,又强调突现论在论证心灵本质及地位过程中的有限性,认为突现论是物理主义建立关于世界物理统一性原则的武器,对于解释意识是没有什么帮助的。例如尽管可以根据突现论把意识论证成一种突现性质,但这对人们认识意识的本来面目是无济于事的,因为意识是一种特殊的存在,不能根据包括突现在内的一切物质的力及属性来加以说明。

他不否认突现现象的存在。他说:“在某种复杂性的层面,会有某物突现出来。”这是客观事实,不依看或解释为转移。但他坚持认为,突现性概念只适用于说明物理现象,而不适合于说明像意识这样的非物理现象。诉诸突现性的说明,同诉诸物理的力(physical power)对意识的说明一样,是无助于揭示意识的存在地位及本质的。从逻辑上说,如果物体的根

① D. J. Chalmers, “Strong and Weak Emergence”, http://consc.net/papers/emergence.pdf, p. 7.

② Ibid., p. 8.

本性质是物理的力,如果心性(mentality)是从物质产生出来的,那么可以推断说:“物理的力对于心性的产生应该作出了某种奉献。”[①]是不是这样呢?如果用M代表心理的,P代表物理的,那么可以说“M力是由于P力而突现出来的”。[②] 这可从两方面来理解。第一,只有当基本的物理实在与别的众多的原子在非常复杂的结构中结合在一起时,心灵才有可能从中突现出来,如果是这样,就可以说,M力是这样一种复杂的物理结构的突现性属性。[③] 第二,每一个物理的力都能在产生不同心理状态的不同组合中作出自己的贡献,因此这种物理的力就能以自己特定的方式与心理的力发生关联,或者说有一个相关的心理的力。第二性质以及人内心表现出来的心理属性和内容尽管与物质的力有一定的关系,但显然不可能完全据以作出解释,更不能把它们还原为物质的力。他说:“力中的确定性好像能直接或远距离地对心性作出奉献。如果所有物质实在或属性从根本上说就是力,那么由此可得出结论说,它们在适当的条件下必定能作出这样的奉献。然而,这样的结论一方面是有趣的,另一方面又太弱了。”[④]说它有趣,是因为它表达了这样的观点,即物质的作用在于产生经验。之所以是弱的,是因为世界并不真的表现为物质的力,物质的力在心性的产生中并不能真的做出什么奉献。

在鲁滨逊看来,坚持唯物主义的逻辑结果是:在追溯作用力的根源时要么陷入无穷后退,要么陷入对某种“赘物”(residue)的承诺。根据突现和根据物理力所作的解释概不例外。因为既然物理力是纯粹的或赤裸裸的力,就一定有其依托或来源。而在对这来源进行追溯时,只有两种可能,一是陷入无穷后退,二是承认有一个最终的依托或来源。它不过是一个假定,因此可称作“无名之赘物”(nameless residue)。对这个赘物,我们没有任何确切的知识,因此“是非常奇怪的实在类型”。人们之所以引

① D. J. Chalmers, “Strong and Weak Emergence”, p. 118.

② Ibid., p. 119.

③ Ibid., p. 119.

④ Ibid., p. 118.

入这种实在，目的是要说明人身上的某些内在行为和现象是怎么发生的，进而铲除对心理力的诉求。根据这种观点，物理力推动了力的所有者，这所有者即无名之物。通过运动所有者，物理力就能使属于该所有者的作用发挥出来。“把那赘物看作是力的所有者，就是相信：力的运动作用可用力所属的那个赘物的运动来解释。”这假设似乎是合理的。但在鲁滨逊看来，这是“谁都不愿意接受的”观点。[①] 他说：“赞成唯物主义就是选择相信某种让人讨厌的东西，而拒绝理性的引导。这不是轻视心灵，而是心甘情愿地倒向某种形式的无灵魂的、错误的、具有破坏性的现代主义。”[②]

鲁滨逊的结论是，物质的力不能说明心灵，诉诸突现性也是如此。既然如此，就必须寻找别的说明方式。在他看来，最好的说明根据是他所倡导的最低限度的经验论。根据这一理论，人设想经验世界的能力依赖于他们的感官，正是通过它们，人经验到了世界。事物的性质一定可呈现于经验之中，由此可证明经验之外的世界的存在。他说：“某些性质一定能作为经验的对象表现出来，以致主体能认识和分辨它们。”[③]这种经验论隐含着一种新的本体论，即在这个世界的存在中，除了物质存在之外，经验及其能力也有其存在地位。换言之，精神也是有本体论地位的。

无独有偶，当今心灵哲学中十分有影响的内格尔（T. Negel）也有殊途同归的看法。一方面，他基于他的各种论证得出了二元论结论；另一方面，又反对常见的一种做法，即根据突现论来证明二元论。他的理由是：复杂系统不具有什么突现的性质，它独立具有的一切性质都产生于它的成分的属性以及它们相互结合时所产生的作用。尽管我们有时可以在系统之上看到所谓没法归之于组成部分及属性的“新的”属性，但它们不是“突现”的属性，因为这种新的属性既可能是由这个系统的尚未被认识到的因素产生的，也可能是由别的尚不知道的性质产生的。[④] 基于大量分

① D. J. Chalmers, “Strong and Weak Emergence”, p. 123.

② Ibid., p. 125.

③ Ibid., p. 96.

④ 托马斯、内格尔：《人的问题》，万以译，上海译文出版社，2000 年，第 194 页。

析，他得出了这样一个令突现论者难堪的结论："不可能有真正的突现。"其主要根据是：只要坚持对世界万物的因果解释，就必然得出上述结论。他说："一个复杂系统的属性必定源于其成分的属性，加上它们的结合方式。"①"真正的原因的确使它们的结果成为必然：它们使结果发生或使它们成为它们那样。"如热使水沸腾，因为在通常的大气压力下，水加热到一定的温度是不可能不沸腾的。②

第六节　突现、还原与随附性及其心灵哲学意义

突现与还原、非还原、随附的关系问题是自有突现概念以来就一直存有争论的问题。当今的心灵哲学对此也兴趣盎然，所做的研究不仅十分有个性，而且同时具有心灵哲学、形而上学和科学的意义，值得挖掘。我们先把随附性放在一边，专究前几个范畴的关系问题。

一、突现性、不可还原性与可还原性

要揭示突现现象的本质特征，必然要涉及被突现的现象和作为基础层次的现象之间的关系问题，而这关系不外两种可能，即要么是可被还原的，要么是不能被还原的。大多数人认为，如果有突现现象，那它一定是一种不可还原的现象。至少可以说，不可还原性是突现现象的一个标志。一种现象具有了不可还原性，就具备了成为突现现象的必要条件。除此之外，突现现象当然还可有新质、不可预言性等特点。由此可引出什么样的哲学结论呢？对此，二元论和非还原唯物主义者各执一词。如前所述，鲁梅林、塔特等人坚持认为，一种现象如果具有突现或不可还原的特点，那么就可由此引申出二元论或多元论的结论。而非还原唯物主义者认为，即使承认它们是非还原的，但仍可对之作出符合唯物主义的解释。另一争论更根本，所涉及的问题是：突现现象是否一定就是不可还原的？或者说，突现性是否一定是可还原性的对立面？占主导地位的观点是强调

① 托马斯、内格尔：《人的问题》，万以译，上海译文出版社，2000 年，第 197 页。

② 同上，第 198 页。

两者的对立,新的观点则反其道而行之。

有的人基于新的研究指出:尽管许多突现现象是不可还原的,但不能一概而论,因此没有理由上升到一般性高度说:突现与还原是根本对立的。麦克劳克林不仅坚持这一“异端”看法,而且在此基础上对突现论阐释了新的见解。他认为,还原并不与突现绝对对立,因为可根据还原来解释突现。以化合键这一突现属性为例,它不能根据量的增加、累积或线性复合原则来解释,因此是突现现象。其他化学反应的产物也是这样,因为它们是化学自主体的异质路径的结果,而且原子的化学属性并不是电子属性的量上增加的产物,就此而言,原子的化学属性是突现性的。但即便如此,化合键是可以根据整体论的还原予以解释的。事实上,量子力学就把化合键看作是还原解释的典型例子。在他看来,量子力学对化合键的解释告诉我们的是:还原解释没有必要把整体的被还原属性当作是它的部分的属性的量上累积性的产物,还原用不着求助于线性的复合原则。总之,量子力学对化合键的解释,以及由以所导致的分子生物学的成功,宣告了关于化学和生物学的非还原论的突现论的观点的彻底失败。[①] 这也就是说,如果化学和生物学中有突现现象存在的话,那么这些现象并不像传统的突现论所说的那样,一定是非还原的现象。应指出的是,麦克劳克林的这一看法只是少数人的意见,目前占主导地位的倾向仍是把突现与还原对立起来。

心灵哲学关注突现范畴,显然是为了更明确、具体地说明心理现象的不同于别的现象的特点和独特的本体论地位。在许多人看来,心理现象不是虚无,但又不同于基础层次的物理材料和属性,因此适合于用突现范畴予以说明。然而,问题在于:突现现象的本体论地位本身是有争论的。如果它可还原为物理现象,那么关于心理现象的突现论就不仅是一种唯物主义理论,而且是一种还原唯物主义理论。如果它具有不可还原性,那

① B. P. McLaughlin, “The Rise and Fall of British Emergism”, in A. Beckermann et al (eds.), *Emergence or Ruduction*, Berlin: Walter de Gruyter, 1992.

么就有两种可能，一是投入非还原唯物主义的怀抱，二是倒向二元论。总之，当用突现论解释心理现象时，不是使问题变得简单，而是使问题更加扑朔迷离。心灵哲学争论的焦点在于：突现与非还原是不是一致的？突现论与非还原唯物主义是否是一致的？前者是不是后者的一种形式？如果两种理论不一致，是否能按排中律得出结论说：不一致于非还原唯物主义就一定一致于二元论？

霍根坚持非还原唯物主义，并认为他所坚持的非还原物理主义是对立于突现论的，但又不赞成说突现论可成为二元论的一个理论根据。他之所以赞成非还原唯物主义，是因为他像其他非还原物理主义者一样认为，还原物理主义无法解决心身问题，如当有关的因素结合为一个能思的有机体时，非物理的心理属性为什么会出现在它之上。

按照一般的逻辑，坚持非还原唯物主义一般会赞成对心理现象的突现论解释。因为根据一般的理解，这种解释在本质上也是把心理现象看作是非还原属性。霍根为什么认为非还原唯物主义对立于突现论的心灵理论呢？这主要与他对突现论的理解有关。在他看来，突现论的观点不外是说：高阶属性的突现性质是有终极解释力、不须进一步解释的基本力量，而这是唯物主义一定会否定的观点。因此唯物主义肯定会对立于突现论。他的前提性观点是：(1)物理学在因果上是完善的(即所有的因果力都是物理力量，物理学的规律是没有例外的)；(2)任何形而上学的基本事实或规律——即任何无须解释的解释项——一定是物理学之内的事实或规律。[①] 如果存在着非基本的事实，那么一定可根据基本的物理学规律予以解释。而突现论否认这一点。基于此，霍根认为，突现论与非还原唯物主义泾渭分明，因为后者承诺的是前者所不赞成的下述原则，即物理事实和规律是具有基础地位的解释项。而在突现论看来，突现现象一旦产生，也具有终极的解释力量。因为突现属性尽管是被产生出来的，但一

① T. Horgan, "From Supervenience to Superdupervenience: Meeting the Demands of a Material World", in *Mind*, 1993, 102:557-558.

旦产生，就成了质上全新的实在，不能归结为物理的事实和规律，不能为其所说明。在因果作用问题上，突现论承认心理属性有无须根据物理实在的因果力解释的因果作用。而非还原唯物主义则明确主张：心理的作用应根据基本的物理属性和规律来解释。总之，霍根认为，突现论是错误的，是非还原唯物主义应努力避免的结论。

怎样才能避免突现论呢？霍根的看法是：要如此，关键是要诉诸“超级随附基础”(superdupervenience)这一概念。所谓超级随附基础是指能充分说明随附现象为什么一定出现的一切根据。换言之，诉诸这一概念，就能说明：随附性论断为什么是正确的。没有这样的说明，非还原物理主义就会像突现论一样陷入错误泥潭而不能自拔。因为非还原唯物主义的核心思想是主张心理现象是一种随附现象。过去的随附性理论面临的难题是不能令人信服地说明随附性现象的终极根据，最终要么是难以与还原论划清界限，要么是陷入了突现论。而他的超级随附基础根据则有避免这两种后果的作用。

克兰(T. Crane)不赞成霍根的对立论，而主张：突现论尽管不是非还原唯物主义的根据或结论，尽管有差异，但两者不存在根本的对立。具体而言之，它们的形而上学承诺有一致性。克兰说：霍根所说的那种对立只是表面的，而“这种表面上的对立不过是幻觉。因为一旦澄清了突现属性这一概念，就会立马看到：在形而上学的层面，突现论与非还原物理主义不存在明显的界限”。[①] 如果说有差别，也只能说有认识论上的差别。

为什么说两者没有形而上学上的根本差别呢？这首先是因为，非还原物理主义也承认心理属性是突现属性。其次，突现论面临的问题也会危及非还原物理主义，即两者面临的问题有一致性。如前者常碰到两个问题：第一，它承认心理属性有自己的因果力量，必然会受到一些主张因果力封闭于物理世界的物理主义者这样的责难：非物理的心理属性怎么

---

① T. Crane, “The Signifiance of Emergence”, in C. Gillett and B. Lower (eds.), *Physicalism and Its Discontents*, Cambridge: Cambridge University Press, 2001, p. 209.

可能产生因果作用？第二，它承认心身关系有不可解释的特点也会受到尖锐的批评。在克兰看来，非还原唯物主义也必须正视这两个问题。突现论与非还原唯物主义的一致性还表现在：两者都承认心与物的差异性和依赖性原则，两者都坚持自然主义立场，等等。两者的差别主要表现在：非还原唯物主义主要诉诸随附性根据说明心理现象，而反对把它解释成突现属性。这也就是说，两者的差别只表现在认识论上，因为它们对心理现象做了不同的说明或解释。

在突现性与不可预言性的关系问题上，克兰反对过去把后者看作前者的标志或特征的看法，认为，高阶属性有时的确具有不可预言性，例如有时我们的确没有办法根据关于低阶属性的知识去预言高阶属性的行为，但这一事实并没有告诉我们：这些有不可预言性的属性就一定是突现属性。因为我们是否能预言高阶属性的行为，取决于我们所具有的用来描述这些现象的词汇。事实是：这些词汇不可能仅由关于低阶属性的科学来提供。[①] 他也不赞成金在权等人根据随附性去说明突现性的做法，甚至反对把突现性看作事物之上的"新"属性的观点，而坚持认为，突现性是一种独特的属性，即既不是新的，也不是随附的、不可预言的。

从突现性与随附性的关系来说，金在权主张根据随附性去说明突现性。克兰反对这一做法，指出：心理属性是随附性的，但不是突现性的。在他看来，两种现象有本质的不同，因此应把突现论与随附论区别开来。他这样说的根据是什么呢？他的根据在于：两属性之间即使有随附关系，但并不必然成为突现和被突现的关系。突现现象要复杂得多。因此他反对金在权等人把随附性看作是突现现象的标志的看法。同样，他也不认为，新质性、不可预言性是突现现象的标志。他说："新的性质、不可预言性和随附性都不是把突现属性与别的属性区别开来的标志。"[②]但这不意味着他主张：突现属性没有可被识别的特征和标志。在他看来，要找到这

---

① T. Crane, "The Significance of Emergence", in C. Gillett and B. Lower (eds.), *Physicalism and Its Discontents*, Cambridge: Cambridge University Press, 2001, p. 215.

② Ibid., p. 216.

种特征，首先要弄清特征对于它的拥有者的意义。说某对象有某特征，不外这样的含义：该对象如果有了它，便判然有别于别的对象，因此它是具有它的对象区别于别的对象的根本之所在。例如心脏的泵血功能作为一种突现的属性，就使心脏区别于别的器官。既然特征有这样的作用，因此是不难找到的。只要找到了在一对象之上有如此这般作用的东西，那么就可如愿。在他看来，“突现的属性就是有这样的因果力的属性，这种因果力不同于它们所随附的低阶属性的因果力”。另外，突现属性的因果力在作用方式上也有其独特性，即它是从高阶到低阶的下向的因果力，而基础属性的因果力要么是上向的，要么是在同一层次内发生的。如此说来，突现现象的独有标志是它所具有下向因果作用，而不是一般论者常说的“新质”、“非还原性”、“随附性”等。该怎样理解这种因果作用呢？克兰的看法是，下向因果作用就是高阶的宏观事件这样的变化或状态，即能让低阶的微观事件发生变化的一种状态。如决定喝面前的一杯水，是高阶事件，决定一旦做出，就会让手臂及其内部的原子、分子过程进入相应的状态。可见，下向因果作用是高阶事件实际产生的影响低阶事件变化的作用。这一看法并无太大新意。因为早期的英国突现论者摩根早就有这样的看法。他说：“当某种新的关系随附发生了（比如说在生命层面发生了），那么有关的物理事件运行的方式由于这种关系的出现一定会有所不同。”①有此作用的东西就是突现现象。

承诺下向因果作用意味着什么？有何结果？克兰认为，承认这种作用，至少可以得出非唯物主义的结论，激进一点，就会走向二元论。克兰的非还原唯物主义就是这样形成的。他认为，承认这种作用，就一定不再会把行动等同于身体的运动，或等同于用微观物理学语言描述的事件之集合，而会把行动看作是一种复杂的事件，其中一定有高于微观物理过程的高阶过程（如心理过程）。

克兰意识到：承认突现属性有因果作用的突现论者往往会碰到这样

① C. L. Morgan, *Emergent Evolution*, London: Williams and Norgate, 1923, p. 16.

的二难问题:即要么承认突现属性有自己的因果作用,要么赞成副现象论。坚持前者,又会碰到进一步的说明难题:它是高阶现象,怎么可能具有和产生因果作用? 而坚持后者,又违背了突现论的初衷。

克兰既坚持突现论,又承认突现属性有因果作用,似乎也会受到上述问题的困扰。但他不这样认为。他说:“这种二难问题是假相。”①因为有这样的事实,当我决定运动我的手臂时,我的手臂的确随着这决定的做出而真的运动起来了。这事实不会导致任何形而上学的忧虑。著名突现论神经科学家斯佩里也认为,主张心理事件能引起分子的运动是没有什么害处的,这同下述说法一样是正确的:“当轮子向山下滚动时,轮子的分子和原子也一起滚动。”②这意思是说,轮子的运动(突现属性)也可使微观层面的过程(如原子和分子过程)发生变化。

总之,在克兰看来,突现论与非还原物理主义的形而上学承诺(差异性和依赖性)是一致的,不同只在于:认识论看法不一样。突现论作为解决心身问题的方案有自己的优越性。他说:“这种解决心身问题的方案并不承认,存在着解释上的鸿沟或困难问题,也不认为在跨越鸿沟或解决难题时要诉诸超级随附基础。”③

二、突现性与随附性

再来看一些论者在突现性与随附性及其关系问题上的探讨与争论。随附性问题是近几十年才在心灵哲学中提出并受到重视的一个问题。我们知道,关于心身关系的认识,二元论在近代占主导地位,而到了现代尤其是 20 世纪 30 年代以后,物理主义开始大显身手。在物理主义自身的发展过程中,还原论又独占鳌头。近几十年来,很多人认识到,心理现象

① T. Crane, “The Significance of Emergence”, in C. Gillett and B. Lower (eds.), *Physicalism and Its Discontents*, Cambridge: Cambridge University Press, 2001, pp. 215-216.

② R. W. Sperry, “A Modified Concept of Consciousness”, *Psychological Review*, 1996, V. 76, p. 532.

③ T. Crane, “The Significance of Emergence”, in C. Gillett and B. Lower (eds.), *Physicalism and Its Discontents*, Cambridge: Cambridge University Press, 2001, p. 222.

以及关于心理现象的科学的自主性也应予以维护。于是出现了在二元论和还原论之间寻求中间出路的致思倾向。对随附性的研究正是这种努力的结果。

动词"supervene"(随附发生)及其派生的形容词"supervenient"(随附的)和名词"supervenience"(随附性)指的都是某事件或过程或现象"在……之后"或"在……基础上发生、出现、显露或到来"的特点、性质,或者说指的是意外发生、伴随发生、紧跟着出现的事情。真正使"随附性"概念定型并使之成为当代哲学的中心议题的人,是戴维森和金在权。经过他们卓有成效的工作,随附性概念现已成了一个有特定含义、使用频率最高的概念。许多人幽默地把此含义称为"随附性口号":"没有 B 属性方面的差异变化,就没有 A 属性方面的差异变化"。这就是说,随附性概念指的是那种不同于"等同"、"还原"、"决定"等概念但又与之有某种微妙关系的复杂的依赖、依变、协变关系,是在过去的二元论、同一论所把握的关系之外,又介于它们之间的一种特殊的关系。具体而言,说 A 随附于 B 至少概括了这几种情况:(1)协变,即 A 中的变化是与 B 中的变化有关的。(2)依赖,即 A 依赖于 B。(3)决定,即 A 之所以如是,至少是由 B 中的因素及其相互作用所决定的。(4)非还原性,A 随附于 B、由 B 所决定,但又有自主性。

随附性概念一般被用来论证非还原论,但也有例外,如金在权基于对随附性的特殊解释,对还原主义做了强有力的支持和论证。其根据是:A 和 B 之间的类型上的协变或随附性离不开 A 向 B 的可还原性。其根据是:这样一种强随附关系离不开在关于 A 和 B 的理论(T_1 和 T_2)之间的"可强连接性"(strong connectibility)。而"可强连接性"可定义如下:T_1 可强连接于 T_2 = T_2 的每一 n 元谓词在 T_1 的词汇中有一种符号学上共同周延(或共扩展、共延扩,coextension),即是说:对于 T_2 的每一 n 元谓词 P,在 T_1 中都有一个 n 元开放句子 P^*。这一点尤其使"共同扩展性"概念得到了许多人的支持。在他们看来,只要两个理论或实在或属性具有共同扩展性,那么它们之间就具有还原关系。简言之,必然的共同扩展性对于还原来说是充分的。既然如此,随附关系的两个关联项也是具有这种共同扩展性,因此随附属性A可还原为基础属性B。如对于A中的每一属性F来说,如果B中有一属性G,那么对于每一对象X来说,X必然有G,当且仅当X有F,A可还原为B,F可还原为G。

这类看法受到了波斯特(J. Post)等人的非议。在他们看来,金在权的论证用析取尤其是非限定性的析取作为产生属性的作用,而析取性属性有时被视为是可疑的。博内瓦(D. Bonevac)一方面承认金在权等人论证的不完善性,但另一方面又坚持心物随附性的还原实质,并认为即使非限定性是可容许的,但由强随附性所产生的东西则是某种比通常在还原中所理解到的东西更弱的东西。在一种非限定性的语言中,强随附性隐含着还原。

麦克唐纳(B. P. MacDonald)反对还原论解释,认为随附性是不具有还原性的。以魏德曼—弗兰茨规律为例,它把正常条件下金属的导热性和导电性联系起来了。既然相同的电极和热在正常条件下是一样的,因此金属的导热属性是法则学上必然和充分的。但金属的导热属性并不能还原为金属的导电属性。可见这里有随附性,但不存在还原关系。她还认为:强随附性并未蕴涵随附属性与基础属性之间存在着解释性关系,"由于"一词所表示的关系并不能由模态术语唯一地加以把握。如果还原是一种解释性关系,那么A属性以形而上学必然性对B属性的强模态算子随附对于还原来说就是不充分的。这也说明两类属性的必然的共同扩展性之存在对于还原来说是不充分的,因为随附性所拥有的相互关系类型并没有重复实现它们的物理属性之间的因果关系模型。

与随附性概念密切相关的心灵哲学问题是心理现象的因果地位问题,即如果心理属性是一种随附属性,那么它对产生它的物理属性有无因果作用呢?物理主义者一般认为,世界上存在着上向因果作用,即低层次的事件可以对高层次的事件发挥原因作用,如物理现象对心理现象有原因作用。但是否存在下向因果作用呢?过去的平行论和副现象论等否认有这种作用;而坚持心理现象的随附性本质的人的共同倾向是承认心理现象不是副现象论所说的无用的伴随现象，而是有因果效力的东西。但论证这一点对他们来说又并非易事。因为对于非还原论的物理主义者来说，既然他们主张世界的物理性，强调物理原因的作用，因此似乎很难说明心理现象的因果地位。

正如洛威尔(B. Loewer)和帕皮诺所主张的那样，随附性理论常常以下述假定为基础，即基础性的物理条件和规律足以解释它所涵盖的任何物理变化。而现在，既然心理结构随附于物理条件，而物理条件的发生又足以由物理规律的因果作用来解释，这样一来，心理原因就纯属子虚乌有，除非我们假定更大范围的超原因作用。因此心理对物理的随附性似乎导致了关于心理的副现象论。非还原论物理主义既不愿说心理原因就是物理原因，又不愿投到副现象论的怀抱，而是主张心理属性作为随附属性实现以后，尽管不可能作为纯粹独立的王国发生作用，但它仍有自己的自主性，因为它是从外部刺激到身体行为之间的中间环节。就心理世界而言，一种心理现象对别的心理现象也有这种因果作用。进一步的问题是：它的作用又来自哪里呢？因克(B. Enc)认为：起着表征作用的结构和构成意向行为的结果之间具有不可还原的因果关系，它正是作为随附性的心理现象的因果作用的非还原的源泉。也就是说，心理的因果作用也具有非还原性，其作用来自对于这些属性是独立的同一条件，而不是由基础属性方面的微观结构及其差异变化所决定的。

还原论物理主义在说明作为随附属性的心理属性的作用时也碰到了麻烦。因为既然心理属性可还原为物理属性，没有其自主性，那么心理属性怎么可能作为原因发挥作用呢？金在权对此的解决办法是，提出并论证"解释性排除"、"下向因果作用"等概念。他认为，宏观事件中的因果关系随附于微观事件中的因果作用。简言之，心理的因果作用根源于引起它的基础属性的微观结构。这样的解释当然是不能令人满意的。

在心对物的整体随附性问题上，批评者提出的问题是：物理方面的那个相似世界不得不相似于心理方面的那个相似世界，这样做似乎不能解释这种关系为什么能在心与物之间得到。随附性的支持者把这种关系表达为原初的、形而上学的事实，随之而来的是有点教条主义味道的主张：物理的东西不知什么原因在本体论上是两者中更为基本的东西。但是一个想肯定物理的东西的本原优先性的物理主义者必须作出进一步说明，以解释心物之间的随附关系为什么、又是怎样进到依赖关系的。也许，他可以求助于微观决定、概念上的依赖性或部分—整体关系，以阐述这一点，而要这样做又必须求助于单纯的随附性以外的更多的内容。有的人试图削弱这种攻击的力量，方法是假定可通过求助于更熟悉的依赖性或决定性关系去解释物理学或逻辑学基本规律的本原性事实，如强调说，即使我们在 A 和 B 之间不能找到某种熟悉的依赖或决定关系，但我们仍可面对这样的事实：A 可随 B 变化，我们大概被迫在它们之间构造一种未被解释的、也许是原始的依赖关系。这是不是一种令人满意的策略，现在还不好决断。

在随附性与突现性、随附论与突现论的关系问题上，金在权的研究最深入，也最有影响。他认为，整体之所以有新的突现属性，是因为整体随附于部分。这种观点的麻烦在于：如果像包括金在权在内的一些人那样主张随附论在本质上是还原论，那么突现论就被归结为还原论，而这是不符合突现论的初衷和基本精神的。当然，如果认为随附论在本质上超越于还原论，那当然就没有上述问题。金在权在有的时候沿着这一思路对随附性与突现性的关系做了阐述。在这个过程中，他似乎违背了他所坚持的还原论原则。他说："在突现论看来，像意识和别的心理属性这样明显的高阶属性是这样突现出来的，即当且仅当一组适当的低阶'基础条件'出现了。这意味着：高阶属性的出现是由适当的低阶属性和关系所决定的，前者依赖于后者，并且是后者的例示。尽管如此，突现属性仍被认为是不可还原为突现它们的基础过程的真正新的属性。很显然，这种关于突现的观点包含了随附性的三个要素，即属性协变、依赖性和非还原性。事实上，突现论可看作是对非还原物理主义的第一个系统的阐述。"①

① J. Kim, "Supervenience", in Guttenplan (ed.), *A Companion to the Philosophy of Mind*, Oxford: Blackwell, 1994, pp. 576-577.

金在权之所以坚持根据随附性阐释突现性，进而建立自己的物理主义的心身理论，是因为他认识到：其他形式的物理主义在心身问题上面临着两大“不可解决”的难题，即心理因果性难题和意识难题。[①] 金在权说：这两个问题“向物理主义世界观提出了根本性的挑战。心灵怎么可能对因果封闭的物理世界产生因果作用？在物理世界，为什么有心灵或意识这样的东西？是怎样有这些东西的？”[②]

先看他对第一个问题的讨论。它之所以是物理主义的难题，是因为物理主义必须承认和说明这样两类经验事实：第一，即使心理状态不是非物质实体的属性，而是物理实在的属性，但它们毕竟有独特的作用，如能决定我们的道德实践，制约我们身体的行为，并间接引起周围世界的变化。第二，心理状态之间也有事实上的因果关系，如知觉可以引起推理及知识，旧的信念能引出新的信念。物理主义也不否认：诉诸心理现象的解释常常是正确的。金在权说：“如果一种现象真的有解释作用，那么它的出现或没有出现在因果上一定是有不同的。”[③]如果是这样，物理主义便面临着骑虎难下的尴尬，承认心理有因果作用将违背物理主义的因果封闭原则，而否认心理因果性又将与经验事实发生矛盾。

在金在权看来，如果把突现论阐释为物理主义理论，哪怕是非还原论理论，也同样会受到上述问题的困扰。他提出的应对办法是：第一，强调要正视它们，承认它们是“物理主义的最深刻、最困难的挑战”。[④] 第二，反对逃跑主义。许多人予以否认，其实是想回避。这是不可取的。因为心身问题及与之有关的难题是不可避免的，只要我们坚持主观经验世界和客观外在世界的区分，就一定会有心身问题。而这种区分对于有自我认知能力的人来说又是不可避免的。第三，要化解上述难题，关键是：不

① J. Kim, “Mental Causation and Consciousness: The Two Mind-Body Problems for Physicalism”, in C. Gillett et al (eds.), *Physicalism and Its Discontents*, p. 271.

② Ibid., p. 275.

③ Ibid., p. 273.

④ Ibid., p. 282.

仅不能放弃对物理主义的承诺，而且还应把它作为我们的世界观，然后在此前提下开展工作。要如此，接下来就应说明：我们在物理世界中处在什么地位，是怎样有这样的地位的，即要说明：我们作为有意识的造物、作为能影响周围世界的自主体这样的地位意味着什么，为什么有这样的地位。要说明这种地位，无疑要诉诸我们所具有的心性和意识。而要回答这些问题，最为关键的就是诉诸随附性原则。因为在他看来，心之所以有因果作用，之所以有现象性质，是因为它后面有产生因果作用和意识现象的被随附的、物理的基础。[①] 换言之，坚持随附性原则，既是由物理主义的基本或底线要求所决定的，又是由随附性命题的内涵及优势所使然。因为突现论要想成为一种物理主义，就必须坚持物理主义最起码的原则。而承认心身有随附关系，恰恰是物理主义最低限度的观点。一切愿把自己看作是物理主义者的人都必须承认这种关系。因为随附性命题说的不外是："发生在心理生活中的一切，完全依赖于、决定于发生在身体过程中的东西。"[②]就此而言，心身随附性是各种形式的唯物主义应该而且必须赞成的一个原则。

问题在于：事实上是否存在这样的可能性，即根据随附性来阐释突现性？换言之，两者事实上的内在关系究竟是什么？金在权的看法是：突现性事实上是以随附性为基础的。如果两属性之间没有随附关系，那么基础属性之上事实上不可能表现出突现性属性。他说："如果两个系统在物理上完全一样，那么我们就可看到，它们之上同时有或同时没有心理属性突现出来。"[③]这就是说，两系统之上之所以表现出或没有表现出实现属性，根源在于其后是否存在着随附性关系。金在权还认为，诉诸随附性说明突现性不仅有内在的根据，而且还有其他说明无法相比的优越性。例如这种说明一方面会保护心理王国的自主性，另一方面又不会退回到笛

① J. Kim, "Mental Causation and Consciousness: The Two Mind-Body Problems for Physicalism", in C. Gillett et al (eds.), *Physicalism and Its Discontents*, pp. 275-277.

② Ibid., p. 275.

③ Ibid., p. 275.

卡尔式的实体二元论。因此自然成了许多哲学家的首选。正像规范的/道德的属性随附于事实的/道德的属性，但前者又不会还原于后者，而保持着自己对于后者的自主性，同样，心理属性对于物理属性也是这样，两者既有随附关系，而又不致让一个还原为另一个，因此使前者有其独立性和自主性。他说：随附论"既承认了物理王国的第一性、优先性，又突出了具有心智的造物的独特性和特异性"。①

金在权承认，随附性理论尽管有上述优势，但作为一种物理主义的最低限度的理论，同样会受到心理因果性难题的威胁：随附属性作为一种被决定的属性怎么可能对因果作用封闭的物理王国产生作用？金在权认为，这一难题是可以化解的。例如只要对因果封闭原则做出这样的重构，就能如愿。他对那原则的新的表述是："如果一物理事件在 t 时有一个原因，那么它在 t 时就有一个物理原因。"进一步可以说，如果对该事件有一个因果解释，那么这解释就是一个物理因果解释。这也就是说，因果封闭原则强调的是：物理学在因果上和解释上都是自足的。要对事件做出解释，没有必要到物理王国之外去寻找原因和解释。②

在金在权看来，这一原则与二元论其实没有根本冲突。因为它并没有说：物理事件和实在是存在的全部，也没有说：物理因果解释是解释的全部。因此这一原则并没有完全否定二元论。当然，金在权是不赞成二元论的。为了与二元论划清界限，物理主义可在封闭原则之上增添"排除(exclusion)原则"。该原则可这样表述：如果一事件 e 在 t 时有一充分原因 c，那么在 t 时能成为 e 的原因的东西绝不可能是不同于 c 的东西，即排除了还有别的原因的可能性。与原因排除原则相应，也有一个解释排除原则：即除了诉诸这一原因来解释 e 之外，不可能用别的原因来解释。这个原则还有一种更强的形式，即：如果事件 e 或一属性 p 的一个例示的存在是由一个事件 c 决定/产生的，那么 e 的产生不是由完全不同于 c 的

---

① J. Kim, "Mental Causation and Consciousness: The Two Mind-Body Problems for Physicalism", in C. Gillett et al (eds.), *Physicalism and Its Discontents*, p. 275.

② Ibid., p. 276.

别的事件所决定的。这就是说,一个事件之所以存在,完全是由另一事件决定的,前者是由后者产生出来的,与别的原因无关。因此在解释时,排除了别的解释的可能性。

金在权承认:即使对因果封闭原则做了上述限定,随附性理论在解释随附属性的因果作用时仍有麻烦。这种麻烦来自随附性理论同时承认了下述四个原则:(1)物理的因果关系是封闭的,(2)原因和解释具有排他性,(3)心身随附性,(4)心理—物理属性的二元论。只要有上述承诺,那么必然难以说明心理如何可能与物理发生因果关系。他还认为,坚持物理原因的封闭性和随附性原则,是一切物理主义者的共同倾向,但怎样将两者无矛盾地结合起来、统一在一个体系之中,确实是一个不太好对付的难题。

再来看第二个难题:心灵、意识怎么可能产生和存在于物理世界之内?通常的解释办法是对心灵、意识作还原论说明。金在权对过去按这一思路所做的工作的评价是:"过去三十年关于还原的哲学争论都是无果而终,因为它们都建立在关于还原的错误模型的基础之上。"①这个模型是关于理论间还原的模型。最初由内格尔(E. Nagel)于20世纪50—60年代所建立。其核心是桥梁法则。而该法则作为类法则性原则,目的是要把被还原领域的属性关联于基础领域的属性。具体来说,它有这样的约束,即强调每一要予还原的属性一定能通过桥梁法则关联于基础领域的法则学上共存的属性。在金在权看来,这一还原模型,尤其是它的桥梁法则,是不适用于处理心理与物理属性之间的关系的。戴维森的异常一元论、普特南和福多的可多样实现原则都表明:桥梁法则在这里行不通。因为心理属性可由物理属性多样实现。另外,根据桥梁法则将心理属性还原于物理属性,会得出与二元论、两方面论、副现象论一致的结论。因为这些理论都能满足桥梁法则的要求。以还原疼痛或感觉为例,要将它

① J. Kim, "Mental Causation and Consciousness: The Two Mind-Body Problems for Physicalism", in C. Gillett et al (eds.), *Physicalism and Its Discontents*, pp. 275-276.

还原,必需的东西是什么?一种策略是将它功能化,即说明它处在一种由某种原因引起、同时又能引起别的状态的状态之中。如果以此方式被功能化了,那么无异于找到了它的实现者,即能满足因果描述的状态或属性。在这里,能被找到的不过是一种处在刺激和反应之间的内在状态。如果还想进一步说明此内在状态,那么还得进一步还原,如此还原下去,大概会碰到锥体细胞中的电子活动,会把神经作用或过程当作是疼痛的实现者。但问题是:这种对应关系由于可多样实现这样的事实是很难真的被碰到的。基于此,金在权说:"疼痛的可多样实现是通过功能化的实例对实例的还原或局部还原的拦路虎。"①因为实现一种疼痛的中枢状态可能是 P_1、P_2、P_3,以致无限,因此怎么可能通过功能化将这种疼痛对应于它的真实的实现者呢?

金在权尽管承认心理状态的可多样实现性是功能化还原的障碍,但又不一概否认这种还原的必要性和有效性。他化解这里的矛盾的办法,是把心理现象区分为两大类,一是以意向或认知为特点的心理状态,二是以经验或意识为特征的心理现象。在此基础上,他提出:前一类现象适合于功能化还原,而后一类则不适合。他说:"有理由认为,意向/认知属性是可以被功能化的,但我又赞成许多哲学家的这样的观点:意识的现象性质不是功能属性。"②换言之,有足够理由断言:"感受性质是无法从功能上加以还原的。"③

既然意向或认知属性是可被功能化和还原的,因此这些属性的因果性难题就有化解的希望,我们过去在心理因果性问题上面临的困难就有望得到消除或减轻。他说:"对于一类特定的心理属性来说,心理因果性难题是可予以解决的,当且仅当这些属性是功能上可还原的。"既然如此,现象性质的因果性问题便是不可解决的,因为它们无法被功能化,进而无

① J. Kim, "Mental Causation and Consciousness: The Two Mind-Body Problems for Physicalism", in C. Gillett et al (eds.), *Physicalism and Its Discontents*, p. 280.

② Ibid., p. 280.

③ Ibid., p. 281.

法被还原。①

金在权的观点只是众多观点中的一种，而且不无非议。有一种观点认为，尽管突现论和随附论都可成为到达非还原论的通道，但本身却没有内在的关联。基于此，许多人对金在权根据随附性解释突现性的做法提出了否定，强调：心理现象是一种突现性的属性。这种突现性是一种独特的属性，无须根据随附性来说明，因此关于心理属性的突现论是一种独立自足的理论。由于它强调心理属性是自然现象，因此是物理主义，但又认为它们不能还原为物理现象，因而是非还原论。这种非还原论的特殊性在于强调心理现象作为非还原现象是突现性的。前述的克兰就持这一观点。

还有观点强调：两概念之间有互补关系，因而可根据一方说明另一方。当然，这不是说，两者的地位完全一样。相比较而言，随附性更具根本性，因而可根据随附性来说明突现性。麦克劳克林承认：突现属性离不开随附性，后者至少是前者的一个必要条件。当然也有持相反观点的，即主张突现性概念更具根本性。

① J. Kim, "Mental Causation and Consciousness: The Two Mind-Body Problems for Physicalism", in C. Gillett et al (eds.), *Physicalism and Its Discontents*, p. 281.

第九章　二元论的神经科学路径

现代以降，心身问题的研究出现了许多过去不可想象的新走向，如依据量子力学成果以建立关于意识的量子模型的量子力学走向、把意识当作认知过程的认知科学走向，由薛定谔所主导并开先河的、由拉兹洛、沃尔夫等所实施的回归东方神秘主义的走向，等等。我们这里要论及的以神经科学为基础的心脑二元论也可看作是诸新走向中的一种，其特点如克里克所说，由于它利用了神经科学的手段和理论，因而无论是研究者，还是所形成的理论及概述、语词，都更"靠近"心身。质言之，这一走向带有更多的"直接性"的特点。[①]

当我们切入这一二元论的走向时，我们立马会为一种异常的、然而有理论意义的现象所吸引。按一般的关于哲学和科学关系的理解，对神经科学成果的哲学解读、消化和利用，只会导致和推进唯物主义的结论，或导致唯物主义在内容和形式上的飞跃，然而"反常"的是，许多二元论者不仅重视对神经科学成果的解读，而且据以论证二元论，竟然也使二元论在获得新的内容的同时也让其形式得到了发展。更特别的是，有些二元论的新形式本身就是由推动神经科学发展的一流科学家甚至诺贝尔奖获得者所阐发的，例如斯佩里(Roger Sperry)、埃克尔斯(John C. Eccles)、李别特(Benjamin Libiet)、潘菲尔德(Wiled Penfield)等。为什么会是这样？

第一节　脑科学的当代发展及其多样性解读

无论是从研究的深度、广度，还是从方法上来说，近几十年的脑科学

---

① 参阅弗朗西斯·克里克：《惊人的假说》，汪云九等译，湖南科学技术出版社，1998年，第1—3页。

都有飞速的发展，取得了令人瞩目的成就。

首先，从深度和广度上来说，脑科学如脑电生理学、神经解剖学深入到了皮下中枢即深入到了皮质下的脑干（中脑、桥脑和延髓）和间脑深部结构，从而突破了以往只注重研究大脑皮质神经机制的界限，为深入地揭示大脑的内在奥秘和整体结构性能提供了更多的、更有价值的资料。同时，当代科学把对脑的研究与对人或高级动物的行为的研究直接联系起来，出现了像神经心理学、行为的脑生物化学等新兴的边缘学科。这些研究不断创造和使用新技术、新方法，如在传统的电刺激的基础上出现了在动物脑中埋藏永久性微电极这样的技术，其目的是要在对脑表层或深部反复进行电刺激的条件下观察动物的行为变化。所取得的成果在一定程度上消除了过去或是由生理学家去探索神经生理机制或是由心理学家和行为学家单纯地着眼于行为、心理分析的片面性。

其次，从方法论上来说，脑科学在揭示心灵的奥秘方面也发生了重大的变革。我们知道，由于伦理道德和客观条件等方面的限制，脑科学的传统的意识研究一直未能从根本上真正跳出哲学内省、思辨的窠臼，即使有的采用了科学的方法，但也常常局限于对动物脑的解剖研究，或者停留于对死亡的大脑、麻醉后的有病患的大脑的分析，再要么是通过分析大脑的输入和输出间接推测其内部的工作及其原理。最近二三十年来，这一状况已大为改观。总体而言，今天关心意识问题的脑科学家在方法论上的突出特点是非常强调直接研究。所谓直接研究，就是试图深入到人的大脑中，直接观察大脑的构成单元如神经元的内在结构、生化变化和电运动过程及其机制和原理，揭示大脑的静态和动态结构。而要如此，就必须找到新的方法。著名科学家、诺贝尔奖得主克里克指出："泛泛的哲学争论无助于解决意识问题，真正需要的是提出有希望解决这些问题的新的实验方法。"[①]经过有关领域科学家的辛勤探索，已找到了许多行之有效的

① 弗朗西斯·克里克：《惊人的假说》，汪云九等译，湖南科学技术出版社，1998 年，第 20 页。

方法，如头盖骨上放置电极，以测量脑电波；在头颅内的脑组织中植入永久性电极，以搜集大脑某些部分活动的信息；此外还有神经病学的方法，即在为脑损伤患者实施手术时，通过特定的方法让其处于清醒状态，进而对其大脑生理过程进行观察和实验。最后，还有多种不同的扫描方法，均可获得关于活体脑的活动的信息(影像)。这是目前研究大脑工作及其原理的最直接、最有效的方法。它们对被试不会造成创伤和痛苦，但又能观察到大脑的结构和活动，因此被称作无创伤成像技术。我们知道，扫描技术有两种：一种是探测脑的静态结构的，一种是用于探测脑的动态活动的。较早的一种技术被称为CAT扫描，即计算机辅助X射线断层照相，它利用了X射线。最新的技术有很多种，如脑电图(EEG)、脑磁图(MEG)，它们能分别测量由几百亿个神经元的同步活动所产生的微小的电位和电流。它们有很高的时间分析率，但不能对神经元群作精确定位。

值得特别一提的是PET和MRI。PET即正电子发射断层照相术，它可以记录脑的局部活动。科学家曾用PET测试被试玩计算机游戏时的脑内葡萄糖的代谢，发现：刚开始学习时，代谢很强，有关区域的活动增强，随着熟练程度的提高，代谢则减弱。另外，用PET还做过这样的测试，即比较被试说出不同词语的差异，如说一个名词时再说相关动词(如说出锤子时再说“砸”)与只说相关名词的差异，发现在从事前一项活动时，脑区活动代谢要强得多，脑区的分布范围也大得多。MRI即磁共振脑成像技术。通过使用特殊的方法，MRI可以形成活体人脑活动的三维重建。

尽管在方法上有一些突破，但仍有很多难题。其中最大的问题在于，上述直接观察大脑的方法观察到的仍只是大脑的活动，甚至微观领域的神经元及其内部的分子、原子运动，而不能观察到意识。因此脑科学要想在意识研究中发挥积极有效的作用，就不能停留于一个方面，而必须在两者之间架起桥梁。许多科学家也认识到了这一点，并在寻找解决这个问题的方法方面做了有益的探索。例如，巴思(B. J. Baars)提出了所谓的“对比现象学”，埃德尔曼提出了基于生物学的认识论，克里克则提出了自己的"新的策略"。这些方法表现形式各不相同,但实质并无不同。它们的共同点在于,既反对观察人的纯物理学方法(见物不见人、不见精神),又蔑视纯主观的方法,即企图用"上帝之眼"来看人的做法,而强调从内部观察人脑,如当人在思考时,设法观察脑内发生了什么。克里克说:"我将提出一个特定的研究策略,而不是一个充分发展的理论。我想知道的是,当我看某个东西时,在我的头脑中究竟发生了什么事情。"[①]巴思的对比现象学则是在承认"客观的报告与主观体验之间"存在着"密切的反射关系"的前提下,参照实验结果来讨论"你的现象论","如你所经历的那样来讨论你的意识"。[②] 用埃德尔曼的话说,脑科学在研究意识时的任务就是要找到它的"底物"或"关联物"。[③]

由于新方法的发现及运用,加之有大量科学家的共同努力,意识的脑科学研究出现了飞速发展的可喜局面。正如巴思所概述的:"我们开始能够看到,当脑在思考、观察和记忆时,脑是如何活动的,许多证据都符合我们的预期。我们首先能够将所有这些信息资源放在一起,看其是否可以概括一个完整的认识。在我们这样做的时候,每周都有新的发现。目前已有大量事实表明,意识是一个关键的生物适应性,它使得人脑能理解、学习外部世界并与之相互作用。"[④]

脑科学几十年的发展的确将我们对大脑的认识大大向前推进了,使我们获得了一幅关于大脑的结构论、地貌学、运动论和动力学的全新图景。例如从静态结构上讲,我们可以看到:脑有一千多亿个神经细胞;每个细胞有约一万个来自其他神经元的传入,但只有不多的传出;脑的绝大部分是由脑细胞的小集合、列阵、柱、映射图、网络、功能通路和多开关的电缆连接等形式组成的,它们有高度特化的功能。从动态上来看,大脑是

---

① 弗朗西斯·克里克:《惊人的假说》,汪云九等译,湖南科学技术出版社,1998 年,前言,第 1 页。

② B. J. 巴思:《在意识的剧院中》,陈玉翠等译,高等教育出版社,2002 年,第 2—3 页。

③ 杰拉尔德·埃德尔曼、朱利欧·托诺尼:《意识的宇宙》,顾凡及译,上海科学技术出版社,2004 年,第 8 页。

④ B. J. 巴思:《在意识的剧院中》,陈玉翠等译,高等教育出版社,2002 年,第 1—2 页。

一个功能分布式的结构，它的许多活动、工作是由上百个特殊和复杂的系统来完成的。当今脑科学不同于常识和传统观点的新看法是：大脑中并不存在什么控制中心，因此大脑或大脑各部分的运作，无须从指令中心获得详细的命令，每个细胞根据包含在DNA密码中的指令，在其他组织的化学影响下，发挥自己的作用。另外，对大脑的种系和个体发育史我们也有了更多的了解。个体发育史和个体本身经历的过程及结果都独一无二地印记于每个脑中，例如经过一天之后，同一个脑中的某些突触联结，不可能还精确地与头一天一样，因为某些细胞会收缩它们的突起，另一些会长出新的突起，还有一些会死掉。所有这一切都有赖于这个大脑的特定的历史。随之而来的个体差异就异常复杂，同时，它们对大脑随后的工作将产生新的影响。这也是脑能适应无数不可预测事件并对之做出反应的关键因素。这种多样性在机器上目前还无法被模拟。

尽管脑科学在认识人自身的宇宙之谜的过程中取得了巨大的成绩，但是也应该看到，这些认识还只是对大脑本身的认识，还不是对意识、更不是对心身关系（如果有的话）的认识。要形成后一类认识，在目前条件下，仅靠科学的实验和观察是不够的，还必须同时求助于想象、推论，甚至哲学的思辨，即使是那些对哲学嗤之以鼻，以不懂哲学、远离哲学为荣的科学家，也不能例外。这也许是意识在今天乃至今后相当长的时期内不可能完全成为一个科学问题的原因。既然脑科学的具体成果和结论尚不是对意识本身的认识，因此自然会出现这样的结果，即不同的脑科学家对同一科学材料会有不同的解释，进而顺理成章的是，他们会对意识形成不同的乃至根本对立的假说。此即我们这里要说的脑科学成果的可多样解读性。

不可否认的是，在脑科学成果的多样解读中居主导地位的声音是各种形式的唯物主义或还原论。例如著名脑科学家克里克等人形成的就是带有激进唯物主义一元论倾向的还原论结论。他自认为，他提出了一种“惊人的假说”，而此假说的实质又不过是这样的还原论结论：“‘你’，你的喜悦、悲伤、记忆和抱负，你的本体感觉和自由意志，实际上都不过是一大群神经细胞及其相关分子的集体行为。”[①]简言之,意识是“神经元行为的另一种描述方式。”[②]因此意识并不神秘,它是表述大脑神经元群行为(如以 40—50 赫兹频率发放)的另一种方式,前者就是后者,所不同的是,两者的表述方式不同。这显然是一种还原论。[③] 同为诺贝尔奖得主的埃德尔曼认为,要研究意识,首先“必须建立起观察者能有效地研究意识的新观点”。[④] 为此,他提出了三个假说:(1)物理假说说的是:“只要用传统的物理过程就能令人满意地解释意识,这里不需要二元论。”具体而言之,“我们假定意识是由某个脑的结构和动力学所产生的一类特殊物理过程”。[⑤] (2)进化假说的具体内容是:意识是进化的产物,因而不是任何事物如计算机也具有的性质。(3)主观特性假说说的是:“意识的主体的、定性的方面具有私密性(private),它不能直接通过本质上是公共的和主体间的科学理论进行交流。”但是主观经验、觉知并不神秘,其实是“复杂的脑所做的多方面区分(discrimination)的表现形式”。[⑥]

然而,同样是以神经科学为出发点和立论基础的埃克尔斯等人的理论却旗帜鲜明地站到了唯物主义的对立面,并从大量神经科学成果中解读出了二元论的结论。具体内容稍后再做剖析,这里只简单考察一下个中的原因。

在笔者看来,脑科学成果之所以有可多样解读性,尤其是可据以引出二元论结论,根本的原因还在脑科学本身。因为我们已有的脑科学无论多么发达,也尚未发展到这样的地步,即它们能直接让我们看到意识及其与大脑是如何关联的。大多数科学家和哲学家都承认:即使可以说意识由大脑所产生,但现在没法弄清大脑中究竟是什么东西产生了意识。麦

---

① 弗朗西斯·克里克:《惊人的假说》,汪云九等译,湖南科学技术出版社,1998 年,第 3 页。

② 同上,第 10 页。

③ 同上,第 215 页。

④ 杰拉尔德·埃德尔曼、朱利欧·托诺尼:《意识的宇宙》,顾凡及译,上海科学技术出版社,2004 年,第 16 页。

⑤ 同上,第 16 页。

⑥ 同上,第 17 页。

金明确指出:“我们至今仍没法说明大脑中的什么东西产生了意识。”[①]

如果是这样,那么该如何看待当今的为说明意识之产生以及与大脑之关系而如火如荼地开展的寻找意识之神经关联物的研究呢?不错,这一研究已取得了大量成果,如分别有这样一些观点:大脑神经元集团的40—50赫兹的放电是意识的神经关联物(克里克等)、丘脑中的内层神经核、神经系统中的动态核心和再进入回路(埃德尔曼)、某些神经化学激活层次、下皮层中的某些神经元、扩展性网状—丘脑激活系统,如此等等,不一而足。应承认:这些研究是必要的,也代表着意识研究向前发展的一个方向,但是这里仍有很多问题必须予以注意。首先,“关联物”一词太抽象了,因此泛泛寻找意识的关联物是没有意义的。因为意识的样式太多了。因此要使这一研究有意义地向前推进,必须具体寻找某一意识现象的关联物。其次,即使找到了某一特定意识的关联物,但要由此断言说:它就是意识或意识的基础,也是行不通的,因为意识有可多样实现的特点。再次,意识具有突现性特点,因此即使把它的所有条件都找到了,也不等于就对意识做出了完全的说明。因为作为突现性质的意识并不等于部分之总和,而是“新的”性质。

总之,由于意识与大脑的关系有如此之复杂性,因此即使我们有绝对可靠的观察资料证明某种意识是由某种大脑过程所决定的,即使我们弄清了意识后面的物理神经过程的一切细节,但是面对这样的成果仍有从哲学上作出多样解读的可能性。由此所决定,就不难理解:唯物主义和二元论这样如此对立的理论为什么都可建立于同一的脑科学成果之上。

第二节 波普尔的二元论

波普尔(K. Popper)无疑是哲学中无人不知的哲学家。他与埃克尔斯关系非常密切,既有思想上的相互影响与启发,又有分工合作的研究,

---

① C. McGinn, “Can We Solve the Mind-Body Problem?”, in Ned Block et al (eds.), *The Nature of Consciousness*, Cambridge, MA: MIT Press 1997, p. 529.

如著名的《自我及其大脑》就是两人合作的成果。尽管他也倡导二元论，也以神经科学为根基，但他的二元论无论在问题、内容还是形式上都有自己的个性特征。

一、本体论标准与三个世界

人们对本体论的理解尽管五花八门，但对于把“世界上究竟存在或有什么”当作本体论问题看待，无疑是没有什么太大争论的。波普尔的以“三个世界理论”表现出来的二元论是从思考这个问题出发的。他的回答是：世界上有三类存在，即存在着三个世界。这一结论与他对存在本身的看法密切相关。他提出的存在标准是：真实的，即是存在的，反之则不存在。而一对象是否真实，要看它是否能对宏观客体产生实际的作用或影响，如是否能使之发生变化。根据这一存在标准，世界上存在着下述三类实在：

“第一世界”或“世界 1”或物理世界，是由宇宙中一切物理事件和状态组成的世界。这是唯物主义一元论所承认的唯一实在的世界，包括客观物质世界的一切物质性客体和各种物理现象，如物质、能量、质量、生物有机体等。人体及其大脑也是属于这个世界的成员。

“第二世界”或“世界 2”或主观精神世界，是人的原始意识活动及其所伴随的精神状态和事实以及作为其基础的实体所组成的世界，如人的知觉、情感、思维、意愿、做梦、想象等心理意识活动以及对这些活动的体验，此外还有这些活动、体验、过程所依附的精神实体。为简便起见，他有时干脆把上述因素组成的世界称作“自我”。他说：“自我并不是一个‘纯粹抽象的本我’。……其实，自我是非常丰富多彩的。自我像驾驶员那样，在观察的同时做出行动。”[①]自我在大脑中，但不是大脑本身，因为自我也可与它所在的大脑里发生的无数活动发生交互作用。

“第三世界”或“世界 3”是客观精神世界的实在，包括一切见诸客观

① K. R. Popper and J. C. Eccles, *The Self and Its Brain*, Part I, New York: Springer-Verlag, 1977, p. 120.

物质的精神产品，或者说指体现和包含着人的意识的人造产品，也可以说是“客观化”、具体化于世界 1 中的事物的主观精神。主要有三种表现形式：一是以人脑之外的物质基质如书本、声波、磁带、建筑物、绘画、雕塑、石窟等表现出来的精神产品。二是储存于人脑记忆沟回中的概念、知识等。三是“潜在的世界 3 对象”或“未具体化的世界 3 对象”，即未被人们发现或认识的、潜在地存在的“世界 3”。他曾提过这样的问题：有未具体化的世界 3 对象吗？有未具体化于书本、唱片或记忆痕迹的世界 3 吗？他的回答是肯定的，如许多逻辑关系、哥德巴赫猜想等在被人们发现之前，就是潜在地存在着的。

由上看来，在波普尔的眼中，世界是由三个各具特质的世界所组成的，因而存在的范围比一元论设想的要大得多。这种本体论也有别于常见的二元论，因为常见的二元论的物质世界和精神世界的对立，在这里变成了三个世界的对峙。当然，我们应该看到，波普尔并未超越于实体二元论之上，他所说的根本不同于物质世界的“世界 2”和“世界 3”，其实就是精神活动的两种表现形式，即作为活动的精神与作为活动产物的精神，不过他把它们独立化和实体化了，而且他还在世界 1 和世界 2 中明确地保留了物质实体和精神实体的概念。因此在他的理论中存在的仍是精神与物质的二元对峙。当然，他的理论又比传统的二元论要复杂、深刻得多，他进到了人类心理的深层结构，探讨了心理的具体存在形式、构成与本质，尽管有猜测和错误的成分，但对于人们站在更高的立足点上揭示心理的一般形式、构成与本质是有一定的启发作用的。

既然精神与物质根本不同，那么它们是从哪里来的呢？正是对这一问题的回答，把波普尔的本体论与传统的二元论区别开来了。他认为：不论是主观精神还是客观精神，都不是从无中来的，也不是与世界 1 同时产生的，而是自然进化的产物。从发生学上来说，世界 2 是从世界 1 中产生出来的，而世界 3 又是从世界 2 中派生出来的。他根据“突现进化论”或“创造进化论”说明了这一点。在他看来，宇宙是进化的，而进行不仅仅是逐渐演化、量的变化，还有创造性、突现性的一面。所谓“创造性”就是宇宙进化的突现性、不可预见性。例如在人类出现以前，谁也不知道会有人类出现；在意识、思维出现以前，谁也没有预见它们会出现。它们是以前从来没有过的，是一种新质，不可能是逐渐进化的结果，而一定是突现的产物，但又不是上帝或某种神秘力量作用的结果。

二、因果难题与物理非决定论

三个世界尽管是彼此不同、甚至是有质的差别的三类实在，但它们之间不仅存在相互作用，而且可以互为因果。具体而言之，它们之间存在着两种方向的因果作用，即"上向因果作用"和"下向因果作用"。

所谓"上向因果作用"，就是宇宙中低层次的结构可以作为原因作用于高层次的结构，如物理结构、事件可以作用于精神，引导一定的心理活动、状态和事件；身体健康使人心情舒畅，身染重疾使人精神忧郁等。所谓"下向因果作用"，就是高层次的结构、事件可以作为原因作用于低层次的结构与事件，如精神可以作用于身体、物理世界。不仅如此，自我或精神是宇宙的真正的、严格意义上的动因，是能恰当地用"主体性"、"主动性"和"能动性"这一类术语描述的实在。

不仅世界 1 与世界 2 可以相互作用，而且世界 3 也可以与它们发生相互作用。如人们根据自己的意愿和思想创作出一定的艺术作品，就是世界 2 对世界 3 的作用的表现；书本对人的启发作用，优美的乐曲对人的心身的调节就是世界 3 对世界 1、世界 2 的作用；自然景色通过人的心理活动而再现于画面，科学技术通过心理理解、身体的动作而引起环境的某些变化，就是世界 3 通过世界 2 对世界 1 的作用。

冷静地思考，波普尔上述关于心身因果作用的理论面临着深刻的理论难题，尤其是存在着与正统的形而上学因果理论的尖锐矛盾。根据正统的因果模型，一事物要能被当作是原因，必须具备这样一些条件，例如首先得真的能产生作用力或效力。换言之，只有有作用力或产生冲击力的事物才有因果作用，因此因果关系只能发生在这样的事物之间。其次，物质事物之间的相互因果作用是空间中的物质粒子产生作用的结果，这也就是说，一物要对另一物产生因果作用，两者必须有时空接近或接触关系。包括波普尔在内的二元论者一般是诉诸牛顿力学来化解上述矛盾的。在他们看来，牛顿关于行星的力学表明：星球严格运行在它们的轨道之上，不是由于有物质性的缰绳，而是由于有同时存在于空洞空间中的作用力。由此所决定，粒子之间能有远距离或超距作用。这也就是说，一物对另一物发挥原因作用不一定要有实际的、直接的接触，不一定要借助物质媒介。例如星球之间的吸引与排斥作用就不是通过它们之间的实际接触和别的物质媒介实现的。牛顿的因果观对二元论者解决心身相互作用无疑是一个鼓舞。既然两物没有接触也有因果作用，那么非空间性心灵也可产生对身体的作用。

波普尔的二元论在心身因果作用问题上碰到的另一难题是早就为笛卡尔等人所苦恼的这样一个问题，即心与身既然在质上根本不同(世界 2 和 1 在突现性进化中都获得了自己的新质)，那么它们之间怎么可能发生因果作用？因为两事物之间因果作用的前提条件是它们之间必须具有同质性。根据物理主义的因果封闭原则，本身不具有物质材料和能量的世界 2、3 都没有资格成为原因。因此如果物理主义是对的，那么波普尔的理论就有问题。在普波尔看来，之所以有上述问题，原因不在二元论，而在那些原则或根据本身是有问题的，例如因果作用以两事物的同质性为前提，就是如此。波普尔说："古老的根据是建立在一个早已废弃的因果关系理论的基础上的。"①也就是说，以为因果作用不能发生在心身之间的根据是错误的，是建立在一种过时的因果理论的基础之上的。新的理论说明：不同质的事件之间也有因果作用，心与身也是如此。

毫无疑问，波普尔关于心身之间存在着相互因果作用的理论还面临着与物理决定论的矛盾。当然，这种矛盾是波普尔有意形成的。因为在他看来，物理决定论是错误的，因此必须予以否定或超越，相应地，必须为意志自由论腾出地盘。在《论云和钟》一文中，他认为自然界中有这样两类现象：即云或似云的现象，钟或似钟的现象。前者表示的是这样的物理

① 波普尔：《猜想与反驳》，傅季重等译，上海译文出版社，1986 年，第 426 页。

系统，它毫无秩序，非常不规则，其运动难以预测，例如天气变化莫测，就是如此。而后者则恰恰相反。在有生命的物质中，动物像云，植物像钟。对于这两类现象，物理决定论认为：所有云都是钟，尽管有些似云的现象不像钟，但不能说它们不是钟，只能说它们现在不是钟。而看不到它们的似钟的性质，仅仅是因为我们的无知。随着认识的发展，我们会认识到它们的秩序和因果必然性。对此，波普尔是坚决否定的。他之所以不同意物理决定论，是因为他认为，它把人沦为物理世界的嵌齿轮、附属自动装置，“特别是毁灭了创造力思想”。因为，“如果物理决定论是正确的，那么一个双耳失聪的并且从未听过音乐的物理学家，只要他运用简单的方法研究莫扎特和贝多芬的身体的物理状态，并预测他们在五线谱上写下黑色音符的地方，就能写出他们所写的全部交响曲和协奏曲”。事实并非如此，因而，“所有这一切都是荒唐的”。①

鉴于物理决定论的种种错误和缺点，波普尔在解决行动因果必然性与自由意志的关系问题时，大胆地选择了物理非决定论。他说：“我是一个非决定论者，像波尔斯、康普顿和大多数当代其他物理学家一样。”②之所以如此，是因为他认识到：不仅似云的现象是偶然的，不可预测的，而且所有的钟或似钟的现象都有一定的松散性或不确定性，有偶然因素存在。世界不仅由严格的牛顿定律所主宰，同时也受着偶然性、随机性、无序性法则的支配，受统计学概率原则的支配。世界是由云和钟组成的链锁系统，最好的钟在其分子结构上也有某种程度的云状。波普尔认为，这一理论后来得到了海森堡、普朗克、爱因斯坦的支持，因而值得信赖和借鉴。当然他本人又不是简单照搬，而是在继承前人有关思想的基础上做了大胆探索，进而形成了自己的物理非决定论。

他的非决定论的特点在于：融合了决定论的某些因素。他说：“了解人类理性行为以及动物行为所需要的东西，乃是其特征处于完全的偶然

① 波普尔：《客观知识》，舒炜光等译，上海译文出版社，1987年，第234页。

② 同上，第226页。

性和完全的决定论之间的某种中间物，即处于完全的云和完善的钟之间的某种中间物。”①也就是说，他的理论处于决定论和强调偶然性的理论之间。他认为，被解释的人类行动也是一种中间性质的东西。他说：“云在左边，钟在右边，而动物和人在中间。”②在他看来，人及其行为既有受自然规律、因果必然性决定的一面，又有游离于因果链之外、不被它们决定的一面，而且人的有意的行动主要不是由物理因果关系决定的，而是与人自身的内在状态相关的。因为很显然，目的、考虑、计划、决定、理论、意图和价值之类非物理的东西，在物理世界中是有作用的，如能引起物理变化。③

他的非决定论还回答了这样的问题：人的精神状态、自由意志对行为的作用是一种什么性质的作用？波普尔认为：这是一种原因控制的作用。在波普尔看来，因果链是开放的，因此心理状态可以成为行为的原因。人的行为除了受外界的原因、身体内的物理原因制约而具有规则性、秩序性、可预见性即符合决定论原则的一面之外，还有受心理状态、目的、规则和意图等因素控制因而具有一定的随机性、偶然性和不可预见性，即有符合自由意志原则的一面。他把精神状态对身体的行为、进而通过行为对外界的作用称之为“下向的因果作用”。

综上所述，物理非决定论处于物理决定论与自由意志论对立的中间，它既吸收了两者的某些思想因素，又抛弃了两者的某些方面，当然也加上了一些新的内容。它认为：人的行动一方面是由非物理的原因如意志、目的等之类所决定的，另一方面又受到外界和人自身之内的物理原因、条件、规律的限制或制约。

波普尔二元论的特点在于：他不把他的心身学说当作是已被证实或可能被证实的哲学或科学理论，也不认为自己已发现了终极真理或解决了心身问题，而仅仅是把他的理论当作一种信念和“假定”。这假定的内

① 波普尔：《客观知识》，第239页。

② 同上，第240页。

③ 同上，第240页。

容正好就是这样的二元论："假设根据我们语言的惯用法，命名物理状态的表达式用一种不同于命名精神状态的表达式表达的话，则我倾向于在这一事实中看到一个迹象或一种暗示（肯定只不过是迹象或暗示），它表明这两个表示范畴命名本体论上不同的实体——换句话说，它们是不同的实体。"他承认，对于这一假定，目前是没有充足的前提和根据来有效地予以推导和证明的，因而不知道它是不是真实的。[①] 在论及心身相互作用的问题时，他对流行的因果理论提出了尖锐的批评，强调物理世界与心理世界的因果链的开放性，这些尽管为他解决前人所无法很好地解决的问题、为说明心身相互作用的可能性铺平了道路，但是由于他所提出的新的因果观只是一种假定，因而因果联系是否以同一性为前提条件、因果链是否有开放性等问题并没有得到真正的解决。由之所决定，他所提出的心身相互作用论由于没有科学的基础也同样停留于"假说"的阶段。

第三节　克洛伯勒与李别特的二元论阐释

对神经科学成果做有利于二元论解读的人很多，我们这里只拟考察克洛伯勒和李别特所做的工作。

一、克洛伯勒对意识独立存在地位的论证

弗卢里—克洛伯勒（P. Flury-Kleubler）不是神经科学家，但用神经科学的成果对意识的独立存在地位做了论证。

他强调：大脑中存在着独立的、不同于神经生理过程的主观经验是符合科学已有的成果的。[②] 首先，它们不可能用基础的、中枢活动予以解释；其次，功能性中枢解剖学足以证明：只有在少数大脑区域中，大脑事件才有主观的对应物，如果人的大脑中被加工的信息有些是通过主观意识的途径获得的，那么就必须在这些大脑区域建立一种表征，它的活动是由

① 波普尔：《客观知识》，第432—433页。

② P. Flury-Kleubler, "A Dualistic Theory of Consciousness", in http://www.Newdualismory/ papers/ P. Flurg-Kleubler/ Consciousness. Pdf. , pp. 1-2.

具体的现象经验所伴随的；再次，大脑的输出不可能完全从物理上予以解释。

他认为，有两类大脑结构，相应地，有两种心理现象。一是意向大脑结构，它的内容是不能被意识经验到；即不能通向有意识的经验的，当然可被间接经验到，即通过认知性大脑结构被经验到；认知性大脑结构是第二类大脑结构。他说："只有这个结构中的事件才能被意识到。确切地说，在认知大脑结构的活动中，有某些是有意识的对应项。"①这也就是说，在大脑和认知活动中，只有一部分活动是可以被意识或被经验到，即只有部分才能成为现象经验的对象。要明白这一点，必须小心分析现象意识是如何构成的。

在分析现象意识的构成时，必须认识到的是，现象性实在是一种特殊的存在。它依赖于大脑物理过程，又超越于其上。它由两类现象构成，一是感知性现象，二是情感性现象。他说："在知觉过程中，感知性现象与物理实在有关，好像是真的存在着；在想象中，它表现为可能的、应该的、曾经的、将来的存在。情感性现象是人们在解释实在的某些方面对人的目的的意义时所出现的主观性质。"就具体表现而言，感知性现象经验有多种形式，如听觉的、视觉的、触觉的等。情感性经验表现为高兴和不高兴的体验，从构成上说，它们是由高兴或不高兴的基本性质加上特定的解释性、动机性内容所构成的。

现象经验之所以产生，首先是因为有外部对象的刺激，或曾经接受过外部对象的刺激；其次，现象意识的确有其神经生物基础或物理的关联物。如大脑中的等级较低的皮层区域就是感知性经验的物理基础。② 他说："在大脑之内，存在着一个认知性的心理物理的层次，换言之，有许多大脑结构，它们的活动是我们的主观经验的物理基础或关联物。"不仅感知性经验是这样，情感性经验也是如此。根据克洛伯勒对神经科学成果

① P. Flury-Kleubler, "A Dualistic Theory of Consciousness", in http://www.Newdualismory/ papers/ P. Flurg-Kleubler/ Consciousness. Pdf., p. 7.

② Ibid., p. 9.

的解读，上述道理是有神经科学根据的。但这只是问题的一方面。另一个常被忽视、但又确实存在的方面是：神经科学成果同样也告诉我们：仅有外部刺激和大脑的神经结构及过程，还不会有现象意识发生。质言之，现象意识要从大脑中产生出来，大脑中还必须有超越于大脑结构的东西，这就是自笛卡尔哲学以来，人们所强调的主观的、非物理的东西。当然，他承认，要准确定位大脑中的心理物理层次，在今天是很困难的。

主观经验有对大脑过程的依赖性的一面，一经产生又有其高于大脑过程的独立品格。既然是有本体论地位的东西，它有无对大脑活动的作用呢？许多人认为，如果承认这种作用，那么便会违背物理学规律。他认为，这些人之所以得出这个结论，是因为它们忽视了这样的事实，即中枢活动并非完全由物理的东西所决定。例如突触传递并非完全由到达轴突的信号所决定，因此大脑的输出信号并非完全由输入的东西所决定，其中无疑加进了物理世界所没有的东西。埃克尔斯所说的自我意识精神就在其中发挥了巨大的作用。克洛伯勒认为，主体的自由意志以及主体的感受都会影响到人的决定和实际行动。人们跟着感觉走这一常见事实足以说明这一点。总之，承认主观经验对物理的作用并不违背物理学规律。"相反，现代物理学完全可与这样的关于人的二元论和睦相处，它认为，人是一个个体……他对他的经验和行为都有影响，进而有行为的自由，并对行为负责。"①

上述主张意识经验有独立存在地位的结论真的是正确的意识理论吗？要回答这一问题，首先要知道正确意识理论的标准。他认为，正确的标准有两方面，换言之，一个意识理论要成为正确的，"必须与主观的有意识经验现象相一致"。② 按这一标准，上述意识二元论就是正确的。第二个标准是：一种意识理论要成为正确的理论，必须符合神经科学。按照这一标准，他自认为他的意识理论也是正确的。他说："我将证明它与现代

---

① P. Flury-Kleubler, "A Dualistic Theory of Consciousness", in http://www. Newdualismory/ papers/ P. Flurg-Kleubler/ Consciousness. Pdf. , p. 12.

② Ibid. , p. 1.

物理学和神经生理学是完全一致的。"例如它可以完全一致于联结主义的并行分布加工原则。说它有神经科学的根据，主要表现在：统一的大脑的经验与分裂的大脑即裂脑人的大脑的有意识经验是不一样的，这说明主观经验的确有对物理大脑的功能统一性的依赖性的一面。但主观实在并不能归结为物理实在。根据在于：现象性质的差异不能完全根据基础的神经活动中的物理差异来解释。他说："颜色指的肯定是物理实在的某些方面，但这并不意味着它们就是这些方面。如果现象性质能完全由基础的神经作用来解释，那么被主观经验为'红'的中枢作用就一定在物理上不同于这样的中枢作用，它被主观经验为'绿'。在物理实在的范围内，加工红的信息的神经元与加工绿的信息的神经元之间的唯一的差别在于：被加工的信息有不同的来源。最简单的例子是，该信息来自两类不同的感觉细胞。"[①]再则，主观颜色经验与物理刺激尽管有关系，但也不可等量齐观，两者是不同的。

从信息接受的角度说，人的大脑储藏、提取、加工的信息的确离不开感官所接受的外部刺激，就此而言，人的高级的心理活动如思想等的确有对接受信息的物理过程的依赖性。如果说这些活动伴有主观经验，那么可以断言主观经验有对外物及其刺激，以及人的物理器官的依赖性。但是人的特点是有创造性，即人能主观生成客观上没有的东西。例如人的主观经验中的许多东西就是这样生成的。他说："认知活动并非都根源于当下的感性刺激。大约16—24个月大的人……就能在想象中创造关于视感觉信息的主观经验。如此建构的大量想象性现象是这样的感觉现象，在被感觉到后，马上储存在记忆之中。"[②]在人的信息加工中也是如此。其中，除了有物理的过程之外，也会有非物质的感受性质或主观的质的现象发生。总之，人脑中发生的东西有两方面，一是物理的东西，一是纯主观精神性的东西。神经科学能证明的不是一元论，而是二元论。

① P. Flury-Kleubler, "A Dualistic Theory of Consciousness", in http://www.Newdualismory/ papers/ P. Flurg-Kleubler/ Consciousness. Pdf., pp. 5-6.

② Ibid., pp. 5-6.

二、李别特的"意识延迟实验"及其二元论解读

如果说克洛伯勒对二元论的神经科学论证"不纯粹"的话，因为其中充斥着大量哲学的推论和猜想，那么李别特的论证则倒过来了，所作的论证主要是实证性的。李别特是美国加利福尼亚大学生理学教授，最先采用实验手段对人的意识进行直接测量的神经科学家之一。由于他在人类意识实验研究方面做了开创性的工作，因而获得了2003年的诺贝尔生理学奖。

他的成果中最为大家所熟知的，是他的"意识半秒延迟实验"。1966年，李别特对一个因神经外科技术而暴露大脑半球的病人进行了实验和观察。实验用适度强度的电刺激去刺激病人大脑皮层的中央后回，通过记录发现，病人在半秒以后才开始有皮层刺激的经验。如果像等同论所主张的那样，心理过程就是大脑过程，那么是不会出现这种时间上的脱节现象的。对此，李别特所作的解释是：病人之所以在半秒以后才有皮层刺激经验，是因为大脑皮层的精神机构需要半秒的时间来形成一个时空模式。这一实验常被称作"意识半秒延迟"实验。

面对"意识半秒延迟"实验及其对唯物主义等同论的挑战，许多科学家和哲学家仍坚持唯物主义的解释。在他们看来，唯物主义无意于说意识经验就是大脑过程，而只是强调：它的产生依赖于大脑神经元的活动，因此李别特的实验并未证伪唯物主义，而恰恰是证明了唯物主义。因为这一实验表明：只有当大脑神经元的准备电位上升到一定的程度之后，意识经验才能产生。在人的大脑中，并不存在一个特殊的意识经验的空间。在李别特看来，唯物主义的解释具有一定的合理性，但也有片面性。他说："意识半秒延迟"实验不仅证明了意识对大脑的依赖性，主观经验的产生离不开人的大脑，用一个公式表示就是：大脑—主观经验—行为，而且有力地证明了意识的独立存在性。因为意识经验不与大脑过程同步发生就表明它不是大脑过程。他说："适当的神经活动持续足够长的时间，是产生自发主观经验这一现象的根据。"另外，李别特还认为，他的"意识经验半秒延迟"的实验还有助于证明人的身上存在着自由意志。因为实验中还常出现这样的延迟现象，如主观经验先于行为大约200毫秒，或者

说，行为对于心理之决定有延迟的表现。对此，李别特做了这样的解释：之所以有延迟现象发生，是因为作出决定、将决定传到身体的相应部位需要时间。这就是说，延迟为人们通过自由意志来调整行为留出了空间。他猜测：自由意志很有可能在主观经验产生后的100—150毫秒阶段发挥作用，因为最终产生行为的骨髓神经细胞的活动要占用最后的50毫秒时间。为了说明人身上自由意志的真实存在和具体作用过程，李别特还进行了另外的两个实验。

一个是“意识经验半秒延迟”实验的继续。它是这样设计和操作的，即在对病人进行皮层刺激间隔0.5秒以后，也就是在病人刚刚获得皮层刺激的感觉经验的时候，继续用同样强度的皮层刺激去刺激病人的大脑皮层的中央后回。在这种情况下，病人又获得了新的皮层刺激经验。然而，第二次皮层刺激和意识经验的获得两者之间却没有时间间隔，它们的发生保持了时间的一致。

1973年，李别特又设计了另一个实验。实验是这样进行的：对大脑皮层适当的皮肤区进行直接的电刺激。根据从皮层记录到唤醒反应的观测，从皮肤到大脑皮层需要大约0.015秒的时间。但是在皮肤刺激经验经过多次训练以后，实验者常常能够报道皮肤刺激经验先于皮层刺激经验。这一实验又被称为意识经验提前实验。

李别特对这些实验作出了不同于唯物主义而有利于二元论的解释。他认为，这些实验如果是可信的，那么能证明的只能是：在人身上存在着自由意志，换言之，自由意志是人行为的一种重要原因。放大一点说，人的心理意识现象是不能等于物理现象的，而有自己的独立性，因此科学和哲学中的唯物主义同一论是错误的。李别特认为：即使借助新的技术手段对人的大脑做了最完全的探索，也不可能直接观察到自由意志等心理现象的踪影，甚至连它们的所谓的神经关联物也找不到。他赞成二元论的这样一个常识性的观点：主观经验只会显现给那些拥有它的个体，换言之，人们只有通过第一人称的知觉才能认识主观经验。主观经验尽管与人脑，特别是人脑的神经活动有一定的关系，但神经科学中的证据表明，脑与精神之间并不存在合规律的关联,有意识心理事件的发生并不完全依赖或系于神经事件。

为了说明自由意志的存在及其对行为的因果作用,李别特于 1993 年在脑科学中提出了"有意识的精神场"(The Conscious Mental Field,略称 CMF)这一新理论。他首先强调,CMF 的建立参照了物理学中的电磁理论。该理论认为,大脑产生的电磁场是意识经验事实上的携带、传输者,意识经验从大脑的神经活动中突显出来,在 CMF 中被联合和表征,而在 CMF 中得到统一的意识经验反过来又能对神经活动施加影响,成为自由意志的基础。这一理论所依据的科学事实是:每当某个神经元激活下一个神经元以产生一个行动的潜能和突触后潜能时,它也将对周围的电磁场产生干扰,而被编码在激活了模式的神经元之中的信息,又会反作用于大脑的电磁场。其次,CMF 是一类新的"自然的"场,它并不是传统物理学所说的场。在某种意义上,它甚至不能借助一些外在的物理方法和手段被观测和度量,就像意识经验一样,它仅仅只对那些具有经验场的主体开放。李别特指出,尽管波普尔也把精神当作一种力场,但波普尔并没有正确地描述这种场的特性,例如在波普尔那里,意识的电磁场被归属于物理世界 1。在李别特看来,这种归属是错误的,因为这种场既属于主观经验,又与物质性大脑有关。最后,CMF 不是笛卡尔意义上的二元论。因为 CMF 并不认为精神场是一种独立的存在,而强调它不能离开活着的脑,它是人的大脑突现的属性。CMF 尽管有这样的有利于唯物论的思想,但接下来就和它分道扬镳了。因为它主张:突现出来的意识经验具有主观特性,一旦产生,就再也不能被还原为大脑的神经活动过程了;同时,这种主观的意识经验能够反作用于人的神经活动,从而影响人们行为的输出。李别特说:"人们必须认识到这样一种可能性,即有意识经验可能以一种独立于物理规律的方式控制神经活动。"①

① Benjamin Libet, "Can Conscious Experience Affect Brain Activity?" *Journal of Consciousness Studies*, 2003,10(12):26.

第四节　埃克尔斯的二元论的相互作用论

埃克尔斯(J. Eccles,1903—1997)是美籍澳大利亚人,纽约州立大学布法罗分校的生物学和医学教授,当代著名神经生理学家,因对突触传递的生物物理特性做了独创性研究,发现了神经元之间抑制突触活动的离子机制,验证了霍奇金(A. Hodykin)和赫胥黎(A. Huxley)提出的细胞膜活动的离子机制假说,从而与后二人一起获得了1963年的诺贝尔生理学奖。获奖之后,埃克尔斯仍锲而不舍。更难能可贵的是,他把自己注意力的一部分投入到相关问题的哲学探讨之上,从而为有关哲学认识的发展做出了自己不可替代的贡献。例如在心身问题上,他做了大量深入的研究,发表了大量论著,如1973年的《理解大脑》、1977年与波普尔合著的《自我及其大脑》、1979年的《人的秘密》、1980年的《人的心灵》、1984年与罗宾逊(Daniel N. Robinson)合著的《人之为人的奥秘》和1994年的《自我是怎样控制它的大脑的》等。其中最有价值的是1989年所著的《脑的进化》一书。由于它从科学和哲学结合的角度对心灵哲学的许多前沿问题发表了新的见解,因而受到了波普尔等人的高度评价。波普尔说:《脑的进化》一书是"一本独一无二的"著作,其表现是:脑的进化在进化论研究中是一空白(以前关心的是人类的起源问题),而埃克尔斯则借助大量科学证据对此做了全新的探讨。就心脑问题来说,尽管过去研究得很多,但埃克尔斯的特点在于:调动多学科资源,如比较解剖学、考古学和古文字学、脑生理学和哲学等,"以达尔文进化论作为理论基础,融会吸收了达尔文进化论新近发展的成果",因而"这本书为心脑问题描绘了一幅前所未有的、细致入微的总概视图"。①

埃克尔斯建构的全新的心脑理论尽管是二元论的,但与传统二元论相比,它不是纯思辨的产物,而带有强烈的"科学"性质。这不仅表现在它将作者自己和别人的脑科学理论作为理论基础,而且广泛吸收了量子力学等前沿科学的成果。有根据说,如果没有量子力学的诞生和发展,那么

① 波普尔:"序",见埃克尔斯:《脑的进化》,潘泓译,上海世纪出版集团,2007年,第7页。

就不会有现今势头强劲的包括艾氏二元论在内的新二元论思潮的泛滥。因为20世纪以前的科学，尤其是物理学，的确是不利于二元论的。然而量子力学的哲学意义之一是，它可为本体论放宽存在标准提供支持。它认为，没有空间规定性、没有质量和能量的东西也可有存在地位，并有自己的作用。既然如此，没有质量和能量的心灵也可以以这样的形式存在于宇宙之中。正是基于此，埃克尔斯等人指出：过去的物理学的确支持唯物主义，但现在的科学却可用来为二元论服务。

埃克尔斯尽管是一流科学家，但并不像有些科学家那样蔑视或贬斥哲学。他的论著足以表明：他对古今哲学甚至包括当今的心灵哲学都做过认真的研读，引用了大量的哲学成果。在"客串"心灵哲学时，他也没有盛气凌人的架势。对20世纪后半叶较有影响的心灵哲学家，如赖尔、阿姆斯特朗、丹尼特、塞尔等，他都有一些了解，既予肯定，又做了批评。如对赖尔及其《心的概念》的评价是：在20世纪50—60年代，"其影响达到其最高点（或许是最低点吧！）"。[①] 他对他们的总的看法是："他们唱的是二元论的调子，但坚持自己是一元论唯物主义者（斯佩里也是这样）。"[②]这一断言是有道理的，因为大多数自认为超越了二元论的人，在本质上都未能如愿，实质上都躺在二元论的怀抱之中。就科学性而言，已有的心灵哲学显然还不够，他说："看来对心脑问题的研究还没有严格遵循科学研究的原则，目前还只是伪科学。"[③]

一、意识的起源与进化

埃克尔斯新二元论之新的一个重要表现是：不再认为意识有同物质一样的独立本原，而强调意识不是从来就有的。既然如此，就有可能和必要用进化论的观点来研究意识的起源与演变。他说："尽管谜底尚未解开，但我们可以假定，意识是进化的产物，是自然选择的结果。"[④]接下来

① 波普尔："序"，见埃克尔斯：《脑的进化》，第268页。

② 同上，第273页。

③ 同上，第277页。

④ 同上，第206页。

要探讨的问题是：怎样用进化论去研究意识呢？应关注哪些问题呢？“进化过程中，心智或动物的意识是怎样在此前无意识的世界里萌发的？动物在进化发展中体验到内心事件最早是什么时候？到底在进化的哪一时刻，内心体验的第一道曙光开始出现在漫无边际的无意识黑暗世界里？这样的内心事件必定和正在运作的神经事件有关，但要问的是：这样的神经活动是怎样改善脑的运作性能从而有益于进化生存的？”①

埃克尔斯在用进化论研究意识时做了一项重大改进，即不像一般进化论者那样，回避经验。这可看作是他了解心灵哲学最新发展的一个表现。他表述经验的词很多，如心性体验或经验(mental experience)、动物意识(animal consciousiness)、心性或精神性或精神作用(mentality)。这都是当今心灵哲学常用的概念。在他看来，一般进化论者回避经验是不利于对心灵的认识的。他说：“进化论学者对动物进化中精神作用的出现给他们的唯物主义理论带来的巨大不解之谜置若罔闻，这一点非常令人不安。……至少就高等动物而言，我们现在必须承认‘动物意识’的存在性，这对进化论者来说是一个挑战。”②

在用进化论研究意识的过程中，埃克尔斯反过来又对进化论做了自己的补充。这表现在：他研究了传统进化论没有涉及的自我意识的起源问题。他说：“传统进化论并没有研讨自我意识是怎样在人猿进化的最后几个阶段里产生的。我只是试图纠正这个严重的疏漏罢了。”为弥补这个疏漏，他从17岁开始，就一直没有停止思索。他说：17岁时，他就“被有关我自己的进化起源的问题所深深吸引”。③

埃克尔斯还强调：要弄清意识和自我意识的起源和进化，必须对达尔文进化论的理论基础即唯物主义世界观作出超越，不然就没有破解的希望。他说：“如果我们还是拘泥于达尔文学说的刻板唯物主义理论，那么

① 波普尔：“序”，见埃克尔斯：《脑的进化》，第202页。
② 同上，第205页。
③ 同上，第289页。

动物意识的存在就已经是一种无法解释的异常现象。”[①]这是因为，意识和自我意识“这两种意识在这个无意识世界中的神秘起源是不可能用物理主义的观点来解释的”。要予以解释，必须求助于宗教。他自认为，他的《脑的进化》一书的第10章就对每个人都有体验的自我意识的起源提出了宗教解释。他说：“在我们心智世界的中心（也就是波普尔的世界2……）有一个神创的灵魂。”[②]这就是说，大脑中的不同存在有不同的起源和进化。既然如此，在解释时，便要区别对待。大致说来有三种情况：一是根据进化论予以解释。例如大脑中的许多区域和功能都是进化的产物；二是必须同时诉诸进化论和宗教予以解释。对人类的意识就是如此；三是只能诉诸宗教予以解释，如作为心智之中心的自我或灵魂就是如此。我们先看他根据进化论对意识之起源和进化的分析。

关于意识发生的时间，他认为，在鸟类、哺乳动物和两栖动物以下，是没有意识经验的。因此用本能概念就可对其下的动物作出解释。大致说来，意识起源的上限可追溯到哺乳动物。他说：“我们研讨意识的种系发生问题的范围已经缩小到只包括鸟类和哺乳动物。”当然最好是从类人猿追溯起。在他看来，意识产生的标志可到行为表现中去寻找。他说：“幼年动物的玩耍活动是意识的一个令人信服的准据；而好奇心、情绪表达，尤其是专注的依附感也同样令人信服。”[③]

意识是怎样被进化出来的呢？他认为，意识是随着物质结构及机制的突变而产生的。这里的关键性事件，一是有突触前蜂窝状网格的出现，二是碰巧发生了超前进化。前者是内因。他说：“突触前蜂窝状网格及其控制突触小泡以低概率释放递质的机制。这样的机制可能按类似于量子力学概率场的方式作为精神事件的微位发挥作用，也因此变成超前进化的一个例子。……按微位假说，这种机制为心脑交互作用所利用而使高等动物变得有意识了。”在他看来，微位假说（详见本节第三部分）“同样适

① 波普尔：“序”，见埃克尔斯：《脑的进化》，第257页。

② 同上，第12页。

③ 同上，第203页。

用于"解释"经人科动物进化发展得来的具有自我意识的心智"。[①]

从动物的意识到人的意识是一个渐进的过程。世界上有了人后，人就与动物鲜明地区别开来了。他们的相同之处在于：都有第一世界及初步的有意识经验。不同在于：人的意识更复杂，后又发展出了自我意识。其次，动物完全不具备只有人类才有的中心范畴：心理或心灵(Psyche)、自我或灵魂。

意识进化出来后，人的进化仍在继续，例如理性、利他道德、自我意识陆续被进化出来了。但是应怎样予以解释呢？这是过去的进化论留下的空白。一方面，埃克尔斯诉诸进化来解释。而诉诸进化，其实是用自然的必然和偶然力量来解释。另一方面，他又承认，仅仅靠这些是不能达到解释的目的的。为此，他像他的老师、著名生理学家谢灵顿一样，承认有超自然的、至高无上的意图存在。谢灵顿说："你是你自己的新世界，你的世界由于你而有了爱和恨、理性和疯狂、道德和不道德、善良和邪恶。……你认识到所谓的'意图'和'主宰'的手段是如此宏大，不是你现有的见识能领会得了的。"[②]埃克尔斯补充说："生物进化不可简单归因于偶然性和必然性，如果是那样的话，就不会产生我们人类和我们的价值观。我领会他想说的是：进化可能是那个至高无上的'意图'的手段，超越了所有的偶然和必然，至少对创造具有自我意识的人类的壮举是如此。"[③]

在埃克尔斯看来，心理世界有两种特殊的存在，一是自我或灵魂，它是人格具有同一性、人的认识具有统一性的基础。由于它是各种心理活动的主体、心理属性的依托，因此可称作自我意识精神，二是自我对自己的认知或体验，也可称作自我意识。在各种认识中，它是最高级的心理经验。

---

① 波普尔："序"，见埃克尔斯：《脑的进化》，第226—227页。

② C. S. Sherrington, *Man on His Nature*, Cambridge: Cambridge University Press, 1940, pp. 399-400.

③ 埃克尔斯：《脑的进化》，第133页。

在这两种心理现象的起源问题上，埃克尔斯认为，它们所寄居的大脑是进化的产物，而它们本身与进化无关。要予以解释，必须诉诸超自然的力量。在自我的起源问题上，埃克尔斯倾向于华莱士(A. R. Wallace)的观点。华莱士与达尔文共同发现了自然选择理论，但又提出了与之不一致的看法，如认为，人类的智能尽管与进化、自然选择有关，因为智能所在的大脑是进化的产物，但如果不诉诸超自然的力量，是无法作出完全解释的。基督教达尔文主义者拉克也承认：人是进化的产物，但其中的精神属性有其超自然的起源。[①] 埃克尔斯赞成这类观点，说："既然唯物主义的回答无法解释我们体验到的唯一性，我被迫把自我或灵魂的唯一性归咎于一个超自然的神圣造物(supernatural spiritual creation)。"这就是说，灵魂是超自然的精神性作用的产物。除这样的解释之外，再"没有其他任何解释可以成立"。[②] 他不掩饰这个结论的有神论色彩，说："这个结论有不可估量的神学意义。它加强巩固了我们对人类灵魂和以神圣造物为奇迹般起源的信仰。"[③]

对自我的解释是这样，对内心体验的解释也必须这样。他认为，达尔文的进化论之所以不能予以解释，是因为进化论没法解释内心经验的特殊性。他说："内心体验是非物质状态的东西，属于和先前有全面充分理解的物质—能量世界完全不同的另一个世界。"[④]因此用关于生物的进化原则是无法予以解释的。

二、关于人的二元结构图景

埃克尔斯在借鉴波普尔三个世界理论的基础上，描述了一幅关于人的新的二元结构图景。而此图景是整个世界的一个缩影。先看整个世界，它由世界 1、世界 2 和世界 3 构成。人是缩小了的外在世界，也由三

---

① D. Lack, *Evolutionary Theory and Christtian Belief*, London: Methuen, 1961, p. 115.

② 埃克尔斯：《脑的进化》，第 287 页。

③ 同上，第 288 页。

④ 同上，第 205 页。

个世界构成。由于世界 2 和世界 3 就是通常所说的精神世界或心灵,因此人的三个部分可简化为心和身或大脑两部分。他说:大脑只是“我们个性的物质基础”,只是“有意识个性的载体”,而不是自我本身。因为大脑的某些部分可以移植或换掉,但人的自我不会变。

很显然,这种新二元论与传统二元论相比,发生了重大变化。它不再认为,心灵有自己的独立起源或本质,而承认意识事件有对物理神经事件的依赖性。可以从两个方面来证明这一点。从进化上说,意识不是从来就有的,而是随着脑的进化而出现的。从意识在特定时空的存在来说,它也不能离开物质世界。他说:心理事件“所在的世界……和物理世界(即物质和能量的世界)是同一的”。①

这种新二元论的特点在于:对心理世界的结构图景有新的看法,如它认为,在世界 2 和世界 3 组成的心灵世界中,意识是其主要成员。他说:“意识存在于像思考这样的精神事件中。我们当然只能主观地体验到思考,而无法像我们用感知来感受周围环境那样作客观的确认。我们通过和他人交谈得以确认意识的存在,从而赋予这样的体验以主观的地位。”可见,埃克尔斯对意识及其所属的世界 3 的肯定,是基于对它的特殊的认识方式。外界物质世界之所以是物理的,是因为我们可以用外感知的方式去确认它,可通过外感知知道其中存在着什么。但是意识不能用这种方式来确认,因此有自己的独特性。

在这种新二元论看来,世界 3 当然也有自己的存在地位。他说:“尽管世界 3 是编码记录在诸如纸墨等物质基础上的,但其本身是非物质性的,其本质上是艺术家、思想家、说书人以及随后的哲学家和科学家的创造性思维的总和。”②世界 3 的作用也能证明它的存在。它的作用很多、很大,如:“世界 3 决定了现代人和所有其他动物……有质的不同。世界 3 已经改造和转变了人类的进化发展。”③

① 埃克尔斯:《脑的进化》,第 202 页。

② 同上,第 261 页。

③ 同上,第 283 页。

在心灵世界中，主角是自我或自我意识精神。他赞成波普尔的观点，承认自我不是一种属性、不是一个纯粹抽象的东西，而是一个有自主性的独立的主体，可自己作出期盼、计划、决定、思想和行动，并可意识到自己的所作所为，还可与自我以外的他者、世界甚至作为自我所在地的大脑相互作用。[①] 他说：自我是一种“单一连续实体”。其基础是内省意识，“我们用经过内省知觉到的所有这些正在进行的活动和所处状态来形成我们自我（一个单一连续实体）的统一基础。”[②]这就是说，人身上存在着一个统一的自我或一个有自己作用的精神主体，他称之为自我意识心智或心灵。从它与身体的关系说，它不根源于神经活动，而恰恰是整合人的神经活动的东西。

在埃克尔斯看来，否认人身上存在着这样的实体或主体是不符合事实的。因为从形态学上说，每个人都表现为由无数的构件组成的复合体，但每个人又能清楚地意识、经验到其内有一种心理的统一性；从时间上说，尽管肉体每时每刻都在生生死死，但人只要活着就知道自己从过去到现在是连续的。他说：“每个人主观上都有精神统一性的经验，也就是从个人最早期记忆以来的连续性。这是自我概念的基础。”[③]这种自我不仅存在着，而且有其独特的作用，如控制神经系统，对人的认识、经验进行综合统一。他说：“有自我意识的心智并不只是被动地参与对神经事件的读出作业，而是像探照灯那样主动地对神经事件做搜索作业，所有复杂神经活动过程可能时时刻刻地呈现在心智面前，按心智的注意、选择、兴趣或动机，心智可从联络脑区的极大量动作组合里做选择，搜索这个那个，这里那里，把从联络脑区许多不同区域读出的结果融合在一起。有自我意识的心智以这种方式统一了经验。”[④]

---

① 埃克尔斯：《脑的进化》，第 258 页。

② 同上，第 270 页。

③ 同上，第 241 页。

④ 同上，第 241 页。

三、新二元论的新证明

埃克尔斯的二元论无论在形式还是在内容上都是新的。就形式而言，他对之做了新的表述，如说：有两种确实性或真实性。这两种确实性也可理解为两个原初的公理："第一个确实性是，我们每一个人都是独一无二的意识存在；第二个确实性是，包括我们每个人的身体和大脑在内的物质世界是存在的。"①

从内容上说，他对上述二元论给出了许多新的论证。其中既有哲学的，更有科学的。在他看来，上述两种真实性都有其可靠的基础。后者基于科学，前者基于人的体验。根据体验，"世界 2 里的自我才是我们所体验到的唯一性之所在"。否认体验及其所体验到的东西的真实性同样是伪科学态度。"当代哲学忽略了涉及每个自我所体验到的唯一性的问题，这大概是因为无处不在的唯物主义对源于心灵体验的基本问题采取视而不见的态度。"②

他承认：要证明二元论，关键是证明心灵世界的存在。我们这里重点考察他的几个较有个性的论证。

第一个论证已如前述，是本体论上的论证。在他看来，由于量子力学的诞生，世界的本体论图景发生了根本性变化。根据量子力学，不仅有形的粒子性实在有存在地位，没有形体性的东西也是如此。如果是这样，传统二元论无法证明的非物质心灵为什么也能存在这一问题便迎刃而解了。问题在于：由量子力学的成果是否能解读出上述对二元论论证有用的那个前提呢？这也是埃克尔斯关心的问题。埃克尔斯深知：承认意识或世界 2 有独立的存在地位及作用，必然违背 20 世纪以前的物理学定律。但 19 世纪末以后的量子力学是有利于二元论的。因为根据量子力学的理论，世界上确实有这样的实在，比如概率场，它既没有能量，也不涉及物质，但却有作用力。同样，"意向或有计划的思维所涉及的精神集中

① 埃克尔斯：《脑的进化》，第 285 页。

② 同上，第 285 页。

可能以一种类似于量子力学概率场的过程来引发神经事件。”[①]他的这一思想是从量子物理学家马基瑙(H. Margenau)及其《存在的神秘性》一书中借鉴的。

当然,他有自己的新的思考和发挥。在马基瑙的“概率场”、“微位”说的基础上,他提出和思考了这样一些问题:第一,什么样的神经事件是由类似于概率场这样的精神事件引发的?他的看法是:并非一切神经事件由精神所引起,只有发生在大脑皮层中复杂高级的神经事件才可能与精神有关。第二,怎样理解“微位”?他的回答是:“突触是一个神经元与另一个神经元发生通讯的位点,尤其是完成具体运作的微位。”[②]第三,量子力学概率场能产生的效应的幅度究竟有多大?他说:“对已经附着到位的突触小泡的递质释放有选择的作用,对已经附着在突触前蜂窝状网格上的突触小泡,只以远低于1的概率场释放突触递质。我们因此可以得出结论道:基于海森伯不确定原理的计算表明,附着在突触前蜂窝状网格上的突触小泡完全可能被精神意向以和量子概率场类似的方式挑选出来释放突触递质。”[③]这就是说,精神事件作用的范围和方式是引发突触递质释放。第四,概率场能产生效应的数量级如何界定?“按照微位假说,突触前蜂窝状网格为精神意向随意自由地选择某个突触小结的某个突触小泡来释放突触递质提供了机遇。……由于每个皮层锥体细胞有大约10万个棘突触,这有可能同时涉及数千个突触。”[④]

第二是基于神经科学的论证。在20世纪60年代末70年代初脑电生理研究中,有的研究者精确记录到被试在作一简单的随意运动(如手指弯曲)开始前2秒钟的电位变化,发现整个大脑表面除最前部和底部外,都有缓慢升高的负电位,一般是在动作开始前850毫秒时出现的,而且这些电位主要集中于运动皮层区。埃克尔斯由此推断:既然在只有运动意

① 埃克尔斯:《脑的进化》,第221页。

② 同上,第221页。

③ 同上,第222页。

④ 同上,第222页。

愿而未作出运动的决断、指令的情况下，皮层内部也可出现电位变化，那么在它们之上必然有一独立存在的、具有特殊作用的心灵实体存在，这正是所谓的自我意识心灵。[①]

第三，他相信自我意识心灵存在还基于哲学认识论上的一些重要事实。康德以来的哲学家都知道：对象的刺激是分别给予感官的，人们所得到的感觉信息都是孤立的、零乱的，并分别投射到不同的感觉区的。但是人们最终得到的关于对象的经验认识则是统一的、完整的。广泛而多样的信息如何叠加在一起而组成统一的经验呢？埃克尔斯认为：这种统一不能来自神经生理的综合，只能基于心灵的综合统一或一体化作用。因为没有哪一种神经生理学能解释各种各样的事件是怎样综合成一个统一的和具有完形(格式塔)特点的自觉经验的。他认为，只能为之提供这样的假说，即把神经元的机制看成是复合的发射机构和接受机构，经验的统一性不是来自神经生理的综合，而是来自自我意识心灵提供的整合特性。由此可以推测说，自我意识心灵首先是为了给自我的意识经验和活动提供这个统一性，才发展起来的。

第四，人有关于自己的精神统一性的观念这一事实也能证明精神的独立存在。一个人在一生中，其时间、空间、躯体、感受会发生很大的，甚至根本性的变化，如由小变大、由年轻变年老、由无知到有知等，尽管如此，每个人都会把这些变化说成是他的。这一事实显然不能用人有同一个大脑这一事实来解释，因为“大脑有几乎无数种不同的神经活动模式”。埃克尔斯认为，这只能用自我意识心智的统一性来解释。它“像探照灯那样主动地对神经事件做搜索作业，所有复杂神经活动过程可能时刻呈现在心智的面前……有自我意识的心智以这样的方式统一了经验”。[②]

第五，根据裂脑人研究成果等的证明。他说：“大脑联合部切开术把有自我意识的心智的一小部分分离了出去，但原先的人格看上去没有受

---

① 埃克尔斯：《脑的进化》，第208页。

② 同上，第241页。

到损伤，精神统一性完好无损地处于左半球之内。……来自右半球的情绪反应可以经过任何没有分割开来的边缘系统而牵涉左半球，所以该人格仍在情绪上和右半球相关联。”①

最后，他还有根据情感、注意和意志等的论证，②根据想象力、创造力的论证，③根据意志自由的论证，④等等，这里从略。

四、心脑相互作用的桥梁、交会点与过程

埃克尔斯的二元论也赞成心身相互作用论或交感论，他的新的表述是："心智和大脑是相互分开、独立存在的，大脑属于世界1，心智属于世界2，两者之间有某种交互作用。因此世界1和世界2之间有一道世界，而跨越这道边界有双向的交互作用。可以想象这种交互作用是一种信息流而不是能量流。这样我们得出了一条不同寻常的教义：物质—能量世界不是完全封闭的。”⑤

他的相互作用论的特点在于：不满足于一般地承认或重复脑—精神之间有相互作用的老生常谈，而试图发展出一个比以往任何假设都更坚定、更明确的有关自我意识精神和脑相互作用方式的假设。这假设的要点有：首先，自我意识精神有依赖于大脑的一面；其次，意识对大脑进而对身体以及外部世界具有主动的、积极的反作用。自我意识精神不仅主动地接受、综合统一大脑所提供的信息，而且修改、制定神经事件的时空模式，进而干预神经机制的操作，发动和控制各种随意运动。因此自我意识精神扮演着一个高级的翻译和控制神经事件的角色。

精神与大脑是通过什么联系起来、通过什么方式发生相互作用的呢？他认为：联络脑在两者之间是一个由此达彼的桥梁。精神与联络脑的关系就好比多路扫描和探测装置的关系。精神主动地按照自己的兴趣和注

① 埃克尔斯：《脑的进化》，第248页。

② 同上，第117、275页。

③ 同上，第277—281页。

④ 同上，第281—283页。

⑤ 同上，第208页。

意力辨认、选择、整合联络脑所提供的、来自外部世界的信息，联络脑就像是由很多微型组件组成的收发报机。它之所以是精神与大脑相互作用的桥梁，除了上述解剖结构特性以外，还在于联络脑中存在着大量的“图式”(modules)和“图式活动”。所谓“图式”就是“神经元集合体”，具有复杂的组织和激活活动的特征。每个“图式”都可被看作是一个无线电传输—接收器的单位，处于大脑皮层之中，而同时又对自我意识精神(“世界 2”)开放，因而自我意识精神能对之扫描，接受和发放那些具有一定程度的开放性的图式。

如果承认心脑有相互作用，那么必然碰到笛卡尔为之困惑不已的这样一个问题：它们的相互作用有没有一个发生的地点或点？如果有，这点在哪里？是什么？为回答这些问题，埃克尔斯提出了微位(microsite)假说。他认为，心脑相互作用的确有一个交会的点。不过，它既不在大脑事件中，也不在心理事件中，而在微观点或微位(microsite)之中。换言之，此微位才是两个完全不同存在之间通讯的渠道。他说：“心脑相互作用密切地依赖大脑兴奋性突触的两个引人注目的特征。其一是突触前蜂窝状网格的结构和排列，……其二是突触前蜂窝状网格上突触小泡释放递质的概率特性，通常远小于 1。”①

最后，他基于微位假说，对心与脑相互作用的具体过程与方式阐述了他的看法，建立了所谓的“一元化假说。”如下页图所示：

这里有三个树突丛(神经单元)，每个树突丛中都渗透着心理单元(mental unit)或心元(psychon)。在他看来，世界 2 具有完全的自主性，通过一个心元(由实心方块标出的)起作用的一个心理意图，拥有排列在树突上的、数万个激活了的突触前蜂窝状网格及其上的突触小泡等待着被选择。以大脑对心智的作用过程来说，当心元从其树突丛的数万个突触前蜂窝状网格里成功地选择了大量突触小泡的时候，其幅度会非常大，该心元得到的信号会把该单元的特定经验属性带进世界 2 中。

---

① 埃克尔斯：《脑的进化》，第 225 页。

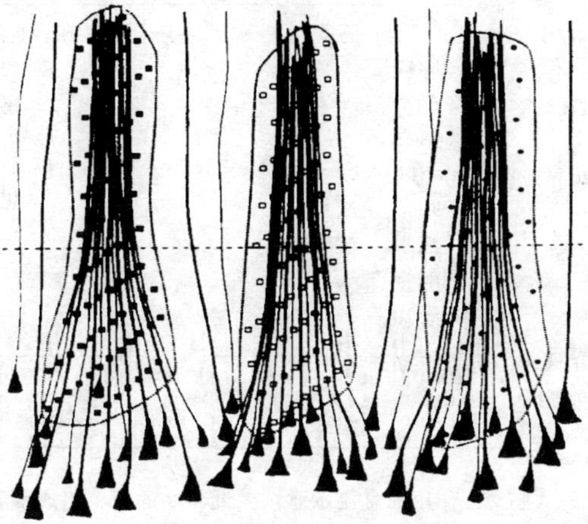

三个树突丛示意图：大、中锥体细胞的顶端树突在第Ⅳ薄层开始聚集起来上升攀缘，越接近皮层表面聚集得越紧，从而形成所谓的树突丛。少部分顶端树突没有聚集到树突丛内。本图中顶端树突终止在第Ⅰ薄层内。实际上顶端树突在第Ⅰ薄层内形成釉丛分叉而终止，但因过于复杂而没有绘在本图里。本示意图的另一个主要特征是重叠于每个树突丛上的心元，每个心元以不同的记号来区分（实心方块、空心方块和圆点）。新皮层含有大约 4000 万个树突丛，每个树突丛都和其心元相连而提供具有各自特色的一元化体验。

精神对大脑发生作用的方式很多，如向大脑传递信息。他说：属于世界 2 的活动，如外在感觉和内在感觉，“能对属于世界 1 的大脑皮层事件有效地发挥作用。”这种作用就是传递信息的作用。为了直观，他画出了“心脑交互作用的信息流示意图”（见下页）：

总之，埃克尔斯的二元论无论是就内容还是就形式来说，较之其他形式的二元论确有很多不同。例如它的视角更丰富（同时从神经科学、量子力学、进化论、哲学和神秘主义等视角来审视心灵），方法更加多样化，内容更加丰富，如对意识尤其是作为高级精神现象的自我意识的起源、演变做了前无古人的描述，对意识的存在地位做了更多样、更精彩的论证。但不可否认的是，他在强调方法的多样性时又走向了另一极端，即有对神秘主义的诉求，直至得出了一些无法为科学验证的结论，如强调：自我意识有神的突创的一面，甚至承认灵魂有不朽的可能性。当然，这在现在都是

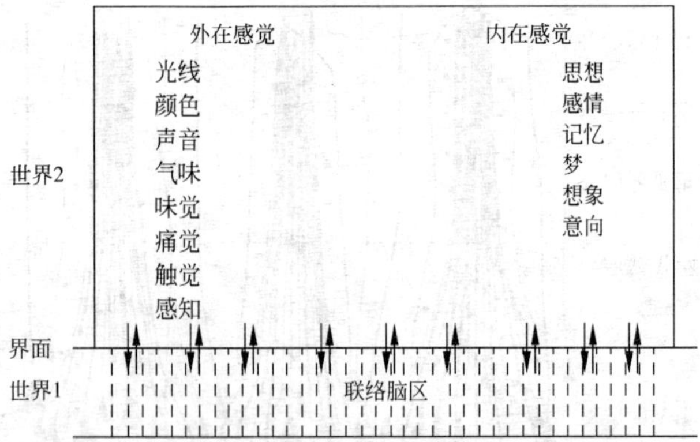

哺乳动物大脑交互作用信息流示意图。世界 2 的两个组成部分，外在感觉和内在感觉，和属于世界 1 的联络脑区之间的通讯以箭头表示。哺乳动物拥有一个对应于它们意识的世界 2。

无法证明的，只有“寄希望于我们解放出来的灵魂将拥有另一个意义更深远、经验更出神入化的未来，大概……寄寓于某个更新了的具象存在里”。①

更有甚者，他还相信有天意、上帝的存在。如说：有一个神圣的天意一直在支配和控制着生物进化中所有的唯物主义事件。他承认两个宗教观念，第一个是作为宇宙造物主的上帝，第二是给予我们生命的内在的上帝。他说：“以某种神秘的方式，上帝创造了进化过程中所有的生命的形态，尤其是在到人性之人的原始人进化过程中，给予每一个人一个有意识的不朽灵魂的人格。”②

① 埃克尔斯：《脑的进化》，第 295 页。
② 同上，第 295 页。

第十章　二元论的量子力学路径

由于量子力学客观上存在着从哲学和科学上做多样解读的可能性，因此一些新二元论者不失时机地深入进去，努力挖掘其内对二元论发展有用的资源，于是便形成了发展二元论的量子力学路径。从大的方面看，以量子力学为基础的二元论论证主要有两种方式，一是形而上学的运思方式，特点是根据量子力学成果修改不利于二元论的形而上学原则，二是实证的运思方式，特点是根据对量子力学具体成果的特定的解读，或直接论证二元论的结论，或改进或充实二元论的论证方式。

第一节　量子力学的形而上意义与新二元论的形而上争辩

从形而上学角度看，二元论之所以受到反二元论者的批评和否定，主要是这样一些形而上学问题困扰着二元论，例如存在着的东西都有形体性，有什么理由断言非物质心灵存在？一物要对另一物产生作用，必须有质量和能量，有什么理由说心灵有因果作用？两事物要发生关系，离不开特定的空间区域，没有空间性的心灵怎么可能与别的事物发生关系？等等。量子力学诞生之后，二元论似乎从中看到了解决上述形而上学问题的希望。先看二元论在本体论上的辩护。

常识本体论和传统哲学中的物理主义本体论异口同声地说：只有有形体或有广延性的东西或粒子性实物才有存在地位。这似乎是自明的、天经地义因而是放之四海而皆准的真理。如果是这样，二元论尤其是实体二元论关于存在着无广延的精神实体的论断，不是被认为陷入了自相矛盾（即意味着主张存在着不存在的精神实体），就是被认为存在着不可克服的理论困难：无广延的心灵怎么可能存在？世界上哪有这样的存在？

在量子力学诞生之前的诸科学部门中，的确找不到能证明有这样的存在形式的理论和事实根据。因此传统的二元论面临的瓶颈问题就是这样的前提性本体论难题：要证明精神有存在地位，必须证明常识、传统哲学和科学的本体论标准是错误的。在现代以前的漫长历史进程中，这一直只是一个天方夜谭式的梦想。而量子力学诞生之后，一些人基于自己的一种特殊解读，不仅欣喜若狂地发现了二元论的科学基础（这是以前没法为之提供的），而且看到了从本体论上拯救二元论的希望。例如艾伯特（D. Z. Albert）认为，量子力学的哲学意义在于：它改变了我们的本体论，迫使我们放弃只有粒子性事物才有存在地位的观点。他说：面对量子力学，必须“改变关于世界的基本本体论。你应做的是，放弃认为物质世界由粒子构成的观点，……而转向这样的看法，即它还由另外的某物所构成”。“在相对论量子理论中出现的东西是，人们可以这样设想：有一种无限小的物理系统，永远存在于全部空间的每一个数学点之上，还可以设想，有一个由这样的系统所组成无限阵列，它对应于每个点。可以说，每一个无限小的系统就是一个量子力学系统，它们都以特殊方式与邻近的系统相互作用。它们的全部阵列就是场。”[①]这就是说，根据这种新的理解，粒子性实在和非粒子性实在（如场、抽象的点、无限小的系统等）都有存在地位。如果是这样，那么二元论主张存在着无形体的心灵的观点不是名正言顺了吗？当然，要使后一观点成立，首先得从量子力学等理论中找到能证明场、非粒子性实在之类的东西存在的根据。先看常识和传统唯物主义从存在物中抽象出“共有”或“存在”的方法及过程。

人们在日常经验中能看、能触的物质或物体的具体样态，是人们抽取“存在”或“共有”的典型样本。很显然，人们从中抽象出的作为“共有”之本质规定性或标志的东西不外是它的广延性、形体性或连续性。它是怎样构成的呢？有何本质特点？用日常语言表述，存在着的东西，一定是实

---

① D. Z. Albert, *Quantum Mechanics and Experience*, Cambridge: Harvard University Press, 1992, pp. 59-60.

物性的东西,里面一定有点什么。用西方近代哲学的话说,它一定有形体或占有广延。从认识论上说,它一定能被看到或感知到,有道是“眼见为实”。从物理学的观点看,人们视之为存在的事物一定是由能量粒子和有连续质量分布的粒子共同构成的。从属性上看,物质便表现为有质量属性和能量属性的东西。不难看出,一般本体论的“存在”标志或标准主要是从物质的质量属性或有连续质量分布的粒子中抽象出来的。可这样表述这种存在标准:一对象如果有质量属性或有连续质量分布的粒子,或由之所构成,或就是粒子性实在,那么就是存在的;反之,就不存在。可见,常识和传统本体论的“存在”概念是以物质中的质量属性为基础而建立起来的,或者说只抓住了其中的有连续分布质量的粒子的特性,而把其中的能量粒子以及与之密切相关的场的特性都付诸阙如了,即当作非存在了。

其实,即使以实物或有形物质为抽象“存在”之一般本质规定性的样本,也不一定只得出上述结论。根据物理学对质能关系的新的看法,粒子并不只表现为实物性的质量粒子,还可以以无形的能量粒子的形式表现出来。同理,一实物之所以是存在的,除了依赖于它的质量粒子之外,还离不开它的能量粒子。因此,对存在的理解固然离不开对物质的理解,进而离不开对质量的理解,但是要理解质量,又离不开对能量的理解,因为质能是可以相互转化的。更重要的是,一物的存在是离不开质量和能量的,正是它们的共存、相互转化构成了事物的存在。这里不妨从趋零粒子说起。所谓趋零粒子就是小于电子静止质量的粒子,意即这类粒子的质量顺序是以零为极限排列的。在趋零粒子中,如果像原子那样,有一个封闭连续质量核体的空间结构,那么可把它们称为能量粒子。对应的空间就是能量粒子的内能空间。它的方向为背离质量中心向外。外部空间为外能空间,其方向沿能量粒子内能空间的边界指向质量中心。

看来,让人相信某对象存在的东西是它的质量粒子,而质量粒子又与能量粒子密不可分。怎样理解能量粒子?有什么特性?如果用数学中无穷小量的概念,那么可把它的特性描述如下:首先,能量粒子使内能空间的物质分布具有充满和连续的性质。因为任意小的空间间隙可以容纳任意小的能量粒子，并且，能量粒子的质量是以零为极限的，总有任意小的能量粒子在能量演变过程中产生。其次，能量粒子的质量、离零的距离是不一样的，这种不同又是由它们所处的阶次决定的。具体来说，阶次越低，中心质量体越大，距零越远；反之，阶次越高，中心质量体越小，距零越近。正是有此特点，因此与地核边界相接的辐射层分布密度量大的是低阶能量粒子，随空间高度的增加，分布密度最大的能量粒子的阶数不断升高。换言之，阶数越低，可以推动的物质聚集形体的质量越大，阶数越高，对聚集物质形体的作用就越小。基于上述认识，人们一般把能量粒子的升阶排序对物质分布的作用称为能量粒子的自然排序。

在能量粒子的自然排序中，高阶粒子可以穿过中低阶粒子边界之间的间隙向更高的空间运动，起到信息传递作用。阶数越高，运动的直线性越好。随着高度增加，空间范围扩大，高阶粒子传递的信息密度以零为极限衰减。高密度的低中阶粒子分布的物质层，相对高阶粒子具有滤波作用。

不难看出，常识和传统本体论的“存在”概念是有遗漏的，即只注意到了质量粒子，而把其中的能量粒子以及与之密切相关的场的特性都遗忘了。由之所决定，这个概念表面上反映的是一切存在物的共性，其实只反映了部分存在物的共性，因此不具有最大的一般性或共性。要抽象出这种共性，我们同时还应关注能量粒子。因为物质是由能量粒子和连续质量分布的粒子共同组成的。如果是这样，在说明存在的一般本质时，就应同时注意能量属性和质量属性。

质量属性的存在是没有太大争论的。它是从粒子角度研究物质时所看到的属性，因此可称作粒子。而能量属性则是从波动角度研究物质时所观察到的属性，可称作波动性，其存在地位常被否认或忽视。其实，在物质世界，它的存在像质量属性一样真实。它们都是物质的表现方式。例如，当物质沿地球内能的方向运动时，我们就说它具有能量属性；沿外能的方向运动时，我们就说它具有质量属性。大气层的对流运动就同时存在这两种属性的运动。当原子的内能空间扩展变大，体密度变小时，具有沿地球内能方向运动的趋势,我们就说它具有能量属性;反之,内能空间减小,体密度变大时,具有沿外能方向运动的趋势,我们就说它具有质量属性。如此推之,化学元素周期表的同周期元素从左到右的排列方向具有质量属性,而从右到左的排列方向就具有能量属性。内能空间相对质量核体具有能量属性。质量核体则具有质量属性。对于能量粒子来说,低阶的相对高阶的呈质量属性,高阶的相对低阶的呈能量属性。

当我们把眼光从个别的物质形态转到它们的关系和相互作用之上时,我们还将看到新的存在样式,如场。这就是说,物质除了以质量粒子和能量粒子的形式存在之外,还有场的存在方式。物理学已表明:物质的场也是真实的有,当然它没有粒子性。因此要抽象一切存在物的"共有"性质,还必须关注场。"场"是一个使用频率极高而又最具歧义性的概念。在日常生活中,它有许多不同的用法,如可表示:(1)集市,如赶场;(2)作量词,如一场雨;(3)运动、活动的地方,如会场、广场;(4)活动的范围,如官场。如此等等,不一而足。物理学中常见的词是:电场、磁场、引力场等。

要准确把握科学的场概念,必须进到场论和量子场论之中。场论是关于场的性质、相互作用和运动规律的理论。量子场论则是在量子物理学基础上建立和发展起来的场论。它把量子力学原理应用于场,认为场是无穷维自由度的力学系统实现其量子化的过程或状态。根据这些理论,场的一个重要属性是它占有一个空间。有鉴于此,场论把物理状态作为空间和时间的函数来描述。从空间上说,场除了有限个点或某些表面外,它的函数是处处连续的。若物理状态与时间无关,则为静态场;反之,则为动态场或时变场。相对于人的认识而言,场看不见、摸不着。从存在方式看,它不是一个东西,不是一种性质,而弥散于整个空间之中,其物理性质可用一些定义在全空间的量来描述,如电磁场可用电场的强度和磁场的强度来描述,这些场是空间坐标和时间的函数。尽管它不是一个实物,但又有作用,甚至可以说,是能量的海洋。

从与粒子的关系看,场不是粒子,而只是粒子的一种存在方式。自然科学表明:一切物质粒子,如电子、质子、中子等都有实物和波两种存在方式。在量子场论看来,场是一种基本的、普遍的物质,是相应的时空连续体,粒子只不过是场的局部凝聚。物质此起彼伏、时散时聚,散之、伏之表现为场,聚之、起之表现为粒子。场是波,粒子则是可以叫作“波包”的东西。波与“波包”显然是对立的统一,波随时随处形成“波包”,“波包”随时随处汇入波。形象地说,场与粒子的关系就像海洋与浪花的关系,场就如同海洋物体、粒子就像海洋中大大小小的浪花。海洋随时随处产生浪花,浪花随时随处汇入海洋。

从场与质量、能量的关系看,场不是有质量的实物,也不是能量本身,而不过是物质的弥漫状态和能量的海洋。总之,场与时空、质量、能量一样,是物质的存在方式,当然表现的是物质的不同属性及状态。在这些存在样式中,只有有质量的实物是有形的,其他都是无形的。但无形与有形又是有关联的,因为时空、能量、场都是实物的运动方式。实物要运动,最要紧的是时间和空间,因此可以说能量和场是时空运动的转化形式。场是一种时空几何、时空结构,实物也是一种时空几何、时空结构。宇宙的一切都是不同的时空结构。彭罗斯说:“场的观念,一种无形的实在的存在方式,必须得到认真的考虑。”①如果是这样,传统本体论根据是否有形体性来判断对象是否存在就是错误的,至少是片面的。

量子力学不仅证明了电场、磁场等有存在地位,而且还证明了概率场的存在。马基瑙(H. Margenau)是量子物理学家。他提出的微位假说认为,有一种存在既不是物质也不是能量。他说:“有些场,比如量子力学的概率场,既不具有能量,也不涉及物质。”②这就是说,世界上存在着非物质的实在。其次,这些实在还有独特的作用。“像大脑、神经元和感觉器官这样非常复杂的物质系统,其组成成分小到足以要受到量子概率场的支配,即这些物质器官具有多种可能的变化状态,而每种状态则以一定的概率出现,如果某种变化发生时需要能量,或需要比其他变化或多或少的

① 彭罗斯:《通向实在之路》,王文浩译,湖南科学技术出版社,2006 年,第 319 页。

② H. Margenau, *The Miracle of Existence*, Woodbridge, Conn.: OxBow Press, 1984, p. 22.

能量，错综复杂的生物体会自动地提供。”[1]

在确认了概率场的存在与作用的基础上，他用概率场来解释心智，认为心智是以场的方式发挥对大脑的作用的。他说：“心智是一种场，是物理学意义上可以接受的场。但其作为一种非物质的场，可能和概率场最类似。”[2]他还认为，有了概率场，心身关系也不难解释了。在他看来，心与脑的交互作用不是神秘的、超时空、超距离地进行的，而有自己的位置，那就是“微观点”或“微位”(Microsite)。

总之，新物理学的成果不仅为二元论论证心灵的本体论地位提供了材料，而且为它解决心灵如何可能有原因作用这一难题伸出了援手。下面，我们再来看看二元论者对他们的心身因果学说的辩护。如前所述，传统二元论的另一难题是心身相互作用可能性的问题，如无物质、质量和能量的心灵怎么可能有因果作用？有形的东西怎么可能与无形的东西发生沟通？心身互为因果的桥梁、交会点是什么？传统的科学中不存在回答这类问题的资源，因此过去只能诉诸猜想、推测、思辨予以论证。现在的状况完全不一样了。因为在许多哲学家和科学家看来，现在有办法根据量子力学予以回答了。过去，人们之所以难以回答这类问题，是因为传统形而上学关于因果关系的“台球”模型似乎是天经地义的、不能违抗的。根据这一模型，两事物之间要有因果关系，或一事物要对另一事物产生因果作用，必须具备这样一些条件，如两事物必须是像台球一样的有形实物，作为原因的事物必须有质量和能量，两事物之间有时空上的接近，如关公不能战秦琼，巴黎的苹果不会砸到牛顿的头上。这就是说，两物之间不可能有超距作用。有了量子力学的新的认识成果，情形就完全不同了。新二元论争辩说：根据贝尔(Bell)定理，在某些双粒子(如一对电子)情况下，即使两个粒子在空间上隔得很遥远，或被分隔开来，但是一种作用力

① H. Margenau, *The Miracle of Existence*, Woodbridge, Conn.: OxBow Press, 1984, p. 96.

② Ibid., p. 97.

只要影响了其中一个粒子，那么也会同时影响另一个粒子。[①] 在二元论者看来，如果这是对的，那么二元论所说的与身体不可能有接触关系的心灵对大脑有因果作用，就不存在什么理论上的障碍。美国哲学家海尔(J. Heil)对新二元论者的解读做了这样的概括："贝尔定理所揭示的东西解放了人们的思想，使我们得以摆脱关于因果关系的简单台球模型。当这一点与关于量子理论的某种有影响的解释结合在一起时，二元论现在似乎不仅是可能的了，而实际上是常识性的。"[②]

根据传统的因果观，两事物要作为因果关系关联在一起，它们不仅要有时空上的接近或邻近关系，而且原因作用的形成和发挥一定是在特定的空间或地点，此即必须有可定域性。而根据贝尔的观点，非定域性是量子力学的一个必然特征，甚至是每种可能的计算方式的必然特征。[③] 所谓"非定域"是指：一个量子系统的不同部分即使相互离得很远，甚至彼此之间不存在能被人们认识到的相互作用，也会彼此产生影响。

关于定域和非定域的争论实际上涉及是否承认存在着远距离或超距作用的问题。爱因斯坦等人认为，这是不可能的。如果真的是这样，那么主张量子系统依赖于观察和测量的观点也是不能成立的。因为不可能想象这样的情况，"比如说一个光子的偏振，可以通过测量另一个在以前的某个时间与之发生相互作用的光子的偏振，能在远方被测量到"。说这个测量能干扰远方的客体是无法想象的。因此在爱因斯坦看来，正统的量子力学解释是错误的。玻尔则认为，这个模型是正确的，因为推断出一个在量子系统的两个远距离部分之间的瞬间关联确实能够发生，而且应承认这种关联性具有非定域性的特点。量子力学的许多实验和假想实验也证明：量子系统具有非定域性的特点。例如可以设计一种装置，它有两个

---

① 参阅 D. Z. Albert, *Quantum Mechanics and Experience*, Cambridge: Harvard University Press, 1992, pp. 61-117。

② J. Heil (ed.), *Philosophy of Mind: A Guide and Anthology*, "Introduction", Oxford: Oxford University Press, 2004, p. 815.

③ 参阅 D. Z. Albert, *Quantum Mechanics and Experience*, p. 70。

孔,其距离很近,可称作超导量子干涉仪(SQUID)。如果将一个电子或光子从一个孔中射出,那么在探测仪上,不仅可测量到该孔有它的作用痕迹,而且在另一个孔上也是如此。正如雷所描述的那样:“如果这个光子具有45°偏振现象,并且同时从两个通道中通过,这个SQUID将进入或停留在一个非定域性的状态。”①

第二节 心与物:量子硬币的两方面

佐哈(D. Zohar)是一位兴趣广泛、多才多艺的思想家。他出生和受教育于美国,曾在哈佛大学、麻省理工学院等著名学府学习和研究哲学、心理学、物理学等,现又活跃于管理实践、培训和理论探讨的许多领域,在伦敦建有专门的培训机构。著述颇丰,如《量子自我》(*The Quantum Self*)、《量子社会》(*The Quantum Sosiety*)、《意识与玻色—爱因斯坦聚合》(*Consciousness and Bose-Einstein Condenstate*)等。受20世纪上半叶一些物理学家和哲学家所建构的关于意识的量子力学模型的启发,她发挥自己曾研究过量子力学且长于想象的优势,尝试建立了自己关于意识、自我的新的量子力学模型。她把它称作“关于意识的新量子力学理论”。

一、“关于意识的新量子力学理论”的动因与特点

促使她建立新模型的问题不再只是意识,还包括“我”、日常经验、社会组织等中的深层次问题。例如就“自我”、“人格同一性”这类古老的哲学问题来说,她发现了这样一些新的问题:一方面,每个人似乎可以肯定,真的有“我”一词所指称的东西;但另一方面,人身上又没有一个同一不变的东西。面对这种困惑,她认为自然有这样的问题:人身上真的有被称作“我”的东西吗?我是什么?我是谁?我从何处开始,又终结于何处?在我的幼年、少年、青年、中年的不同阶段,我是同一个人吗?如果有同一个

① 阿莱斯泰尔·雷:《量子物理学:幻象还是真实?》,唐涛译,江苏人民出版社,2000年,第120页。

我，那是根源于什么？什么保证了这种同一性？再如，从科学上说，人的统一性是最难说明的，以致她说：根据我们时代公认的科学，不可能有人这样的事物，因为如果人是真实的，那么是什么把它们结合在一起？每个有机体都由许多细胞构成，每个细胞都是一个自主体。人的每种功能如心脏跳动等，都由其特定的细胞群所保证。人体内似乎是各自为政的，它怎样成了一个整体呢？总之，人的统一性像意识的统一性一样，成了极难说明的难题。她说："我们必须重估意识的全部问题，不只是它与我们自己的关系问题，而且还包括它与宇宙中的其他生物和事物的关系问题，甚至还涉及它与物质的最基本的要素的关系问题。"①

最重要的是，她所建立的关于意识的新量子模型尽管在本质上是二元论的，但是与以往的一切形式的二元论式泾渭分明。首先，它建立在自然主义基础之上，并得出了意识和物质是量子硬币的两方面的结论。其次，她尽管承认意识的存在地位及不能还原于物理实在的本质，但由于她对个体事物、属性及整体世界的看法发生了根本的变化，即坚持用整体论的观点看世界，因此她断然否定过去二元论所承认的内和外、实体与实体、属性与属性、人与自然、文化与自然的二元性，而坚持一种像波粒二象性那样的没有明确界限的二元性。她自认为，她的关于意识的量子力学模型"向广泛被接受的二元论假定提出了挑战"。② 最后，她的新二元论对心物的理解都是建立在物理学之上的。她说：她的新的模型"把对物质物理学的最好的理解与我们在关于意识的物理学中所推测出来的东西结合起来了"。③ 换言之，把量子力学的物质概念与关于意识的量子力学模型结合起来了。

二、波粒二象性：意识与物质的"共同母亲"

佐哈的新二元论尽管承认意识有不同于物质的存在地位和本质特

---

① D. Zohar, *The Quantum Self*, New York: Quill/William Morrow, 1990, p. 51.

② Ibid., p. 91.

③ Ibid., p. 98.

点，但又认为，它们并非像传统二元论所主张的那样是分别起源于各自的超自然本原，而有共同的物理基础，这就是说，它们都根源于同一的物理本质，即是由电子的波粒二象性这同一母亲生出来的双生子。

她认为，要解决令传统哲学一筹莫展的意识的起源问题，关键是找到合适的概念框架。在她看来，这概念框架只能是量子力学关于亚原子粒子的理论。因为心与身、意识与物质像文化与自然的二元性一样，都是表现型的二元性。而这种二元性一定由更根本的二元性所决定。综观万有，只有粒子的二元性才是最根本的，因此是解开意识如何从物质中产生出来这一千古之谜的钥匙。她说："波粒二象性如此原始，因而不可还原为任何别的东西或过程，它为我们观察心和物的起源、弄清它们各自的真实意义提供了条件。"[①]"量子'材料'的波粒二象性就是世界上的最原始的心身关系，在更高的层面上，我们便看到了生命的心理和物理方面。"[②]为什么是这样？怎样理解波和粒子？

在她看来，对于量子物理学来说，波和粒子都具有根本性。每一个都是物质表现出的形式，两者合在一起才是物质所是的东西。这就是说：亚原子层次的一切存在既像粒子又像波。她说："量子'材料'在本原上同时既是似波的，又是似粒子的。"[③]具体而言之，在作为万事万物之终极本原的亚原子粒子层面，事物的存在和关系不再像素朴的观点所理解的那样，以有独立身份的实在表现出来，而以既有界限又没有界限的形式存在着。例如粒子可能从纯能量（波）的背景下产生出来，存在很短时间之后便变成别的粒子，或回到能量之海中。明白了这一点，我们就能明白过去为什么不能解决心身关系之类的问题。她说："这种关于实在的量子层面的亚原子粒子的产生和复归、或开始与终结的描述性图画，对于我们重新看待个体的人的本原和功能，或对我们看待个体自我的存在将有深远的

---

① D. Zohar, *The Quantum Self*, New York: Quill/William Morrow, 1990, p. 98.

② Ibid., pp. 100-101.

③ Ibid., p. 25.

意义。”[①]

新的模型之所以有这样的意义，是因为它对物质、空间、关系等的理解发生了根本性变化。就拿物质来说，亚原子粒子中也有物质，但它们的本质和特点有两方面。一方面，它们是一种实在，是物质性的，但同时又“不那么物质”。她说：“量子层次的物质不再那么‘物质’，不管在什么意义上，都不再是笛卡尔和牛顿所说的物质。”它们不再表现为空框子内所装的一个实物性的东西，而表现为多种多样的能动的关系性的样式，在这里，电子、光子、介子、核子好像都在以难以捉摸的双重生活捉弄我们，如有时表现为在一个位置，有时表现为动量，有时是粒子，有时是波，有时是质量，有时又是能量。[②] 新模型在空间和关系等问题上的新看法是：粒子是“非定域性”存在，任何事物或系统所采取的状态不是一个空间内居住着一个实物，而是采取或粒子或波的状态。关系也是如此，它也表现出非定域的特点。

佐哈认为，量子力学关于量子世界的图景是说明一切宏观现象的基础，尤其是，波粒二象性是一切存在的基础。例如根据波粒二象性，我们可以令人信服地说明心和物是怎样起源和相关的。她说：“心和物共同起源于量子实在。”[③]可用图表示如下：

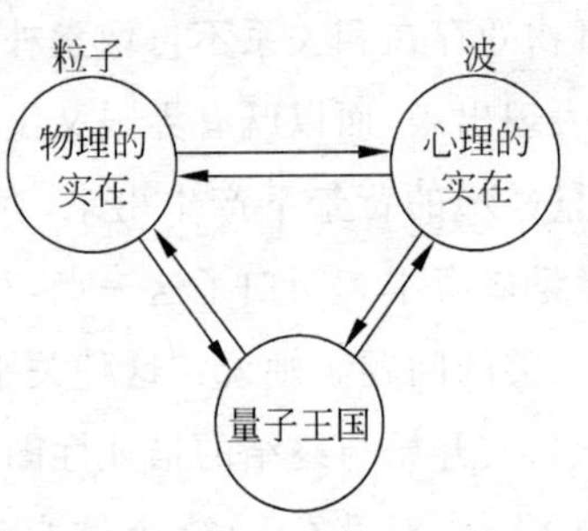

① D. Zohar, *The Quantum Self*, New York: Quill/William Morrow, 1990, p. 29.

② Ibid., p. 98.

③ Ibid., p. 101.

这意思是说:“意识像物质一样来自量子事件组成的世界。”“两者即便完全不同,但在量子实在中都有共同的母亲。”[①]

三、意识:伙伴与整体性关系

佐哈的关于意识的量子模型之所以没有从根本上超越于二元论,是因为她承认了意识独立的、不能还原为物理实在的本体论地位。这主要表现在:意识尽管是从量子世界中产生的,但产生出来后便有自己的独立身份,这身份即表现为自然过程的伙伴。她说:“我们自己,如果愿意的话,也可以说我们的灵魂,完全是自然过程的伙伴(partner)。”[②]

她坚定地反对还原论也足以证明这一点。她说:“这种关于意识的量子模型不赞成下述常见的还原论命题:心灵仅仅是原子的集合。”[③]她强调:尽管心灵根源于波粒二象性,但不能把心灵理解为粒子性实在,而只能理解为关系性或波动性实在。人有心与身,就像亚原子粒子有波动性和粒子性一样,前者不仅派生于后者,而且有对应关系,即心对应和来源于波,身对应和来源于粒子。质言之,意识是玻色—爱因斯坦聚合物的波之间的关系,因为聚合物是自在存在物,是一个具有自己质和属性的新事物,不可能等同于它的构成部分。就像两个人之间的爱不能等同于爱者和被爱者一样,因为除这两方面之外,“爱”中还包含有把两者关联起来的“之间”或纽带。由此可见,爱也具有关系整体性。意识也是这样,也具有关系整体论性质。她说:“这种关系整体性恰恰是意识的本质。”[④]为突出意识的作为关系或波的实质,她还提出了“精神的波”的概念。该概念的思想渊源可追溯到古代。例如古罗马的卢克莱修曾提出了“精神的原子”(atoms of spirit)这一概念,佐哈对此大加赞赏,并模仿着提出了自己的“精神的波”这一概念,强调:它是一种关系。她说:“从意识是一种量子关

① D. Zohar, *The Quantum Self*, New York: Quill/William Morrow, 1990, p. 23.
② Ibid., p. 43.
③ Ibid., p. 43, note *.
④ Ibid., p. 103.

系这一观点出发可推出意识不是物质'属性'这一结论。"[①]之所以不能把意识归结为物质的基本粒子的属性,是因为它是两个或更多粒子之间的一种关系。既然是关系,意识就只能在有两个以上的事物同时存在并发生关系的环境下发生。

说意识是关系性存在,不外是说,它不是孤立的单子性实体,不是个别的属性、性质或功能,而像波模式之间的关系。而人的大脑中的那些被关联起来的波模式之间的关系,在原则上相似于单个量子系统中的两个电子的被关联起来的波方面之间的关系。她说:意识是"一种量子波现象","是由量子波动力学才成为可能的一种特殊的创造性关系"。[②]

要理解这一点,必须进到电子之中,因为在她看来,电子的存在状态、相状为我们认识意识提供了模板。量子力学告诉我们:电子是关系性实在,意识也是如此。她说:"意识或心理的东西,就其最原始的存在层面而言,是一种能动的关系样式,即波粒二象性的波的方面。"[③]同样,生命的物理方面根源于波粒二象性的粒子方面。这就是说,人之所以既有身体,又有心灵,是因为作为它们基础的电子或量子系统中同时具有粒子性和波动性。她说:"在两个或更多粒子组成的量子系统中,每一个粒子都同时具有实物性和关系性,前者根源于它的粒子的方面,后者根源于它的波的方面。正是因为有波的方面,因为它有产生别的东西的作用,因此量子系统才在它们的构成成员中表现出直接而确定的关系性质。"[④]

强调意识是关系性存在的"革命性"意义在于:否定传统的线性意识观,而突出意识的整体论特征。因为即使是电子这样微观的实在也具有整体论特征。例如由于它有波的方面,因此它内部与外面的东西相互干涉,这些相互干涉的东西跃迁、突现、相互吸引,进而使电子的内在的性质,如质量、电极、位置、动量、旋转等,成了与它们的关系之网有不可分割

① D. Zohar, *The Quantum Self*, New York: Quill/William Morrow, 1990, p. 103.

② Ibid., p. 101.

③ Ibid., p. 100.

④ Ibid., p. 99.

联系的东西。由于有这样的关系性，它们便与事物具有不可分辨性，便不再是整体中的部分，而是整体本身。整体是完全不可确定的，其内没有定域性。说意识是整体性、关系性现象，不外是说："意识是非定域性的量子现象"，[①]而说它有非定域性，不外是说它同时具有非统计性、非决定性、波粒二象性、非连续性、跃迁等特点。总之，"非定域性"将为理解我们自身提供新的图式。[②]

承诺意识有不能还原为物质属性的存在地位，就无法推脱为其提供本体论证明的责任。佐哈主要是从作用上予以证明的。在她看来，只要能证明某对象有真实的作用，那么就可得出它有存在地位的结论。佐哈除了列举意识在认识、实践、社会生活中的作用之外，还基于对"薛定谔之猫"的独到阐释给出了自己的论证。

四、量子自我、不朽与复活

人的多变的身体中有没有一个不变的"我"或同一的人格，历来是哲学和有关科学中的一大难题。佐哈肯定自我的存在，但又有别于已有的说明模式。她说："用旧的笛卡尔式或牛顿式的术语说明人格同一性是不可能成功的。"[③]她的独特之处在于：在对量子力学和东方神秘主义作出新的解读的基础上提出和阐发了"量子自我"的新概念。她认为，真实生命的诞生就像整个宇宙有一个绝对起点一样。这起点，用物理学的话说，不过是量子波函数的塌缩。她说："自我像基本粒子系统一样，是整体中的整体，个体中的个体。"由于该系统是粒子，因此似乎是分散的；由于是波，因此是关系性整体，或者说"它们有能力通过波函数的局部叠加而把各个个体关联起来。通过它们的关联，即通过叠加波函数，它们的某些性质就出现了，结果便有一新的整体"。[④]

这一新的自我论包含有非常深刻的、值得思索的洞见。首先，就个体

① D. Zohar, *The Quantum Self*, New York: Quill/William Morrow, 1990, p. 87.

② Ibid., p. 37.

③ Ibid., p. 124.

④ Ibid., p. 113.

的人而言，自我是部分的整体，是多中的同一性。她说：关于自我的关系整体论“由量子关系所形成的整体本身就是一个新的事物，大于其部分之总和”。[①] 分散的粒子为什么有统一性、整体性呢？她的回答是：量子整体性源于大脑的电磁场中的波所形成的关系，而此关系又形成了这个世界中的得到有序组织的关系形式。由于它们，意识便具有统一性，即表现为能写出思想、情感等的黑板。具体而言之，意识之所以具有统一性，人格之所以能保持同一性，根源在于作为粒子复合物的人中有玻色—爱因斯坦聚合物。而此聚合物是由玻色子构成的东西，具有极高程度的关系性，正是它成了意识统一性的根据或基础。她说：“如果通过波函数完全叠加而形成的统一性是意识统一性的基础，那么有双玻色子的或（更大的）玻色子系统才有可能成为原始的精神现象。”[②]

其次，人内部尽管分分合合，变动不居，但里面的确有一个同一的自我。由于它根源于量子的波函数特征，因此不妨将它称作量子自我。其特点是：它纯粹是一个变动不居的自我，在每一时刻都在变化和进化，一下分解为子自我，一下又重新统一为一个更大的自我。尽管小时、年轻、年老的心身不同，但我的那些过去的方面总会被属于现在和未来的我，而不会被归属于他人。由于她有关于过程的量子观点，因此她就有看待自我的新的方式。例如在她的自我论中，我的原子或我的基因，甚至我自己作为人的存在即我所是的样子，都是将来的组成部分，我不仅是现在的组成部分，而且还是过去的组成部分。

再次，佐哈基于对自我和他人关系的量子力学解读，提出了一种有利于社会和谐的全新的“大自我论”。既然自我是量子过程的组成部分，我和你是套叠的，是不可分的，我的现在、过去和未来也是如此，因此我你他既有界限，又没有界限，并必然整合为更大的自我。这有点类似于佛教所说的涅槃境界中由小我升华而来的“大我”（常乐我净为涅槃四德）。很显

① D. Zohar, *The Quantum Self*, New York: Quill/William Morrow, 1990, p. 113.

② Ibid., p. 106.

然，这种大我论根本对立于传统的自我论。后者的特点是：把个体看作是孤立的、有自己分明界限的存在，因此可被称作自恋论或孤独论(narscissism)。而佐哈的新的理论可概括为反自恋论。它以对人的量子本质的理解为基础，同时又为我们建立一种关于人的完全不同的、非自恋式心理学提供了基础。从粒子方面看，量子自我是个体综合体。从波的方面看，它同时与他人的自我和大范围的文化具有不可分的联系。她说："由于有关于自我的量子观点，由于我对自我结合到别人自我中的方式有新的理解，……因此我在这个过程中的地位就变得更人性化了，更长久了，我不只是这个过程链中的一个环节，而且是一个桥梁，通过它，别的人也与他的未来有交叉性联系。"①"在自我之间，也不存在时间或空间上的界线。我们都是个体，但同时是更大统一体中的个体，即同时是统一体。"②她自认为，她的新自我论是一种关于自我与他人关系的不可阻挡的观念变革。过去我们只知道量子物理学要求我们改变对时空的看法，现在由于她，我们意识到量子物理学还有改变我们对自身作用的看法。

灵魂是否不朽、肉体能否复活，也是心身问题研究中的难题。佐哈认为，基于量子力学，这一问题可以获得有效的解答。她说："在基本粒子的亚原子层次，是不存在死亡的。量子真空(vacuum)作为存在着的一切实在的基础，是永恒存在的。形象地说，我们可以把这种虚空看作是'存在之源泉'。在这个源泉之中，一切基本属性——质量、能量、电极等等——都是守恒的。没有什么东西会失去。"③无论是从粒子的角度还是从大尺度上看事物，都能得出"各种样式的存在物都是永恒的"这一结论。④ 从认识史来说，过去的哲学、宗教尽管相信不朽，但只限于相信灵魂不朽，因为似乎找不到证明肉体不朽及复活的根据。要相信肉体复活，也只能基于信仰，同时要诉诸神的作用。而佐哈认为，基于量子力学，可以找到科

---

① D. Zohar, *The Quantum Self*, New York: Quill/William Morrow, 1990, p. 151.

② Ibid., p. 151.

③ Ibid., p. 142.

④ Ibid., p. 143.

学的解答。因为在各种关系中存在着这样一种"隐秘的关系","它是量子自我的必然的组成",这就是量子记忆。她说:"从量子力学的观点看,我就是我的关系,即我对我自己自我之内的子自我的关系,我对他人自我的关系,通过量子记忆,我的现在对于我的过去的关系,通过诸可能性,我的现在对于我的未来的关系。如果没有这种关系,我就什么也不是。"①

在她看来,通过量子记忆,经验所形成的某些波形式与现在经验所产生的许多波形式便一同出现在大脑的量子系统之中,于是我的过去便总与现在在一起。这过去不是作为记忆而存在的,而是作为活生生的在场而出现的,这种在场决定了我现在所是的状态。她说:"通过量子记忆,过去还活着,还敞开着,并与现在对话。就像在真实的对话中那样,这意味着:不仅过去影响现在,而且现在也能影响过去,如给予过去以新的生活和意义。"②

五、有限制的泛心论与基于整体论的心身关系论

把意识归属于人,这大概是没有太大争论的,但一旦像泛心论那样将意识推广到非生命事物之上,则可能一片哗然。尽管如此,在现当代重新论证泛心论的人大有人在。例如科学家中的典型代表是玻恩。他为了说明亚原子粒子的明显具有的"知道"属性,把电子的运动与芭蕾舞蹈演员的动作做了类比。后者之所以跳得那么流畅,是因为他们是按谱而行动的。电子的行为也是如此,这里的"谱"自然是波函数。玻恩还利用怀特海的"过程"概念,论证了自己的观点,说:"心理和物理的东西是一种完整的过程的两方面,……在那个完整过程的任何阶段不存在心与物两方面的真正的分裂。"③佐哈尽管对他和别的人的思想发表了肯定的评价,但同时又认为,已有的泛心论都有这样那样的错误,根源在于:"它们都依赖

---

① D. Zohar, *The Quantum Self*, New York: Quill/William Morrow, 1990, p. 145.

② Ibid., p. 145.

③ D. Bohm, "A New Theory of the Relationship of Mind and Matter", *The Journal of the American Society for Psychical Research*, Vol. 8, No. 2, 1986, p. 129.

于关于物质的过时的概念”。①

佐哈明确宣称自己赞成泛心论。她说:“既然唯物主义和唯心主义都没法对心身问题作出充分的回答,因此就有第三种解答方式,即泛心论。……心灵也许真的是物质的基本属性,反之亦然。也许,宇宙的基础性的‘材料’就是一个具有这两个方面的‘东西’。”②不过,她又强调:她倡导的泛心论不同于传统的泛心论,可称作“有限制的泛心论”,其特点是:“把某种非常原始的意识属性与物质的基本构成联系在一起”。③ 她的泛心论的基本结论是:量子世界也有意识,因此意识无处不在,只是量子实在的意识在程度上更原始罢了。她的根据自然来自量子力学。她认为,自然组成的世界有两大类,即费密子和玻色子(bosons),费密子的例子是电子、质子、中子等,其特点是:“非社会性”,不爱交际,“非群居”,其波函数是叠加的,在某种意义上,总是个体性的。它们结合在一起就构成了我们所看到的物质。玻色子的例子是光子、虚拟粒子、引力、中立的 Z 粒子等。它们是关系性粒子,是携带着把事物结合在一起的力的粒子,在本质上是“群居性”的粒子。它们的波函数如此叠加,以致结合在一起,便让它们具有它们的统一性,进而有满足成为个体的需要的作用。支持泛心论的最明显的“事实”是:“电子或光子似乎能以某种奇怪的方式‘知道’它的环境中的变化,并仿佛能作出相应的反应”。例如在对光子的双缝实验中,光子的行为之所以各不相同,是因为它们在电子探测器前被提供了不同的机遇。如果只打开一个缝,那么它们的行为便像粒子,如果两个都打开,其行为则像波。④

心身之间究竟有何关系,如何说明人事实上具有的一定限度的自由,这些历来是二元论和唯物主义深感头疼的问题。佐哈认为,之所以有这种尴尬,根源在于它们的理论基础有问题。如它们都是建立在碎片论而非整

① D. Zohar, *The Quantum Self*, New York: Quill/William Morrow, 1990, p. 97.

② Ibid., p. 96.

③ Ibid., p. 96.

④ Ibid., p. 59.

体论的基础之上的。所谓碎片论就是把包括心身在内在的一切事物看作是可以绝对与他物割裂开来的实粒性、团块性存在。由于这样看待事物，便有内与外、人与非人、文化与自然、心与身的绝对二分论。而有此前提，便必然无法再现它们之间的联系。相反，如果以整体论和量子力学为基础，不说彻底解决有关问题，至少会找到一些令人满意的解答。因为根据整体论，一个人的意识与别的人的意识，与自己的身体、物质，与量子真空的基本状态，都是不可分割地联系在一起的。没有别的东西，此物不是其所是；同样，没有此物，别的也不是其所是。她说："'不可分的全体'(undivided wholeness)是实在的广泛图画的一个唯一方面，意识就在里面。"①

有了整体论的视角，自由意志问题便不再神秘了。在传统哲学中，自由要么受到无意识力量的决定，要么被理解为对法则、规则的遵守。根据她的新的看法，人是有自己的自由的，因为人是量子实在，其内有波的本质。因此如果人是一个自我的话，不过是"自由的自我"，如果有由自由所决定的责任，那么他就负有量子责任。②

如果坚持整体论，心身关系之外的其他关系也不难说明。她说：她的量子观点"超越于心身二分或内与外的二分，告诉我们：心灵的基本构成(玻色子)和物质的基本构成(费密子)都来自于共同的量子基质(真空)，并一直在进行着相互的创造性对话，而此对话又根源于实在创造的那个核心。"③同样，它也能超越个体与关系、文化和自然等的绝对二分。之所以如此，是因为这种量子世界观把动力学关系作为一切存在着的东西的基础。我们的世界其实是心与物、内与外、个体与他人、文化与自然之间的创造性对话。

第三节 量子二元论

如前所述，量子力学具有多样解释的可能性。根据其中一种较有影

---

① D. Zohar, *The Quantum Self*, New York: Quill/William Morrow, 1990, p. 75.

② Ibid., pp. 171-187.

③ Ibid., p. 236.

响的解释，意识不仅像被观察到的量子实在一样是存在的，而且比后者更本原，因为如果没有观察者的意识的介入，在观察者面前就不会有被观察到的量子实在显现出来。而没有量子实在作为对象，当然也就没有量子力学。这一来，量子力学与意识不只是像由藤缠在一起的两棵树那样纠结在一起，而且似乎有一种相互论证的循环关系，例如由于有了意识，量子力学得以建立和完成，而由于有量子力学，意识再次成为关注的中心，并获得了证明。威格纳(E. Wigner)说："当物理理论的触角伸向微观现象时，量子力学应运而生，意识概念再次成为关注的中心。如果不诉诸意识，要以一种完全统一的方式阐释量子力学的规则就没有什么可能性了。"①正是基于这样的认识，二元论的家族中诞生了"量子二元论"(quantum dualism)这样的混血儿。

以玻尔为代表的哥本哈根学派和海森堡等人在从科学上尤其是从哲学上解释量子力学时所阐发、倡导的意识理论正是量子二元论。根据"海森堡划分(cut)"，自然界有两大部分，一个分界线把它们分割开来。在此分界线之上，存在的是用基于经验的经典描述所刻画的世界；在线之下，是由量子力学描述所刻画的世界。这种区分的标准是测量装置，在它之上存在的是第一个世界，指的是包括观察者、仪器在内的一切实在，而它之下的东西即由被测量的东西组成的第二个世界。从描述上说，对这种装置有两类平行的描述，一是经典的，二是量子力学的。量子力学描述的是经典一类型的状态的涂抹物。因此被假定的理论上的一致就是：被涂抹的数学量子状态描述的是各种可用经典方法描述的状态的统计性的分量。相应地，它所作的预言就是对用经典物理学概念框架所描述的可能经验的统计预言。

在玻尔等人看来，世界的两个组成部分是这样的，一是观察系统，它又包括这样的组成要素：(1)人的身体、大脑和心灵，它们是建立实验条

① E. Wigner, "Remarks on the Mind-Body Question", in J. Heil(ed.), *Philosophy of Mind*, p. 867.

件、通过经验反馈获得知识增长的主体。(2)测量装置。从描述上说,观察系统是由经典物理学概念定义的日常语言所描述的系统。这种语言描述的表面上是客观实在本身,其实是观察者所做的事情,如他所从事的研究工作、他的行动的经验结果。世界的另一部分是第一部分所观察和探索的量子实在。这个被探索的系统是由量子力学符号语言描述出来的。①

通过对测量本身的带有哲学意味的思考,哥本哈根学派提出了一种新的本体论。这种本体论对存在标准提出了这样的规定,即存在的即真实的。真实的又是什么?其标志是什么?哥本哈根学派解释的回答是:"一个量只有当它们被测量或者说只有在一个特定的测量情境中,即实验的结果能被预知时,这个量才能被认为是真实的。"②这就是说,真实=被测验、被观察、被意识到。阿莱斯泰尔·雷说:"任何未经测量的特性都是不真实和没有意义的。"③而要对对象作出测量,没有意识的介入是不可想象的。由此便可以说:意识是测量中出现的一个新的存在即被观测到的实在的一个根据或基础,既然如此,意识的本原性地位便得到了证明。至少可以说,意识是被观测到的实存得以成立的一个必要条件。简言之,意识不只是存在,而且是唯一真实的存在。阿莱斯泰尔·雷在概括量子二元论的结论及论证时说:"在弄清任何物理活动的过程中,观察者总是处于决定性的地位,并且正是这种观察者所处的决定性地位使得一些人认为,只有观察者的意识才是唯一真实的,而别的事物包括整个世界都只是幻想。"④

在新二元论者看来,量子二元论的根据和论证还有很多,例如关于光子的双缝实验表明:要了解一个量子体系的特性,总要通过一个外界的装

① H. Stapp, "Quantum Mechanical Theories of Consciousness", in Max Vel Mans et al (eds.), *The Blackwell Companion to Consciousness*, Oxford: Blackwell, 2007, pp. 300—303.

② 阿莱斯泰尔·雷:《量子物理学:幻象还是真实?》,第66—67页。

③ 同上,第68页。

④ 同上,第3页。

置去作用在这个体系上。在用光子探测器去观察光子通过双缝的“双缝实验”中，光从两个狭缝通过时是一种波，但当光波打在光子探测器上时却是一种粒子流。这粒子流就是被观测到的或向观察者显现的量子体系。它之所以表现出自己的特性，一个不可缺少的条件是观察者的观察或意识。

“波函数”概念也能说明这一点。所谓波函数，指的是从数学上描述的粒子的波动性的变量。粒子的波函数在时空中某个点的值与粒子在该时间于该位置出现的几率相关。在威格纳看来，该概念能让人们预言：如果我们让某对象与我们直接或间接地相互作用，那么该对象会以什么样的概率使我们有一种或另一种印象。因此有理由断言：“在量子力学中，除了无生命的测量装置之外，有意识的存在一定有独特的作用。”①这独特作用的具体表现是：有意识的观察是被观察对象究竟以什么样式表现出来的一个前提条件。根据这类关于量子力学的哲学解释：波函数不仅体现了一种超越传统本体论的存在形式，而且也有助于证明意识的独立存在地位。因为世界的构成除了粒子和力场之外，还有波函数。根据这种理论，波函数是真正的物理事物。它不同于粒子，但有点像力场，因此不会坍缩。它所起的作用就是像力场一样让粒子旋转，引导它们运动。不仅如此，波函数概念可以泛化到一切被观察到的现象或事物之上。例如就被观察到的属性（如颜色、动量、能量等）来说，它们都可以被理解为由自在的刺激、观察工具、观察者的观察及意识等变量所决定的情境属性，它们实际上表现为什么样式和特点，离不开决定它们的每一个变量。其中，意识也是这样的作用变量，因此其存在地位毋庸置疑。

“薛定谔之猫”也可用来证明意识的存在及作用。根据正统解释，量子系统及其特性在被观测前就像箱子中的猫，即处在两种状态以上的叠加状态（即或者是死，或者是活）。只有当被测量时，这种叠加态才会坍缩

---

① E. Wigner, “Remarks on the Mind-Body Question”, in J. Heil (ed.), *Philosophy of Mind*, p. 873.

成一个确定的状态(即看到猫究竟是死还是活)。一个物体怎么会处在一种叠加态之上呢？难道真的是我们的观察本身引起了猫的波函数坍缩成一只死猫或活猫吗？许多人如冯·诺伊曼和威格纳(K. Wigner)等人曾为之绞尽脑汁。经过思索,他们得出了这样的结论:观察者的意识在波函数的坍缩中起了关键作用。因为对于猫究竟是死是活,我们在对之作出观察之前,是不知道其确定的状态的。能知道的不过是,它里面的状态是多种状态(如原子、猫等)的状态叠加。只有当有实在的观察发生时,箱子的状态叠加才会"坍缩"成一个单个的、确定的状态。海尔评述说:"由这种量子力学解释所描述的世界表现为一种复杂的、分叉的特征。一方面,我们有各种物质的系统——粒子、星球……;另一方面,我们面前有许多有意识的观察者。作为基本量子系统的物质世界要有其确定性是离不开有意识的观察者的。"不难看出,心灵不仅有独立的地位,而且没有它,世界就不可能表现出确定的状态。[①]

概括地说:量子二元论有下述关于意识的"新论":第一,意识是不同于包括大脑在内的一切物理事物的实在,因为只有它能对其他事物作出测量和观察。第二,意识不仅是独立存在的,而且是世界的中心,是他物存在的基础或前提。以对量子系统的观察为例,在观察信息到达一个具有意识的观察者的大脑之前,观察者是没有办法对被观察系统的状态(如薛定谔箱中的猫是死是活)作出判断的。只有当将箱子打开时,里面的状态由于意识的作用才存在并表现出来。这也就是说,一个物体的所有特性,如质量、位置、速度等,只有在被测量时才会有其确定、现实的值。正如雷所概括的那样:"只有当人的意识正观察它时,一个外部世界的存在或至少它处于某一种特殊的状态才能被有力地决定。"[②]"物理学这个先前被认为是所有科学中最客观的科学,正重新创造了对人类意识的需要,并把人类意识放在我们理解世界的一个中心地位!"[③]

---

① J. Heil, *Philosophy of Mind: A Guide and Anthology*, p. 817.

② 阿莱斯泰尔·雷:《量子物理学:幻象还是真实?》,第 88 页。

③ 同上,第 89 页。

应承认，随着一些物理学家对意识研究的介入，量子力学与大脑、意识的关系问题的确成了人们关注的一个重大课题，甚至可以说，这已成了意识研究乃至心灵哲学研究的一个新的走向。当然，也必须注意到，在这个过程中，也有不同的声音，一些人基于冷静的反思提出了这样的质疑：量子力学对于理解意识，例如对理解大脑在产生经验、记忆和意识的过程中的作用，真的是必要的吗？尽管大多数人的回答是肯定的，但也有持否定态度的，例如卡尔文就说："在量子力学与意识之间也许存在着十来个组构层次"，而意识所涉及的合适层次并非是量子实在层次，而是脑皮层回路等。他说："我把那种自量子力学这个下层地下室向意识阁楼的跳跃的企图称作'司阍之梦'。"①

埃克尔斯等人的看法要折中许多。他承认，诉诸量子力学有其必要，否则，就无法对意识作出完全的说明。他说："如果大脑完全按经典力学起作用，那么大脑的有意识活动将几乎不可被理解。"②为了说明个中道理，他们重点分析了在一个个别的棒头中的胞吐作用过程。所谓胞吐作用过程指的是 PVG 中的通道打开过程以及泡囊的传输分子向突触裂隙的放电过程。这一过程作为整体是一个经典力学过程，但深入进去，则是一个量子力学过程。从量子力学的观点看，棒头的胞吐作用的概率并不依赖于占据着 PVG 的有同一性的泡囊的数量。由此就形成了埃克尔斯与贝克所建立的新的模型的一个特点，即在皮质活动中引入了这样的量子概率方面，正是这个方面，为根据量子概率振幅说明从诸可供选择的方面作出挑选提供了条件。因为胞吐作用是一个或全有或全无的事件，以 0.25 的概率发生。而它发生或没有发生毕竟是一个事实。既然是事实，就一定有其促发机制，即有一些现实的作用，正是此作用使可能性变成现实。在这些决定作用中，无疑不能排除意愿或意志的作用。

由上可知，量子力学在说明意志的作用时，的确有其不可排除性，因

① 卡尔文：《大脑如何思维》，杨雄里等译，上海科学技术出版社，1996 年，第 32—34 页。

② F. Beck and J. C. Eccles, "Quantum Aspects of Brain Activity and the Role of Consciouness", *Biophysics*, 1992, Vol. 89, p. 11358.

为量子力学可为我们建立关于胞吐作用过程的触发机制的模型提供帮助,例如将它与其他已有的神经科学理论和实验研究的成果结合起来,就可对引起胞吐作用的机制作出全面的说明。他们说:“在一个树突中既然有10万多个泡囊,因此对胞吐作用的量子探讨就可把新皮质活动与大量存在着的量子概率振幅关联起来。在没有心理活动的情况下,这些概率振幅是独立起作用的,可以在锥体细胞中引起波动的EPSPS。我们可以提出这样的假说:心理的意图通过在时间中提高胞吐在整个树突中的胞吐作用的概率而在中枢中产生有效的作用,进而以此方式将大量的概率振幅结合起来,直至产生干涉作用。”①

针对量子二元论的观点,埃克尔斯等人也发表了不同的看法。不错,由于有意识的介入,测量过程便出现了波函数坍缩。威格纳最先注意到:波函数的冯·诺伊曼坍缩实际上是由人脑中的意识活动引起的,且无法用量子力学来描述,贝克和埃克尔斯认为,已有理论在两者之间建立的联系尚有实验根据不足的问题;此外,许多论者尚未注意到怎样从新皮质的功能微观位置上去定位量子过程,而新皮质的结构和行为又恰恰是量子力学模型的关键。在建构这种模型时,应承认量子过程的作用,但又不能夸大。因为量子过程其实只在一个电动生理过程的一个要素中起作用。

第四节 彭罗斯的“新物理学”与“新三个世界理论”

彭罗斯(R. Penrose, 1931—)是世界著名物理学家,牛津大学劳斯·鲍尔(Rous Ball)数学讲席终身荣誉教授,1988年与霍金一道获得了沃尔夫物理奖。难得的是,他在研究广泛的物理现象时,对人及其意识产生了强烈的形而上学惊诧感,并发挥自己精通数学和物理学等的优势,对之做了一发而不可收拾的探究,完成了多本专著和大量论文,如《皇帝新脑》、《通向实在之路》、《心灵的隐秘处》等。

---

① F. Beck and J. C. Eccles, “Quantum Aspects of Brain Activity and the Role of Consciouness”, *Biophysics*, 1992, Vol. 89, p. 11361.

一、意识探秘的出路与彭罗斯思想的整体特征

面对意识栖身的大脑，他惊叹道："在我们的脑袋中，有一个控制我们动作并使我们了解周围世界的非常了不起的结构。正如阿伦·图灵有一回说过的，它和一碗凉粥再相像不过了！非常难以想象，具有如此平淡无奇外观的东西怎么可能创造这么多的奇迹？"[①]

他对解开意识这一宇宙之谜的出路也做了自己的思考，认为揭开意识的神秘面纱是一项系统工程，而物理学尤其是量子力学在其中享有举足轻重的地位。但是已有的物理学是远远不够的，即便是已有的量子力学也是如此。因为在他看来，从好的方面说，已有的量子力学充其量为我们提供了一种非常奇怪的世界观；从坏的方面看，它没有提供任何世界观。

他所找到的揭露意识之本来面目的出路是：对物理学、量子力学进行变革。他自认为，他完成了这种变革，并通过变革建立了所谓的"新物理学"或"新量子力学"。他关于意识与大脑、外部世界关系的理论主要是以此为基础而建立起来的。由于这一理论带有世界观的性质，因此他把它称作"三个世界理论"。为了区别于哲学中早已耳熟能详的波普尔的三个世界理论，我们不妨把它称作"新三个世界理论"。从实质上说，他的理论既有反还原论、反等同论的特点，同时也对立于二元论，当然是传统的主张心身有两种独立本质和存在的实体二元论。在笔者看来，他的理论并没有超越二元论，因为他尽管强调心灵依赖于、根源于大脑（对立于传统二元论、接近于物理主义），但他又认为，心灵一经产生，又有自己的非物质性和独立性，他说："我们的'头脑'（毋宁讲'意识'）中显然有某种非物质的'东西'。一方面，它受物质世界的召唤；另一方面，又能影响物质世界。"[②]这就是说，在我们身上有一些作用不是由物质产生的，而是由非物质的东西产生的，如控制身体各部分乃至整个身体的作用，了解周围的世

① 彭罗斯：《皇帝新脑》，许明贤、吴忠超译，湖南科学技术出版社，1994 年，第 432 页。
② 同上，第 467 页。

界的作用，等等，都是由意识完成的。更重要的是，我们的意识中有非物质的目的，而此目的是人的世界中的一种根本性的决定力量，因而是对世界作出完满终极性解释的不可或缺的要素。他说："在意识现象中，或许存在某种神圣或神秘的目的，可能是还未被我们揭示的目的。"此目的是超物理学的。因为在按照纯物理学、自然选择理论去说明世界时，意识中的这种目的是被排除了的。在他看来，承认有这种目的，非但不是非科学的，而恰恰是"更科学的"。因为诉诸人择原理这一"更科学的形式"，可对之作出更好的论证。所谓人择原理是这样的原理，它断言："我们存在于其中的宇宙的性质受到如下强调的限制，即必须存在像我们这样有知觉的生物，以便对它们进行观察。"[①]

二、新三个世界理论

彭罗斯的洋洋百万言的大部头著作《通向实在之路》(*The Road to Reality*)的书名本身足以表明：他关心的问题除了有物理学的旨趣之外，还有很强的本体论意味。因为这里要探寻的"实在"恰恰是本体论上所说的真或事实，或实际的、真实的存在(reality)。他要弄清的是：世界上究竟有哪些真实的存在。他谦逊地认为，他并未完全找到终极答案，而只是在寻找通向它的道路上。而他的三个世界理论就是寻找此出路的一个尝试。[②]

他的三个世界理论尽管受到了波普尔的启发和影响，但内容及说明有很大不同。在他看来，世界上的确有真实的存在物。大致说来，有三大类。它们组成了三个世界：一是直接知觉或知道的世界，即能诉诸内省、体验直接认识到的由思想、情感、观念、知觉等所构成的主观经验世界。这个世界的成员很多，如心智的各种有物理基础或没有物理基础的活动，[③]等等。

① 彭罗斯：《皇帝新脑》，第468页。
② 彭罗斯：《通向实在之路》，王文浩译，湖南科学技术出版社，2006年，第736页。
③ 同上，第13页。

二是不太直接的世界，即由物理实在所组成的物理世界。对它们，我们知道得很多。它由人、人脑、自然事物等所构成，分子、原子、电子、光子、时空等也属于这个世界。

三是由数学实在（如自然数 0、1、2……，数学定理，图灵机行为，等等）、概念、共相等所组成的柏拉图主义世界。相对于波普尔的三个世界理论和现当代大多数物理实在论者而言，这个世界显然是彭罗斯在探寻真实存在中的一项“新的发现”。它包括哪些成员？有什么理由说这个世界像其他两个世界一样存在？柏拉图世界中最重要的、数量最多的成员是数学规律、数学对象（点、线、面、体、自然数等）、数学观念、数学定理等。他说：“柏拉图世界是三个世界中最基本的。因为数学具有一种必然性，我们几乎仅凭逻辑就能够设想其存在。”[①]它之所以不仅存在，而且更具根本性，是因为“深藏的数学规律在物理世界的运行中起着重要的作用”。当然，为什么是这样，物理世界为什么从数学世界中突现出来，这的确是一个难题，可称作三大神秘中的一个。[②] 柏拉图世界中的第二大类实在是强人工智能观所说的算法之类。[③] 第三大类实在是抽象概念。他说：抽象概念王国“除了数学概念之外，也许还可把柏拉图式的实在授予其他的抽象概念”。[④] 第四类实在是“真”、“善”、“美”之类的概念。他说：“我完全相信这类理念的存在，也相信在柏拉图世界中还存在着具有同样本性的其他绝对理念。”[⑤]

一般认为，彭罗斯所说的第三世界中的所谓的实在不过是数学家们时常与之打交道的一堆概念而已。彭罗斯反对这种流行的观点，而认为这类实在有像前两类实在一样的独立存在地位。他说：“它的存在就依赖

① 彭罗斯：《通向实在之路》，第 733 页。

② 另两类难题分别是：能知觉的存在怎样从物理世界中产生出来？精神怎么可能根据某种心理模型创造出数学概念？参阅 R. Penrose, *Shadows of the Mind: A Search for the Missing Science of Consciousness*, Oxford: Oxford University Press, 1994, p. 413。

③ 彭罗斯：《通向实在之路》，第 494 页。

④ 同上，第 416—417 页。

⑤ 同上，第 15 页。

于这些概念的深层的、无时间性的和普遍的本质，依赖于它们的规律独立于发现它们的人这一事实。……自然数在人出现之前就存在于那里，……在所有生命消失之后，它们还会一如既往。”①

彭罗斯是熟悉哲学的本体论的。这表现在：看到了人们否认第三世界存在的本体论根源，即把是否具有形体性、粒子性、实物性看作存在与否的标准。因此要论证第三世界有存在地位，其前提性的工作是“拓展一下对于‘存在’的理解”。在他看来，有形的物理实在的确是存在的，但这只是存在的一种方式，除此之外，还有心智的和柏拉图式实在的存在方式。他说：“柏拉图世界里数学形式的存在方式与物理世界中各种对象(如桌椅)的存在方式不同。它们没有空间位置，也不在时间中。客观存在的数学观念必须被当作与时间无关的对象。”②

在三个世界的关系问题上，他首先认为，它们都有自己的独立性。他说：“每个‘世界’都有各自与众不同的存在方式”，或者说都有自己的实在性。③ 其次，他认为，三个世界是相互联系的。其表现是多方面的，如：(1)它们是统一世界的不同侧面，他说：它们“分别反映出某个完整世界的更深刻真相的不同侧面。”④(2)三个世界的联系还表现在它们之间有产生关系。说它们之间有产生关系，必须这样来理解，例如只能说：柏拉图世界中只有一小部分(即数学概念)是物理世界之构造的基础；同样，心理世界也只是来自物理世界的一小部分(即只与大脑有关)，数学的概念也只与精神活动的小部分有关。(3)每一个都整体地包容另一个。他说：“每一个又都(深秘而深刻地)建立在前一个的基础之上(这些世界都被想象成一个圆)。……实际上，在这些世界的圆形外观之下，还有更深奥的谜团或疑难，那就是它们中的每一个似乎都能够相续地整体包容另一个，

① R. Penrose, *Shadows of the Mind: A Search for the Missing Sciense of Consciousness*, Oxford: Oxford University Press, 1994, p. 413.

② 彭罗斯：《通向实在之路》，第 11—12 页。

③ 同上，第 733 页。

④ 同上，第 15—16 页。

而它本身则仅依赖于前一个世界的部分内容。”[①]另外，物理世界和柏拉图世界还有这样的关系，即相符。他说：“实际物理世界以惊人的方式符合一些非常精密的数学方案。”彭罗斯认为，一定有“一种更深入的基本原因”使“柏拉图世界和物理世界之间相符合”。[②]

总之，三个世界中的每一个总是依次来自它之前的世界，如柏拉图世界来自心理世界，物理世界来自柏拉图世界，心理世界来自物理世界。至少与其中一部分有关。然而，每个世界在产生出来后，又有自己的独立的存在地位和作用。如图所示：[③]

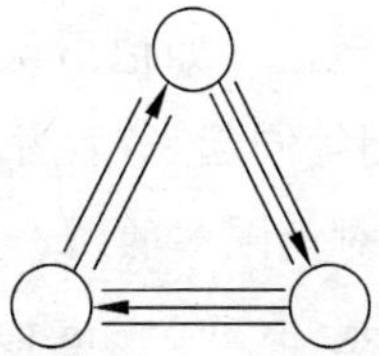

三、意识现象的独特地位

彭罗斯三个世界理论中的核心思想是基于他的新物理学所建立的关于心身关系的理论。我们先看他关于意识之本体论地位的思想。

在探讨意识与大脑关系时，他像分析哲学家一样注意到了有关语词歧义性的问题，并做了自己的梳理。对于常见的“意识”、“精神”、“灵魂”、“智慧”等，他是这样限定的，如认为“意识”与“精神”不是同义词。“意识”指的是“知觉”，有两个特点，一是“当我自己处于意识状态时，我或多或少是知道的”，二是“必须意识到某种东西”。“精神”或“灵魂”的含义则不同，其含义“更多”，[④]如既可泛指一切心理现象，而意识只是其中的一部分，又可指拥有心理属性的主体或实体。彭罗斯赞成前一类用法，而反对

① 彭罗斯：《通向实在之路》，第733页。

② 彭罗斯：《皇帝新脑》，第495页。

③ 同上，第414页。

④ 同上，第469页。

后一类理解。

由于意识是所有一切有意识心理现象中的共同因素,同时又是理解一切心理现象的关键,因此他的心身问题研究主要集中在意识及其与大脑的关系问题之上。在意识的本质及其与大脑的关系问题上,他的确有对传统二元论的超越而近似于物理主义的一面。他说:"意识是在'那里'的某东西,与极其特殊的物理对象即活生生的、清醒的人脑联系在一起。因此我们可以对这种现象作出某种最终是物理的描述,尽管我们现在对它的理解还相当不够。"[①]很显然,这里包含有还原论的思想倾向。但应该看到:彭罗斯并没有真正超越二元论。因为他像许多新二元论者一样赋予了意识以独立的本体论地位。如他承认:意识尽管与物质的某种干涉性现象有关,但不能把它们等同起来,后者只是为前者提供了一定的条件。他说:"真正的意识涉及对无限多的质上不同事物(如花的绿颜色、事物的气味、心中的情感等)的觉知(awareness)。"[②]

彭罗斯还从不同方面分析了意识的特殊性及独立性。第一,从起源上说,尽管可以一般地说,它是自然选择的产物,但这种选择有神秘之处,即有目的性在其中起作用,不是"瞎碰运气"、单凭任意定律的产物。他说:"演化明显地具有'探求'未来的目的,所以它仍有神秘之处,事情至少看起来组织得比仅仅基于瞎碰运气的演化和自然选择要更好。"[③]

意识的独立性的第二个表现是:它是时间流。具体而言之,只有在这流逝的时间中,意识才是可能的。例如经验到疼痛或某种外部特性,不可能在一个绝对不动的时间点上发生,任何行动中的决定、意识也是如此。他说:"在任何这样的活动中,如在外部刺激所引起的有意识地完成的反应中,在反应发生之前,似乎必须有一秒或半秒的延迟。因为只有半秒之后,觉知才会发生。如果必须利用觉知,那么自由意志的明显缓慢的作用

---

① R. Penrose, *Shadows of the Mind: A Search for the Missing Sciense of Consciousness*, Oxford: Oxford University Press, 1994, p. 214.

② Ibid., p. 420.

③ Ibid., p. 479.

又必须在另一个半秒之后才会发生。”这就是说，在受到刺激时，有意识的觉知不可能与刺激同时出现，因为神经传递需要时间。同样，决定之做出也会延迟。[①] 他还对李别特等人的实验成果提出了自己的解释。根据第一个实验，即意识之决定先于脑内实际的电流变化，他指出：“意识行为在它发生作用之前需要一秒或一秒半的时间”，根据第二个实验，即检测人在接受刺激时做出反应决定所需的时间，他指出：“似乎要在外界事件发生了半秒钟之后才意识到该事件的发生”，“必须花费比一秒还多得很多的时间，人们‘意志’的反应才能进行。”[②]

第三，意识有独立的作用，例如在灵感和创造性思维中，就是如此。灵感尽管是瞬间形成的，但它离不开长期的有意识思维。创造过程离不开两个因素，即提出想法和淘汰。前者是无意识，而后者是有意识的。有意识的主动的作用特别有助于说明意识的独立性。因为如果意识有这种作用，特别是不按必然性发挥作用，那么就可证明意识的作用是自己独立完成的，而非由物质完成的。他说：“意识有时的确能够具有操作上辨别得出的主动作用”，或主动效应。[③] 这表现在：有意识生物有时能以滑稽的方式行为，有时能不按必然性做出选择。

第四，他从量子力学角度论证了意识的存在。在他看来，被观察宇宙或量子实在的存在足以证明存在着独立的意识。他说：“作为一种逻辑必然性，任何‘可观察’的宇宙必然能够成为存在意识活动的佐证。因为在‘观察’中起决定作用的正是意识。”[④]之所以如此，是因为量子实在只有在被测量时，才表现出它的现实存在性和特性。这就是说，量子实在之所以以特有的形式表现于世界，是离不开测量的。因此测量是它的对人的现实存在的必不可少的一个条件。而测量是有意识的活动。可见，量子

---

① R. Penrose, *Shadows of the Mind: A Search for the Missing Sciense of Consciousness*, Oxford: Oxford University Press, 1994, p. 386.

② 彭罗斯：《皇帝新脑》，第 509 页。

③ 同上，第 470—471 页。

④ 彭罗斯：《通向实在之路》，第 733—734 页。

实在的存在足以证明它之外还有一个不同于它的意识。

第五，意识是一种非计算或非算法的行为，而此特点足以说明它有不同于算法行为的根源。他说："这种作用和'精神'概念本身密不可分。"[①]他承认：大脑的许多行为是计算的，即是有规律的形式转换，如神经信号在神经元中的传递，神经元的激活和抑制、神经元与神经元的联系，以及关联的强弱等都是如此。但是大脑中又客观存在着非算法的行为。例如理解所具有的性质、审美的性质，以及人对美和善的把握，对绝对的领悟。非算法行为的特点是：混沌、不确定、非决定性、随机、捉摸不定。由这些特点所决定，非算法行为在计算系统中都是无法被模拟的。[②] 不仅如此，非算法行为超出了已有科学的解释范围，如它们是经典物理学和量子力学说明不了的。在他看来，要予以解释，必须诉诸意识。他说："非算法行为的确与意识的作用有关，最低限度上，至少与某些意识作用尤其是理解的性质有关。"人之所以是有智慧的动物，也是与他有意识有关。他说："如果没有意识的伴随，那么真正的智慧是不会呈现的。"[③]

进一步的问题是：如果意识不在已有物理学的世界之内，那么能否为之找到科学的解释呢？或能否为之找到一个物理的家？他的回答是：有希望找到，但必须对已有的物理理论做出改进和拓展，尤其是要发展新的关于量子状态收缩的理论。因为意识现象与已有的理论是不相容的，后者不能接纳、解释前者。这样说无疑让他进到了哲学和科学中最困难的问题(即意识如何产生出来)之中。他不仅不否认这一点，而且对意识的这个困难问题做了下述新的表述：意识现象为什么只产生于大脑之中？作为非算法行为的物理过程怎么可能来自物质事物的运动？他的回答有点含糊。这表现在：他有时强调意识根源于大脑的非算法的物理过程，有时又认为，必须诉诸纯精神的作用，才能解释非算法行为。如认为，非算

① 彭罗斯：《皇帝新脑》，第495—496页。

② R. Penrose, *Shadows of the Mind: A Search for the Missing Science of Consciousness*, Oxford: Oxford University Press, 1994, pp. 400-401.

③ 彭罗斯：《皇帝新脑》，第469页。

法过程根源于大脑中有许多随机的因素。而"随机因素真正是随机的"。由此当然可以推出二元论的外在于身体的心灵观念。因为要解释这种随机性,一种可能的办法就是用心灵作用的介入来解释。当然,彭罗斯对此语焉不详。①

四、意识的困难问题与物理学变革

彭罗斯熟悉当代心灵哲学的一个重要表现是:他知道心灵哲学近几十年来一直争论的一个热点问题,即意识如何可能从大脑中产生出来。不仅如此,他也像大多数哲学家一样承认它是一个困难问题,甚至把它称作三个有神秘性的问题之一。② 他说:"具体的物理世界不知何故能引起'影子式'的现象,即我们所说的现象。"换言之,意识怎么可能从这些似乎没有希望的物质、时空等因素中产生出来?他承认:他尚未找到最终答案。他说:"在某种意义上,我不知道物质的本质以及制约它们的规律。"③换言之,他对物质的认识尚未达到足以据此解释意识之起源的程度。

在建立自已的解决困难问题的模型之前,他对已有理论做了梳理和分析。他认为,哲学和认知科学中产生了关于心灵的四种理论:(1)思维不过是计算,尤其是,感觉到有意识的觉知不过是在执行相应的计算。(2)觉知是大脑物理行为的一个特征,而任何物理行为都可从计算上加以模拟,但计算模拟本身不依赖于觉知。(3)大脑的物理行为离不开觉知,但这种物理行为不能严格地从计算上加以模拟。(4)觉知可能用物理的、计算的或任何别的科学术语来解释。在他看来,这些解释,都不令人满意,如:观点(1)是关于心灵的计算模型,(2)代表的是对心灵活动之外部表现形式的计算模拟。要否定它们,是不困难的。他说:在人类理解中存在着某种内在的东西,它不可能用任何计算手段来模拟。(3)和(4)也好

---

① R. Penrose, *Shadows of the Mind: A Search for the Missing Science of Consciousness*, Oxford: Oxford University Press, 1994, p. 372.

② Ibid., p. 413.

③ Ibid., p. 419.

不到哪里，同样充满着深刻的困难。[①]

彭罗斯对神经科学的意识探讨也发表了自己的意见，认为它尽管基于实验和观察对意识提出了理解，但仍没有抓住意识的某些关键特点，如意识的统一性作用、非计算性特点、前意识与意识的区别与过渡、非决定论自由意志，等等。

彭罗斯对意识研究所作的诊断是：要解决困难问题，只能寄希望于物理学。当然仅靠已有的物理学又是不够的。因为原有的关于时间的概念，不管是量子实在论的，还是相对论的时空观，都是有问题的，不能满足揭示意识本来面目的需要。因为经典力学是机械的，新的量子理论尽管是革命性的，但并未从根本上超越于传统的物理世界观，根据这种观点，"物理对象是借助力场而相互作用着的东西"。[②] 同样，爱因斯坦所设想的、得到许多物理主义者支持的"大全"(everything)理论也是如此。它尽管试图解释一切，但留有意识这一空白。总之，"迄今，尚无能直接解释我们的意识和智能的物理学、生物学或计算理论，但这不妨碍我们去努力寻找一条的解释途径。"[③]在他看来，解决意识困难问题的出路只能是：在科学理论上完成一种革命性变革，即抛弃过去的物理学的时间观。他说："要想在从物理上理解意识现象的过程中取得真正的进步，作为前提条件的是，必须有物理世界观上的根本性变化。"[④]在这方面，强调时空具有非定域性的扭量(twistor)理论，以及阿哈诺夫(Yakir Aharonov)等人的看起来有点疯狂的理论(强调应该用向前和向后两种状态矢量描述量子实在)，[⑤]是值得考察和研究的，亦即是有希望的。当然，这仍不够。在他看来，最好的选择是：在彻底改革物理学的基础上，探讨和揭示意识的本质，换言之，根据经他"彻底变革"了的物理学或量子力学，去说明意

---

① R. Penrose, *Shadows of the Mind: A Search for the Missing Science of Consciousness*, Oxford: Oxford University Press, 1994, p. 201.

② Ibid., p. 218.

③ Ibid., p. 8.

④ Ibid., p. 391.

⑤ Ibid., p. 389.

识的本质。[①] 这里所说的“变革”是有特定所指的，即指改变人们看待量子理论的流行方式。这种变革有点类似于爱因斯坦相对论对经典物理学的变革，不过也有不同。因为爱因斯坦关心的是如何描述引力现象，这与心灵的本质问题没有多大关系。而彭罗斯关心的是与心理过程密切相关的物理事件。这就是说，他的经变革而形成的新物理学在方法和内容上都有重大变革，如在内容上，它将触角指向了与意识、非算法过程有关的物理过程，而不只是与算法过程有关的物理过程。因此他的理论才是名副其实的“大全”理论，它不只是关于一切物理事物的理论，除此之外，还有关于意识的理论。两者的关系不是还原、包含的关系，而是并列或平行关系。

他认为，新物理学要想说明非算法行为，要真正揭示意识的本质，建构更好的计算机，当务之急是探索关于量子状态收缩的适当的物理理论。他说：“没有这样的理论，要观察到非计算行为或让它在物理地建构的对象上表现出来，那是完全不可能的。”[②]

五、新物理学与意识的“家”

“新物理学”是彭罗斯基于大量科学理论和成果、通过“变革”而提出的用来说明意识之物理基础的理论。它认为，意识的家在细胞膜上的微管(microtubules)之中。正是在这里，所发生的集合性的、干涉性的量子效应，成了意识现象出现的充分条件。[③] 如果是这样，是否可以说，有这种结构的生物都有意识呢？回答是肯定的。人因为有此结构，因而有意识。但是由于意识是可多样实现的，因此其他未知的结构也有实现意识的可能性。因此他说：“在这个星球上，意识不为人类所独有。”[④]甚至很

① R. Penrose, “Beyond the Doubting of a Shadow”, *Psyche*, 1996, 2(23), p. 27. http://Psyche.cs.monash.edu.au/v2/psyche-2-23-penrose.html.

② R. Penrose, *Shadows of the Mind: A Search for the Missing Science of Consciousness*, Oxford: Oxford University Press, 1994, p. 395.

③ Ibid., p. 406.

④ Ibid., p. 407.

低级的生命形式也可能有意识。

彭罗斯关心的主要是人的意识。他有什么根据认为,人的意识与细胞膜尤其是微管的行为有密切关系呢?他的根据既有实证方面的,也有思辨性的。

首先看他的反事实推论。他认为,只要考察一下是什么让意识不出现,就不难明白上述道理。例如对一个人实施全身麻醉,就可让他一度丧失意识,这足以说明意识对某些物理过程有依赖性,或离不开它们。其机理在于,随着麻醉物质在个体神经细胞中的渗透,它们的电偶极属性就能阻断微管的行为。进而,"微管的随后的功能阻断就会导致意识的消失。"[①]因此可以得出结论说:"我们的意识状态是离不开起作用的细胞膜的。"[②]当然这不是说有关大脑系统在这里没有用,而只是说,"这些神经元的细胞膜自旋作用对于意识的出现是必不可少的。"[③]

其次,他利用了反证法。根据矛盾律,如果二元论是对的,那么他把意识的"家"安在微管之中就是错的。反之,则是对的。然而要证明二元论的下述主张,即外在于身体的心灵能影响身体的行为,是没有希望的。因为"承认有一个本身不服从物理规律的外在心灵,就是让我们超越于能合理地被称作科学解释的东西"。[④] "如果心灵是某种外在于物理身体的东西,那么难以说明的是:它的那么多的属性为什么能直接与物理大脑的属性发生直接的联系?"[⑤]

彭罗斯意识到:在证明他的新的结论的过程中,仅诉诸上述间接推理是不够的,必不可少的一步是:深入到构成大脑的更深的、实际的、物理性的"物质"结构之中,真正在事物的量子层面弄清那物质结构究竟是什么。当然在这种探讨中,没有必要只盯住单个粒子、原子、分子的量子作用,而

---

① R. Penrose, *Shadows of the Mind: A Search for the Missing Science of Consciousness*, Oxford: Oxford University Press, 1994, p. 370.

② Ibid., p. 370.

③ Ibid., p. 371.

④ Ibid., p. 350.

⑤ Ibid., p. 350.

应关注量子系统的作用，如让它们在更大的尺度上表现量子本质的作用。例如，应关注量子相干性或连贯性。所谓量子相干性是指大量粒子集合在量子状态中共同发生作用。可以肯定，这种协同的量子作用对生物系统肯定是有影响的，但问题是，它们对意识之产生有作用吗？它们能成为意识出现的关联物吗？即使它们有关联，仅靠它们是否一定会产生出意识来？换言之，在意识发生时，大脑中有多少因素牵涉进来了？是否是与大脑的全部物质都有关系？彭罗斯的回答是："大脑行为的大部分似乎是无意识的。"①这就是说，意识在产生时，用不着那样兴师动众，让大脑的所有成员都卷入进来，因为意识经验只与部分因素有关。既然如此，接下来的任务就是找出"部分因素"，然后探讨它们与意识的关系。

寻找意识的神经关联物或密切相关的"部分因素"，这是当今意识研究中的一项重要课题，已有许多模型或方案。在彭罗斯看来，这些都是不令人满意的。因为令人满意的模型必须能再现意识的这样一些重要特征：(1)受神经作用的控制或制约；(2)意识可从前意识转化出来；(3)不可计算性；(4)有因果作用；(5)把不同时间和空间尺度上的叠加组合成共例示的"现在"；(6)在时间中流动——意识流；(7)与基本的时空几何学有关联。②

上述标准既是他评判他人模型的标准，也是他在建立他的意识理论过程中瞄准的目标。根据这些标准，他首先认为，意识必然涉及的因素是大脑中的部分神经元或神经细胞。这里有关的既不是一切细胞(理由已如前述)，也不是一个细胞。因为如果只有个别细胞起作用，那么就不会出现那么大的整体性。意即意识具有整体论特征，只有当出现了细胞的联合行为时才有可能出现意识。其次，就对此整体性事件出现有关联的

---

① R. Penrose, *Shadows of the Mind: A Search for the Missing Science of Consciousness*, Oxford: Oxford University Press, 1994, p. 410.

② S. R. Hameroff and R. Penrose, "Conscious Events as Orchestrated Space-Time Selections", in J. Shear(ed.), *Explaining Consciousness*, Cambridge: The MIT Press, 1997, p. 193.

单个细胞而言，也不是它的一切都对意识出现有用，只有它的膜上的微管才是必要的。[①] 所谓微管即是神经元中的细胞膜上的大分子。进一步的问题是此大分子中的什么过程或作用导致了意识的产生呢？对此问题的回答，构成了他的意识理论的核心。他把他的关于此问题的理论简称为OR 或 Orch OR 模型。

所谓 OR 是 Objective Reduction 的缩写，可译为客观的收缩或衰减，指的是量子态的收缩。该概念是物理学家描述量子测量过程所用的一个概念。所表述的对象是否真的存在，尚有争论。有的否认它的存在，有的把 R 即收缩看作是客观收缩过程(OR)的近似反映。而彭罗斯认为，它指的是这样的真实过程，其特点是具有纯随机性、不可计算性、非定域性、叠加性、自协调性或自和谐性。

在彭罗斯看来，客观收缩是量子系统内发生的客观的坍缩过程或引力收缩现象，亦即是时空发生的自组织过程，具有自协调、自和谐(Orchestrated)的特点，因此他后来把这一过程称作自和谐客观收缩，可简写为(Orch OR)。他说："按照这个方案，叠加态将在 h/Ec 的平均时间范围内自发收缩到两个组分定态之一，这里 Ec 是两质量分布之差的引力自能。我把这个方案称作引力 OR(OR 表示量子态的'客观收缩。')"[②] "我对粒子态收缩的看法是，它确实是一种客观过程，而且始终是一种引力现象。"根据这一方案，意识可用量子力学来解释，即它其实不过是发生在大脑中的一种粒子态收缩过程，是一种引力现象。[③]

他有时像弗勒利希(H. Fröhlich)一样把微管中发生的客观收缩称作量子干涉现象，后者在 1975 年就提出：生物系统中可能存在着量子干涉现象。只要具备有关的物理条件，大尺度量子干涉现象就会出现，它类似于超导中的同类现象。彭罗斯进一步认为，这样一种量子状态

① R. Penrose, *Shadows of the Mind: A Search for the Missing Science of Consciousness*, Oxford: Oxford University Press, 1994, p. 372.

② 彭罗斯:《通向实在之路》,第 611 页。

③ 同上,第 611 页。

不仅会出现在细胞之中，而且会出现在微管之中。这样说是有实验上可检验的根据的。例如哈默罗夫(S. Hameroff)所做的 A-格点神经微管研究认为：在大脑相当广泛的区域上，存在着大尺度的量子相干作用，A-格点神经管在其中起着重要作用。在这里，一次意识活动可能与这个量子体系的一次部分态收缩(OR 的协奏)相关联。再如，要使能在蛋白质分子水平上实现像引力 OR 那样足够强度的相干活动，通常离不开大脑许多部分的协同工作。彭罗斯说："大尺度量子效应是知觉活动的一部分。"因此"'基本'物理理论也应当能够有能力处理意识活动等心智问题"。①

他自认为，他关于意识的 Orch OR 模型可以解释人身上发生的无意识和有意识行为。因为微管单元中的相干激活让"细胞自动机"式的信息加工以古典的叠加和量子相干性的叠加两种方式表现出来。由于有前一形式的加工，因而便有无意识的、自动的活动；由于有后一形式的加工，因而便有前意识及子意识的活动。也就是说，这一模型能说明从前意识到意识的过渡、意识的非计算性、当下的"现在"意识如何可能("现在"意识是将各种叠加结合在一起的产物)，因而可以看作是关于意识的最合理、最专门的模型。这就是说，他的关于意识的 Orch OR 模型可以解决意识的困难问题。因为意识的困难问题之所以困难，就在于人们无法说明它是怎样从物质中产生出来的。根据他的模型，意识的产生可以用他的 Orch OR 模型给出完全的说明，因为这一模型的下述诸要素可以对意识的诸特征作出说明：

(1) 这一模型包含了量子理论的诸理论，如关于量子相干性的理论，关于量子波函数自坍缩的物理现象(此即客观收缩)的理论。而借助量子相干性、自坍缩可对意识的诸条件做出说明。(2)微管中的诸结构状态与内在量子事件相关联，并以经典和量子计算两种形式与别的微管相互作用。(3)量子相干性发生在微管的管道之中。(4)在前意识加工中，量子

① 彭罗斯：《通向实在之路》，第 736 页。

相干叠加或计算发生在微管之中，并一直持续下去，直到管子中的分离状态中的质量分布差异达到量子引力的三倍为止。(5)客观收缩过程源于微管的最终经典状态，而这些状态又起着神经生理的作用。根据关于客观收缩的观点，那些最终状态是非计算的，即是说，它们不能从算法上被决定。(6)微管中自调节的客观收缩过程就是自和谐、自组织的客观收缩过程。(7)每个叠加状态都有自己的时空几何形状，当相干的质—能差异度达到时空几何的充分分离时，该系统就一定会作出选择，进而衰变为(或收缩或坍缩为)单个的宇宙状态，因此 Orch OR 包含着基本的时空几何中的自选择过程。(8)为了将 Orch OR 加以量化，我们必须计算出引力的自我能量 E。(9)一个典型的大脑神经元大约有 107 个微管蛋白，而每个神经元内的 10%的微管蛋白与量子相干状态有关，要维持相干性，大约需要 10^3 的神经元。(10)一个自组织的收缩过程可以看作是一个有意识事件，常说的意识流就是由这样一串事件构成的。(11)量子态是非局域性的。

总之，意识的许多特征可为 Orch OR 模型予以说明。例如控制、组织神经活动、从前意识到意识的过渡、非计算性、因果作用、把各种时空叠加结合为当下的“现在”、随着时间流动、与经验以之为基础的基本时空几何形态相关联等等。①

从表面上看，这一模型是难逃泛心论的厄运的。因为根据此模型，有 OR，一定有意识，而 OR 可以发生在许多媒介之上，或者说是一种普遍现象。如果是这样，它们之上便都有意识现象。彭罗斯认为，不会得出这样的结论。因为意识的产生依赖于众多条件，每个条件缺一不可，例如首先要有自衰减发生。他说：“如果一个有组织的量子系统能独立出来，且能一直支持相干叠加，直到它为时空分隔的量子引力值被满足，那么意识就

---

① 以上参阅：S. Hameroff and R. Penrose, “Conscious Events as Orchestrated Space-Time Selections”, in J. Shear(ed.), *Explaining Consciousness*; R. Penrose, *Shadows of the Mind: A Search for the Missing Sciense of Consciousness*, Oxford: Oxford University Press, 1994, p. 395。

出现了，因为意识要出现，就必须有自衰减。"[①]其次，"只有相干地作为一个单个微观量子态中的大型的粒子集合，才能孤立出来，并支撑相干叠加"，因此只在特殊环境下才会有意识出现。[②] 第三，只有这样的有机体才能产生意识，即在500微秒的时间内能在10％的微管蛋白中维持量子干涉的有机体，才有可能表现出意识活动。正是由此所决定，只有复杂的动物才会表现出有意识的经验。第四，能产生意识的微管和其中的OR，只有有漫长的进化历史，才能成为产生意识的关联物。从进化角度看，在第一个单细胞造物之内，由于"前—进化"的作用，就获得了最原始的细胞膜和微管，由于有这些东西，它们在后来的进化中不断获得更多更大的利益，甚至有了以"初步的有目的性的方式行动的能力"，[③]心灵就是在后来的发展中出现的。他说："借助量子层面的过程和经典层面的过程之间的某种微观的相互作用，心灵便出现了。"[④]这种相互作用之所以出现，又是因为有更复杂的物理过程。最后，意识的出现离不开相对大尺度上的量子干涉现象的出现。他说："不只是有单个的细胞膜的作用，而且这样一种状态还会从一个微管扩展到另一个之上。"这就是说，只有当细胞膜以及它里面的微管都加入到同一个量子干涉状态之中，进而量子干涉越过神经元与神经元之间的突触障碍，具有统一和整合作用的意识或具有同一性的心灵才会出现。他说："如果量子状态中只有个别的细胞起作用，那么就不会出现那么大的整体性！根据这样的描述，只有当某种形式的量子干涉至少超出整个大脑的一个可见的部分，那么单一心灵的统一性才会出现。"[⑤]

从本质上看，彭罗斯的关于意识的OR模型是一种物理主义的等同

---

① S. R. Hameroff and R. Penrose, "Conscious Events as Orchestrated Space-Time Selections", in J. Shear(ed.), *Explaining Consciousness*, p. 178.

② Ibid., p. 179.

③ R. Penrose, *Shadows of the Mind: A Search for the Missing Science of Consciousness*, Oxford: Oxford University Press, 1994, p. 373.

④ Ibid., p. 373.

⑤ Ibid., p. 372.

论。他本人也有这样的表白，如说：他把“意识现象……视作真实的物理过程”。[①] 在其他地方，他还常说，经验是时空中的一种性质，是时空几何中的非计算的自选择过程，等等。但是由于每个人心底里潜藏的民间心理学的惯性作用，彭罗斯的模型中又没有从根本上超越二元论，这主要表现在：他常把意识与OR过程的关系比作被支配和支配、非基础与基础的关系；相应地，把从宏观上所形成的心理学描述和从他的新物理学角度所做的描述的关系看作是对大脑中不同层面的过程的描述。质言之，他的许多论述并没有把同等论原则贯彻到底，而把意识和OR分别看作是两种不同的东西，如被支配的东西和支配的东西，或非基础的东西和基础的东西。如说：“正是真实的R过程支配着意识活动。”[②]“正是在这个更深的层面（指神经细胞膜及微管——引者注），我们一定能找到心灵的物理基础。”[③]很显然，只要承认里面有支配关系，有基础作用，相关的东西就不可能是同一个东西，而一定是两个以上的东西。正像说一个人有支配作用一定意味着有一个被支配者存在一样。从描述的角度来说，两种以上的描述尽管可以指向大脑内部发生的同一过程或事件，但由于关注或抓住的层面、部分、方面不一样，两种描述对应的东西就不可能是同一个对象。例如彭罗斯在用OR等术语描述大脑行为时还常用“意识”、“自由意志”等民间心理学术语描述大脑行为。他承认：这两种描述是不同的，如用“自由意志”等所做的“描述提供的是关于大脑和心灵的常见的图画，它不过是关于更深层面的细胞膜行为的影子（shadow）。”[④]

尽管影子与产生影子的东西有关，但两者毕竟不是同一个东西。如果心灵与神经元行为也有这种关系，那么它们也不可能是同一个东西。这种二元论倾向还体现在我们下面要分析的、他的心身相互作用论之中。

---

① 彭罗斯：《通向实在之路》，第736页。

② 同上，第736页。

③ R. Penrose, *Shadows of the Mind: A Search for the Missing Science of Consciousness*, Oxford: Oxford University Press, 1994, p. 376.

④ Ibid., p. 376.

六、副现象论问题与意识的因果作用

按照一般的理解，彭罗斯的上述理论必然会碰到副现象论难题。因为他承认：意识根源于大脑中的一种自协调的客观的收缩过程，但又认为，意识并不能等同于它们，因为它们充其量只是意识产生的一个必要条件。再则，意识本身既不是物质和能量，也不具有这些东西。既然如此，意识不就成了大脑过程的没有原因作用的附带现象吗？

彭罗斯自己的主观动机是：既反对副现象论，也不赞成功能主义所说的只有计算活动才引起有意识的心智活动，而承认心身可以互为因果，即坚持心身的相互作用论。他说："我们的心灵肯定能影响身体活动的方式，而且也必然会受到这些身体的物理状态的影响。如果心灵不能对物理性身体施加影响，不能受后者的影响，那么心灵的概念就没有什么意义。"①

当然他承认：强调心灵有这样的作用，似乎会违背物理学的这样的原则：只有物理的东西才有作用力，进而有可能陷入二元论。而如果不授予心灵以作用，又会陷入副现象论。他的态度是：对心灵及其作用作物理主义解释。他说："如果让那些制约身体行动的规律能包容自由……，那么这种自由的特殊本质一定是这些物理规律的重要组成部分。一切能控制或描述心灵的东西一定是某种也能控制我们的宇宙物质属性的一个组成部分。"②

为了具体说明心身的相互作用，他还诉诸量子物理学的"量子纠缠"概念。假定有两个联系在一起的粒子，组合在一起便形成为自旋为O的态，为了测量，便将它们彼此分离，让它们分别向左和向右行进相当远的距离，最后到达探测器L和R。可以假定，它们在离开它们的源以后，行为是彼此孤立的。然而，结果却是：粒子必须给出的量子力学期望值不可

① R. Penrose, *Shadows of the Mind: A Search for the Missing Science of Consciousness*, Oxford: Oxford University Press, 1994, p. 213.

② Ibid., p. 213.

能分解为两个粒子单独的期望值。要得到与量子力学答案相一致的唯一办法就是以某种方式将二者“关联”起来，直到二者之一再次被测量。这种神秘的“关联”就是量子纠缠。通俗地说，两个曾结合在一起的粒子，以后不论分离得多远，一个总是关联于另一个，或“记住”另一个。

在日常经验中尽管看不到量子纠缠现象，但它在微观世界却具有普遍性。彭罗斯说：“绝大多数量子态其实都是纠缠态。”①“纠缠无处不在，似乎宇宙间的每一个粒子最终都与其他粒子纠缠在一起”，“没有任何途径……使我逃离这一海藻般密布的纠缠态的海洋。”②

在彭罗斯看来，量子纠缠可理解为分离开的量子之间的“通信”，其更为特殊之处在于：它们的通信可超过光速，以致违背爱因斯坦所说的信息传递不能超过光速的论断。基于此，彭罗斯对量子纠缠作出了更神秘的推断：量子可以远距离移动或传态，如把量子态发射到遥远的星球上去，或让量子态由一个地方传态到另一个地方。他说：“量子力学并没有对这种传态设置障碍，我们的确能以通常的方式将量子客体整个儿地从一地传到另一地。”③

按传统观念，信息的传递离不开其载体，而载体是宏观物理的实在，因此一个信息要传递到另一个地方，必须借助载体之间存在的因果关系。彭罗斯认为，如果存在着量子纠缠，那么就可能出现信息的非因果传递。假设我和我的同事事先有一对量子纠缠粒子，我们每个人各有一个，此时它们都保持着完全独立于外界干扰的状态。在五年前，他从地球上被发射到了土卫六号之上去了。在五年后的今天，我的一位朋友向我传递了2比特的经典信息，我得到了这个信息后，由于我与我的同事有一对量子纠缠粒子，通过它，就将朋友的自旋$\frac{1}{2}$的未知量子态传递到我在土卫六上的同事那里。如图所示。

① 彭罗斯：《通向实在之路》，第424页。

② 同上，第424—425页。

③ 同上，第430页。

彭罗斯说："确实有某种东西从我朋友那儿到了我同事那儿……因此一定存在着一种联络通道，它由下述三段构成，从我朋友抻长到我这儿一小段、逆时地从我这儿到我们的EPR对的原点一长段和从原点到我在土卫六的同事那儿的另一段。"①

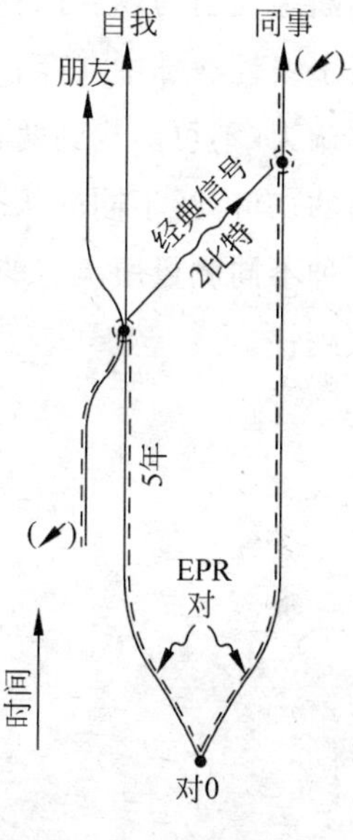

显示量子纠缠(quanglement)的非因果性传播的"量子隐形传输"。时空图中显示了如何仅通过传递2比特的经典信息就将我朋友给的自旋$\frac{1}{2}$的未知量子态(|↙〉)传递到我在土卫六的同事那儿，条件是这位同事和我事先拥有一对EPR粒子对。非因果性量子纠缠态的联系用点画线标出。

在论证心身相互作用的桥梁时，彭罗斯尽管承认：视网膜中的感光细胞可以对小量光量子作出反应，大脑中还有这样的神经元，它们可看作是量子探测装置，但他反对把量子不确定性作为两者联系的桥梁。他说："既有量子效应的确有可能触发大脑中的许多活动，某些人便表达了这样的愿望：在这种条件下，量子不确定性就是让心灵影响物理大脑的东西。在这里，二元论的观点就可能被引进，要么是公开的，要么是隐蔽的。也许，'外在心灵'的'自由意志'能量影响那些来自非决定论过程的量子抉择。根据这种观点，二元论的'心灵材料'大概可以通过量子理论的R-过程的行为去影响大脑的行为。"②在他看来，要在心身之间建立联系，最好是把客观收缩或状态收缩来看作是两者联系的桥梁。这个概念不是他的首创。许多人论证过这个概念。提出这一概念的目的是要把引力和R-过程关联起来。一般认为，如果两个状态被

① 彭罗斯：《通向实在之路》，第432页。

② R. Penrose, *Shadows of the Mind: A Search for the Missing Sciense of Consciousness*, Oxford: Oxford University Press, 1994, p. 349.

判断为在引力场、时空等方面彼此有很大的不同,那么它们就不能在一个量子线性叠加中共存。彭罗斯从不同的方面提供了自己的论证和规定。他认为,不可能找到两状态之间的引力上不同的绝对量度。在他看来,叠加的、有广泛不同的状态是不稳定的,因此值得进一步探讨的是,由这样一种不同测量所决定的状态矢量收缩的比率。差异越大,收缩发生的比率越快。

第十一章　二元论与自然主义的融合：查默斯的泛心原论

现当代以前，二元论与唯物主义的界限是泾渭分明的。而随着心灵哲学的发展，现在有许多心身理论的本质特点变得模糊不清了。如有一些二元论形式在吸收有关科学和对立理论的成果的基础上演变成了带有“混血儿”性质的心灵哲学理论（唯物主义或自然主义阵营中也有类似的倾向），它们坚持了二元论的一些基本原则，同时又有向唯物主义靠拢的一面，或有融合对立思想的一面。当今十分有影响的查默斯和麦金等人的自然主义二元论就是其典型。本章只拟考察前者的思想。后者的思想留待下章讨论。

有把握说，澳大利亚哲学家查默斯（D. J. Chalmers）对包括心身问题在内的哲学研究，至少有三大特点：第一，他撰写和发表的关于心身问题、尤其是关于意识问题的论著是最多的，著作有多本，论文有几十篇之多，其中影响最大、被引证讨论得最多的是他的专著《有意识的心灵》（*The Conscious Mind*，1996）和论文《勇敢面对意识难题》（“Facing up to the Problem of Consciousness”，1995）。第二，他提出的“意识困难问题”以及所建立的意识理论已成了争论最多、最大的对象，参与讨论的人数之多、参与讨论的人的地位之高（活跃在心灵哲学中的重量级人物几乎都发表了自己的意见）、由之促发的论著之多，等等，都是空前的。第三，查默斯哲学研究的范围十分广泛，如除心灵哲学和认知科学之外，他还围绕逻辑学、语义学、人工智能、心理学等课题发表过大量论著。

查默斯的心身问题研究主要集中在意识与大脑的本质及关系问题之上。这是因为他认为，心身问题的焦点是意识。基于此，他常把他的理论称作关于意识的科学理论。从本质上说，这种理论无疑是一种二元论理论。从个性特点上说，这种二元论同时又带有自然主义、双重语言论、心身两面论、泛心论、实在论、物理主义、功能主义的倾向，因此他在不同地方，为了突出他的某方面的思想，又用了不同的称呼，如“自然主义的二元论”、“两方面论”、“属性二元论”、“泛心原论”、“现象实在论”、“特种形式的物理主义”、“非还原的功能主义”等。关于它们的具体含义及特点，我们在后面适当的地方会作交待的。

第一节　概念地图与意识的困难问题

如何对心理现象做出分类，历来是有争论的一个问题。在心灵哲学中，有一种区别于心理学的知情意三分法的较简单的分类方法，即根据知情意是否具有命题或概念内容将它们分为命题态度和非命题态度两大类。前者的例子主要是信息、愿望、思想等有意向性或语义性的现象，后者则是躯体感觉、情感、知觉等有现象性质的现象。关于两类现象之间的关系，人们也有不同的看法。从总的倾向性上说，在现代以前的从笛卡尔到布伦塔诺的哲学中，人们一般强调两者的统一，而 20 世纪的后半叶，随着心灵哲学的深入发展，罗森塔尔（D. Rosenthal）和福多等人则强调两者的不同，主张分开来予以研究。最近几十来年，又有许多人强调它们的不可分割性。新的倾向是：要么强调意识根源于意向性，要么强调意向性根源于意识。从内容上说，统一论者关心的课题是：知觉经验所具有的表征内容，意识状态所具有的高阶表征，思维的现象学等。而在强调意识与意向性是两类不同心理现象各自独有的特征的人看来，说知觉经验有表征内容、思想有感受性质，如同说方的圆一样，是根本不可能发生的事情。

查默斯赞成把两者区分开来，分别予以研究，但又认为，两者之间存在着复杂的内在联系，因此在做分门别类的研究时，又不应离开两者的固有的关联而作人为的割裂，不能只顾一方而忽视另一方。我们先看他对两类概念的界定。

他像现今流行的做法一样，几乎把意向性、表征、命题内容、概念内容、语义性等当作同义词使用，认为它们表示的是信念、思想等有逻辑内容或有可见诸逻辑符号的内容这样的特征。例如某人如果有“相信‘明天要下雨’”这样的信念，那么可以说“相信”一词后的句子所表示的就是此信念的命题内容或表征内容，也可以说这是该信念的语义性或意向性。

在查默斯看来，躯体感觉、关于事物的第一性质和第二性质的知觉以及情感体验等是不同于上述命题态度的又一类心理现象。其把它们与别的现象区别开来的本质特点则是它们都有“意识”的特点。这里要注意的是，他所说的“意识”有两种用法，一是指布洛克（Ned Block）等人所说的“自我意识”、“读取意识”（如知道自己有某种心理过程、状态、内容，并可把有关的内容回忆、呈现出来）、“可报告意识”（如意识到某状态，并报告出来）、“监控意识”（知道自己的状态、并有意识地调节）等。二是现象学意义上的意识，即当下经验到的性质的显现或体验。它既不同于引起此经验的刺激，又不同于在有关经验基础上抽象出的概念。例如一朵花上的红色，肯定不同于人的红色经验，换言之，用“红”表述的经验肯定不同于人们所说的花上的“红”。同样，人们从红的经验中抽象出了“红”的概念，它有抽象的表征内容，为语言共同体所共有，因此也不同于前两种“红”。这种作为经验的“意识”可用其他许多术语来替换，如“现象属性”、“感觉性质”、“经验的属性”、“有意识的经验”等等。①

在这些词的关系问题上，查默斯没有特别之处，但在“觉知”（awareness）与“意识”的关系问题上，他则不像许多人那样把它们等同起来，而强调把两者区别开来。因为前者是容易说明的，后者是不容易说明的，前者充其量是后者的一个方面，如体验到某种经验，其中确实包含觉知或晓得，但觉知并不是意识的全部，因此不能等同。

在意识与意向性的关系问题上，查默斯首先肯定它们的不同。因为意识之所以不同于意向性，是因为意识与现象属性的例示有关，而意向性与表征属性的例示有关。表征有两种，一是纯表征属性，即表征了某种意

① D. J. Chalmers, “Absent Qualia, Fading Qualia, Dancing Qualia”, in T. Metzinger (ed.), *Conscious Experience*, Imprint Academic, 1995.

向内容的属性。例如人们在知觉到红色的状态时，无疑有自己的表征属性，它表征了这样的内容，即我面前有一红色的对象。此表征属性只表达了对象的内容，没有掺杂经验，因此是纯表征属性。信念、愿望可如此类推。意向内容的特点在于：有满足条件，如它们既可以是某种为世界的事态所满足的东西，也可以不是这样。二是非纯粹表征，它以如此这般的方式（如视觉、听觉等）把如此这般的东西表征为这样的事实。

尽管意识与意向性有区别，但又存在着密切的关联。查默斯说："我们的大多数有意识的心理状态是意向状态，因为有意识经验常常向我们报告关于世界的状态。同样，我们的大多数有意向性的心理状态是有意识的状态，因为常有某种独特的东西，它是表征外部世界时感觉起来所是的东西。因此自然会想到这样的结论：要对意识做出令人满意的说明，必须尊重它的意向结构，要对意向性做出令人满意的说明，又必须尊重它的现象特征。"[①]两者存在着密切关联的重要表现是：人们不仅可形成关于现象性质的意识或经验，而且可形成关于它们的概念和信念，而概念和信念显然是具有典型表征内容的东西。查默斯为什么要独出心裁地提出存在着现象概念和现象信念呢？根据何在？

在查默斯看来，现象属性是体现了下述特点的属性，即成为一主体所是的东西，或处在一心理状态中感觉起来所是的东西，而现象信念和现象概念不是语义学实在，而是心理学实在，它们有内容，但本身不是内容。先看现象概念，它是归属现象信念时所用的东西。例如某人在相信自己有疼痛的现象经验时，一定会把此经验归属于自己，如说："我肯定我有某种疼痛"，而要如此就要用"疼痛"之类的概念。现象概念的内容可用他的双维度构架（第一性内容和第二性内容）来分析。所谓第一性内容也叫认识上的第一性的内涵。如当概念 A 和 B 的同一是后天的时，那么 A 和 B 便有贯穿在认识上可能的铭文中的不同的、认识上第一性的内容，如果 A

---

① D. J. Chalmers, "The Representational Character of Experience", in B. Leiter (ed.), *The Future for Philosophy*, Oxford: Oxford University Press, 2004, p. 1.

和B是两个鲁棒(rigid)概念,且同一是真的,那么A和B便有相同的虚拟的第二性内涵。根据这个构架,可以说对象之上的红、作为现象性质的红、共同体的红、纯粹的一般的红有不同的认识内涵,而有相同的虚拟的红。虚拟的红说的是所有世界中的现象的红。共同体的红的认识内涵在特定世界指的是由某些典型对象在主体的主流世界所引起的红,作为现象性质的红指的是那些对象在那个世界的个体身上所引起的性质。

现象信念指的是人们将现象属性归属于自己的过程,或所处的相信自己有某属性的状态。它有命题或表征内容。现象内容是由现象特征和表征内容所决定的,他说:"一知觉经验的现象特征就是有那经验时感觉起来所是的东西。"①而知觉经验的表征内容是指那经验的满足条件。例如知觉有真假、对错之分。它是真是假,取决于世界看起来像什么。当且仅当世界满足了那条件,那么那经验就是真实的。例如如果树上真的有绿颜色,那么知觉经验所具有的"树是绿色的"这一表征内容便是真实的,反之即为假。总之,"知觉经验的现象内容就是表征内容,而表征内容则是由经验的现象特征所决定的。"②

现象属性与表征属性是什么关系呢?哪一个更根本?不外这样几种情况,即定推、等同、还原、不同等关系。查默斯坚持认为,两者的关系是定推关系。所谓定推关系是指:每当一事物有一个属性时必然有第二个属性,就可说从前者可定推出后者。具体而言之,对于每一现象属性来说,都有某种表征属性,必然使一心理状态有那表征属性,当且仅当它有现象属性。因此从现象属性可定推出表征属性。③

很显然,查默斯在这里坚持的是关于现象经验的表征主义。其基本观点是:现象属性可等同于表征属性,而表征属性不外是以某种方式表征了某内容的属性。表征主义有还原和非还原之别。查默斯坚持的是后

① D. J. Chalmers, "Perception and the Fall from Eden", http://consc.net/papers/eden.pdf, p. 1.

② Ibid., p. 3.

③ Ibid., p. 5.

者,认为现象属性可等同于不能完全用非现象术语描述的表征属性。因此非还原的表征主义是关于表征方式、表征内容的非还原主义。非还原的表征主义不同于还原的表征主义的地方在于:前者主张表征属性不可能是外部事物的属性,不能用大脑的物理和功能属性予以解释。因为真正的表征内容就是像弗雷格所说的"含义"一样的东西。它是关于世界状态的一种条件,表示的是思想视之为真的东西。他说:"非还原的表征主义是更加合理的观点。"[①]而还原的表征主义认为,表征属性是对象的属性,如知觉到一棵树是绿色的,此知觉的表征属性及内容都根源于那棵树。

在意向性与意识两者之中,哪一个更根本?他说:"最有吸引力的观点是强调意识和意向性是平起平坐的,一个不比另一个更根本。毋宁说,它们是相互套叠的。"[②]当然,在特定的情况下,现象性质可能表现出更为根本的特点。以知觉经验为内,它的表征内容是由现象性的东西产生的,同样,信念的表征内容要么是由它们的现象特征产生的,要么是由它们与别的信念、经验的联系而产生的,在这里,经验的内容也是以现象特征为基础的。他说:"意向内容似乎是现象学的组成部分,正是由于它成了现象学的基本本质的组成部分,因此它才指向了外在的世界。"[③]

在对有关用语作细密分析和规定的基础上,查默斯提出:心灵哲学要建立自己的意识理论,必须对这一理论所面对的问题作出清晰的、令人信服的梳理。不然的话,就会陷入混乱而不能自拔,以致迷失前进的方向。在他看来,围绕意识可以提出许多不同的问题。而不同的问题有不同的内容和性质,相应地,在解决时便必须用不同的方法和程序。为了便于研究,他对意识所缠绕的问题做了分类。概括地说,他关于意识问题有两种分类方法。一是Ⅰ—Ⅱ类问题,二是容易—困难问题。前者是根据问题

① D. J. Chalmers, "Perception and the Fall from Eden", in T. Gendler et al(eds.), *Perceptual Experience*, Oxford: Oxford University Press, 2006, p. 14.

② Ibid., p. 32.

③ Ibid., p. 32.

的内容来区分的,而后者是根据解决的难易程度来区分的。所谓Ⅰ类问题指这样一些问题:(1)可整合性问题:来自不同感官和不同区域的信息是怎样被整合的?(2)可读取性或可通达问题:认知系统怎么可能接近、提取和阅读有关信息?(3)可报告性问题:认知系统怎么可能用语言报告自己所拥有的信息?(4)可监控问题:认知系统为什么可以、又是怎样监控自己的信息加工和行为输出的?Ⅱ类问题是指意识是怎样从物质中产生出来这一问题。[①] 而从解决的难易程度看,人们所关注的意识问题有容易问题和困难问题两大类。所谓容易问题是容易解决的意识问题,例如意识所表现出的整合作用、内在控制作用、可报告性、可提取性等,是什么?该怎样予以解释?为什么会是这样?等等。它们之所以是容易的,是因为这些问题都是关于功能的执行问题。因此一旦说清了有关功能是如何执行的,那么有关问题便随之而被解决了。困难问题则相反,即使说明了它是怎样由神经过程、功能组织完成的,问题依然故我。[②] 意识的困难问题有三个方面,即感受性质问题、心理的主观内容问题和主观经验的存在问题(主观经验状态为什么是存在的?怎样从物质性实在中产生出来?)。

要把握意识困难问题的实质,必须认识到:困难问题之所以困难,是因为这类问题的出现是以第一人称的观察为前提条件的。没有对心理现象的第一人称观察,就不可能出现上述困难问题。而由于第一人称观察之出现是必然的,因此困难问题之出现也有其客观必然性。从困难问题的内容来说,前两个问题是主观状态的特殊性问题,如一状态因为有质的特征,因而不同于别的状态,再如一状态由于有如此这般的命题内容,因此有别于别的状态。第三个问题即存在问题是所有现象意识所共有的问题。

查默斯认为,他提出的困难问题尽管受到了大量的研究,但有些人对

---

① D. J. Chalmers, "The Problem of Consciousness", http://consc. net/papers/montreal. html.

② D. J. Chalmers, "Moving Forward on the Problem of Consciousness", http://consc. net/papers/moving. html.

之所作的研究是建立在误读的基础之上的，例如丹尼特在解决困难问题时由于没有注意到它的第一人称观察维度，因此对它的解决是隔靴搔痒。还有许多人尽管注意到了这是一个与主观经验联系在一起的问题，但对它为什么是困难的，存在着不同的理解。如霍奇森(D. Hodgson)认为，这些问题之所以是困难的，是因为物理理论没法予以说明，洛(E. J. Lowe)认为，它们之所以困难，是因为它们除了需要用功能执行来解释之外，还需别的解释。[①] 鲁滨逊(W. S. Robinson)认为，由于某些现象属性没有结构性的表现，因此是难以解释的。麦金(C. McGinn)认为，意识没有空间的维度和结构，因此难解。

在查默斯看来，要准确把握他所说的困难问题，一是要弄清它的实质性内容。他说："我理解的困难问题就是解释下述问题：意识怎样从大脑的物理过程中产生出来？为什么会从中产生出来？"[②]二是要认识到：解决上述问题的目的尽管也是要对意识作出解释，但这里所要求的解释是以规律为基础的解释。质言之，要回答意识如何产生出来，首先得找到规律。他自认为，他的寻找规律以解释意识的办法类似于牛顿的工作。面对苹果落地，可用不同方法去解释，如(1)寻找它的关联物，(2)说明苹果因多大的重量在何时何地而落地，(3)寻找后面起作用的规律，然后据此作出解释：因为万有引力，苹果掉到了地上。牛顿用的就是第三种方法。同样，查默斯对意识的解释不是寻找关联物、构成物，而是寻找规律。他说："因为有根本规律 x，大脑产生了有意识状态 c。"[③]

他这里所说的解释意识必须据以出发的"根本规律"指的是什么呢？他认为，指的是解释由以出发的这样的终极根据，到此不再会有解释发生，即它存在于解释到此为止的地方。例如对意识的解释，可从现象往后追溯，不停地解释，再解释，到最后，最终的心理物理解释就将达到一个简

① D. J. Chalmers, "Moving Forward on the Problem of Consciousness", http://consc.net/papers/moving.html.

② Ibid.

③ Ibid.

单的硬核。这就是他所说的原始的东西或根本规律。

根据他的追溯,他所找到的原始的解释项像牛顿所发现的万有引力一样,是一种足以导致意识起源的东西。他把它称作"泛心原"(panprotopsyche)。由于这是一个值得进一步探讨的对象,因此可把它看作是意识困难问题中的"最困难的问题",可称作"结合或构成问题"。它指这样的问题,即低级的原心理属性怎样与别的属性一道构成我们复杂的统一的有意识经验?他还强调:这里所追问的构成问题不同于物理学所追问的桌子的要素如何构成桌子的问题。因为复杂经验不是由微观经验构成的,而是自动产生的,即使他承认这里有结合、或构成这样的过程发生,但他关心的构成是形而上学意义上的构成。质言之,这里的构成更像是信息的构成。

第二节　意识与本体论

要建立关于意识的科学,必须调动一切积极因素,搜集关于意识的尽可能多的材料。而要如此,除了要用主观内省的方法搜集纯主观的材料、用客观的行为主义的方法搜集在大脑和身体上表现出来的客观行为材料之外,还应诉诸现象学的直观方法搜集显现在意识面前的资料。在查默斯看来,无论用哪种方法去观察人,都可碰到这样的事实,即人的大脑除了发生了真实的物理过程之外,还出现了与之不同的有意识活动、过程及状态。它们同样是真实的事实。尤其是,像感受性质这样的东西,只要人稍加注意,就会直接为人感受到。因此可以说,感受性质是与现象特征连在一起的现象属性,它体现的恰好是处在意识状态时感觉起来所是的东西。

人在内省和现象学直观中所接触到的东西究竟是什么呢?这当然是需要解释或说明的。查默斯不绝对否认用原子、分子、细胞之类的基本物理实在对之所作的还原解释的合理性,之所以如此,是因为"意识"一词有不同所指,或意识有不同的样式,例如下述意识形式就是可用物理术语予以解释的,因此是可还原的:(1)分辨刺激的能力,(2)报告信息的能力,

(3)调节内部状态的能力,(4)控制行为的能力。对于物理解释来说,这些现象没有提出什么困难问题,因为关于它们的问题属容易问题。他说:"要用神经生理学或计算术语对这些现象作终极性解释,是不存在什么明显的障碍的。"①

查默斯同时强调:心理世界中的感受性质或主观经验是极其特殊的,它们是人的特殊性的表现。因为有主观经验的人不同于生物学意义上的人,他有这样的特殊性,即成为人看起来所具有的某种东西。同样,有意识的状态也有自己的特殊性,那就是成为这样的状态看起来所具有的某东西。有意识状态包括知觉经验、躯体感觉、心理意象、情感经验、当下的思想等,其特殊性在于,经历这些过程时,有某种显现的或感觉起来所是的东西。它们是经历这些过程的人真实生动地体验到的、有如此这般现象学特征的事实。

基于上述现象学根据,他得出了他的关于意识的一个重要的本体论结论:"我们有充分的理由说意识在自然界有根本性的地位。"②而这恰恰是物理主义的本体论所否认的一种存在。可见,查默斯在本体论上与物理主义者存在着明显的分歧,后者坚持本体论的"无扩张"③原则,只承认物理实在的本体论地位,而查默斯坚持本体论的开放原则,即承认物理实在之外还存在着现象意识的王国。

查默斯既不是最先提出意识在自然界有无本体论地位这一问题的人,也不是第一个赋予意识以独立存在地位的人。在他之前,十九世纪初的英国哲学家布罗德(C. D. Broad)写过很有名的一本书,即《心灵及其在自然界的地位》,明确指出:心灵一经从自然界中突现出来,便有自己的存在地位。查默斯在意识本体论地位问题上所做的新的工作是:不满足于表层的议论,而进到了更为根本的形而上学层面,例如发现了其后的更

① D. J. Chalmers, "Consciousness and Its Place in Nature", in S. Stich et al (eds.), *Blackwell Guide to Philosophy of Mind*, Blackwell, 2003, p. 103.

② Ibid., p. 133.

③ Ibid., p. 103.

为根本的本体论问题,如面对意识的存在,本体论将向何处去?为回答这一问题,他提出了"重构本体论"的任务。他意识到:如果意识真的是真实存在的,那么要予以解释,便只有两种选择:一是继续坚持原有的本体论,把意识还原于物理过程,把它的存在地位归结为物理实在;二是"重构关于物理的本体论",使之扩张或膨胀,进而使之能给予意识以自己的本体论地位。[①] 换言之,要使二元论的关于意识有独立存在地位的结论得以成立,必须从理论上否定常识和科学的本体论以及一般的哲学本体论所信奉的这样一个似乎天经地义的本体论原则:只有有形的、实物性、粒子性实在才有存在地位。

查默斯选择的是否定还原论、修改本体论的路径。他认为,经验与物理过程的关系不是等同、还原关系。科学史的事实表明:世界上有些东西可用最基本的属性、粒子、结构来解释,但有些东西并不能用这种方式来解释。他说:"科学中的一切实在并非都能用更基本的实在来解释。"[②]例如时空、质量、电极等就是如此。同样,对意识的存在地位也不能作还原论解释。既然如此,接下来的工作就不是为维护原有的本体论而人为否认意识经验的独立地位。正确的抉择只能是:为尊重意识的事实起见而修改传统的本体论,进而重建新的、有更大解释力的本体论。正像物理科学中的其他理论的诞生一样,如果有新的现象、事实是原有理论解释不了的,那么就需要创立新的理论。例如十九世纪,人们发现了电磁现象。为了解释,科学家引进了电磁电荷作为新的基本实在,并对有关的基本规律展开研究,进而导致了电磁理论的诞生。今日的意识研究也面临着同样的突破。

查默斯认为,要解决这里的本体论问题,首先要把一般的本体论问题与元本体论问题区别开来。一般本体论的基本问题是:世界上究竟存在着什么?数等是否存在?元本体论基本问题是:对这类问题是否可形成

---

① D. J. Chalmers, "Consciousness and Its Place in Nature", in S. Stich et al(eds.), *Blackwell Guide to Philosophy of Mind*, Blackwell, 2003, p. 103.

② D. J. Chalmers, "Puzzle of Conscious Experience", in *Scientific American*, 2002, p. 96.

客观的回答？有没有评判不同本体论理论对错的客观标准？例如对于唯名论和实在论这两种对立的存在标准以及据以作出的关于某对象是否存在的判断，能否找到客观的、唯一的检验标准呢？有的人持肯定立场，有的人则否定能找到这样的标准。例如卡尔纳普认为，事实上有不同的本体论构架，而它们各有自己的存在标准，有对存在的不同看法。一种理论就某一方面说比另一理论更有用，但转换了评价角度，结论就会变化，因此对于哪一种本体论是正确的，没有判断所需的客观的事实和标准。[①]近来赞成这种观点的人越来越多，如普特南[②]、赛德尔(A. Sidelle)[③]等。

查默斯赞成卡尔纳普的观点。因为在他看来，卡尔纳普已较好地证明：对本体论问题没有绝对对或绝对错的回答。一切都是相对的。原因在于：关于存在的问题总与语言的构架有关，如要么与数学有关，要么与常识有关。因此只能说，本体论的存在标准只在特定的构架之内才有对与错的问题，超出这个范围就无对错。据此，可把本体论问题分为两类，一是在某一构架之内提出的问题，即内在的问题，如在数学内有：有没有无理数？在日常经验之内，有这样的问题：桌子上有一个苹果吗？对它们的回答一般来说要么是真的，要么是假的，如数学的回答就要么是分析地为真，要么分析地为假，日常的回答要么是经验上为真，要么是经验上为假。二是外在的问题，即在特定构架之外提出的问题，关心的是实在之总体的存在问题，如在数学和常识之外，可以问：数是存在的吗？日常物理对象存在吗？对这类问题的回答既不真，又不假。

查默斯进一步指出：人们所作的本体论上的存在断言，不管是肯定还是否定，都不存在无条件的确定的真值，同样对于柏拉图主义、唯名论两者哪一个是正确的，就找不到正确、客观的判断标准。它们一个承认存在

---

① R. Carnap, "Empiricism, Semantics, and Ontology", *Revue Internationale de Philosophie*, 1950(4):20-40.

② H. Putnam, *The Many Faces of Realism*, Open Court, 1987; *Ethics Without Ontology*, Harvard University Press, 2004.

③ A. Sidelle, "Is There a True Metaphysics of Material Objects?", *Philosophical Issue*, 2003(12):118-145.

着数,一个承认没有数,它们的承诺是相对于不同构架而言的,因此无法在特定构架之外或之上对它们的对错作出绝对正确的判断。但是如果将问题放在特定的构架之内,那么就有确定的答案,例如在唯名论的构架之内,就可确切地说:数是不存在的。[①] 查默斯据此认为,相信只有有形事物才有存在地位这一标准也只在特定的本体论构架(如常识本体论等)之内才有有效性,它不能作为检验一切对象的普遍有效的标准。对于世界上究竟存在着什么,既然不可能形成客观的、唯一的回答,既然不存在评判不同本体论存在理论对错的客观的标准,即不同本体论构架之间不存在客观的评价标准,而只在构架之内才有客观的标准,那么在意识的本体论地位问题上就应坚持这样的立场,即否认意识的存在地位只在物理主义的本体论构架之内才有合理性,而一旦超出了这个范围,结论就完全不一样了。

查默斯不否认微观的事物和宏观的桌椅等的存在地位,因为它们符合常识的存在标准,但此标准并非唯一的。除此之外,还应该而且可以有别的标准,如可知标准、现象学标准等。如果我确切地知道某物,那么某物就应是存在的,他说:"就我知道的一切来说,世界大概有许多存在方式。""就我确实地知道的东西来说,世界大概还有别的存在方式",如这个房间有三张桌子,等等。[②] 至少可以说,如果主体或一切主体都知道P,那么P至少有认识上的可能性。就此而言,笛卡尔对心灵的论证是有合理性的:如果我确实知道我或心灵在思考,我可以离体存在,那么这些东西至少有认识上的可能性。同样,人们用现象学直观所确认的事项也有存在地位。

总之,要真实地反映世界上客观存在着的对象,而不遗漏任何存在着的样式,或不人为扼杀事实上有存在地位的东西,一定要坚持方法论上的多元主义,承认看世界的观点、角度的多样性,并承认它们所看到的东西

① D. J. Chalmers, "Ontological Anti-Realism", http://consc.net/papers/ontology.pdf, p. 23.

② D. J. Chalmers, "The Nature of Epistemic Space", http://consc.net/papers/espace.pdf, p. 1.

的存在地位。他强调：只有将实验研究与现象学探讨、哲学分析结合起来，我们才能得到跨越不同领域的系统的原则，进而得到基础性的根本规律。只有以这种方式，我们才能最终形成真正令人满意的意识理论。

第三节　已有意识研究评估与迈向意识的科学

查默斯的一个革命性的主张是：二元论与科学的关系并不像过去所认为的那样水火不相容；相反，它们是可以统一在一起的。他所建构的新二元论恰恰是他所进行的意识研究的科学化工作的一个成果，并符合他制定的"意识科学"的标准，因此在本质上不再是反科学的，而恰恰是科学的。倒是已有的其他的意识理论，包括贴上了科学标签的物理主义的意识理论，不符合他的"意识科学"的标准。因为在他看来，一个完善的、科学的心灵理论必须具备如下条件：(1)对我们为什么是有意识的做了说明。(2)对我们为什么能说我们是有意识的做了说明，对我们为什么能思考我们的意识做了说明。(3)能说明上述两个说明是一致的、无矛盾的、连贯和谐的。第一个条件强调的是：要成为科学的心灵理论，必须提供第一人称说明，即对主观经验怎么可能这一形而上学问题给出说明。第二个条件强调的是：科学的心灵理论一定同时是用第三人称术语所做的说明。第三个条件强调的是：必须让第一人称说明和第三人称说明无矛盾地统一起来，相互协调一致。按照上述标准，已有的心灵理论都有这样那样的问题。具体而言之，有三种情况：

一是文不对题的理论。从主观动机和具体研究来看，这类研究触及了现象意识，建立了庞大的理论体系，但从实际结果来看，它们只是在容易问题上兜圈子，并未真正触及困难问题。这种类型的理论很多，如克里克的"惊人的假说"、埃德尔曼的"神经达尔文主义"、巴思的"整体工作空间理论"、丹尼特的"多重草图模型"、杰肯多福的"中间层次理论"等。

二是比较令人满意的意识理论。其特点是既承认了又触及了经验本身的性质及其基础等困难问题，同时还提出了一些较有价值的解决方案，但它们在"提供了关于信息加工的某些细节之后，经验突然出场了，但这些过程究竟怎样突然引起经验还是晦暗不明的”。[①]

三是诉诸“额外成分”的意识理论。以上各种解释之所以不能解释意识,就因为它们实质上是还原论。还原方法在大多数领域是成功的,但对于意识来说则不适用。鉴于此,诉诸“额外成分”的解释者认为,要解释意识,必须有物理过程之外的“额外的东西”。这种战略主要表现为以下几种样式:一是彭罗斯的“非算法加工”理论(如上章所述);二是非线性和混沌动力学,它认为,神经生理学已有的发现都是线性的、有序的东西,未来有可能发现新的、奇迹般的东西,它们遵循的是特殊的规律和混沌动力学,正是由于它们才产生了意识;三是关于意识的量子模型。查默斯认为,这类解释尽管新颖别致,但是这些额外的成分和过程“为什么引起经验这一问题完全没有被触及”。[②]

最近,查默斯在许多论著中对已有意识理论提出了一种新的分类。他认为,可把它们分为两大类六小类。一大类是还原论:把意识当作物理过程,反对本体论膨胀,其内又有三种不同的形式(A类、B类、C类)。二是非还原主义,又有D类、E类、F类共三类,它们不仅强调意识不能还原,而且上升到形而上学高度强调本体论的扩张,或重构关于世界的本体论。它们的具体内容分别是:A类理论是一种激进的唯物主义理论,主要表现为取消论、类型同一论、激进的行为主义。B类理论也是一种唯物主义理论,它承认有困难问题,但又认为,它们可同时放入唯物主义的解释框架之中。[③] C类理论是一种更温和的唯物主义理论,表现为两面论、双重语言等。D类理论主要表现为笛卡尔式的二元论和相互作用论。E类理论是二元论的又一种形式,比较温和,主要表现为副现象论理论。F类理论是一种带有泛心论性质的理论。基本观点是承认物理实在的底层存在着现象或原现象(protophenomenal)属性,它既是派生意识的基础,

① D. J. Chalmers, “The Nature of Epistemic Space”, http://consc.net/papers/espace.pdf.

② Ibid.

③ T. Clark, “Function and Phenomenology”, *Journal of Consciousness Studies*, 1995(2):241-254.

又是派生物理实在的基础。也可这样理解：它承认有两种基础属性，一是结构—倾向性属性（物理理论所描述的属性），二是内在的原现象属性（可导致意识产生的属性）。这种理论由于包容性大，因此难以定性，既可看作是唯物主义，又可看作是属性二元论，还可看作是唯心主义、中立一元论。查默斯坚持的就是这样的理论。他说："似乎没有充分的理由拒绝这种观点。就其本身来说，它可能为进一步的研究提供丰富的资源；从根本上说，它为在自然界中物理的东西和现象的东西融合在一起，提供了最好的方法。"①在他看来，赞成这种理论的人很多，如罗素、费格尔、马克斯韦尔等，提出最新论证的人是：卢克伍德（M. Lockwood），②格里芬（D. R. Griffin），③斯托尔贾（D. Stoljar），④等等。

除上述六类理论之外，查默斯在别的地方还讨论过I类一元论和O类二元论。前者强调：能观察的自主体的有意识状态本身是构成世界的东西。这显然是唯心主义（idealism）理论。由于其第一个字母有"I"，故名。后者强调多因素决定律，倡导者主要是比勒（G. Bealer）⑤和洛（E. J. Lowe）⑥等。它认为现象属性在本体论上完全不同于物理属性。尽管物理学在因果上是封闭的，但现象属性对物理的东西也有因果作用。这怎么可能呢？有一种方式可使这种情况发生，如通过多因素的因果决定律，现象属性与物理属性一道可以引起行为。换言之，当物理状态从因果上引起行为时，现象状态同时也作为原因参与到这一引起过程之中。上述情况还可通过另一方式实现，即通过因果中介实现。例如在从A到B

① D. J. Chalmers, "Consciousness and Its Place in Nature", in S. P. Stich et al (eds.), *The Blackwell Guide to Philosophy of Mind*, Oxford: Blackwell, 2003, p. 133.

② M. Lockwood, *Mind, Brain, and the Quantum*, Oxford: Oxford University Press, 1989.

③ D. R. Griffin, *Unsnarling the World-Knot*, Berkley: University of California Press, 1998.

④ D. Stoljar, "Two Conceptions of the Physical", *Philosophy and Phenomenological Research*, 2001(62): 253-281.

⑤ G. Bealer, "Mental Properties", *Journal of Philosophy*, 1994(91): 185-208.

⑥ E. J. Lowe, *Subjects of Experience*, Cambridge: Cambridge University Press, 1996.

的物理因果关系的实现过程中,中间实际上有一个因果中介,即心灵,使A导致了B,因此在这个过程中,心灵即使没有改变因果网络结构,但心灵成了因果链中的一个环节。这种理论之所以被称作O类二元论,是因为它强调多因素决定作用。

寻找意识的神经中枢关联物(NCCS),已成了近几十年来意识研究的新的倾向和热门话题。查默斯承认,人们沿着这一思路做了大量研究,并取得了许多新的成果。其新的结论主要有:(1)NCCS是大脑皮质中的40赫兹振荡。(2)NCCS是丘脑中的内层神经核。(3)NCCS是神经系统中的再进入回路。(4)NCCS是丘脑皮层系统中的40赫兹节律活动。(5)NCCS是扩展性网状—丘脑激活系统。(6)NCCS是由NMDA所联合的中枢整合。(7)NCCS是某些神经化学激活层次。(8)NCCS是下皮层中的某些神经元。(9)NCCS是前侧流内的视觉加工。[①]

查默斯认为,寻找意识的神经关联物尽管是必要的,但关注此问题的人往往忽视了下述五个基本问题:(1)"意识"一词究竟是何意?(2)"意识的神经关联物"又是何意?指什么?(3)怎样才能找到这种关联物?(4)"意识的神经关联物"将用于解释什么?(5)意识可还原于神经关联物吗?第一、四、五个问题是老问题,只有二、三是新问题。要使意识神经关联物的研究真正成为有意义的研究,必须同时思考这五个问题。例如第二个问题,表面上不值得问,其实并非如此,"关联物"一词值得一辨。仔细一想,这里其实隐藏着两个问题,一是"相关的意识状态"究竟指什么?直接关联于意识状态的中枢状态又是什么?就"意识状态"来说,它可指很多东西。而这些东西里面本身也很复杂,如它们可表现为意识的状态、意识的背景状态、意识的内容、随机的现象属性等。很显然,查默斯的看法是不能不注意的。因为一方面,"意识"一词的所指很多;另一方面,就每一所指来说,它又有不同方面。既然如此,泛泛地寻找意识的神经关联

① D. J. Chalmers, "What is a Neural Correlate of Consciousness?" in T. Metzinger (ed.), *Neural Correlates of Consciousness*, MIT Press, 2000.

物是徒劳的，即使找到了也没有普遍的意义。查默斯质问道：如果说NCC是直接与意识状态有关的系统，那么直接的相关究竟会涉及什么东西？此中枢系统对意识是充要的，还是只是充分的？在一系统成为NCC时，NCC与意识之间的关联该怎样说明？或怎样理解？最重要的问题是意识与被指定给它的NCC之间的关系问题，例如如果把一个系统当作是某意识状态的关联物，这里的关系是怎样的关系？两者关联到什么样的程度才能说那系统是意识的关联物？根据寻找NCCS的人的设想，能作为意识关联物的东西一定是具有最低限度充分性的东西，即有了它，意识状态就发生了。在查默斯看来，这种关联物其实是找不到的。就拿一特定的有意识视觉内容来说，它的出现不是只涉及视觉皮层的某一因素，而是其全体。非但如此，仅有这个整体，还不足以使此内容发生，还必须有其他系统的配合。因此像过去那样把意识的关联物限定在神经系统中的某一要素，或某一激活，或某种电脉冲的释放，显然是不可取的。因为有最低限度充分性的系统及其状态是相互关联的，仅有其中一种因素，是不足以让意识出现的。由此是否能得出结论说，NCC是系统的联合作用？查默斯对此同样也持否定态度。道理很明显，一方面，意识本身很复杂；另一方面，神经生理的东西只是意识得以产生的众多条件中的一个。

查默斯承认：研究意识的关联物对研究意识是有价值的，甚至可以说是迈向关于意识的真正科学的关键步骤。因为一旦我们知道哪些系统是NCCS，那么我们就可研究它们由以起作用的机制，探讨它们怎样产生各种特殊的功能及后果。正像把基因的DNA基础分辨清楚有助于解释生命的许多功能现象一样，把NCC系统弄清楚了，也有助于解释与意识有联系的功能现象。正因为有这样的作用，因此他不仅不反对研究意识的神经关联物，而且强调要将NCCS与有意识状态之间的关系系统化，并抽象出制约两者关系的一般原则。

如果意识有神经关联物，那么它是什么呢？查默斯认为，很难给出肯定的看法，只能给出否定的看法，如不能说它是意识的唯一的或主要的决定因素，也不能说它是对意识产生负主要责任的大脑系统。它本身并不能为意识提供什么解释,也没有把握说,认识到了NCC就等于理解了作为意识之基础的那些过程。如果非要给出肯定的回答,那也只能说:意识在某些方面从整体上依赖于大脑的全部状态。当然,就某一意识状态来说,它有最低限度的关联物,这关联物对它的出现是最低限度的充分条件。

查默斯还针对寻找NCCS过程中存在的问题,提出了自己的方法论建议。如他首先强调:不能根据脑损伤来确定意识的关联物。因为对损伤的实验、观察研究本身改变了大脑的结构,因此先前是NCC的系统,在这时就不一定仍是NCC;还应看到的是,大脑的各部分的功能存在着补偿效应。其次,要看到NCC与意识关联的复杂性。因为NCCS是很多的,有时,同一意识状态可能对应于不同的神经关联物;有时,同一个关联系统在不同的条件下可以对应于不同的意识状态。第三,意识即使有关联物,但由于意识有背景状态和意识内容等差别,因此寻找关联物应具体情况具体分析。第四,关联物研究应关注中枢表征内容和意识内容及其关系。

怎样才能建立符合三个检验标准的令人满意的意识理论呢?查默斯的看法是:要形成这样的理论,必须做好下述三件事情。第一,要对主观经验如何可能做出形而上学说明,尤其是要进行超越物理学规律的建构。第二,要对我们为什么能思考和述说我们的有意识状态做出功能说明,即要进行认知科学的探讨。第三,要设法保证功能说明和形而上学说明的一致。

查默斯还认为,要建立关于意识的科学理论,必须认识到:真正的意识科学是能严肃对待第一人称材料和第三人称材料的科学。他说:"我所理解的意识科学的任务是:把第三人称材料或关于行为和大脑过程的第三人称材料与第一人称材料或关于主观经验的第一人称材料整合为一个统一的科学构架……对于意识科学来说,两类现象都有材料的地位。"①

---

① D. J. Chalmers, "How Can We Construct a Science of Consciousness?" in M. Gazzaniga(ed.), *The Congnitive Neurosciences* Ⅲ, MIT Press, 2004, p. 1.

从具体内容和程序上说,能被称作科学的意识理论首先要花大力气搜集材料,即要把搜集材料看作是首要的任务。这门科学对第一和第三人称材料都同样感兴趣。意识科学的第二项工作是对材料作出解释。第三项工作是建立两种材料、两种解释之间的联系。这里的关系不是还原的关系,而是非还原的关系。既然有相互关联,其后就一定有把它们关联起来的原则或规律。此原则可称作桥梁原则。第四项工作是寻找心物间的桥梁原则,或者说是探寻意识后面起作用的规律。查默斯既反对异常论的无规律可寻论,又反对只承认一种心物规律的唯一论,而认为,一种意识理论如果不包含规律,那么就不能成其为科学。他还认为,意识后面起作用的规律多种多样,如既有物理规律,又有心理物理规律,前者能说明意识后面的物理系统的行为,后者能说明心与物是怎样相互关联的。最后,意识科学还有许多具体的解释工作。其一是解释第三人称材料及其与功能执行的关系。其二是比较有意识和无意识过程之间的异同。其三是整合意识的内容。其四是寻找意识的中枢关联物。其五是将第一人称材料与第三人称材料的关联系统化,或提升联系的普遍性。过去对联系的研究集中在个别事例之上,如把主观经验的特定方面与大脑过程的特定方面分离出来。这是非整体化的方式。它在过去是可行的,但现在需要的是建立一般性原则,如探寻能把广泛的第一人称材料与第三人称材料关联起来的普遍原则或规律。这样的原则,不仅能告诉我们哪一神经系统与某视觉意识有联系,而且能告诉我们视觉经验的内容怎样与中枢过程的特征协变。其六是对根本原则作出推论。这当然是形而上学的工作。

第四节　泛心原论的“新论”

查默斯不再像过去那样,脱离科学、单凭经验和思辨去构造二元论,而自觉以建立意识的科学理论为目的,把科学与二元论结合起来,把自己的研究与对别人成果的借鉴结合起来,把继承与创新结合起来。由于有这样的特点,因此他建立的二元论除了继续坚持二元论的基本原则之外,还提出和阐发了大量令人耳目一新的结论,其中当然不乏新奇甚至离奇的看法,泛心原论就是一例。

查默斯的新二元论关心的主要是意识的困难问题而非容易问题,如意识是什么?世界上拥有意识的是什么事物?怎样判断某物是否拥有它?它是怎样在物理世界起源的呢?当然他的二元论同时还涉及了心理的其他方面如意向性有何本质、与物质是何关系之类的问题。其基本结论既是二元论的,又是自然主义的。之所以是二元论,是因为他坚持认为意识是世界的根本的或不能还原的属性;之所以是自然主义,是因为他认为整个世界是自然的。具体来说,这种二元论包含有如下要点:

一、现象实在论

在有的地方,他把他的关于现象意识的理论称作现象实在论。其基本观点是,存在着现象属性或感受性质,它们不能还原为物理的或功能的属性;从概念上说,现象概念不能还原为物理或功能概念。成为一个主体有其独立的事实,这事实不能从关于那主体的物理的或功能的事实中先验地推论出来。① 这也就是说,现象性质或意识是基本的属性,就像物质的质量、时空、电磁、电荷等一样是物质的原始的、根本的属性,是故他常把它称作"根本的实在"。他说:"我们更有可能把经验本身当作世界的根本特征,就像质量、时间、空间一样。"②所谓根本的,就是说它不是派生的。由此所决定,它不能根据任何更简单的物理的东西来解释,相反可用它来解释它之上的属性和实在。

意识既然是属性,那它就不能独立存在,而必然有其所依存的主体,这主体究竟是什么?这就是人们常说的、查默斯也承认的意识的归属问题,或意识由什么东西来例示的问题。一种观点认为,现象属性是由心理

---

① D. J. Chalmers, "The Content and Epistemology of Phenomenal Belief", in Q. Smith et al(eds.), *Consciousness: New Philosophical Perspectives*, Oxford: Oxford University Press, 2003, § 11.

② 大卫·查默斯:《勇敢地面对意识难题》,载高新民、储昭华主编《心灵哲学》,商务印书馆,2002 年,第 378—379 页。

状态例示的；二是认为，意识是由有意识的自己的主体如精神实体所例示的。查默斯对这两种本体论保持中立的态度。他自己的立场是：意识根源于大脑物理实在中的原现象性质或心原。什么是心原呢？对此问题的回答构成了他的泛心原论。

二、泛心原论(panprotopsychism)

这是查默斯为回答上述问题，说明意识怎么可能从物理实在中奇迹般地产生出来这一困难问题所阐发的一种全新的理论。查默斯在考察已有各种可设想性论证、重新阐发自己对这一论证的看法的基础上，强调指出：在物理实在的最深奥的地方存在着一种最原始的、本原性的心灵，可称作原心或心原(protopsyche)或原现象的东西(the protophenomenal)，它无处不在，因此是一种泛心原(panprotopsyche)。由于它既不同于宏观物理现象，也不同于微观物理实在，是所有物理理论都解释不了的东西，因此可以说是不同于物理东西的心理的东西，但是从根本上说，它又不是物理实在之外的东西，而是根本的元位性的现象性质。就此而言，这种理论是一种物理主义理论，当然是一种极为特殊的物理主义。不过，他更愿把它称作“非唯物主义观点”(nonmaterialist view)。因为它假定的根本的元现象性质是物理理论不可接近的东西，当然也不可能由这些物理理论来说明。

究竟该怎样理解这种无处不在的泛原现象性质呢？他既然把它看作是微观的、事物后面隐藏的东西，为什么他又否认它是微观物理学所说的微观实在呢？根本的原因在于：他这里所说的泛原现象性质不是自在的存在，不是完全由亚原子粒子构成的东西，而是人的认识中所显现的东西，即是离不开主体的感知和设想的东西。他说：“意识的存在并非是由我们世界的微观物理实在的结构或倾向方面所使然的，而是由微观物理学的范畴方面加上与结构/倾向方面的结合所使然的。”简言之，“意识源于微观物理学的基础性的范畴方面”。根据这种观点，范畴方面的本质是由物理理论所授予的，当然它最终又与这样一些特殊的性质有关，正是由于它们，才有意识的构成。不妨把这些在意识之构成中有重要作用的东西称作"原现象性质"。它们本身不是现象性质,但它们又与现象性质的出现和存在密不可分,前者可看作是后者的必要条件。[①]

在《意识及其在自然界中的地位》一文中,他更明确地把原现象性质称作中立的属性。他说:"由于存在着基础性的中立属性 x(即原现象属性),因此 x 属性在物理王国的构成(通过它们的关系)和心理王国的构成(通过它们的内在的组合本质)中同时发挥着作用。"[②]正是由于他把原现象性质看作是中立的,因此他也把承诺这种性质的理论称作中立一元论。由于他有时把这种原现象性质同时看作是物理实在和心理实在的共同本原,他有时也把他的理论称作唯心主义。他说:原现象性质对物理现象的产生也有作用,因此"在某种意义上,可以说它是物理实在本身的基础"。[③] 由于只有一个世界,即无所不包的自然界,因此原现象性质不可能存在于它之外,而只能在它之内。确切地说,原现象性质"位于物理实在的根本层面"。就此而言承诺了这种性质的理论也可被称作唯物主义。[④]

相对于最原始的、最本原性的物理实在而言,原现象性质是一种新的东西。它尽管依赖于微观物理实在的结构性或倾向性方面,但毕竟不能把它们等同起来。原因在于,意识的出现和存在还离不开微观物理学的范畴方面。而这些范畴方面既离不开物理学理论,又离不开合在一起产生出意识的特殊属性即原现象性质。正是这些性质使意识成了不同于物理现象的东西。换言之,意识之所以是特殊的现象,是因为它有现象性质,而之所以有现象性质,又是因为对象里面有原现象性质。

三、意向实在论

如前所述,查默斯按现今流行的做法将心理现象分为两大类,一是具

---

① D. J. Chalmers, "Does Conceivability Entail Possibility?", in T. Gendler et al (eds.), *Conceivability and Possibility*, Oxford: Oxford University Press, 2002, pp. 194-196.

② D. J. Chalmers, "Consciousness and Its Place in Nature", in S. P. Stich et al (eds.), *The Blackwell Guide to Philosophy of Mind*, Oxford: Blackwell, 2003, p. 131.

③ Ibid., p. 130.

④ Ibid., pp. 129-130.

有现象意识属性的各种心理现象，二是具有意向属性或内容的各种命题态度。不过，他对此又有自己的改进，那就是不把两者绝对割裂开来，而强调有一种中间的东西，它既是现象性质，又是意向内容，质言之，是现象性质所具有的概念和命题内容。这一来，便有两大类意向内容。这是查默斯在内容问题上独有的看法。关于这些内容的本质和本体论地位问题，查默斯坚持的仍是二元论的实在论，不妨把它称作意向实在论。应注意的是，这种意向实在论比一般的意向意在论的范围要宽，即是关于命题态度和现象意识的内容的实在论。

他常把命题态度和语句所具有的内容称作“弗雷格内容”。这种内容又有第一性内涵和第二性内涵之别。一表达式的弗雷格内容是与第一性内涵连在一起的，指的是从诸中心世界到外延的映射，在这里，一个中心世界就是带有被指定的个体和时间标志的世界（从直观上说，这些标志表征的是说出表达式的主体的观点）。如与“暮星”相关的第一性内涵就是这样的内涵，在特定的中心世界，它指的是一个围绕中心世界的夜空的某一区域可见到的明亮的对象。表达式除了有“弗雷格内容”之外，还有“罗素式内容”，即外延性内容。一表达式的罗素式内容是与第二性内涵有关的内容，指的是从（无中心的）可能世界到外延的映射。如与“暮星”相关的第二性内涵就是这样一种映射，即指的是一切世界中的金星。

内涵也可称作含义，而含义是决定外延的东西，是从可能性到外延的映射。查默斯非常重视弗雷格在含义问题上所做的工作，并多有借鉴，当然又从心灵哲学的角度做了阐发。在他看来，含义是表达式的认知内涵。其特征在于：(1)每个有外延的表达式都有一种含义。(2)含义反映的是认知意义(significance)。(3)复杂表达式的含义依赖于它的部分的含义。(4)含义决定外延。(5)在间接语境下，表达式关注的是它们的习惯含义。(6)句子的含义有绝对的真值。(7)表达式的含义随使用情境变化而变化。

查默斯讨论含义的目的是要证明世界上除了存在着物理的东西之外还存在着许多不能还原为物理实在的东西。他强调：表达式的认识性内涵即含义是存在的,即在自然界有自己的存在地位。①

他还把这种关于含义的思想推广到命题态度的内容之上,认为心理活动中出现的概念、命题作为呈现方式是一种"微妙的实在"(fine grained entites)。这样说的根据是,人能够与之发生关系。例如人能形成相信、期望等命题态度。这种态度就是主体所采取的一种关系态度,即主体与命题、思想等实在的关系态度。如果它们没有实在的地位,人们就不可能对之采取不同的态度。另外,在日常生活中,人们经常性的一项工作是进行态度归属,如说自己或别人有某种信念或愿望。这种归属活动是不争的事实。这事实之所以能成立,是因为人们对命题、思想等采取了不同的态度。如果没有这些微妙的实在,人类的归属活动就是不可能发生的。

如前所述,现象意识也有自己的意向内容,如有概念和命题。当然这里出现的概念和命题不同于命题态度中所出现的概念和命题。其独特之处在于,这里的概念和命题是与经验连在一起的,是从现象意识中抽象出来的。例如人们在多次经验到了红的感受性质之后可形成关于它们的概念"红"。现象性命题或信念也是如此。如现象信念就是有现象经验的人对自己身上出现了这一事实的信念,他既可以相信自己有某经验,也可以相信没有某经验。现象信念与现象属性的关系是:现象信念是对现象属性的归属,即归属于自己,现象属性是在现象概念之下被归属的东西。以红为例。红有这样一些存在方式,如红的苹果或苹果上的红;红的经验(经验到红的质,此红没有颜色)或现象性的红、红的显现;红的概念:如果我们有关于如此这般的红的质的经验,它指的是现象的红的性质,于是便可有关于此性质的各种概念,如"现象性的红性";如果我们对拥有此质采取相信的态度,并用相应的概念表达出来,那么我们便形成了关于自己有红的经验的信念。

① D. J. Chalmers, "On Sense and Intension", http://consc.net/papers/intension.pdf, pp. 1—10.

在查默斯看来，现象内容(概念、命题、信念等)是有自己的存在地位的，即以属性的形式表现出来。当然，由于属性有许多不同形式，如被归属的属性既可以是物理属性，如物体表面反射出来的东西，也可以是倾向属性，如在某种条件下引起某种经验的倾向，还可以是某种心理属性，如由人的经验或视域所例示的属性，还可以是原始地例示的属性，即原初的属性，如简单的内在的性质等，因此现象内容只是上述属性形式中的后两种形式。查默斯之所以作上述区分，目的是要把他关于现象内容的实在论与各种形式的物理主义区别开来。因为如果把现象内容看作物理属性或倾向属性或投射属性，那么就等于接受了物理主义、倾向主义、投射主义的内容理论。这些理论的共同特点是还原主义，即把现象内容还原为某种物理的东西。而在查默斯看来，现象内容尽管是一种属性，但却是一个不同于上述属性的高阶属性，因此是一种既依赖于这些属性又高于它们的新的属性或实在。由于他对作为属性的现象内容有这样独特的看法，因此他关于现象内容的实在论就根本有别于各种形式的物理主义，而走向了二元论。

四、关于意识统一性的新思考

意识具有统一性，这是一个事实。但统一性不止一种形式，或者说，人们可以赋予“统一性”以不同的意义。它有哪些形式呢？或有哪些不同的意义呢？查默斯认为，可能有这样一些形式的统一性：(1)对象上的统一性，此即对象的统一作用。同一个对象可分别引起多种不同的认识，这种不同可以基于同一对象得到统一。(2)空间上的统一性。它指的是：当认知表征同一空间的不同部分时，最后能得到空间上统一的经验。(3)主体统一性。如我在接触一对象时，可以分别得到身体感觉、触觉、视觉经验、情感经验等，但这些有意识状态可以统一在一起。其根源是因为它们都是我的经验，它们能基于主体而有统一性。(4)基于一个观念或意识的统一性。(5)读取性(access)意识的统一性。读取是指某些状态可为主体用语言加以报告、可被提出来加工、可用来控制行为。当两个意识状态结合在一起被读取、被利用时，它们就有了统一性。(6)现象性意识的统一性。当两个意识状态结合在一起被经验时,它们便有了经验的统一性。

查默斯认为,在这些统一性中,有的统一性是真的,有的是假的。例如一个人同时读取两个意识状态、进而把它们统一起来就不可能。神经生理学的事实表明:裂脑人的意识有时是分裂的,即有时不具有统一性。但至少有一种真实的统一性,如现象意识可以形成为统一体,因为设想现象意识不具有统一性是不可能的。由于过去关于意识统一性的探讨较少涉及这种统一性,因此作为研究现象意识的专家的查默斯对此自然是格外卖力。首先,他认为现象意识的统一性是一种归并的统一性,可这样表述:对于一主体某一时间的任何现象状态集合来说,该主体有一种意识状态,它将那个集合中的每一状态都整合进来了。其次,从逻辑上说,被归并进来的每一状态对于其他状态来说有定推关系。所谓定推是指:当主体不可能在没有例示 Q 状态的情况下例示 P 状态时,从 P 状态便可定推出 Q 状态。换言之,如果一现象状态 P 被归并了状态 Q,那么从 P 便可定推出 Q。第三,在解释意识统一性的根源和机理时,查默斯反对已有的功能主义、信息主义等,而坚持二元论立场。功能主义的特点是用功能术语来解释,如把意识的统一性归结为信息整合或大脑中的有序加工。在查默斯看来,这样的解释无济于事,因为它没有说明这些功能为什么能产生意识的统一性。还有一种理论认为,本来就存在着一种整体的意识状态,非整体的意识状态是由之派生出来的,后者的统一性是前者归并的结果。对于任何共例示的现象状态来说,存在着一种起归并作用的状态。在查默斯看来,这一方案也有自己的问题,如它并未为存在有这样的整体论或原子论的意识状态或现象域或现象世界提供令人满意的论证。罗森塔尔等人关于意识的高阶思维理论以及德雷斯等人关于意识的表征论也有关于意识统一性的解释。在查默斯看来,这些理论也有不足,如没能反映意识尤其是现象意识的统一性特点,因此不足以成为科学的、合格的意识理论。

查默斯自己的看法是:意识的统一性是意识自身固有的本质特点,而非由别的现象派生出来的特点,因此不能诉诸外在的力量如功能作用、信息整合作用等来解释。意识正是有此本质特点,因此才与别的非意识的事物区别开来了,成了世界上自成一类的实在。总之,由意识统一性这一事实出发,必然得出二元率的结论。

五、心理物理规律或原则

科学理论的标志性特征是有对制约有关对象运作的规律的揭示。意识理论要成为科学,也必须有对意识和物质两个领域中起作用的规律以及把两者关联起来的规律的揭示。他说:"意识理论的终极目的是建立关于基本规律的简单而精确的集合,它类似于物理学基本规律的集合。"[①]在他看来,意识科学的规律不外三类,即主宰意识现象的心理学规律、主宰其后的物理机制的物理学规律,以及制约两者关系的心理物理规律。前两类规律主要是具体科学的对象,唯独第三类规律才是哲学的对象。于是,揭示这类规律便成了他的意识理论的一个主要任务。查默斯基于自己的研究,"发现"了把意识与物质关联起来、让意识从物质中产生出来的三大心理物理规律或原则。

(1) 结构一致性原则。它强调意识的结构与觉知的结构是一致的。如前所述,查默斯对"觉知"(awareness)的理解别具一格,如强调它指的是不同于意识的东西,即指意识或经验的认知基础中更为奇特的过程,觉知的内容是那些可以在中心系统中存取的信息内容,从作用上说,它可直接影响行为。所谓一致性,是指意识和觉知在结构上的同型性。

(2) 组织不变性原则。即任何具有相同精密功能组织的两个系统将有质上同一的经验。例如,如果神经组织的因素模式能在硅片上复制,那么后者也会出现相同的经验。这里应注意的是,经验不是由物理元素的构成决定的,而是由组成部分之间的抽象的因素相互作用模式(即组织)决定的。这是因为真正与意识之产生有关的物理的东西不是生化或量子实在,而是抽象的因果组织,即由不同物理组织所实现的功能组织。[②] 组

① D. J. Chalmers, "The Puzzle of Conscious Experience", in *Scientific American*, 2002, p. 98.

② D. J. Chalmers, "Absent Qualia, Fading Qualia, Dancing Qualia", http://consc.net/papers/qualia.html.

织不变性原则强调的是:感受性质随功能组织变化而变化,因此不会发生这样的现象,即出现了可导致红色经验的功能组织,上面实际出现的是绿色经验,即不会出现颠倒的问题。同样,出现了能产生颜色经验的感受性质,就不会没有感受性质出现,即不会出缺失的问题。查默斯尽管有赞成功能主义的一面,但他也有不同于一般的功能主义的地方。这表现在:他除了坚持上述不变性原则之外,还坚持非还原论原则。他说:他的论证所证明的功能主义不是"最强"意义上的功能主义,其表现之一是:他认为缺席和颠倒感受性质从经验上说是不可能发生的。表现之二是:他尽管证明了感受性质有为功能组织决定的一面,但他强调:他没有这样的意思,这种决定关系有逻辑或形而上学的必然性。他说:"我们之所以不能肯定结论有逻辑必然性,是因为我们没法肯定它的前提有逻辑必然性。"[①]因此由他的论证只能得出下述弱结论:功能组织可以满足有意识经验的需要,为其产生提供必要的条件。很显然,它是一种非还原的功能主义。

(3) 信息两面论。这里所说的"信息"有他所赋予的特定含义。申农的信息概念指的是分离状态的集合,它有这样的结构,即既反映了各状态之间的相似性,又反映了它们的差异性。例如可以把10-比特的二进制编码当作一种信息状态。这种信息状态具体化于物质世界之中。每当它们对应于某物理状态时,当它们之间的差异沿着某种像电线一样的路径传递时,物理实在上就会出现信息状态。

查默斯对信息的新的理解是:信息首先是物理学中根本的东西。说它是根本的东西不外是说,只要有物理的东西存在,就一定有信息存在于其中。过去的包括物理学在内的理论的缺陷在于:仅从外在的方面对之加以描述,而忽视了它的内在方面。质言之,信息有两方面,即外在的信息和内在的信息,而经验或意识恰恰是这内在的方面。他说:"物理现象是从外在方面来看的信息,而经验是从内在方面来看的信息。"[②]质言之,

---

① D. J. Chalmers, "Absent Qualia, Fading Qualia, Dancing Qualia", http://consc.net/papers/qualia.html.

② D. J. Chalmers, "Moving Forward on the Problem of Consciousness", http://consc.net/papers/moving.html.

物理属性是信息的外在方面，经验是它的内在方面。

查默斯认为，信息也会出现在意识之中。例如一个视域中的颜色断片模式就可看作是覆盖在一显示屏上的像素模式。如果是这样，那么相同的信息状态既会出现在经验之中，又会出现在大脑的物理过程之中。例如颜色空间的三维编码就表明：颜色经验中的信息状态就直接对应于大脑中的信息状态。既然如此，就有理由把两种状态当作是一个信息状态的不同方面，此信息状态同时存在于物理过程和有意识经验之中。[①] 他说："信息，至少是某种信息，有两个基本的方面，即物理和经验的方面。这个假说有根本原则的地位，正是它成了物理过程和经验之间发生关系的基础。每当我们碰到有意识经验时，该原则使作为信息状态的一个方面显现出来，该状态的另一方面则体现在大脑的物理过程之中。"[②]

查默斯认为，他的理论与维纳的理论是一致的。维纳认为，信息是宇宙的物理学原则的根本方面，相应地，物理学规律可用信息术语来说明。而查默斯断言：关于物理事物和关于意识的理论可统一合并为一种关于信息的更宏大的理论。当然，他也承认：这里有需进一步探讨的问题，如恒温器有信息的方面，但它有意识吗？对此，有两种可供选择的回答。一是认为：只有某些信息有经验的方面。二是认为：所有信息都有两方面。差别在于：在有复杂信息加工的地方，有复杂的经验，在有简单信息加工的地方有简单的经验，恒温器只有简单的经验，如它没有相应的情感和思想。查默斯赞成第二种选择，但又认为它值得进一步探讨。他说："如果经验真的是根本性的，那么它们有望成为最普遍的东西。"[③]这意思是说，任何信息都有物理和经验两方面，两者的同在和关联是普遍规律。

在1999年的《有意识的心灵》等论著中，查默斯对信息的两个方面还有一种表述方式，即认为世界上的任何事物都有模式和信息两方面。由

---

① D. J. Chalmers, "The Puzzle of Conscious Experience", in *Scientific American*, 2002, p. 100.

② Ibid., p. 100.

③ Ibid., p. 100.

此得出的结论仍是泛心论。因为这里所说的信息就是意识。这里所说的模式(pattern)或模型就是一切事物普遍具有的形式结构。此形式结构反映的是事物一种本质特征,因此对之作出分辨,可从特定方面认识到事物的本质特点。另外,模式是可以转换和加工的,也可以为心灵抽象,如从事物中抽象出它的模式。对于人的认识来说,最原始的模式存在于环境之中,通过人的认知可转换为中枢皮质中被认识到的图式。这里所说的信息是指内在的信息,如模式所携带的关于某物的信息。在此意义上,他这里所说的信息包含着从图式到信息的自然映射。不过他又承认:这个映射究竟有何本质是难以说明的。正是有这一困难,心身问题才成了一个难以解决的问题。在图式与信息的关系问题上,他认为两者的关系是一种普遍的、原始的关系,因而像物理学规律一样是客观的存在。

从本体论说,模式与信息尽管是同一对象的两方面,但都有自己的本体论地位。他说:"在提出模式和信息时,我们实际上在我们的本体论中得到了一个更自然的元素,心理的两方面本质正是从这里派生出来的。"①这就是说,一阶的存在是具有两个方面的存在,而它的两个方面有二阶的存在地位。心理的第一人称方面和第三人称方面也不例外。

在三个心理物理规律或原则的关系问题上,查默斯认为前两个原则是非基本的原则,它们涉及的是高层次的属性,如觉知、组织等。第三个原则则是基本的,亦可称之为基本规律。它有很强的思辨性和形而上学性。尽管如此,它为关于意识的哲学理论奠定了基础。他说:"一旦信息与经验之间的根本关联被发现了,那么,通向对世界本质的某种更重要的形而上学沉思的大门就会敞开。"②

六、因果作用问题、副现象论与交感论

许多人有这样的担忧:查默斯一方面承认意识是物理过程的结果,另

① D. J. Chalmers, "Consciousness and Cognition", http://consc.net/papers/c-and-c.html.

② 大卫·查默斯:《勇敢地面对意识难题》,第 387 页。

一方面又认为意识不能等同于物理事件，而根据物理原理，有因果作用的东西只能是物理实在，即因果作用封闭于物理世界，这一来，意识不就成了副现象吗？

他的回应是：他的确承认因果封闭原则，至于副现象论，他的看法较中立，即既认为它没有致命的缺点，但又强调应尽量加以避免。直觉的事实是：意识对大脑有原因作用，因此对意识的正确解释不应违背这一事实。他自认为他较成功地避免了副现象论，其办法是对意识在自然秩序中的地位做了适当的定位。这是一种有别于别的方案的新方案。

避免副现象结论的常见做法一是否定因果封闭原则。如果能论证它是错误的，那么便可为经验在因果链上找到它的地位。第二种方案是认为：在世界上还存在着更微妙的东西，如埃克尔斯说有像电子一样的心灵粒子，意识正是通过它产生自己的原因作用。还有的诉诸常识证明意识的作用，如指出：既然人们都知道意识，并能予以报告，那么由此可得出结论说：意识有因果作用，不然的话，人们怎么能知道并报告自己的意识活动呢？

查默斯认为，在避免副现象论难题时，不能绝对否定因果封闭原则。因为因果既有封闭性，又有开放性。就整个世界来说，因果作用是封闭的，即封闭于世界之内，但就物理世界而言，因果作用又是开放的，即因果作用并不封闭于物理世界之内，它之外还可能有因果作用。如果这样看待因果作用，那么当强调意识不是物理实在而同时又有因果作用时，就不会陷入传统的副现象论。他说："真正的副现象论问题并不是源于物理世界的因果封闭，而是来自于世界的因果封闭！……即使根据相互作用论的观点，我们仍可把心灵当作是因果网络中的一个节点，就像物理节点一样。这些节点是经验的，这一事实并不是因果动力学中的必要的东西。"[①]人们之所以否认经验的因果作用，是因为对物理学的因果动力学

---

① D. J. Chalmers, "Moving Forward on the Problem of Consciousness", http://consc.net/papers/moving.html.

做了狭隘的理解。根据外在的、宏观的因果理论,经验的确不符合原因的条件,即不能作为这种因果理论中的原因起作用。但是根据罗素所提出,后得到了麦克斯韦尔、洛克伍德(M. Lockwood)等人支持的一种新的观点,[①]物理学只是从外在方面描述了它的基本实在,只是从外在方面说明了这些实在的因果关系,而没有说明它们的内在本质,例如物理学及其因果理论就没有涉及内在的因果倾向(dispositions)。由于这一缺失,我们对具有这些倾向的实在便一无所知。对于质量和电极这样的根本性的性质之内的复杂的倾向也是如此。

如果世界上还有倾向这样的原因作用,当然得追问起这种作用的实在或基础是什么。如果只承认有倾向作用,而否定这种作用有其作用者或基础,那是不合逻辑的。如果上述观点是对的,那么就有办法说明意识的原因作用。查默斯认为,世界有更深层的物质实在或基础,它们有物理学尚未注意到的内在性质,这些性质就是物理实在中的更原始的经验,即原经验的(proto-experiential)性质。正是它们构成了我们能观察到的有意识经验。他说:"我所赞成的关于心身问题的观点不是副现象论,而是泛心原论(或罗素式的立场),根据这种观点,基本的物理倾向要么根源于基本的现象属性,要么根源于原现象的属性。这种观点不是让经验成为因果上无关的东西,而恰恰是强调经验是因果关系范畴基础的组成部分。"[②]

很显然,查默斯在探寻意识原因作用的过程中,打出了一个"险招",即试图在物理实在后面去寻找非物理的根基。他承认:这只是一种假说或猜想,但又绝非没有任何根据,同时赞成这一思路的也非他一人。如埃克尔斯认为,心灵中存在着像光子、电子一样的亚原子粒子,他把它称作

---

① G. Maxwell, "Rigid Designtors and Mind-body Identity", in C. W. Savage (ed.), *Perception and Cognition*, Minneapolis: Unversity of Minesota Press, 1978. M. Lockwood, "The Brain Problem", in H. Robinsom (ed.), *Objections to Physicalism*, Oxford: Oxford University Press, 1992.

② D. J. Chalmers, "Materialism and the Metaphysics of Modality", http://consc.net/papers/modality.html.

"灵魂"粒子或"心灵粒子"或"精神粒子"(psychon)。这种粒子不仅有自己的粒子地位,而且有类似于电子等一样的因果作用,因此可看作是有因果力的实在。类似的理论还有笛卡尔的二元论以及李别特关于有意识的心理场的理论。现当代赞成这一理论的人还很多,如福斯特(J. Foster)、[①]霍奇森(D. Hodgson)、[②]斯特普(H. Stapp)[③],等等。

查默斯赞成的当然是二元论的相互作用论,强调:两者如何可能有相互作用这一难题尽管没有最终被解决,但这一理论有进一步探讨的空间,而对立的结论是没有前途的。他说:"对相互作用论的最常见的驳难几乎没有什么力量。"[④]查默斯认为,对于心灵如何可能与身体发生相互作用这一问题尽管尚未找到令人满意的解答,但量子力学的成果中包含有充满希望的线索。他说:"在大脑这样的有意识物理系统中,系统的物理和现象状态会在(非叠加的)量子状态中发生关联。由于对叠加的外在系统的观察,薛定谔演化在观察那一刻会让被观察系统与大脑发生相互联系,进而产生作为结果的大脑叠加状态,以致(通过心物关联)产生有意识状态的叠加。……当叠加的非意识过程将要影响意识时,就会发生某种选择,这样一来,意识就会在物理世界中产生因果作用。"[⑤]

他强调:这种解释不只是猜想,而且还"可能得到经验上的检验"。因为在量子力学中,坍缩理论产生了许多不同于非坍缩理论的预言及假说。如果有关的实验在某一天完成了,那么某些结果会为人们接受坍缩理论提供很强的理由,最终让人们赞成意识有因果作用这一结论。[⑥]

总之,他关于意识的本质及因果地位的看法有这样的一些要点:一是反还原,因为他认为意识经验有自己的特殊根源(事物内部的原心理性质

---

① J. Foster, *The Immaterial Self*, Oxford: Oxford University Press, 1991.

② D. Hodgson, *The Mind Matter*, Oxford: Oxford University Press, 1991.

③ H. Stapp, *Mind, Matter, and Quantum Mechanics*, Berlin: Springer-Verlag, 1993.

④ D. J. Chalmers, "Materialism and the Metaphysics of Modality", http://consc.net/papers/modality.html.

⑤ Ibid., p. 32.

⑥ Ibid., p. 32.

或倾向)；二是反副现象论；三是坚持因果封闭原则，这里的封闭原则当然是由他新阐发的。他说："根本性经验或原经验是最低层次的因果作用的基础。我们身上所表现出的那些高层次的经验可能从这些经验由以构成的原经验中获得了相关的东西。"①如果是这样，那当然没有违背广义的因果封闭原则。

第五节　二元论论证之"荟萃"与创新

自古以来的二元论者最感头疼的问题是如何向人们证明：除了物质的实在之外，世界上还存在着一个在本质上根本不同的非物质的精神王国。查默斯的麻烦有过之而无不及，因为他除了承认存在着意识经验这样的特殊实在之外，还承认物理实在之内普遍存在着"泛心原"。既然如此，做出新的论证便成了他的"意识科学"的一项重要工程。他的方法论是：一方面，搜罗、改造已有的论证，另一方面，设计新的论证。由此便使他的论证同时带有"荟萃"和"创新"的两大特点。这里拟考察他的几个重要论证。

一、解释鸿沟论证

在当代西方心灵哲学中，这一论证得到了许多人的支持和阐发，如莱文(J. Levine)和 T. 内格尔等。其矛头对准的是物理主义的还原解释，其一般逻辑是：借助物理的东西对意识的解释只揭示了意识所依赖的物理条件，而此条件与意识本身之间存在着巨大的鸿沟。查默斯对这一论证作了自己的发挥。他先将其形式化，然后探讨了其后的哲学问题。他的重新表述是：(1)物理解释充其量只说明了结构和功能；(2)解释了结构和功能尚不足以解释意识；(3)因此物理解释与对意识的充分解释之间存在着不可跨越的鸿沟。

查默斯指出：这里应该而且必须进一步思考这样的问题，即物理过程与现象意识之间是否真的存在着解释上无法逾越的鸿沟？对这一问题，

① D. J. Chalmers, "Moving Forward on the Problem of Consciousness", http://consc.net/papers/moving.html.

哲学家们可以采取不同的态度，如一种立场是否认存在着这样的鸿沟；二是认为可以通过适当的探讨填平这个鸿沟；三是认为这鸿沟就像自然界的本体论鸿沟一样；四是认为这鸿沟是纯概念性的，即关于物理过程的概念和关于意识的概念之间的鸿沟。所谓意识概念又可称作现象概念，概念问题即是在物理概念下所看到的物理过程和在现象概念下所看到的有意识状态之间的关系问题。

查默斯认为，要解决这里的问题，首先要正确予以表述。在他看来，这鸿沟不是概念上的，而是实在上的，即是对物理过程与意识本身之间的关系的说明或理解问题。如果现象概念的有关特征能用物理术语来解释，这些特征就不能用来解释我们所面对的那个解释鸿沟。如果那些特征能用来解释那个鸿沟，那么它们本身就不能用物理术语来解释。查默斯强调：要抓住解释鸿沟论证的实质，必须认识到：它不同于认识性鸿沟论证。因为后者属于知识论证的一种形式（详见下一部分）。此鸿沟可这样予以表述：假说P代表物理事实，Q代表现象性的有意识的事实。人们可形成两种认识，即一是关于P的知识，二是关于Q的知识，这两种知识之间就存在着认识性的鸿沟。有的认为，认识论鸿沟只是在认识实在时所出现的差异，因此只有认识论意义，而没有本体论意义。有的认为，从认识论鸿沟可推论出本体论鸿沟。查默斯的看法是认识性鸿沟不同于解释性鸿沟。后者涉及的是这样的问题：有意识的状态是怎样出现和存在的？为什么不能从有关的物理状态中演绎出来？从解释鸿沟中也可推出本体论鸿沟。因为人们如果不能用物理过程解释意识，那么便可以说意识是另一种不同的过程（存在）。查默斯还认为，认识论鸿沟像解释鸿沟一样也会导致本体论鸿沟，因为认识上所形成的概念上的不同，可能都有实在上的根源。例如对意识的认识之所以不同于对大脑过程的认识，是因为两种认识分别来自两种不同的对象，即一个是意识，一个是大脑过程。可见，查默斯的认识论鸿沟论证是对立于双重语言论、心身两面论的，它的目的是要证明二元论，即强调：与两种认识相对应的是两种不能等同的、各有自己本体论地位的实在。查默斯的解释鸿沟论证在本质上也是这样的。

二、知识论证

众所周知,知识论证最先是由杰克逊等人所设计的反物理主义的论证。查默斯赞成这一论证的结论:唯物主义是错误的。查默斯不满足于已有的论证,而试图作出自己的发展。这表现在:

第一,强调:关于现象的知识之所以是特殊的,是因为它像"这"、"那"一样是索引性知识,因此即使知道了一切物理知识,也没法由此推论出关于现象性质的知识。

第二,认为现象概念可以在许多方面为知识论证提供支持或基础。如它可以对玛丽有什么新知识提供更好的说明。根据查默斯对现象概念的说明,玛丽所形成的新的信念就不包括指称现象之红的现象概念,而涉及的是"红"这样的纯现象概念。这些信息有这样的形式,如这种经验是红的,我经验到了红,红的事物常常引起红的经验,别的人看到西红柿时也会经验到它。红的经验内容与现象属性有直接联系,因为那概念的认知性内涵和虚拟性内涵指的是红在各种可能世界中的例示。这内容似乎由红在玛丽身上的例示所决定,如果颠倒的玛丽例示的是G,那么她就有完全不同的纯现象概念G,进而有不同的信念。

第三,强调诉诸双维度语义学也可改进知识论证。他认为,已有的知识论证只是证明了:关于现象的概念或知识不同于关于大脑过程的知识,但对于这两类知识所涉及的对象是不是同一的东西,则没有给出明确而有力的回答,其结论可能是反物理主义的二元论,也可能是倾向于物理主义的双重语言论。而查默斯认为,他根据双维度语义学去论证则可导致对物理主义的更有力的否定和对属性二元论或泛心原论的更有力的支持。他说:"当把知识论证与双维度构架结合在一起时,知识论证就可以成为最强有力的论证,因为它允许我们以更明确的方式思考认识论事实和本体论事实、概念和属性之间的关系。"①

---

① D. J. Chalmers, "Moving Forward on the Problem of Consciousness", http://consc.net/papers/moving.html.

在他看来，常见的知识论证是有问题的。假如P代表物理的真理，Q代表关于现象性质的真理。它可形式化为：(1)“P⊃Q”是后天的。(2)如果是这样，“P⊃Q”便是偶然的。(3)如果是偶然的，那么物理主义就是假的。(4)因此物理主义是假的。

这一论证的问题在于，例如(3)要说的是：如果事物从物理上看到的不同于从心理上看到的，那么物理主义便是假的。在他看来，这个论证是没有必然性的。如果用双维度语义学构架就可解决这里的问题。因为此构架允许我们在认识领域和模态领域之间建立这样一种不同的联系，它一方面可与必然后天的陈述之成立相一致，另一方面又允许我们从认识论前提中引出形而上学的结论。假设有一句子S，当它的认识论内涵在所有有中心的形而上学可能的世界中是真的时，它就是1-必然的；当它的认识论内涵在这些可能世界中是假的时，它就是2-必然的。再假设，当该句子的虚拟的内涵在各种世界中是真的时，它就是2-必然的；当它的虚拟内涵在某个世界中是假的时，它就是2-偶然的。如果是这样，下面的命题便至关重要：

2D命题：如果S是后天的，S便是1-偶然的。

它之所以重要，是因为它允许我们从认识论论断推论出关于形而上学可能性的论断，进而从这种可能性推出形而上学的结论。根据这一命题，就有可能对知识论证做出新的改造：这里的物理主义真理P不再是没有模态属性的东西，而是具有对全部可能世界作出断定这一属性(简称为T)的真理，即PT。这一来，就有知识论证的下述新形式：(1)“PT⊃Q”是后天的。(2)如果是这样，那么“PT⊃Q”便是1-偶然的。(3)如果“PT⊃Q”是1-偶然的，那么“PT⊃Q”是2-偶然的。(4)如果“PT⊃Q”是2-偶然的，那么物理主义便是假的。(5)因此物理主义是假的。

在他看来，诉诸双维度构架的知识论证不仅有上述否定物理主义的意义，而且还有论证泛心原论的肯定性意义。因为就前提(3)来说，它断言有一个世界，在那里有一个世界，在其中，“PT⊃Q”的认识论内涵是假的,但在那里,它的虚拟内涵却是真的。同时,它也一定是这样的世界,在那里,Q 的认识论内涵(和虚拟内涵)是假的,而 PT 的认识论内涵是真的,虚拟内涵是假的。不难说明的是,它还是这样的世界,在其中,那里的事物在结构上相同于我们的世界中的事物,只是它们的内在属性有一种不同的排列,它们起着内在微观属性在我们的世界所起的那种因果作用。这种内在属性的不同决定了那个世界与我们的世界中的 Q 在真值上的不同,即是说,我们的微观世界的因果结构不一定使 Q 成为必然的,但以那结构为基础的内在属性却可以使 Q 成为必然的。由此便可得出泛心原论结论,即承认内在的属性中除了存在着物理的属性之外,还存在着一种非物理的、原心理的属性,正是它使宏观的现象属性成为可能。没有它,就不能解释:现象属性怎么可能从纯物理的世界中产生出来。这一论证可这样加以形式化:(1)"PT⊃Q"是后天的。(2)如果"PT⊃Q"是后天的,那么"PT⊃Q"是 1-偶然的。(3)如果是这样,"PT⊃Q"就将是 2-偶然的,或者说,泛心原论是真的。(4)如果"PT⊃Q"是 2-偶然的,物理主义就是假的。(5)因此,物理主义是假的,或者说,泛心原论是真的。这个结论的意思是:"如果'PT⊃Q'是1-偶然的,而非 2-偶然的,那么泛心原论就是真的。也可以这样表述:如果'PT⊃Q'是 1-偶然的,那么'PT⊃Q'是 2-偶然的,或者说,泛心原论是真的。"[①]

三、可设想性论证与怪人论证

最早倡导这一论证的是笛卡尔。最近,许多论者致力于对它的补充和完善,如比勒(G. Bealer)、[②]坎贝尔(K. Campbell)、[③]柯克(R. Kirk)[④]等。当然,也有许多人对可设想性论证提出了尖锐的批评,如指责它违反

---

① D. J. Chalmers, "Moving Forward on the Problem of Consciousness", http://consc.net/papers/moving.html.

② G. Bealer, "Mental Properties", *Journal of Philosophy*, 1994(91):185-208.

③ K. Campbell, *Body and Mind*, London: Doubleday, 1970.

④ R. Kirk, "Zombies vs Materialists", *Proceedings of the Aristotelian Society*, 1974(48):135-152.

了事实。因为在世界上,许多可设想的事物并不真的是可能的,如可设想水不是 H_2O,但能说它是可能的吗?

查默斯认为,要证明可设想性论证是合理的,首先要对"可设想性"一词作出清理。从本质上说,可设想性其实是命题或陈述的性质,在许多情况下,一个陈述的可设想性其实是相对于说者或想者而言的。其次是认识到,可设想性有多种不同形式,因为该词有不同的意义,至少有三对共六种:一是貌似真实的可设想性对理想的可设想性,二是肯定的与否定的,三是第一性的与第二性的。这三组可设想性有很高程度的独立性,当然有的可结合在一起进而成为新的可设想性,如貌似真实的与第一性的、肯定的可设想性可组合在一起,形成为一个可设想性,即第一性的、肯定的、貌似真实的可设想性。这样的组合一共有八个。既然可设想性如此复杂,因此就应具体情况具体分析,而不能停留于抽象的议论。

先看第一对:貌似真实的可设想性是主体基于对表面现象的观察而作的设想,理想上可设想的指的是基于理想的理性反思而形成的设想。查默斯认为,从第一种可设想性推出可能性大概有问题,但从第二种可设想性则可推出可能性。

关于第二对,否定的可设想性是指:当不能从认识上排除S时,S就有可设想性。肯定地设想一种情况就是想象对象及属性的特定的情形。从心理学上说,可设想性根源于想象。而想象有不同形式,如知性的、理性的、情感的、模态的等,因此肯定的可设想性也有多种形式。他承认:想象毕竟只是想象,有的想象可能是真的,有的则不一定。想象一个世界其实就是完成一个独特的、熟悉的心理行为,只要能坚持无矛盾性原则、可验证性原则,这种想象就可成为可设想的基础。

关于第三对,第一性的可设想性是指有真实根据的可设想性,例如当S作为真的事实是可设想的时,这种设想就是第一性的,当S被设想为大概是事实时,这种设想就是第二性的。不过要注意的是:即使第一性可设想性有上述特点,但仍是先验的事情,因为这里并没有涉及现实世界的真实特征,也与经验知识无关。而第二性的可设想性常常是后天的,例如昏星不是晨星,就不能以第一性的方式设想。要知道这一点,人们必须有关于晨星事实上是昏星的经验信息。

基于上述区分,查默斯得出了这样的结论:并非一切可设想性命题都可推导出可能性结论,只有一部分可设想性才有这种作用。具体而言,有这样一些不同:(1)表面上的或貌似真实的可设想性是通向可能性的不完善的向导,换言之,在这种可设想性与可能性之间确实存在着难以通达的鸿沟。(2)肯定性可设想性是到达可能性的比否定性可设想性更好的向导。(3)第一性的可设想性是一种通向可能性的不完善的向导。如果说一种先天的可设想性蕴涵着可能性,那么它一定是理想的第一性的可设想性,而被定推出的可能性就一定是第一性的可能性。这就是说,理性的、第一性的、肯定的可设想性能定推出第一性的可能性。例如如果说S是能被理想性地、第一性地、肯定地设想的,那么就有某种形而上学上可能的世界,它能满足S的第一性的内涵。同理,理想的、第一性的否定性可设想性能推定出第一性的可能性。(4)有事实根据的、第一性的可设想性是通向第一性可能性的极好的向导。(5)理想的第二性的可设想性能定推出第二性的可能性。

基于对可设想性的细致分析,他认为,我们有理由做出的选择是模态理性主义。而这种模态论又有三种形式:一是强模态理性主义,它认为,由否定的可设想性可定推出可能性;二是弱模态理性主义,它认为,(理想的、第一性的)肯定性可设想性能定推出(第一性的)可能性;三是纯模态理性主义,它是弱模态理性主义与一般化的可分辨性、并非不可设想性的合取。查默斯认为,将这种可设想性论证应用于心身问题之上,可得出反物理主义的、亲二元论的结论。根据这一论证,心和物的区分是可设想的。换言之,把它们同一起来、等同起来,或用一个解释另一个,是完全不可设想的,因此它们的根本的不同是可能的。

不可否认,这种推论隐含着一个重要的理论难题,即从认识论前提能否过渡到模态结论,或者说,两者之间是否有过渡的桥梁,即如何证明可设想的东西一定是可能的东西。查默斯的看法是:这种过渡不是没有可能的，其根据或基础在于：世界上不仅存在着物理的、自然的可能性，而且存在着形而上学的可能性。例如根据物理学规律，超过光速的运动是不可能的。但是，超过光速的运动在形而上学上是可能的，因为从形而上学上说，可能还有许多别的世界存在，它们可能遵循别的规律。既然如此，从具有可设想性的命题过渡到关于可能性的命题就有合理性，因为这里的可能性是形而上学的可能性。他说："可设想性可以成为形而上学可能性的向导，这一主张至少有某种合理性。"①

基于上述分析，查默斯认为，可设想性论证可用不同方式加以表述。其最一般的形式是：假设P是关于世界之物理真理的集合，Q是现象真理，P&～Q指的是两种真理有根本区别，一个不是另一个。(1)P&～Q是可从理想上、第一性和肯定的(否定的)方面加以设想的，(2)如果P&～Q是可如此设想的，那么P&～Q有第一性的可能性。(3)如果P&～Q有第一性的可能性，那么唯物主义是错误的。(4)因此唯物主义是错误的。

查默斯的新的可设想性论证不只是要论证唯物主义是错误的，而且还要论证泛心原论是正确的。这种可设想性论证可这样予以表述：(1)P&～Q是可从理想的、第一性的、肯定的(否定的)方面加以设想的。(2)如果P&～Q是可如此设想的，那么P&～Q有第一性的可能性。(3)如果P&～Q有第一性而非第二性的可能性，那么泛心原论就是真的。(4)如果P&～Q有第二性的可能性，那么唯物主义就是假的。(5)要么唯物主义是假的，要么泛心原论是真的。

查默斯还认为，可设想性论证与怪人论证相结合，还可产生一种新型的可设想性论证：(1)存在着物理方面完全一致于我们而唯独没有意识的怪人，这是可设想的。(2)如果有怪人是可设想的，那么从形而上学上说，存在着怪人是可能的。(3)如果有这样的形而上学可能性，那么意识就是

① D. J. Chalmers, "Does Conceivability Entail Possibility?" in T. Gendler et al(eds.), *Conceivability and Possible*, Oxford: Oxford University Press, 2002, pp. 145-146.

非物理的。(4)因此意识是非物理的。如前所述,怪人论证是时下极为流行的一种论证。所谓怪人是指思想实验中所设想的这样的人,他在微观物理方面与我们有意识的人完全一样,不同只在于他没有意识。查默斯认为,如果怪人论证仅以可设想性为基础,那当然不足以保证它对心灵、意识存在的证明。查默斯的辩护是:可为这一论证建立两个前提,一是“怪人是可设想的”,这意思是说,关于怪人的观念不存在先天的矛盾。第二个前提是,如果怪人是可设想的,那么他就是可能的。这个前提既可以从可设想性中推论出来,也可独自作为前提。他说:“怪人本来就是可能的”,“因为有一个可能世界存在,它能满足有关的第一性内涵的要求。”[①]两个前提都是有根据的,如第一个前提要么依赖于许多人所具有的显而易见的可设想性直觉,要么依赖于关于微观物理概念(在本质上是结构—功能概念)与不是功能—结构的现象概念之间的联系。第二个前提依赖于可设想性与可能性之间存在的一般性理由。既然前提有根据,因此便可推出合理的结论来。总之,这一论证像知识论证、模态论证等一样在论证心灵的独立存在时“是有力量的”。[②]

四、基于现象概念、现象信念的认识鸿沟论证

这是查默斯所设计的一个新的论证,不同于前述的认识性鸿沟论证或知识论证。换言之,在别人那里,认识论鸿沟论证与知识论证可能是没有区别的,而在查默斯这里,它们在特定意义上是两种不同的论证。如前所述,他对现象意识提出了新的看法,即认为它不仅有感受性质,而且有意向内容。这一论证就是以这两种内容为根据的论证。其基本思想是:对现象意识的内容的认识是不同于对大脑物理过程和周围物理环境的认识的,因此两种认识之间有不可逾越的鸿沟。而这鸿沟反映的是实在存在的鸿沟,因此现象意识是一种不同于物理实在的新现象或新存在。先

① D. J. Chalmers, "Imagination, Indexicality, and Intensions", http://consc.net/papers/perry.html.

② D. J. Chalmers, "Phenomenal Concepts and the Knowledge Argument", http://consc.net/papers/knowledge.html.

看基于概念内容的论证。

现象概念有多方面的内容。第一，它有关系性内容，因为公共语言中的"红"的概念无疑有指称，而指称显然是借助与外部世界中的红的事物的关系而确定的。既然如此，红的概念中肯定包含了关系性内容，即表达了与红的事物的关系。[①] 第二，现象概念还有共同体的内容，即由使用概念的个体所在的共同体赋予该概念的内容，亦即由大家共同确定的与指称的关系，因为用某概念表示某对象，这是共同体共同确定的。第三，是带有个体自身特性的内容。尽管个体在用共同体的"红"一词去表示红的对象时，有与他人相同的内容，但他所体验到的红肯定有不同于他人的东西。这些特殊内容肯定也会出现在他所用的现象概念之中。第四，是索引性内容。人们用现象概念所述说的现象经验还有像"这"、"那"一样的索引性内容，因为人们在用有关语词述说自己当下的体验时，面前的对象、内心的感受都会打上时间和空间的烙印，都会受当时知识水平、情绪状态、目的、动机等的影响，这些反映到概念中就成了它的索引性或直陈性内容。第五是纯现象性内容，指的是所有世界中共同的现象性质。

在心灵哲学中，分析现象概念的目的，不外是要说明它与有关的物理概念之间存在着鸿沟。但是对这一鸿沟是否意味着存在着本体论鸿沟，不同的人有不同的看法。如洛尔(B. Loar)等现象实在论者在抵制反唯物主义论证时强调：认识论鸿沟并没有反映本体论鸿沟，因为不存在这样的本体论鸿沟，实在是统一的，而反映此实在则可有不同的概念或认识。[②]

查默斯认为：现象经验、现象概念以及人们对自己经验的信念都有自己的特定内容，这内容不随大脑过程、功能作用、环境因素变化而变化，因此有自己不同于物理、功能属性的特殊性。如果是这样，还原论、物理主义就是错的，属性二元论就是对的。为形象、具体起见，他也做了一个思

---

① D. J. Charlmers, "The Content and Epistemology of Phenomenal Belief", http://consc.net/papers/belief.pdf, p. 5.

② B. Loar, "Phenomenal States", in N. Block et al(eds.), *The Nature of Consciousness*, Cambridge, MA: MIT Press, 1997.

想实验。假设有一个玛丽,有一个颠倒的玛丽。她们在物理方面、功能方面、环境方面是完全相同的。但有一点不同,即她们在看红时,一个把它知觉为红,得到了红的经验,一个则把它知觉为绿。查默斯说:"由此可以引出一个否定内容可还原性的强结论。既然玛丽和颠倒的玛丽是物理/功能和环境上的孪生人……但她们却有内容上不同的信念,因此可以说:信念内容并不在概念上随附于物理/功能属性。"①

有一种外在主义认为,玛丽和颠倒的玛丽分别得到的红的概念在指称上的确是不同的,但她们的概念的认识内容可以是相同的。查默斯回应说,现象概念有不同的形式,如有索引性、关系性、群体性、个体性、纯粹性等多种不同的现象概念,两人相同的认识概念可能只在其中的某些方面,如索引性、关系性、群体性概念及内容,是相同的,而他们的纯现象概念、个体性现象概念的内容则不可能相同。因此内容还原论、随附论仍是错误的。他说:"仅就纯现象概念来说,我们会碰到这样的情形,在那里,尽管两主体是物理上同一的,但两概念在认识内容上是不同的。"②

在认识论鸿沟与现象概念的关系问题上,查默斯认为,现象概念尽管不是本体论的事实本身,但却是从特殊的认识论视角、通过亲知所形成的、反映了物理概念所不能包含的东西的概念。由此至少可得出这样的结论:要么说,它确认了像亲知这样的强认识论关系,这关系本身提出了物理主义不能回答的问题,即包含有超越物理主义的本体论承诺(二元论承诺);要么说,它确认了一种像索引性指称、证明性指称这样的弱认识论关系,即使是这样,它也向物理主义提出了挑战,因为物理主义不能说明与意识有关的认识情境。

再看现象信念的构成及其反物理主义论证。关于现象性质的信念比概念更复杂,它除了依赖于物理的东西(内在的大脑结构、外在的所指)之外,还依赖于具体的现象性质。现象信念的特殊性还表现在:它依赖于现

① D. J. Chalmers, "The Content and Epistemology of Phenomenal Belief", http://consc.net/papers/belief.pdf, pp. 10-11.

② Ibid., p. 13.

象经验所具有的意向内容。例如玛丽和孪生玛丽之所以对红有不同的经验及信念，除了物理、功能、现象性质等有不同之外，她们的现象性意向内容也是不同的，如玛丽相信西红柿引起了红的经验，颠倒的玛丽相信西红柿引起了绿色的经验。这也就是说，现象信念的构成更加复杂，即既有物理、功能的方面，又有现象性质的方面，还有意向内容的方面。查默斯据此说："两个主体即使有相同的物理、现象属性，但仍可能拥有内容上有区别的现象信念。"①

现象信念还可能有别的构成因素，如它之所以复杂，还可能是因为：不由现象性质所决定，而由现象状态所决定，如玛丽的信念内容可能是由与她的现象"印象"相伴随的现象性"观念"所决定的。质言之，两人之所以有不同的信念，可能是由于她们有不同的现象观念。再一种可能性是：现象信念之不同除了上述相同的决定因素之外，还可能与她们的视觉经验的现象特征有关，或由基础性的现象性质所决定，例如现象信念的内容反映了这种性质，而此性质指的是该性质在各种认识中的种种例示。

现象信念不仅在认识上客观地出现了，如每个人都能认识到自己有这种信念，而且有不同于其他认识（如人对自己身体和外界对象的认识）的特点。例如，第一，它有认识上不可错的特点。第二，具有亲知性，即是说，现象性信念是主体亲知的。与此密切相关的是：现象信念具有其他信念和认识所没有的特殊的认识论地位，即它直接根源于现象性质。正是现象性质产生了这种信念。因此这种信念不能还原于别的信念。第三，直接的现象信念是自明的，因为当主体基于现象性质形成了直接的现象信念时，那信念便由于主体亲知那性质而得到了自明的辩护。这就是关于这种信念的"辩护论"。②

基于对现象概念和信念之内容的上述分析，查默斯得出了这样的属

① D. J. Chalmers, "The Content and Epistemology of Phenomenal Belief", http://consc.net/papers/belief.pdf, p. 15.

② Ibid., p. 30.

性二元论结论:“纯现象概念和现象信念的内容不能从概念上还原于物理的和功能的内容。”[①]这就是说:在现象性质与物理性质之间事实上存在着概念上的或认识论的鸿沟。这一结论可以泛化到一切心物关系之上吗?查默斯的回答是:至少可以得出这样的结论:与现象概念、信念有联系的概念和信念不能还原为物理的概念与信念。如知觉概念、社会概念、意向概念等都有不可还原的内容。[②] 他所得的另一结论可表述为现象范围内的“有限的基础主义”。这意思是说,直接的现象信念在某种意义上是基础性的、根本性的,它本身根源于经验,其存在不依赖于别的信念,而别的有关信念却以之为基础。[③] 总之,基于现象概念、信念的认识论鸿沟论证可以引出如下“惊人的结论”:“对有意识经验的探测是对存在着的最深层的秘密的探测。关于大脑的知识对此探测毫无帮助。”“意识或内在自我的主观经验对神经科学提出了最严峻的挑战。即使是关于意识的大脑基础和神经关联物的最详尽的知识也无法解释人怎么会有自我觉知的心灵,为什么是这样。”[④]“关于意识的理论对于世界和人学或自我学将提出令人震惊的结论。”[⑤]

五、基于可定推性对物理主义的否定

众所周知,物理主义的诸形式不过是用各自所宠爱的科学术语对心理现象所做的还原解释。在查默斯看来,物理主义的还原愿望能否真正实现,关键要看能否证明解释项和被解释项之间是否存在着可定推性。换言之,要对现象性质之类的东西作还原解释,必须先证明其内存在着先验的可定推性。如果有可定推性,如果现象意识可用表述物理事实的术语来解释,那么就等于做出了还原解释。他说:“极其有把握地说,如果没

---

① D. J. Chalmers, “The Content and Epistemology of Phenomenal Belief”, http://consc.net/papers/belief.pdf, p. 46.

② Ibid., p. 47.

③ Ibid., p. 48.

④ D. J. Chalmers, “The Puzzle of Conscious Experience”, in *Scientific American*, 2002, p. 90.

⑤ Ibid., p. 92.

有这种可定推性，那么就不能用表述物理事实的术语对现象事实做还原解释。”①

布洛克等人认为，还原解释无须诉诸先验定推。因为许多典型的还原解释，并没有用到先验定推。② 还有一些人赞成查默斯的部分观点，如承认：要消除心物在概念上的差异，必须证明它们之间有可定推性。只有证明了这一点，那么才能说它们之间有同一性。但又认为，可以在两者之间找到可定推关系，如通过必要的概念分析就能如愿。质言之，先验定推离不开概念分析。而概念分析不过是找到有关语言中的这样的表达式，它们可先验地等同于原语言中的术语。这也是不难办到的。例如有两种语言 A 和 B，要形成这样的先验定推：A⊃B，B 中的术语必须能用 A 中的术语来定义。

查默斯认为，要解决这里的问题，必须澄清下述前提性命题：从微观的真理中能否定推出常见的宏观的真理。他通过分析索引性真理和现象性真理指出：它们是宏观的真理，根本没法从微观的真理中定推出来，因为它们依赖的要素太多了，一个要素发生变化，其结果就完全不一样。具体而言之，大脑系统以及内部所发生的有关过程和状态是意识的一个必要条件。由于它们的作用，意识发生了，但意识又不能等同于它们，因为意识是复杂因素相互作用条件下所突现出的高层次现象。

现象事实与物理事实，现象概念与物理概念之所以不存在定推关系，进而不存在同一或还原关系，是因为两类事件或概念分别存在于不同的层次之上，即一个在宏观层面，一个在微观层面。③ 如果事物、属性或认识在层次上不同，那么由于这些层次上的不同，因此就不可能有对高层次的、宏观的现象的还原解释。总之，“从一系统的功能属性到质的属性之

---

① D. J. Chalmers, “First-Person Methods in the Science of Consciousness”, http://consc.net/papers/firstperson.html.

② Ned Block and R. Stalnaker, “Conceptual Analysis, Dualism, and the Explanatory Gap”, *Philosophical Review*, 1999(108):1-46.

③ D. J. Chalmers, “Conceptual Analysis and Reductive Explanation”, in *Philosophical Review*, 2001(110):357.

间不存在概念定推关系,"[①]既然如此,物理主义的还原解释就是不能成立的。

第六节　查默斯意识理论的实质、特点和启示

查默斯在表述自己理论的实质与特点时,根据不同语境用了不同的名称,如泛心原论、属性二元论、非还原的功能主义、特种形式的唯物主义、自然主义的二元论等。这些说法之间是什么关系呢?可以肯定的是,不同称呼之间并没有矛盾,都从不同的方面揭示了他的理论的同一的实质和不同的特点。

所谓"同一的实质"是指,不管他的理论有何特点,不管他用了多么不同的称呼,都万变不离其宗,都是围绕着他的带有自然主义倾向的二元论这一主旨展开的,或者说,表达的都是这样的思想:意识是一种自然现象,是由基本的功能组织所决定的东西。尽管前者依赖于后者,但前者又不是后者,即意识不是功能组织本身,而是其上的一种新的属性。要理解这一点,关键是把决定关系与等同或同一关系区别开来。说某事物由另一事物所决定,并不等于把它们当作同一个东西。正像说儿子由父母的遗传基因所决定不能把儿子与父母等同起来一样。决定关系恰恰意味着由决定关系所关联在一起的两个东西不是同一个东西。如果是同一个,就不存在一个决定另一个的关系。不难看出,查默斯的二元论的确是新的,是自然主义的,因为他把意识看作是依赖于、决定于物理实在尤其是功能组织的东西。这是他一致于物理主义而有别于传统二元论的地方。但另一方面,他又强调:意识有自己的独立存在地位,因此他又有明显的二元论和反物理主义倾向。这种二元论的确是新型的,因为它完成了对传统二元论的许多超越,如在承认意识是基本属性的同时,又承认意识有依赖于物理实在的一面,同时,还把意识结构与大脑结构的同型关系、意识与

① D. J. Chalmers, "Self-Ascription without Qualia: A Case-Study", in *Behavioral and Brain Science*, 1993(16), p. 35.

功能组织的协变关系概括成心理物理规律。就此而言，把这种二元论称作“良性二元论”或“自然主义的二元论”的确是十分恰当的。

关于“自然主义的二元论”，他自己是这样评价的：这种理论尽管不敢肯定是真实的，但有比唯物主义更大的解释力。因为它有这样的特点：既承认物理实在具有根本性、本原性，又承认原经验有这样的地位。之所以说原经验有本原性，是因为它是物理实在的内在的特征，它的外在的特征就是我们能体验到的经验。在特定意义上，可把它看作奇特的唯物主义，因为它只承认有物理的实在；之所以同时又是二元论，是因为它强调这实在之内还有原经验性质。它有超越于物理学的地方，因为它认为这原经验是已有物理学所忽视了的东西。

查默斯对各种二元论形式都有好感，当然最感兴趣的是他自己所创立的泛心原论。他说：这种理论“是最值得信赖的，但这样说的根据主要是美学上的考虑，其力度尚不太清楚”。原因在于：对有关问题的认识尚处在探索之中，尚无支持某一观点的有判决性力度的材料。由于有这种不确定性，因此每种观点便都各有自己的优点和问题。①

他有时也把自己的理论称作属性二元论。有把握说，他不赞成实体二元论，而倾向于属性二元论。这样的根据很多，如在《有意识心灵》一书中，他有如下明确表述：“有意识经验涉及的是个体的这样的属性，即尽管它们可以有规律地依赖于个体的物理属性，但并不能从物理属性把它们定推出来。意识是高于世界物理特征的特征。这不是说它是分离的‘实体’；在我看来，关于实体的二元论究竟由什么构成，是极不清楚的。我所知道的是，世界上的个体有种种属性，如现象属性，它们在本体论上独立于物理属性。”②

他的二元论也打上了功能主义的烙印。在他看来，与意识直接有关的是功能组织，或者说直接决定意识的东西是功能组织，而与物理的生化

① D. J. Chalmers, *Consciousness and Its Place in Nature*, pp. 131-134.

② D. J. Chalmers, *The Conscious Mind*, Oxford: Oxford University Press, 1996, p. 125.

属性、量子属性只有间接的关系,因此他自认为,他的意识理论对强调意识依赖于物理的东西的理论作了进一步的限定,即只承认意识直接依赖于功能组织。但他的功能主义是非还原性的,因为他否认意识经验能从功能属性中定推出来。

他有时认为他倡导的心灵理论是两方面理论的一个特例。他的两方面理论的特点在于:第一,它同时包含有同一理论、功能主义和副现象论的某些因素,如承认大脑状态和功能状态同一,第一人称状态和第三人称状态是同一个东西。其副现象论因素表现在:它承认主观的方面依赖于客观的方面,只有物理的东西才有完全的自主作用。第二,不同于一般同一论的地方在于:它强调第一人称状态和第三人称状态不能等同,因为它们之间有根本的不同。第三,不同于副现象论的地方在于:它承认主观状态有自己的因果效力。第四,他所说的两个不同方面分别有特定所指,一是模式(pattern),二是信息。这两个范畴可以说是世界上的两个基本范畴。因为世界上的一切存在或事物都有这两方面。第五,第三人称心理事件就是大脑中的模式,而相应的主观的第一人称心理事件则是信息。总之,传统的两方面论强调的是心理方面和物理方面的关系,而他的两方面论关注的是心理的第一人称和第三人称方面。这两方面同属心理的东西,只是看问题的角度不同罢了。

查默斯的意识理论之所以被称作泛心论,是因为他认为,世界上的一切属性中都同时包含有泛心原或信息的方面。而信息的方面在动物身上就表现为主观经验。他对他以前的泛心论的评价是:“我不知道它是不是真的,但我认为它是一种迷人的观点,……值得引起注意的观点。如果一种关于意识的简洁而有预言力的理论最终会承认泛心论,那么我不明白我们为什么不应该接受它。”[1]他在有的地方明确把自己所“发现”的原经验或原现象性质称作无处不在的性质。这就是说,他并不承认经验无处

① D. J. Chalmers, “Moving Forward on the Problem of Consciousness”, http://consc.net/papers/moving.html.

不在，只承认原经验无处不在。正是因为有这种属性，更复杂系统中的经验才得以出现。为了区别于传统的泛心论，他把自己的理论称作"泛心原论"，或"泛原经验论"。①

查默斯的二元论尽管包含有离奇、猜想和过于激进的特点，但又不失为现当代心灵哲学中的一朵奇葩。就二元论本身的发展来说，它无疑代表了一个新的发展方向。有把握说：二元论除了以对立于物理主义的形式发展之外，还有这样新的走向，即不再像传统二元论那样将自己放在与唯物主义的根本对抗之中，而尽可能靠近唯物主义，并吸纳其合理成分乃至基本原则。例如查默斯不否认物理实在的第一性的地位，不像传统二元论那样认为精神现象也有自己的不同于物质的独立本原，而承认意识也是从物理实在产生出来的。当然由其复杂性思想方式和突现论范式所决定，他又认为，意识根源于物理实在，但并非唯一地决定于物理实在，因为他看到意识的产生除了与物理结构、功能组织有关之外，还有其他的决定因素，如物理实在之内所隐藏的心原以及别的文化、社会因素，更重要的是还有现象学的决定因素。由这些因素所决定，从物理实在中产生出来的意识便有自己的不能还原的特点和独立的本体论地位。正是这些使他走向了与唯物主义不同的二元论。

查默斯强调意识观察的现象学维度或现象学意义上的意识经验，既有不可否认的合理性，又有重要的本体论启迪。从严格的意义上说，事物的活动或运动、过程、状态、事件等无疑都有存在性或本体论地位，但它们无疑是存在的不同方式或形式。每种方式都有自己的存在上的特殊性。被描述为心理现象的大脑中的对应的东西也是如此，也会有这样的表现方式，如感知到一朵花的红色，就可分别表现为感知活动、过程、状态和事件等。如果表现为活动，当然可予还原，即可看作是大脑所完成的活动。但是作为过程、状态和事件的心理现象就不那么简单了，尤其是当主体从

① D. J. Chalmers, "Moving Forward on the Problem of Consciousness", http://consc.net/papers/moving.html.

第一人称角度去观察和体验时就更加复杂了。例如一种被经验到红的知觉状态,就是一高阶的现象学事实,它尽管离不开大脑的作用过程,但它由于综合了别的因素的作用,就成了一种新的存在样式,至少是一种不同于大脑过程的高阶的状态,此状态中至少有这样一些新的东西,如高阶的知觉、显现出来的东西、知觉者当下逼真的体验等。如果是这样,传统的物理主义本体论图式就必须作必要的修改,如除了承认基本的物理实在之外,除了承认客观观察所发现的东西有本体论地位之外,还应承认随着新的参数的增加、关系属性的变化而突现出的高阶属性及事实的本体论地位。查默斯通过对科学史的考察指出:随着对基本事实、基本属性、基本实在的认识的深化和变革,人类的本体论图景也必然会得到相应的修改和变革。"例如在十九世纪,电磁过程不能根据先前的物理学理论所诉诸的全部力学过程来解释,因此麦克斯韦尔等人引入了电磁电荷和电磁力,作为物理理论中新的组成部分。为了解释电磁论,物理学的本体论不得不加以发展。"①同样,由于发现了意识经验也是世界的根本实在,关于这个世界的本体论也必须作相应的修改。另外,查默斯在探讨意识与本体论的关系时所提出的元本体论问题,如有无判断不同存在论断的客观标准等,无疑也有思考的价值。这对于改变我国本体论研究的现状,使我们超越于概念翻译之争、无谓的语词之争而真正展开本体论的研究是有促发作用的。

最后,二元论与科学的关系值得一议。查默斯尽管倡导带有二元论性质的意识论,但他并不认为它的理论就是反科学的;相反,他建立的这种意识论恰恰是他建构关于意识的科学的组成部分。这无疑向我们提出了一个具有挑战性的问题:二元论是不是一种反科学的理论?怎样看待二元论与科学的关系?二元论是不是绝对对立于科学的?可以肯定,历史上有一些二元论的确是反科学的,但是否可得出结论说:一切二元论都反科学?无论从动机还是从效果上说,都不能如此说。笛卡尔的二元论

① 大卫·查默斯:《勇敢地面对意识难题》,第378页。

在动机上是要与科学一致，许多量子物理学家如薛定谔等也是如此，今日的查默斯等人不仅在动机上与科学的动机一致，而且所建立的理论在内容上也努力与科学保持一致。例如他一直在思考这样的问题：怎样建构一门关于意识的科学？当然他承认，这一定是一种特殊的科学。是故，他探讨了这门科学的样式及特点。在《意识科学中的第一人称》一文中，他探讨的正是这一问题。在他看来，意识论如果只关注第三人称材料，如关于大脑、行为、环境的观察资料，那么这种意识还算不上是科学，只有探讨第三人称资料与第一人称资料的关系，才算走上了科学的征程。换言之，真正的意识科学必须承认第一人称材料的地位。查默斯进一步指出：意识科学的一项主要任务就是寻找两种材料之间的关系，包括探寻它们之间的解释关系，如果能找到这样的联系，那么就有望由此出发去发现这些联系之后的普遍规律。而只有当意识理论找到了这样的普遍规律时，才有资格被称作科学。

作为科学的意识理论当然有自己的方法论。在历史上，曾出现了许多研究意识的方法论，如19世纪的内省方法，后来的行为主义方法，现象学方法，东方的思辨的构架等。查默斯认为，这些方法都有自身的价值，但囿于一种方法，肯定行不通。要寻找科学的方法，只有把视野放开阔一些，既注意内省，又注意客观的方法；既重视西方传统，又不轻视东方的探索；既要立足当代，又不能无视历史和传统。把它们结合起来似乎才是获得新的观念的途径。在当代意识科学的方法论探索中，最有意义、最具挑战性的工作是阐发适合于研究第一人称材料的方法。查默斯对西方广泛流行的语言分析方法也发表了自己的看法。他认为，这种方法实即形式主义方法，不妨一试，因为经验有形式结构，与语言有一致之处，因此用语言可以抓住经验之间的不同和相同。当然，它显然也有局限性，因为有一些经验的内容及特点并不能见诸语言。尤其是经验的内在的、非结构的方面，对我们用形式的方法去把握的确是一大障碍。①

由于他认为他的二元论有与科学的一致之处，因此这种二元论自然

① D. J. Chalmers, "First-Person Methods in the Science of Consciousness", http://consc.net/papers/firstperson.html.

有一定的实践价值,例如他认为他的理论对于人工智能是有意义的。他强调:意识经验为功能组织所决定,因此只要能建构与有意识的人的功能组织一样的功能组织,那么该组织之上就会有意识发生,即使构成这组织的东西是金属、导线、电路等,也是如此。他说:"模拟了我们功能组的系统必定是有意识的,即使它们是由硅构成的,由水管组成的,或由一群人所例示的。因此可以说,本文的论证为人工智能的某些雄心勃勃的计划提供了基础。"[①]

① D. J. Chalmers, "Absent Qualia, Fading Qualia, Dancing Qualia", http://consc.net/papers/qualia.html.

第十二章　二元论与自然主义的融合：麦金论意识的隐结构和无定域性

麦金(C. McGinn)是美国著名哲学家，在心灵哲学、认知科学、人工智能、语言哲学和科学哲学等领域均颇有建树。在心身问题上，他撰写了大量论著，如《主观的观点》(1983)、《意识的难题》(1991)、《神秘之光》(1999)和《心理内容》(1989)等。他认为，心身问题之所以难解，症结在意识。可以说，没有意识，心身问题没有意义，而有了意识，心身问题的解决似乎又是无望的。[①] 正是基于这样的看法，他便把他的心灵哲学研究的重心放到了意识及其如何从自然界中产生出来这类问题之上。由于承认意识来自自然现象，本身就是自然现象，因而他的意识理论在本质上仍属自然主义，当然是一种比一般自然主义有更多本体论承诺的特殊的自然主义。由于他强调意识有不同于一般自然事物的特殊根源，因而他的自然主义又带有明显的二元论倾向。毋宁说，他的意识理论是自然主义与二元论的奇妙嫁接。

第一节　意识的神秘问题及其诊断

麦金强调：要探讨心身问题，首先必须充分认识到有关问题的复杂性和困难性。这种复杂和困难主要表现在：意识具有神秘性。他说："意识真的是一种莫大的神秘，一种我们没法随意从理论上去理解的自然现象。"[②]意识的神秘性主要表现在：(1)意识本身的本质及特征神秘难解；

---

① C. McGinn, *The Problem of Consciousness*, Oxford: Blackwell, 1991, ch. 1.

② C. McGinn, *The Mysterious Flame: Conscious Mind in a Material World*, New York: Basic Books, 1999, xi.

(2)古往今来的探索者一直无法令人满意地说明：意识作为一种非空间的现象如何来到这个有空间特性的世界；(3)即使是科学也难以说明：每个人在意识活动发生时，所伴有的主观性或主观经验究竟是什么，为什么有这种现象发生。更麻烦的是：别的生物如果有经验的话，那么其神秘性就更大。他说："我们不可能知道：成为一只蝙蝠会是什么样子，我们不可能对这种异类的主观性样式做出概念化。"①

尽管我们可以明白无误地知道意识发生、存在于大脑之中，但为什么是这样，却是难以说明的。他说："大脑是意识的居所"，"心灵居住在大脑之上"，不仅如此，大脑还是使心灵得以发生和存在的东西，它让心灵起作用，表现自己的种种特点。然而，这一事实提出了这样的问题，心灵能根据大脑获得完全的解释吗？它们真的是独立的实在吗？把有意识经验与这块灰色物质拴在一起的东西究竟是什么？意识经验有何本质特点？麦金自认为，他对这些问题的态度是矛盾的，即既有乐观主义的倾向，因为他相信可以找到较令人满意的答案，例如他的自然主义二元论就是一种尝试；同时又不可避免地带有悲观主义情调，因为这里的许多问题是难以找到答案的，例如把心与身联系在一起的这个纽带是神秘的，甚至是人的理智根本解不开的神秘。②

面对意识问题的神秘性，似乎只有两种选择，一是自然主义，二是超自然解释或神秘主义。二者必居其一。③ 由于前者希望渺茫，至少步履艰难，因此后者便有自己的一席之地。它的样式也很多，其共同的操作是：诉诸上帝等超自然力量来解释意识的产生、存在和作用。在麦金看来，这些解释"即使不那么令人信服，但具有建设性，拓展了心身问题的意义"。④ 这表现在：它们将极为深层和困难的问题展现在了人们面前，因

① C. McGinn, *The Mysterious Flame: Conscious Mind in a Material World*, New York: Basic Books, 1999, p. 55.

② Ibid., p. 6.

③ C. McGinn, *The Problem of Consciousness*, p. 2.

④ C. McGinn, *The Myterious Flame*, p. 77.

此“应尽可能释放它们的力量,并严肃对待之”。[①] 根据创世说的看法,自然界有四类存在,一是像岩石一样的非生命的自然事物,二是植物之类的有生命的事物,三是钟表之类的人造物,四是有情感、有意识的存在,如人、大猩猩。这些事物之所以界线分明,是因为它们有自己的特殊历史和产生方式。它们产生的时间是4000年前,方式是突然创造。其论证很多,如新的基于感知能力的论证这样说:物质不可能是感知能力(sentience)的原因,而情感能力又一定有其原因,因此这原因一定是上帝。[②]

神秘主义的最常见的类型是各种形式的二元论,如有神论的二元论把心灵看作与上帝一样的纯精神存在,并用上帝的超自然力量来解释心灵的起源、存在和作用。由于上帝分别以两种方式造成了心与身这样的两种不同的存在,因此世界上便有两种在本质、作用、存在方式方面根本不同的事物。在麦金看来,有神论二元论尽管有自己的解释力,但的确有其不足。如它没法证明那个能解释别的有意识自主体的有意识自主体的存在;没法解释人以外的动物为什么也有感知能力,尤其是不能解释:为什么有的事物有、有的没有这种能力;再者,如果意识的存在和本质完全依赖于上帝,那么为什么有这样的情况,即人并不是一有大脑就有精神生活,只是发展到一定时期的大脑才能如此?

有没有这样的二元论,它一方面不求助于上帝的作用,另一方面又主张灵魂完全独立于物质世界?也就是说,能否建立一种非有神论的二元论?回答是肯定的。事实上有两种无神论二元论。一是“超级二元论”(hyperdualism)。这是他试图辩护的一种替代神秘主义的方案。[③] 其基本观点是:(1)承认心和大脑是两类不同的存在,并承认心灵有平行于大脑发展的发展。(2)在心灵的构成中,大脑发挥了一定的作用,这种作用不表现在大脑引起或创造了意识。他说:“大脑不是产生性的,而只是转

---

① C. McGinn, *The Myterious Flame*, p. 102.

② Ibid., pp. 82-83.

③ Ibid., p. 92.

换性的。”具体而言之,大脑不是用物质材料建构心灵,而是“用心理的构成要素建造心灵”。应注意,“这些要素不是大脑的组成部分,它们甚至不是这个宇宙的组成部分。表面上是大脑从头开始创造了心灵,它的作用其实只表现在组织之上。大脑中并没有能使有意识状态出现的不可知的属性。确切地说,它只是与平行的非物质宇宙的要素发生了联系,进而把它们组成为新的整体。”①

这种超级二元论尽管“是稀奇古怪的,但许多理论似乎都对它有好感”,如相对论、量子理论就是如此。② 如果说超级二元论有困难的话,那么主要表现在因果性问题之上。根据通常的因果原则,只有物理实在才有因果作用,进而形成因果联系,而假设的那个平行的精神宇宙中没有任何物理实在,只有精神性事件和事实。如果超级二元论坚持认为精神事件可在两个世界中作为原因起作用,把“离体的意识设想成能影响事件进程”的东西,那么便会碰到两个难题:第一,离体的意识怎么可能有原因作用?第二,物理宇宙中的物理结果怎么可能是由那个平行的心理宇宙中所发生的事情引起的?纯意识既然不具有物质及能量,不能在运行中转换物质及能量,它怎么可能引起事物的变化呢?

麦金承认,超级二元论所面对的这些问题比普通二元论的问题更棘手。因为后者可借助与心灵有联系的大脑来说明心灵的因果作用,而超级二元论中的心灵由于存在于另一个平行宇宙之中,它便没法像通常的二元论那样去回答问题。他说:这种二元论的“更深层的问题是,不管有没有上帝,它都无法说明心理的因果作用”。③

泛心论也可看作无神论的二元论或对立于超自然解释的心身学说,即属于“构造性”(constructive)的自然主义的一种。当然,应注意的是,麦金所说的这种泛心论有其特定所指,即主要指当今流行的、为查默斯和西格尔等人所支持和发展的泛心论。它像其他试图解决意识困难问题的

---

① C. McGinn, *The Myterious Flame*, pp. 91-92.

② Ibid., p. 92.

③ Ibid., p. 92.

方案一样,试图在自然界或物质事物之内找到某种自然属性,然后据以解释意识怎样从中产生出来。例如功能主义找到的自然属性是因果作用,泛心论也有这样的倾向,即设法在物质中找到能解释意识的东西,例如有的人认为物质中存在着原意识的微粒(specks of protoconsciousness),它们像意识本身一样是自然的,因而不同于有些神秘主义者、超自然主义者所假定的非物质实在或神秘的干预作用。① 这种泛心论的基本观点是:意识无处不在,换言之,所有事物中,不管是岩石、星星还是小草和人,里面至少会有一点点意识的成分。在泛心论者看来,基于此,可对大脑如何产生意识这一"产生问题"做出如下回答:大脑的物质构成之内已有意识的特定包裹物。人之所以有意识,是因为他的神经有意识,神经之所以有意识,又是因为构成神经的原子有意识。如此递进,可追溯至物质的最小单元或极微。整个心灵是这些更基本的心理实在的复合。物质从根本上说是有意识的。

根据这种泛心论,许多人之所以为意识的产生问题所困扰,是因为他们没有看到,意识在本质上具有渗透性,即没有看到物质在一切方面都充满着意识。意识的这个特点可这样表述:就像一座房子,它之所以有整体的外观和能住人的功能,是由它的每一部分的功能所决定的,同样,一个人的精神之所以有这样的渗透作用,也是由大脑的每一部分的精神作用的集合所决定的。不难看出,新泛心论的确不同于神秘主义,因为它强调:是大脑中的某些属性引起了意识,换言之,大脑中出现的意识要素所具有的意识,得益于大脑这样那样的属性或微粒,正是它们表现出意识属性。例如我的大脑让我感觉到疼痛,是因为大脑中的神经元为了产生疼痛感而把个别的心理属性结合成了一个整体。

当今的新泛心论有许多不同的形态。如强泛心论认为,所有物质都有意识,意即有机体都有意识状态,神经元都能看、能听、能思维,电子、星星也是如此。质言之,有意识状态可出现于一切事物之中。这种泛心论

① C. McGinn, *The Problem of Consciousness*, p. 2.

经常受到的责难是:(1)常见的物质并没有表现出有意识的迹象,如它们并不知道疼痛,不会说要水喝。(2)物理学并没有提供能把意识状态归于原子和星星的根据。(3)有机体的思维和情感是离不开它的神经系统的,其他事物没有神经系统怎么可能思维和表现出情感?

弱泛心论是为克服强泛心论的上述难题而出现的一种弱化形式,认为,说万物都有意识,只是说人以外的无机物有最低限度的、弱化的意识,如"前一心理属性",刺激感应性。就人来说,他有高级而复杂的意识。之所以有意识,是因为它有由各种物质要素构成的大脑,这大脑之所以能产生意识,是因为物质要素在结合之前就有前一心理属性,而前一心理属性就是物质的使意识成为可能的一切属性。①

麦金尽管肯定上述新泛心论没有背离自然主义,但又指出:它们"像别的流行的构造性方案一样是不足以解决心身问题的"。② 其主要问题是"空洞无物"。③

当今的西方心灵哲学的确是百花齐放。尽管物理主义在其中占据主导地位,但各种非物理主义形式甚至各种神秘主义、超自然解释都占有一席之地。这种现象的出现既与意识问题本身的复杂性有关,又与各种物理主义的局限性有关。麦金认为,许多自命为科学的意识理论要么没有触及意识的实质,要么根本没有做出令人满意的解释,例如即使是人们普遍看好的进化论解释也不是令人满意的。他说:"达尔文的理论并没有解释有意识心灵的存在。"④因为它的一个理论基础是唯物主义,而"只有当唯物主义理论最终被证明为真理时,达尔文对意识的解释才生效"。⑤ 唯物主义怎样才能成为真理呢?这离不开进化论的发展。因此只有当达尔文的理论被证明为正确时,唯物主义才算得到了证明。很显然,它们陷入

---

① C. McGinn, *The Mysterious Flame*, p. 99.

② C. McGinn, *The Problem of Consciousness*, Basil Blackwell, 1991, p. 2, note 2.

③ C. McGinn, *The Mysterious Flame*, p. 99.

④ Ibid., p. 80.

⑤ Ibid., p. 82.

了循环论证，而这又表明：它们不可能成为关于意识的正确解释。

面对意识的神秘性，面对意识研究中的尴尬，麦金真可谓“悲喜交集”，悲观主义与乐观主义并存，不可知论与可知论交织。之所以产生悲观主义不可知论情绪，是因为他看到了人的认识能力及科学的局限性，例如人可用手做出灵巧的动作，但不能像鸟一样飞翔。同样，人的认知能力长于解决物理学问题，而在试图解决心灵问题时，便捉襟见肘。① 当然，这种无知不是绝对的，因为我们还是能知道一些东西的，如关于大脑的生理学、意识的表层结构就是如此。②

由于看到了这一方面，麦金又不甘做一个绝对的悲观主义者。他认识到，人对世界的认识尽管有局限性，换言之，世界对于人尽管有封闭性，但此封闭性有相对和绝对之分。例如心灵以及与大脑的联系主要是属于相对的封闭性，即不是绝对不让人知道的。另外，人们还可对意识的隐秘结构做出推测和描述，可根据对空间的新的理论，讨论心灵、物质的本质，进而揭示两者相互联系的机制、条件和中介。基于这种认识，还可对意识的产生、本质提出新的假设。当然又必须看到，事实上也存在着绝对的封闭性，如意识后面的隐秘结构、自我就是如此。心灵肯定是存在的，但有些事实是我们无法认识的，即对我们是封闭的。例如内省尽管能接近心灵，告诉我们一些事情，但它不能告诉我们：它怎样依赖于大脑、怎样与大脑关联。关于意识本身的概念也有其不可避免的局限性，因为对意识的现象学扫描总要受时间、地点、能力等的影响。鉴于上述事实，他说：在心灵的认识和心身问题的解答上，他“既是悲观主义者，又是乐观主义者”。③

麦金在为西方心灵哲学的发展把脉之后，做出了自己的诊断，开出了自己的处方，指出：要对心身问题，特别是意识的产生问题找到令人满意的解答，要对过去未能找到这类答案的原因做出诊断，首先要正视人类的

---

① C. McGinn, *The Mysterious Flame*, p. 214.

② Ibid., pp. 151-152.

③ C. McGinn, *The Problem of Consciousness*, p. 16.

认知能力,要对人的认知能力形成合理的概念构架。根据他的看法,人的认知能力有封闭和开放两个特点。尽管实在之物存在着,且有许多属性,但认知能力总只能认识其有限的属性,这些不能被认识的东西,对认知能力来说就是封闭的。他说:"意识真的是一种莫大的神秘,一种我们没法随意从理论上去把握的自然现象。神秘的原因在于:我们的理智被错误地设计了,由于此设计,它注定不适于理解意识。自然的有些方面适合于理智的认识方式,因而有科学产生,而有些方面不适合于用理智去探讨,因而有神秘性发生。"①能被认识的,即是自然向我们的开放性的表现,反之,则可看作是它的封闭性。既然如此,在面对意识时,研究者就应做到心中有数,如既要看到可认识的东西,又要看到不可认识的东西,设法弄清人的无知的"地理学"。② 只有这样,才能把人的有限的精力用在刀刃上。

他的第二个诊断是:过去没能很好解决心身问题除了有先天不可改变的原因之外,还有这样一些原因,如主观努力不够,认知方式、概念图式欠妥等。要寻找过去失误的原因,只能从这个角度去找。他说:"问题不是根源于意识本身,而是根源于我们的思维方式。大敌就在此入口处。"③因此要想推进对心身的认识,必须从主观的方面做出调整、改进,如改变概念图式和思维方式。基于这一看法,他提出了"进行激进的概念革新"的口号。他说:"问题之所以产生,是因为我们的认识结构妨碍了我们,使我们没法获得关于那些能说明心物联系的大脑自然属性的认识。"④

他倡导的概念革新就是要对认知方式和思维方式做出改造,具体而言,既应抛弃过去的等同论、还原论,又应否定过去把心身两者绝对割裂、

① C. McGinn, *The Mysterious Flame*, xi.

② Ibid., xii.

③ Ibid., p. 65.

④ C. McGinn, "Can We Solve the Mind-Body Problem?" in J. Heil(ed.), *Philosophy of Mind*, p. 782.

对立起来的平行论、副现象论，而达成这样的共识：(1)存在着某种大脑属性，它能对意识做出自然的说明。(2)这种属性对于人的认知既是封闭的，又是开放的。(3)不存在不同于科学的心身问题的纯哲学的心身问题，意即要解决心身问题，哲学与科学必须携起手来。[①] (4)既看到科学的有限性，因而不把一切"宝"都押在它之上，同时又对它的最新成果保持敏锐的嗅觉。例如宇宙大爆炸理论和量子力学关于空间和非空间的学说就隐藏着解决意识产生问题的契机和线索。当然科学成果中的养分有待于用哲学的慧眼去发现和发挥。他正是以此态度和方式从有关科学成果中提炼出了"隐结构"这一作为他的心灵哲学基础和关键的范畴。(5)要变革实在观或存在观，即要抛弃传统的以物理实在为全部存在的实在观，进而"建构一种(形而上学的)实在观"。这种新实在观的特点在于：承认存在着超越的实在。就意识而言，尽管使意识成为可能的东西不是超自然的东西，但也不是简单的、常见的实在，而是更复杂的、远离我们认知能力的东西。它独立于或远离我们已有的认知能力。而"实在中的这种东西恰恰又是我们自己本质的一个方面"，[②]正是这一方面，使我们获得了心灵，并使我们能思考心与身如何关联。这种对特殊超越的实在的追索碰巧又发生在我们头脑之内。(6)要解决意识的困难或产生问题，关键是完成对"空间概念"的变革。关于这一点，我们将在本章第四节中予以专门讨论。

第二节 意识底层的"新发现"：隐结构与自我

如前所述，解决心身问题的关键是对意识如何从物质中产生出来(即产生问题)做出适当的阐释。麦金说："如果不对意识做出更恰当的阐释，那么我们就没法建立能够把意识与空间中的物质关联起来的统

① C. McGinn, "Can We Solve the Mind-Body Problem?" in J. Heil(ed.), *Philosophy of Mind*, p. 785.

② Ibid., p. 785.

一理论。”[1]

从广泛的意义说,对意识事实的纯主观的觉知、现象学直观、内省、自我意识、反思等都属于意识的形式,但麦金要研究的意识不是这类意识,而是查默斯所说的作为困难问题的意识。这种意识与觉知之类的意识之间存在着重大差别。因为觉知、内省等尽管也属意识的样式,但从解释的角度来说,是可诉诸功能属性予以说明的,因此属容易问题。麦金在这里感兴趣的意识完全不同,指的是“在意识”或“意识事实本身”,即不管诉诸什么物理机制都无法解释清楚的意识。为了让人明白他所说的意识,他设计了这样一个思想实验:假如你进入了深度的无梦的昏迷状态。在这种状态中,你的身体是活的,而心灵停止了活动,没有任何意识。你苏醒的过程是一个逐渐成为有意识的过程。而此“有意识”又是通过有知觉、欲求、疼痛感、情感、思想等表现出来的。这就是说,在这里出现了两种心理现象,一是知觉、疼痛感等,二是贯穿在它们之中的“在意识”。别的心理现象是意识的表现或例示,而意识是知觉、思想等过程中发生的另一种状态。他说:“意识不同于苏醒,也不同于自我觉知。当你从昏迷中醒过来时,你经验到了各种感觉,但你是否反思它则是另一码事。”[2]基于上述区分,他强调他的研究焦点是“在意识”,“而不是把自己看作是有意识的”,换言之,他关注的是意识的事实,而非它的自我归属。以疼痛感为例,他关心的是对疼痛的感觉,而非能思考你处在疼痛之中这一事实的能力。[3]

这种作为意识事实的意识尽管听起来很神秘,高深莫测,但在麦金看来,它有同物质性大脑一样的真实的存在地位。由于有这样的本体论承诺,因此他的意识理论便带有明显的二元论倾向。他说:“意识无疑是存

---

① C. McGinn, “Consciousness and Space”, in J. Shear(ed.), *Explaining Consciousness*, Cambridge, MA: MIT Press, 1995, p.107

② Ibid., p.5.

③ Ibid., p.5.

在的，并以某种理智的方式关联于大脑。”[①]这就是说，意识有不同于一般自然现象的特殊性，甚至可以说，它是自然现象中的“另类”。这首先表现在，它有不同于其他自然现象的认识和描述方式。众所周知，非心理的物理实在只能用客观的物理学的方式予以描述和把握，而没法用内省之类的主观方式去认识。而包括意识在内的心理现象，除了适合于用内省和客观公开的方式去把握之外，还适合于用别的方式，如第一，纯主观的描述，其前提条件是想象；第二，客观的现象学描述，它不依赖于想象，而能独立形成。第二个层次的描述可以成为纯主观描述和纯客观描述联系的桥梁。因为由于有这样的事实，即意识状态的主观特征关联于主观层面所获得的客观属性，因此意识状态可以有客观的本质。他说：“客观的现象学就是能说明主观的东西怎么能关联于生理的东西的保证。”[②]另外，由于意识之内有不同层次的现象，因此把握的方式也不一样。至少有两种方式，一是内省，它把握的是表层的意识现象，二是反思性意识，它的对象是基础层面的有意识状态，借助反思、推论等方式，这些状态可被把握。[③]

从自身的性质特点来说，意识不同于物质现象的最显著的特征之一是主观性。所谓主观性，既指意识所具有的只能为意识主体观察和体验的性质，只能从主观观点出发才能接近的性质，又指当下真实体验的东西。在这一点上，麦金与时下流行的关于主观性的看法没有什么不同，他的创新在于：他将主观性加以泛化，推广到了命题态度及其思想内容之上，甚至推广到了事物在主体面前显现的第二性质之上，认为主观性是这些事实得以成立的一个条件，或者说，主观性造就了这些事实。例如在感知第二性质、形成索引性思想、体验躯体感觉时，主观的观点是不可避免的。他说：“知觉经验有一些必然的特征，最明显的是，它把世界上的对象表征为第二性质。这些特征……之所以出现在经验的内容之中，又是根

---

① C. McGinn, *The Mysterious Flame*, p. 6.

② C. McGinn, *The Problem of Consciousness*, pp. 102-103.

③ C. McGinn, *The Mysterious Flame*, p. 151.

源于知觉者的主观的构成作用。”[①]他还说:“在我们知觉和思考世界时,心灵对第二性质和索引性思想做出了主观的奉献,这种奉献体现在世界从心理上被表征的方式上。……在把世界表征为具有第二性质和索引性属性时,心灵把一种主观的‘网格’(‘grid’)加之于它对事物的理解之上。”[②]

由于主观性有不可避免性,有独特的塑造作用,因此他把主观性称作一种规律,即决定世界怎样显现于主体面前的规律。他说:“既然第二性质是主观的,因此一切制约它们的规律或原则必将具有主观性规律的特点:它们将决定世界必定会怎样表现于经验之中。”[③]主观性之所以是规律,是因为知觉和索引性思想怎样表征世界,是由内在规律所决定的,而“这些规律又根源于主体的结构”。主体得到有关的知觉和表征,是具有不可错性的,“它们是作为能表征的心灵加之于世界的网格而起作用的”。[④]

意识的特殊性还表现在具有具身性。麦金认为,意识能产生、存在,并与物质发生关系,一方面依赖于它的深层结构,另一方面离不开它具有具身性。所谓具身性,即指意识离不开、且具体化于相应的物质过程之中的性质。整个心灵要存在,一定是如此,特定的意识现象乃至“在意识”、“意识着”也是如此。由于具身性是意识的性质,因此“具身性又是以意识的隐匿的方面为中介的”。[⑤] 这就是说,意识是非空间的属性,而身体或物质是空间的属性,意识要拥有身体,与身体发生关系,或出现于身体之中,必须有中介或桥梁,这桥梁即意识的“隐匿的方面”。

这“隐匿的方面”是麦金在向意识之底层深掘过程中所获得的一个新的“发现”。当然它不是通过直接解剖及观察而得到的,而是推论或想象

① C. McGinn, *The Mysterious Flame*, p. 107.

② C. McGinn, *The Subjective View*, Oxford: Clarendon Press, 1983, p. 43.

③ Ibid., p. 23.

④ Ibid., p. 157.

⑤ C. McGinn, *The Mysterious Flame*, p. 155.

的产物。例如要说明对红色的感觉怎样出现在神经元中，最好是设想它们具有超出它们的直接现象学属性的属性，即必须承认有把神经元与现象学属性沟通起来的属性。这种把两种在质上有区别的属性关联起来的中介就是意识的隐匿的方面。这"隐匿的方面"又叫"隐结构"。我们知道，传统二元论把心身区别或对立起来后，一直有一问题难以解决，即质上根本不同的心身之间怎么可能实现相互沟通、相互作用？麦金提出"隐结构"这一概念，尽管还有别的考虑，如说明意识如何可能从非空间的物质中产生出来，但无疑也有解决上述问题的动机。只是在他那里，具体表现为试图说明非空间的意识如何可能具有具身性这一问题。

麦金提出意识的"隐结构"这一概念除了有理论上的需要之外，还与他对意识的复杂因素与结构的新的认识有关。在他看来，在意识中，除了存在着通常所说的"意识着"、前意识和无(或潜)意识之外，一定还有更根本、更内在的东西。也就是说，已有的意识认识在深度(depth)上是远远不够的，并未真正进到它的底层。潜意识和前意识尽管是意识底下的东西，但这个"底下"或"在……下"(underside)还未穷边达底，这些隐匿的东西(the concealed)还不是最深隐蔽处的东西。如果是这样，那么在对意识的全面、完备的描述中就应纳入"隐结构"。而要如此，就应将别的地方，如物理学、化学等学科设想隐结构的方法移植到这里。很显然，这些学科通过认识事物后的隐结构而将对事物的认识又向前推进了一步。受有关自然科学的启发，麦金为意识的科学研究提出了这样的问题：意识后有无不可观察的东西？为了解释意识，我们是否有必要假设其后还有不可观察的东西？麦金强调：这里要追问的不是心灵之中除了意识之外，还有无意识，而是要追问：除了显现给内省的有意识心灵本身之外，还有没有别的实在？①

麦金的回答是肯定的。他说：表层意识之后"还有自己的秘密地窖，

① C. McGinn, *The Mysterious Flame*, p. 140.

有自己的隐蔽的洞穴”。[①] 可以说,隐结构是麦金在意识王国中“新发现”的一片“新大陆”。它不仅在当下觉知、意识之下,而且在前意识、潜意识之下,因此是真正的“底下”(underside)。从作用上说,它是决定意识之为意识的东西,乃至是让意识从物质中产生出来的东西,因此是意识的真正本质,可称作“隐本质”。有了它,意识便可与物质发生因果作用,因此又可把它看作隐变量。

要理解他所说的隐结构,必须从他所说的意识的结构说起。在他看来,意识的结构并不像它从表面上看起来的那样清楚明了,即既有透明性,又有不透明性。他说:“意识对意识的主体是透明的。”[②]其实,“对于意识来说,有一个实在的层次。这个层次对我们是不透明的,它隐藏在现象之后。”这个层次就是意识的隐匿的结构,而隐结构就是秘密的基底、隐秘的本质。这就像桌椅之类的事物一样,我们的感官可认识它们的外表,但其后的化学结构则是隐藏的,不可感知的。他说:“可观察的世界有不可观察的结构。”[③]

隐结构尽管是不透明的,不可观察的,但与无意识有根本的区别。这主要表现在:隐结构既是意识的本质,也是无意识的本质。麦金不仅承认无意识,而且还有新的认识,如他不仅承认弗洛伊德等人所说的无意识欲望,还承认:计算性过程也是无意识的,例如眼耳等感官对有关物理刺激的加工、加工后所进行的信息传递、无意识的符号处理过程,等等。它们不是有意识知觉的方面,而只是知觉的因果背景的组成部分。这些计算不是由有意识知觉构成的。麦金关心的不是这些东西,而是别的东西,即意识后面的深层的、隐秘的东西。他说:“有意识状态本身一定有隐秘的方面。”[④]例如在经验到黄色时,除了它显现给你的方式之外,一定还有别的东西。如果你从内省以外的更加有利的观点去看这种经验,你一定还

① C. McGinn, *The Mysterious Flame*, p. 153.

② Ibid., p. 146.

③ Ibid., p. 141.

④ Ibid., p. 144.

能看到它有厚度、深度、内在复杂性等特点。他说："意识就像一座冰山，在那里，水平线相似于内省的界限，在我们称作心灵的东西里面，确实分别存在着三个层次，即意识的表层、隐藏结构和无意识区域（包括情感性和计算性的无意识）。不向内省敞开的是两个不同的心灵领域，即无意识区域和意识本身的底层。"[①]即使是有意识的愿望，也有自己隐匿的维度，它们不可能为内省、有意识的觉知所把握。麦金不否认内省是认识人的内部世界的一种方式或途径，但内省是有限制的，即只能内省可被内省或可被意识到的东西。因为内省不过是对发生在意识中的东西的一种意识。而意识是一个复杂的王国，即使是一个瞬时发生的意识事件也是如此，除了向内省敞开的东西之外，还有很多东西是封闭着的。他说："在意识中，除了有能吸引内省眼球的东西之外，还有别的。在意识内发生的许多东西是你无法知晓的。例如意识本身就是你没有意识到的一个维度。"[②]

如果它对内省关闭着，那么有无别的认识办法呢？麦金的回答是肯定的。在他看来，借助对表层结构的分析可间接推知其后的隐结构。例如通过分析有意识思维的表层语法结构或逻辑结构可推知其后隐藏的逻辑形式。假如有这样一个句子，"美国女王是秃子"，该句无疑有意义。问题在于：主词显然没有指称，因此句子的意义从何而来？罗素的摹状词理论认为，主词像一个短语，但没有指称。可把原句翻译成："有一个美国女王，且只有一个，她是秃子。"这个句子与原句在语法上十分相似。这种相似往往让人们相信：句子的语法形式与逻辑结构是一回事，进而把语法结构等同于逻辑形式。正是这种混同让人们把上述句子看成是一个有意义的句子。

这个分析也适用于有意识思维。当我思考"美国女王是秃子"时，我所做的思考肯定是有意识的。因为我知道我在想什么，如想到美国有一

---

① C. McGinn, *The Mysterious Flame*, p. 145.

② Ibid., pp. 150-151.

个女王。运用罗素的那种分析方法,可以给出我的思想的真实的逻辑结构。这逻辑结构与思想的表面语法是一致的。在麦金看来,思想的表层语法结构之下还隐藏着深层的逻辑形式。这就是说,思维的结构有表层与深层之分。人们看到的或意识到的只是表层结构。其实,它的后面还有隐结构。因此思维具有二元性构造。他说:"我们的思维有一种二元性,一是思维的可内省的表面现象,二是其后的逻辑实在。思维的深层的逻辑形式像有机体的骨架一样,是使思想有支撑性结构的东西,但它不能显现给外在的观察。它是思想的内在的、本质的方面。"①

麦金还诉诸反事实推论方式做了自己的论证。在他看来,如果不承认意识后面存在着隐结构,那么许多真实发生的、为人们普遍承认的事实便得不到有效的解释。例如,如果不承认意识之后的这种隐结构的存在,像人的认识如何可能有统一性、人为什么能在不同时空中知觉到自己是同一个人等问题便无从解释。承认了它,就等于承认了它有导致这些表层现象发生的功能,因此就有做出解释的根据。他说:"意识在表层之下一定有更丰富的结构,正是它使意识能完成交给它的各种功能。"②再如,如果不承认存在着隐结构,那么就无法解释:人身上为什么会有意识现象发生、非空间的意识为什么会与空间性的身体发生相互作用,他说:"如果不存在隐结构,那么意识就不可能存在于物理世界。我知道它是可能的,因为我本人就有这种结构。"③同样,要说明意识与身体之间客观存在的因果关系,只有三种可能的说明方式,一是取消论,二是奇迹,三是诉诸隐结构。他认为只有第三种解释才是合理的。他说:"意识正是借助这样的隐蔽结构,才与客观空间中不可知的构造发生沟通的。"④

总之,承认意识有自己的隐结构,有利于对许多复杂难解的问题做出解释,如有利于解释有意识思维的逻辑结构,有利于解释有意识状态怎样

① C. McGinn, *The Mysterious Flame*, p. 147.

② Ibid., p. 154.

③ C. McGinn, *The Problem of Consciousness*, pp. 121-122.

④ C. McGinn, *The Mysterious Flame*, p. 153.

与物理性身体发生关联，有利于解释大量的经验事实，等等。

麦金还认为，承认意识后面有隐结构或隐本质，进而做出深入、切实的探讨，是对人尤其是对人的意识的认识向前发展的表现。这是各门科学中通行的原则。例如各门自然科学向纵深的突进就体现在认识到越来越多的隐结构，如原子、亚原子粒子的隐结构、时空的弯曲结构、DNA 的分子结构等。因为隐结构实即隐本质。

麦金在对意识深层结构的探测中，还发现了一种主体性的东西，他用传统的哲学术语"自我"予以称呼。他说：它"像意识一样有隐匿的维度"。①

麦金承诺"自我"的逻辑是：既然是隐匿，就只能推测；既然承认有意识活动、过程、状态存在，就一定有它们的主体存在，这主体即有意识状态的占有者或自我。他说："此主体可定义为拥有那些神秘意识状态的东西。"当然他不赞成通常的把自我理解为绝对不变的、具有同一性的实体的观点。他说："一旦做出反思，就会发现它是有问题的。"②他承认自我存在着并有作用，但对于它究竟是什么，什么使它存在，他又有不可知论倾向。他说："我们不知道自我究竟是什么"，③"我们知道我们存在，但我们无法认识我们的内在本质。"④在自我是否不朽、死亡为何意等问题上，他同样持不可知论态度。他承认：死亡是自我的否定，或者说"是自我的终止，去死就是这个终止由以发生的过程"。这类终止与什么有关？说自我终止存在意味着什么？自我的终止由什么构成？对这些问题，由于人的认识能力的局限性，是不可能找到令人满意的答案的。⑤

自我之所以不可知，原因不在自我之上，而在于我们的认识的有限性。他说："不是根源于这些现象的内在特征，而是根源于我们自己认知

---

① C. McGinn, *The Mysterious Flame*, p. 173.

② Ibid., p. 157.

③ Ibid., p. 162.

④ Ibid., p. 163.

⑤ Ibid., pp. 171-174.

的限制和偏见,问题在我们身上,不在世界之中。”[①]他认为,“自我是一个悖论性实在:它既是世界上被认识得最多的东西,也是被认识得最少的东西。我们以特殊的可靠性知道它存在着,但我们对其本质又一无所知”。[②]

第三节　意识、空间与定域性

在传统心灵哲学中,意识或心灵有无广延性或空间性、是否占有空间的问题,一直是一个焦点问题。现代以降,由于有关科学借助剥蒜头似的方法在大脑中连心灵的蛛丝马迹都没有找到,因此上述问题几乎从人们的视线中淡出了。然而麦金是一个例外,不只是旧话重提,而且还有自己的超越,其表现之一是把它与意识有无定域性或是否是局域性现象这一问题放在一起加以讨论,其二是得出了新的结论,即认为意识同时具有非空间性和空间性、非定域性和定域性特点。他说:意识既是空间性的,因为任何东西要存在必须存在于空间之中;同时又是非空间性的,因为在人的知觉和行动的空间中找不到意识的根基和位置,“在此意义上,意识的确是非空间的”。[③]

说意识没有空间性质,这不难理解,而说它有,则不然。正是基于此理由,不管是二元论还是唯物论都几乎异口同声地得出了否定的结论。麦金认为,哲学和科学之所以否认意识有空间性,是因为它们把空间和意识的本质及关系弄乱了。要拨乱反正,必须做出新的探讨和说明。而由于有了大爆炸宇宙学等科学成果,这是完全有其可能性的。他说:“我们倾向于认为,我们有认识空间和意识之真实本质的特别优越的洞见。”[④]

麦金认为,要建构新的理论,首先必须破除陈见。而这里要破除的,首当其冲的是传统和常识的空间观。这类空间观认为,空间有三维性,而

---

① C. McGinn, *The Mysterious Flame*, p. 174.

② Ibid, p. 163.

③ C. McGinn, “Consciousness and Space”, in J. Shear(ed.), *Explaining Consciousness*, Cambridge, MA: MIT Press,1995, p. 107.

④ C. McGinn, *The Mysterious Flame*, p. 135.

这一性质又是事物存在的方式或标志，因而可看作是判断一对象是否有存在地位的标准。根据这观点，意识自然成了没有空间性的东西，而这又成了一些激进唯物主义者剥夺意识存在地位的主要根据。在麦金看来，意识的产生、存在和作用是真实的事实。如果是这样，那么在建构新的意识理论的过程中，需修改的不是关于意识的理论，而恰恰是传统的空间观念。他说："有意识的心灵是另一类异常的现象。它们向我们的空间观提出了挑战，因为这一空间观使空间和意识的共存变成了不可能的事情。"①

麦金承认：如果空间真的是包含三维物质的构造，那么空间就不能是意识之居所，进而如何说明意识的产生、存在及作用的确成了一个难题。但如果认为空间同时是能包容物质和意识的构造，问题不就被解决了吗？他说："客观的空间也许是能以一种圆满而自然的方式包含物质与意识的构造。当然，这种包含方式不是通常的空间观所说的包含方式。"②

根据麦金对大爆炸宇宙理论的解读，他所说的"客观的空间"不仅是可能的，而且是客观的事实。传统空间观之所以没有看到这一点，是因为犯了以偏概全的错误。质言之，这种空间观是从大爆炸之后的空间个例中抽象出来的。而在此之前的空间样式是完全不同的。这就是说，大爆炸之前和之后的空间样式是不同的（本章下节有较详细的考释，这里只拟简述）。他认为，之前的空间没有桌椅之类的现实的三维属性，只有成为三维属性的可能性，就此而言，可把它看作是纯粹没有任何广延性、不占有位置的能量原点。当然，它的这种非空间性也只是一种潜在性，因为这种非空间性与后来的心灵之类的东西所表现出的非空间性存在着本质的差别。总之，大爆炸发生前的"前一空间"像"前一物质"一样，是潜在的空间性与非空间性的混沌统一。问题在于：大爆炸之后的空间是不是只有三维属性？在此问题上，麦金与已有观点仍有分歧。他的新的看法是：大

---

① C. McGinn, *The Mysterious Flame*, p. 127.

② Ibid., p. 124.

爆炸之后的空间除了有三维属性之外，仍还保留了此前的本质。这就是说，之后的空间在本质上仍带有之前的空间的特点，如无广延性，正是由于保留了这一点，因此它能产生意识，能成为意识的居所。但同时，之后的空间又披上了新的外装，即有三维性。这种外观使它表面上不适合成为包容意识的东西。其实不然。原因在于：大爆炸之后的空间既是三维的，又是非三维或无广延的，因此意识能与有广延的东西和睦相处、顺畅沟通。总之，大爆炸之后的空间的本质有两方面，一是无广延性，此特点是对大爆炸之前的空间本质的继承，二是在大爆炸中获得的三维特性。正是有这两方面，它便能解释物质和意识的产生及存在。他说："空间大概有一种不可感、不可知、不可设想的构造，正是它成了意识舒适的家。"①这构造就是与空间的三维性统一在一起的非三维性或无广延性。如果宇宙大爆炸真的是宇宙万物起源的始点或契机，万物由之派生出来的那个原点真的是三维性和非三维的统一，那么不仅有三维性的物质的起源和存在得到了合理的解释，而且查默斯等人所说的意识的困难问题，即无广延的意识如何可能从有广延的物质中产生出来，也得到了顺理成章的解释。当然，这个推论能否成立，结论是否必须予以接受，最终得看它的大前提，即大爆炸的原点是空间性和非空间性的统一，能否得到科学的证明。在未得到证明之前，麦金的意识理论充其量只能是一种漂亮的假说。

与意识之空间性密切相关的一个问题是思维内容的空间性、定域性问题，这也是心灵哲学的一个新的、前沿性问题。麦金对此也发表了自己的新奇见解，当然他受到了柏奇(T. Burge)和普特南等外在主义者的思想的启发和影响。一般都承认，最先提出思想内容没有定域性、不定位于大脑之中的人是普特南。他的"思想不在大脑之中"的命题已成了广泛讨论的话题。后来，柏奇做了具体的发挥。在柏奇看来，人类的心灵是在人与外在世界打交道的过程中建立起来的、渗透着社会性、关系性的实在，

① C. McGinn, *The Mysterious Flame*, p. 125.

而不是一种纯个体主义的东西。[①] 正是在此意义上，柏奇不厌其烦地强调：他的反个体主义不是一种知识论，也不是语言学中的一种纯粹的意义理论，不是心理学中的一种纯意识论，而是一种形而上学的理论。可以毫不夸张地说，它是一种全新的形而上学心灵观。因为传统的心灵观断言，心灵如果存在的话，一定是一种单子性的东西、内在性的东西，至少是内在于大脑中的机能或属性。而柏奇则认为，心灵一定以非单子性的、跨主体的、关系性的、弥散性的方式存在，它不内在于头脑之内，而弥漫在主客之间。质言之，心灵及其内容是无定域性的现象。[②] 他说：心理状态“可以看作是以非关系的方式存在于个体心灵或大脑之中的状态”，这种状态的本质和同一性“依赖于个体与个体皮肤之外的物理的、社会的环境之间的关系”。[③]

麦金对外在主义有自己的阐释。在他看来，外在主义最好是被理解为关于心灵状态个体化的命题，或者说，它是关于心理状态的存在和同一性条件的论点。它把心理状态存在的条件放在一种可能的情境之下，告诉我们：什么样的变化会保持心理状态的同一性。它认为：心理状态是怎样的，有哪些内容，都是由环境决定的，因此环境被认为是心理状态的本质的构成因素。从根源上说，外在主义有不同于内在主义的本体论前提。它一是强调本体论的依赖性，认为任何事物都不可能孤立存在；二是强调无封闭的界线，认为任何事物中都渗透着他物的因素，同时它也可渗透到别的事物中，此即有缺口的界线（breached boundaries）。而内在主义的本体论前提是：实体主义以及与之相连的自主性、排他性。它强调心灵有

---

① T. Burge, “Individualism and the Mental”, in J. Heil(ed.), *Philosophy of Mind: A Guide and Anthology*, Oxford: Oxford University Press, 2004, p. 477.

② T. Burge, “Some Reflections on Skepticism: Reply to Stroud”, in M. Hahn and B. Ramberg(eds.), *Reflections and Replies: Essays on the Philosophy of T. Burge*, Cambridge, MA: MIT Press, 2003, p. 341.

③ T. Burge, “The Indexical Strategy: Reply to Owen”, in M. Hahn and B. Ramberg (eds.), *Reflections and Replies: Essays on the Philosophy of T. Burge*, Cambridge, MA: MIT Press, 2003, p. 372.

独立于世界的内在本质,自己决定自己。

外在主义关于心灵所肯定的东西是:它是由它与外在对象的关系所构成的,因此心灵似乎是没有界线的。麦金强调:划定主体的界线,你就会有种种困惑:遥远的对象怎么可能成为心灵的构成物?外在主义强调:"关于心理界线的全部观点一开始就是错误的、充满着矛盾的,充其量是一个错误的隐喻。"[①]心灵怎么可能让外物进入从而成为它的内容呢?他说:"对外在主义而言,严格的结论最好不要理解为:心灵是一种奇迹般的、不可理解的特殊实体,能够想出一般的实体想不出的鬼点子,而应理解为,心灵根本就不是任何实体——从形而上学上说,心灵不是像岩石、猫、肾那样的东西。从形而上学上说,心灵可看作自成一类(sui generis)。"[②]他强调:绝不能认为心灵是以实体为模型的东西,同样,也不是以物质对象为模型塑造出来的东西。

麦金的上述理论不是一枝独秀。有些人甚至还有更为激进的看法。在心灵与空间的关系问题上,敢于标新立异的人还有克拉克(C. J. S. Clarke)等人。他们基于量子力学的成果,尤其是相对论的时空学说,对心灵有无广延性、是否占据空间这一问题也提出了新的见解。如有的认为,心灵位于某种高维(higher dimensional)空间之中;有的认为,它就存在于常见的三维空间之中;还有的认为,它就存在于一种广义或泛化的(generalized)空间中。[③]

克拉克是一位对心灵问题感兴趣的物理学家。他的新的观点与麦金的观点既有相同之处,又有自己的创新。可这样概括前者的观点:(1)心灵是存在的;(2)不承认心灵是有广延的,他说:"我不认为心灵是有广延的";(3)心灵不存在于以上所说的那些空间之中,因为严格地说,"心是无

① C. McGinn, *Mental Content*, Oxford: Blackwell, 1989, p. 22

② Ibid., p. 22.

③ C. J. S. Clarke, "The Nonlocality of Mind", in J. Shear (ed.), *Explaining Consciousness*, Cambridge, MA: MIT Press, 1997, p. 165.

定域性的”。[①]

在克拉克看来，说心灵存在于空间之中，不管是三维空间还是广义空间之中，都是有问题的。例如就三维空间来说，它是有长、宽、高三个向量的空间，而广义空间是数学所倡导的空间，其特点是用各种方法对常见的三维空间的意义做了一般化、抽象化处理。例如对三维空间的最简单的抽象化必然得出多维空间的结论。此多维空间概念保留了三维空间的相同的几何属性，仍坚持这样的原则：空间的各向是等同的，其修改表现在：将三维增加为多维。其根据在于：从一点开始，可以做出多种多样的射线。在克拉克看来，说心灵处在多维空间之中，就是断言它有某种特殊的地方，如以高维几何学属性的形式存在。将空间一般化的另一方式是论证空间可以弯曲。这种理论认为，空间在小范围内保持了近似的欧几里得形式，但在大范围内，所有的几何属性（线、平面之存在性等）都发生了改变。根据这一理论，如果我们关注的是小尺度的欧几里得结构，那么就可说心灵存在于空间之中；反之，当关注大尺度的结构时，就只能说心灵存在于高维空间之中。

克拉克在否定上述各种观点的同时，试图阐发自己的新见解。他承认，描述和理解心灵的两个维度，即经验的方法和物理学的方法，是不一致的，或者说是有矛盾的。他承认，经验可以为心灵理论提供第一手材料或证据。而在经验中，人又可以真切地体验到各种不能等同为物理现象的心理现象。他说：“没有心灵，就没有我。”[②]作为物理学家，他同样坚信物理学对人的描述的真实性。但问题在于，两种描述常常是相互冲突的。例如人通过经验获得的关于心灵的许多真切的知识与关于人的物理学的知识是不一致的。冲突的根源在于：一个来自于亲知，着眼于内部，得到的是现象学材料；一个来自于外部观察，只能从外面去看，得到的材料与

---

① C. J. S. Clarke, “The Nonlocality of Mind”, in J. Shear (ed.), *Explaining Consciousness*, Cambridge, MA: MIT Press, 1997, p. 165.

② Ibid., p. 166.

经验无关。[1] 克拉克的可贵之处在于:不是抬高物理学知识、诋毁经验知识,而是强调:调和两者的冲突是心灵研究的任务。

克拉克认为,解决上述难题,可从对下述问题的思考开始:关于"空间中的位置"的现象学是什么?在心理世界中,什么样的事项才有这样的位置?他承认构成心理世界的大多数要素,如思想、情感判断等,与欧几里得空间几乎没有关系。有的即使有关系,也只能间接相关。例如愤怒由于必定与身体有关,因此会与欧几里得空间发生间接的关系。克拉克特别关心思维现象,认为它不仅与上述空间没有直接的联系,而且与广义的空间也没有联系。因为所有的有意识思维有这样的特点,即有关的因素是"共现的"或"同在的"(compresent),甚至可以有"在一起性"(togetherness)。例如遥远的星空和身旁的树在真实空间中是远隔的,但在我的意识中,它们可以并存于一起。基于上述分析,他得出了这样的结论:"知觉的空间方面完全来自心灵之外的东西,而心灵在本质上是非空间的,当然在知觉中,心灵能与有空间的事物共在。"[2]

洛克伍德(M. Lockwood)于 1991 年提出了关于心灵有时空定位的两种论证:(1)假设我们有两个心理事件 A 和 B,且 A 在 B 之前出现。而每当两个事件能用"在……之前"关联在一起时,就一定有这样的意思,它们存在于相同的空间之中。因此空间一定是心理事件的属性。(2)不管怎样看待心灵,大多数人都不否认:心灵所做的决定有物理的后果。这就是说,心灵的决定会对特定时空区域产生作用。既然如此,作为心理事件的决定也一定有时空属性,因为决定必须在某时空区域内才能被做出。总之可得出这样的原则:心理事件有时空上的定位。[3] 基于此,他还对传统的关于心身关系的学说提出了批评。以笛卡尔二元论为代表的理论之

---

① C. J. S. Clarke, "The Nonlocality of Mind", in J. Shear (ed.), *Explaining Consciousness*, Cambridge, MA: MIT Press, 1997, p. 167.

② Ibid., p. 168.

③ M. Lockwood, *Mind, Brain and the Quantum*, Oxford: Blackwell, 1991。参阅 C. J. S. Clarke, "The Nonlocality of Mind", in J. Shear(ed.), *Explaning Consciousness*, p. 170。

所以不能说明心灵如何可能与身体发生因果关系，一是由于否定了心灵的空间定位，走到这一步，当然没法说明心与身如何可能发生关系。传统理论错误的第二个原因是：对因果作用的看法有以偏概全的错误。不可否认，碰碰球式的相互作用是一种因果作用，但因果作用的形式还有很多，如一物可以以散射的、分布式的方式作用于许多对象，电荷携带者就是如此，可同时将它的作用分布式地传到周围的许多对象之上。如果看到了因果相互作用的方式的多样性，那么即使承认了心灵具有非空间性，也能说明它为什么有因果作用。

克拉克也主张：上述新物理学为重新解释意识及其与空间的关系提供了条件，例如据此有可能对查默斯的困难问题，即意识怎么可能从物质性大脑中产生出来，做出令人满意的回答。而这是传统科学所没法办到的。克拉克说："意识的基本经验方面是不能根据现成的物理范畴来解释的，而必须求助于新的科学领域。"①"既然经验的结构必然会影响携带它的过程的结构，既然心灵是非定域性的，那么携带心灵的结构就一定是非定域性的。……携带者一定是整体性实在，而这些实在的唯一候选者是能在关于物理学的量子逻辑方案中得到定义的量子状态。……因为这种方案把这种非定域性当作是它的出发点。"②这也就是说，意识的携带者是整体的量子状态。大脑的全部量子状态由于有其复杂性，因此是心灵得以发挥它的作用的一个源泉。当然仅有此量子状态还不够。更全面、准确地说，心灵作用的根源并不局限于大脑，而可以扩展到整个系统。这里所说的系统即是在特定时刻进入了相互作用的一切东西所组成的整体。由此可以说，心灵超越于人的皮肤，因此是一种非定域性的现象。

综而观之，当今心灵哲学出现了一种全新的心灵观、意识观。传统的心灵观，不管是二元论，还是一元论，都把心灵理解为一个单子式的东西，要么是一个实体，要么是事件、属性或功能。而新的心灵观则认为，心灵

① C. J. S. Clarke, "Nonlocality of Mind", in J. Shear(ed.), *Explaining Consciousness*, p. 173.

② Ibid., p. 173.

有这样一些特点:(1)心灵像宇宙万物一样内在地是非定域的,是弥散性的,甚至超越于携带它的大脑及身体。(2)心灵和量子算子是具有同时性的被直接享有和被思索的方面。(3)意识是从心灵的相互作用中产生的。意识是宇宙的非定域的方面,物质是这个宇宙的定域的方面。(4)心灵是无广延性的,因为心灵由之突现出来的基本量子世界是先于时间和空间的,因此必须把心灵看作是宇宙的关键方面。正是这些东西决定了算子的历史,没有它们,宇宙就不会存在。

第四节　“空间概念革命”与意识困难问题新解

意识的困难问题或产生问题,即非物质的意识如何可能从物质性的人脑中产生出来,的确是古今中外心灵哲学中最难回答的问题。围绕这一问题,诞生了不计其数的理论。不过,根据麦金的分类,可把它们分为这样两大类:一是构造性的,即构想大脑中有一种自然属性,然后据此解释意识怎样从大脑中产生出来。这其实是一种自然主义方案。二是二元论,其特点是用超自然力量予以解释。麦金基于他的激进的“概念革命”,提出了一条中间路线。如前所述,根据麦金对心灵哲学发展的构想,解决心灵哲学的难题、推进心灵哲学健康发展的一个必要条件是概念革命。要解决意识的困难问题也必须这样。只是这里的概念革命的内容主要是对空间概念的变革。在他看来,只有抛弃原有的对空间概念的狭隘理解,赋予新的内容,才能为意识困难问题之解决提供一个必要条件。他通过空间概念革命和别的操作所到达的结论是一种熔自然主义和二元论于一炉的折中方案。他说:“我赞成的方案是自然主义的,但又有别于构造性方案。我不相信我们能在大脑中找到这样的东西,是它让意识从大脑中产生出来,但我又肯定,不管意识是什么,它又不会有什么神秘性。”①他对困难问题的解答是:意识之所以能产生出来,是因为空间具有非定域

① C. McGinn, “Can We Solve the Mind-Body Problem?” in J. Heil(ed.), *Philosophy of Mind*, p. 781.

性，意识没有广延性，而又没有定域性。空间及其物质中的不可见的、非物质的、隐秘的方面使意识产生出来，并使之存在于物质世界之中。

在具体说明意识的起源过程时，他赞成进化论，而反对极端突现论。在他看来，突现论把意识看作是神秘的、创造性的突现，这太不可思议了。如果是这样，无异于承认有神秘的实在。大脑状态引起意识状态，这种因果链一定是从某种必然的联系而来的。意识就像生命，而生命是从无机物中进化出来的。由此所决定，就可以找到关于生命怎样起源于物质的合理说明：它一定是根源于某种自然的属性。如果是这样，就既不能说生命是原始的事实，从来就有的，也不能说，它来自神秘的实在，根源于神秘的突现。意识是生命产生出来之后的进一步的生物演化的产物，因此也一定能对之找到自然的解释。他说："意识必定是一种自然现象，是从某些物质组成中自然地产生出来的。"不仅如此，这种产生过程是按自然规律进行的。[①]

必须看到的是，他所坚持的自然主义是不同于物理主义、功能主义的自然主义。因为如前所述，后一类自然主义的特点是到大脑中寻找或"构造"某种自然属性，然后据以对意识做出解释。究其实质，它们只是诉诸意识对大脑的依赖性来解释意识的起源。例如一种常见的方式就是诉诸大脑的复杂性，如说大脑中的神经元的复杂组合导致了意识的产生。在麦金看来，这样解释是远远不够的。因为它只说明了一个细胞与多少细胞发生了联系。如果细胞多，有复杂的联系，就能产生意识，那么让肾脏也有这么多的细胞，是否也会表现出意识呢？世界上应该还有比大脑复杂得多的东西，但它们不一定有意识。另一解释就是强调大脑的隐秘性，如强调不透明的材料中有不可见的区域。麦金认为，这对解释意识也没有太大的意义。另外，尽管麦金承认进化论解释的必要性，但如果只是用进化论予以解释，那也是不够的。因为它们没有说明：物质为什么如此组

---

① C. McGinn, "Can We Solve the Mind-Body Problem?" in J. Heil(ed.), *Philosophy of Mind*, p. 785.

织就一定导致意识的产生。这实际上还是在意识的老问题中打转转:纯粹的物质怎么可能产生出意识？进化怎么可能将作为生物组织的水转变为意识的酒?[1]

总之,别的自然主义所找到的、用以说明意识的东西都是物质性的东西,或者说是带有空间特性的东西。而意识是非空间性的东西,因此这些自然主义在解释意识时所诉诸的东西都是与意识不同质的东西。在麦金看来,这样的解释是无济于事的。他的自然主义则不同,强调:用来解释意识的东西必须与意识有同质性,如必须是非空间性的实在。他之所以坚持这一点,是因为他认识到:要说明意识何以从异质的物质中产生出来,何以能与异质的东西发生联系,出路只能像笛卡尔那样找到具有同质性的桥梁,即找到与意识有同质性的根源。这桥梁显然又不是内省。因为内省在意识那里知道的东西,对于说明意识如何关联于物理世界肯定是不够的。在他看来,意识既然事实上可以与物质发生相互联系,那么在它之内一定包含有跨越鸿沟、接近物质的属性和方式。接下来的任务是找到这种属性及其根源。这一工作有点类似于逻辑学家在解释语句时所做的工作。如果他们只知道句子的表面结构,那么他们是不足以解释语句的逻辑属性的。他们一定会说:句子之后存在着隐藏的逻辑结构。同理,意识有那些作用,能够与物质关联,一定有其内在的隐结构。

综上所述,麦金的自然主义的特点在于:承诺二元论的这样的观点,即包括意识在内的许多心理活动、过程、状态、事件都是非空间性的。他基于大量的思想史考察得出结论说:"意识的确不会进入常见的空间世界。"[2]很显然,如果坚持这一点,就会碰到一个难题:不具有空间特点的心理事件怎么可能从有空间特性的物质世界中产生出来？即使求助于进化论、突现论,即使把产生意识的东西设想得极其复杂,也难以化解上述

---

① C. McGinn, *The Mysterious Flame*, pp. 11-13.

② C. McGinn, "Consciousness and Space", in J. Shear (ed.), *Explaining Consciousness*, Cambridge, MA: MIT Press, 1995, p. 100.

难题。麦金把这一问题称作意识的“空间问题”。①

对此问题，过去有两种回答。一是否定问题的前提，即否定意识、心灵是来自物质世界的东西。如果是这样，当然就用不着追问无空间特性的意识怎样来自有空间特性的物质这一所谓的空间问题。例如只要把心灵当作自主的、独立的存在，当作与物质无关的东西，那么就用不着说明它如何起源于物质。根据这一思想，有理由设想心灵没有起源，一开始就存在；也有理由设想，它是上帝独立创造出来的。第二种回答强调的是：意识内在地是非空间的，但意识又像大脑状态一样，有其空间的构成。如庸俗唯物主义就有这样的看法。

麦金在此基础上提出了自己的第三种选择。其特点在于，一方面不否认意识具有非空间性这一观点，另一方面又坚持物质具有进化性，甚至突现性。基本观点是：大脑除了有一些能为物理学研究的空间性质之外，一定还有这样的方面，它们不能为流行的物理世界观说明，由此可以推断，以前关于实在的观点是不完善的，遗漏了存在着的某些实在。为了解释意识何以能产生出来，我们还应承认物质中存在着别的东西或属性，它们是我们以前没有认识到的，例如它们是物质中的非物质性的属性，是与空间性结合在一起的非空间性。

麦金承认，他的设想既不能见容于常识，也背离了正统的科学。因此是名副其实的“概念革命”。在他看来，不仅他的设想是概念革命的产物，而且要理解和接受他的观点，也必须进行概念革命。因为只有抛弃传统的根深蒂固的一系列概念和观点，才能“从根本上认同新的属性和原则”。②

在论述概念革命的必要性时，麦金指出：过去的理论都无法解释意识是怎样出现于物质世界的。这不是意识和物质的错误，不是实在中不存在产生意识的条件和机制，而是我们已有的世界观尤其是物质观有问题，

① C. McGinn, “Consciousness and Space”, in J. Shear (ed.), *Explaining Consciousness*, Cambridge, MA: MIT Press, 1995, p. 101.

② Ibid., p. 103.

例如只看到了物质中的物质的性质和原则,只看到了空间的性质和作用,没有看到其中还有已有科学没有看到的方面,如大脑中就可能有非空间的方面。而要认识到这些,关键不在于改变世界,而在于对已有的概念做出变革,即进行"概念革命"。① 这里要变革的不只是科学和常识中的概念和观点,更主要的是流行的物理主义或自然主义的世界观。事实很明显,客观存在的意识现象与物理主义的世界观之间出现了尖锐的矛盾。如果坚持后者而否认前者,那么显然是错误的,甚至像削足适履一样愚蠢。出路只能是尊重前者而对后者作出修正、改革、补充和完善,乃至做出大脑的否定和抛弃,进而创立新的理论。这一过程正是他所倡导的概念革命。他说:"某种理想的理论,T,包含着对空间问题的回答,但要到达这一理论,又必须对我们关于实在的基本构想做出重大变革。"②

在他看来,概念革命的首要一步是对空间概念进行变革,进而形成这样的概念,它能包容世界上的一切存在样式,能为说明意识和物质的起源、存在和作用提供条件,而不是设置障碍。过去的空间概念之所以要修改或否弃,是因为它未能注意到这样的区域,如神经生理活动的区域,尤其是没有说明空间是怎样构成的,由哪些要素构成。经他变革的空间概念则不同,它不仅能回答上述问题,而且由于包含有隐秘的原则,因此能成为说明意识何以从物质中产生出来的一个基础。他说:"我们用'空间'一词所指的东西应有这样的本质,即它极不同于我们以常见方式所设想的东西,它如此不同,以致它真的能'包含'意识的非空间现象。空间中的事物之所以能产生意识,仅仅是因为空间在某个层面不像我们所设想的那样;空间具有某种隐秘的方面或原则。"③

麦金还认为,要进行概念革命,还要超越纯粹的大脑生理学,而进至物理学本身,即注意到生理现象后的微观过程。当然,这里的物理学不是

---

① C. McGinn,"Consciousness and Space", in J. Shear(ed.), *Explaining Consciousness*, Cambridge, MA: MIT Press, 1995, p. 103.

② Ibid., p. 103.

③ Ibid., p. 103.

已有的物理学，而是更为广泛的物理学，它不仅能说明物质现象，而且能涵盖别的非物质现象。他像彭罗斯等著名物理学家一样认为，为了迎接意识现象的挑战，必须建立更为广泛的、具有更大解释力的物理学。当然，这里的物理学也不是那种能作为还原心理学、生理学等之基础的物理学。不难看出，概念革命是反还原主义的。因为它不是要用已知的、基础的东西去说明高层次的复杂现象，而是试图通过拓展说明的基础而对高层次的意识现象做出说明。

要将空间概念当作说明高层次现象的基础，必须对之做出改造。因为传统的空间概念有过时、狭隘、片面等问题。根据这一概念，空间是一个可视的、为某对象提供运动条件的东西，形象地说，空间是一个装实物的框子。它在数量上是一，要么是一个实在（牛顿），要么是一种属性或存在方式（莱布尼茨等）。从构成上说，它有三维，有中心，等等。相对论和量子力学彻底否定了这种关于空间的民间（folk）理论，而用弯曲的时空观取而代之。根据新的观点，空间不是三维的，是没有中心的，除了有外显的特点之外，还有许多“隐秘的”（hidden）方面。空间中的东西是模糊的、不确定的，因为其中的粒子没有其唯一的、固定不变的位置，作用、效应也不一定具有定域性。麦金在借鉴这些新成果的基础上，对空间概念作了大刀阔斧的变革。这主要表现在：一是抛弃，即抛弃过去对空间的形象的、可视的理解，否定它有三维性、中心性、定域性等。二是拓展，即把新的内涵、新的属性及特点加进去，如强调空间性物质有突现出非空间属性的特点。他说：“既然突现是一个事实，因此空间中的物质一定有常见的空间概念所无法包含的特点。”这意思是说，具有非空间特点的事物完全可以从空间性物质中突现出来。正是因为有这一特点，意识这类空间上异常的事物才会产生出来，并占有自己的存在地位。他说：“一些必不可少的属性先于物质转化为大脑结构而从物质中产生出来了。”[①]可见，

---

① C. McGinn,“Consciousness and Space”, in J. Shear(ed.), *Explaining Consciousness*, Cambridge, MA: MIT Press, 1995, p. 104.

意识不是从无中生,而是从物质而生,但又不是由物质的常见的属性和特征而生,而是由于它的别的方面和特征而生。这些方面与那些在物质和空间的早期形成中起重要作用的宇宙特征有密切关联。而这些特征,本身是前空间的。意识之所以独特,是因为它不是来自物质的那些常见的特征与原则(它们对意识的产生是没有用的),而是来自物质的那些异常的方面、特征和原则。[①] 物质的这些前空间的、非空间的东西在物质演变出大脑之前就通过突现出现在物质之中了。因此尽管世界在最初是物质的,但由于有突现这一产生或进化的方式,因此后来便陆续出现了新的属性,如非空间属性就是如此。它们一经产生,又成了导致新的实在的一种源泉或力量。非空间的意识就是在此基础上产生出来的。

如果坚持传统的空间观,意识如何从物质中产生出来理所当然是一个难解之谜。因为意识不会以常见的方式占据一个位置或空间,不会像人们设想的那样延扩。但是,它们也不会存在于空间之外。因此意识与空间的关系是极其异常和不透明的。而一旦按他的设想,对空间概念做出改造时,就能对意识的困难问题作出“较圆满”的解答。根据他的看法,一方面,意识在空间之内,但又没有固定的位置,近乎抽象实在;另一方面,空间及其所包含的物质并不具有定域性,里面有不可思议的方面、属性、特征和原理。如果说意识与空间是有关系的,那么这种关系又不是常见的关系,而是异常的、不透明的关系,因此意识从中产生出来似乎就没有什么困难。[②]

麦金在化解意识困难问题时,至少在形式上体现了历史与逻辑相一致的特点。如果说上面的分析是从逻辑上进行的,那么他依据大爆炸宇宙理论对意识在大爆炸中的起源过程的描述,则是对“产生问题”的历史性回答。根据他对这一理论的新解读,宇宙中的空间和物质都是在大爆炸之后逐步产生出来的。在此之前,即在前大爆炸宇宙之中,是没有空间

---

① C. McGinn, "Consciousness and Space", in J. Shear(ed.), *Explaining Consciousness*, Cambridge, MA: MIT Press, 1995, p. 104.

② Ibid., p. 105.

和物质的。麦金说:"如果宇宙学家是对的,那么前大爆炸宇宙就不是有空间性的宇宙,因为空间和物质一样是随着大爆炸的发生而产生出来的。"这就是说,空间性、广延性不是从来就有的,派生出空间的原因本身不具有空间性,就像产生物质的原因不是物质一样,至少不是今日所看到的物质。质言之,"空间是来自非空间或前空间的东西"。①

根据大爆炸宇宙理论的成果,麦金对意识从物质中产生出来的过程做了这样的设想:在大爆炸发生时,实际上诞生了两个宇宙,一是我们所熟悉的物质性宇宙,二是时间上平行的宇宙,它完全由意识所构成,它里面没有物质,没有通常意义上的空间,它由一种世界精神所构成,是一个由有意识经验组成的自由自在的大海。这个心性之海是无序的,没有自我或心灵,就像没有吸引力之前的物理宇宙一样,是混沌的。其中包含着许多基本的意识粒子,而它们后来又成了组成心灵的材料。这些材料遵循某些规律,有组合成心理结构的倾向。总之,这是一个非物质的宇宙。麦金认为,他的这一看法与量子力学的多宇宙解释是一致的,或能得到后者的支持。

意识之所以是非物质性、非广延性的,是因为产生它的东西是大爆炸之前的非广延的宇宙。其过程是:在大爆炸之前,宇宙是非物质、非空间的。这之前的宇宙也可叫作前空间宇宙或宇宙原始或早期状态。随着大爆炸的发生,空间性物质产生出来了,或者说,越来越多的空间性物质逐渐充塞了我们的宇宙。尽管大爆炸之后的宇宙主要表现为空间性宇宙,但由于守恒原则的作用,前空间宇宙或宇宙的早期状态仍以隐伏的形式存在着。麦金说:"物理的量一般是守恒的,而守恒原则又让宇宙的早期状态没有完全消失。宇宙尽管为物质和空间所充塞,但宇宙早期状态同时又潜伏在现象之后,并保持时间上的延续。最后,大脑开始了它们的划时代的进程,进入了前一空间的维度,进而将这个维度转变成为意识。"这就是说,物质性大脑产生后,当它要产生意识时,便又恢复或复活了这个

① C. McGinn, *The Mysterious Flame*, p. 120.

非空间的维度,进而,那非空间的维度便以我们所说的意识的形式表现出来。当然,大脑在产生意识时,肯定还利用了空间性事物和物质性的力,如电子力等,但可推测的是,大脑在此过程中一定还利用了非空间的事物和力量。麦金说:“它在建造非空间心灵时,也许还用了早期宇宙守恒的非空间特征。”[①]这就是说,要解释物质和心灵的起源,除了要诉诸物质的力的作用之外,还必须诉诸前一空间宇宙。它们是最原始的存在。麦金说:“事实上,原始的前一空间特征是物质和心灵的原因,它们能解释大爆炸和意识的起源。”[②]

麦金自认为,他的设想不仅为意识的困难问题找到了一个逻辑上完满的答案,而且相对于传统的心物理论而言,他的理论完成了一场“哥白尼式转变”。他不无得意地说:“这无疑是令人陶醉的、有自己特殊逻辑的思想。它让意识的深层次作用成了宇宙中的根本性东西,它不再把意识看作是后来的进化过程的相对较近的产物。在这个意义上,它让意识成了比物质和空间更古老的实在。”[③]当然,麦金也承认:这个理论是大胆和冒险思维的产物,不一定要予以相信,但值得基于它的优点去对它做出思考。它也许无法得到实验和观察的验证,但这不意味着它一定是假的。他断言:它“是在正确的方向上迈出的一个步子”。[④] 笔者认为,麦金的关于意识起源及本质的思想的确是心灵哲学中的一个最富新意的思想,而且具有逻辑上的完整性和审美上的美感及魅力。现在要对它的对错得失做出判断无疑为时尚早。因为它的对错取决于宇宙大爆炸理论以及他关于“前空间宇宙”的构想能否得到实验和观察上的证实。而有关的探讨还仅仅是万里长征中所迈出的第一步。

要解决意识的困难问题,还要修改传统的物质观。这种修改也可看作是一种“概念革命”。传统二元论和唯物主义之所以深陷无法自拔的泥

---

① C. McGinn, *The Mysterious Flame*, p. 121.

② Ibid., p. 121.

③ Ibid., p. 123.

④ Ibid., p. 123.

潭之中，就是因为坚持了这样一种物质观：物质事物永远是有广延的，或占有空间的。由此出发，它们便无法说明：无空间性的心灵怎么可能从物质性大脑中产生出来，以及前者与后者怎么可能相互作用。如果改变前提，即承认：除了有广延的物质之外，还肯定有非广延的物质，那么异质的东西怎么可能相互产生、怎样相互作用的难题不就迎刃而解了吗？但问题是：有没有不占有广延的物质呢？麦金根据大爆炸宇宙学做出了肯定的回答，认为在前大爆炸阶段上肯定有物质，有前宇宙，那里的宇宙和物质都是不占有空间的。他说："如果宇宙学家是对的，大爆炸前的宇宙就不是有空间性的宇宙。"或者说："这个宇宙在大爆炸的阶段就没有空间的维度，这种状态一直持续到宇宙的本质在爆炸之后发生了根本的变化。"①

意识有两大类，即种系意识和个体意识，它们的起源也有两种形式。根据大爆炸宇宙学，种系意识是这样起源的："意识利用了前大爆炸宇宙的那些非空间特点，因而让自己产生出来了。"②个体意识发生的过程是："有意识状态有一种隐藏的本质，它让这些状态从神经状态中产生出来。而大脑的不可知的、让意识从它里面突现出来的属性，又让自己与意识的隐匿方面发生关联，正是意识的这一方面让自己具体化于大脑之中。可见突现的原则与具身的原则是一致的。"③

基于上述概念革命，意识与空间不再是隔膜的，而是结合在一起的。具体而言之，意识在本质上是非空间的，同时由于派生于大爆炸，因此又有空间性。这一来，就不难说明具有非空间性的意识和具有空间性的大脑如何可能发生相互联系和作用。其机理和过程在于：意识起源于前物质、前空间时期的无广延的存在，直到大爆炸发生后，乃至今天，都还保持这一本质，而物质在从大爆炸中派生出空间维度之后，其内仍保留着非空间的本质。还是这一本质让意识与物质的相互联系成为可能。他说：意

① C. McGinn, *The Mysterious Flame*, p. 120.
② Ibid., p. 120.
③ Ibid., p. 155.

识在本质上是非空间的,但由于它与客观中的事物可发生联系,因此可推断其内还有空间,"以某种不可理喻的方式说,空间就在意识之中,且构成了它的本质。如果我们能进到意识的隐蔽结构之内,那么我们就能理解:空间与心灵是怎样和谐地发生联系的。"①

由于有上述概念上的变化,意识与大脑的关系就有一种新的形式,即具有互相包含的关系,这种关系就像冰包含有成为液体的可能性、液体包含有成为冰的可能性一样,意识与大脑借助突现原则和具身原则可以相互包含和转化。简言之,"它们是同一硬币的两面"。②

他认为,他的上述理论与遗传学的基因理论也能一致起来。他说:"既然身体中的每个细胞都包含着人的遗传学蓝图,即大量生物信息的充分的摹本,因此我们可以说,每个这样的细胞包含着比你的心灵将得到的关于心身关系的信息多得多的信息。……心身问题对你的心灵来说是神秘的,但对你的基因一点也不神秘。"③"如果一系统中有能指称事物……的信息,那么其中便有信息存在。我认为,基因包含着这种意义上的信息系统,而此系统又包含着解决心身问题的线索。"这个论点有两方面的意思:第一,可以恰如其分地说,有基因符号系统;第二,有理由认为,这个系统包含着关于心身联络的信息。他说:"基因是通过使用关于有机体的信息来发挥其作用的。"④具体而言之,基因包含着大量的生物信息,它里面的信息以指令的方式决定了有机体各部分乃至整体该怎样运作,如决定了大脑如此被组织在一起等。他还认为,适用于身体的东西也适用于心灵。不同物种的心灵存在着差异,在解剖学上也一定如此。这些差异不是习得的,而是遗传上被决定了的。因此在制约心灵起作用的基因中,一定有适当的指令。这些心灵有无意识,有什么特质,都是遗传上被决定了的。低等动物之所以不能学会怎样成为有意识的,乃是因为:意识是由天

① C. McGinn, *The Mysterious Flame*, p. 153.

② Ibid., p. 155.

③ Ibid., p. 228.

④ Ibid., p. 225.

赋的生物本质而授予有机体的。意识之所以产生出来,之所以变化,是因为有前定的遗传程序。他说:“意识从物质中,从开始无感觉的生物组织中产生出来,是由基因所使然的。”①因为基因中包含着这样的信息,它们能让人获得有意识的心灵。它们包含着这样的指令,让物质以特定的方式起作用,进而让意识从其中突现出来。“DNA 不仅会随着有机体的生长让物质产生出意识来,而且还会包含恰到好处的保证意识产生的命令。”②

第五节 麦金心身学说的实质与特点

麦金尽管声称自己坚持的是自然主义立场,但这无法掩盖他的思想的另一方面,即二元倾向。确切地说,他的心灵哲学的基本立场既是二元论的,又是自然主义的。说其是二元论,主要根据是:他像一般二元论一样承诺了心灵的独立的存在地位。他说:“我们是由心灵与物质组成的混合物。”如果说只具有心与物两方面中的一方面的事物,才能被称“一个”或“另一个”,如岩石和天使分别是纯粹的物质和纯粹的精神,那么我们人类则是一种奇特的存在,即既不能称其为一个东西,又不能称其为另一个东西。人不同于岩石和天使之类的存在,因为岩石只是一个东西,即物。天使也是如此,因为它是纯精神。他说:“从天使或与外在空间分离开来的离体存在的观点看,我们似乎极像滑稽可笑的存在,即本体论上的特殊的混血儿。”③当然,精神与物质在人身上统一得非常好。他说:“心与身在客观实在的层面形成为一个不可分解的统一体。”④

麦金不仅承认心与身是两种不同的存在样式,而且赞成一般二元论对心灵、意识的规定。他认为,它们不同于物质的特征主要有:(1)不占有任何空间。(2)不会像物质事物那样争夺空间。明白这两点的关键是把

---

① C. McGinn, *The Mysterious Flame*, p. 227.

② Ibid., p. 227.

③ C. McGinn, *The Mysterious Flame*, p. 229.

④ Ibid., p. 230.

意识对象与意识本身区别开来。例如看到了一个红色的圆柱体,这对象有空间属性,但看的知觉本身不占有任何空间。再如恐惧有其对象,其对象有空间性,而"恐惧本身不是空间中的事物"。"经验本身也完全缺乏空间的属性"。[①] 由这些特性所决定,意识还具有不可感知性(即不能用外部感官去感知)、可内省性、不可错性等特点。[②]

总之,意识与大脑、心灵与物质在起源和存在方式上存在着根本差别。他说:"意识肯定不同于纯粹的大脑过程。比如说,我听到了'嘭'的一声本身就表现出它是不同于我大脑某部分中的电子活动的不同类型的东西。想到在海滩上行走,这种想肯定不同于我的大脑皮层中的无数的神经元的释放。"[③]

麦金的二元论的特点在于:它是以自然主义为前提的,或者说是交织着自然主义的二元论。他说:"我关于宇宙的一贯立场是绝对的自然主义,因为没有严肃的理由支持有上帝、非物质灵魂和精神世界的存在。"[④] 意识等现象尽管神秘莫测,但他反对诉诸超自然的原因予以解释。他说:"我赞成的方案是自然主义的方案,而非构造性方案。我认为,我们尽管没法说明大脑中的什么东西产生了意识,但我敢肯定:不管意识是什么,它也没有什么内在的神秘性。"[⑤]这就是说,即使要说明意识怎样从物质中产生出来这一困难问题,也用不着通过构造去设想一种有解释力的东西,只需诉诸头脑中的自然的力量就行了。

他即使对空间、物质、意识发表了"奇谈怪论",但他仍坚持认为,这些看法是"自然主义的"。他说:"我们可以获得我们所获得的那些科学成就,但可以肯定,仍然存在着心灵无法超越的界限。如果没有这样的界

---

① C. McGinn, *The Mysterious Flame*, p. 109.

② Ibid., pp. 113-115.

③ Ibid., p. 24.

④ Ibid., p. 77.

⑤ C. McGinn, "Can We Solve the Mind-Body Problem?" in Ned Block et al (eds.), *The Nature of Consciousness*, Cambridge, MA: MIT Press, 1997, p. 529.

限,那么心灵就成了神秘的实在,而不是自然的生物的产物。"[①]这里所说的界限即是自然的界限,意即:神秘心灵、意识不管多么复杂,不管拥有多么难解的非空间性,不管怎样由前空间宇宙突现而来,它们仍属自然界中的存在,而不可能超越这个界限。

就拿意识的具身性(embodied)这一被许多人视作意识之超越性、神秘性表现的特点来说,它也没有超越自然现象的范围,仍可用自然的力量来解释。在他看来,说意识是具身的,其实是说意识离不开身体。这一特点并没有什么怪异之处,仍是自然现象。他说:我们自己在本质上是具身意识的一种形式,但"这个深刻的事实又必然向我们隐匿自身",即不为我们所认识。[②]

当然应看到,麦金的自然主义是特殊形式的自然主义。这主要表现在:他尽管像一般自然主义者一样强调应诉诸自然的力量去解释意识,但他承认的能解释意识的自然力量比一般的自然主义所承诺的要多得多。他的许多承诺是其他自然主义者完全没有想到的。例如他承诺的隐结构、非空间的性质等就是如此。他说:"绝对的本体主义与其否认不可否认的东西,倒不如在超自然的东西中行进。"[③]这里的本体主义就是康德式的本体论。它认为,物自体尽管不可认识,但又不能绝对否认它们的存在。麦金的自然主义有这一倾向,承诺超自然物的存在。例如心身之所以能关联,靠的就可能是一种超自然的存在,即隐结构。

当然,他所说的超自然的存在又不是神秘的、神学的实在。因为在意识的起源、存在和本质问题上,他既反对物理主义的还原论,又反对有神论和神秘主义。在他看来,如果认为意识及其主体是由另一有意识的自主体创造的,那么,这另一自主体怎样产生和存在又成了解释的一大难

① C. McGinn, *The Mysterious Flame*, pp. 155-156.

② C. McGinn, "Can We Solve the Mind-Body Problem?" in Ned Block et al (eds.), *The Nature of Consciousness*, p. 539.

③ C. McGinn, *The Problem of Consciousness*, Oxford: Blackwell, 1991, xii.

题。[①] 总之,他坚持的特种形式的自然主义是介于还原论、等同论和有神论及神秘主义之间的一种中间立场。

在一般人看来,二元论与自然主义是水火不相容的,麦金不这样看。他认为,在心身关系问题上,如在心灵是否占有空间、能否与空间性身体相互作用等问题上,纯粹的唯物论、自然主义和二元论都是片面不可取的。只有把它们结合起来,才是出路之所在。他说:“必需的态度是这样的立场,即既承认二元论所主张的意识具有非空间性的观点,又赞成唯物论主张心灵来自物质的观点。这一立场听起来是不可能的,但我认为它有许多强有力的证据。”[②]

① C. McGinn, *The Mysterious Flame*, p. 86.

② Ibid., p. 118.

第十三章　二元论的语言发生学探微

二元论像物理主义一样，一定有其问题，一定在某些方面出了差错，乃至犯了致命性的错误。其表现究竟何在？根源是什么？从本章起，我们将转向对这类问题的思考。

人们用心理语言诚实地做出的关于自己大脑内部过程或状态的报告，一定不是子虚乌有，与之对应的一定是有本体论地位的东西。存在的东西是一码事，如何去设想、构建、解释它又是另一码事。二元论肯定心理语言所报告的东西的存在，这并无绝对的错误，其问题恰恰在它所做的构想和解释之上。有根据说，二元论的构想并不是建立在真实、客观的认知之上的，而是以想象、类推等为基础的。它关于人的内部世界的图景、关于心身关系的设想肯定有现今哲学行为主义所说的“范畴错误”，因为它在本质上是根据关于人体的认识来类推心的存在地位、作为和状态的，正如著名物理学家、协同论创始人哈肯所说：它对心所做的是“人格化描述”，[①]即把头脑里面的所谓心设想成了人中的一个小人，人得到感觉的过程就是这小人在他的显示屏上观看，有现象学性质被他直观到不外是那上面有东西显现出来，有思维发生就是这小人在那里摆弄感官传来的东西。在这一点上，二元论与民间心理学是完全一致的，即在本质上都是一种“小人理论”。

大量资料表明：原始灵魂观念起源于最初的那一场为原始人“发现”（毋宁说是想象、类推）的做梦等活动的主体所举行的命名式，质言之，这一观念的出现、流行、理解总与语言的运用有千丝万缕的联系，它之上的随着时间推移急剧增加的混乱、难解更离不开语言的运用，甚至哲学的心

---

① 哈肯：《大脑工作原理》，郭治安等译，上海科技教育出版社，2000年，“前言”。

身问题的起源、它的错综复杂性等都与语言、解释有不可分割的联系。“解铃还须系铃人”，语言运用造成的混乱得通过语言的梳理、澄清来化解。正是基于这一认识，现当代心灵哲学中出现了语言分析的走向，其总的趋势是强调研究心理语言、研究有关的描述和解释活动的必要性、重要性。许多人意识到，即使语言分析不是解决心身问题的唯一出路，但至少是其不可或缺的条件与环节。有鉴于此，本章的任务就是试图借鉴有关的方法和成果，从历时性、发生学的角度对心理语言的发生作一探讨，从一个特定的角度去看看二元论的那些关于心灵的小人式的构想是如何产生出来的，在心理语言的发生过程中、在为“心”举行的命名式中，是否不知不觉地犯了错误、出了差错。

第一节　二元论的心灵构想及其语言学秘密

二元论对心的独特的构想实即对心理语言之意义的独特理解。而这种理解之形成既要遵循一般语言理解的规则，又有自己的特殊性。因此有必要对心理语言的发生学做专门的研究。对心理语言及心灵做语言发生学研究，不是笔者的首创。许多分析哲学家如维特根斯坦和杰恩斯等在这方面做了大量卓有成效的工作。所谓心理语言是指描述、表征心理活动、过程、状态和属性的语言，亦即前面所说的常识心理学的理论语言，如“相信”、“愿望”、“心灵”、“意识”、“想”等。它们中的大多数后来也成了科学心理学的专门术语。我们这里所说的语言发生学指的是专门研究人类语言包括口语和文字历史起源和生成过程的学问，是发生学运用于语言研究的结晶。

之所以要进行心理语言发生学的研究，根本的原因在于：有关语词的创制、运用，尤其是人们对它们的所指的理解和构想，冥冥之中为二元论的形成和发展做出了看不见摸不着、然而又是不可磨灭的贡献。后面的考察将告诉我们：我们大多数人，包括哲学家和科学家，心底里之所以潜藏着二元论的幽灵，之所以为民间心理学笼罩而没有自觉（详见下章），也与语言的误用有千丝万缕的联系。换言之，造成这种令人啼笑皆非的结果的根源在于：人们在创造和使用有关语言的过程中，对我们的灵魂观念、我们的心灵本体论、结构论、地形学、地貌学的深层基础及其形成发生过程缺乏必要的批判反思，即使有人做了反思，但由于历史的惯性作用是如此之大，常识的不容置疑、天经地义的外观如此迷惑人，以致那些批判、反思并未引起人们的足够注意。从根本上说，在我们一般人关于心灵的一系列似乎“毋容置疑”的常识观点中，有很多是人类在创造和使用语言的过程中不自觉地杜撰出来的。换言之，常识心理语言所指称的东西，常识心理学所揭示的所谓联系和规律并没有自然的起源和发生过程，而只有语言的发生史，它们是由创立语言的人创造或想象出来的！为什么是这样呢？

从语言与思想起源、互动的实际历史过程来看，大量研究已表明，语言尤其是远古时代的语言是一种重要的文化化石，其内隐藏着大量极其珍贵的文化信息，因此人类最初的语言以及后来经过派生、复合、新造的语言，不仅是研究语言本身起源、演变的不可多得的资料，而且也是认识创造和使用语言的人的生活方式、生产实践活动、认知能力与方式、思想观念、乃至世界观、本体论的活化石。贝尔纳在《历史上的科学》一书中指出：“语言是现今仍然活着的古代遗物，研究语言应该是研究各期各地物质文化的一些残存遗产的基本补充工作。研究语言并研究物质文化残迹，再加上目前存在的原始民族来作证，就应该能提供古代社会生活的某些图景。”①

文化语言学的研究也告诉我们：通过对一种民族语言的字词的词源结构的考察，我们可以看到该民族的文化的诸多侧面，特别是处于文化结构深层的世界观、价值观和方法论。例如，古人创立新的词语的一个重要准则就是根据已知对象和未知对象或已命名的对象与待命名的对象的类似性。就拿“倪”、“蜺”等字的创制来说，既然凡物之小者谓之儿（兒），那么婴儿可谓之倪，鹿子可谓之麑，小蝉可谓之蜺，老人齿落更生细齿谓之

① 贝尔纳：《历史上的科学》，第39页。

龉。一旦我们找到了诸如此类的命名规则,我们便可通过分析一些词的词源结构,反观古人的命名过程以及其中所隐含的对有关对象的认识、思维方式和价值判断。

对心理语言与心理观念及其关系,我们也可做这样的研究。通过考察心理语言的创制、发明过程,我们可以反观古人的心灵观念的形成过程及具体内容,了解他们创立心理语言时所面临的困惑和真实的动机,弄清他们创立那些心理符号时要表征、命名的东西究竟是什么,是不是无病呻吟、无的放矢?就一般情况而言,语言是在有对象存在、并且获得了关于它们的认识、思想的前提下产生出来的,即是按照实在—思想—语言的顺序发生的。但是也有这样的情况,即由于对象本身的复杂性,人们按照通常的造字原则造出的词语其实并没有相应的对象。也就是说,他们类推出的对象并不真的存在,而他们以为它们存在,并为它们安立了名字,例如"以太"、"燃素"、"上帝"等。更复杂的情况是:尽管有些语词确有对应的所指,但由于对象太复杂、太微妙,因此在构想它的元素、结构、功能和实质时,在形成关于它的观念时,往往按简单及易理解的事物的模式去构想。这样的构想无疑会有本体论上的增删,有结构论、地理学、运动论和动力学上的歪曲,如人们对水中的不明生物或"水怪的"设想,盲人在摸到了大象的某一部位之后对整个大象的构想,就是如此。二元论对心的构想也有这样的问题,当然物理主义的处境也好不到哪里,都是"摸象"的"盲人"。

对心灵的语言发生学研究,就是要澄清这里的问题,就是要说明心理语言要表达的"原旨原意"及观念究竟是什么,这些观念有没有它们要表征的对象,如果有,这对象的真实的地理学与结构论究竟是什么。这种研究可从两方面进行,一是从逻辑上考察现实生活中的个体,揭示他们的心理语言及相应的心灵观念的发生过程。二是从语言、知识考古学的角度,具体考察心理语言及心灵观念的种系发生。分析哲学在前一方面做了大量颇具开创性且极有价值的工作。例如维特根斯坦、赖尔等分析行为主义者通过对心理语言的"语法分析"、"用法分析"认为,哲学中争论的心身问题是虚假的问题，渗透在人们思想中的关于心灵、意识的观念都是语言误用的结果，根本就不存在人们亘古以来就相信存在的心、精神、意识之类的东西。这些看法尽管有失偏颇，但他们的分析中无疑有值得我们重视的方面。

维特根斯坦通过对“思维”与“撕碎”两词的用法分析，从个体发生学的角度深刻地揭示了常人的心灵观念产生的过程及实质，一针见血地指出了二元论产生的语言学根源。在他看来，常识和哲学二元论关于有独立存在的思维、心灵的观念，实际上是基于“思维”与“撕碎”在语法上的类似性而产生的，两词有相同的用法、相同的语法作用，而“撕碎”指的是一种活动，即手将纸弄碎的活动。这活动有主体和过程，最后有撕碎的结果。基于此，人们就可设想和推测“思维”要表示、指称的东西。经过推测，就有了一幅栩栩如生的心灵图画或观念：“思维”指的也是一活动过程，但不是身体的活动过程，而是某种非物质主体即心灵的活动过程；它也有结果，那就是经过思维所形成的思想或想法。其他的心理活动和结构图景，以及对心灵的其他看法也是基于语言的这种作用而形成的。在维特根斯坦看来，传统的、常识二元论的心灵观念不是真实认识过程的结果，不是实在的“反映”，而是基于类推等作用而构想出来的。

美国普林斯顿大学哲学和心理学教授杰恩斯(Julian Jaynes)对心理语言的分析与维特根斯坦等人的有很大不同，因为他采取的是后一条分析路线，用他自己的话来说，他的研究是对心理语言的“古生物学研究”，而且得出了许多新奇的结论。据笔者所知，著名语言学家阿·皮莫特早在《印欧语的起源》一书中就倡导“语言的古生物学”研究。所谓语言的古生物学研究就是通过对语言起源和发展的研究，揭示与这种语言有关的、一同起源和发展的社会制度、风俗习惯和思想观念。[①] 杰恩斯把它运用于对心灵哲学的研究，认为要澄清意识的本质，用不着到生物的进化过程中去探索它的起源，唯一有效的出路是研究意识在语言演变发展过程中

① 参阅索绪尔:《普通语言学教程》，高名凯译，商务印书馆，1985年，第312—313页。

的起源。其原因在于：意识概念经过漫长的历史，“上面堆积着大量的文化尘埃，……指称中的某种多余部分是来自宗教的历史，在此历史中，灵魂被授予了各种可能的心理功能。”因此“我们分析的第一步也是适当的步骤就是要设法把意识概念从这些历史过失的冲击层中解救出来”。[①]而要这样，就必须探讨这些概念在种系语言演变过程中的起源。经过他的独出心裁的研究，他得出了一个骇人听闻的结论：意识不是自然进化的产物，而是“起源于人类做出隐喻和类推的语言能力”。[②] 这也就是说，灵魂等概念不是对实在或属性的真实认识过程的产物，而是由语言的运用所创造的，或者说是古人在语言扩展其使用对象与范围的过程中杜撰、虚构出来的，因此不是先有意识、思维，后有语言，而是相反。就实际历史而言，语言文字最多只有五六千年的历史，因此意识从产生到现在最多也就这么长的历史。据他和其他人的研究，意识大约产生在二千多年前。这当然是不无争论的。

既然意识是语言创造的，因此对意识的自然发生学研究就没有必要走进生物的起源和演化这一领域，换言之，在生物的进化过程中去探寻意识的起源，既是错误的，又是徒劳无益的。剩下只有一条出路，那就是在语言的起源和发展过程中去探寻意识的起源和本质。笔者认为，这一看法尽管有合理性，但无疑有失偏颇。因为对心理语言及观念的起源和演变过程的研究如果只停留于这一个方面，那么一定有窥豹一斑的片面性。

“不识庐山真面目，只缘身在此山中”。杰恩斯深谙这一道理，指出：意识问题之所以长期得不到解决，可能是因为人们没有跳出意识，没有换位思维。不妨撇开意识，先来讨论似乎无关的问题，如隐喻和语言。所谓隐喻，就是用表示一事物的词语来描述另一不同的事物。对前者，人们有较多的认识，而对后者完全无知，或所知甚少，因此通过在它们之间建立

---

① 杰恩斯：《关于心灵起源的四个假说》，载高新民、储昭华主编：《心灵哲学》，第 458—459 页。

② 同上，第 466 页。

隐喻，就可产生新的认识和词语。在隐喻中有两个东西，一是要说明、指称或描述的东西，可称作“被喻”(metaphrand)，二是用来阐释、说明它的已知的事物、关系，或已知的符号，可称作“喻媒”(metaphier)，例如“隔膜”，指的本是动物的机体组织。当用来说明人与人的关系时，它就获得了新的意义，即可作为喻媒，比喻性地说明一种相互缺乏沟通、理解的关系(被喻)。

通过对隐喻的分析，杰恩斯发现了隐喻的鲜为人知的巨大作用，认为它是一种有巨大生育和繁殖创造能力的语言活动。这种作用具体体现在两个方面：第一，它可以自我扩展，因而是人类语言从无到有、从少到多的主要方式或途径。因为正是通过它，新的词语、表达式被创造出来了，至少在原有表达能力(词义)的基础上繁殖出了新的表达能力(词义)，如刚才所说的“隔膜”被用作隐喻之后就有新的表现力。它扩张语言有许多形式，如意义的转换、词项语义内容的改变、反常的命名、名称的有意误用等。在杰恩斯看来，人类的科学、哲学术语甚至许多日常的动词、副词、名词、介词等都是借助隐喻在原有少数基本词语的基础上扩张而来的。隐喻的第二个作用就是它能创造出新的实在，甚至创造出子虚乌有的实在。这是杰恩斯的一个新奇的观点。它为什么有这种功能呢？先看例子。他认为，“以太”、“热质”、“燃素”等就是由隐喻创造出来的。隐喻为什么有这种创造性？其内在创造的过程和机理是什么呢？杰恩斯说：“喻媒常常引起我们对称之为超媒(paraphier)的联想，它们使被喻具体化为那可称作联想物(paraphrand)的东西。由此可见，隐喻创造出了新的实在。”①杰恩斯还具体说明了隐喻创造新实在的过程与机制，用图表示即是：

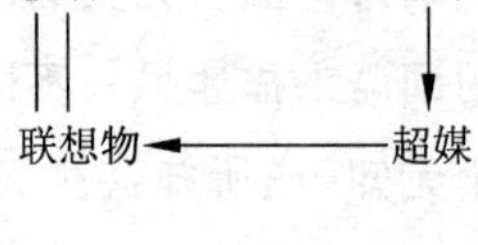

① 杰恩斯：《关于心灵起源的四个假说》，载高新民、储昭华主编：《心灵哲学》，第467页。

就拿以太来说。光、声从一个地方传到另一个地方,天上的物体由一个地方漂游到另一个地方,离不开一种介质。而光声等的介质肯定不能是有重量的,因为有重量的东西不可能在空中那么快速地移动。在这里,可见的媒介物(船)就成了喻媒,要理解的、光声后面不可见的介质就是被喻。而这个被喻就是由喻媒,经过超媒,被推论出来的一种类推物或联想物,即被设想为没有有形质特点但又能起媒介作用的、地水火风之外的、游荡于天空的第五元素。用词语予以表示,这个被喻就是"以太"。不难发现:隐喻在这里既创造出了新的词汇("以太"),又创造了压根就不存在的新的实在(以太)。

基于对隐喻的结构和作用的上述分析,杰恩斯大胆提出了这样的惊世骇俗的看法:迄今为止的所有心理语言及其所描述、指称的心理事件、状态、过程、属性都是由隐喻创造出来的。他说:

> 主观的有意识的心灵是我们称之为真实世界的东西的一种类似物。它是由一种语汇或词汇域建构起来的,此域的术语都是关于物理世界的行为的隐喻或对应词。①

杰恩斯得出的这一结论不仅利用了上述逻辑分析,而且还建立在对心理语言起源演变的历时性考察的基础之上。杰恩斯认为,古希腊的史诗《伊利亚特》是我们窥探远古社会状况的最好窗口,也是认识心理语言和心灵观念起源及实质的最好的出发点。它由公元前1230年前后的吟游诗人所写,其内容是关于当时人类的苦难经历的。在I.3中,他发现,许多词在最初指的是具体的身体行为,到后来才慢慢变成了指示有意识功能的词。这对于我们认识意识观念在古希腊是怎样演变发展的,有重要的意义。这样的词一共有7个。前4个是,thumos, phrenes, noos, psyche,它们都可译为心灵、精神或灵魂。另3个是:kradie, ker, etor,可译为心或心脏(heart),有时也可译为心灵或精神。我们先来看

① 杰恩斯:《关于心灵起源的四个假说》,载高新民、储昭华主编:《心灵哲学》,第466页。

"thumos"。这个词在《伊利亚特》中用得很频繁，开始指的是可以被感知到的外在的活动、作用，该史诗说："拿着长矛的战士让 thumos 不能动弹了。"这里的 thumos 指的显然是另一个人或者他的肢体。到后来，"thumos"常用来指一系列的内部感觉，它们可对环境作出反应，用现在生理学的话说，它指的实际上是交感神经系统的反应，以及肾上腺素从肾上腺的分泌，与之相应，有血管的扩张，肌肉收缩，血压升高，在皮肤上有平滑肌放松，身体能量的突然增加。总之，它指的是一种内感觉模式，可以在关键时刻产生突发、剧烈的活动。正是因为这样，它能使战士充满力量。随着时间的推移，在隐喻的作用下，它不断获得了新的含义，如指主观的心理作用，如意志力、心理决定等，最后成了指有意识的心灵即"我"的心理语言。再如"noos"，也就是在后来的希腊文中的 nous，指的是有意识的心灵。它来自于单词 noeein，即看(to see)，在《伊利亚特》中可译为知觉或认知器官，如说宙斯"用他的 noos 注视着奥德修斯"。后来经过隐喻的作用，它变成了一个有多重含义的心理语言。①

杰恩斯认为，人类最初创造出来的词语都是表示物理对象及其行为的词语。经过隐喻的作用，一方面，它们的词义不断扩张，即派生出了一些表示更复杂的对象的引申义；另一方面，许多物理语言直接或经过一定变化转化成了心理语言。例如我们在评价人的智力特点时常说"聪明"或"愚钝"。这些词无论在英语还是在中文中，开始都是描述事物的物理属性的词。到了后来，才成了心理语言。描述真实空间中的物理行为的形容词也被搬过来，以之描述心理空间中的心理行为的特点，如说某人想问题"很快"、"很慢"。我们还可用"开阔"、"深"、"浅"等词描述人的心理，如说某人"心胸开阔"、"城府很深"、"心直口快"、"清澈见底"、"心胸狭窄"。描述心理活动的动词，也是从表示物理运动的词借来的，如说"驱除邪念"、"吸收他人好的主意、见解"、"消化领会你的话"等。

---

① 杰恩斯认为，他的分析参阅了：Brono Snell (T. G. Rosenmeyer, trans.), *The Discovery of Mind*, Cambridge: Harvard University Press, 1955。

不仅心理语言是由隐喻在物理语言的基础上繁殖出来的，就是它们所表示的实在也是如此。在《意识的起源和两院制心灵的衰落》一书中，杰恩斯利用大量事实，对意识在语言中的历史起源做了说明。他认为，人们所设想的意识构成要素、结构、过程、结果、特征等，都是由隐喻从有关物理对象的对应的方面类推出来的，或者说人们赋予意识的那些特征都是隐喻创造出来的。这些特征主要有：(1)空间化，即有心理空间，如我们可用“在…内”、“在…外”、“在…上”、“在…下”、“在…旁边”等方位介词来描述心理事件。其他带有空间性质的副词、形容词也都能用来描述心理事件。这一来，我们周围世界的空间属性就转化成了一种心灵的属性。(2)选择性。人们不可能看到一事物的全部或整体，只能选取某一或某些方面。这也是物理行为的类似物。(3)“我”——意识起作用的主体，如我们常说，“意识纵横驰骋”，“心像脱缰的野马”，“我的心不能自主”等。(4)意识的主体还可以是宾格的“我”(me)。(5)叙事化，意识主体的活动、作用过程带有过程性、情节性，可以写出关于“我”的心理生活的完整的过程。意识流小说，文艺作品中关于心理的描述，足以证明这一点。

杰恩斯的上述看法尽管有片面性和极端化倾向，但对我们认识二元论的起源及实质却是有助益的。例如从中我们可以引申出这样的启迪：二元论所主张的有独立起源和本体论地位的“心灵”等词即使有其对应之实，即不是空穴来风，但二元论对它们的构想一定犯了某种错误，如在构想这所谓的内部实在的图景时，由于是以对已知的人或外物的构造和运动方式这样的图式为参照系或模型的，因此对心做了错误的构想，如把心设想成为一个在他的“心里”空间中做这做那的“主体”或“我”或“小人”。总之，二元论对心的认识的问题不在于它承认了心的存在，而在于它对心做了错误的构想，即把心人格化了或拟物化了，亦即对心的地理学、形态学、结构论、运动论和动力学图景做了想当然的构想。很显然，这被构想的世界肯定是由人的隐喻之类能动性所创造出来的超媒或虚构的联想物。[①]

① 以上参阅 J. 杰恩斯：《意识在两院制心灵瓦解过程中的起源》，波士顿，1976 年英文本；《后更新时期的语言进化》，载 S. 哈纳德(S. Harnad)等编：《语言和言语的起源与进化：纽约科学学会年刊》，Vol. 280(1976)。

第二节 问题梳理与心理语言的种系发生

笔者认为,维特根斯坦和J.杰恩斯等人对心理语言的形成过程和本质的分析是前无古人的,对二元论的语言学根源的挖掘是匠心独运的,令人耳目一新;所得出的结论,耐人寻味,值得进一步挖掘和发挥。当然有些看法是不能成立的,例如说人在创制和使用心理语言时,身上并没有什么真实的事件和过程要表达,这又是值得商榷的。因为如果心理语言完全是虚幻的,那么就不应再继续使用它们;如果不使用它们,我们的交流、写作将寸步难行。我们离不开它们,就说明它们仍有能指、能表达的作用,或者说,它们并不是什么也没有表达。既然他们的结论有某些错误,而他们开创的方法和所做的研究又很有价值,因此对心理语言的生成语言学研究仍有必要继续进行。

为了使这一工作有序、有效地进行下去,我们首先必须对我们面临的问题有清醒的意识。笔者认为,二元论乃至物理主义在这个问题上的混乱,以及杰恩斯等人在这里所陷入的错误,主要与下述问题没有得到很好的梳理和探讨有关:1.心理语言是怎样产生的?2.创制心理语言的人的心理世界图景是什么?他们的心理语言与他们的心理结构图景的关系是什么?3.心理语言对使用它的人有什么影响?它在使用它的人的心理观的形成过程中有什么作用?4.心理语言是不是空洞的、虚妄的?5.怎样对待历史遗留给我们的心理语言?是抛弃、保留,还是重构其语义学?也就是说,这里有两大类密切联系在一起的问题:一是怎样看待心理语言?这个问题又有事实和价值评价两方面,作为事实问题,那就是:心理语言究竟是怎样产生出来的?是不是隐喻、类推的产物?作为价值评价问题,则是这样的:心理语言的产生有没有合理性?它的创制是不是无病呻吟、无的放矢?是不是像“以太”之类的语言一样,是下一个要被取消或抛弃的对象?后一问题是当代的取消论与反取消论争论的焦点。不管心理语言是否是先于心灵、意识而产生出来的,有一点是可以肯定的,那就是在心理语言创造的过程中,以及在创立出来以后,创立的人和使用它的人肯定有相应的心灵观念，这也就是说，心理语言不是空概念，肯定有它们所指称的实在存在的对象。这一来，他们也就有关于这些语言所表示或可能表示的对象的观点，例如对心灵是什么、心理世界有哪些家庭成员，它们之间是什么关系，与躯体行为是什么关系，有他们自己的一些看法。由此就有与第一类问题密切相关的第二大类问题，即心理语言所指称、描述的那些对象如心灵、意识是不是不存在的，在自然界中是否没有本体论地位？另外，如我们在前面反复指出过的那样，人们在创制心理语言时，在把它们创立出来以后，肯定有关于心理世界的结构图景，即对这些语言所指的东西的内在形态、本质、结构、相互关系、运动方式、动力源泉等肯定有他们的看法，即有他们的心灵观、心身观、心理地形学、地貌学、运动论、动力学。因此进一步的问题是：这些观念是怎样产生出来的？是实在的反映，还是虚构或推论出来的？

考古学的资料足以表明：新石器时期，至少在青铜器时期就已出现了比较成熟的文字体系，例如，古苏美尔在公元前 4 千年中期、中国在公元前 2 千年中期、古埃及在公元前 4 千年末期、古印度在公元前 3 千年均形成了自己的文字体系，而且开始了从句意文字向表词文字阶段的演进。至于人类的口头语言的产生就更早了，据推测，它是随着猿向人的转化而出现的，用恩格斯的话说，它是同人的劳动一同产生的，而劳动正好是人之成为人的标志。之所以如此，一方面，随着劳动的产生和发展，人们彼此之间的交流和协作关系更加紧密了，于是产生了一种新的需要，即是说“这些正在形成中的人，已经到了彼此间有些什么非说不可的地步了”。[①]另一方面，随着人的形成、劳动的发展，人也有实现这种需要的条件。例如人已可以发出声音来，人的大脑也发展到了这样的地步，即在原有的那种简单的刺激感应性的基础上形成了复杂的关于性(aboutness)功能，能够让声音指示、表达声音之外的对象及关系，能把声音符号与要说的外物关联起来，即那时的人已经有了塔斯基、戴维森等人所说的“真值理论”或

① 恩格斯：《自然辩证法》，人民出版社，1971 年，第 152 页。

真值能力，因此当一种声音固定地指示某一对象或属性或关系时，人类的口头语言便产生了。

从语言的具体内容看，人类语言指称对象或表示对象的方式经历了从简单到复杂、从近到远、从大到小、从外到内、从具体到抽象的发展过程。换句话说，人类最初的词语都是关于可见可触的、直接具体的、与人的生活息息相关的事物的，例如表示工具、狩猎的动物、各种树木以及果实等的名词性的实词。甚至直到文字产生以后，尚很少见表示复杂、抽象的性质以及人的内在心理过程的词语。例如在古埃及，圣书体文字是刻在石头上的纪念碑文字，最为古老，现今发现的约有5000个字，最常用的有700—800个，而在这些字中，有表示人及其职业、神、天、地、水、谷物、工具等类别的字；即使有表示心理的语词，也不在常用字之列。作为中国最古的三本奇书之一的《山海经》中，也有这种情况，几乎很少见心理语词。当然这不是说没有出现心理语言，而是说，心理语言在人类的语言的发生发展过程中，较之于那些表示外部事物及属性、关系的物理语言来说，是较晚出现的。

据文化语言学和人类学、民族学、考古学等的研究成果，心理语言的产生离不开这样的条件：第一，有表达的需要，即有比较丰富的内在过程、活动和生活，并到了非把它们说出来不可的地步。正如佛教教主释迦牟尼佛所述："有称谓，故有称谓之由来；有言语，故有言语之由来；有假名，故有假名安立之由来。"[①]同样，心理语言既然已经产生了，除了个别或部分词语像"以太"等词一样是错误命名的结果而无真实指称以外，大多数词语都有实义，即是在人们真切地感觉到了内部的真实事件、过程、状态时所创立的。至于怎样去构想它，或者说怎样理解这些词的意义，怎样构想人自己的心灵世界，怎样构建人自己的心理结构图景以及相应的地貌学、动力学，那又是另一个问题。因此我们不赞成杰恩斯等人关于心理语言是基于错误的隐喻、类推的产物的观点。笔者认为，人们在命名或使用

① 《大缘生经》，转引自渥德尔：《印度佛教史》，王世安译，商务印书馆，2000年，第114页。

心理语言时，是可以同时有非表达不可的某种东西的，如一个人皱着眉头、脸发紫、手发抖时诚实地说出的“我感到很难受”，该语句后肯定有什么真的发生了，我们姑且把它称作心理实在。当然我们并不认为，这些词语表达的是非物质世界的、纯精神性的过程或状态，也不认为它们不能用其他的命名、指称、描述方式加以表示。其实用物理语言来描述，一样可以达到报告的目的，如说：“中枢神经系统的某一部分有某种过程发生了。”当然，这并不是说，两种描述所指涉的对象完全相同；相反，应该是有很大差别的。就此而言，二元论对心理世界之特殊性的强调不是没有一点合理性的。

心理语言产生的第二个条件是物理语言，也就是说，必须先有物理语言，然后才有心理语言，因为后者是由前者或其中的部分，经过某些特殊的转换、改造、变化而产生出来的。与此相应，第三个条件就是人类必须有相应的将前者转化为后者的能力与方法。这种能力就是想象、联想、类推的能力，常见的转化手段与方法就是借喻、隐喻等。

从总体上看，心理语言是由两种途径形成的。一是表示实体的心理语言如“灵魂”、“心灵”或“精神实体”，是借助推论而从相应的物理语言转化而来的，二是隐喻。我们先看前一方面。

原始人到了一定的时候，都碰到了两大非解释不可的难题：一是人的生与死的差别是由什么造成的；二是梦、失神、幻觉、高烧昏迷等中的那些景观是怎么造成的，梦中的那些能上天入地的人是怎么回事。对此，恩格斯根据人类学方面的资料，做了这样的描述：“在远古时代，人们还完全不知道自己身体的构造，并受梦中景象的影响，于是就产生一种观念：他们的思维和感觉不是他们身体的活动，而是一种独特的、寓于这个身体之中而在人死亡时就离开身体的灵魂的活动。”①

有一点，古人是对的，即他们知道，有作为、有活动、有变化和作用出现了，其后就一定有做出这类运动的事物或主体。但是由于他们没有关

① 《马克思恩格斯选集》，第4卷，人民出版社，1995年，第223页。

于这种活动主体的直接认识，因此只能凭借想象、推理来设想它。而设想的参照也只能是已有的那一点知识，即关于外部世界的存在方式、结构、关系的本体论、结构论、地形学、地貌学以及非常贫乏的物理知识。根据这些知识，他们首先将身体及其组成部分排除于候选者之外，即像恩格斯所说的那样，不认为那些作用是“身体的活动”。接着他们使出浑身解数，构想出了关于灵魂这样的一幅拟人化、拟物化的结构图景：灵魂是不可捉摸的人的影像，像气、雾、阴影一样，是人的生命的原则，是人的过去、现在的意识、意志的主体，能离开肉体从一个地方到另一个地方，梦中那能飞檐走壁、出入阴宅地府的东西正好就是灵魂，在肉体死亡之后，它转移到另一个东西之上，它还能进入人的肉体、动植物的躯体之中。很显然，除了无形体之外，它就是一个小人，就是一个物体。有意思的是，各种文字中为它安立的名字，不管其字形结构有多大不同，都始终没有丢弃原始人为它命名时所缠绕的各种文化信息，尤其是那拟人化、拟物化的本体论、结构论、功能论信息。例如希腊文的 psyche，拉丁文的 pneuma，中文的“心”，巴利文的 attά，梵文的 attman，以及现存原始部落表示灵魂的五花八门的语词，最初都是表示某种物质性实在或活动的词，如“肺”、“呼吸”、“气”、“我”、“某某自己”（反身代词）等。

再看隐喻。随着实践活动的发展，生活的丰富，以及随之而来的内在活动、过程的增加，内在世界要传达的东西日益丰富，因此心理语言的命名活动便频繁发生。而要完成命名活动，由于没有直接可观察的对象呈现出来，唯一能作出参照的仍只是已知的人的肉体和外部世界，因此唯一能帮助命名的方法就是隐喻。其实，隐喻不只是创制心理语言的途径，而且其他许多复杂的抽象的物理语言也是通过这一途径产生出来的。因为抽象的、微观的、遥远的、关系性的对象既难以用象形字、句意字表示出来，更难以用音素字或音节字说出来，最好的办法就是用已知的、人们都懂的词语来指称它，形象地、比喻性地来理解、设想它。如通过提喻，让表示部分的词来表示整体；通过换喻，用表示原因的词来表示结果；通过借喻，用表示实物或实际过程的词来表示抽象的过程或属性，如用鳄鱼的图画表示"贪心"。[①] 这里的确有杰恩斯所说的那种关系发生，即已知的物理语言成了喻媒，要述说、命名的对象成了被喻，经过转换，喻媒便成了表示被喻的符号，只是可能增加了一些新的意义。古文字学、词源学的研究成果也说明了这一点。不管哪个民族的文字，它们的心理语言几乎都是从物理语言转化而来的，至少是通过对物理语言的改造而形成的。

由于心理语言的来源有上述特点，对心理语言之所指的构想就必然受到物理语言所刻画的物理图景的影响。事实也是如此，原始人构想的心的图景除了没有形体特征这一点之外，其他的则完全是物理图景的移植。心在心里所从事的感觉和思维之类的活动，就像一个物体在它的空间中所完成的运动一样，如心将感觉材料加工整理成理性认识的"去粗取精、去伪成真"的工作就像一台搅拌机对沙、石、水泥的搅拌一样。其逻辑是：有行为输出，如有言语对思维结论的报告，其后就一定有活动发生了。要如此，必有一做出活动的主体，此主体不可能是眼耳等物质性器官，因为外界的物质性实在都没有这个作用，因此它一定是精神性实体。此实体要做出它的那些行为，必须有一个空间，这不能是有广延的场所，而一定是"心里"。此特殊的空间像物质性空间一样，也有深浅，"城府很深"之类的词语说的就是这个意思。总之，只要细心分析，就能在原始人对内部世界的设想中找到外部世界图景的影子。恩格斯在说明原始灵魂观念的内容及特点时，曾引用了1884年人类学家特恩在圭亚那印第安人中的这样一项发现："梦中出现的人的形象是暂时离开肉体的灵魂，因而现实的人要对自己出现于他人梦中时针对做梦者而采取的行为负责。"[②]其实，二元论，特别是实体二元论，在构想心灵观念时遵循的仍是相同的逻辑和原则。例如笛卡尔对心灵实体的设想就是如此。他说：想象等心理功能或活动肯定是存在的，"但是光有它们而没有我，也就是说，没有一个它们所附之于其上的理智性实体就不行。因为，在我们对这些功能所具有的

① 参阅B.A.伊斯特林：《文字的产生和发展》，左少兴译，北京大学出版社，1987年，第140页。

② 《马克思恩格斯选集》，第4卷，人民出版社，1995年，第223页，"注"。

概念里,或者(用经院的术语说),在它们的形式的概念里,它们包含着某种理智作用。"这里的作为功能之载者的"我"或精神实体不可能是物质,因为已知的物质都看不出来有此作用,因此作为心理活动之主体的"我"一定是存在的,且一定是非物质的。[①]

第三节 汉语心理语言发生学及其心灵哲学意义

在上一节,通过对心理语言之发生过程的一般性考察,我们已认识到:它是借助隐喻、类推从物理语言中转化而来的,它的创制不是无病呻吟,古人为心理所安立的名字不同于为不存在的小孩所取的名字,它们是在"有点什么非要表达不可"的情况下发生的,因此是有指称、有意义的。但是,在心理语言产生出来的同时,关于心理的结构、动力图景也随之产生出来了。这一来,我们面前便有三样东西,即心理语言,心理观念或关于心理世界的认识,心理实在。这三者的关系与常见的关于物理世界的语言、思想、实在的关系是一样的吗?也是按实在→思想→语言的顺序发生的吗?更明确、更具体地说,前一系列中的心理观念或常见的关于心理世界的结构图景(民间心理学)是怎样产生的?是不是心理实在的反映?与心理语言的发生是什么关系?我们认为,回答这些问题的最好办法就是考察汉语的心理语言的发生。理由有如下几点:

第一,如果说现存的语言由于是一种特殊的活化石因而是了解先民的文化,尤其是有关观念发生发展史的不可多得的向导和线索的话,那么中国文字则无疑是一片广阔的、有待开垦的领地,有不尽的资源和宝藏。杰恩斯在他的《关于心灵起源的四个假说》一文中向我们吐露了这样一个十分有趣的信息:他的朋友,一个研究中国古典文字的西方学者 M. 卡尔博士通过对《诗经》等文本的研究,对中国的心理语言和意识理论的起源提出了与杰恩斯大致相同的看法。[②] 他们为什么要研究中国文字?难道

---

① 笛卡尔:《第一哲学沉思集》,第 82—83 页。

② 见高新民、储昭华主编:《心灵哲学》,第 473—474 页。

不值得思考和借鉴吗?

第二,汉字尽管是非表音性的文字,不必与发音相关,甚至可称作“聋子创造的”文字,但它非常奇妙和独特,因为它里面沉淀着古人的智慧和科学文化知识。正是基于此,后世的古文字学家、科技史专家才能通过解剖古汉字揭示古人对世界的认识及所达到的水平,例如通过分析“桑”字可以知道商代关于种桑、养蚕等方面的情况与知识。[①] 不仅如此,它对于我们揭示古人的哲学观念的形成和状况也同样具有不可多得的价值。因为它的独特的理念基础、创制原则和方法使它成了一种载荷语言创造和使用者的哲学观念的最合适的载体。莱布尼茨说:“汉字也许更具有哲学特点并且似乎基于更多的理性考虑,它是由数、秩序和关系决定的。”[②]索绪尔也说:“对汉人来说,表意字和口语里的词都是观念的符号”;在他们看来,文字就是第二语言,即“语言的语言,符号的符号”。基于这一点,我们考察汉文字中的心理词汇就可窥探其创造者和使用者的内心世界即“心灵印记”,[③]追溯文字中所隐藏的心灵“哲学”与“理性”。

第三,它的“原生态”保存得最为完好,几千年没有大的变化,尤其是其中的心理语言与物理语言的血缘关系,当然还有派生义、派生词与原义、原词的血缘关系仍清晰可见。

第四,作为表意文字,它有其他语言所没有的特点,如它的视觉形象、形体结构与它的意义十分和谐地统一在一起,这些对我们通过考察古文字的起源演变来揭示人们心底的常识心理概念图式极有价值。因为汉字正是通过特定的视觉形象,来表达原义或造意的,即汉字的形态、结构与它的意义尤其是本义之间有密不可分的联系,或者说,后者血溶于水地统一在前者之中了。这一来,透过前者,既可以弄清现在的字形结构是怎样演变而来的,查明最初的形态与结构,又可以弄清它为什么要那样写,它如此构形要表达的本义是什么。既然如此,我们通过分析汉字中的有关

① 戴语:《汉字中的古代科技》,天津:百花文艺出版社,2004年,“前言”。
② 转引自德里达:《论文字学》,汪家堂译,上海译文出版社,1999年,第115—116页。
③ 索绪尔:《普通语言学教程》,第101页。

的心理语词的字形结构及其变化，考察它们与它们所表达的本义、派生义的关系，就有望探明古人创制心理语言的真实动机以及所面临的困惑，如为什么要创制那些词汇，不创制而用原有的物理语言表达行不行，或者说他们是否碰到了真实存在的、而已有语言又无法表达的对象；此外，这种研究还有助于我们弄清古人在创制这些语言时关于心理世界的观念图景是什么，对所要表达的对象是怎样设想的，为什么要如此设想，从而真正建立起关于心理语言的“古生物学”。

必须承认，探讨心理语言的具体的、确切的历史起源是有相当的难度的，但这对我们的目的来说并不构成难以逾越的障碍。因为只要我们有办法从逻辑上，当然是从有历史根据的、与历史相一致的逻辑上，弄清了作为文字的心理语言的起源，如它是怎样创立的，通过什么途径创立的，人们在创立这些语言时要表达的观念即关于心理世界的结构图景是什么，他们的民间心理学是什么样子，就足够了。因为我们的研究是哲学的，旨在弄清古人的心理观念是不是虚构的，是不是虚妄推论的产物；现在的日常心理概念图式是怎样起源的，它为什么是错误的心理地形学、地貌学、结构论和动力学。要实现这一目的，完全用不着研究心灵的生物进化史，因为民间心理学的起源与此无关，只需研究汉字的起源就可以由一斑而窥其全豹。

汉民族使用文字至少有五六千年的历史。西安半坡等地所发现的记事符号，可以说是已知的最早的文字。过了约两千年，文字进入了甲骨文时代。甲骨文是相当成熟的文字体系，后又有金文、铭文等，再往后就是更为完善的文字如篆书、隶书等。从汉字的形体结构看，它经历了一个由史前的单体写意性的图画文字（刻符、岩画）到独体象形“文”、再到独体“字”的演变过程。根据对这些文字的研究成果，我们不难发现：

第一，汉字及词汇的发展基本上也经历了一个先有物理语言、后有心理语言的历史过程，而且这里的心理语言也是借助类比、隐喻从物理语言中转化而来的。例如“我”字最初表示的是一种长柄兵器，后来才转化成了心理语言。①

第二，物理语言的发生顺序大致是，最先出现较多的是：表示自然现象如风、雷、日、月的词汇，表示肢体的词汇，表示方位和时令的词汇，以及表示狩猎、捕鱼、农业活动的词汇。而且这些词汇在甲骨文中基本上都可以见到。随后陆续出现的是数量词、代词和表示房屋、宫殿等物质文化现象的词。抽象的、表示事物内部结构、属性的词以及连接词等都是很晚才产生出来的。②

第三，物理语言中的词汇是按照实在—思想—语言的模式而发生的。也就是说，只有在面对某一对象，同时思想中有相应的观念出现时，才可能有命名或造字活动发生。索绪尔说："对汉人来说，表意字和口语的词都是观念的符号；在他们看来，文字就是第二语言。""符号连接的不是事物和名称，而是概念和音响形象。"③这也就是说，光有对象是不会有命名活动的，只有当有"造意"即有要表达的观念时，才如此。而由于有此造意，才有文字的本义。因此在汉字中，大多数本义与造意是一致的、相合的。当然也有不相合的，例如造意指个别，本义变成了一般，如"塵"，造意是鹿行走时扫起的尘土，但本义却指尘土。还有这样的情况，即有时造意指实，本义却指虚。

第四，心理语言的产生也是如此，即先有对象，然后有相应的观念，最后才是心理语言。这也就是说，心理命名活动之所以发生，首先是人的内部发生了已有物理语言表达不了的对象，即有"非说不可的东西"。例如"宁"(寧)和"省"字足以说明这一点。之所以有"宁"字的创制，是因为人内部出现了一种特殊的状态，如大起大落的情绪平静下来了，很安静，很舒适，而这些用已有的物理语言表达不了，而用摹状词又太烦琐。于是就造出一个"宁"字来。它形象地说明的是"心在皿上，人之饮食器，所以安人"。(《说文解字》)"省"也是如此，古人体验到了一种活动或过程，它是

---

① 参阅戴吾三：《汉字中的古代科技》，第166—168页。

② 以上参阅王力：《汉语史稿》，第484—506页。

③ 索绪尔：《普通语言学教程》，第101页。

针对内在的另一活动或过程的，由于前者对后者的窥探不是借助眼耳之类的器官完成的，因此不能用表示肉体的行为的词来指示这一过程。于是就有举行“命名式”的必要，即造一个符号表示这个过程，这个符号就是“省”。它在甲骨文中是一象形符号，画的是长着眉毛的眼睛，因此《段注》说：“省者，察也”。就此而言，笔者不赞成杰恩斯所说的心理语言借隐喻创造了它的对象。这也就是说，古人创制心理语言不是无病呻吟，而是有某真实的对象要表达，且有对它的感觉或经验，有某种造意或观念。当然，同样不可否认的是，他们对它们做了错误的设想或想象，即根据外部物质世界来设想它们的形象、特性、作用方式和关系等，形成了一种拟人、拟物化的心理结构图景（详后）。要明白这一点，我们先必须弄清汉字的一般造字原则与方法。

汉字有两类，一是单体字即独体之文（许慎认为，依类象形谓之文）。它又有两种创制方法，其一象形，即根据所指对象的形象造字，这种字刻画的是对象的简单轮廓，如人、木。其二，指事，用文字表征事物的抽象方面，即指称事件的过程或事物的性状、关系，如上下。二是合体之字（形声相益谓之字）。这类字也有两种形成方法，一是会意，即比类合谊，以见指称，即把两个字的意义合在一起，形成新字，如森、好。二是形声，让一字表义，一字表声，以事为名，取譬相成，如江、河。其他的字基本上是在这些字的基础上经分解、组合而派生、繁衍出来的。派生繁衍的方法论原则有二：一是转注，即“建类一首，同意相受”，即根据类似性，略改原有的字形和读音，形成能表达新义或有新的读音的字，如考、老；二是假借，即本无其字，依声托事，借用原有的字，使之成为同音而异义的字。

心理词汇基本上也是根据这样的原则和方法制造出来的。我们先来看假借或转义。有些词原本是物理语言，即表示的是物质对象及其性状、运动变化，后经过类比，转化成了心理语词。如“明”。会意字本义是明亮，照明，如日月照在窗台上，后转义为“明白”、“明晰”、“明了”。再如“为”：爲，象形字，《说文解字》认为，这个字表示是猴爪好抓好动的特点，据此表示人的作为。甲骨文的“为”字，模拟的是人以手牵象之形，转意为人的劳作，经过隐喻，后也转化成了表示人的心理活动的词，如“无为”、“有为”。

心理语言形成的第二个途径就是按照类比、隐喻的原则，运用象形、指事、会意、形声等方法新造。这里有这样几种情况，一是将有关的物理单词合在一起，构成新的心理词汇，如“信仰”、“尊重”，“魂”、“魄”。后两个字中，每一个由两部分构成，它们原来都是表示非心理的东西，合在一起就成了表示某种特殊心理主体的词。二是按“物理词汇（或偏旁或字根）＋心（忄）”的模式造出新的心理词汇。这是汉字心理词汇的主体或主要来源。这类字均由表示外物运动、行为、性状、过程事件等的词加“心”的偏旁构成，总共至少有 1400 个。有这几种情况：

(1) 表示外物的名词性的字＋心：

忉、忍、忍、忌、惊、慉、悥、思、惏、惣、杰、恙、恩、恒、悌、㤨、怒、惈、惊

(2) 表示数量的字＋心：

忈、悟、怬、忏、忇、忎、惮、懓、恴、恀

(3) 表示空间关系、方位的字＋心：

忐、忑、忠、㤃、怮、悝、闷、悲、㥢、怭、㥬

(4) 表示人体行为的字＋心：

懠、㥴、㳂、勲、憧、恼、忘、慚

(5) 否定字＋心：

悲、忽

(6) 表示事物时间关系的词＋心：

怘、怙、惷、怙、悸、㤹、愁、

(7) 表示身体器官或组成部分或身体状况的字＋心

恬、愲、耻、㤱、㤈、恤、恬

(8) 表示事物性质、状态的字＋心

懗、慓、㥹、怕、情、忧、㤿、惰、㥨、惯、感、意、憾

(9) 表示事物形体、存在方式的字＋心

忕、忼、怅、悃、㥦、㦓、忧、㤰

(10) 表示外物运动的字+心

忧、怺、悚、惆、悦、恰、怢、惓

从上面的分析,我们可以得出这样的结论:汉语中的心理语言是借助类比、黏合从物理语言中派生出来的,而且两者是类似的。如物理语言中有表示行为、运动的词,心理语言中也有,如"想"、"思"、"意志抉择"、"心情激动"等;物理语言中有表示活动主体的词,心理语言也有,如"心"、"灵魂"(表示的是心理活动的一般主体),"理性"、"意志"(表示的是特定心理活动的主体);物理语言中有表示时间空间关系的词,心理语言也不例外,如"我的内心深处","心直口快";物理语言有描述物理实在、过程、活动的性状、特点等的形容词、副词,心理语言也有,而且可以不费力气地把前者转化为后者,如"快捷"、"迟缓"、"剧烈"等。总之,物理语言描述的是这样的世界,即实体具有其特性并存在于时空中,心理语言也是如此。所不同的是,已有的心理语言本来是要表现真实发生的过程,然而在隐喻、类推的误导下,无意形成了自己的生殖能力,在隐约吐露了一点内在信息的同时,结果构造出了一幅关于心理世界的拟人、拟物式的结构图景。试看"忐"、"忑"二字。尽管下面都有一个"心"字,因此由合并而成的新字已不是表示外部事物性状的字,但它们其实就是隐喻中的喻媒,让人想到的仍是外部世界中事物上下变动不居的特点,而且在文字使用者心中唤起或创造的仍是一种类似于外部世界的图像。如果借助隐喻仅仅只是为了比喻性地理解那不可捉摸的内部世界,那倒无妨,问题是隐喻在这里有生殖力,它僭越它的界限,创造出了一个超喻,一个根本就不存在或根本就不符合实际的图景,仿佛人内部有一个像人或像物一样上下变动起伏的事件或状态。

大多数用来描述心的字,都有"心"或"忄"作为其偏旁,或有表示其基本含义的形体结构,它告诉人们:该字表示的状态或性状发生在心中,或属于心,或依赖于心,就像我的眼、手、耳、鼻、肤色、高矮属于我的身体一样。也就是说,造字的人在造这些字时,已把人二重化了,即把文字要表示的"义"设想成了一个"小人",它是另一个"我",它也有它的作为、过程、状态、特征。所有带有“心”或“忄”这一构字成分的字无一例外地是这个“我”即这另一个世界的某一方面的“反映”或“模写”。这一来，心理语词的创造和使用便通过其隐含的隐喻创造出了一个根本就不存在的世界。

总之，创造心理词汇的人想表达的是真实的过程、事件，但由于认识的不到位，在想象、推理的帮助下，便形成了错误的“造意”，即对有关对象作了错误的构想，进而形成了错误的地形学、运动论、动力学，以致把内在心理世界设想为外在世界的类似物，心理的王国仿佛成了装实物的容器，观念、思想、情感像糖果一样按上下左右的方式摆放在其中，按先后顺序出出进进；同时心理活动就像搅拌机一样，感觉材料从外面进来，心便在自己的房子里对它加工，最后也有加工的结果，如想法、决定等。如果我们把目光转向二元论的建构理念和逻辑程序，那么我们马上就会发现，尽管一般的二元论哲学家与中国古代造字的人在别的方面不可同日而语，但他们设想心理世界的方式和程序却有异曲同工之妙，即都是按已知的外部世界的相状、图景及特点来设想内部世界的。由于这设想不是建立在直接认识的基础之上的，而是以隐喻、类推等为工具的，因此便不可避免地犯拟人化、拟物化的错误。

既然心理语言后面隐含的是一幅错误的、完全扭曲的本体论、地形学、结构论、运动论、动力学，那么它的未来命运是否会像取消论所说的那样，即像“以太”一样彻底被抛弃？我们认为，不会，也不可能。当然也不能像常人或有的哲学家、心理学家那样原封不动地将它们继承保留下来，而应采取重构的态度。一方面，有条件地保留有表现力的心理语言，因为它们的真实运用毕竟能说明，人的内部有真实的活动、过程、事件、属性发生了，而且如果现在就予以抛弃，我们的交往、研究、写作将寸步难行；另一方面，既然它是基于隐喻产生的，毕竟不是科学认识、命名活动的产物，而且通过无节制的生育能力，创造了一幅错误的心灵结构图景，因此未来心灵哲学的任务就是应该重构心理语言的语义学，重构心理世界的本体论、结构论、地形学、运动学和动力学。至于怎样重构，留待下几章再来探讨。这里要强调的是：过去怎样使用心理语言，现在及今后仍可照样使用，只是要千万记住:心理语言指称的并不是大脑之外的什么神秘的东西。

最后还有一点不能不辩,那就是:心理语言的产生是不是以思维、意识的存在为前提。笔者认为,解决这一问题仍应从心理语义学的观点出发,也就是说,关键在于怎样理解“思维”、“意识”以及“理解”之类的心理语言。如果把它们的指称看作是心灵或灵魂的活动,或大脑过程之上的非物理的过程,看作是在心灵空间中发生的类似于搅拌机搅沙石的加工活动,那么心理语言不仅不依赖于它们,反倒是:它们由心理语言赖以形成的隐喻过程所创造。如果认为它们指称的是大脑高层次的物理运动或过程,或状态,那么就可以说,它们的所指是心理语言得以产生的一个前提条件,因为仅仅是由于有了这些过程,才有把它们说出来的需要,也仅仅是因为有它们,人们才能为它们安定名字,或者说才有可能为自己举行安立名字的命名式。但是他们不知道这一点,因此他们创造的文字中才流露出那样一种心理结构图景。其实他们所犯的错误以及民间心理学和二元论所犯的错误是一种极易犯的错误,那就是恩格斯所指出的、原始人所犯的那个错误,即不知道他们创造和使用的心理语言所要表达的仍是“身体的活动”。

第四节　考察二元论的语义学维度

二元论看到了诚实地运用的心理语言一定有其有真实本体论地位的所指,这是它优越于取消主义的地方。因为像取消主义那样人为地予以否定,的确犯了削足适履的本体论上的沙文主义错误。首先,绝对地否定心理语言有指称、有意义,这不仅有悖直觉,而且也与科学事实不符。直觉告诉我们,我们在有意义地使用心理语词时,绝不是“无病呻吟”、什么事实、实在也未述及。它们所描述的对象可能是模糊的、片面的甚至是错误的,但肯定指称了人的某种内在状态。其次,如果没有常识心理概念,人文社会科学研究和我们的日常交流将举步维艰。贝克(L. R. Baker)指出,命题态度已经融入了社会的、逻辑的、政治的和其他习俗的结构之中,如果没有信念、愿望和意图,就不会有契约、邀请、选举、宣判等。没有命题态度的归属，就不会有相互之间的证明、宽恕、赞扬和责备。[①]

但是，二元论在具体揭示心理语言意义的过程中，在构想它们所指称的实在的结构图景时，又确有本体论膨胀或扩张的问题，即在心理王国人为增加了事实上并不存在的存在，尤其是有上节所说的拟人化、拟物化的错误。只要我们运用语义学的分析方法对二元论赋予心理语言的意义做出考察，我们就会从一个角度明白它究竟错在哪里。

语义分析方法是普通语义学所倡导并最擅长运用的一种分析方法，而普通语义学又是由柯尔布斯基(A. Korzybski)所创立的一个哲学派别，研究的是“人如何使用语词以及语词如何影响那些使用它们的人”的学问。它试图通过所谓语义分析达到摆脱一切哲学矛盾和混乱的目的，主要代表人物还有切斯(S. Chase)等。他们所强调的语义分析的基本精神是：凡能找出所指的词，即凡有实际的所指的词都是真实的、有意义的，反之“都要列入语义学上的空话，毫无意义的瞎嚷嚷”。所谓找出所指，就是看语词是否在现实世界中有其对应的事件或客体，如“人”这个词就能找到它的所指，它指的就是你、我、他之类的实在。当然语言常常带有抽象性，从具体、个别的事物到最高的抽象之间有不同的梯级或层次，因此常常使语词与其所指难以一致，有时人们还自觉或不自觉地违反这种一致。为了在找出所指时不违反语词与所指的一致，切斯主张使用一些警号，如“等等”、“日期”、“连字号”、“引号”，以使语词具体和精确，有其所指。他所指出的第四种警号即“连字号”，主要是针对传统的心身理论的，也可以说是他为解决心身问题而设想的一个妙计。他认为：自然界及其万事万物本来是一个完整的、不可分割的整体，例如肉体、心灵就是实在世界中不可分割的东西，不存在谁决定谁、谁依赖谁、怎样相互作用的问题。而旧的语言结构给事实上分不开的因素提供了分开来把握的名词，致使人们把人区分为心和身两部分。这是自古以来的争论的根源。当用连字号把“心灵”和“肉体”两词连起来时，就能时时提醒人们记住：它们所

---

① L. Baker, *Explaining Attitudes*, Cambridge: Cambridge University Press, 1995, p. 4

指的本来是一个东西。这样就不会发生谁决定谁之类的争执。

诚然,心身在事实上是统一的、不可分割的,再高明的解剖学家也没有办法把"心灵"这一词所指称的东西分解出来。就此而言,切斯等人对"心"、"身"等词所做的语义分析的确有其合理之处。但是,说人是一整体并不意味着人身上没有部分与部分、部分与属性之别。事实上人身上存在着不能归结、还原为部分属性与功能之和的属性和功能,如果用"心"指称这种属性,那么心身之间还是有关系可探讨的。另外,尽管语义分析有助于澄清语词的混乱,但是并不是解决问题的唯一方法,因为在由此而弄清了语词的所指的基础上,我们只有利用其他方法和手段才能真正认识所指的构成及其本质。因此普通语义学为解决心身之类的问题而提出的"安全方法"又有局限性、片面性的一面。既然如此,我们这里借鉴的只是普通语义学的通过分析指称来判断赋义是否合理这一基本原则。

笔者还认为,在澄清心理语言之指称时,必须诉诸有关自然科学的方法和成果。这是由这类指称不同于其他日常语言指称之特殊性所决定的。可喜的是,现在不仅有这样的必要性,而且还有初步的可能性。因为埃德尔曼和克里克等著名科学家的实践,实验科学的方法和大量的脑科学成果对于我们查明心理语言的真实所指与意义将有一定的作用。在这一点上,克里克倡导的研究方法及所做的具体工作为我们探寻心理语言语义学的方法论提供了有益的启示与资料。这也就是说,在重构心理语言语义学时,最关键的是:在人们诚实地使用心理语言时,借助科学的工具、手段特别是无创伤脑成像技术,然后辅之以科学的合乎逻辑的分析与推理,观察、探寻人脑内发生了什么。如果一个人报告说:"刚看到的那种鲜艳的红色又栩栩如生地浮现在我心中",在这时观察他的脑电图之类的仪器一点反应也没有,或者说他的脑中根本就没有任何物理、化学过程发生,那么由此可以断言,真的存在着二元论所说的心灵及其过程。如果在说出某些词时,有相应的脑行为发生,那么就可断言,它们指称的与这类行为有关,至少包含有物理的行为或物理的东西。这里有两幅 PET 所得到关于脑激活区的扫描图像。[①]

图 13-1 记录的是同一个人在两次做脑电 tetris 游戏时的大脑内的状况。左边显示的是被试刚学会做此游戏时的脑图，右边显示的则是 4 周之后再做此游戏时的脑图。这时他已熟悉了这一游戏，相应地，颜色要暗淡得多，说明脑活动明显下降。用心理语言来描述，可以说他这时不需要那么多的注意力了，已有某种经验和技能了。图 13-2 显示的是一个人在自言自语时的脑扫描图。左侧的较大的亮点显示经典的控制发声运动的中枢处于高活性状态，右侧的较小的亮点是分析说话时的脑激活区。这时，肯定可以用心理语言说被试“在想”，“在用心说话”，而所述的活动也是可用物理语言加以报告的，至少这活动中有一部分是物理的。

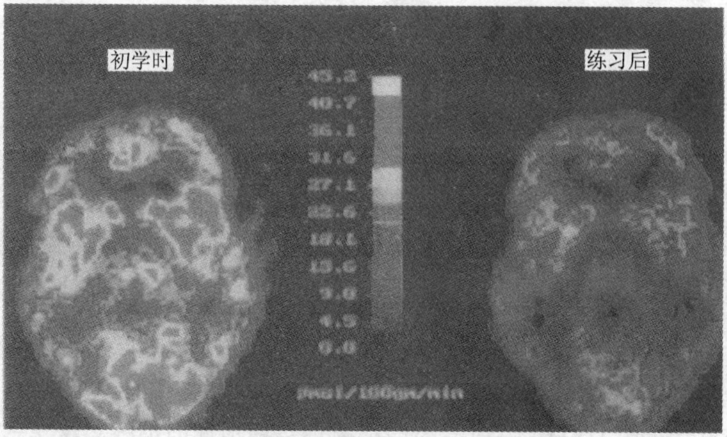

图　13-1

心理语言像物理语言一样，也可以分为两大类，即主词和谓词。主词表述的是事态或活动的主体。可以作为心理主词的主要是“心”、“灵魂”、“精神”这类似实体性的词语和别的名词，如“意识”、“信念”等。必须注意，尽管心理语言也要用到主词，但是它们并不是亚里士多德所说的“只

① 转引自 B. J. 巴思：《在意识的剧院中》，陈玉翠等译，高等教育出版社，2002 年，封面后的图片。

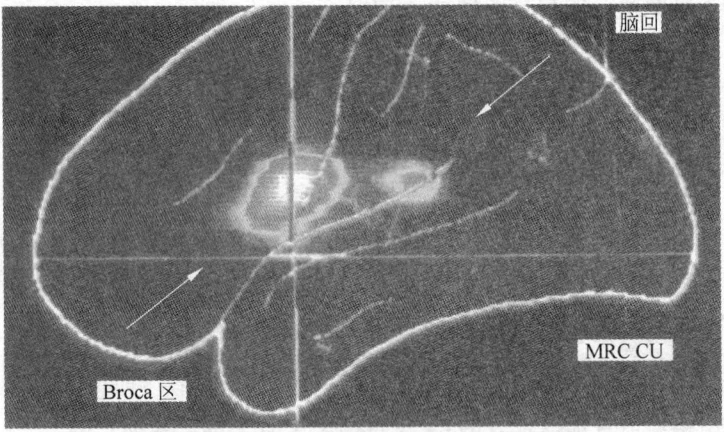

图 13-2

能作主词不能作谓词"那样的主词，即表示个体事物、"第一实体"的专名。严格地说，心理语言的任何词语都不能作主词，只能是述谓性的语言。因为根本就不存在作为个体的、独立存在的精神实体，正如科学常识告诉我们的，一切运动、变化的主体只能是物质性个体。尽管我们可以照样说："我的心在想"、"心如刀绞"、"意志做出了抉择"，同时能无大碍地传递要表达的意思，但这里的"心"要么是一种隐喻，要么没有任何实际意义，因为在"想"、在"痛苦"的不可能是"心"，做出了决定、选择的主体也不可能是意志，只能是有血有肉的物质性个体。因此严格说来，如果说心理语言可以表述范畴的话，那么所表示的范畴都是述谓性的范畴。按亚里士多德的标准，都属于第一范畴（实体）之外的九范畴（量、质、活动、位置、时间、状态等）中的成员。因为它们都不能用来表述活动、变化、性质的真正主体，而只能用来描述真正的主体——物质或得到高度发展的大脑——的各种演变或衍变、过程、坏变、产生、状态等。[①] 这一来，用来指谓、描述真正的实体或本体的语言便有两类，即心理谓词和物理谓词。因此接下来的问题是，它们是什么关系呢？心理谓词描述的东西与物理谓词描述

① 参阅亚里士多德：《形而上学》，吴寿彭译，商务印书馆，1983 年，第 57 页。

的东西是什么关系呢？心理谓词的真正所指和意义是什么呢？

这里的情况比较复杂，必须具体情况具体分析。作为谓词的心理语词有多种，有的是表示活动或行为，即是动词。有的是表示性质的形容词或名词，有的是表示事件和状态的名词，有的则是表示状态的副词。我们认为，作动词的“注意”、“思维”乃至“意识”或“觉知”等所指的不是别的，仍是大脑内发生的物质运动。这样来看问题，也符合恩格斯列宁等人的观点，因为他们不止一次强调，思维是一种物质运动，世界上除了物质及其运动什么也没有。从这个意义上来说，我们仍可承认大脑内存在着心理活动，它们可用“相信”、“思考”、“想”、“愤怒”等来描述，但应注意，这里的心理活动不是电冲动、化学运动、机械运动、物理运动之外或之上的又一个独立层次的运动形式，而是包含着它们的、带有更大的复杂性的物质运动形式。恩格斯曾说过，一切高级运动形式中都包含着机械运动，心理运动中也不例外，例如要获得视觉经验，既离不开眼球的转动，也少不了脑内神经元中化学物质的迁移。当然，包含机械运动并不等于就是机械运动，正像一碗水中包含有 H_2O 这样的化学成分，并不等于就是 H_2O 一样，它还包含有其他的因素。其指称不管涉及多少因素，不管多么复杂，总是不会超出物质及其运动的范围的，总是可以用物理语言加以分述的。即使是反省或内省、意识或意识的意识以及强调现象学性质的人据说的对这种性质显现或原感觉，如果它们指的是一种活动，那么它们所指的也一定是物质运动，只是这运动是高阶的运动，即以一阶运动为监测对象的运动。在显示被感觉到的现象学性质时，被显示的东西尽管很复杂，但将它们显示出来的活动本身仍是大脑的一种特殊的行为。

说到这里，有人可能会问，既然心理语言指谓的仍是物理语言所指谓的物质运动，那么承认这种语言的存在不是多此一举吗？

不是这样。心理语言的指称尽管没有超出物质世界，但仍有物理语言所不可企及的独特、殊胜之处。我们来看一个有点相关的例子。如一个人快步在运动场上运动，对此我们可用不同类型的术语加以描述。如可用生理学的术语描述这个人的细胞活动，还可用物理化学的术语描述他身上的原子分子运动以及运动场上空气波、地面物质结构的变化。而要想用科学术语把这个人为什么要这样做、怎样做说清楚则可能极为麻烦，得动用大量的词汇和句型。甚至在现有的科学水平下，有些还可能说不清楚。然而有一种很简洁、很准确的描述方式，那就是用日常语言来描述："他为了锻炼身体在跑步"。也许有一天，我们能用物理语言把这个人大脑中发生的事情描述清楚，但是那太麻烦了。而用心理语言描述尽管很含混、笼统，但也把事实说清楚了。心理语言与物理语言的关系类似于这两种描述的关系。它们的所指是相同的，但描述的侧重点各有不同，因此意义可能有差别，这就是心理语言不能完全转译为物理语言、不能为物理语言所取代的原因。从大的方面来说，一个心理语词与有关的一群物理词汇可能指称同一个事件，但其侧重点是不同的，因而表述的内容有差别。心理语言表述的是该事件中宏观的、高层次的要素、结构、活动与过程。尽管这些过程、活动离不开基础层次的原子、分子运动，但心理语言截取的是高层次的方面。正如卡尔文所述："在量子力学与意识之间也许存在 10 来个组构层次：化学键、分子及其自组织、分子生物学、遗传学、生物化学、膜及共离子通道、突触及其神经递质、神经元本身、神经回路、皮层柱和模块、大规模皮层的动态活动等。"而"意识"所涉及的合适的层次应是：大脑皮层回路、皮层区域间有放电模式参与的动态自组织层次，也就是说，"'意识'一词纵有多种涵义，也不能在低层次的化学水平上或甚至是更低层次的物理水平上来加以解释。我把这种自量子力学这个下层地下室向意识阁楼的跳跃的企图称作'司阍之梦'。"①

其次，尽管心理主词描述的主体仍是物质实体，心理动词描述的对象仍是物质的运动，但是并不是任何物质及运动都适合用它们来描述的，也就是说心理状态的归属、心理语言的使用是有条件的。首先适合于用心理语言描述的对象是由许多系统和许多层次组成的复杂系统及其活动，正如埃德尔曼、克里克等人所说的那样，它们必须是"动态核心""神经元

① 卡尔文：《大脑如何思维》，第 33—34 页。

集群”“动力模式”及其活动。

另外，这些东西及其活动要成为心理术语的描述对象，它们还必须有它们的特定的种系和个体发生的历史，还必须与自然和社会环境有动的交涉，因为一个大脑如果完全与世隔绝，它是不能表现出那些高层次的作用过程的，例如“狼孩”有同正常人一样的大脑，但他并不具有我们所具有的系统与过程，当面对复杂的刺激时，如给予语言刺激时，他不会像我们一样作出反应。这是因为他的内在的系统缺了一些因素，如社会的、文化的、历史的等。再则，由于他的环境不同，因此他的内在系统诸因素的连接模式与我们的也一定有很大差别。对环境不同的大鼠的研究足以说明这一点。人们发现：脑内神经元连接的增加只发生于处在多姿多彩的环境中的动物之上，而处在笼子中的鼠则不会增加。因此脑内神经元的绝对数量并不如它们间的连接重要。这些连接不仅在发育中，而且在成年期都是高度易变的，特殊的体验会增加高度特化神经元回路中的连接程度。

应特别注意的是，表示心理状态、事件、现象学直观或显现、感受性质(qualia)即经验的主观特征以及心理内容、含义等的谓词，与动词相比，则要复杂得多。不能简单地把它们的所指等同或还原为物理的东西，因为只能说它们的所指中包含有物理的东西，除此之外，还有非常复杂的文化、社会、信息的东西。例如，我心里想到我口里说出的“好”字，它有时没有被赋予任何意义，有时被赋予了，而两种情况下它们的心理表征和物理符号并无不同，但一个有意义，一个没有。其载体是可以用科学的仪器和手段来研究的，甚至被分析到基本粒子的层次，但即便如此，我们是没法以物理的方法把意义“挖出来”的。这说明，物理的东西之上还是有高层次的东西的，内容、含义等就是如此。当然，又不能由此得出二元论的结论，如不能把它们当作是完全独立于、超越于物理实在的纯精神性的东西。因为它们是依赖于行为、文化和社会的，而这些东西又有对基本的物理实在的依赖性。当然不能简单还原为产生它们的要素或要素的总和，因为它们是一种整体论或突现论性质的东西。

当前心灵哲学谈得最多的现象学性质及其所依赖的主观的观点，也是这样。许多人认为,它是证伪唯物主义的最后也是最难驳倒的一个根据。在这些人看来,即使这个世界在其他方面都是物质的、物理的,但人的感受性质或所体验到的主观特征肯定不是物质的、物理的。在我们看来,要澄清"感受性质"的所指及基本质,其前提性的工作是要弄清它的多种多样的用法。因为不同的用法是有不同的指称的。首先,它可以指人的知觉中被经验或感受到的质,如意识面前显现出来的栩栩如生的红色。这种质与外在刺激、内在感知、大脑的行为都有关系,因此是一种高阶的性质。只要人们愿意,在此之上还可出现更高阶的性质,如去体验这体验本身,就能如愿。如此递进,以至无穷。其次,"感受性质"还可用于描述经验的内容、现象概念、现象信念等。本书第十一章在考察查默斯的有关思想时,对此论述得较多,这里不拟重复。第三,"感受性质"还可用来表示一种特殊的经验状态。如果是这样,它的指称就更加复杂,它是一种像场、像四维时空一样的东西,当然不是出现在粒子性实在中的东西,而是出现在体验中的状态。第四,它还可用来表示体验的过程。以上这些用法的所指都不能看作是基本物理实在中的东西,而只能理解为在基本物理行为之上出现的高阶现象。它们尽管不能等同于人脑客观的物质过程,但至少包含了它,或依赖于它。因为后者是前者得以出现的一个必要条件。当然作为要件的物理过程又不是一阶过程,而是二阶过程。因为人知觉到了某种颜色,这是一阶过程,在此基础上意识到了这一过程,有关于这一过程的生动经验,这是二阶过程。与第一人称报告相应,脑内也有两个过程,第一阶的神经过程是从刺激到特定神经元群的神经发放,已如前述,第二个过程实际上是"动态核心"的再进入相互作用,或者说是神经元的高阶分辨。埃德尔曼说:"解决主观特性问题的一种简单的方法是:假定对每一种主观特性来说,都只需要一个神经元群,甚或一个单个神经元,当其发放时,就直接代表了意识的特定方面。"[①]复杂一点说:"作为意识经验基础的神经过程构成一个不断变化的功能性大聚类,也就是

① 埃德尔曼:《意识的宇宙》,第194页。

动态核心……包括颜色在内的任何一种意识经验，不是由任何单个神经元群……来决定的，而是由动态核心的活动来决定的。”简言之，人们所谓的主观特性，其实是对动态核心的某种活动的第一人称报告。[①]“我们可以这样说，构成动态核心的所有神经元群的整体活动定义了一个N维神经空间，红色纯感觉是一种特殊的神经状态，这种状态由N维神经空间中的一个点来确定。红色纯感觉的主观特性对应于在同一个空间的无数其他状态中进行的一种区分。呈现红色时起反应的神经元对于红色的意识经验是必要的，但很显然不是充分的，只有在一个适当的神经参考大空间中进行考虑，才能充分体现相应于红色主观特性的意识区分是什么意思。”[②]如前所述，感受性质及主观的观点尽管离不开物理的东西，但毕竟不能画等号，因为除此之外，还有别的东西，它们是众多因素相互作用时所产生的突现性现象。更重要的是，显现以及以第一人称方式所觉知到的东西像前面所说的内容一样有现象学的特点，来自有关的因素，但又不同于、超越于它们。当然，只有它的第五种用法才有可还原性，即可归结为大脑的物理行为，如当用此词表示感受的活动时，它指的尽管不是直接的大脑行为，但却是感受这种行为的行为。而这行为在本质上仍是大脑的物理行为。

综上所述，心理语言如果正确加以理解和运用，是可以有其指称和意义的。从这个角度说，我们也可以承认人有“心”，人有精神的属性和层面。但仍还有这样一个问题，那就是：尽管经过许多代人的不懈努力、精心解构和去神秘化，作为实体的心、作为独立的不可还原的属性和机能的心被证明是神话，是原始蒙昧时代以来狭隘而虚幻的想象和范畴错误的产物，因此那种根源于“蒙昧时代的狭隘而愚昧观念”[③]的灵与肉、思维与存在、精神对自然的关系问题便成了虚假的问题，成了不攻自破的问题，但是既然心理语言不能抛弃，在特定的意义上仍存在着“心”，因此仍有解

---

① 埃德尔曼：《意识的宇宙》，第196页。

② 同上，第200页。

③ 《马克思恩格斯选集》，第4卷，第220页。

构后留下的这样的问题:心理语言与物理语言是什么关系,它所指称的东西与后者所指称的东西是什么关系?

如前所述,心理语言所指的尽管与物理语言所指的有某种同一性,但由于它的所指有这样的特殊性,即除了表示活动的心理语言所指的是物理的活动之外,其他表示过程、状态、事件、内容、观点、体验等的词,指的则是由基础的过程在广泛的社会、文化等复杂因素影响下所实现的高层次的事件、过程、状态和属性,因此两种语言的关系就既不是二元论所说的并列关系,也不是其他带有折中性质的理论所说包含、交叉关系,也不是简单的依赖和被依赖、决定和被决定、随附和被随附的关系,而是某种更为复杂的关系。因为心理语言的所指尽管还可以用多种方式来描述和解释,如既可以用物理学、生物学语言,也可以用设计的、功能的或计算机的语言,当然还可以用心理学乃至 FP 的语言加以描述,但是用非心理学语言只能描述心理事件得以实现的某一或某些必要条件,因此用它们去指称、描述高层次的事实虽然可行,但至少在现今的认识水准之下往往会遗漏掉许多重要而客观的东西。例如,任何物理学语言都无法把“我相信……”所指称的事实毫无遗漏地描述出来。另外,由于迄今的科学对人脑这一黑箱的认识还相当贫乏,还不可能对人脑内部所发生的活动、过程、状态及其细节做出清楚、具体、准确的描述,只能做出抽象、笼统的描述,如说 C-纤维被激活了,尤其是大多数经历了内在活动的人还不知道如何用物理学、生物学的术语予以描述,只知道用心理术语去描述,因此心理语言在今天从整体上来说是不可丢弃的,当然这不排除某些语词被遗弃、新的语词被创立这样的可能性。不管怎么说,作为一个类别,心理语言是不可或缺的,可以恰到好处地用之于对人的行为的解释和预言,并可收到预期的效果;可以便捷地用之于对人的内在活动、状态和过程的描述,而且不用这种语言,改用其他的形式,将会遗漏许多客观的东西。

与两种语言的关系问题密切相关的问题是第一人称描述与第三人称描述的关系问题。前面的考察告诉我们:强调第一人称观点和描述不同于第三人称描述的特殊性是现当代二元论的一个特点。因此值得一议。

第一人称描述是每个人对自己的心理生活的描述。据动物学研究的成果，世界上存在的动物中，除了人类就只有大猩猩能进行自我观察活动，并识别出镜子中的自己。而人在此基础上大大向前发展了，不仅可以进行外部的自我观察，而且可以进行内部的自我观察，其对象用心理语言表述就是心理的活动、过程、状态、事件，以及作为活动结果的知觉、表象、意象、概念、理论等，人自我认识的方法和形式就是反省、反思、自我意识。这种自我认识的结果又形成了另一类观念和思想。人对自己的这一系列过程的描述就是通常所说的第一人称描述。这种描述专用的语言是心理语言。物理语言在第一人称报告中无用武之地，因为物理语言的运用离不开公开观察的资料，而心理语言的运用恰恰不需要这种资料。必须承认的是，新二元论对第一人称观点及描述的研究的确在人对自身的认识中做出了新的贡献，如看到了过去所忽视或没有看到的本体论事实，因为要进行这种观察，的确离不开内格尔等人所强调的“观点”以及别的前结构。这些东西在人进到自我观察的关系时，一定会出现并发挥作用。而由于有它们的作用，接下来出现的观察活动、过程、状态、事件及结果，必定不同于物理的过程和第三人称观察。但由此得出二元论的结论似乎又走得太远了。因为在第三人称观察中出现的东西很多，应该具体情况具体分析。例如在这个过程中发生的活动，不管是哪一阶次，无一例外的都应是大脑或大脑的动态核心所进行的活动。因为呈现在自我面前的心理活动和事件等实际上是发生在大脑中的高层次的现象，而人对这些的自我认识其实是一种高阶物理过程，即使是对自我认识的进一步的自我认识也是如此。当然第一人称观察中的其他要素要复杂得多，尽管如此，只要有关于世界的合理的本体论构架，也可以对之作出非二元论的说明。关于这一点，我们在第十五章再来讨论。

第三人称描述是人从外面所得到的关于他人行为的描述。我们每个人既可作为第一人称描述的主体，也可作为第三人称描述的主体，如观察他人的行为，对之作出描述；反过来也能成为别人的第三人称描述的对象。第三人称描述的对象具有公开、可重复等特点，因此具有客观有效性，但问题是它描述的范围只局限于他人的行为以及发生在大脑中的、可以在有限条件下向有限的人（如医生）开放的物质过程，而不能进到体验、主观意识和命题态度的领域，至少迄今为止是如此。上述两种描述各有利弊。当代哲学面临的问题就是探讨两种描述之间的关系。有关科学积累的资料如无创伤大脑成像技术对大脑过程的研究成果、神经病学对手术过程中裸露的大脑皮质的研究、埋藏电极的研究、脑解剖学、神经生物学、化学等的研究成果，为我们的探索提供了有价值的资料。而且有关科学进入了前所未有的迅速发展和突破时期。正如巴思（B. J. Baars）所述，我们每天都有新的、令人惊喜的进展，“现在是告诉大家关于意识研究进展的最好时机”。[①] 有这些成果，我们可以初步认识到，第一人称描述和第三人称描述所描述的东西不是一个过程的分立的两半，如像通常所说的那样，前者描述的是一个因果过程的原因阶段（如做出决定），后者描述的是大脑的生理过程和身体的执行过程。其实不然，两种描述是可以部分重合、对应的。因为，根据我们前面的分析，传统观点所说的那种心身因果过程是一种幻相，也就是说，不存在先有纯心理的决定后有身体的执行这样的因果过程，也就是说不存在心理原因或专门负责做选择、做决定的纯心理的自由意志。如果“自由意志”、“心理决定”等词真有所指，那么它们指的不可能是另一神秘世界的纯精神的活动，而只能是真正有本体论地位的东西。

① B. J. 巴思：《在意识的剧院中》，第 1 页。

第十四章　二元论的民间心理学情结

不可否认，各种形式的新二元论在认识人乃至其内的心灵的过程中的确做出了不可磨灭和替代的贡献，看到了物理主义没有看到的、一时也没法解释的新的存在形式，如在本体论上，纠正了传统本体论只注重直接的、第一性的一阶存在的片面性，不太重视存在的开放性、生成性特征的偏颇，在一定程度上实现了对看待存在的“自然的态度”、“素朴的态度”的超越；在认识论上，突出了认识和观察人的视角、层次、观点的多样性，尤其是注意到了观察人的内部过程、状态时有主观的观点存在和起作用这一常被忽视的事实，并看到了由主观观点介入必然有新存在发生这一事实；就二元论的结论而言，它们强调感受性质、意向性中包含着基本物理层次所没有的东西，的确说出了物理主义在本体论和心灵哲学中的遗漏。只要准确理解了新二元论的辩护，那么一定会发现它们的观点中有合理的成分，有物理主义所欠缺的东西，至少会承认它们向物理主义提出了尖锐的挑战。例如心理的内容以及说者赋予语词之上的意义，尽管有一部分可还原为指称，但还有另一种意义即弗雷格所说的含义则是一种高阶的东西，既与人的理解有关，又有它的客观性，是一种特殊的呈现。再则，含义尽管有依赖于符号或物质性载体的一面，但又有自己的相对独立性，如我对某个人发出的喊叫声，它既可能被编码了含义，或包含有我想表达的心理内容，也可能是无编码的，而它载苛的含义或内容有时与载体并无依赖和协变关系，即使是再先进的仪器和方法也没法把含义从声音载体中分离出来，正像再先进的技术也无法把文字墨迹中的意义剥离出来一样。因此要在绝对的意义上说世界上只存在一阶的物理的东西，无疑犯了以偏概全的错误。

但是二元论一定是有错误的，一定在某些方面出了差错，尤其是实体二元论。就此而言，现当代物理主义对二元论的猛烈扫荡又有其合理性，例如赖尔等人所说的"范畴错误"在特定意义上一定是二元论的一个错误。奇怪的是，这类错误其实是显而易见的，只要稍作分析，就能发现。然而，新老的二元论者以及民间心理学的持有者为什么会犯这样一个如此低劣的错误呢？这里我们拟在重构二元论的心路历程和一般逻辑考量的基础上，借鉴精神分析学的分析恋母情结的方法对二元论的民间心理学情结做一尝试性探讨。

第一节　二元论的范畴错误与两类鸿沟

如前所述，二元论不同于物理主义的主要的方面，是前者有比后者宽松或自由得多的本体论。一方面，它强调世界上除了物理的存在之外，还存在着非物理的东西，因此它有让本体论膨胀的一面；另一方面，它的范畴体系十分独特，即它把世界的存在分为两大类，一是物理现象或简称为物，二是心理现象或简称为心。马尔帕斯(J. E. Malpas)做了十分精辟的概括。他说："存在着这样一种共同的哲学倾向(而且也许是现时代常识思维中变得神圣化了的倾向)，即认为信念和别的态度所组成的王国，与由物体和事件所组成的世界是截然不同的。"①

如前所述，原始灵魂观念的构建者以及后来的二元论哲学家在构想关于心理语言的所指、意义及其图景时，必然要思考这样一些问题，如灵魂等与已知的其他的非灵魂的东西是什么关系？它们是什么性质、样式的存在？能否放在已知实在的一个类别之中？尽管灵魂之类的东西是所谓的新的实在，但新的东西是有不同的样式、性质和特点的。在这种情况下，是应该把它们放进已知的类别之中，还是应该在存在的库存清单中为它们另立一个类别？在灵魂之类观念产生之前，他们已认识到了这样一些实在的样式：独立的(如一种新的、过去没有碰到过的植物或动物)与非

① J. E. Malpas, *D. Davidson and the Mirror of Meaning*, Cambridge: Cambridge University Press, 1992, p. 192.

独立的(树上新结出的果子),包含的(在认识到了个别的男人之后所认识到的男人)与非包含的,交叉的(在认识了男人之后所认识到的老人等)与非交叉的,假的或虚幻的与非假或非虚幻的,透明的(知道两个词指的是同一对象)与不透明的(柏拉图与《理想国》的作者本是同一个人,如果某人不知道这一点,那么此关系对他就是不透明的),有依赖性的与无依赖性的,被决定的与非被决定的,派生的与非派生的,等等。面对这些已知的类别,思考灵魂问题的人不可回避的问题是:是该把灵魂等放进这些已知的类别之中,还是为它们另立门类?正如恩格斯所说的,由于原始人不知道灵魂与身体的本来的关系,因此把它们看作是自成一类的全新的实在。有意思的是,绝大多数的人在心身或放大一点的心物关系问题上的看法几乎如出一辙。这样大面积的"普遍同意"在其他问题上是看不到的,因此是绝无仅有的,堪称奇迹。其实,属性二元论以及自然主义的二元论尽管相对于实体二元论来说,观点发生了很大的变化,但并没有从根本上抛弃上述心物二分的原则。

赖尔(G. Ryle)尖锐地指出:"有一种关于心的本质和位置的学说,它在理论家乃至普通人中非常流行,可以称其为权威的学说。大多数哲学家、心理学家和教士都赞同它的主要观点。"这种主要观点是:"每个人都有一个躯体和心灵。"[①]由于它得到了大多数哲学家的默许,在大多数哲学理论体系中居实际的主导地位,故可称之为"权威学说"。罗蒂(R. Rorty)也表达了类似的看法。他指出,在面对人时,包括哲学家在内的大多数人由于继承了笛卡尔的遗产,都会"毫不踌躇"地作出心/物二分的划分,认为除了"物质的我"之外,人还有一个由信念等命题态度和无意识观念所构成的内在的"精神的我",如无论是在哲学家群体中,甚至坚持激进物理主义的哲学家中,还是在普通人群中,经常可以听到这样的叮嘱:既要注意身体健康,又要注意心理健康。因此可以说"笛卡尔的直观仍然存

① 吉尔伯特·赖尔:《心的概念》,第5页。

在着”。[①] 值得强调的是，这种直观不是一般地存在着，而是极为广泛地、神不知鬼不觉也存在着，大多数人都心照不宣地、潜移默化地接受了它，并运用着它，当然一般人是全然不知的。更有意思的是，许多哲学家在心底里明明承诺了它，然而却又对之极尽批判之能事。

这种对人和整个世界的二分法，至少从逻辑和语言运用上说，是有其问题的，是到了该严肃反思和认真清算的时候了。它似乎天经地义，但疑惑重重。这种二分的依据或根据究竟是什么？是本质属性还是非本质属性？如果是其中的一种，它究竟是什么？这种二分法把世界区分为这样两个子类真的符合逻辑吗？按其他的标准或根据对世界所做的分类都不难理解，如根据是否具有人性可把世界分为人的世界和非人的世界，根据时间可把它分为史前和史后的世界，根据空间关系可把世界分为太阳系和太阳系以外的世界，等等，它的被分类后的子类及性质等都是清楚和稳定的。而心物二分的区分则是令人费解的。正是看到了这一点，许多分析哲学家对之做出了许多批判性的反思。赖尔在《心的概念》一书中也做了独到的分析。他一针见血地指出：常见的心物二分包含着“范畴错误”。在分析心理概念和陈述时，赖尔强调的是类似句法分析的逻辑分析，即不考虑陈述的经验内容，不考察陈述与实在的关系，而只分析句子本身的逻辑句法，其目的是要确定心理概念的逻辑地理学，亦即使用这些概念的命题的逻辑。一个概念的逻辑类型就是逻辑上合理应用它的一套方法。如果弄错了类型，把类当作自身所属的成员，或把适用于一类的范畴错误地用在另一类上，那么就犯了所谓的“范畴错误”。所谓“范畴错误”，就是把属于一种范畴的事实用适合描述属于另一范畴的事实的说法表达出来，或者说就是把“概念放进本来不包括它们的逻辑类型中去了”。这就是说，无论是从形式本体论还是从逻辑学上说，用二分法把全部存在物分为心和物两大类肯定是不妥的。这种不妥不外两种表现：一是把本来具有包含关系的两范畴看作是并列关系。例如一个小孩观看一个师参加的阅

---

① 理查·罗蒂：《哲学与自然之镜》，第14—15页。

兵式,等到别人告诉他已看过了各个营之后,他就问什么时候能看到师。这里的范畴错误就是把“师”、“营”这两个概念放进了本来不应包括它们的范畴类型中去了。即它们不是属于并列关系的一类范畴,而是属于包含关系。放在一起并列起来,就是范畴错误的一种表现。

马克思主义经典作家实际上也注意到了这类范畴错误。按列宁的看法,“心”和“物”要能成为对全部存在的最大的一种分类方法,它们之间就必须有“绝对的对立关系”,而事实上它们之间只有相对的对立关系。因为从本体论上说,“物”是无所不包的最大范畴。列宁在许多论著中反复强调,意识和物质的区分只有在认识论中才有绝对的意义,一旦超出了这个范围,它们的对立便是“相对的”。[①] 换言之,如果在这些界限之外,“把物质和精神即物理的东西和心理的东西的对立当作绝对的对立,那就是极大的错误。”[②]二元论犯的正是这个错误。他还说:“在物质之外,在每一个所熟悉的‘物理的’外部世界之外,不可能有任何东西存在。”[③]恩格斯也说:“如果我们认识了物质的运动形式……,我们也就认识了物质本身,因而我们的认识就完备了。”[④]如果“物”是一个最大、最广泛的存在范畴,那么再把“心”看作与它并列的范畴,那么就太不可思议了。

范畴错误的第二种形式是把本来具有交叉关系的两范畴看作是并列关系,如把老人和妇女并列在一起就是如此。个例同一论者对心物之间的这种关系做出了具体而明确的揭示。心身二元论的这一方面的错误的表现是:把“心”这一概念放到了本来不包括它的范畴类型中去了。如根据“物在何处”、“物是什么”提出“心在何处”、“心是什么”的问题,这样就犯了所谓的“范畴错误”,引出了虚假的问题[⑤]。二元论之所以犯这个错误,是因为它根据一些表面的特征,把人通过不同方式、在不同层面上认

① 《列宁选集》,第2卷,人民出版社,1972年,第147—148页。

② 同上,第251页。

③ 同上,第351页。

④ 恩格斯:《自然辩证法》,第209页。

⑤ 吉尔伯特·赖尔:《心的概念》,第10—11页。

识到的两种现象，当作是两种可以并列的东西，如把人的心灵当作一个神秘地隐藏在一架机器（身体）中的幽灵，人体是个复杂的有机单元，人的精神也就应是一个复杂的有机单元，两者的材料、结构、作用、所遵循的规律都不同；人体同其他物体一样，是一因果领域，人的精神似乎也是一因果领域，尽管这种因果关系不是机械性质的。这就是赖尔所揭示的二元论关于心物两类概念的逻辑地理学，或它们使用心理概念及命题所遵循的逻辑。

综上所述，坚持心物二分不外是把心与物看作是两个并列的、完全独立的范畴，即没有从属、包含、依赖与被依赖、决定与被决定关系的同级的范畴，是对无所不包的宇宙大全的一个周延的分类。它尽管天经地义，但却隐藏着语言和逻辑的问题。不错，原始人在做梦等内部活动中所碰到的现象，如梦境中的如此这般的过程、状态、事件及其主体或作者，的确是已有语词涵盖不了的对象，对于他们原有的认识来说，它们的确是新发现的实在。从本体论上说，他们真实地碰到、诚实地报告的这些实在，都无疑有特殊的存在地位。但问题是该怎样在宇宙的存在大家庭中定位它们的地位？这种新实在是一种什么类型的实在？如果梦中的飞翔，或清醒时想到的飞禽走兽，作为一种状态或心像，是有关的低阶过程、事件、要素进到特定关系中所出现的一种高阶现象，那么把它们当作与大脑过程或低阶事件并列的范畴，显然是有逻辑错误的。这就是说，用心理语言诚实报告的心理现象，真的有它们的本体论地位，进而也一定会与物理现象发生关系，但这种关系不可能是二分并列的关系，而只能是非二分、非并列的关系。换言之，本体论中的在许多地方适用的一分为二的范畴分类方法在这里是不适用的。因此要准确揭示或说明心物关系，的确应像麦金、彭罗斯等人所倡导的那样，必须进行概念革命或范畴变革，尤其是探寻适合于表述心物关系的新的本体论范畴体系。关于这一点，我们将在本书第十五章中再予以讨论。

笔者赞成说二元论包含有范畴错误，但不认为它对心理语言的运用都绝对犯了这个错误，而只承认它在许多或多数情况下犯了这个错误。

例如就具体的个例即看西红柿所得到的感受性质而言，二元论者会说，它是不同于突现它的基础物理属性的，因此一经产生，就是两类独立的现象，既然如此，就可把它们看作是对立的有并列关系的东西。如果是这样，那么就可分别用两类不同语言去描述它们。二元论对作为大类的心与物的并列关系的看法也是这样建立起来的。其实，这里确实存在着逻辑的混淆和用语的混乱。因为这里被对立起来的两个东西，并不是基于同一分类标准而划分出来的，也不是根据实在上存在的类的差别而认定的，而是基于对同一对象或同一界域发生的有交叉关系、隶属关系、依从关系的两个对象的认识而确立的，质言之，两个所谓的不同的对立的东西其实是用两种不同认知方式在同一个地方所认识到的东西。这样认识到的东西中难免有交叉或重叠关系，因此不能形成并列关系。例如对一个多面体，我们可以分别从上和下两个方向去观察它，如此观察，看到的是两个不同的东西，很显然，如此被认识到的两个东西是不能并列的。如果再用两个逻辑上并列的语词去描述它们，把它们说成是两个独立的东西，那么就犯了范畴错误。同样，从内部和从外部去观察，从部分和从整体去观察，也可以分别在我们面前出现两个不同的东西。大脑内发生的同一的活动、过程、事件等也可分别用两种不同的方式去观察，如分别用第一人称方式和第三人称方式去观察，便可看到两个不同的东西。但是如果把它们看作是二元性的两个东西，显然是犯了范畴错误。因为分别用两种方式所看到的东西，或用两类语言所述说的东西，并不是两类不同的东西，并不是两个独立的、界限分明的东西，而有这样一些情况，(1)被认识到或被说成是“二”的两个东西，其实就是同一个东西，例如分别用“思维”和“大脑活动”所描述的就可能是同一个活动。(2)被认识到不同的两个东西之间有交叉关系，如“某人相信那朵花是红的”与“他大脑中发生了一种物理过程”，这两种描述的对象尽管有关，但不能等同，因为前一描述包含有后一描述所没有的内容，涉及了对象及主体间的东西。(3)两种描述的对象可能是一个，但由于层面、角度不同，因此所反映的内容是不同的。心理语言与物理语言所描述的东西大多属这种情况。例如前者属常识的、模糊的、宏观的、不精确的、笼统的、猜测性的描述，而后者则相反。在这样一些情况下，把用两种语言所描述的或用两种方式所认识到的两个东西，当作是本体论上两个独立或并列的东西，那显然有逻辑的错误。真是不说不知道，一说吓一跳。如此看来，我们大多数的人其实都在不知不觉地犯这个错误。必须承认，人们在形式上是难免犯这个错误的，但实际上又有办法不犯这个错误，例如在并列使用两个词时，只要不把它们当作指称两个不同东西的词，就行了。

费尔巴哈在心身问题上的有关论述与此有密切关系，极富现代意味，很值得挖掘、借鉴和发挥。他认为，对人的研究可以从两方面进行：一是从实践上，据此，人是一个统一的存在，不能主观地分割为心灵与身体两部分；二是从理论上考察人，在这里是可以对人做出分割、分析和抽象的，即为了理论的需要可以把人分为心身两部分。而心由于其特殊性，又可从两方面考察，一是从主观的、逻辑的方面加以考察和把握，由此得到的是灵魂的逻辑学。另外，还可从客观的、公开的方面观察心灵，由此得到的是灵魂的物理学。根据灵魂的物理学，灵魂不是非物质的幽灵，而就是大脑，灵魂的活动也是“物质的、感性的活动”。[①] 我们认为，灵魂的逻辑学既有逻辑的合理性，也有一定的现实性。每个人只要正常，只要生活在人类社会这个环境中，都会对灵魂的逻辑学“无师自通”，都会形成关于自己的内在精神生活的认识。这种认识只要是诚实地做出的，那么至少吐露了这样的客观真理：他内部真的有某种活动、过程发生了。然而，这种过程如果真的发生了，那么是可以为客观的物理学方法从不同的角度去观察的。当然，如此观察到的东西从显现方式上说与前一种方式显现出来的东西是极不相同的。例如现今的无创伤成像技术、脑电图破译思维语言的技术等都可以帮助我们探索人自己的体验与大脑中同时发生的过程的关系，即有条件在人思考时、在意识时、在意识自己的意识时，研究他的大脑在干什么。这就是说，观察人脑内在过程的方式有两类，而两类方

① 《费尔巴哈哲学著作选》，三联书店，1957 年，第 195 页。

式所显示的东西是不同的,这确实是一种二元对立,当然是认识论上的。但被观察的东西可能是同一个,或可能是有交叉、重叠关系的两个。不管是哪一情况,实在中并没有出现有并列或对立关系的两个存在。

二元论的"认识论鸿沟论证"其实也涉及了这一问题,因此稍作分析也可帮我们澄清混乱。如前所述,这里涉及两种鸿沟,一是认识论的,二是本体论的。前一鸿沟指的是观察人的两种认识方式上的差异,以及所形成的认识的差异,两种观察中所显现的对象的差异。后一鸿沟指的是两种完全独立、对立、并列的存在物。有的二元论者认为,前一鸿沟的存在可以证明后一鸿沟的存在,或者说两者是一致的。这一般是实体二元论的结论。而另一些二元论者则认为,两种鸿沟不能混同,从前者没法定推出后者。因为同一对象可以同时从两个角度去认识,尽管由这两种方式所得到的认识以及由认识所把握到的东西之间存在着认识论鸿沟,但它们显然不是本体论上的两类实在,即是说,这里并不存在本体论鸿沟。坚持这一论证路线一般会导致属性二元论或戴维森那样的概念二元论。

根据戴维森的理论,世界是事件的集合。而事件都是个别的、存在于空间中的、有生灭变异的、标有时间的实在。我们可以用不同的方式来描述和解释它们,例如对一些事件既可以用物理语言、也可以用心理语言来描述。这样一来,事件就既可以表现为物理事件,又可以表现为心理事件。因为戴维森认为:"如果一个事件能用纯物理学的词汇来描述,那么这个事件便是物理的;如果能用心理学术语来描述,那么它就是心理的。"也就是说,事件本身并无物理和心理之别。所谓心理事件,"只有在被描述时,才是心理的"。"物理的"也是如此。[①] 简言之,事件是物理的还是心理的,完全是一个描述或解释的问题。正是在此意义上,他提出了一切心理事件都是物理事件的同一论命题。当然这不是说,一个心理事件可以一对一地、必然地等同于某一个物理事件,心理概念可以还原为物理概

① D. Davidson, "Mental Events", in D. Rosenthal (ed.), *The Nature of Mind*, Oxford: Oxford University Press, 1991, p. 248.

念。相反，它们是非还原的关系，其首要的原因是里面存在着可多样实现性，就像桌子既可用木头去做，又可用玻璃或钢板去做(实现)一样。同一心理事件可以由不同的物理事件实现，而同一物理事件又可以实现不同的心理事件。总之，两种语言、两种事件、两种有本体论地位的实在之间的关系不是一一对应的，而是犬牙交错的，用他的话说，即使里面有同一的关系，也只能理解为个例同一，异常或异态同一。

总之，在笔者看来，在有的情况下，把心与物、某一心理现象与某一物理现象对立或并列起来，不会犯范畴错误。例如命题态度的心理内容与实现它的大脑过程、高阶的心理状态与基础层次的物理状态就是如此。确切地说，把心与物对立起来，在大多数情况下是要犯范畴错误的。因此在述说它们的关系时要特别当心，最好是具体情况具体分析。值得我们进一步探讨的是：二元论为什么会陷入这样的错误而不能自觉与自拔？

第二节　民间心理学形式、内容与实质

在笔者看来，二元论之所以陷入了明显的逻辑错误而又不为人所知，之所以表现出一系列奇异的特点，如尽管疑惑重重但却成了一般人的天经地义、心照不宣的世界观，甚至在许多情况下深藏不露，埋伏在包括许多物理主义者在内的有学识的人的心底，还有许多物理主义者自以为是二元论的掘墓人，但其实在本质上并未真正摆脱二元论，是因为二元论者像一般常人一样基本上都有对民间心理学的“恋母”情结。这种常识的心理观、人学和世界观作为一种常识、直觉，一种不言而喻的范式、概念图式，潜移默化于他们的心底，并不知不觉地显现于他们对人和世界的解释之中，将他们引入二元论的航道。有理由说，民间心理学是二元论得以产生和存在的一个极为特殊的心理学根源。其实，这一论断的适用范围远不止于此。心灵哲学和认知科学的最新研究告诉我们：包括科学家在内的大多数的人都是天生的民间心理学专家。不论年老年幼，只要他们能对自己和他人的行为做出解释和预言，就表明他们的这方面的知识和能力已由潜在变成为现实。而他们据以观察人的民间心理学在本质上是一

种二元论的图式。后面我们将看到：中国的马克思主义哲学解读中也留有这种图式的印记，即它转化成一种理解前结构或解释范式常常神不知鬼不觉地左右着人们的文本解读。

既然如此，在挖掘二元论的根源、探讨二元论的实质时，我们就有必要运用心理分析的方法对二元论后面的隐秘的心理世界做出剖析。什么是民间心理学？它是怎样潜入我们的心中的？

一、民间心理学的概念与发现

人类进入文明时代以后，尽管对人的认识发生了许多重大的变化，但由于习惯势力的惯性作用和思维定势的影响，原始人的灵魂观念经过改头换面、改造包装后潜入、内化、定型于文明社会的思想观念之中，逐渐成了人的文化心理结构以及人关于人、关于世界的常识图景中的天经地义、不言而喻的组成部分。当代心灵哲学、认知科学以及发展心理学、动物心理学将它称为"民间心理学"。它是典型的原始文化的残留物或"活化石"，因此值得解剖和分析。因为通过对它的剖析，我们既可反观原始灵魂观念的庐山真面目，也可窥探当代人的文化心理结构以及人关于自身的常识图式，更可从中探寻二元论者坚持这样一种显然有逻辑问题的理论的心理学奥秘和根源。

"民间心理学"是比照民间音乐、民间物理学等概念而创造的一个新概念。这里的"民间"是相对于"学术界"、"职业的专门家"而言的，与"民间音乐"、"民间物理学"、"民间化学"等中的"民间"意义相同。民间心理学指的是在民间流行的，为普通大众广泛地、心照不宣地接受的关于心的看法、观点和原则的总汇。基于此，我们认为，不能将其译为"大众心理学"，因为大众心理学是心理学的一个理论分支，而"folk psychology"（以下简称为 FP）指的不是一种写于书本、为专家们所坚持、讲授的学说，而是隐藏在每一个正常人心灵深处、体现在人的行为解释预言实践中的概念图式或能力结构，是一种有特定含义的"理论"。正常人都会而且必然要使用它，但如果没有接触到心灵哲学、认知科学的有关讨论，可能根本就不知道它的存在。但它太常见了，每个正常的人在理解、解释、预言人及其行为时都必然要使用它。因此民间心理学又是常识性的，故人们也常称之为“常识心理学”。不过要特别注意，这种常识心理学不是科学心理学的常识化，而有其特定的所指，我们不能把这两种常识心理学混淆起来。为了避免混乱，我们觉得还是称之为“FP”为妥。

我们先看它是怎样被发现的。我们知道，正常人在日常生活中都会使用心理概念，都能解释、预言自己和他人的行为，这是客观事实。但这是怎么可能的呢？要回答这个问题，就必须追溯这一事实背后的内在条件、结构和机制，探寻解释和预言的过程以及所动用的心理资源。这种探寻以及对有关资源的概括是描述性的而非规范性的，是一种“历史的重构”。[①] 如前所述，我们每个正常人在日常生活中都能根据信念、愿望等命题态度来解释和预言自己或别人的行为，但大多数人并没有意识到它。例如，当我们看到某人拿着雨伞出门时，我们由此可以推知他的信念、愿望和想法；反过来，知道了后者我们也能据此预言他将做出的行为。这种推理、解释、预言就是埃卡德(B. Eckardt)所说的 FP 实践。因此，FP 有理论和实践两个方面。FP 理论是由 FP 实践表现出来的，而从后者的分析中，我们也可以窥见其背后所隐藏的 FP 理论。只要一个人能解释、预言他人的行为，能把心理概念归属给他人，我们就可断定他有许多常识的心理学知识。

二、民间心理学是一种什么样的资源？

FP 是每个人身上客观存在的并有必然和重大作用的资源，这已是不争的事实。因为人们在日常生活中免不了把有关心理概念归属于自己和他人，免不了解释、预言自己和他人的行为，而要如此，又必然要动用 FP 这样的心理资源，否则便寸步难行。但这资源究竟是什么？是一种理论，还是一种能力，还是别的什么？这就是 FP 研究中的所谓 FP 的形式问题。对此，真可谓见仁见智，主要有三种不同的理解：

---

① S. Stich, *From Folk Psychology to Cognitive Science*, Cambridge, Mass: MIT Press, 1991, p. 14.

1. 理论论(theory-theory)。"理论论"这个术语是莫顿(A. Morton)1980年在《心灵的结构》一书中提出来的,指的是对FP的这样一种正统的理解:FP是一种理论,其理论术语是"信念"等心理术语,解释行为时所诉诸的东西是一种理论实在。由于它把FP当作理论,因此这种观点就是关于"理论"(即FP)的理论。

理论论是当代心灵哲学和认知科学中的一个占主导地位的研究纲领。倡导理论论的人很多,但相互之间的分歧也很大。例如,福多、刘易斯等人对FP持乐观主义立场,认为FP可以与认知科学和睦相处。莫顿在创造"理论论"一词时主要指的就是他们的主张,即关于FP理论的功能主义和因果理论主张。而另一些人则对FP持否定态度,但为了进行批判,也对FP实践做出了描述和解释,赞成把FP看作是一种内隐的理论,因此他们也被称为"理论论者"。不过,斯蒂克认为,这种理论"与其说是一种描绘,不如说是一幅讽刺画"。[①] 尽管存在这样的分歧,但由于他们都把FP解释为一种理论,因此也具有许多共同的观点[②]:(1)FP是天赋的,用不着正规训练,人们就会自发地形成用"信念"等概念预言、解释行为和心理状态的能力。(2)通过这种方式所做出的解释和预言,为主体的行为和心理状态提供了理由,因此会使它们合理化,这种理由在一定意义上就是原因。(3)这种日常的能力表明:人都有一种原始的、民间的心理学理论。在人的成年时期,这种理论在FP实践中是与能力结合在一起的。它不但假定了许多理论实在(即心理状态),还包含有许多把心理状态与行为、刺激相互关联起来的规律。当人们在解释、预言某人的行为时,他们所使用的就是这种理论,当然,我们大多数人并没有意识到自己从事了理论工作。

理论论者由于所持的哲学、心理学观点不同,所主张的理论论形式也有较大差异。从对FP作为一种理论的具体规定来看,存在如下几种观

① S. Stich, *From Folk Psychology to Cognitive Science*, p.13.

② 这是福多等人提出的观点,得到了许多理论论者的支持,但并非所有理论论者都赞成。

点：(1)FP是一种经验信息。(2)FP是对人的行为的"因为"解释，但理由不是原因。(3)FP是行为的原因。(4)FP作为原因是一种理论实在，就像原子、电子是解释物理结构、物理运动的理论实在一样。(5)心理术语是FP的理论术语，它们在语义上起作用的方式与一般的理论术语相同。从理论基础来看，理论论又可分为经验心理学的理论论和狭义的哲学的理论论。哲学的理论论又包含两种情况：一是认为关于命题态度本质的最好的哲学阐释是由心理学理论完成的，它具体说明了命题态度的作用。二是认为个体对命题态度概念的把握，是由于他具有关于这些概念所构成的理论的知识。它们的根本差别在于：一个关注心理状态，一个强调关于心理状态的概念。而经验心理学的理论论则更关心心理发展的本质，认为正是这种发展导致了训练有素的状态，使它能心照不宣地把握FP理论。

2. 模仿论(simulation-theory)。自20世纪60年代起，理论论一直在FP阐释领域独领风骚，但随着讨论研究的深入，人们发现理论论并非像其倡导者所说的那样无懈可击，它也面临着许多难题。首先，根据理论论，FP既有本体论承诺，又有法则学承诺，前者假定命题态度是作为原因而存在的，后者假定命题态度之间、命题态度与行为、刺激之间存在着似规律的关系。但为什么我们在具体说明这些原则、规律时却表现得很无能呢？第二，即便成年人有FP，但儿童不可能有FP。因为发展心理学研究证明，5岁之前的小孩是没有信念的，因此他们也不可能具有关于信念等命题态度及其与行为关系的知识，而在现实生活中他们又确实能解释和预言行为，这说明理论论是有问题的。此外，理论论也难以解释心理状态的命题内容。基于这些问题，80年代以后，模仿论开始与理论论分庭抗礼。

模仿论作为一种与理论论相抗衡的FP解释理论直到1986年才正式诞生，其标志是两篇论文：戈登(R. Gordon)的《作为模仿的FP》和希尔的《重复与功能主义》。模仿论者认为，我们相互之间的解释和预言不是以理论为基础的，而是以模仿或"移情"为基础的，即通过想象"进入"解释对象的情境，设身处地地模仿他们的内在过程，从而对其行为做出身临其境的解释和预言。因此，我们不是理论家，而是模仿者。模仿论的基本观点非常明确，但具体论证细节却非常复杂。

戈登认为，要揭示 FP 的实质，就要弄清人们解释、预言行为的基础，而要找到这种基础，首先要分析人们怎样解释、预言自己的行为。在他看来，这种解释、预言活动的基础是实践推理，即以事实、规范、价值为基础的推理。也就是说，在解释、预言自己的行为时，我们所做的是一种“假装游戏”(pretend play)：假定在需要的条件得到满足而其他条件不变的情况下，想象我们会“决定”做什么。

在解释、预言别人的行为时，我们使用的也是实践推理，只不过是设想让自己进入别人的情境中，或者说设身处地地去想象：在这种条件下，我将做什么。戈登说：“对我在别人的条件下会做什么的预言，自然不能等同于对他人怎样行动的预言——除非别人碰巧在因果相关的方面是我的一个拷贝。但人们也可以主张：通过‘设想自己进入他人的情境之下’，……他们也能预言别人的行为。”[①]因此，正如在进行自我预言时一样，所运用的方法本质上都涉及“决定要做什么”，只不过是把它延伸到了别人而已。当然，在日常的解释、预言过程中，常常要诉诸信念、愿望和别的命题态度，尤其是对他人行为的预言更是要以这些状态的归属为基础，而且日常关于信念和别的心理状态的谈论也都预设了这些状态是处于因果和法则学关系之中的。戈登并不否认这一点，但他认为这与模仿论并不矛盾，因为模仿比“理论”更根本，在解释中对规则的使用只有在实践模仿的背景下才是可能的。因此，信念等心理状态归属的“方法论背景不是法则推理，而是实践推理”。[②]

3. 混合论。理论论与模仿论之间论战的一个重要方面是模仿涉不涉及理论。这一问题主要有两种形式：一是模仿过程中需不需要理论驱

① R. Gordon, “Folk Psychology as Stimulation”, in M. Davies and T. Stone (eds.), *Folk Psychology*, Cambridge, Mass: Blackwell, 1995, p. 63.

② Ibid., pp. 65-68.

动。理论论者认为，模仿要起作用，模仿者就必须使用一系列的心理学知识。丹尼特说：假设我是一座吊桥，那么要确定在风吹过时我的感受，就必须依赖于我关于吊桥的物理学和工程学知识。在这种情况下，"这种假装的'模仿'需要关于模仿对象的知识来驱动，而且这种知识必须是以类似理论的形式而组织的"。[①] 戈德曼通过区分两种模仿对此进行了反驳。在他看来，模仿分为理论驱动的模仿和过程驱动的模仿两种，这就是说，并非所有的模仿都是理论驱动的。只要具备下列两个条件，没有理论也可以进行成功的模仿：第一，推动模仿的过程与推动系统的过程相同（或相似）；第二，进行模仿的自主体（agent）的初始状态与目标系统的初始状态相同（或相似）。因此，如果一个人要模仿另一个人心理状态的结果，那么只要（A）他们具有相同的初始状态，并且（B）模仿者与被模仿者所得到的结果都是由相同的认知过程或程序驱动的，他们就会得到相同的（或同形的）结果状态。这里进行模仿的动原不必有一种关于程序是什么或它如何工作的理论。[②]

问题的第二种形式是：设计模仿时是否会涉及理论。理论论者认为，人与人之间由于教育、阅历、文化等的不同，在心理方面不可能完全相同，因此在最初设计模仿时就要考虑可能影响结果的变量，要确定哪些假想的信念和愿望是合适的输入，而考虑这些，实际上就会把理论从后门放进来。希尔和戈登则认为，理论论者的指责是错误地描述了模仿者关注的方向。他们说，模仿者并不是关注模仿对象的心理学，而是关注对象的环境。戈登说："我对我朋友的行为的解释依赖于我超越外在世界以发现他行为的动机。无论如何，它并不依赖于我具有我朋友的心理学理论。"[③]

可以看出，理论论与模仿论之间的争论涉及许多问题，极大地推动了人们对 FP 机制的理解，但 FP 的基础究竟是什么仍然悬而未决。应当

---

① D. Dennett, *The Intentional Stance*, Cambridge, Mass: MIT Press, 1987, p. 100.

② A. Goldman, "Interpretation Psychologized", In M. Davies and T. Stone (eds.), *Folk Psychology*, p. 85.

③ D. Davies and T. Stone (eds.), *Folk Psychology*, 1995, p. 20.

说，理论论与模仿论所提出的论证没有一个是完善的、无懈可击的，而且在对其所设计的实验的理论意义的理解上又存在着严重的分歧。那么，FP实践究竟是以理论为基础，还是以模仿为基础？

埃卡德认为，“当人们从事FP实践时，他们可以并且的确有时使用模仿，有时使用理论”。[①] 近年来，随着对FP实践基础认识的深化，一种崭新的混合理论应运而生。它既强调关于世界的第一阶思想的重要性，又强调一种特定种类的解释观念，认为解释和预言并不涉及与他人的想象性的同化。因为在特定条件下，做出一种行动，既有知识的作用，又有想象的作用。另外，在解释、理解他人的行为时，也会涉及规范性的判断（如命题态度）。而且要预言他人的行为，运用的资源可能更多，如假定他们像我一样是能思的人，他们具有像我一样的认识能力和倾向等。

三、民间心理学充斥的是什么样的内容？

FP作为一种心理资源肯定有其由这样那样的概念、原则、规范等所构成的内容，它们内隐于我们每个正常人心底、外显于我们的解释和预言实践中，是“普通人在理解、解释和预言人的心理学——自己的或他人的——时所使用的特殊的概念和实践（如果有规则或法则——就是特殊的规则或法则）”。[②] 但是这内容究竟是什么呢？目前主要有窄、中、宽三种理解和描述。

窄意义的理解是贝克（L. Baker）提出的。他认为，FP的内容只包括关于命题态度的概念。[③]

中间意义的解释，是在FP内容问题上占主导地位的所谓“标准观点”，由丘奇兰德提出。他认为：“FP是指所有正常社会化了的人为了理解、预言、解释和控制人和高等动物的行为所使用的前科学的常识概念框架。这一框架包括这样一些概念：信念、愿望、疼痛、愉快、爱、恨、快乐、害

---

① B. Eckardt, “Folk Psychology (1)”, In S. Guttenplan (ed.), *A Companion to the Philosophy of Mind*, Cambridge, Mass: Blackwell, 1994, p. 303.

② Ibid., p. 301.

③ Ibid., p. 305.

怕、怀疑、记忆、认知、愤怒、同情、意图等。"[①]从他的这一定义可以看出：(1)FP是通过它在我们生活中的功能来描述的，即其作用是理解、解释、预言和控制人、高等动物的行为。(2)它是通过其概念内容来描述的。其概念包括信念、愿望等。这些概念可分为两类：一是关于感觉或情感状态的概念；二是关于命题态度的概念。这种关于FP内容的图式被哲学家们广泛接受，唯一的变化是有些人只关注命题态度概念，而不重视关于感觉或情感的概念。基于这一图式，大多数哲学家认为，FP的内容可用两个命题来表达：(1)它是普通人用来理解、解释和预言自己和他人行为的心理学，埃卡德称之为"日常解释心理学"(ordinary explanatory psychology)。(2)它是命题态度＋心理学，这里的"＋"是指增加了属于情感和感觉状态的概念和规则。

宽意义的解释是由埃卡德做出的。她认为，"标准观点"过于狭窄，它远没有包括FP实践中隐含的全部作用模式。她认为，通过社会心理学家对印象形成模式、晕轮效应(halo effect)、首因效应、刻板印象等的实证研究，至少可以得出两点结论：一是尽管成人FP的许多方面几乎是所有人都共有的，但由于历史、性别、文化和个体的差异，人们的行为解释和预言是有差异的；二是FP的概念工具不仅包括命题态度等心理状态概念，而且还包括人格特征和倾向概念。对社会心理学家而言，主要的问题"不是看观察者如何将信念和愿望归属给行动者，而是观察者如何判断行动主要是由行动者的直接的外部条件引起的，还是由行动者更稳定的内部特征引起的。"[②]

从实质上看，FP代表的是普通人对人的心理结构图景、心理运动学、动力学、原因论的基本看法：信念、愿望等心理事件、过程和状态构成了人

---

① P. M. Churchland, "Folk Psychology", In P. M. Churchland & P. S. Churchland (eds.), *On the Contrary*, Cambridge, Mass: MIT Press, 1998, p. 3.

② B. Eckardt, "The Empirical Naivete of the Current Philosophical Conception of FP", in M. Carrier et al (eds.), *Mindscapes: Philosophy, Science and the Mind*, Pittsburgh: The University of Pittsburgh Press, 1997, p. 33.

的内部世界,它们与物理事件、过程和状态一样是一种实在,只是看不见、摸不着,没有形体性。豪斯比(J. Hornsby)说:FP 作为一种适应生活实践需要的知识,"有其自身的完整性,而且与由物理学或任何其他科学所发现的知识有同样的实在性——即真正的实在性"。[①] 心理事件存在于心理空间之中,心理空间与物理空间一样具有深浅等空间特性和先后等时间特性。从其功能作用来看,心灵可以对外界刺激信息和内部观念、思想进行加工,信念、愿望、思想等可以发生相互作用,信念、愿望等心理状态是行动的原因和动力。从认识论上看,正如塞尔(J. Searle)所说,我们对心理的认识是"通过一种特殊的内眼来察知我们的意识状态的。我们'向内省视',也就是把具有'观察'能力的内眼转向内部来观察我们自身的意识状态"。[②] 因此,心理事件对感知主体而言具有直接性、私人性、主观性、优先性的特点。另外,信念等概念具有关于性(aboutness),即总是指向外部存在或不存在的事物。各种心理概念之间具有整体性、相互联系性,我们从一个概念可以推知其他的概念,因此具有产生性(productivity)。不难看出,这幅心理图景实际上是参照外部物理世界而构造出来的,正如约翰逊(M. Johnson)等所说:"散布在我们语言中的许多隐喻实际上来自以身体为基础的关系,比如上与下、左与右以及内与外。如果我们不是拥有我们这样的躯体,不是活动在我们寄居的世界中,那么我们的隐喻系统和我们的整个心理装置将会大不一样。"[③]因此,它只是一种隐喻式的、拟物拟人的、前科学的心理观。

FP 所代表的这幅心理图景还涉及对心与身、心与世界的关系的看法,因此是一幅关于人的常识概念图式。贝希特尔(W. Bechtel)说:"民间心理学最好被理解为关于人的说明,而不是关于人的内在心理过程的说明。人有信念和愿望,但这些并不是人的内部状态。民间心理学可以

① J. Hornsby, *Simple Mindedness*, Cambridge, Mass: Harvard University Press, 1997, p. 4.

② 约翰·塞尔:《心灵、语言和社会》,李步楼译,上海译文出版社,2001 年,第 69—70 页。

③ 转引自保罗·萨伽德:《认知科学导论》,朱菁译,中国科学技术大学出版社,1999 年,第 152—153 页。

为我们提供一种描述面对环境的人的方法。"[1]丘奇兰德也说:FP"体现了我们对人的认知的、情感的和目的性本质的最基本的理解。整个来看,它构成了我们关于人是什么的概念"。[2] 包格丹(R. Bogdan)说:"常识的概念似乎不仅反映了认知与行为的性质,而且反映了环境的事实以及社会规范和习俗。作为我们成长为社会存在物的过程的一个部分,我们学会了如何以常识的方式相互了解或相互解释。"[3]

综合各方面的说法,我们认为,FP的内容的确极为丰富,可从不同的角度予以描述。从其存在和显现方式来说,它是内在于人脑内部、外显于人的解释预言实践中的常识心理学知识;从其关系维度看,它与常人所拥有的民间物理学、化学知识处在同样的层次,渗透、包含于常人关于人、自然、宇宙的概念图式之中;从其历时性结构看,它"无师自通"、自发自生;从其共时性结构看,它包含有许多存在命题、普遍原则和大量的理论术语。对此,我们可根据人们在解释和预言实践中所外显出来的作用,对FP的主要内容做出这样的描述性重构。第一,它有这样一些存在命题或本体论承诺:人是有理性的存在,人有心灵,其内部存在心理活动、状态和事件等,信念等心理状态、事件是一种实在,像物理事物一样存在着,只是看不见、摸不着,没有形体性。第二,信念等像外物一样有存在的空间,那就是在"心灵里面",这个"里面"像外部空间一样是非充实的,里面有心理的事件,它们要么是并列的,要么是先后继起的,相互之间可以互为因果、相互作用。第三,信念概念具有指向性,是"关于"某种事物的。第四,诸心理概念具有整体性、相互联系性,因而从一个可推知别的。第五,有这样一些普遍原则:心理状态与刺激、反应之间有因果关系,正是基于此,便有人们对自己和他人行为的解释、预言实践;我们每个人都可以认识他心,等等。

---

① 威廉·贝希特尔:《联结主义与心灵哲学概论》,载高新民、储昭华主编:《心灵哲学》,商务印书馆,2002年,第1130页。

② P. M. Churchland, "Folk Psychology", in P. M. Churchland & P. S. Churchland(eds.), *On the Contrary*, p. 3.

③ R. Bogdan, *Mind and Common Sense*, Cambridge: Cambridge University Press, 1991, pp. 2-3.

第三节 民间心理学的个体发生

FP 实践是人类社会中普遍存在的现象，每个正常的人不需要经过专门的学习，就可以驾轻就熟地运用 FP 概念来解释、预言自己和他人的行为。如前所述，从种系发生的角度看，FP 在原始社会就已经形成了，是伴随着原始灵魂观念的产生而产生的。自从有了灵魂观念，有了心理世界与物理世界的观念，有了心理生活和肉体生活的观念之后，当原始人赋予灵魂主宰生命的功能，授予它决定肉体生活和行为的能力时，FP 便正式诞生了，成了原始人心理结构中与民间物理学、民间气象学、民间化学、民间医药学等具有同等地位的知识资源和能力。但是个体是如何获得 FP 的呢？它在个体的生活史上是如何发生、发展的？这是一个与传统天赋观念问题密切相关的问题。当代心灵哲学对它的回答与对天赋观念问题的回答没有实质的区别，不外乎下列三种观点或分析模型：

一、直接感知模型或天赋论

这种模型认为，人天生就具有一套解释意向行为的抽象的、详细的知识系统或模块(module)。所谓模块，是指在一个大系统中具有特定功能、能完成特定任务的子系统。它之所以能如此，是因为它有特定的结构和被封装的(encapsulated)信息，如视觉系统作为模块之所以能视物，是因为它有特定的结构和原有的信息。福多强调指出，儿童的心灵理论包括各种心理图式和以因果规律为核心的解释模式，这就是人的被封装的信息。正是基于此，人们才能解释和预言他人的行为。从起源上说，它不是经过理论化的过程而获得的，而是先天的。关于信念等的表征不是在发展过程中借助事实材料建构出来的，而是生来就有的。先天的结构产生了关于输入的强制性表征，概念的发展不能用归纳或演绎过程来解释，它一开始就在那里，它的发展从遗传上就被决定了。而且心灵理论模块决定了个体后来发展的轨迹以及所获得知识和能力的可能与不可能的范围。福多说："如果我在设计人类时面临这个问题，我就会做这件事：我会使常识心理学成为先天具有的，这样就没有人必须花时间去学习它。”[①] 普雷马克也认为，FP 在儿童所继承的起始装置中有其根源，FP 实践的基础是天生确定的推理系统，而不是经验习得的。当然，这种天生的知识系统只有在由自我推动的、指向目标的理性运动等“触发器”的刺激下才能发挥实际的作用。

二、推理系统模型

鉴于天赋论的问题，许多人另辟蹊径，提出了推理系统模型。这一模型认为，我们关于意向的判断来自一个复杂的推理过程，这个过程是以我们的经验和关于世界的知识为基础的。理解行动的意向性不仅依靠对行为自身的推理，而且还离不开以环境、行为主体的“前知识”等信息为基础的推理。正是通过这些“超行为的”特征，认知者才把意向归属限定于合适的范围内。贝尔德(J. A. Baird)等人指出，意向理解力是关于指导人的行动的心理动机的推理能力，它是一个包括了低层次机制和高层次机制的“双层系统”(Two-Tier System)。所谓低层次的机制，就是通过分析行为中的物理和时间等统计学结构，确定行动中的相关单元；高层次机制是根据信念、意向等心理学概念来理解行动的相关单元。[②] 埃卡德、韦尔曼(H. Wellman)等人也认为，FP 不是天生的，儿童必须通过与成年人的社会相互作用来学习它。埃卡德说，民间心理学实即朴素心理学，心理的自我归属就是自我知觉，对他心的归属、对他人行动的理解、预言和解释就是社会认知，这些都是“适应社会文化规范”(enculturate)的产物。[③]

三、理论生成(theory-forming)模型

它既不同于古典的天赋论，也不同于经验论，而是在与天赋论特别是

---

① J. Fodor, *Psychosemantics*, Cambridge, Mass: MIT Press, 1987, p. 132.

② J. A. Baird et al, “Making Sense of Human Behavior: Action Parsing and Intentional Inference”, In B. F. Malle et al (eds.), *Intention and Intentionality: Foundations of Social Cognition*, Cambridge, Mass: MIT Press, 2001, pp. 193-206.

③ V. Eckardt, “The Empirical Naivete of the Current Philosophical Conception of FP”, In M. Carrier et al (eds.), *Mindscapes: Philosophy, Science and the Mind*, pp. 23-51.

模块论论战的基础上建立的一种具有更大综合性的理论。它既承认有先天的东西，但又认为这种先天结构是可以取代的，至少它们的每一部分都是可以改变的。就此而言，我们可以把儿童的心灵理论看作是一只从码头开出的小船，我们乘坐在上面，同时又根据不断变化的环境，利用我们所具有的条件进行不断的重建。由于在航行过程中，每前进一步都需要做出适当的调整，因此到航行结束时，船已不是原来的样子了。也就是说，儿童能成长为具有各种适应能力的人，一定有先天的资源。成年人在原来的心灵理论基础上最终完成的理论并非原来的样子，它包含着对原有理论的修改、补充和扬弃。卡米洛夫-史密斯（A. Karmiloff-Smith）认为，常识心理学的发展是先天和后天、遗传和环境等诸因素相互作用的产物，它涉及逐渐模块化的过程而不是预先规定的模块。先天的原则制约着儿童对这些输入的加工，并决定着以后学习的性质。但先天的成分必须通过环境的推动才能成为能力的一部分[①]。

我们认为，每一个体无一例外地都具有自己的 FP。这种 FP 既有共性，又有个性，而共性居主导地位。也就是说，古往今来每一个人所具有的 FP 基本上是大同小异的，正如丘奇兰德所说，FP 自从在原始社会产生以来基本上没有进化，没有发展，它的理论术语、原则之网、功能作用以及关于心、关于人的结构图景基本上没有变化[②]。当然每个人对它的理解以及运用它的方式又或多或少有一些个体差异。因为它的不变性、共性是由遗传决定的。这里的遗传既有生物基因的遗传，即 FP 作为一种固定的图式内化于人的生物基因之中，从上一代传给下一代；又有文化基因的遗传，即文化的连续性、相对稳定性是靠文化基因传递的。人类生活的每一个历史阶段，总是生活着不同年龄、不同世代的人，父辈总会自觉不自觉地把他们从其父辈那里继承来的文化通过社会生活传给下一代，

① A. 卡米洛夫-史密斯：《超越模块性——认知科学的发展观》，缪小春译，华东师范大学出版社，2001 年，第 4—5 页。

② P. M. Churchland, "Eliminative Materialism and the Prositional Attitudes", In D. Rosenthal(ed.), *The Nature of Mind*, Oxford: Oxford University Press, 1991, pp. 601-612.

如此递进，以至无穷。基于这两种传承，人类的FP才能够世代相因，在变化中保持恒久。

第四节 FP在哲学中的潜移默化与二元论的无意识根源

能产生作用的东西即作用者一定有存在地位。作为观念形态的原始的灵魂观念及其通过常识化而形成的民间心理学也是这样，尽管它们断言的灵魂及信念等不一定真的存在，但它们能无意识地在人们的实践中发挥作用，让人们做出解释和预言，就说明它们有真实不虚的实在性。这一点也不奇怪，也没有任何悖谬之处。因为有无作用，是否存在，与其对错没有任何关系。例如，迷信文化所断言的鬼怪不一定存在，甚至肯定是虚妄的，但在各个民族中，这种以鬼怪为对象的迷信不仅客观存在着，而且至今还在许多人身上发挥着举足轻重的作用。同样，FP由于脱胎于原始灵魂观念，因此在本质上是错误的，但这并不妨碍它的存在和作用。然而，可能是由于它隐藏得太深，甚至成了无意识心理的组成部分，因此长时期内，它的存在无人知晓。同样的道理，它在人们的社会生活和解释实践中发挥着重要的作用，也全然不为人所知。正是有此特点，许多根源于它的观念、思想或理论将这种渊源关系深深地隐藏起来了。例如它不仅是二元论的无意识的心理学根源，而且作为一种文化基因在人类的常识文化心理结构中扎根开花，成为人们看待自己及其与世界关系的固定图式，甚至经过长期的演化，内化于哲学、心理学等具体科学之中。更为有意思的是，它还渗透到了我们的理解的前结构之中，作为一无意识的力量，影响着我们对马克思主义意识论的解读。事实上，我们过去对马克思主义意识论的误读、不到位的解读就与之有一定的关系。这里，我们不妨将二元论与FP的渊源关系放在一边，先来考察FP在我们的哲学认识活动和文本解读实践中的渗透与扩张。

就整个西方哲学史而言，即使是那些试图颠覆二元论的唯物主义者，从根本上讲最终也没能摆脱二元论，究其根源，是因为他们的骨子里深藏着 FP 的幽灵。例如，洛克尽管有时对物质能否思维持怀疑态度，但鉴于人之外的事物都不具有思维能力，再加之为了说明人与其他动物的区别，他最终还是把笛卡尔的精神实体请到了自己的哲学体系之中，并承认它无广延、能思维。18 世纪法国唯物主义者尽管承认心灵是大脑的一部分，承认思维的物质属性，但在理解、描述心灵和思维的相状时，仍然是通过拟人、拟物的方式描述心灵，并承认心灵有内外、深浅等空间的维度，尤其是在说明心的作用时，又把原来同一于物质的心独立了出来，认为它有自己的作用力，能独立自主地对身体、对外物发生作用。这与前述的民间心理学并无二致。事实上，这也是大多数唯物主义的"通病"和"痼疾"。费尔巴哈尽管花了很大力气批判传统的灵魂不朽论以及奠立于其上的宗教神学，但由于看到借助自我认识所认识到的内部世界与通过物理方法从外部观察到的大脑是不同的，最终却提出了一种独特的心身理论，它由灵魂的逻辑学和灵魂的物理学构成。这种理论，表面上看似乎绝妙地论证了唯物主义的心物同一论，但实际上骨子里仍浸透着 FP 及其二元论幽灵。

更有意思的是，在我们的印象中，现当代西方哲学应当是唯心主义和二元论的天下。但事实恰好相反。当代西方至少是英美哲学舞台上表演的主要是各种物理主义或自然主义，有的甚至是彻底的、极端的唯物主义，如取消式唯物主义(Eliminative Materialism)、还原论唯物主义等。不过应当看到，公然声称的理论与人心底里实际持有的、言行中实际表现的看法并不总是一致的。除少数极端唯物主义者之外，现当代大多数哲学家、心理学家的心底回荡的仍是 FP 的幽灵，他们关于人的理解中仍包含着一种"本体论裂隙"。这也无可厚非，因为哲学家、科学家都是人，都是普通大众的一分子。作为人，他必然与其他生物一样要从父母那里继承自然的基因，同时也必然会从我们的文化母体中继承各种文化基因，而 FP 就是人类文化基因的重要组成部分。就心灵哲学而言，除个别例外，大多数理论都自称是唯物主义、物理主义或自然主义，但事实上他们在骨子里并没有完全抛弃 FP，尤其是在说明人的自主性、独特性、能动性、反作用时更是如此。赖尔指出:“有一种关于心的本质和位置的学说,它在理论家乃至普通人中非常流行,可以称其为权威的学说。大多数哲学家、心理学家和教士都赞同它的主要观点。”这种主要观点是:“每个人都有一个躯体和心灵。”[①]赖尔形象地将之称为“机器中的幽灵说”。[②] 罗蒂(R. Rorty)说:在面对人时,包括哲学家在内的大多数人由于继承了笛卡尔的遗产,都会“毫不踌躇”地作出心/物二分的划分,认为除了“物质的我”之外,人还有一个由信念等命题态度和无意识观念所构成的内在的“精神的我”,因此可以说“笛卡尔的直观仍然存在着”。[③]

FP 对我们过去关于马克思主义意识论的解读也无意识地发挥着它的影响力。毫无疑问,马克思主义第一次真正实现了近代以来许多唯物主义者超越二元论的梦想,建立了名副其实的“新唯物主义”或“彻底的唯物主义”。然而由于理解和解释上的问题,过去的一些哲学教科书和论著在陈述、解读马克思主义的意识论思想时,不仅没能把这种新和彻底的特点表现出来,而且往往把它置于属性二元论境地,甚至把它推向了一元论和二元论相互矛盾的困境。具体而言之,在论述世界的统一性时,马克思主义无疑坚持的是世界的物质统一性原则,而在具体分析意识的表现形式,尤其是意识的能动的反作用时,马克思主义的观点似乎被解读为属性二元论,即认为,马克思主义意识论把意识看作是不同于其他物质属性的独立的精神属性,把感觉和思维之类的心理活动看作是身体活动之上的活动;不这样理解,似乎就陷入了还原论。其次,马克思主义经典作家明明强调:在理解物质与意识的对立关系时,要区分“绝对的意义”和“相对的意义”,不能将前者推广到认识论范围之外,不能把这种对立无限地夸大;而通常的理解常常违背了这一警告。第三,根据通常的理解,马克思主义的意识反作用学说似乎有这样的含义,即承认意识能有目的、有意识、有计划地反作用于大脑及外部世界,并能独立主动地、不“劳驾”物质

① 吉尔伯特·赖尔:《心的概念》,第 5 页。
② 吉尔伯特·赖尔:《心的概念》,第 10 页。
③ 理查·罗蒂:《哲学与自然之镜》,第 14—15 页。

而行使这种作用。不这样理解,似乎就要陷入机械唯物论、形而上学唯物论的泥潭。如此等等,不一而足。第四,与此密切相关的一个问题是,在解读经典作家关于哲学基本问题的理论时,由于没有认识到哲学基本问题的内容和真假依对意识的不同本体论承诺为转移,因此没能注意到经典作家承认有虚假的哲学基本问题,并强调不同的心物学说会涉及不同内容及性质的哲学基本问题。

我们认为,这样的解读是有问题的,没能体现马克思主义意识论的真实意义和本来面目。造成这一结果的原因当然是十分复杂的,不过可以肯定的是,其中最重要的原因是我们的理解范式存在着重大的欠缺。这里的所谓范式指的是作为我们理解出发点和条件的基本的理解图式和概念框架。没有它们,文本的意义不可能显现给我们,而一旦有了它们,如果没有与文本的意义相适应的范式,文本的意义又不可能以客观的面目出现。人们在阐释时之所以把文本的意义推向了二元论的境地,其根源在于:尽管许多人手上拿着先进的仪器,脑子里装满了新的科学思想和方法论原则,眼睛中瞄准着科学的重大突破,但思想深处、言行举止间并未摆脱根深蒂固的民间心理学的影响甚或牵制,并未从根本上摆脱二元论幽灵的纠缠。换言之,许多人仍舍不得放弃传统的心灵观念,总是以为人身上存在着心或精神,人除了肉体之外,还有一个精神的我。由此所决定,我们免不了要犯削足适履的错误,让文本适应我们的范式。这一点在理解关于意识反作用的原理时表现得最为明显。

在阐释意识与大脑的相互关系时,传统解释常犯的一个错误是:描述完了与某一心理现象如视觉意识相对应的视神经过程、丘脑过程、皮层神经元群的相互作用及过程、大脑的自扫描、分辨过程之后,还试图描述这些区域怎样相互作用,大脑怎样与外部环境相互作用,以致最终怎样产生出意识经验。这类错误的实质在于:把没有并列关系、从而没有产生依赖关系的范畴看作是有并列关系的范畴,如把视觉意识、思维活动等看作是与大脑的物质过程并列的实在或过程。说穿了这是一种画蛇添足的错误。因为正如克里克等人有时也认识到的:“意识”之类的心理术语表示的并不是物质过程之外的独立过程，而是某种特殊的大脑过程的另一种描述方式。恩格斯在分析原始人的灵魂观念的错误根源时也曾说过，如果他们懂得感觉和思维也是身体的活动，他们就不会虚构出灵魂的观念。既然如此，再去探讨意识怎样从大脑神经行为中产生出来，再去探讨它的神经机制或基础，那当然是多此一举。如果“水”和“H_2O”是描述同一对象的两种表达式，那么它们之间就没有并列关系，没有产生关系，更不能说一个是另一个的基础或产生机制。当然如果确实知道了某一意识就是某一物质过程，再去探讨它与其他物质过程的关系，后者怎样影响制约意识的产生及作用，那则没有犯逻辑错误。

下面，我们再来看二元论与 FP 的关系。如前所述，二元论是哲学中占主导地位的思维方式，即使在今日依然如此。许多人尽管在表面上或形式上超越了二元论，但在思想深处，尤其是在潜意识里，横眠的是二元论的幽灵。罗蒂认为，西方形而上学围绕自我与世界的关系经历了三个发展阶段，其中第二个阶段的主要思想是：“后康德模型”（如图 14-1）。他说：“在世界被自然科学接管之后，只有自我成了哲学的保留地。因此这一时期中大多数哲学的目的是说明自我的三个部分之间的关系，以及每一自我与物质现实的关系。”[①]在过去的两个世纪中，大多数哲学家都把这个模型的某一变形视为理所当然的。

借助追溯方法，我们不难对深藏在大多数哲学家心底的心灵观念和二元论幽灵做出描述或“重构”。首先，不管二元论表现为何种形式，都无一例外地把实在划分为两类：物质的或物理的实在；非物质的、心理的实在。相应地，世界上的现象就被分为物理现象和心理现象，世界上的作用被分为物质的作用和精神的作用，概括世界的范畴被分为“物质”和“精神”或“心”。鉴于此，罗蒂认为，传统哲学的心灵本体论、人学本体论中存在着“本体论裂隙”，[②]即统一的人被一条人为的鸿沟分割为无法沟通和

① 理查·罗蒂：《哲学与自然之镜》，第 432—433 页。

② 同上，第 13—15 页。

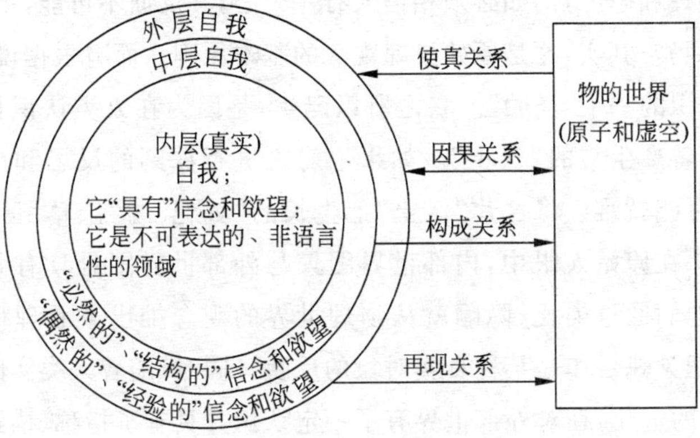

图 14-1　后康德模型

弥合的两部分。其次，随着对人的认识的深化，对自我的认识也日趋复杂。从横向结构看，“我”由自我、本我、超我构成，包括理性和欲望两大部分；从纵向结构看，正如罗蒂在图中所示，有深层自我、中层自我和表层自我。第三，尽管每一类范畴中的实在不同，但都可以用“事物”、“材料”、“属性”、“状态”、“过程”、“活动”、“因果”等范畴来做进一步的描述，如既可以说“搅拌机中搅拌着砂浆”，也可以说“心里想着约翰”。也就是说，心理活动与物理活动一样，都是对材料的加工，加工之后会有结果（如思想）产生。第四，心灵没有空间特性，但又常常得到空间谓词的描述，如“心灵深处”、“由浅入深”等。第五，心的活动是内在的、私人的，而身体的活动是外在的、公开的。控制心的活动的不是机械、物理规律，而是自由、余者皆同规律，控制身体活动的规律则相反。第六，心与身、心与物之间存在着因果关系、交互作用。正由于此，人们才能解释、预言他人的行为。第七，从认识论上说，人们有通达自己心理的“优势通道”，对自己心理的认识是直接的、不可错的，而对他心、对物理的认识则必须通过观察或间接推理，因此，在认识自己的心理与认识他心、物理之间具有不对称性。

二元论之所以在人的心底里挥之不去，是因为 FP 所坚守的观念在作怪。而这些观念根深蒂固，似乎是自明的、天经地义的，是直觉和常识，用不着怀疑和思考,例如必须相信人有一个心,其反面不可能,不然的话,那还是人吗?其实,这是原始灵魂观念的基本原则。而有根据说,它不过是人类认识的一个"怪胎"。它之所以诞生,是因为在人类认识自身的过程中存在着产生它的"沃土"。如果不对之进行深刻的反思和严肃的解构,我们可能就难以将这片"沃土"上生长的"鲜花"与"杂草"区别开来。如前所述,在原始人眼中,内部世界图景与外部世界图景具有某种相似性,于是他们通过类比、隐喻就从物理世界的观念推出了心理世界的观念,从而把灵魂看作是某种真实对象的反映。同时,随着人类实践的发展和人自身的进化,在对外部世界有了一定认识并具有了指称、描述它的方式之后,人们也必然会形成关于自身内部世界的认识,并用某种方式来描述它,即举行克里普克(S. A. Kripke)、普特南(H. Putnam)所说的"命名式":要么创造新词为它安名立姓,要么在已有的名称中填进新的内容。这是必然的。因为既然人们知觉到了内部的对象,而已有的词汇又不能完全表现它们,那么就需要创设新的表述方式,这样创立心理语词就势在必行。由此可见,为心理事物命名本身是没有错的,无论把它称为"灵魂"还是"普纽玛"都无关紧要。但问题是原始人在类比、隐喻的引导下,借助其初步的理解力和发达的想象力、构造力,对内部世界做了错误的想象,从而把统一的人截然劈成了两半。同时,他们又根据对外部世界的认识来设想内部世界,把前者类推、移植到后者,从而认为人除了由肉体及其运动组成的"身体王国"之外,还有另一个由灵魂及其运动所组成的"心灵王国",前一个王国在时空上是有限的,后一个是无限的,可将过去与未来沟通起来。他们没有认识到,做梦、感觉、想象等也是"身体的活动",而为这些现象"杜撰"了一个内在的主体,于是统一的人就被二重化了。更不幸的是,由于这种对人的二重化理解有助于说明人的独特性,也比较符合直觉、常识(如物理事物都不能像人那样思维),因此这种观念就逐渐成为人类文化中的一种"获得性遗传基因",进入了人类文化心理结构,潜入到理论化的哲学、心理学等具体科学的体系之中,成为许多理论体系的自明的前提、公理和本体论承诺。

总之，笔者探讨二元论的民间心理学情结的结论可概述如下：第一，创立心理语言本身不但没有错，而且是合理的、必然的，错就错在我们错误地确立了它们的意义和指称，以为它们表示的是另一个世界的相状、活动、过程或事件。第二，肯定内感觉、反省、体验等认识方式所把握到的东西有特殊性，这也无可非议，但问题是我们对它们做了错误的设想，以为人除了"肉体的我"之外，还有另一个"心灵的我"、"精神的我"，这个"我"不仅有其特有的心理空间和活动方式，而且还能产生特定的产物。第三，形成 FP 并用它来解释和预言人的行为，这也不一定是错误的，但问题是人们在运用它时，所持的关于人、关于心的结构图景以及关于心的地貌学、地形学、运动论、动力学是完全扭曲的、错误的。因此，FP 的问题不在于它所用的"信念"等理论术语，也不在于用它们所作的预言和解释，而在于它的内容中所渗透的观念和图景。

第十五章　二元论的本体论批判

这里所说的"批判"，是康德"批判哲学"意义上的批判，实即"探究"或"考察"。本章的任务主要是从本体论角度考察二元论与物理主义之间围绕心灵是否有存在地位的论战，尤其是分析和评论二元论的各种本体论承诺的得失。有根据说，双方争论的一个焦点是本体论问题。因为古往今来，物理主义对二元论的一个重要责难是从本体论上提出的：已知的存在的东西都是有广延、有形体的东西，心灵既然没有这样的本性，有何理由说它存在？在长时期内，这的确一直是二元论的一个难以回答的问题。在物理主义看来，承认心灵有独立的，乃至本原性的存在地位，违背了如无必要勿增实体的基本原则，犯了本体论上的自由主义错误，或者说存在着本体论膨胀或扩张的偏颇。而二元论基于自己所理解的本体论反唇相讥，指责物理主义犯了本体论上的沙文主义或紧缩主义错误，并为自己的本体论上的主张做了这样的辩护：无广延、无形体的心灵之所以也有像物体一样的存在地位，是因为存在的东西不一定要有广延性，例如量子力学的成果表明：概率场等非形体性的东西有存在地位。既然如此，无广延的、非粒子性的心灵为什么就不能存在？由此看来，要对二元论作出公正而客观的评价，要对二元论与物理主义在心灵哲学中的是非、得失作出公断，不进到本体论中，对它们所涉及的本体论问题以及其后的元问题做出梳理和探讨，是万万不行的。

第一节　本体论的元问题与新二元论的合理性

一旦进到本体论之中，涉入有关争论，我们立马会为本体论的元问题所缠绕。我们知道，每种本体论都有自己关于存在意义或标准的理论，而这些标准的差异是很大的，有的甚至存在着根本的对立。大致说来，有这样几大类观点：

(1) 根据唯名论，哲学应把本体论承诺降低到最低限度，即只能承认个别事物的存在，不能承认共相、属性、关系的独立存在，换言之，判断一对象是否有存在地位，主要应看它是否是个别的事物。

(2) 唯实论则认为，只有共相或一般才有存在地位。巴门尼德和柏拉图认为，只有具有绝对的同一性、不变性的东西才有存在地位，变动不居的东西是不存在的，佛教也有这样的看法。

(3) 作用或效用论认为，能产生或发挥作用的东西才是存在的。由于对作用有不同的理解，因此里面又有这样的分歧，如物理主义认为，只有物理的东西如粒子性、实物性实在才有作用，因此存在的东西一定是物理的东西；而二元论认为，精神性实在也可有作用，如有能动的作用，因此也是存在的。

(4) 眼见为实论，这是一种以亲知、实感为存在标准的理论。

(5) 带有更大包容性的理论，例如根据亚里士多德等人的观点，不仅个别实物是存在的，依附于它的属性、变化等也是存在的，共性、共相也是如此，当然存在的程度或实在性、真实性程度是不一样的。他说："有些事物被称为'是'者，因为它们是本体；有的因为是本体的演变，有的因为是完成本体的过程，或是本体的灭坏或阙失或是质，或是本体的制造或创生，或是与本体相关系的事物，又或是对这些事物的否定，以及对本体自身的否定。"[①]

(6) 现象学诞生后引出的两种存在标准。在现象学看来，只有向人显现的实在以及有能显现作用的意识才是存在的。其对立的存在标准理论即是自然的态度所坚持的观点，这也是一般常人和自然主义者所坚持的标准。

最后，二元论和物理主义也都有自己的存在标准，如后者认为，有无形体性或广延性，是判断对象存在与否的标准，前者则认为，有广延性的

① 亚里士多德：《形而上学》，吴寿彭译，商务印书馆，1983年，第57页。

事物一定有存在地位，但无广延性的事物也可有存在地位，因此存在的标准不是有无广延性。

面对这些不同的观点，我们显然没法回避这样的本体论的元问题：存在的标准有无对错之分？如果有，那么是否有判断它们对错的标准？或者说，该怎样判断它们的对错？本体论关于存在的问题是一个规范性、约定性、应然性的问题，还是一个事实性的、有客观检验标准和办法的问题？

要回答这类问题，我们必须对问题本身做出梳理，即弄清这类问题的性质。大致说来，有两类问题，一是事实性或描述性问题，如“桌上是否有一本书”就属这类问题，而“这本书好看吗”就不是。对于描述性问题，可诉诸事实来回答，且答案是唯一的。另一类问题是价值性或规约性问题。规约性（normativity）是当今心灵哲学中使用频率极高的一个概念。之所以如此，是因为它作为一个范畴概括了世界上存在的，而过去又没有被认识到的一种现象，从作用上说，它可成为我们说明许多复杂现象的一个有力的工具。有根据说，它已成了我们认识世界之网的一个新的网上纽结。而要理解这个范畴，必须先理解“设计”这一概念。这里所说的“设计”是一种隐喻，指的是自然界、人类社会和人身上的一种客观存在的选择、塑造、决定力量。在一种状态与别的关联建立之前，有多种可能性。而某种关联之所以建立起来，是由于某种客观的力量在那里“设计”或“设想”。例如人从多种可能性（究竟是上甲大学，还是上乙或丙或丁大学）中所做的择一的选择，里面就没有自然必然性的作用，而完全是由人自己的设想决定的，再如心脏这一组织在其最开始的时候，究竟该承担何种功能，是有多种可能性的，后来它被用来执行泵血的功能是因为它有这样的历史过程，此过程依据生物进化的规律让它只执行这一功能，而不执行别的功能。质言之，心脏泵血是一种规约性现象，而这又是由大自然的“设计”、“缔造”、“选择”所使然。在人类社会生活、文化生活中，这种规约性现象就更多了。“日”（sun）这样的符号或构型被用来指称或表示天上的太阳，此能指与所指被绑在一起，不是由自然必然性所决定的，而是由在前的人的选择或命名的历史所决定的。本来，这类符号在被创造出来时，其实有多种可能性，如完全可以被用来表示月亮或地上的狗子。之所以没有这样，完全是设计、设想的产物。可见，理解了设计，就不难理解规约。这里的规约性不是偶然的，但又不同于自然必然性、自然因果性。因为带有这种性质的关系之成立，一方面依赖于它出现之前有多种可能性，另一方面依赖于某种有一定自主力量的选择。既然规约性现象与约定、设计、选择等有关，因此在评判时是没有事实的参照的，即不能根据事实来判断它的对错，例如无法诉诸事实去评判某人被安立的名字的对错。上述本体论的元问题属哪种性质的问题呢？

笔者的看法是，它们是同时兼有两种性质的问题，即既是规约性问题，又是事实性问题。更准确地说，本体论的存在标准问题或"存在"的意义问题，首先是一个规约性的问题，此问题被解决之后，才可作为事实性问题来对待。之所以是这样，是因为这里也有如同为人安立名字这样的规约性过程，如一些人有权把有形体的东西称作"存在"或"有"，有权为"存在"一词做这样的赋义或编码，别的人同样有权赋予该词其他的意义，如或者让"存在"一词指个体的事物，或者让它指共相，或者让它指具有永恒不变的同一性的东西。就此而言，佛教和道家把"有"、"实"、"真"的意义规定为"空"或"无"也没错。总之，约定性的问题实即一个命名或编码的问题，这里没有客观必然性作用的用武之地，而完全与人的设计和选择相关。因此"存在"一词被赋予什么意义，被编码或捆绑上什么样的指称，被关联什么样的真值条件，完全是任意的，不存在对与错的问题；相应地，"存在"与它指称的对象之间不存在客观的判断标准。就此而言，只有进到一种规范或标准之下，才有可能对某一关于某对象是否存在的看法做出客观的评判，超越此标准，进到诸标准之间，就不可能做出判断。换言之，对于人们规约地形成的存在标准理论或对"存在"一词的赋义是没有客观的判断标准的。如果超出一种规范共同体，而进到各种共同体之间，即让持不同本体论标准的人来争论究竟该坚持哪一标准，那是没有意义的，例如根本没有办法说佛教、柏拉图等对存在的理解是错的，唯名论的理解是对的，反过来说同样不行。因为各方所得出的结论都具有"应该如此”的特点，而无必然如此或事实如此的性质。他们所发生的你错我对的争论表面上热火朝天，其实没有实质意义，因为他们的规范性标准不同，而这种不同是无法诉诸事实来裁判的。这种争论就像操两种不同语言的人之间的争论一样。

在规约性问题解决之后，就可提出和回答关于存在的事实性问题和某种存在理论及标准是否是对的之类的问题。例如如果进入一种标准之内，或默认一种标准，或通过讨论让持不同标准的人接受一种语言规范，那么就可探讨某一对象是不是存在的，因为这里的存在问题就成了事实性问题，围绕它争论下去就有意义。例如在承诺了唯名论的存在标准的前提下，要判断面前的一张桌子或数学家所讨论的抽象的三角形观念是否有存在地位，就有客观的标准和具有唯一性的答案。当然也有这样的情况，即持不同标准的人通过讨论，对抽象存在概念的一般意义或形成万物的“共有”所需的个例或样本达成了大致相同的意见，这种情况下的标准问题也可成为事实性问题。

存在的标准问题作为规范性问题，尽管不同的本体论对它有不同的回答，但不同的回答中事实上隐含着某些共同的赋义。例如一般都不否认，“有”不同于绝对意义的无，它指的是“有点什么”，是王夫之所说的“诚”或“实”。他说：“夫诚者，实有者也。——实有者，天下之共有也。”①从这一赋义出发，我们应做的工作就是像王夫之所说的那样，把一切事实上的有中的“共有”找出来。要做这一探讨，首先就是要寻找存在的个例。这个例当然是很多的，甚至是无限的，而且还具有开放性。因此一个一个地列举既不可能，也没必要。能把典型的、有代表性的样式列举出来而没有遗漏就行了。最重要的、也是最经常被注意到的个例是有形体的、粒子性的事物，其次分别是社会、文化现象，基本属性之上的高阶现象，如在两个以上的个体事物或属性发生关系的过程中所发生的东西，还有像事件和状态这样的复杂存在，最重要的是现象学所发现的、真的不能被否认的

① 王夫之：《尚书引义·说命上》。

显现或现象。如果对存在者采取这种尽可能广泛和全面的态度，那么我们就可能抽象出一种能融合多种存在标准的标准，即以亚里士多德的体系为基础，同时又包含有唯名论、唯实论乃至柏拉图等人的思想元素的标准。它认为，只要有点儿什么东西出现了，在世界这个大舞台上出场了，不管它是质量还是能量，是粒子性的东西还是非粒子性的东西，不管是个别还是一般，是有同一性的还是没有同一性的，是变动的还是不变动的，是自在的还是现象学性质的，都可看作是存在的东西。总之，根据这种存在标准，"存在"指的是显现或所与或出场，亦即有点什么，当然这种显现不只是现象学所说的那种显现，还包括自在的显现，或对实在世界本身的显现。

从语言学和认识论上说，作为语词或概念的"存在"，并未描述或反映对象中的可感的实在或属性。换言之，"存在"、"有"等词，不像"红"、"形状"、"大小"等词那样有明确的指称，在现实世界及其所包含的事物中，根本找不到与"存在"相对应的性质或部分。就此而言，像康德和现当代许多弗雷格主义者那样说"存在"不是一阶谓词、二阶谓词甚至 n 阶谓词（详见下节），是有道理的。但如果据此认为存在在现实世界及其所包含的事物、事态、事实中没有地位，或断言"存在"等概念是纯粹的空概念，同样是缺乏根据的。因为黑格尔早就做过有力的论证，例如在一真实的对象呈现于我们面前时，尽管它的一切具体的构成部分和属性没有被我们现实认识到，对它们我们一无所知，但我们却知道它的一种性质，可表述为"存在"或"有"。这种"有"没有任何具体规定性，因此可以看作是"无"，但此"无"又不能等同于纯粹的虚无，因为它毕竟有点什么，有自己的不同于"无"的地位。同样，对于一个被我们充分认识了的对象，我们也可以做这样的思想实验，如把被我们认识到的部分、结构、性质一个一个地分析掉，在我们面前剩下的对象与纯粹的虚无仍是泾渭分明的，因为它里面有一种虚无所没有的东西，即存在。在现实生活中，在实践中，存在与非存在的界限也是非常分明的。例如在一个有张三、李四而没有王五的房间里，张三、李四除了具有他们这样那样的要素和属性之外，还有存在属性，而王五在这个特定的空间中则没有显现其存在的属性。可见“有”、“无”的判断和语词是有其特定的所指的。对“存在”等词稍作词源学分析也可说明这一点。它们的出现不是无源之水,而是因为有这样一种抽象的性质被人们认识到了,它伴随任何显现出来的事物或属性,它完全有别于无,但已有的别的语词又无力表述它,因此基于语言产生的规律,相应的语词便出现了。

当然,应该承认,“存在”所指的东西的确是看不到、摸不着的,因此相对于感性认识而言,存在就是虚无。但是,世界及其构成物是复杂的,看不见、摸不着的东西不一定是不存在的,例如没有人见过共相,共相照样有自己的特殊的存在地位。在现实时空中,不可见的东西远比可见的东西多。例如光子、电磁波等尽管不可能为人看到和摸到,但其存在地位是无可置疑的。具体的存在物尚且如此复杂,抽象存在物、高阶存在物就更是如此。有理由说,存在的确不会表现为具体可感的粒子或部分及属性,但却可以以抽象实在的形式表现自身。如果属性有抽象和具体之分的话,那么有理由说,存在就是一种抽象的属性。从语言上说,“存在”之类的词表示的是对象的不是零、不是纯粹的无或没有的性质。能涵盖一切有本体论地位的东西的最广泛的范畴更是如此。

正如具体属性有一阶和二阶、n 阶之别一样,存在作为属性也是如此。因此我们既不赞成否定存在是属性、“存在”是谓词的观点,也不赞成仅把存在当作高阶属性或谓词的看法。一个个体、实在,一个系统、整体乃至整个世界,只要给予了,不管是给予人的认识、出现在认识之中,还是自在地给予或出现在某个时空,它们除了别的抽象和具体属性之外,也一定有存在或有这一抽象属性。每一个第一性质、第二性质只要现实地出场了,如表现于某一事物之上,或现实显现在某一感官面前,它们就分别同时表现出自己的存在属性。如果这些具体属性表现为二阶、三阶属性,那么它们显现的存在属性也是如此。一个对象出现在意向活动中,一个共相、共性、抽象性质出现在有关的个体或关系中,也是如此。就此而言,存在的确是属性的属性,表述它们的词语当然可称作谓词。“存在”不仅是谓词，而且还可表现为不同的阶次。这取决于它描述的对象的阶次。

如前所述，这里最有争议的问题是存在会不会以一阶属性出现。我们对此的回答是肯定的。因为事物都是复合体，即使是极微或微观层面的基本粒子也是如此。它们尽管是若干部分和属性复合而成的，但一旦它们结合为一个整体，世界上就出现了一种新的个体、一种新质，它不能还原为构成它们的部分和属性，因为整体大于部分之和。既然如此，它在有自己的这样那样的部分和属性、有自己的一阶属性的同时，当然也会获得自己的不同于部分和属性的新的属性，存在就是其中的一种抽象属性。可见，存在可以作为一阶属性出现。

综上所述，我们试图以一最为宽容的态度对待各种本体论理论，尽可能吸收各种关于存在标准或意义的理论中的合理因素，建立一种具有最大包容性的存在意义理论。这一工作可以看作是亚里士多德本体论的继续和拓展。根据这理论，任何事项或对象，只要出场了或被给予了，不管是自在地被给予世界，还是通过人而给予意识，或显现在意识面前，不管是有形体的还是没有形体的，不管是可感的还是不可感的，不管是具体个别的还是抽象一般的，不管是实存(exist)的还是亚实存(subsist)的，不管是具体科学的对象还是形而上学的对象，不管是基础属性还是非基础的属性，不管是一阶的东西还是高阶的东西，都可看作是有存在地位的东西。总之，存在的东西，一定有点什么，一定是一种"有"、一种实、一种真，如要么有粒子，要么有作用，要么有属性，要么有显现，要么有状态，要么有过程，要么有现实的实在，要么有可能性的种子或力量。之所以做这种放大，是基于这样的本体论考虑：一种合格的存在标准，尽管不能把真的不存在的东西囊括进来，但也不能将真的有存在地位的东西拒之门外或人为遗漏掉。如果一种存在标准把本不存在的东西看作是存在的，那么就是犯了自由主义或扩张主义的错误；反之，则是犯了沙文主义或紧缩主义的削足适履的错误。根据这种设想，本体论的一项不可推卸的任务就是在查明世界的全部库存清单的基础上，建立真的能包容一切的存在范畴体系。在后面，当我们对二元论的各种本体论做出考量时，我们依据的就是这种最为宽泛的本体论标准。如果连这样的标准都不符合，那么被承诺的东西应是没有本体论地位的。

很显然，二元论的本体论承诺远大于物理主义的本体论承诺。例如它认为，除了存在着物理世界之外，还存在着一非物理的心理或精神世界。这个多出的世界中，又有许许多多的存在样式，如有主体、有观点或认知理解前结构、有活动、有状态、有事件、有过程、有作为活动之产物的观念或思想世界，这世界也有自己的特殊时间和空间，有自己的特殊内容，有自在的东西，有现象学性质的东西，等等。

在下面，我们的任务就是依据我们的宽松的本体论标准对二元论的本体论承诺做出评析。总体而言之，二元论吸收现象学等研究的成果，强调现象意识、状态、事件、高阶性质、心理内容或含义等的存在是有其合理性的一面的，对物理主义的存在标准的超越也有可取之处。尤其是它对新发现的感受性质的强调、对传统的心理内容的深掘以及所做的新发现，的确是本体论认识上的进步。就此而言，常识的观点以有形、可感为存在标准(如眼见为实等)，物理主义仅承认物理的东西而试图把非基本的高阶的东西还原为基本的东西，是有片面性的，在反对本体论的自由主义的同时又走向了另一极端，即在有些对象的存在问题上犯了削足适履的错误。这不是说，新二元论就是无懈可击的，在一切方面都优越于物理主义。它们的本体论上的自由主义和其他失误正是我们下面要探讨的。

第二节　解构实体二元论的"奥康剃刀"

我们先来看新二元论所承诺的精神实体或主体。如前所述，各种新二元论较之传统二元论既有继承又有发展，在本体论上也不例外。例如许多二元论者在坚持亚里士多德的实体或个体中心论的基础上认为，人身上有两个实体，每个实体都作为中心或基础支撑着自己的属性。有的人尽管不承认有独立的精神实体，而把心理属性看作是产生于、依赖于物理实在的东西，但强调在世界的本原中一定有原精神的属性，查默斯把它称作心原，麦金把它称作隐结构。还有一些人尽管将这些东西也否定掉了，但仍承认世界上存在着不能归结为物理属性的属性，有时还有将作为属性的意识主体化、小人化或人格化的问题，如认为意识可以独立地、主动或能动地发挥自己的作用，可以以自己的同一性或作为不变的自我，将分散零乱的认识综合统一为一个统一的认识。总之，二元论的本体论较之物理主义的本体论来说，确有膨胀或扩张的一面。可喜的是，弗雷格等人对"存在"谓词逻辑分析以及对自亚里多德以来的"实体中心论的"解构，对我们这里揭示二元论在本体论上的上述扩张及其实质是有借鉴作用的。

我们拟从弗雷格等人对本体论的关键概念"being"的分析说起。作为名词的"being"是从动词"是"(is, to be)演化而来的。我们先来看其动词意义。亚里士多德早就注意到："是"是一个多义词，而且其意义极其混乱。弗雷格和罗素等人通过对它的各种用法的梳理，发现：尽管用法很多，但不外四种：一是表示存在(being)或实存(exist)，如说"苏格拉底是"(Socrates is)；二是有等同的意义，如说"柏拉图是《理想国》的作者"；三是述谓，其作用是表述主词的属性，如"柏拉图是白皙的"；四是表示隶属关系或下定义，如"人是动物"。弗雷格等人认为，本体论中所用的"是"是第一种用法的是，即存在，与其他用法无关。对于这一被称作"歧义论"的所谓标准的观点，学界是存有激烈的争论的。在卡恩看来，作为本体论对象的"to be"有多种意义和作用，如存在、断真、述谓等，但它们是混沌统一在一起的，是一个整体。换言之，本体论关心的不只是 to be 的作为存在的意义，同时还关心断真、述谓等其他意义。①

在笔者看来，关于"to be"的歧义论和反歧义论尽管存在着尖锐对立，但有一点是一致的，即都认为本体论的主要问题之一是"to be"的意义问题。因为即使是卡恩的反歧义论也不否认：在对"to be"的多种追问中，包含着对"存在"的意义探寻。总之，可以这样说，本体论的核心概念

① C. Kahn, "Retrospect on the Verb 'to be' and the Concept of Being", in S. Hnuuttila, J. Hintikka(eds.), *The Logic of Being*, Dordrecht: D. Reidel Publishing Company, 1986, p. 1.

(或之一)就是“to be”中的一种可用中文“存在”加以传递的用法。因为一方面,“to be”在自己的演化中分化出了这样一种意义(反歧义论尽管不承认有此意义,但承认有此用法);另一方面,其他一些用法的前提是承认主词之所指有存在地位。如果是这样,本体论接下来的探寻就有了明确的方向,即追问“存在”究竟指什么、有何意义。

不管是在哲学中,还是在日常语言的运用中,一般认为,“存在”都是作为实词使用的。如果是这样,更棘手的问题便接踵而来:它有没有所指?如果有,其所指是什么?怎样将其所指描述清楚?这是自弗雷格以来争论愈演愈烈的一个大问题。我们先来考察问题的逻辑缘起。

尽管大多数人主张“存在”一词有实在的指称,但仍有人坚持相反的观点,如认为它是空概念,什么也没有表示,实在的世界没有与之对应的东西。其论证也不是没有一点道理。例如康德等人认为,“存在”不表示任何东西,是一个没有意义的词。它看似一个实词,如可作动词、名词和形容词,但它完全不同于其他实词。因为别的实词加到某一个词或句子中,如把“红”加到“花”之上,新组成的词“红花”比原来的“花”的信息内容就有增加。而把“存在”加到词或句子中则完全不同,如把“是存在的”加到“这是一个红色的东西”中所形成的“这是一个红色的东西,它是存在的”,就没有增加任何新的信息内容。因此结论只能是:“存在”是空概念。

顺着这一思路所形成的新的比较流行的一种观点认为,过去之所以以为“存在”有指称,即指的是个体事物本身所固有的属性,是因为人们心照不宣地接受了亚里士多德的个体或实体优先论或中心论。它由于得到了后来像洛克、笛卡尔等主流哲学家的赞同和大力论证,因此似乎成了天经地义、毫无疑义的观点。根据亚氏的看法,属性之所以存在,是因为它们依存于一个个体,它们之所以能聚合在一起形成这样那样的事物,之所以能存在,是因为其后有一个支撑物,即实体(substance),而实体就是存在,至少是存在的中心或基础。正是因为有实体的存在,属性才有存在地位。如第一性质和第二性质由于依存于个体,因此才具有其存在的性质。一旦它们离开个体,就会失去其存在地位。

弗雷格、罗素、古德曼等人敏锐地发现:属性后的实体是子虚乌有,因为把某个体事物的诸属性一个一个地剥离掉,不可能还会剩下什么实体之类的东西。就像把一个船一部分一部分地予以更新、替换,每部分换完了后不会还留下一个船一样。既然如此,任何个体事物就只能是诸属性的集合或复合,其后或其内没有支撑属性的、有独立基础存在地位的实体或个体。人之内也是如此,除了构成它的各部分、各子系统、各器官、各属性之外,不可能还有独立的灵魂或心灵或自我。因此作为存在之中心或基础的实体或统一不变的个体是子虚乌有。如果说事物中有东西存在的话,其候选者只能是属性或属性的集合。这就是取代实体优先论的属性优先论的基本观点。

由于关于个体事物的观点发生了这样的转向,随之而来的就是这样一个尖锐问题的出现:如果事物是属性的复合,那么"存在"一词是否指称其中的东西?换言之,它有无所指?如果有,这所指在个体事物中有没有地位?如果有,其地位何在?它是属于个体本身,还是属于部分,还是属于属性,还是属性之外的属性?如果存在的是属性,那么是一阶属性还是二阶或高阶属性?从语言上说,属性常常是用谓词述说的,如红的属性,可表述为"是红色的"。这里的"是红色的"就是谓词。如果是这样,那么便有这样的问题,即"存在"能不能作为谓词出现?如果能作为谓词,它是一阶还是高阶谓词?

弗雷格之前的大多数哲学家认为,存在是一阶属性,也就是说,"存在"是一阶谓词。弗雷格认为,"存在"不是一阶谓词,存在充其量是一种二阶属性,即属性的属性。因为如果是一阶谓词,那么在对象出现在我们面前时,其上就应有与之对应、可由之述谓的一阶属性。而对象除了各种第一、第二性质如时、空、色声香味等之外,再也看不到还有什么与"存在"对应的专门的存在。后来许多人赞成弗雷格的看法,并顺着他的思路从不同方面对传统观点做了否定性论证。不过,在赞成"存在"是高阶属性的人中,又存在着很大的分歧。尤其是,人们对"有"(there is)是不是存在谓词有不同的看法,因此围绕表示存在的一些术语便一直存有激烈的争论。

强调把表述存在的诸谓词区别开来，是新老迈农主义者的共同倾向，如迈农、帕森斯和泽尔塔等人认为，应把“there is”和“exist”两者区别开来。基于此，他们指出：他们只承认非存在对象是“有”(there is)，而不主张它“实存”(exists)。帕森斯等人不仅强调应加区别，而且主张引进弗雷格—蒯因的传统的逻辑学方法，即引进存在量词(“∃”)和存在谓词(“E!”)，以体现上述两种表达式的特点。根据蒯因等人的看法，前者只是一种表示数量特点的逻辑词，只是一种量化手段，如肯定“至少有一个……”，例如“有一个 x，使得…x…(there is a x such that …x…)”，可表示为“∃x(…x…)”。而存在谓词(如 exist)则不同，它是表述对象之存在属性的词。换言之，此词一经运用，便有本体论载荷或承诺。如“实存着一个 x，使得… x…(there exists a x such that… x…)”，可表示为“∃x(E! x&…x…)”。如此类推，非实存的对象，如“某些事物不存在”，可用这种逻辑方法表示为“∃x(¬ E! x)”。

关于存在谓词和存在量词、载荷谓词和中立谓词等的已有研究无疑向我们展示了这样一个事实，即世界上的对象、事态极为复杂，因此在从本体论上予以述谓、描述时，如不选用不同的语词就不足以表达它们出现于世界、呈现给我们的各不相同的方式及特点。由此所决定，过去不加区别地、甚至在同义词意义上使用的诸“存在”语词，如“实存”、“亚实存”、“有”等，便被自然地赋予了特定的意义，其能指的内涵和外延自然被做出了特定的限制。“存在谓词”和“中立谓词”的出现及其对“存在”语词家族所做的区分，就是这种语义学变革的表现。在笔者看来，这类区分的哲学意义不应被低估，因为它有助于克服过去本体论的狭隘性，将意向对象之类的高阶对象、小说中的人物、事件之类的虚构对象纳入本体论的视野，从而使本体论真正成为研究一切所与对象、事态或事实的最全面、最广泛的形而上学。

基于上述考察和分析，对于“存在”一词的意义或存在怎样存在这一问题，我们可以提出如下初步结论：

(1) 语言分析运用于本体论的“to be”意义的探寻，无疑是一把“奥康剃刀”。根据关于“to be”的语言哲学探索，传统哲学对该词的理解中似乎也有多余的预设，如相信存在是实体或个体的一种独立的性质，由于有此实在的性质，因此人才有可能形成对它的认识，进而语言中才有“存在”这样的真实的谓词。弗雷格等人的细密分析最终证明：事物是属性的集合，其内没有实体，进而也没由其所承载的真实的存在属性；“存在”有其意义，指的不过是属性不为零的状态，或者说是属性至少有一个例示，因此该词在本质上是二阶谓词。这是对存在之存在相状或存在以什么方式表现自身、存在怎样存在问题的一种崭新的回答。

(2) 上述结论也可推广到实体二元论所说的精神实体之上。即使我们赞成说：人通过第一人称观点或现象学直观所认识到的心理过程、事件、状态和现象学性质有特定意义上的本体论地位，但如果认为它们后面还有精神实体或埃克尔斯所说的自我意识精神，或有作为属性之基础或中心的东西，有产生和支撑属性的东西，则的确是犯了头上安头的本体论膨胀的错误。用弗雷格等人的上述语言分析方法很容易得出这一结论。因为如果人脑之内确有这样的东西，先进的观察和实验仪器一定会捕捉到它，然而至今连它的蛛丝马迹都没有被人接触过。它的所谓的存在地位至今仍停留在想象和推论的层面。换言之，如果人身上真的存在着上述实在，它们一定有自己的例示，一定是一种不为零的集合，但是任何人都没有碰到过它们的例示或个例。就此而言，上述对“存在”的语言分析的确是一把有效的“奥康剃刀”，恰到好处地把二元论的多余的实体假设扫荡一空。

(3) 人有创造性，人能将分散的材料变成统一的认识，人能在历时性的外物感知和文本阅读中生成具有共时性的认识和意义把握，人能在散乱中觉知到统一的人格或自我，这些都是客观的事实。而这事实的出现又的确有其成立的条件和根源。既然这事实不是由精神实体之类的东西促成的，当然一定有我们尚未认识到的存在样式；不过可以猜想，这作为根源的东西一定是物理的实在，当然不是有某种固定组织结构的东西，而应是像埃德尔曼所设想的“动态核心”之类的功能性存在样式。

(4) 属性、状态等当然没有直接的、第一性的存在地位,一定得靠特定的实在才能表现自己的存在。这实在只能是物理的要素所组成的系统。突现论的二元论对此做了较合理的说明。在这一点上,突现论是对的。

第三节 存在的梯级性与现象学性质的存在地位问题

接下来,我们再来考察新二元论关于心理活动、感受性质等的本体论地位的看法。

二元论所说的诸多心理样式究竟有没有本体论地位,是不能一概而论的,必须具体情况具体分析。上节的分析表明:精神实体之类就是纯粹的虚构。而有些心理现象,如思考、想象、反省、感知、意志抉择、乃至高阶思维等以心理活动或以内隐行为表现出来的东西,有表面上的存在地位,因为当人们用“我正在想”这样的心理语言诚实地报告自己头脑内发生的事情时,其内肯定有真实的过程发生了。但是同时应看到的是,上述语言所报告的存在并不是大脑活动或运动之外的东西,也不是大脑运动之上高层次的运动。这也就是说,用心理语言的动词报告的东西实际上都是大脑的物理或生理活动,大脑中或人身上不存在纯粹的心理活动,一切心理活动都是大脑的活动。正如恩格斯所说:感觉和思维就是身体的活动,不看到这一点是很危险的,如远古时代的人由于不知道这一点,“于是就产生一种观念:他们的思维和感觉不是他们身体的活动,而是一种独特的、寓于这个身体之中而在人死亡时就离开身体的灵魂的活动”。[①] 就这一点而言,心脑等同论是对的。当然,等同论只在这一点上是对的,超出了这个范围,就不再有心物的等同了。如果是这样,那么二元论所主张的在身体活动之外还单独存在纯粹的心理活动的观点就犯了画蛇添足的错误。

① 《马克思恩格斯选集》,第4卷,第223页。

当然又应看到，由于二元论具有像量子力学一样的向微观实在进发的特点，即像禅宗的参禅一样，在观心或看心时，努力地微细再微细、绵密再绵密，因此在人的物质性的大脑之内看到了许多高层次的存在样式或高阶现象，其中有一些的确不能还原或等同于物理现象。它们与物理现象有关，也许后者是前者得以出现的一个必要条件，但是一旦后者与别的因素相互作用而让前者突现出来以后，前者就有自己的独立的存在相状和地位。正像儿子由父母生出以后有自己的独立存在一样。例如现今讨论得较多的意向状态和感受性质或现象学性质，以及以状态、事件、过程和高阶属性表现出来的心理现象，就是如此。就感受性质而言，它之所以是特殊的存在，别的因素不说，仅就它的一个必要条件，即主观的观点而言，由于它本身是一种很特殊的、不能还原的事实，因此由它的作用而形成的感受性质就更是如此。即是说，由于它的参与而生成的新状态、性质、显现和事件是不能简单还原的，而必须视为有特定存在地位的东西。这些存在样式的特点和实质是什么呢？与第一性的基本的存在样式是何关系？西方迈农主义者围绕存在等级或实在性程度的探讨可以帮助我们化解有关难题。

我们知道，历史上的许多派别或哲学家在承认“存在”有统一意义的同时，还从不同的方面，如种属、范畴和存在程度等，对之做了具体的分析。例如印度正理、胜论派的句义论、佛教的“五位百法”论等，既从种属、又从范畴方面做了区分，即把存在看作是由不同层次的存在构成的宝塔状的体系，可划分出不同的梯级，这些梯级有种属关系。另外，又认为，最高的存在或法可表现为有为法和无为法，而有为法又分别由色法、心法、心所法、不相应行法构成。通过这种划分便建立起了关于存在的范畴体系。亚里士多德不仅有对存在的范畴、种属的分析，还有对之所做的存在程度分析。他区分存在程度的标准是：看有关对象离个体事物的远近，离个体越近，便断定其真实性越高，存在程度越高，反之，则越低。

词源学的考察也可说明前人已认识到了各种存在者在存在程度上是有差别的。早在古希腊，一些哲学家就把 *ousia*（实质）和 hypostasis（实体)区别开来了。到了中世纪,早期的拉丁神学家没做区分,统一将它们看作是"实体"(substantia)。这其实包含着混淆。波埃修看到了其中的问题,并试图在翻译和界定上把它们区分开来,如用 subsistantia 表示 *ousia*,用 substantia 表示 hypostasis。他的界定是:"当一事物无需偶然性而存在时,它具有 subsistantia。"这个拉丁词以及作为其源头的 *ousia* 极为重要。它的出现表明:古代中世纪哲学家发现了一种别的范畴表达不了的存在样式,即共相、共性及其所形成的种属关系。这也就是迈农等所说的"亚实存"(subsist)。波埃修也注意到:种和属作为抽象的性质与任何偶性(色、声、香、味等)没有关系,但它又是存在的。这种存在显然是次级的、非实体性的,不是个别存在物。而实体(substantia)则不同,"它支撑另外一些东西即偶性",它是"使它们存在的基体"。[①] 这也就是说,"实体"和"亚实存"(赵敦华先生译为"实质")不仅是两种不同的存在样式,而且在存在程度上也是不一样的,如实体可以独立存在,而亚实存由于是纯粹的抽象、不表现为任何偶性或属性,因此没有独立的存在,但又不能等同于虚无。

我们这里所说的"存在的程度"是不同于中世纪哲学家对该概念的理解的。后者出于宗教的需要,关心的是上帝的存在问题,自然要设法把上帝论证成完满程度最高的存在。这种关心在非基督教的本体论中纯属多余。因为诸存在样式尽管在存在程度上有别,但不能归结为完满程度上的差别,只能看作是存在方式上的独立性程度的差别,即有些对象能独立存在,而有些处于依附地位,没有自己的独立性,离开了它所依附的实在,就立刻消失不见了。另外,在有依附性的存在中,由于不同的样式离所依赖的实存的关系是不一样的,如有远近之别,有直接和间接之分,从作为基础的实在中所继承或分有的东西不一样,因此其存在的程度又有量上的细微差别。例如一阶属性、二阶属性、三阶属性……,随着阶次的升高,离个体的距离愈来愈远,到了二阶以后就是在属性的属性之上发生的,因

① 转引自赵敦华:《基督教哲学 1500 年》,人民出版社,1994 年,第 188 页。

此其实在性的程度就愈来愈低。尽管如此，又不能因为其是高阶属性而否认其有存在地位。道理很简单，一旦在前的诸低阶属性及其相互作用发生，它们也随之发生了，因而也一定作为事实或所与出现了。例如从物理学上说，在实在的事物中是没有什么颜色的，因此说世界本身五彩缤纷或色彩斑斓是反科学的。同样在人的眼睛和心灵之中，也没有颜色。但一旦有感知能力的眼睛与有关的光性刺激相遇，便有颜色出现在眼睛面前。颜色不是原来已有的存在，而是一种新的现象。即是许多物理实存、一阶属性合力作用的结果，是一种函数性的新实在。按我们前面所说的存在标准，它确确实实是一种存在，当然是一种二阶存在。当这种新的存在再与其他存在发生关系时，还可形成三阶存在。如此类推，以至无穷。

佛教认为，看待世界或问题有两个角度：一是实、理或究竟的角度；二是权、事或方便的角度。从前一角度看，世界本来一如一体，真如常恒，无有可说。因为一落言诠，便会着相，便与实相违，便堕邪道。即使是说它空、说它无，都会让人按名实关系去寻找它的所指。而这一来，便与世界的本来面目南辕北辙。因此佛教是“究竟理地，不立一法”。但如果随顺世情，从事上、方便的层面看世界，世界的无数事物便可区分为五种，即前面所说的五类法。从存在程度上说，五位法有三个层次，一是无为法和心法以外的一切事相，它们尽管不是绝对的无，但却只能说是假有、妙有，因为其体性毕竟空无，由因缘和合而生，因此无自性，无常性，既然如此，按存在的恒常标准，它们便是无。第二级的存在是心法，即八识。相对于第一类存在来说，它有相对的真实存在性，因为它们是前一类法生起的基础，故佛教常说：唯识无境。但从体性上说，它们仍不是真实的存在。只有无为法才是绝对真实的存在，因为它们是世界的本来面目，是实相，是体，其他都不过是用。体与其他法的关系是“实相无相无不相”。无为法无有性相，毕竟空寂，但又通过各种相（有为法）体现出来。[①]

① 龙树：《释摩诃衍论》，《大正藏》第32册，第602—603页。

迈农对诸存在的存在程度和样式做了深入、全面的论述。但由于其思想比较深奥，加之问题本身的复杂性，以及后来的解释者在理解前结构上存有差别，因此后人对迈农的理解、诠释不尽一致。他的中立性和独立性原则表明："对象"作为涵盖范围最广、因此层次最高的范畴，本身是不包含存在或不存在的属性的，即超越于或中立于存在与不存在，只具有描述性属性。换言之，一事物只要有能被描述的属性，就可被称之为"对象"。至于存在和不存在这类属性(如果可称作属性的话)，充其量只能被称作核外属性，或如弗雷格所说的属性的属性，或二阶、三阶属性。从范畴体系上分，对象有存在和非存在对象两大类。从存在程度上说，对象按真实性、实在性的从高到低排列，则有实存、亚实存、非存在之别。具体而言之，最真实的存在是实存着的事物(the existents)，它们以个体的形式真实存在于时空之中；其次是亚实存(subsisteut)对象，其形式有抽象实在、数、共相、共性、理论实在、概念、命题等；第三是非存在对象，即既没有实存地位又没有亚实存地位的一切对象，如意向状态中的对象，尤其是其中的方的圆之类的对象，还有矛盾对象、可能不可能的对象、虚构对象等。只要它们以高阶对象的形式出现，尽管没有实存和亚实存地位，也是一种"有"。

在现当代西方哲学中，许多人倡导一种多层次的自然主义，如柯杰泽(F. Kerjzer)就论证了一种多层次的自然图景。根据这种观点，世界是由多层次的组织构成的，其中每个层次都必须用特定的方式加以描述。在各个等级中，不同的过程发生了，并引起了多样的、大量独立的组织层次。在他看来，发生在特定的本体论和描述层次的过程可以将自身组织成新的现象，并形成新的本体论和描述层次。如发动机的各个部分没有动力，但一旦组合在一起，正常运转，就会产生动力，从而形成新的层次即动力特性。新层次的出现既是转换，又是跃迁、质变。由于新突现的层次有跃迁的特点，因此低层次的过程不可能具有高层次过程的属性，高层次因有其独立性而不可能还原为低层次的事件及要素。① 在他所设想的自

① F. Keijzer, *Representation and Behavior*, Cambridge, MA: MIT Press, 2001, p. 5.

然等级中，行为和心灵属高层次的现象或属性。它们都是从经验上确立的现象，因此都有自己的本体论地位。再如意向性，它是心灵的独特特征，它是通过低层次的过程而发生的，但又不能等同于或还原于后者，更不能从低层次的要素中分析出来，就像发动机的动力不能从发动机的组成单元中分析出来一样。

马克思主义经典作家的确常说这样的话：世界上除了运动着的物质什么也没有，意即存在的只有物质。这是就存在的基础而言的，是就“第一性”、“本原性”而言的，因为只有有物质，才有它本身的存在，同时才可能有别的存在。强调除它之外再没有别的，并不等于他们只承认物质的存在，而否认别的存在层次和形式。恰恰相反，例如他们一方面否定唯心主义和二元论把精神作为本原性的、独立存在着的东西的看法，另一方面，又承认它们有“第二性的”、“派生的”存在地位。值得注意的是：他们的“第一性”和“第二性”的概念本身就意味着存在程度上的区分。在共性与个性、一般与个别、共相与殊相的关系问题上，经典作家尽管特别强调个别的存在地位，但并没有完全否认一般的存在地位，而是赋予它们以“依存于”、“寓于”、“寄托于”个别的存在地位，即次级的、有依附性的存在地位。

还应看到，马克思的思想中还包含有一定的现象学思想，质言之，他除了承认自在的存在以外，还承认人化的存在，即现象学意义上的存在。例如《1844 年经济学哲学手稿》中这样的论述俯拾即是。马克思认为，对象是人的对象，因为它对象化着人的本质力量。“只有当对象对人来说成为人的对象或者说成为对象性的人的时候，人才不致在自己的对象里面丧失自身”。[①]《关于费尔巴哈的提纲》列举了三种关于对象的观点。第一是直观唯物主义；第二是唯心主义；第三是马克思的唯物主义，它对对象的理解同时从主客观两方面、从直观和实践两方面进行，因而能认识到

① 《马克思恩格斯全集》，第 42 卷，第 125 页。

对象不同于自在实在和纯精神的“新质”。[①] 不难看出，就对象来说，至少有这样两个等级存在，一是自在的人和自在的物，二是它们发生关系时新出现的、既对象化着人的本质力量又有客观源泉的人化对象。[②] 当然这不是说，人面前的对象完全是人主观的创造物。不然，它是两种力量即“对象自身的性质”和“人的本质力量”共同作用的结果。例如工业的历史和工业的已经产生的对象性的存在，是一本打开了的关于人的本质力量的书，是感性地摆在我们面前的人的心理学；对这种心理学人们至今还没有从它同人的本质的联系上，而总是仅仅从外表的效用方面来理解。[③]

同理，人本身也不例外，他在不同的关系中也表现为不同的存在，如一是可表现为自在的、生物学意义的人，二是进入社会关系的人即作为社会存在物的人。这种人显然是一种新的存在。因为人在通过自己的本质力量产生出对象的同时，也使自己超越了原来的那种自然的人、自然的存在，而成为一种新的存在。[④]

基于上面的分析，我们可以得出这样的结论：世界上的所有一切存在者都具体地包含着存在这一共性或“共有”，不管是实存的、亚实存的，还是非实存、非亚实存的事物，都是如此。但是存在同时又是多，意即不同事物有不同的存在或出场方式。由于各种存在的独立性或表现自己存在方式的样式各不相同，因此又体现出存在程度上的差异。从这个角度看存在，则可把它分为如下形式：

首先，“本原性”、“第一性”的存在当然是最真实的存在样式或等级。它们表现为个体事物，或物质的具体存在形态或样式。它们以实存(exist)的方式存在，即以个体的形式存在于时空之中，有时空定位，有质碍性、形体性，进而有独立性、客观性和可感性。由于有这些特点，实存也就是基质、基础或本体或实体。从词源上说，“实存”又有现实性的意思

① 马克思：《关于费尔巴哈的提纲》，《马克思恩格斯选集》，第 58 页。

② 《马克思恩格斯全集》，第 42 卷，第 126 页。

③ 同上，第 127 页。

④ 同上，第 126 页。

(actualitas)。而现实性与拉丁文的 actus(活动)、希腊文的 agere(产生、制作)等概念关系密切,因为这些词都源于其指称现实化活动的动词。作为名称,“现实性”指的是一个作用者的作用、活动之类的规定性,是归于存在者之存在的核心要素,是所有本质、个性、形式的现实性。从词源和名实关系上说,“实存”一词之所以被造出来,是因为人们在实存着的东西里认识到了以前没有认识到的东西,即它有自己的独立的“行为”或“活动”,有独立的作用。由之所决定,它便能造就自己的存在,用不着他物而存在,用不着“寄人篱下”。这大概也是西方语言为什么选择有动词意义的词来表示存在的原因。

第二是亚实存的存在形式,如共相、数量、集合等。

第三,除了应承认人的活动未及的自在事物或物自体以及自在的人的存在之外,还应承认现象学所说的现象,亦即马克思所说的进入了人与对象之现实化关系的人和对象也有本体论地位。

第四,概率存在也是非存在中的抽象实在的一种形式。例如投一硬币,两面出现的概率各占一半;再如做考试题,被选答案四个,因此一个人在没有任何把握去做时,都有 25%的做对的概率。这类概率在没有现实化以前无疑是一种潜在的存在,而此存在不同于虚无,因为它有内在根据,即由内在的结构、性质所使然。平均数也有这样奇异的性质。如平均 3.6 个人有一辆汽车。3.6 个人没有现实的存在性,但却以特殊的方式即作为高阶属性存在着。

第五,再看集合与概念。某些集合是按照一个特殊的性质来表征的,例如红的东西的集合是根据红性来表征的,就是说,只有当某物具有红性时才属于该集合。所依据的性质不同,集合也不同。一个有多种性质的统一体可以同时属于不同的集合。如一个红色的带擦皮的小铅笔,既可以是笔的集合中的成员,又可是红色物体中的成员,还可是擦皮中的成员,等等。总之,集合是可被整体地处理的对象或数学概念。它们没有实存地位,但不能等同于虚无,也有其高阶存在的地位。如果集合是这样,那么由集合所定义的概念也是如此。用集合来定义概念是弗雷格所论述的定义步骤的核心。如他试图用集合来定义数。实际的数3是什么意思？3本身是什么？他的回答是：3是一个集合的集合，即所有具有“三性”的集合的集合。因为“三性”是一群对象的性质，即一个集合的性质，例如当一个集合正好由三个成员构成，那么它就具有“三性”的性质，可称作3。在每一集合中，构成该集合的每个元素本身又是一个集合，如3包括这样一些对象：三轮车、三叶草、三个水果（一个苹果、一个梨子、一个橘子）等等，每个对象又是一个集合。因此3是一个集合的集合。

如果存在的样式如此复杂，表现“共有”的方式如此繁多，有本体论地位的东西并不局限于时空中的存在者，那么精神或意识等民间心理学概念诚实地报告的东西，尽管没有二元论所赋予它们的与物理实在平起平坐的存在地位，但只要正确予以理解，也都有特定的本体论地位，即第二性或高阶的存在地位。这也是马克思主义的一贯立场。这一问题非常复杂，不是三言两语能说清的。好在一些学者对此做了较深入的研究，笔者也做过一些探讨，如对马克思主义经典作家的有关论述做过新的解读，可参阅。[①] 我们的基本看法是：人们用心理语言（如“经验”、“信念”等）对大脑之内所发生的东西所做的诚实的报告，指的尽管不是独立的精神实体及其事件、状态、过程和产物（这些东西没有本体论地位），但也不是空穴来风，不是子虚乌有，而是进化所成就的物质性大脑在与别的有关因素的相互作用中所表现出的事件、过程和状态。它们不能还原于低级的原子、分子状态，但又没有超出自然现象的范围，甚至可以说仍是一种自然现象。因此也有其高阶的存在地位。例如尽管世界上真的不存在“金山”、“方的圆”，但一旦被人想到了，那么这个作为意向对象的“金山”、“方的圆”就有其特定的存在地位，因为毕竟这个如此设想的人的头脑内发生了一个新的现象学事实。新二元论者盯住不放的感受性质也是这样。他们之所以在上面大做文章，尽管有时有失偏颇，但他们的确看到并说出了物理主义者所遗漏的存在，其中有些方面可归结为基础层次的东西，如感受

① 高新民、刘占峰等：《心灵的解构》，中国社会科学出版社，2005年，下篇。

的活动等就是大脑的活动，但形成感受性质所必不可少的“主观的观点”、经验本身以及显现出来的生动逼真的“质”就都有自己的存在地位。例如人在由蚊子叮咬而形成的对痒的经验，既不同于蚊子的叮咬或蚊子在皮肤内所留下的东西，也不同于皮肤内所发生的生理过程，而是一种既包含这些因素又超越这些因素的新的存在样式。

第四节 本体论的范畴体系与心灵的存在地位

二元论像它无意识地依恋的民间心理学一样，既然有对世界的存在的库存清单的别具一格的看法，那么也一定会对各种存在者之间的关系做出梳理，进而形成自己的关于一切存在者的范畴体系。事实正是这样，二元论对整个世界建构出了以二分为特点的范畴体系。客观地说，这个范畴体系有其合理之处，例如它相对于物理主义、自然主义的范畴体系而言，看到了为后者所遗漏的许多存在样式，因而显得更为全面，但是其最大的问题是：为诸心理现象在范畴体系中所安置的位置是不恰当的，尤其是将存在分为心物两大类犯了严重的“范畴错误”。因为整个世界和人身上包含有心，但心与物、心与身之间不存在逻辑上的并列关系，对世界、对存在，不能作心物二分的划分。要明白这一点，我们得从本体论范畴化的动因、根据说起。

如前所述，由于存在是反映世界上的所有一切有本体论地位、出场或能出场的事物的最广泛、最一般的概念，是从一切“有”中抽象出的“共有”，因此它必然有其能同时适用于一切存在者的共同、核心意义或共性，这就是所与、出场、运动、现实性。这些特征是存在一词的内涵意义。意义除了内涵意义之外，还有外延意义。关注外延意义是人类语言和别的实践活动的必然。因为内涵意义被确定后，人们必然会进一步关注它的所指范围。而所指是开放的、无限的。为了把握这无限的意义，人们就会进行范畴化，即按类别来把握对象。每类对象除了具有最一般的意义之外，必然有自己的特殊的本质规定性。由此所决定，有中心意义的“存在”便必然有其意义的多样性。亚里士多德早就注意到了这种现象，说：“不对多种意义进行区别，就不可能找到存在着的东西的元素。”[①]而要对存在的意义做出区分，又有两条途径，一是根据属性或偶性去揭示存在的意义。另一揭示存在意义的方式是以“存在自身”或“存在的本性”为根据。[②] 如果用此方式分析存在的意义，实际上就是在从事本体论的范畴化工作。亚里士多德说：“由于自身的存在的意义，就如范畴所表示的那样，范畴表示有多少种存在，它也就有多少种意义。在范畴所判断的东西中，有的表示的是什么，有的表示质，有的表示量……”[③]这就是说，存在的外延意义与范畴一样多，一种范畴体现的就是存在的一种意义，例如“实体”范畴表现的就是存在“是什么”这样的意义。可见，意义与范畴有对应关系，最一般的意义对应的是最广泛的范畴，而子范畴表述的是子意义。其他级别的对应可如此类推。范畴与意义为什么有这种关系呢？

“范畴”作为一个哲学概念当然是一个名词。由于它在西文中来自动词，因此我们要理解它，就必须先理解它的动词形式。为区别开来，我们不妨把作为动词的“范畴”(categorize)一词称作“范畴化”。其本来意思是“对……做出分类或归类”。这是人所固有的甚至与遗传有关的一种语言、思想、知觉和行动的能力。因为儿童在很小的时候就表现出了这种能力。如能对面前的对象做出归类。如果没有这种能力，儿童是不可能在三五年的时间内基本上掌握一门语言的。例如我们教给他的“叔叔”、“伯伯”等总是具体的个人，不可能将抽象的共性知识教给他。但经过若干个例的教授，如教他把“叔叔”一词用在大致相同的、比他爸爸年轻的男人身上，反复若干次，他就会得到一个关于叔叔的范畴。儿童的这种“进步”用经验、环境、教育是不可能完全解释清楚的，只有同时诉诸他本有的范畴化能力才能如此。有鉴于此，拉科夫(G. Lakoff)说：“人类最基本的活动

---

① 亚里士多德：《形而上学》，载苗力田主编：《古希腊哲学》，第505页。

② 参阅苗力田：《古希腊哲学》，第507—508页，另还可参阅吴寿彭译《形而上学》，第93—94页。

③ 苗力田主编：《古希腊哲学》，第508页。

就是思想、知觉、行动和言语的范畴化。每当我们把某物看作一类事物时,我们就是在进行范畴化。"[①]可见范畴化一点也不神秘,它实际上是人们对事物做出区分、把它们划分为或归结为不同的类别的一种能力或活动。

就人类种系来说,范畴化也至关重要。因为世界上存在的个例、对象无穷无尽,如果就事论事地去认识,而非高屋建瓴地把握,那么永无科学的认识出现,人类也永远不可能冲破低等动物的牢笼而转化为有智慧的生命,也绝不会从认识世界中获得利益。人之智慧恰恰在于:不仅能解剖个例,各个击破,以至一门深入,而且能分门别类,形成系统、有条理的认识。这就是人所独有的范畴化能力,其理论化升华就表现为哲学本体论对范畴及其体系的建构。早在古希腊哲学和古印度的佛教中,这一工作就红红火火地开展起来了。

当然应注意,本体论所说的范畴是一类特殊的范畴。韦斯特霍夫(J. Westerhoff)说:本体论范畴是"事物的最一般的类型,它们是在非断裂的梯级结构中被范畴化的"。[②] 如果一范畴层次较低,就不能被看作是本体论范畴。只有离个体事物最远、处于一切存在物之最上层的概念才能被称作是范畴。它们为世界列出了基本的存货清单,即提供了关于事物的最基本的类别目录。

既然处在顶端(倒过来则应被称作底端),第一级划分中的范畴又不止一个,当然就有梳理并建构范畴体系的必要。这是本体论的一项重要任务。在从事这一工作时,本体论关心的不是具体回答世界上存在什么,而是试图弄清楚:世界上存在的最基本的事物种类是什么,一类别包括哪些事物,某对象属于哪个类别,诸范畴之间是什么关系,如它们是否相互包含或相互排除,范畴中的一些能否还原为另一些,等等。正是由这些任务所决定,每种本体论理论都会构建自己的范畴体系。

---

① G. Lakoff, *Women, Fire, and Dangerous Things*, Chicago: University of Chicago Press, 1987, pp. 5-6.

② J. Westerhoff, *Ontological Categories*, Oxford: Clarendon Press, 2005, p. 2.

如果我们承认本体论范畴是特殊的范畴，并承认建构范畴体系是深化本体论研究的必然步骤，那么我们就将面对这样一系列元本体论问题：第一，确立本体论范畴的根据是什么？又是什么使不同范畴结合为一个体系的？其次，本体论范畴怎样才能相互关联起来？第三，一个本体论理论根据什么把一个范畴纳入到自己的体系之中，而又是根据什么把别的范畴排除在外？更一般地说，是什么使那些概念成了本体论范畴？本体论为什么把它们当作范畴，而不把别的概念当作是范畴？这些问题是当前本体论中争论比较激烈的问题，我们这里只关注哲学家们对范畴的实质的看法。较常见的一种观点是：一个范畴就是一个类别或一种实在(entity)。第二种界定方法是：不分主次地开列范畴清单(Laundry-Lists)。根据这一方案，一个范畴实际上就是一个细目清单表。第三，从作用上予以界定，即认为本体论范畴是这样的关于事物的最一般的类别，有了它，便能说明一个陈述中的替换为什么使该陈述为假，或替换之后为什么能保真；另外，本体论范畴能为对象的分类提供同一性标准。第四，本体论之所以把一些概念看作是范畴，是因为它们具有别的科学的概念所不具有的更广泛的抽象性、一般性。第五，凯茨(katz)别具一格地提出了关于范畴的语义冗余论，即认为范畴是普遍语义理论中所说的多余或过剩的语义。[①] 最后，在韦斯特霍夫看来，尽管对范畴之实质的探讨很多，但有一根本性问题没有得到令人满意的解决，如所有说明似乎都没有明确指出本体论范畴与其他范畴的区别。在他看来，一个范畴就是一些事态所组成的一个界域。[②]

在笔者看来，本体论范畴之所以不同于别的科学和常识的范畴，而自成一类，首先是因为它的对象是其他范畴不可企及的。这对象就是至大无外、至小不失、抽象得不能再抽象、广泛得不能再广泛的存在，甚至是包含了非存在的存在。其次，本体论范畴建构的目的就是为了从整体上把

① J. J. Katz, *Semantic Theory*, New York: Harper & Row, 1972.

② J. Westerhoff, *Ontological Categories*, pp. 65-66.

握世界，为了从无限的多中求出一，以还原世界的统一性，同时还要从千头万绪中理出头绪，在尊重复杂性的同时，认识到其中客观存在的简单性，直至真正把握决定万事万物生灭变化的“道”。第三，从把握方式上说，本体论的范畴化就是在把握万事万物、一切多样性存在的一般共性的基础上，按照存在的“纹理”形成对整个世界的分门别类的把握。就像在绘制地图时画出经纬线一样，像读书时的“由厚到薄”一样，形成关于世界的范畴体系，就是试图求得对它的明晰、简化的把握。这一工作用中国哲学的术语说，就是“穷易简之理、尽乾坤之奥”。最后，从与“存在”的语义学的关系来说，本体论建构的范畴就是存在之一般意义的具体展示。最高的范畴体现的是“存在”的最一般意义，而它之下的各级范畴则是分别表现相应类型的存在的本质特点及界限，或者说，揭示相应的存在子概念的内涵与外延。

本体论范畴的探讨及建构必然导致本体论范畴体系的出现。建构本体论范畴体系的工作早就开始了，在古印度和古希腊都是如此。当今的本体论也十分重视这一工作，而且还诞生了形式本体论这样的本体论分支。形式本体论是在继承传统、吸收已有的科学认识成果、利用迅猛发展的逻辑学成果及方法的基础上形成的一个本体论分支。以它的成果反观已有的范畴体系建构，反观我国在这方面的工作，大有催人奋进之感。我们这里将在考察它的新的成果的同时，做一些初步的反思。

经过长时期的大量探讨，已诞生了许多范畴体系。这里略举西方几个较新的体系，以供我们在建构我们自己的范畴体系时思考和借鉴。

先看齐硕姆的范畴系统。[①] 它以存在为最高范畴，而范畴系统呈树状结构，在其中，每个结点有两个分枝。例如最基本的存在有两大类，一是偶然的存在，二是必然的存在。每类存在又可继续分下去：

---

① R. Chisholm, *A Realistic Theory of Categories*, Cambridge: Cambridge University Press, 1996, p. 3.

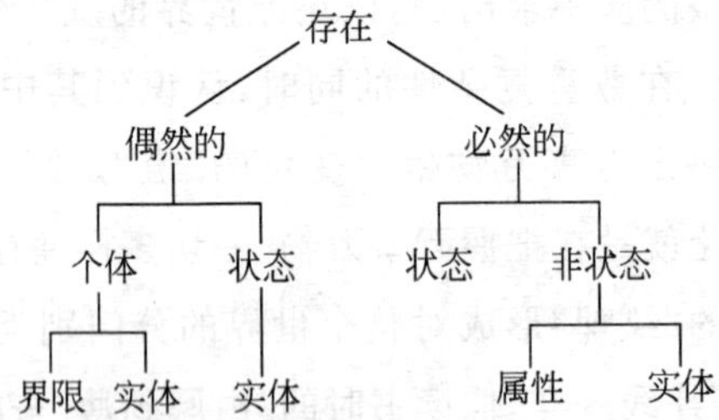

再看洛瓦(E. J. Lowe)的范畴体系。它是以实在为最高范畴的树状结构。[①]

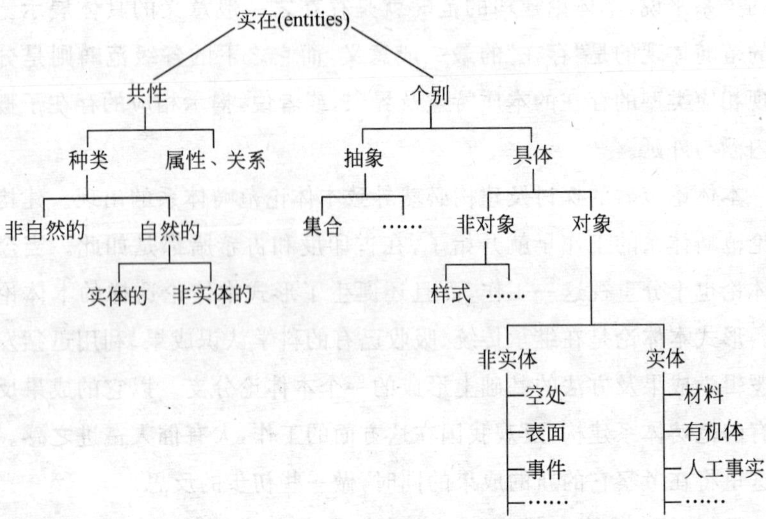

霍夫曼(J. Hoffman)等人的范畴体系也很有特点。[②]

纵观各种范畴体系,可以看出这样一些共同点:首先,从内容上说,每个体系都承认有属性和关系范畴,许多体系都提到了个体、抽象对象、集合、活动、过程、事件和状态。这是值得注意的。例如状态尽管不是第一

① E. J. Lowe, "Ontological Categories and Natural Kinds", *Philosophical Studies*, 1997 (26,1):35.

② J. Hoffman and G. S. Rosenkrantz, *Substance Among Other Categories*, Cambridge: Cambridge University Press, 1994, p. 18.

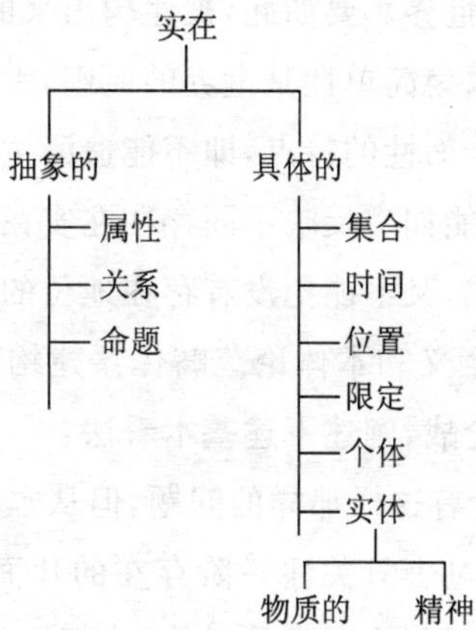

性的存在，但一旦两个以上的个体或一阶属性、二阶属性等结合为关系，或一个事物进入运动之中，其上就会有新的存在形式出现，如有过程、状态和事件等。它们不仅是真实的存在，而且是更为复杂的存在。就此而言，新二元论论证作为状态和事件的心理现象的存在是不无本体论根据的。从形式上说，首先可以看到的是，所有的体系都把范畴当作集合看待。其次，所有的体系都把范畴体系建构成了等级结构。在一个体系中的诸范畴不是无关的，而是以包含关系的形式出现的，如从最高到最底层形成了一个金字塔形的结构，或树状结构，高级的以低级的为子范畴。第三，除个别例外，大多数范畴体系都承认有最高或最大范畴。如要么是“实在”，要么是“事物”，要么是“世界”等。同样，所有体系都承认有最低级的范畴。它是这样的范畴，在它之下，再没有本体论范畴。

笔者认为，要建构关于整个世界的范畴体系，首先必须注意世界的开放性特点。其次，要认识到，最高范畴之下的每一个层次都有自己的横向结构。由此所决定，每一个层面都有划分的问题。由于标准不同，对某层次上存在子类的划分既可以是二分的，也可以是三分的，或其他形式的划分。上面所列举的范畴体系有许多是按二分法分类的。但有一点是共同的，即看不到心物二分的影子。这是值得思考的。第三，一个合格的本体论范畴体系至少应具备这样一些条件，如是否有助于人们从整体上、更清楚明白、更简单地把握世界。要如此，被建构出来的范畴体系就应具有统一性、简单性的特点，因为简单性是世界的原则，大道是至简的。再者，合格的范畴体系应具有全面性的特点，即不能遗漏主要的存在类别，如不能遗忘非存在。另外，要能如实反映不同存在在实在性程度上的差别，既不能疏忽低级的存在形式，又不能把没有存在地位的东西硬扯进来。

基于上述对存在意义和本体论范畴体系建构的考察，我们可以对二元论及其与唯物论的论战，阐述下述基本看法：

(1) 新二元论尽管有这样那样的问题，但从本体论上说，它有积极的意义与启示，如纠正了过去只关注一阶存在的片面性，只注重实体、属性和关系(这种对存在的三分法本身是对的)这三大类存在中的一阶的存在样式，而没有看到存在的开放性和生成性特点。另外，发现显现和所与的本体论地位，这是迈农主义和现象学的重要贡献，而强调过程、事件尤其是状态，这则是二元论在与物理主义的论辩中的重要洞见。就人脑内部而言，直接的第一性的存在的确是其中的粒子性存在、物理化学事实、生物学结构以及它们在进入某种关系中所产生的行为或活动。我们认为，大脑中的一切活动都是物理活动，换句话说，里面只要有运动或行为发生了，就一定是大脑物质的运动。如不看到这一点，就会出现恩格斯所说的一种现象：不知道感觉和思维是身体的活动，就会认为它们“是一种独特的、寓于这个身体之中而在人死亡时就离开身体的灵魂的活动”，[①]原始人犯的正是这个错误。今天不是还有许多人仍在犯这个错误吗？就此而言，同一论或还原论是对的，而二元论以为大脑中除了有物理活动之外还有纯心理的活动则是错的。当然，能同一或等同的只是心理现象中的活动或行为，其他的样式，如心理状态、事件则不能等同，因为任何一个复合体中，只要其中的参数发生一点变化，增加或减少一个，或其中的一个量有哪怕是微妙的变化，或排列组合方式有微妙的变化，这个东西就成了一个新的存在样式。人们通常用心理语言如“疼痛得很厉害”诚实地报告的

---

① 《马克思恩格斯选集》，第 4 卷，第 223 页。

一种状态，尽管其中有物理的变化、过程、运动，如手上被划破了，有一很大的口子，上面在流血，手在不停发抖，但那种状态是一个高阶的现象，里面除了一阶物理的东西之外，至少还有这样两个东西，如伴有感觉这样的活动；通过感觉，有被感觉的东西，即有现象学性质发生了。尽管那二阶的感觉活动应被等同于二阶的物理活动，但那现象学性质，那显现给感觉者的东西则是新的，同时由所有这些参数组合成的状态或事件也是一个新的存在样式。它没法还原为任一参数或参数的集合。总之，在注意已有的存在样式的同时，我们还应承认活动或行为、过程、状态、事件、现象学性质或显现的本体论地位。

(2) 常识和传统哲学的心物二分，尤其是二元论对心物二分的论证既是逻辑上的“范畴错误”，又是本体论上的错误的范畴建构。因为心物二分要能成为对全部存在的最大的一种分类方法，它们之间就必须有“绝对的对立关系”，必须有时间和空间上的并列关系，每类对象必须有基于明确的界限而占有的稳定的位置，而事实上它们之间只有相对的对立关系，即在认识论的范围内有二分的关系，如从这个角度可把意识看作主体或能思、能认识者，把意识之外的东西当作客体或被认识者。即便如此，这种二分也是非常不确定、不稳固的，因为意识本身也可成为被认识者。如果再进到本体论的范围内，把心与物当作两种存在，把世界分为心理世界和物理世界，那是没有任何根据的，因为它们之间不存在绝对的对立关系。从物理学和唯物主义的观点看，“物”是无所不包的最大范畴。因此列宁在许多论著中反复强调，意识和物质的区分只有在认识论中才有绝对的意义，一旦超出了这个范围，它们的对立便是“相对的”。[①] 换言之，如果在这些界限之外，“把物质和精神即物理的东西和心理的东西的对立当作绝对的对立，那就是极大的错误”。[②] 二元论犯的正是这个错误。他还说：“在物质之外，在每一个所熟悉的‘物理的’外部世界之外，不可能有

① 《列宁选集》，第 2 卷，人民出版社，1972 年，第 147—148 页。

② 同上，第 251 页。

任何东西存在。”[①]如果“物”是一个最大、最广泛的存在范畴，那么再把“心”看作与它并列的范畴，那么就太不可思议了。即使是按二元论和民间心理学的逻辑，把它们对立或并列起来也存着逻辑上的错误，因为两者之间不管怎么说都存在着交叉或部分包含的关系，而有此关系的事物是不适合用二分法的。

(3) 存在的形式中，运动或活动或行为要么是粒子性实在或粒子性集团的属性，要么是波的属性，不可能是抽象对象的属性，就此而言，二元论主张有独立的精神活动或不用劳驾大脑的心理活动是不可能的，因为这样的活动是没有存在地位的。

(4) 新二元论看到了存在的开放性，如在原有的物理、化学过程发生的同时，由于其中增加了新的参数，且它们以非组合的方式发生作用，因此其上就会有新的存在形式出现。人脑中也是如此。以这种突现的方式出现的高阶现象由于不同于原来的要素及其总和，不妨将其称作心理过程、状态和事件。

(5) 有些新二元论形式在向唯物论让步之后，否认心理现象有独立的精神本原，只承认它们的第二性的存在地位，可以说是它们进步的表现。在这一点上，新二元论和唯物论有趋同的一面。

(6) 在众多有存在地位的关系中突现出来的高阶现象尽管没有独立的第一性的本体论地位，而且关系一解除，这种高阶的东西会像影子一样消失殆尽，但只要出现了，就一定有自己的存在地位。就此而言，新二元论在现象意识和心理状态上大做文章是不无道理的。它们的确发现了以前物理主义所遗漏的存在样式。对意向性的认识也是如此。这无疑值得我们注意。全面地看，要在认识人及其心理时不遗漏真正的存在，哪怕是高阶的、第二性或第三性的存在，的确得有多种多样的立场与观点，至少不能没有这样一些观点或视角，如第三人称的客观的科学的观点，第一人称的观点，现象学的观点。后者是过去的自然主义者常常忽视的观点。

---

① 《列宁选集》，第2卷，第351页。

这是不妥的。因为有活动、过程发生是一回事,而在这过程中,同时去体验它们,去从现象学的角度直观它们又是另一码事。一旦在前一过程加进后一过程,就又出现了一个新的存在。迈农主义的例子有力地证明了这一点。尽管方的圆不存在于现实世界,但一旦人去想它,这被想到的方的圆就是一个真实存在的现象学事实。

(7) 心理语言诚实地报告的事实,或我们通常所说的心理现象,有自己的存在地位,但没有二元论所赋予它们的那种与物理现象平起平坐的地位,当然也不是物理主义所说的可被还原为物理实在的关系,而是一种十分特殊的关系。一般而言,心理现象从时间上说后于物理现象而发生,从生起和存在上说,始终离不开物理现象,当然不能据此而把它们等同起来,因为后者充其量只是前者得以突现出来的一个必要条件。我们先用图表直观地刻画心理现象在宇宙中的存在地位及其与物理现象的关系,然后再作文字上的说明。

要建构一个尽可能全面的、能囊括一切存在之库存清单的本体论范畴体系,除了要关注以实有为研究对象的具体科学和哲学之外,还应尽可能吸收东方有无之辩和西方迈农主义的研究成果。基于这一考虑,这里的范畴体系为非存在留了一片它应得的地盘。笔者在其他论著中就此谈得较多,这里不重复,只解释"狭义的存在"一系。如前所述,表述这类存在样式的体系呈非断裂的、梯级的、扇形的结构。由于存在的样式处在不断的增加或暴胀的过程之中,按大爆炸宇宙学,现阶段仍处在这个进程之中,尚未进入塌缩阶段。在存在样式的起源和暴胀中,最先出场的是物理的实在。对这类存在可用不同的方式来分类,如可按通常的对自然科学的分类方式把它们分为机械的、有机的、无机的、生物的,等等,这里是按事物的表现方式分类的,即分为个体、运动,等等。随着存在的演进,接着出现了自然界和人类社会两大类存在。进而,在它们的相互作用中,突现出了心理现象。由于它是突现的,是典型的高阶现象,因而不具有与突现它的自然现象和社会现象并列的地位。借用今日西方心灵哲学的术语,可以恰如其分地把它称作随附性现象。它以活动、状态等方式表现自身,

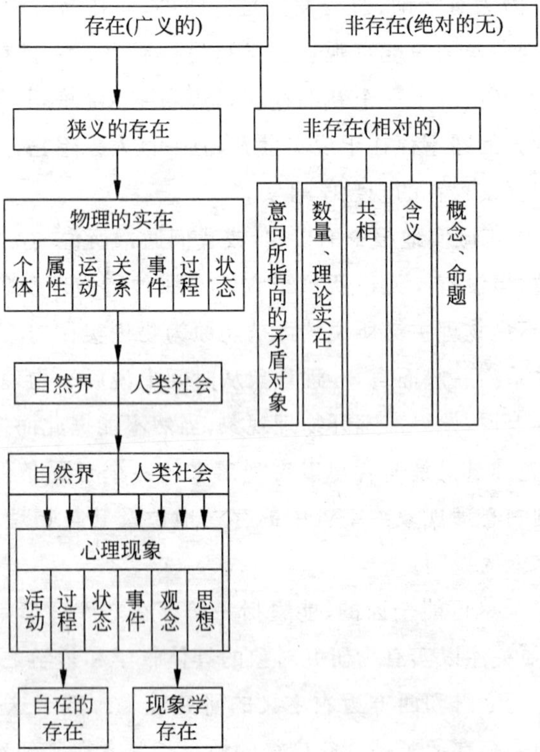

图　15-1

没有自己独立的主体，没有实体二元论授予它们的自我或精神实体。所有心理样式即使有相对的存在方式，但都是以大脑中的有关部分根据特殊需要所组成的动态核心为主体的，即是这些核心的作为或状态。最后，存在的多样性和开放性还体现在：从物理实在中突现出来的人，尤其是后来被突现出来的心理意识现象，一旦有了自己的存在地位之后，便不断与别的存在乃至与自身发生关系，这样又使现象学存在样式从自在的实在中突现出来。

结　　语

在本书最后，我们将从整体上对二元论发展的逻辑、形式及内容上的"创新"、新二元论"中兴"的内在机理、积极意义及面临的困难等问题作一鸟瞰式的思考。

一、二元论的历史是建构与解构并举的历史

二元论自从在古代作为一种哲学理论出现于哲学舞台以降，就一直演绎着建构与解构、遮蔽与解蔽的双重变奏。

二元论者受民间心理学情结这一类似于恋母情结的原动力的驱使，接过由文化基因传递而来的原始灵魂观念，在对之做了简单的清洗之后，便开始了对它的建构历程。这一操作尽管从特定的方面推进了对人乃至对整个世界的认识，但由于它没有看到原始灵魂观念所包含的遮蔽，因此在把灵魂当作对象去认识时实际上是纵容了那个遮蔽，即不是祛神秘化，而是使之趋于加剧。进而，随着建构的推进，遮蔽便不断升级。因此可以说，二元论进化、演变的历史实际上是建构与遮蔽结伴而行的历史。

最开始的时候，往往是最清楚的时候。当我们把目光转向二元论由接过原始灵魂观念开始而着手自身建构的那一时刻，我们便能明明白白地看清二元论所走的建构之路为什么同时是一条充满着遮蔽的旅程。人类学、民族志学等的大量科学材料告诉我们：灵魂观念不是按从实在到认识的反映论路线产生出来的，而是如戴维森等人的解释主义所说的那样，是一种"投射"或"归属"或"强加"，即是为了解释人身上发生的做梦等现象而虚构出来的一个解释项。恩格斯对此做了画龙点睛的勾画：

> 在远古时代，人们还完全不知道自己身体的构造，并且受梦中景象的影响，于是就产生了一种观念：他们的思维和感觉不是他们的身

体的活动，而是一种独特的寓于这个身体之中而在人死亡时就离开身体的灵魂的活动。从这个时候起，人们不得不思考这种灵魂对外部世界的关系。①

二元论的建构和遮蔽正是“从这个时候起”。由于不知道思维、感觉等同时也是身体的活动这一“遮蔽”，其他的遮蔽接踵而至，如设想心是生命的原则，是身体的中心和主宰等，进而又将其神秘化，如赋予它以种种神奇的功能，它仿佛成了人中的另一个“我”。赖尔对二元论的、经过许多代人遮蔽、神秘化的内容做了恰到好处的重构。他说：“有一种关于心的本质和位置的学说，它在理论家乃至普遍人中非常流行，可以称其为权威的学说。”②下面这些观点都是二元论和常识心理学共有的：“人的躯体处在空间之中，受机械律的约束”；从认识论上说，“躯体的过程和状态可以由外在观察者来考察”，③而“心都不在空间之中，心的活动也不受机械律的约束”，④这样一来，人心的活动是不能为他人直接认识的，只能由他自己观察。“因此一个人的生活史是双重的，一种生活史的内容是发生在他体内的……，另一种生活史的内容则是发生在他心内的……。前一种历史是公开的，后一种历史是私下的。前者包括的事件属于物理的世界，后者包括的事件属于心理的世界”。有的二元论甚至认为，“当躯体死亡后，灵魂仍继续存在”。⑤ 总之，作为传统哲学核心内容的二元论和常识世界观把世界、人二重化了，以为人有两种生活、两个世界、两种作用、两种因果系统和两种历史。

当然，二元论的历史还有另一方面。自古以来也有一些人以独具的慧眼和大无畏的怀疑批判精神，大胆地向正统的、权威的观点发起挑战，从而在心灵自我认识的长河中演绎出了一曲曲惊心动魄、可歌可泣的解

① 《马克思恩格斯选集》，第4卷，第223—224页。
② 赖尔：《心的概念》，第5页。
③ 同上，第5页。
④ 同上，第5—6页。
⑤ 同上，第6页。

构、解蔽、去神秘化的历史剧。这一解构、祛蔽的历史至少可以上溯至佛教产生之初，当时释迦牟尼佛就对关于心灵和“我”的观念做了大量的破斥。

我们知道，灵魂问题与自我问题自古以来都是联系在一起的，在中国、西方是这样，在印度也不例外。佛教的心学与它关于“我”的观念密不可分。我们先来看它的“无我说”。在佛教产生之前和产生的过程中，“我”是各种哲学和宗教普遍关心的对象，包括常识在内，已形成了许多不同的看法。从语言运用的角度看，“我”在当时至少有四种不同的用法与意义：一是用作人称反身代词；二是有“呼吸”和“本质”之类的意义，例如《梨俱吠陀》中常在这个意义上使用“我”；三是指包括肉体和精神在内的全体；四是指物质和精神之上的、又对它们有主宰作用的绝对实体或形而上学存在，例如在奥义书哲学中，“我”也就是至高无上的梵天，各种生命都是它的体现。

对于第一种意义上的“我”，佛教不一概加以否定，非但如此，佛经中仍在从俗的意义上使用这个词，如用它表示现实生活中的单个的个体，因此也经常可以看到“我”、“你”、“他”之类的说法。当然在这样使用时，佛教对它的理解是不同于常识、其他哲学和宗教理论的，因为佛教并不认识它代表的是一种不变的实体，而一贯坚持认为，它只是为方便而使用的一种“假设施”。

至于第三种意义的“我”，佛教是坚决否认的，不承认有这样的实体存在。因为佛教的基本原则是：一切都是因缘和合而生，如人是由地、水、风、火四大加受、想、行、识等要素而形成的和合体。它们聚在一起，就成了个体的人，分开后，人就不复存在，因此其内并没有不变的、永保同一性的、永恒不灭的实体。佛教还认为，合在一起的东西不是“我”，组成的要素也不是我，因为不能说眼、耳、鼻、舌、脾、肺、脏是我，更不能说我在这些要素之外，因此，“我”只是一个空洞的名称。

至于把“我”等同于“精神”或“灵魂”的说法，佛教更是持否定的态度。灵魂问题在佛陀时代是一很重要的问题，已形成了不计其数的理论。佛陀说有“六十二见”，意思是说关于灵魂的看法不胜枚举。从对灵魂是否断灭这一问题的看法来说，就有三大类：即有的认为，灵魂永恒不灭；有的认为人死后灵魂仍存在一定的时间；有的认为，人死后灵魂断灭。对这些观点，佛陀一概予以拒斥。他的基本态度是对有我还是无我、是否断灭不做判断，不予回答。因为如果他回答说“有我”，那么人们可能以为他赞成“有常说”；如果回答说“无我”，那么人们以为他赞成“断灭说”；如果在回答“没有我吗”时，说“没有我”，那么会让人们困惑不解，以为原先有我，现在不再有我。[①]

总之，“我”表示的只是因缘和合而生、变化莫测的东西，并不意指人身之内不变的灵魂或实体。常人以为，现象的心、身都在变化，但内面一定有一个常住不变的东西。不然的话，每个人怎么可能把刚出生时的一团血肉与年老时老态龙钟的那个人看作同一个人呢？如果说有六道轮回，那么何以有此可能呢？佛陀的回答是：“如果无知的人将四大元素的产物——身体认作我，也强于将心认作我，为什么？人们看到这个四大元素的产物——身体存在一年、两年……甚至更长，而我们所谓的心、意和识，日夜消长，此起彼伏，犹如林中跳跃的猴子，抓住这根树枝，放掉那根树枝。”[②]这也就是说，“我”不是身体，不是实体，不是心、意、识，不是灵魂，因为它们全都是由因缘结合在一起、刹那生灭的东西。因此人身上没有作为主体、作为主宰、作为中心、常住不变的“我、灵魂、心、意和识”。

在大乘佛教的典籍中，上述关于我和灵魂的思想表述得更为明确。《楞严经》中的“七处征心”这一公案就足以说明这一点。在大乘经典中，关于心的看法大致被分为两大类：一是常识、外道和哲学关于心的看法，一是佛教对作为本体、作为世界本来面目的心的界定。佛教认为，众生之所以陷入六道轮回、流转生死、为痛苦烦恼所困而不能自拔，根本的原因之一就是受着自己所持的心灵观念的牵制，为其所转，以为自己所从事的

① 《杂尼迦耶》，IV，400—401，转引自郭良鋆：《佛陀和原始佛教思想》，中国社会科学出版社，1997年，第189页。

② 同上，第191页。

看、听、观、想、行等活动都是自己的心所使然，以为这些作用的主体就是心，进而认为这种心真实存在，并且认为它是自己的中心、主宰，于是想方设法为着它、护持它、拼命满足它的要求。释迦牟尼佛在与其著名弟子阿难对话时，通过提出巧妙的问题，让阿难在自身和周围世界去寻找常人从不怀疑的那个心，最终让阿难和在场的所有人认识到，这个心其实是一个幻觉或一种“假设施”，根本就不存在。例如，佛陀首先指出一个对象让阿难去看，然后问阿难：什么在看，看的心在哪里？阿难毫不犹豫地回答说在自身内部。佛陀又引导阿难到自身内部去寻找。如果在身内，它一定能看到身内的心肝和“筋转脉摇”，但是它不能做到这一点，因此，“言觉了能知之心在身内，无有是处”。如此类推，说它“在身外，无有是处”。“言觉了能知之心潜伏根里，如琉璃合，无有是处”。同理，说心随着与它物的遇合而存在，说在内外的中间，说不执着一切事物就是知觉认识心的本性，都是不能成立的。通过反复的追问、诘难，佛陀终于让阿难及在场的人认识到，常人所说的那种心不在任何地方，压根就不存在。当然佛教在特定的意义上仍承认有心存在。这种心不是众生所执着的现象的、幻觉一般的心，而是“本心”，是本体，是实相，是宇宙万物的本来面目。[①] 这里尽管用了“心”这个词，但已不是世俗的心理学和心灵哲学所能涵盖和把握的对象，因为它是一切现象或法的体性、谛理，从本性上说，它毕竟空，湛然常寂。

在 18 世纪前的西方，尽管二元论在各种哲学理论的竞争中一直居于主导地位，在近代唯理论哲学甚至达到登峰造极的地步，但哲学家们对二元论的解构从未间断过，其中有影响的人，可列出一大串来，如伊壁鸠鲁、卢克莱修、布鲁诺、霍布斯、伽桑狄等。特别值得一提的是，18 世纪法国唯物主义在与二元论的论战中第一次取得了主动权，扭转了局面，为现代唯物主义的霸权地位的建立吹响了号角。

① 《楞严经》卷第一，见果怀译编：《白话佛经续编》，中国社会科学出版社，1993 年，第 3—11 页。

在现代,由于有关自然科学迅猛发展,以及分析哲学对有关心理语言的彻底的清理和分析,还可能是由于行为主义以及维特根斯坦等人的逻辑行为主义的影响,加上自然化运动的拓展和深入,二元论的虚假本质日益暴露出来,因而不断受到重创。许多哲学家甚至高兴地认为,大多数心理语言的所指基本上被弄清楚了,它们不过是描述大脑细胞行为的另一种方式而已。[①] 像埃德尔曼这样的脑科学家则信心十足地宣称,人脑内根本就不存在传统哲学和常识心理学所说的那种作为主宰、中心、似"小人"一样的心,因为内面所有的不过是神经元及其连接模式,充其量有所谓的由物理子系统组成的"动态核心"。[②] 现当代的解构有不同的倾向。从激进程度上看,可把对二元论的解构分为激进和温和两种形式,前者主要表现为取消主义,后者则表现为各种形式的功能主义、还原唯物主义和非还原唯物主义。由于笔者在《心灵的解构》等论著中对此已有较多论述,这里不再重复。

二、新二元论的"发展"与论证"创新"

在 18 世纪初至 20 世纪 70 年代的两百多年的二元论与唯物主义的论战史上,二元论的确呈衰落之势。然而,富有喜剧意味的是,随着感受性质的发现及其在心灵哲学中作为争论焦点之形成,随着对意向性和别的心理现象的研究的深入,特别是随着唯物主义、自然主义的局限性、片面性的不断被揭露,二元论不仅似死灰复燃,而且大有卷土重来之势。仅就心灵哲学而言,二元论无论是从形式上说还是从内容上说都堪称今非昔比。以前的两千多年的二元论在内容上几乎没有大的变化,变化的是论证的形式。而新二元论则不同,它们的内容越来越丰富、复杂和深刻,不仅有极强的思辨色彩,而且深深打上了现当代科学和逻辑学大发展、大变革的印记,因而带有较强的"科学性"和逻辑性。尤为突出的是,每种二元论在内容上都打上了创新时代的创新烙印。只要翻翻本书前面各章就

① 吉尔伯特·赖尔:《心的概念》,第 7 页。

② 埃德尔曼和托诺尼:《意识的宇宙》,第二、四部分。

会明白这一点。就二元论的理论形态而言，除了原有的形式之外，还出现了许多新的形式。对它的多种多样的分类就足以证明这一点。如鲁滨逊把它分为捆绑式和实体性二元论两种形式，还有人根据激进程度把它分为强、中、弱、混合型等不同的形式。强二元论坚持心身不仅有独立的本体论地位，而且各有自己的本原；弱二元论一般只承认强二元论的第一个原则，同时又主张心来自于物，并依赖于、决定于物。而介于强弱之间的二元论常常在两者之间保持必要的张力。混合型的二元论则在二元论与唯物主义之间摇摆，表现出让两者相互靠拢、借鉴、融合的倾向。还有一种分类根据被二分的对象，将二元论分为实体二元论、属性二元论、认识或概念或解释二元论与谓词二元论。这种分类最为常见。也有人按对笛卡尔主义的态度，将二元论分为笛卡尔主义式的二元论和非笛卡尔主义式的二元论。本书则按二元论到达自己结论的途径或方式，将它分为如下类别：笛卡尔式二元论、非笛卡尔式二元论、神秘主义的二元论、泛心论的二元论、感受性质的二元论、意向性的二元论、神经科学的二元论、量子力学的二元论、突现论的二元论、自然主义的二元论等。

新二元论的最大的变化、最醒目的特征是"论证的创新"，即要么重构、拓展传统的论证，要么搜索枯肠提出新的论证。这里，我们拟对现当代各种二元论论证做一盘点和梳理，必要时做一些对话性思考。

(一) 本体论论证

应承认：这是现当代二元论的最有力量、最有意义的论证。其意义既表现在心灵哲学方面，又表现在形而上学方面。它的这一论证可这样加以表述：(1)如果世界上真的不存在无形体或无广延的东西，那么二元论主张无形体心灵之存在是没有本体论上的根据和道理的。(2)如果世界上真的存在着无形体的东西，那么二元论就有可能是正确的，唯物主义根据原有的关于有形存在的本体论对二元论的反驳就不能成立。(3)量子力学等科学已证明：世界上存在着无形体的东西，如波函数、概率场、光，等等。(4)因此二元论有可能是正确的，唯物主义的驳难不能成立。

这一论证的确证明了唯物主义对二元论的本体论驳斥是不能成立

的，至少是有问题的，但该论证还没有证明二元论，充其量只为二元论的成立创造了条件。因为它能得出的结论是一个模态结论，即二元论可能是正确的。有根据说：存在物不一定要有形体，但没有逻辑能保证：一切无形体的东西都是存在的。同样，非物质的灵魂仍有这样的可能性，即它就在那不存在的无形体的东西中。当然它也可能像波函数、概率场等一样有存在地位。

（二）基于思想实验的论证

这是现代当二元论者的创新。兹以知识论证为例。为了说明感受性质的存在，论证它们的本质与属性，杰克逊（F. Jackson）构想了一些思想实验，其中最著名的是所谓的“知识论证”。其实质是用反证法、证伪法证明二元论。其逻辑是：物理主义只承认物理的存在，所得到的知识就是关于这些存在的。现在，如果能证明它的知识以外还有东西存在，那么就可得出结论说物理主义是错误的，或遗漏了某些存在，二元论是正确的。类似的论证学有 T. 内格尔的蝙蝠论证和查默斯的“怪人论证”，其结论是，感受性质是非物理的，与物理事实没有任何关系。因为怪人世界及我的怪人孪生人在一切物理细节方面、从行为到内在过程的因果和功能方面，都与我及我的世界没有区别，尽管如此，那个世界，那个怪人并未产生有意识经验。这足以说明，有意识经验有自己的独立性（详见第六章）。

（三）经验鸿沟论证（the experience gap argument）或认识论论证

这一论证有两种形式：一是只停留于认识论论证，即只肯定关于心的认识不同于关于物的认识；二是在此基础上进一步肯定：两者不仅在认识上不同，而且在存在上也不同。

笛卡尔是最早提出第二种形式的认识论论证的人。他论证说：只要清楚分明地加以认识或领会的东西，就一定是存在的。他说：“凡是我能够领会得清楚、分明的东西，上帝都有能力产生出来。”[1]同理，我分别清

① 笛卡尔：《第一哲学沉思集》，第 76 页。

楚分明地得到了关于我的精神和身体的认识，因此心和身是存在的。他说："因为我确实认识到我存在，同时除了我是一个在思维的东西之外，我又看不出有什么别的东西必然属于我的本体或属于我的本质，所以我确实有把握断言我的本质就在于我是一个在思维的东西。"①

最常见的认识论论证形式是：通过搜罗人在与世界打交道过程中表现出来的各种认识能力，如将杂多材料整合为统一的认识的整合或综合能力、创造性思维能力、服从规律、超越规律的能力等，证明它们不能归之于物质性身体或大脑，只能归属于精神性自我或主体，然后得出这种精神主体有独立存在地位的结论。这种通过认识论到达二元论结论的方式在笛卡尔和康德那里就已较成熟。康德在"先验演绎"之"主观演绎"中对先验自我意识的论证，实际上得出了有利于实体二元论的结论。他指出：我们的经验是在不同时间、地点得到的，我们对它们的把握、再现等综合活动也是在流逝的时间过程中完成的，而最后得到的认识却是统一的，如果不承认其内有一个不变的、能接收不同时间送过来的材料的东西，有一个被从属的东西，那么就完全无法解释人的综合统一的认识功能及活动。这保持绝对不变的、具有客观、原始统一性的东西不可能是肉体，而只能是先验统觉或自我意识。

沃克(R. Walker)对康德的"先验演绎"做了新的解读，在此基础上借题发挥引出了证明二元论的超验论证。他认为康德对先验自我意识、规律和遵守规律的人作了超验论证。从这些论证中可以引申出有利于二元论的结论。他说："在宇宙中有两类实在，即规律和能遵守规律的人，它们是任何唯物主义所无法说明的。"先验自我意识也是如此。这个论证尽管在后来有争论，但不管其是否成功，都可得出反唯物主义的结论。他说："如果它成功，那么它在反对唯物主义的过程中表明：世界包括了人，人能根据他们所认识的客观规律行动……。即使它不成功，事实仍然是，一定有客观的规律，这些实在在唯物主义的世界中是没有任何地

① 笛卡尔：《第一哲学沉思集》，第82页。

位的。”[①]

新二元论者还有其他的论证，如强调：自我意识离不开这样一些前提条件，如具有自然理性，能思维的能力，语言知识，晓得真与其反面，能觉知时间阶段，能觉知世界本身，能觉知某人自己的存在、心灵或内部世界，等等。[②] 这些能力显然不可能为身体的某一部分具有，甚至不能为整体的身体具有。因此人身上一定还有另一种存在。这种论证思路在今日的二元论论证中十分流行，并得到了极大发展。例如埃克尔斯的二元论的主要根据之一就是经他阐发的认识论论证（详见第九章）。

认识论论证在今天还有一个翻版，即查默斯等人的两种描述或观察方式的论证。查默斯认为，接近和描述人的意识经验有两种方式：一是第一人称方式，它把意识看作是形而上学问题；二是第三人称方式，它把意识问题看作是科学问题。[③] 两种观察方式尽管可以指向同一个对象，但得到的是完全不同的认识。然而每一个又不可偏废或被取代，因为它们各有自己的优势、作用和特点。例如第三人称方式尽管足以形成关于人的行为的完全解释，但不足以解释用第一人称观点所发现的任何现象。而第一人称方式在解释第三人称材料时也是派不上用场的。如果是这样，便可以将上述论断提升为这样一个原则，即神秘性原则：意识是神秘的，不能用第三人称方式来解释。这一原则也可称作惊诧原则：意识是令人诧异的。另外，观察上的差异一定有本体论的根源。例如看一匹斑马，用第一人称方法去观察“这个看”所得到的东西是不同于用第三人称方法所得到的东西的。查默斯说：“对于每一主观感觉来说，都有一个对应的、可予以客观观察的知觉。”[④]

与认识论论证密切相关的是解释鸿沟论证。其特点是强调：对发生

---

① R. Walker, “Transendental Arguments against Physicalism”, in R. Robinson (ed.), *Objections to Physicalism*, pp. 79-80.

② B. O'Shaughnessy, *Consciousness and the World*, Oxford: Clarendon Press, 2000, p. 263.

③ D. J. Chalmers, “Consciousness and Cognition”, p. 1.

④ Ibid., p. 5.

在大脑中的心理现象至少可以提供两种不同的解释，即一是诉诸各门自然科学的解释，二是经验者自己所做的解释。这两种解释显然存在着根本的差别或鸿沟。这一论证有两种形式：一是无本体论追问的形式，其特点是只承认两种解释有差别，而无意于引申出进一步的本体论结论；二是有本体论动机的形式，它试图由解释的不同引出存在上有鸿沟这一本体论结论。格里菲尔德认为，科学面对心灵，就像想吃刺猬的狗一样，无从下手。因为"对意识的任何科学解释都必须是客观的，必然要突出大脑的物理属性，但同时，这种解释又必须说明主观性。这就是意识一直为科学家苦恼的原因。因为科学的全部本质在于它的客观性。如果我们想涉及那主观的现象，我们该怎样下手？"①

（四）基于心理现象特殊性的论证

这一论证的基本思路是：通过考察有关心理现象，以达到说明它们有不能同一于或还原于物理现象的特点这一目的。有多种形式：

（1）基于理解的论证。理解即意向性。心理状态总有其所指对象，而指向了对象，即有对对象的觉知或理解，有意向性即超出主体自身，将所指包摄于自身之内。这一特性是物理实在不可能具有的，尤其是，意识可以指向不存在的东西，如方的圆，并能与之发生现实的关系，而物理实在不可能与非存在发生关系。因此存在着不同于物理实在的心理实在。

（2）基于自我反省的论证。

自我反省就是指意识能指向自身，知道自己的所作所为。物理实在尽管也有对自身反馈的性质，但在反馈时并无觉知发生。因此自我反省是非物理的性质。

（3）基于意识不可还原性的论证。当今二元论的得力干将福斯特(J. Foster)等指出：许多物理主义者像二元论者一样承认：心理事件与生

① S. Greenfield, "How Might the Brain Generate Consciousness", in S. Rose(ed.), *From Brains to Conscinonsness: Essays on the New Sciences of the Mind*, New Jersey: Princeton University Press, 1998, p. 211.

理事件之间存在着相互联系、相互影响等关系。而如果承认它们有相互影响，那么再主张它们之间存在着一个可还原为另一个的关系，承认它们是等同的，就不可思议了。如果是同一的，又怎么能说一个能影响另一个呢？

(4) 基于自由意志的论证。人在有的时候是自由的，可以不受他力所决定，如可以违背规律做出自己的选择和行动，而包括大脑在内的他自然事物不可能如此，因此人之内有特殊的存在。

(5) 基于内省或优越通道的论证。通过内省，我们知道我们思考、相信的东西并不是物理的东西。既然如此，它们就一定是非物理的东西。

(6) 语义学论证或基于索引性语词的论证。"我"和"这里"、"那里"都属索引性语词，其意义复杂而具有统一性，因而具有不可还原性。例如"我"如果能还原为其所指中的某一个东西，如身体或身体的某一部分，那么就有理由说，"我"指的就是肉体或肉体的一部分，但问题是没有这样的还原的可能性，"我"指的东西包括肉体，而同时又比它多得多。另一方面，肉体中的东西并非都是"我"一词的所指，如其中川流不息的变化就是如此。总之，当人们说"我"时，所指的肯定不是物质的属性，也不是心理属性的集合。不管其意思多么复杂，其中无疑有这样的内容：用此词的人知道或晓得自己是一个持续的、统一的自我。

(7) 基于人格同一性的论证和基于感受性质的论证。这类论证在前面许多地方有较详细的考察，这里从略。

(五) 怪异论证(the argument from queerness)

"怪异"指奇怪的、异常的、完全不同的事情。例如人们所相信的鬼神，对于人们的日常经验来说就是怪异的，因为它们与日常事实泾渭分明。再如"价值"，对于客观实在来说，它也是怪异的，因为在实在世界中，是找不到与"价值"对应的东西的。总之怪异即是"不同"，而不同于某存在的东西不一定是不存在的，换言之，对于某存在者为怪异的东西有时也有存在地位。价值就是如此，它不同于事实，对事实来说是怪异的，但它又是存在的。把这种论证方式推广到意识之上，就形成了关于意识的"怪异论证”：即使宇宙就其起源和构成来说完全是物质性的，但意识与其中的别的一切似乎是完全不同的，因此有理由说：它是某种神秘的东西，或某种非物理的东西。即使一般人倾向于物理主义世界观，但仍有一些哲学家情愿把意识看作隐秘的、非物质的而同时又有存在地位的东西。怪异论证最先由麦杰(J. L. Mackie)所提出。他为了反对道德实在论，提出了基于怪异性的论证。[①] 马弗鲁德斯(G. Mavrodes)沿着这一思路，将论证的范围扩展到心理现象之上，从而得出了自己的反自然主义的二元论结论。[②] 根据这一论证，心理现象无疑具有不同于物理现象的怪异性。例如认识它的方式极其特殊，只能由主体自己去知觉，而物理对象可以为两个以上的人用不同方式去认识。正像价值不同于事实但又有自己的存在地位一样，心理现象由于是怪异的，因此不能等同于物理现象，由于它有自己的作用，因此又有自己的独立存在地位。

(六) 模态论证

这是古今二元论者十分宠爱的论证。笛卡尔就已提出了模态论证的雏形，如他的可设想性论证就是如此。在现当代心灵哲学中，模态论证是通过克里普克而广为人知的。在这一领域中，查默斯的投入是比较大的，影响也较大。如他发展了这样一种基于逻辑必然性的模态论证：(1) 在我们的世界，存在着有意识的经验。(2)存在着物理上同一于我们自己的逻辑上可能的世界，在那里，关于我们内部的意识的肯定的事实却没有这种可能性。(3)因此关于意识的事实是关于我们世界的新的事实，它们不同于物质事实。(4)因此唯物主义是错误的。[③] 哈特(W. D. Hart)也有这样的论证：既然我们能设想离体的心灵，因此心灵的存在就不是必然地

---

① J. L. Mackie, *Ehtics*, *Inventing Right and Wrong*, England: Pelican, 1997, pp. 38-42.

② G. Mavrodes, “Religion and the Queerness of Morality”, in R. Audi et al (eds.), *Rationality*, *Religious Belief and Moral Commitment*, Ithaca, N. Y. : Cornell University Press, 1986, pp. 213-226.

③ D. Chalmers, *The Conscious Mind*, pp. 123-124.

依赖于身体的。[①]

（七）否定性论证

从大的方面来说，二元论的论证不外乎肯定性论证和否定性论证两大类。前面所述的论证大多属前者，其特点是，诉诸有关事实和逻辑，直接论证二元论的结论。而否定性论证的特点是通过证明作为二元论之对立面的唯物主义或物理主义一元论为假，间接证明二元论为真。这种论证之所以很有市场，是因为它有较强的逻辑力量。因为二元论和物理主义在一系列问题上的确存在着对立或矛盾关系。既然如此，能证明对立双方中的一方为假，那么就等于证明了另一方为真。二元论的否定性论证有多种形式。

（1）基于同一原则的论证。根据莱布尼茨的同一原则：x 和 y 是同一的，当且仅当它们有完全相同的属性 p。用形式化方法可表述为：$(x)(y)[(p)(px \leftrightarrow py) \rightarrow (x=y)]$。心和身不可能具有完全相同的属性，因此两者是两个不同的东西。既然如此，物理主义便是错误的，二元论是正确的。

（2）解释论论证：唯物主义及其所诉诸的科学材料可以看作是全面解释心理现象的必要条件，但远不是充分条件，例如有许多问题是它们无法解释的，其中主要有五大难题，如自我、自由、个人自主性、现象性质、意向性。要解释这些现象，必须诉诸非物理的属性。因此物理主义是错误的。

（3）物理主义疏漏之清算。二元论的这种论证方式的特点是从不同方面对物理主义的错误、难题、局限性作全面的曝光，或者说作鸡蛋里挑骨头式的清算，以达到彻底否定物理主义的目的。赞成这种论证的人在物理主义中找到的瑕疵主要是：第一，人为扼杀了意识的本体论地位。第二，在因果作用问题上，缩小了因果作用的范围，人为扼杀了心灵的因果作用。第三，否认了人身上存在的意志自由，而这是有悖于事实的，因为

① W. D. Hart, *The Engines of the Soul*, pp. 9-49.

人可以不按自然规律的要求去说话办事。第四，完全无法说明人身上何以有在变中保持不变、在多中保持统一的自我，而这无异于人为地消灭了自我。第五，无法说明人为什么是价值主体。等等。

三、新二元论“中兴”的内在机理

二元论的卷土重来以及重来后的兴旺景象一定是有原因的；五花八门的二元论形态，千奇百怪的二元论论证绝非无病呻吟。有根据说：二元论之所以在现当代科学中以前所未有的速度和质量向前发展、物理主义在心灵哲学长驱直入的大背景下“中兴”和发展，首先是根源于心灵哲学问题尤其是其中的意识问题本身的复杂性。以作为实体的心灵或自我而言，否定它的确有科学上的根据，因为如果它是存在的，那么解剖学家的解剖刀应能碰到它，当代先进的大脑探测仪器应能捕捉到它的踪影。但如果据此否认它的存在，那么人格为什么有同一性、认识为什么有统一性、综合性、人为什么能基于分散的信息识别最终获得统一的意义意识，便都成了不解之谜。正是因为有这一类难题，物理主义又难以给出令人满意的说明，二元论的存在和发展便有其必然性。事实上，许多二元论形态在这一方面做出了大量不无意义的探讨。例如帕菲特(Parfit)提出的有别于各种“简单观点”的“复杂观点”认为，自我具有单一性和不可分性，其载者不是大脑，而是基于心理连续性本身。在他看来，要想根据器官的同一性来说明自我的同一性，以之为心理生活的基础，这是不可能实现的。因为器官没有同一性，本身有产生和消亡。心理的连续性尽管也可能有产生，但由于它们是连续性和非连续性的统一，是多与一的统一，因此其内贯穿的连续性和齐一性就可以保证人格的同一性。他自认为，这种观点的优势在于：能说明简单观点无法回答的两个问题：(1)能判断过去、现在、未来的经验是不是我的，(2)能排除这样的可能性，即属于我的两个经验会出现在相互没有同一性的诸主体之内。①

丹尼特正确指出：人类意识几乎是幸存下来的唯一的不解之谜。因

① Parfit, *Reasons and Parsons*, Oxford University Press, 1984, §.87-98.

为宇宙的起源、生命的本质尽管也是科学的难题，"但是我们的确知道该如何去思考它们，到哪里去寻找解决问题的答案。然而对于意识问题而言，我们仍处于迷惑难解这种令人愉悦，或者说，也是令人害怕的状态之中。我们对于意识的理解仍处于混乱无序的状态。"①麦金也说："尽管人们一直在努力寻找关于心身问题的答案，但它一直在顽固地抵抗，以至神秘性一如既往。这种不可解性甚至扼杀了这个哲学问题。"②既然问题如此复杂，既然一时难以为之找到有确凿根据的答案，那么人们发挥自己的想象和思辨能力、以试错的方式去穷尽各种可能的答案就是再自然不过的事情，二元论在这种情况下中兴和发展不仅是必然的，而且是有益无害的。

从本体论上说，一方面，世界上究竟存在着什么事物，无形的东西有无存在地位，这是一个永远具有开放性因而不可能为之找到最终答案的问题；另一方面，本体论本身的问题，尤其是其中的元问题，如能否找到评判各种关于存在意义的理论的客观标准等，都还在探索中，尚无令人满意的答案。既然如此，二元论无论是在具体的存在问题还是元本体论问题上都有自己的话语权。

从认识论上说，人的认识无一例外地带有后现代视角主义所说的局限性，即人的认识总会受到角度、层次的限制，因此犯"井底之蛙"的错误、盲人摸象的错误在所难免。麦金早就注意到，并尖锐指出：人的认知具有封闭性，即一种认知方式总是局限于某一对象或领域，超出它，该认知方式就没有用了，如能认识心理的不能认识身体，而能认识身体的又不能认识心理，甚至适合认识某种心理现象的又不适合于认识别的心理现象。因此这便为二元论在心灵哲学中一展身手提供了认识论前提。

二元论的死灰复燃及兴盛还与作为其对立面的物理主义的解释力的有限性密不可分。如果物理主义能对心灵哲学问题做出圆满的解答，那

① S. Blackmore，《人的意识》，耿海燕等译，中国轻工业出版社，2008 年，第 13 页。

② C. McGinn, "Can We Solve the Mind-Body Problem?" in Ned Block et al (eds.), *The Nature of Consciousness*, Cambridge, MA: MIT Press, 1997, p. 529.

么自然便剥夺了二元论生存的土壤。然而如前所述，物理主义包含的理论困难并不比二元论少，许多二元论者的立论恰恰是从他们所发现的物理主义的"遗漏"、"虚妄"、"错谬"开始的。由此便铸就了新二元论的一个不为传统二元论所具有的特点，即每种二元论都与物理主义的某一或某些方面的缺点、不足有关，因此带有鲜明的"纠错"的特点。当然，这种"纠错"是与二元论的"观点"连在一起的，即是从二元论观点所看到的缺点。

四、新二元论的理论贡献与困难

客观地说，各种形式的新二元论尽管由于"观点"的限制因而有这样那样的偏颇和局限性，但无疑又在心灵哲学的试错性探讨中提出了许多有价值的、值得思考的思想。毫不夸张地说，它们也为当今心灵哲学的发展和繁荣做出了积极而宝贵的贡献。例如在本体论问题上，它们不仅为心灵哲学的本体论做出了积极的贡献，而且为形而上学本体论也奉献了自己的智慧。就前一方面来说，它们的确颇有见地地揭露了物理主义本体论的紧缩主义、沙文主义错误。须知，世界的存在样式不仅无限多，而且还具有开放性，即当新的关系出现、新的条件具足时，还会出现新的存在样式，例如像意义、心理内容这样的高阶存在就是如此。另外，一种合力系统中，只要一个要素发生变化，如多一个或少一个，其上的高阶存在就会变化。即使要素不变，而组合方式稍加变化，也会如此。就心理现象而言，在具备一定条件的情况下，除了会出现简单的存在样式（如活动、过程等）之外，还会出现像事件、状态这样的复杂存在。例如二元论热衷于讨论的现象学性质、经验就是一种高阶状态，其中最为特殊的是：它本身包含着观点及由观点出发的看或体验。心理事件也是如此，因为事件是与四维几何相联系的概念，点是与三维几何相联系的概念。一个点的位置是由三个空间量所决定的，如果再加上时间的维度，它就成了一个事件。事件是物质粒子在给定空间和给定时间中的状态。心理事件更为复杂。这些现象无疑有自己的特殊的本体论地位。尽管在溯源时，可以在基础性的东西里找到它们的根源或条件，但既然它们作为一个突现性现象出现了，就不能再等同于基础的存在，正像儿子从母亲身上分化出来便有自己的独立地位一样。二元论对形而上学的本体论也做出了巨大的贡献，例如它对如何抽象存在的意义提出了建设性的意见，如强调：要抽象出“存在”的意义，或找到一般性的“共有”，首先必须找到并研究更多的作为样本的存在者资料，而在研究存在者时，又不应只注意有形存在者、粒子存在者，而同时应关注抽象存在者、高阶存在者、无形存在者等。它们从形而上学角度所提出的关于共有的观点至少可看作是一家之言。

当然，笔者无意于说，新二元论是无懈可击的。相反，笔者承认它们同样包含有许多理论困难。例如：

(1) 既然心脑不同质，一个有广延、一个无广延，它们怎样可能发生关联？在关联时，怎么可能遵循各种守恒原则？在反对者看来，说不可还原的、异质的心身可以相互作用会违背各种守恒原则。因为说心身相互作用，就是说心灵的意图、愿望等可以引起大脑的变化，进而让有关肢体和外部实在发生变化，而这违背了能量、动量、动向守恒原则，因为物理实在的这些能量是守恒的，它们上面发生的变化，是由能量转化决定的，不可能接受非物质实在的影响、“摆布”。

(2) 如果物理学关于物质、能量、原因的观点是对的，那么怎样说明心灵的原因作用？或者说，心灵怎么可能具有和实际产生对自身及物质的原因作用？

(3) 如果心灵在质上不同于物体，那么心灵怎么可能在身体受到伤害时也会发生相应的变化？如吃刺激性药物之后，为什么会有情绪的波动和变化？大脑在受到损伤或物理刺激时，心灵的状态为什么会有相应的变化？

(4) 如果心灵是非物质的，那么物质的世界为什么会产生心灵？一团肉体在某时没有意识，为什么到了一定的时候又都会表现出意识？心灵居住在物理世界的哪个地方、哪个时间？

(5) 刺激神经元，大脑中就有记忆、感受性质等发生。大脑的变化会使意识变化，大脑损伤甚至会改变人格，二元论该如何予以解释？

(6) 不可否认的是，新二元论对物理主义的紧缩主义或沙文主义的本体论批判尽管有合理性，但它们无疑又有走向另一极端的偏颇，即犯了不同程度的本体论暴胀主义或自由主义错误，如承诺本没有存在地位的东西有存在地位。

除上述问题之外，新二元论还存在着许多明显的缺陷，如诉诸可设想性、可想象性来证明灵魂的存在，显然是没有力量的，因为据此也可证明相反的结论，而且逻辑力量是一样的。再如新二元论不能解释它所假定的两个实在怎么可能相互作用，不能合理说明灵魂的起源，不能解释我们怎么可能成为不同的精神对象，如此等等，不一而足。